영애승람역주 瀛涯勝覽譯注

Annotations and Translations of Yingya Shenglan

【하】

영애승람역주 瀛涯勝覽譯注 【下】

Annotations and Translations of Yingya Shenglan

—

1판 1쇄 인쇄 2023년 3월 10일
1판 1쇄 발행 2023년 3월 22일

—

저 자 ǀ 마 환
교주자 ǀ 풍승균
역주자 ǀ 박세욱
발행인 ǀ 이방원
발행처 ǀ 세창출판사
　　　　신고번호 제1990-000013호
　　　　주소 03736 서울시 서대문구 경기대로 58 경기빌딩 602호
　　　　전화 02-723-8660 팩스 02-720-4579
　　　　이메일 edit@sechangpub.co.kr 홈페이지 www.sechangpub.co.kr
　　　　블로그 blog.naver.com/scpc1992 페이스북 fb.me/Sechangofficial 인스타그램 @sechang_official

—

ISBN 979-11-6684-175-0 94910
　　　　979-11-6684-173-6 (세트)

—

이 역주서는 2019년 대한민국 교육부와 한국연구재단의 지원을 받아 수행된 연구임.
(NRF-2019S1A5A7068721)

—

영애승람역주瀛涯勝覽譯注

Annotations and Translations of Yingya Shenglan

【下】

마환 저

풍승균 교주

박세욱 역주

세창출판사

● 풍승균 씨의 교주본은 1935년 대만상무인서관에서 처음으로 간행되었
  다. 이 초판본은 펠리오 씨가『통보』, 1936년, 32쪽과 210쪽에서 밝히고
  있는 것처럼, 19+2+2+2+2+72+2로 구성된 책으로, 이후 중화서국(1955년)
  과 대만상무인서관(1960년)에서 원본을 영인하여 다시 출간했다. 본역주
  에는 초판본을 확보하지 못하여, 1960년 대만상무인서관본이 가장 인
  쇄상태가 분명하므로 이를 저본으로 삼았다.

● 풍승균 씨의 교주는 본문에, 역자의 주석은 각주로 명확하게 구분하였
  다. 원주는【 】로 표기하였고, 짧고 단순한 주석은 본문에 곧바로 '밑
  줄'로 표기하였다. 원문의 밑줄은 지명, 인명, 연호, 서명에 한정하여 표
  기하였다.

● 풍승균 씨가 원문을 교감하면서 괄호 안에 알파벳으로 표기한 고유 명
  사들은 역자주에서 다루었다.

●『국조전고』의 판본은 주당면(朱當㴐)의 필사본이 있고 등사룡(鄧士龍)의
  간행본이 있다. 등사룡의 명간본은 허대령(許大齡)과 왕천유(王天有)가 표
  점하고 교감하여, 1993년 북경대학출판사에서 3권으로 간행되었다. 주
  당면의 필사본을 저본으로 간행한 것이 등사룡의 간본이므로 이를『국
  조전고』본의 저본으로 삼는다.

● 이본들의 전체적 의미가 같은 경우 각 글자의 출입에 대해서는 일일이
  교감하지 못했다.

● 독자의 이해와 가독성을 돕기 위해, 나라마다 해제를 붙였고, 맨 뒤에는 역자가 교정한 원문과 번역문을 붙였다. 역자가 교정한 부분은 굵은 글씨로 표시했다.

● 자주 인용되는 문헌 약칭

I. 교감에 활용된 판본

『삼보정이집』:『三寶征彝集』, 중국국가도서관 소장본.

『국조전고』: 1. 鄧士龍 輯, 許大齡 · 王天有 點校,『國朝典故』(3책), 북경대학출판사, 1993.

　　　　　 2. 朱當㴐 編,『國朝典故』(필사본), 중국국가도서관 소장본.

『설집』: 佚名 編,『說集』, 중국과학원 도서관 소장본.

　　『설집(說集)』은 편집자가 알려지지 않은 총서이다. 4함(函), 20책(冊)으로 구성되어 있고, 고대에서 명나라 시기까지 60종의 서적을 필사하여 전하고 있다.『영애승람』은 제2함, 산(山)부에 수록되어 있다. 현재 중국과학원 도서관에 소장되어 있는 유일본이다. 이 판본은 역자가 원본을 직접 확인하지 못하고, 만명 씨가『명초본영애승람교주』의 부록에 옮겨 놓은 것을 참고하였다.

『기록휘편』:『紀錄彙編』(叢書集成初編), 중화서국, 1985, 영인본.

『담생당』: 祁承爜淡生堂鈔本.『淡生堂鈔本瀛涯勝覽』, 해협출판 · 복건인민출판사, 2016.

『영애승람교주』: 馮承鈞 校注,『瀛涯勝覽校注』, 중화서국중인, 1955(1933년 초판).

『명초본영애승람교주』: 萬明,『明鈔本≪瀛涯勝覽≫校注』, 해양출판사, 2005.

II. 학술저널

『통보』: T'oung Pao

『JA』: Journal Asiatique

『BEFEO』: Bulletin de l'École française d'Extrême-Orient

『차이나리뷰』: China Reviews

『AQR』: Asiatic Quarterly Review

『JRAS』: The Journal of the Royal Asiatic Society of Great Britain and Ireland

『JChBRAS』: Journal of the China Branch of the Royal Asiatic Society

『JMBRAS』: Journal of the Malayan Branch Royal Asiatic Society

『JGIS』: Journal of the Greater India Society

『TBG』: Tijdschrift v. Indische Taal-, Land- en Volkenkunde van het Bat. Gen.

III. 주요 참고문헌 약칭

서 명	활용한 판본
『유양잡조』	段成式 著, 方南生 點校, 『酉陽雜組』, 中華書局, 1981.
『대당서역기』	玄奘 著, 季羨林 等校注, 『大唐西域記校注』, 中華書局, 2000.
『남해기귀내법전』	義淨 著, 王邦維 校注, 『南海寄歸內法傳校注』, 中華書局, 1995.
『대당서역구법고승전』	義淨 著, 王邦維 校注, 『大唐西域求法高僧傳校注』, 中華書局, 1988.
『통전』	杜佑 著, 『通典』, 中華書局, 1988.
『만서』	樊綽 著, 向達 校注, 『蠻書校注』, 中華書局, 1962.
『문헌통고』	馬端臨 著, 『文獻通考』(點校本), 中華書局, 2011.
『계해우형지』	范成大 著, 嚴沛 校注, 『桂海虞衡志校注』, 廣西人民出版社, 1986.
『영외대답』	周去非 著, 楊武泉 校注, 『嶺外代答校注』, 中華書局, 1999.
『제번지교주』	趙汝适 著, 馮承鈞 校注, 『諸蕃志校注』, 商務印書館, 1940.
『제번지교석』	趙汝适 著, 楊博文 校釋, 『諸蕃志校釋』, 『中華書局』, 1996.
『진랍풍토기교주』	周達觀 著, 夏鼐 校注, 『眞臘風土記校注』, 中華書局, 2000.
『도이지략교주』	汪大淵 著, 藤田豊八 校注, 『島夷誌略校注』, 文殿閣書莊, 1936. 역주본, 『바다와 문명: 도이지략역주』, 2022, 영남대학교출판부.
『도이지략교석』	汪大淵 著, 蘇繼廎 校釋, 『島夷志略校釋』, 中華書局, 1981.
『마환』	J.J.L. Duyvendak, 『Ma Huan Re-examined』, Amsterdam, Noord-

	Hollandsche uitgeversmaatschappij, 1933.
『영애승람역주』	J.V.G. Mills, Ying-Yai Sheng-Lan 'The Overall Survey Of The Ocean's Shores', Cambridge, Published for the Hakluyt Society, at the University Press. 1970.
『명초본영애승람교주』	馬歡 著, 萬明 校注, 『明鈔本瀛涯勝覽校注』, 海軍出版社, 2005.
『성사승람교주』	費信 著, 馮承鈞 校注, 『星槎勝覽校注』, 商務印書館, 1938 l 1939.
『서양번국지교주』	鞏珍 著, 向達 校注, 『西洋番國志』, 中華書局, 1961 l 1982.
『서양조공전록교주』	黃省曾 著, 謝方 校注, 『西洋朝貢典錄校注』, 中華書局, 2000.
『동서양고』	張燮 著, 謝方 點校, 『東西洋考』, 中華書局, 2000.
『고대남해지명회석』	陳佳榮, 謝方, 陸峻嶺 著, 『古代南海地名匯釋』, 中華書局, 1986.
『조여괄』	Friedrich Hirth and William Woodville Rockhill, 『CHAU JU-KUA: His Work on the Chinese and Arab Trade in the Twelfth and Thirteenth Centuries, entitled Chi-fan-chi』, St. Peterbourg, Printing Office of Imperial Academy of Sciences, 1911.
「15세기 초 중국의 대항해」	P. Pelliot, 「Les Grands voyages maritimes chinois au début du XVe siècle」, 『통보』, Vol. 30, 1933. 237~452.
「8세기 말 중국에서 인도로 가는 두 갈래 여정」	P. Pelliot, 「Deux itinéraires de Chine en Inde à la fin du VIIIe siècle」, 『BEFEO』, IV(1904), 131~413쪽; 역주본, 영남대학교출판부, 2020.
『프톨레마이오스의 동아시아 지리에 관한 연구』	Colonel G.E. Gerini, 『Researches On Ptolemy's Geography Of Eastern Asia』, London, 1909.
『말레이반도와 말라카에 관한 주석』	W.P. Groeneveldt, 『Notes on the Malay Archipelago and Malacca』, Batavia, The Hague, 1876.
「14세기 중국과 인도양 연안, 동부 열도와의 무역 관계에 관한 주석」	W. W. Rockhill, 「Notes on the relations and trade of China with the eastern archipelago and the coasts of the Indian Ocean during the fourteenth century」: Part I, 『통보(通報)』, 15-3(1914), 419-447; Part II-1, 『통보(通報)』, 16-1(1915) pp. 61-159; Part II-2, 『통보(通報)』, 16-2(1915), 236-271; Part II-3, 『통보(通報)』, 16-1, 374-392; Part II-4, 『통보(通報)』, 16-1, 435-467; Part II-5, 『통보(通報)』, 16-1, 604-626.
『중국과 이란』	Berthold Laufer, 『Sino-Iranica』, Chicago, 1919.
『영국-인도 용어사전』	H. Yule & A.C. Burnell, 『Hobson-Jobson: A Glossary of Colloquial Anglo-Indian Words and Phrases, and of Kindred Terms, Etymological, Historical, Geographical and Discursive』, London, 1903.

● 무게와 길이 단위: 진(秦)~청(淸)

* Endymion Wilkinson, 『Chinese History A Manual』(2000), 237쪽의 도표를 중심으로 정리하였음.

	단위	상응하는 값
길이	분(分)	10리(厘); 0.3cm
	촌(寸)	10분(分)
	척(尺)	10촌(寸). 청나라 시기 1척=31.75cm
	장(丈)	10척
	인(引)	10장
용량	초(抄)	10촬(撮)
	작(勺)	10초(抄)
	홉(合)	10작(勺); 2약(龠)
	승(升)	10홉(合)
	두(斗)	10승
	부(釜)	4두(斗)[명나라 이후에는 사용되지 않음]
	곡(斛)	10두[남송 이후 5두]
	석(石)	10두[북송 이후]; 2곡(斛)[남송 이후]
무게	전(錢)	1/10냥
	수(銖)	621년 전(錢)으로 대체됨
	냥(兩)	24수(銖); 4치(錙); 621년부터 1냥=10전(錢)
	근(斤)	16냥
	균(鈞)	30근[명나라 이후에는 사용되지 않음]
	석(石)	4균=120근
면적 · 거리	보(步)	진-당: 6척 당-청: 5~6척. 청나라 시기 1보=5척=1.5875m
	무(畝)	1/6에이커; 사방 240보
	경(頃)	100무(畝)
	리(里)	송나라 시기부터 공식적으로 360보=536m[원나라 시기에만 예외적으로 240보]
	경(更)	물길로 60리 정도
	정(程)	육로로 30리 남짓

영애승람역주(下) 목차

영애승람역주 총 목차

『영애승람 역주』

一

하下

✳

해제

학자들은 마환의 고리국이 인도 케랄라주에 있는 항구도시인 '캘리컷'으로 알려진 오늘날 '코지코드(Kozhikode)'로 보는 것에 큰 이견이 없는 것 같다.

율은 『영국-인도 용어사전(Hobson-Jobson)』(148쪽)에서 "캘리컷은 중세 말라바르 해안의 주요 항구도시자 사모린(Zamorin)이 사는 곳이다. 콜리코두(Kōḷikōḍu)는 '수탉의 요새'라고 한다. 로간(William Logan, 1841~1914)은 『Malabar Manual』(1887), I, 241쪽 주에서, '콜리(koli)'는 닭을, '코투(kottu)'는 '구석' 또는 '빈 곳'을, '코타(kotta)'는 '요새'를 의미한다. 닭 울음소리가 나는 모든 공간이 사모린의 것이라는 전설이 있다고 하였다." 여기에서 보이는 콜리(Kōḷi, koli)가 고리에 해당하는 음으로 추정된다.

이곳은 1343년경 이븐 바투타(IV, 89쪽)에서 가장 빠르게 언급된 것으로 보인다. "판다라이나(Fandaraina, 코일란디)에서 먼저 칼리쿳(Kalikūt)으로 가면, 물리바르(Mulibār, 말라바르) 해안의 여러 항구 중 하나로, 중국인(Chīn), 자바인, 실론(Sailān), 마할(Mahal, Maldives), 예멘(Yemen), 파르스(Fārs) 사람들이 항상 찾는 곳이며, 다른 지역에서 오는 상인들이 그곳에서 만난다. 이 항구는 세계 최대의 항구 중 하나이다."

중국의 학자들은 캘리컷에 관한 기술을 좀 더 이른 시기로 거슬러 올라가고 싶었던 것 같다. 조여괄은 『제번지』에서 "남비 나라는 서남쪽 끝에 있다. 삼불제에서 몬순 바람에 달포면 도착할 수 있다. 나라의 도읍은 '멸아말(蔑阿抹)'이라 하고 당나라 말로는 '예사(禮司)'라 한다(南毗國在西南之極. 自三佛齊便風月餘可到, 國都號蔑阿抹, 唐語曰禮司)"라고 하였다. 여기 나라 이름에 들어 있는 '비(毗)'자는 『영애승람』, 가지(柯枝)와 고리(古里) 조목에서 나오는 다섯 등급의 나라 사람 중에서 '남곤(南昆)'으로 등장한다. 하나는 나라 이름으로, 하나는 나라 사람들의 신분 계급 명칭으로 나타나는데, 이 둘을 처음으로 연결한 학자는 풍승균 씨이다. 풍승균 씨는 『제번지교주』에서 "남비국은 『영외대답』, 권3, 대식국 조목에 '마리발국(麻離拔國)' 또는 '마라발(麻囉拔)'이란 나라가 있는데 바로 이 나라이다. 본서에서 '마라발'이라 명명하지 않고 '남비'라고 한 것은 아마도 그 땅의 가장 중요한 마을인 바라문(婆羅門) 부락을 나라 이름으로 삼은 것으로 보인다. 이전 고증에 남비를 '나이르(Nair)'로 본 사람도 있고, '남부리(Namburi)'로 본 자도 있는데 펠리오 씨는 근래 후자를 취했다. 여기 '남비'는 『영애승람』, 가지(柯枝), 고리(古里) 두 조목에서 '남곤(南昆)'으로 되어 있다. 본서 하권 후추 조목에 딸린 주에 남비무리발국(南毗無離拔國)이 있는데 바로 이 나라의 원래 명칭이다"라고 하였다(『제번지교주』, 중화서국, 1956, 31쪽).

히어트와 록힐은 "[남비국은] 더 정확하게는 '남비의 나라' 즉 말라바르의 나이르 사람들이다. '남비'라는 명칭은 조여괄 이전에는 보이지 않는다. 조여괄이 제시한 남비의 속국들 목록에 비추어 볼 때, 말라바르의 지배력은 넬로르(Nellore)에서 캄베이(Cambay)까지 펼쳐져 있었다. 우리가 앞 조목에서 본 바와 같이, 이 나라는 실론섬도 포함하고 있었다(『조여괄』, 89쪽 주1). 풍승균 씨가 남비국과 남곤이란 계급을 연결한 것은 히어트와 록힐에 근거하고 있음을 알 수 있다.

폴 펠리오 씨는 「다시 정화의 항해에 관하여(Encore à Propos des Voyages de Tcheng Houo)」, 『통보』, 32(1936), 221쪽에서 "풍씨는 망설임이 없는 것은 아니지만, '남곤(南昆)' 형태를 유지하면서(풍승균본, 39쪽), 나이르(Naïr) 또는 남부리(Nambūri)와의 연관성을 짐작했다. 내가 보기에 나이르는 음성적으로 불가능해 보인다. 그러나 선본은 '남비(南毗)'라고 생각한다. 남부리 브라만들이 한 큰 역할에 관한 새로운 검토가 이루어진 뒤에 나는 남비가 실제 그들의 음역이라는 가설에 동조할 것이다"라고 하며 판단을 유보했는데, 펠리오의 판단유보가 적절해 보인다. 우선 조여괄의 시대와 마환의 시대는 200년 정도 차이가 난다. 즉 조여괄 시대의 사람들이 여전히 우위를 점하고 있었다는 보장이 없다. 둘째 남비와 말라바르는 음성적 측면에서 전혀 근접하지 않는다. 셋째 『제번지』에서는 이러한 왕국 사람들의 등급에 관해 전혀 언급이 없다. 넷째, 남비(南毗)가 맞는지 남곤(南昆)이 맞는지 정확한 고증도 없다. 그런데도 히어트, 록힐 그리고 풍승균 씨가 남비를 '말라바르'로 추정하는 것은 그 수도인 멸아말(蔑阿抹) 때문일 것이다. 이들은 조여괄이 남비의 속국 목록에서 제시한 마리말(麻哩抹)의 다른 음역으로 보았기 때문이다. 왕국의 수도가 속국에 들어가 있는 것이 말이 되지 않는다. 게다가 일반적으로 해안 또는 민족을 지칭하는 말라바르가 왕국을 형성했는지도 의문이다.

이렇게 추정 근거가 약한 가설을 더욱 밀고 나간 학자가 바로 소계경 씨이다. 그는『도이지략교석』고리불(古里佛) 조목(328쪽)에서 다음과 같이 추정했다. "남비(南毗)는 이 해안 바라문 계급 남부리(Namburi)의 통칭이다. '멸아말(蔑阿抹)'이라는 명칭은 마리암마(Mariamma)에 해당하는 음으로 보이며 고리불 여신의 이름이다. 이 여신은 원래 '마리(Mari)'라고 하였는데, 그 이름 뒤에 '암마(amma)'라는 존칭을 붙여 말라바르 언어로 '마마(어머니)'라는 의미가 있다.『서남해이총도(西南海夷總圖)』에는 가익(加益), 구남(俱南), 아류(阿留) 세 명칭 뒤에 '마랄리(馬剌里)'라는 명칭이 보인다. '가익'은 바로 카얄(Kayal)로 본서 제삼항(第三港) 조목의 주에 보이고, '구남'은 구람(俱藍)이며, '아류'는 하리(下里)의 다른 음역이고, '마랄리'라는 명칭은 고리불이 아니면 귀속시킬 곳이 없다. 아마도 이 여신의 이름을 도성의 명칭 또는 항구의 명칭으로 삼았을 것이다. 중세기에 고리불은 '남비(南毗)'와 '멸아말(蔑阿抹)' 또는 '마랄리(馬剌里)'로 통칭되었던 것으로 보이므로, '마랄리'라는 원래 명칭이『제번지』,『대덕남해지』에 보이지 않는 것은 바로 이 때문일 것이다. 1498년 포르투갈의 바스쿠 다 가마가 세 척의 배를 타고 대랑산(大浪山) 곶을 돌아 동쪽으로 왔을 때, 처음으로 인도에서 상륙한 곳이 바로 고리불이었다.『제번지』에서 말하는 '예사(禮司)'는 '남비'라는 명칭의 의역(意譯)으로 봐야 한다. 남비는 원래 말라바르 해안의 바라문 계급을 일컫는 것이고, 바라문은 제사를 주관하는 승려들이기 때문일 것이다."

소계경 씨의 이 주장은 결국 고리불(古里佛)이 바로『제번지』의 남비국이고,『영애승람』의 고리국으로, 모두 캘리컷을 지칭한다고 본 것이다. 우리가 이견 없이 동의하고 있는 사실은 가지국(柯枝國)이 오늘날 '코치(Kochi)'라는 점이다. 마환은 코치 왕국에서 3일 서북쪽으로 가면 고리국(古里國)에 다다른다고 설명하고 있다. 만약 일반적으로 받아들여지는 주장대로 고리국이 캘리컷(현 코지코드)이라면, 현 지도에서 보는 바와 같이, 코치에서 캘리컷까지는 200㎞가 채 되지 않는 거리이다. 항로의 어려움을 고려하더라도 3일을 가야 하는 항해 거리는 쉽게 이해되지 않는다.

왕대연의 고리불(古里佛) 기술을 그대로 옮겨 놓고 있는 비신의 『성사승람』 고리 조목은 "승가(僧伽)와 매우 가깝다"라고 하였다. 이처럼 비신이 고리 조목에서 왕대연의 고리불 기술을 채록했기 때문에 소계경 씨가 '고리불=고리'라는 가설이 생겨난 것이다. 여기 승가는 왕대연이 '승가랄(僧加剌)'이라고 한 곳이다. 승가랄은 왕대연의 기술에서 실론 즉 스리랑카를 지칭했다. 결국, 왕대연은 고리불이란 곳이 실론섬과 가깝다는 것을 말하고 있다. 이미 소계경 씨는 『도이지략』의 소구남(小唄喃)을 퀼론에 배당해 놓고 있었고, 고치 왕국은 왕대연 시기에 없었거나 겨우 형성되고 있었으므로, 승가 또는 승가랄을 '실론'으로 보지 못하고 캘리컷 가까운 곳에서 찾는 수밖에 없었다. 궁여지책으로 찾아낸 곳이 바로 코친에서 약 30㎞ 떨어진 코둥갈루르(Kodungallur), 즉 영어로 '크랑가노르(Cranganore)'로 추정하고, 『원사』, 권210, 「마팔아등국전(馬八兒等國傳)」에 보이는 '승급리(僧急里)'라고 주장했다. 그렇지만 이 시기는 1341년의 홍수 또는 지진에 의한 지질 변화로 코친 항구가 형성되고 있던 때이다. 과연 왕대연이 스리랑카를 지칭했던 명칭인 '승가', 또는 '승가랄'이라는 지명으로 그곳을 언급했을까?

이처럼 소계경 씨의 무리한 추정을 부추긴 것은 황성증의 『서양조공전록』이었던 것으로 보인다. 황성증은 고리 조목에서 "이 나라는 가지에서 서북쪽으로 6백 리에 있다(其國在柯枝西北可六百里)"라고 하였다. 마환이 말한 것은 산이 동쪽으로 5백~7백 리에 뻗어 있다고 했지, 코치에서 5백~7백 리 떨어진 곳에 고리국(古里國)이 있다고 말하지 않았다. 사실 황성증의 600리를 대략 킬로미터로 환산해 보면 현재 코치와 캘리컷 사의의 거리와 비슷하다. 앞서 본 것처럼 소계경 씨는 고리불=고리의 등식을 입증하려고 원문을 왜곡되게 이해했다. 그러므로 승가 또는 승가랄부터 다시 추정해 가야 고리국과 그곳으로부터 동남쪽으로 3일 여정의 출발지를 확인할 수 있을 것이다. 이러한 문제 제기에 대답한 사람이 바로 후지타 도요하치이다.

후지타 도요하치는 승가랄을 왕대연이 언급한 것대로 실론 즉 스리랑카로 보았다. 그곳에서 가까운 곳에 고리불이 있다고 하였으므로, 고리불이 바로 실론섬에서 가장 가까운 '퀼론'일 것이라는 추정을 내놓았다. 후지타는 "고림(故臨, Kaulam)을 마르코 폴로는 '코일룸(Coilum)', 마리뇰리(Marignolli)는 '콜룸붐(Columbum)'이라 하였다. 본서의 고리불(Kau-li[la]-but[mut]) 또한 콜람(Kaulam)에 해당하는 음이다"라고 하였다(『도이지략교주』, 144쪽). 펠리오도 『마르코 폴로에 관한 주석(Notes on Marco Polo)』(399~402쪽)에서 퀼론에 관한 중세 서구의 표기 형태를 언급하며 쥬르댕 카탈라 드 세베락(Jourdain Cathala de Sévérac)와 마리뇰리(Marignolli)에서 카탈란 아틀라스(Catalan Atlas)까지 많은 자료에서 보이는 콜룸붐(Columbum), 콜룸보(Columbo) 등이 있고, 기욤 아담(Guillaume Adam)의 콜롬(Colom)이 있었다는 것을 보여 주고 있다. 이로써 볼 때, 고리불로 표기될 가능성은 다분하다. 무엇보다도, 후치타 도요하치의 위치 추정이 가지는 장점은 마환이 언급한 거리와 상당히 근접한다는 점이다. 마환의 고리국을 캘리컷에 두고, 왕대연의 고리불을 퀼론에 둔다면, 퀼론에서 캘리컷까지 3일 항해 거리라는 점은 상당히 수긍할 만하다.

마환의 기록이 의미가 있는 것은 실제 항해를 통해 얻은 정보로 보이기 때문이다. 그러므로 마환이 고리국까지 이르는 항해 일정은 두 지점 간의 거리를 말하는 것이므로 매우 중요하다. 마환은 가지국 조목에서 퀼론에서 하루 밤낮으로 항해해 가는 거리에 가지국이 있다고 했다. 현재 구글 지도가 서비스하고 있는 육로로 계산해 보면, 콜람 즉 퀼론에서 코치(코친)까지는 138km이다. 코치에서 캘리컷 즉 코지코드까지는 183km이다. 마환의 배는 퀼론에서 코치까지 하루 밤낮을 이동했으므로, 따라서 고리국이 캘리컷이라면, 그곳으로부터 3일 여정과 부합하는 항구는 퀼론밖에 남지 않는다. 그러므로 '왕대연의 고리불=마환의 고리국'이라는 등식은 폐기해야 할 것이다.

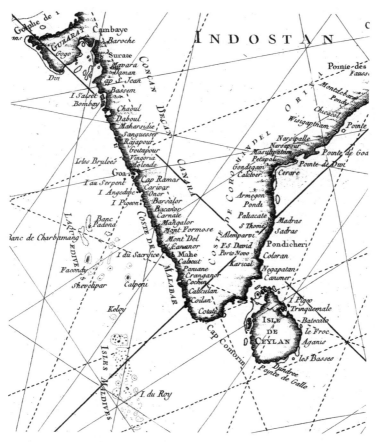

Jacques Nicolas Bellin(1703~1772), 『L'Hydrographie Françoise Recueil des Cartes Generales et Particulieres qui ont été faites pour le Service des Vaisseaux du Roy』, II, Paris, 1765. 91쪽. 57x87㎝. 1:13,100,000. 일부.

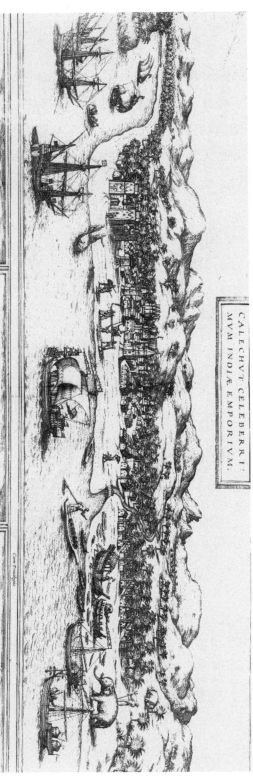
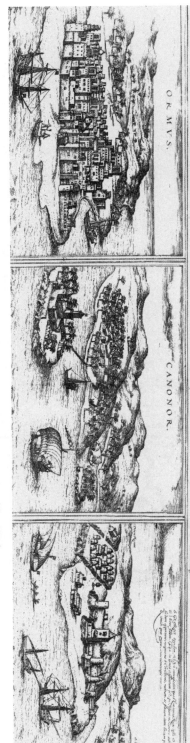

Georg Braun(1540?~1622), 『세계의 도시들(Civitates orbis terrarum)』, 쾰른, 1575년.
상단 좌: Calicut (India), 하단 좌: Hormuz (Iran), 중: Kannur (India), 우: Elmina (Ghana).

캘리컷 왕국[古里國]¹

13-1. 지리 환경

바로 서양의 대국이다. 가지국(柯枝國) 항구에서 배를 타고 서북쪽으로 사흘을 가면 도착한다.² 이 나라는 해변에 있고, 산은 동쪽으로 5백~7백 리 나 되며, 멀리 감파이국(坎巴夷國)과 통한다. 서쪽은 대해에 임해 있고, 남쪽 은 가지국과 경계를 맞대고 있고, 북쪽으로는 한노아(狠奴兒) 땅과 서로 붙 어 있어, 서양 대국이 바로 이곳이다.

卽西洋大國.³ 從柯枝國港口開船, 往西北行, 三日方①到. 其國邊海, 山之東有五七百②里, 遠通坎巴夷③國. 西臨大海, 南連柯枝國界, 北邊相接狠奴兒④地⑤面, 西洋大國正此地也.

① ['방(方)'자는] 『승조유사』본에 '가(可)'자로 되어 있다.⁴

---

1 『담생당』본의 표제는 "고리국, 『일통지』에는 '서양고리국'이라 하였다(古里國【一統誌曰西洋古里國】)" 라고 되어 있다.

2 마환의 이러한 여정 설명은 비신이 기술한 것과 비교할 만하다. 『성사승람』(고금설해본) 고리국(古里 國) 조목에서 "실론섬에서 출발하여 순풍에 10일 밤낮을 [항행하면] 이를 수 있다. 이 나라는 큰 바다의 주요 섬에 해당한다(錫蘭山起程, 順風十晝夜可至. 其國當巨海之要嶼)"라고 하였다(사고전서본, 권17, 7a).

3 이 고리국 조목의 첫 문장[卽西洋大國]은 『국조전고』에 "古里國【即西洋大國也】"로 표제 아래 주석으로 처리되어 있다. 또한 『삼보정이집』에서는 "古里國乃西洋大國也"라고 시작하고 있다. 여기 『기록휘편』 의 시작은 『설집』, 『담생당』본과 일치하고 있다. 한편, 『서양번국지』(상달 교주본, 27쪽)에서는 "고리 국, 이 [나라는] 서양의 대국이다(古里國, 此西洋大國也)"라고 시작하고 있다.

② '백(百)'자는『기록휘편』에 빠져 있어『승조유사』본에 따라 보충하였다.[5]

③ ['감파이(坎巴夷)'는] 옛날 코얌파디(Koyampadi)로 오늘날 코임바토르(Coimbatore)이다.『기록휘편』에 '이(夷)'자가 '미(美)'자로 되어 있고,『승조유사』본에는 '감파이(坎巴夷)'로,『서양조공전록』에는 '감파이체(坎巴夷替)'로 되어 있다.[6]

④ ['한노아(狠奴兒)'는] 옛 추정에 따르면, '칸나노르(Cananore)'라고 하는데, 대응하는 음이 부합하지 않는다. 여기서는 펠리오의 설에 따라 더 북쪽에 있는 호나바르(Honavar, Honore)에 대응시켰다.[7]

---

4 『기록휘편』의 '방(方)'자는『국조전고』,『삼보정이집』,『설집』,『담생당』본 모두에서 '가(可)'자로 되어 있다.

5 이 교정에 해당하는『기록휘편』의 원문[山之東有五七里]은『국조전고』,『설집』,『담생당』본에 "山遠東有五七百里"라고 하였고,『삼보정이집』에서는 "出遠東有五七百里"로 되어 있다.『삼보정이집』의 '출(出)'자를 '산(山)'자의 오기로 보면, 이들 명나라 필사본 모두 같은 문장을 보여 주고 있다. 또한, 풍승균씨가『승조유사』본에 따라 보충한 '백(百)'자가 들어 있다. 마지막으로『기록휘편』의 '산지동(山之東)'은『서양번국지』에서 "其國邊海山遠"으로 되어 있으므로 위의 네 사본에 따라 '산원동(山遠東)'으로 고쳐 읽어야 할 것이다.

6 감파이(坎巴夷)에 대하여, 먼저 록힐은『명사』「정화전」에서 정화가 세 차례나 간 곳인 감파리(甘巴里)를 여기『영애승람』의 감파이(坎巴夷)와 같은 곳으로 보고, '캄베이(Kambay)'로 추정했다(「14세기 중국과 인도양 연안, 동부 열도와의 무역 관계에 관한 주석」, 83쪽, 119쪽). 뒤펜다크 또한 록힐의 견해를 따랐다(『마환』, 51쪽). 이에 대해 펠리오 씨는『영애승람』의 감파이는『서양조공전록(西洋朝貢典錄)』 고리국 조목에 보이는 감파이체(坎巴夷替), 즉 코얌파디(Koyampadi, 지금의 Coimbatore)임을 확신했고, 나아가 「정화전」의 감파리가 바로 '감파이체'일 것으로 추정했다(「15세기 초 중국의 대항해」, 290쪽). 하지만 상달(向達) 씨는 이러한 혼동을 다시 소환했다. 그는 감파이는 현 코임바토르의 옛 명칭이 '코얌파디'라고 하면서, 지금의 '캄바이'(Cambay, 현 구자랏 Khambhat)라고 혼동했다(『서양번국지』, 26쪽). 사방(謝方) 씨는 정확하게 펠리오의 설에 동의하며,『영애승람』의 감파이(坎巴夷)를 '감파이체'로 교정해야 한다고 주장했다(『서양조공전록교주』, 98쪽). 최근 만명 씨도 펠리오의 설을 확인한 바 있다(『명초본영애승람교주』, 64쪽).

7 이 교정에 해당하는『기록휘편』원문[北邊相接狠奴兒池面]은『국조전고』에 "北接狠奴兒國地面"으로,『삼보정이집』,『설집』,『담생당』본에는 "北邊相接狠奴兒國地面"으로 되어 있다. 따라서『기록휘편』의 '지(池)'자는 '지(地)'자로 고치는 것이 맞고, '한노아' 뒤에는『서양번국지』에도 '국(國)'자가 들어 있으므로 '국'자를 보충해 넣는 것이 맞다. '한노아(狠奴兒)'에 관하여 록힐은『영애승람』의 한노아를 '한여아(狠如兒)'로 잘못 옮겨 놓고, 칸나노르(Cananore)가 아닐까 하는 물음표를 남겼다(「14세기 중국과 인도양 연안, 동부 열도와의 무역 관계에 관한 주석」, 455쪽). 이 추정은 뒤펜다크의『마환』(51쪽)에서도 이어졌다. 이에 대해 펠리오 씨는 지리적 위치에서는 동의하지만, 음성적 유사성에 있어서는 만족스럽지 못하다고 지적하고, 북쪽으로 더 멀리 있는 '호노르(Honore)', 즉 '호나바르(Honāvar)'로 추정했다(「15세기 초 중국의 대항해」, 410쪽). 상달(向達)[28쪽], 사방(謝方)[98쪽], 만명(萬明)[64쪽] 모두 펠리오의 설에 따라 일치된 견해를 보인다.

⑤ '지(地)'자는 『기록휘편』에 빠져 있어 『승조유사』본에 따라 보충하였다.[8]

13-2. 기념비

영락 5년(1407)에, 조정에서 정사 태감 정화 등에게 명하여 조서를 가지고 가, 이 나라에 고명(誥命)과 은인(銀印)을 하사하고, 아울러 두목 각각 품급을 올려 주고, 관대를 하사하게 하였다. [정화 일행은] 대종의 보선을 통솔하여 이곳에 이르러, 비석 정자를 건립하고, 돌을 세워 "이 나라는 중국에서 십만여 리 떨어져 있어도 민물(民物)이 모두 같고, 찬란히 풍속이 같아, 여기에 돌을 새겨, 영원에 만세에 보이노라"라고 하였다.

永樂五年, 朝廷命正使太監鄭和等齎詔敕, 賜其國①王誥命銀印給賜, 陞賞各頭目品級冠帶,[9] 統領大舮寶船到彼,[10] 起建碑庭,[11] 立石云, 其國②去中國十萬餘里, 民物咸若,③ 熙皥同風,④ 刻石于茲, 永示⑤萬世.⑥

① '국(國)'자는 『승조유사』본에 따라 보충하였다.
② 이상 두 글자[其國]는 『승조유사』본에 따라 보충하였다.[12]

---

8 '지(地)'자는 『국조전고』, 『삼보정이집』, 『설집』, 『담생당』본, 그리고 『서양번국지』 모두에 들어 있다.

9 『기록휘편』의 이 문장[陞賞各頭目品級冠帶]에서 『국조전고』, 『삼보정이집』, 『설집』, 『담생당』본 모두 문두에 '급(及)'자를 넣고 있는데, 이에 따르는 것이 맞다.

10 『국조전고』와 일치하고 있는 이 문장[統領大舮寶船到彼]은 『삼보정이집』, 『설집』, 『담생당』본에는 "寶船到彼"라고만 되어 있다.

11 '정(庭)'자는 『국조전고』, 『삼보정이집』, 『설집』, 『담생당』본 모두 '정(亭)'자로 되어 있으므로, 그에 따라 고치는 것이 맞다.

12 이 교정에 해당하는 『기록휘편』의 원문[賜其王誥命銀印給賜]은 『국조전고』, 『설집』, 『담생당』본에 "聖朝命正使太監鄭和等齎詔敕, 賜其王誥命銀印"으로 되어 있고, 『삼보정이집』에는 정화 뒤에 '등(等)'자가 빠져 있다. 또한 『서양번국지』(상달 교주본, 28쪽)에서 "그 왕에게는 고명과 은인장, 그리고 여러 두목에게는 관복 등의 물품을 차등하여 하사했다(賜其王誥命銀印及諸頭目冠服等物有差)"라고 했으므로,

③ 이상 두 글자[咸若]는 『승조유사』본에 따라 보충하였다.[13]

④ 이상 네 글자[熙皡同風]는 『기록휘편』에 "熙皡大同風俗"으로 되어 있는데, 말을 고칠 수 없어, 『승조유사』본에 따라 삭제했다.[14]

⑤ '시(示)'자는 『기록휘편』에 '낙(樂)'자로 되어 있어 『삼보태감서양기(三寶太監西洋記)』에 따라 고쳤다.

⑥ 『승조유사』본에서 인용한 비문은 겨우 앞부분의 여덟 글자[民物咸若, 熙皡同風]에 지나지 않는다. 『삼보태감서양기』에 인용한 문장이 비교적 길다. "此去中國, 十萬餘程, 民物咸若, 熙皡同情, 永示萬世, 地平天成"이라고 하였다.[15] 『기록휘편』 원문에 있어서 개찬(改竄)이 있었는지 없었는지 모르겠다. 어쨌든 통행본 마환 책의 오류를 교감해 낼 수 있을 것이다.

13-3. 민족 구성

국왕은 남곤(南昆) 사람이고, 불교를 신봉하며, 코끼리와 소를 존경한다. 나라 사람들에는 다섯 등급이 있는데, 회회인, 남곤인, 철지인, 혁령인, 목

풍승균 씨가 '국'자를 『승조유사』본에 따라 보충해 넣은 것은 불필요하다. 마지막으로 『기록휘편』의 '급사(給賜)'는 의미가 중복되므로, 삭제하는 것이 맞다.

13 '함약(咸若)'은 『국조전고』, 『삼보정이집』, 『설집』, 『담생당』본에도 모두 들어 있다.

14 풍승균 씨가 『국조전고』본을 더욱 성실히 참고했더라면 이러한 오류를 범하지 않았을 것이다. 자세한 설명은 아래의 주석을 참고하시오.

15 이상 풍승균 씨가 교정한 비문의 내용은 『기록휘편』의 원문에, "중국에서 십만여 리 떨어져 있어도, 민물이 찬란하고, 풍속이 크게 같아, 여기에 돌을 새기니, 만세에 안락하리(去中國十萬餘里, 民物熙皡, 大同風俗, 刻石于玆, 永樂萬世)"라고 하였다. 또한 『국조전고』에서는 "중국에서 십만여 리 떨어져 있어도, 민물이 모두 같고, 찬란히 같은 풍속인지라 여기에 돌을 새기니 만세에 영락하리(去中國十萬餘里, 民物咸若, 熙皡同風, 刻石于玆, 永樂萬世)"라고 하였다. 『삼보정이집』, 『설집』, 『담생당』본에는 『국조전고』와 거의 같지만, '영락(永樂)'이 '영시(永示, 영원히 보여 주다)'로 되어 있다. 사실 『국조전고』, 『삼보정이집』, 『설집』, 『담생당』본의 "民物咸若, 熙皡同風"이라는 문장은 의미상 중복도 있고, 구체적이지 않은 반면, 『기록휘편』의 "民物熙皡"은 "民熙物阜"의 뜻으로, 백성들은 안락하고, 문물이 풍족하다는 의미이다. 이렇게 민물을 언급하고, 풍속이 크게 같음을 들고 있으므로, 의미의 파악이 더욱 분명하다. 그러므로 이 부분에서는 『기록휘편』이 가장 정확하게 보인다. 마지막 구인 "영락만세(永樂萬世)"는 "영시만세(永示萬世)"로 바로잡는 것이 맞다. 한편 풍승균 씨가 문두에 보충한 '기국(其國)' 두 글자는 다른 사본들에 없으므로 불필요한 보충이다.

과인이다.¹⁶

국왕은 남곤인이다,¹⁷

國王係南昆人,¹⁷ 崇信佛教, 尊敬象牛.¹⁸ 國人內有五等, 回回人・南昆人^①・哲地人・革令人・木瓜人.

① [회회인・남곤인(回回人・南昆人)은] 『승조유사』본에 '남곤인'이 '회회인' 앞에 있다.¹⁹

16 이상 다섯 신분 계급에 관한 자세한 설명은 앞의 가지(柯枝, 코치) 조목의 12-4의 주석을 참고하시오.
17 '남곤(南昆)'은 『삼보정이집』에만 '남비(南毗)'로 되어 있다. 사실, '곤(昆)'자는 '비(毘)'자와 비슷하고, 이 '비'자는 '비(毗)'자와 혼용하므로, 어느 글자가 더 정확한지 판단하기 어렵다. 이에 대해서는 앞의 가지국 조목(12-4)을 참고하시오. 국왕이 남곤 사람이라는 정보는 『기록휘편』, 『국조전고』, 『설집』, 『담생당』 모두에 "왕은 남곤인이다(王是南昆人)"라는 정보가 다시 나타난다. 『삼보정이집』의 남비(南毗)는 조여괄의 『제번지』에 보이는 나라로, 나이르(Nair) 또는 남부리(Nambūri) 등으로 추정하기도 하지만, 확인된 것은 아니다. 대체로 말라바르 해안에 있는 나라로 추정되어 왔다. 하나의 문장이 잘못 다시 필사되었을 수도 있지만, 모든 사본이 같은 실수를 범했다고는 보이지 않는다. 어쨌든 첫 번째 언급은 국왕의 출신지를 말하고 있고, 두 번째는 인구 구성의 등급을 말한다. 남곤과 남비에 관해서는 가지국 조목 12-4를 참고하시오.
18 '존경(尊敬)'은 『국조전고』, 『삼보정이집』, 『설집』, 『담생당』본 모두에 '흠경(欽敬)'으로 되어 있으므로, 의미는 같고, 중복되었지만, '흠'자로 일치시키는 것이 좋겠다. 한편 공진은 『서양번국지』에서 "코끼리와 소를 경배한다(敬象及牛)"라고 하였다.
19 『기록휘편』의 이 문장[國人內有五等, 回回人・南昆人・哲地人・革令人・木瓜人]은 『국조전고』에 "國人亦有五等, 有回回・南昆・哲地・革令・木瓜"라고 하며, '인(人)'자를 넣지 않고 있는데, 이는 『설집』과 『담생당』본에서도 마찬가지이다. 『기록휘편』에는 '내(內)'자는 『국조전고』에서 '역(亦)'자로 『삼보정이집』, 『설집』, 『담생당』본에서는 '지(止)'자로 되어 있다. 한편, 『삼보정이집』에서는 이상의 문장들이 다음 문장들과 뒤섞여, "國人止有五等. 有回回, 誓定我不食牛, 爾不食猪, 南毗・哲地・革令・木瓜"를 보여 준다. 마지막으로 공진의 『서양번국지』에서는 "其國亦有五等, 名回回・南昆・哲地・革令・木瓜"라고 하였다. 이러한 신분 계층은 바로 앞 조목인 코치 왕국에서도 언급되었으므로, 『기록휘편』에는 '내(內)'자는 '역(亦)'자로 고치는 것이 맞다. 또한 명칭 뒤의 '인(人)'자는 뒤의 문장에서 각 신분을 기술하고 있으므로 빼는 것이 맞다.
   한편 풍승균 씨가 주석에서 언급한 순서는 국왕 부류의 사람들이 최우선일 것이므로, 『승조유사』본에서 그 순서를 바꾼 것으로 생각해 볼 수 있다. 그러나 다른 사본들 모두 『기록휘편』과 같은 순서를 보여 주고 있다. 앞서 본 가지국 조목(12-4)에서는 남곤 또는 남비, 회회인, 철지, 혁령, 목과인 순으로 되어 있다.

13-4. 종교관습

　국왕과 나라 사람들은 모두 소고기를 먹지 않고, 대두목은 회회인(回回人)으로 모두 돼지고기를 먹지 않는다. 먼저 왕이 회회인들에게 약속하기를 "당신들이 소고기를 먹지 않으면, 나는 돼지고기를 먹지 않겠다"라고 하며 서로 금기하여 지금까지도 그러하다. 왕은 청동으로 '내납아(乃納兒)'라 부르는 불상을 만들고, 불전(佛殿)을 세워 청동으로 기와를 주조하여 덮는다. 그 불좌(佛座) 옆에는 우물을 파 두어, 매일 새벽, 왕이 물을 길어 불상을 씻고, 예배를 마치면, 사람들을 시켜 거둔 황우의 깨끗한 똥을, 청동 대야에 물을 섞어 죽처럼 만들어 불전 안의 땅과 담장에 문질러 바른다. 또 두목과 부잣집에 명하여, 매일 아침 역시 섞은 똥을 바르게 한다. 또 소똥을 불에 태워 흰 재로 만들고 미세하게 갈아, 좋은 천으로 작은 포대를 만들어 그 재를 넣고 항상 몸에 지닌다. 매일 새벽 세수를 마치고 나면, 소똥 재를 물에 섞어 이마와 두 다리에 문질러 바르는 것을 간간이 각각 세 차례씩 하는데, 부처와 소를 경배하는 성심이다.

　其國王國人,^① 皆不食牛肉, 大頭目是<u>回回人</u>, 皆^②不食猪肉. 先是王與<u>回回人</u>誓定,^③ 爾不食牛, 我不食猪,^④ 互相禁忌, 至今尙然. 王以銅鑄佛像, 名乃納兒, 起造佛殿, 以銅鑄瓦而蓋. 佛座傍掘井,²⁰ 每日侵晨,²¹ 王至汲水浴佛, 拜訖, 令人收取黃牛淨

20　『기록휘편』의 이상 두 문장[以銅鑄瓦而蓋, 佛座傍掘井]은 『국조전고』에 "以銅鑄瓦蓋之, 佛殿側掘一井"이라고 하였고, 『삼보정이집』에서는 "以銅鑄瓦而蓋, 佛座傍掘一井", 『설집』과 『담생당』본에서는 "以銅鑄瓦蓋之, 佛座[*]側掘井"으로 되어 있다. 한편 공진의 『서양번국지』에서는 "구리 기와로 불전을 덮고, 구리로 불상을 주조하여[蓋佛殿以銅瓦, 及以銅鑄佛]"라고 하였다. 첫째, 『국조전고』, 『설집』, 『담생당』에서는 '지(之)'자를 '개(蓋)'자 뒤에 넣어 앞 문장[起造佛殿]의 '불전(佛殿)'을 지칭했다. 반면 『기록휘편』과 『삼보정이집』에서는 '지(之)'자가 빠져 있기 때문에, 풍승균 씨는 뒤에 붙여야 할 '불좌(佛座)' 뒤에 구두를 하게 된 것이다. '개(蓋)'자는 목적어가 있어야 하므로 '지(之)'자를 원문에 보충해 넣는 것

糞,²² 用水調於銅盆如糊.^{⑤23} 遍擦殿內地面牆壁.²⁴ 且命頭目幷富家,²⁵ 每早亦塗擦

牛混糞,^⑥ 又將牛糞燒成白灰, 研細,²⁶ 用好布爲小袋盛灰, 常帶在身,²⁷ 每日侵晨洗

이 맞다. 둘째, 『기록휘편』의 '불좌(佛座)'인지 『국고전고』의 '불전(佛殿)'인지를 결정해야 한다. 이미 '불전'은 앞 문장에서 언급되었고, 『삼보정이집』, 『설집』, 『담생당』본 모두 '불좌'를 보여 주고 있으므로, 불상이 모셔져 있는 자리[佛座]가 맞다.

21 '일(日)'자는 『국조전고』, 『삼보정이집』, 『설집』, 『담생당』본 모두에 보이지 않고, 『서양번국지』(교주본, 28쪽)에도 '매조(每早)'라고만 하였다.

22 『기록휘편』에는 '영인(令人)'부터 '차도기액(搽塗其額)'까지의 문장들이 "令人搽塗其額"으로만 되어 있다. 따라서 다른 명나라 필사본들을 통해 보충하는 수밖에 없다. 『승조유사』에 따른 이 문장[令人收取黃牛淨糞]은 『국조전고』에 "사람들에게 황소가 밤에 싼 신선한 똥을 구리 그릇에 수거하게 하여(令人收取黃牛夜拋淨糞於銅盆內)"라고 하였고, 『삼보정이집』에는 "令人收取黃牛夜拋淨糞於銅盆內"로 되어 있는데, 『설집』과 『담생당』본은 "令人收取黃牛夜拋淨糞於銅盤內"를 보여 준다. 여기 『승조유사』의 원문은 『국조전고』와 『삼보정이집』에 따라 보완할 필요가 있다.

23 『승조유사』에 따른 이상 두 문장[用水調於銅盆如糊]은 『국조전고』에 "물을 죽처럼 희석하여(用水調稀如糊)", 『삼보정이집』, 『설집』과 『담생당』본은 "물로 엷게 조절하여(用水調薄)"로 일치된 문장을 보여 준다. 여기서는 소똥에 물을 섞는다는 의미를 전달하는 데 목적이 있으므로, '죽처럼[如糊]'이란 정보는 부연 설명이다. 따라서 『삼보정이집』, 『설집』과 『담생당』본을 따르는 편이 간결하다.

24 역시 『승조유사』에 따른 이 문장[遍擦殿內地面牆壁]은 『국조전고』에 "遍擦殿內地面牆壁"으로 되어 있고, 『삼보정이집』, 『설집』, 『담생당』본에는 "遍塗殿內地面牆壁"으로 일치된 문장을 보여 준다. '찰(擦)'자는 비비거나 문지른다는 뜻이고 '도(塗)'자는 바른다는 의미이다. 여기서는 확실히 '도(塗)'자가 더 잘 어울린다. 아래 두목과 부잣집을 설명할 때는 '찰도(擦塗)'로 되어 있는데, 그 의미가 더 명확하다. 따라서 『승조유사』본의 원문의 '찰'자는 '찰도'로 보완할 것을 제안한다.

25 『승조유사』본에 따라 보충한 이 문장[且命頭目幷富家]은 『국조전고』에 '왕가(王家), 두목, 부잣집 [사람들은](其王府頭目富家)'이라고 하였고, 『삼보정이집』, 『설집』, 『담생당』본에는 '其頭目及富家'로 되어 있다. 이로써 볼 때, 『승조유사』의 '차명(且命)'은 추가된 것이 분명하다. 문제는 '왕부들[王府]'의 존치 여부이다. 공진의 『서양번국지』에 "왕족들, 두목 그리고 여러 부잣집 사람들 모두 이처럼 부처를 경배한다(王家竝頭目及諸富家皆如此敬佛)"라고 하였다. 이를 근거하여 『국조전고』본에 따르는 것이 좋겠다.

26 이상 『승조유사』본에 따른 세 문장[每早亦塗擦牛混糞. 又將牛糞燒成白灰, 研細]은 『삼보정이집』, 『설집』, 『담생당』본에서 "每早亦用牛糞塗擦^{擦塗}. 又將牛糞燒成研細"라고 한 문장과 비교하여 상당히 유사하다. 반면 『국조전고』에는 "每早亦用牛糞燒成白灰, 研細"라는 설명만 보여 준다. 즉 『국조전고』에는 "塗擦牛混糞" 또는 "牛糞塗擦^{擦塗}"라는 정보가 빠졌음을 확인할 수 있다. 문제는 『승조유사』의 '섞은 소똥[牛混糞]'을 택할 것인지, 『삼보정이집』, 『설집』, 『담생당』본의 '우분(牛糞)'을 택할 것인가. 당연히 명나라 필사본들을 따르는 것이 맞다. 다음은 '백회(白灰)'의 존재 여부이다. 마지막에 '가늘게 간다[研細]'는 설명이 있으므로, '백회'는 부수적 정보이다. 그러나 『서양번국지』에는 "또한 소똥을 태워 가늘고 흰 가루로 만들어(又燒牛糞爲細白灰)"라고 하였으므로 판단하기 쉽지 않다. 역자는 『삼보정이집』, 『설집』, 『담생당』본을 따라 '백회'를 빼는 편으로 판단했다.

27 『승조유사』본에 따른 이 두 문장[用好布爲小袋盛灰, 常帶在身]은 『국조전고』, 『설집』, 『담생당』본의 문장과 일치한다. 다만 『삼보정이집』에서만 "用好布爲之小袋盛灰, 常帶在身"을 보여 주는데, '지(之)'가

面畢,²⁸ 取牛糞灰調水,²⁹ 搽塗其額幷兩股,³⁰ 間各三次,⁷ 爲敬佛敬牛⑧之誠.

① 이상 다섯 글자[其國王國人]는『기록휘편』에 "왕은 남곤 사람이다(王是南昆人)"로 되어 있어 말이 중복된다. 따라서『승조유사』본에 따라 고쳤다.³¹

② '개(皆)'자는『승조유사』본에 따라 보충하였다.³²

③ 이상 아홉 글자[先是王與回回人誓定]는『승조유사』본에 "국왕의 선제가 회회인과 맹세하여 이르기를(國王之先世與回回人誓定云)"이라는 열두 글자로 되어 있다.³³

잘못 덧붙여져 있다.

28 『승조유사』본에 따른 이 문장[每日侵晨洗面畢]은『국조전고』에 "侵晨洗面畢"이라고 하였고,『삼보정이집』에는 "每早侵晨洗面"으로,『설집』과『담생당』본에는 "每早侵晨洗面畢"로 되어 있다. 이를 종합한 문장이 바로『승조유사』의 원문이다. '필(畢)'자는 의미상 부연에 가깝지만,『서양번국지』에도 "매일 아침 씻는 것을 끝내고(每早盥洗畢)"라고 하며 '필'자를 확인할 수 있다. 역자는『삼보정이집』을 따르기로 한다.

29 『승조유사』본에 따른 이 문장[取牛糞灰調水]은『기록휘편』과『삼보정이집』의 이 문장은『국조전고』에 "則取牛糞灰水調",『삼보정이집』에서는 "取牛糞灰調水",『설집』과『담생당』본에서는 "取牛糞水調"로 되어 있다. 소똥을 불에 태워 가루로 만든 것을 물과 섞어 몸에 바르는 것을 말하고 있으므로 '회(灰)'자가 빠진『설집』과『담생당』본은 배제한다. 먼저『국조전고』의 '즉(則)'자는 앞 문장을 잇는 접속사로, 없어도 문장에 지장이 없다. 그리고『승조유사』의 '조수(調水)'는 의미상 변화가 없더라도,『국조전고』와『삼보정이집』에 따라 '수조(水調)'로 고치는 것이 타당하다.

30 『승조유사』본에 따른 이 문장[搽塗其額幷兩股]은『삼보정이집』,『설집』,『담생당』본에는 "搽其額幷兩股"로 되어 거의 일치하고 있다. 다만『국조전고』에만 "약간 그 이마와 두 다리에 바른다(些須搽其額幷兩股)"라고 하였다. 여기 '사수(些須)'란 구어적 표현으로 '잠시' 또는 '약간'의 뜻이다.『승조유사』의 '차도(搽塗)'는 글자의 의미가 중복되므로, '도'자를 빼는 것이 맞다. 또한 불에 태워 만든 소똥 가루를 물에 섞어 특정 부분에 바르므로 '사수(些須)'의 표현이 들어간『국조전고』이 선본일 것으로 추정한다.

31 이 교정에 해당하는『기록휘편』원문[王是南昆人]은『국조전고』,『설집』,『담생당』본에도 마찬가지이고,『삼보정이집』에는 "王乃南毗人"으로 기록하고 있다. 또한『서양번국지』에도 "王南毗人"라고 하였다. 그런데도 풍승균 씨는 말이 중복된다는 이유로『승조유사』본에 따라, "그 나라 왕과 나라 사람은(其國王國人)"으로 고쳤다. 하지만 말이 반복된다고 볼 수 없다. 앞에서는 다섯 종류의 사람들을 언급했고, 이제는 맡은 역할과 차이를 서술하고 있기 때문이다. 따라서 풍승균 씨의 이러한 교정이 적절한지는 판단을 유보할 수밖에 없다.

32 '개(皆)'자는『국조전고』에는 보이지만,『삼보정이집』,『설집』,『담생당』본에는 없다. 앞 문장의 '개(皆)'자도 마찬가지이다.

33 『기록휘편』의 이 문장[先是王與回回人誓定]은『국조전고』,『설집』,『담생당』본에서는 "먼저 왕이 회회인들과 약속했다(先王與回回誓定)"라고 하였다. 이로써『기록휘편』의 '시(是)'자가 덧붙여진 것임을 알 수 있다.

④ ["너희들이 소를 먹지 않으면 나는 돼지를 먹지 않겠다(爾不食牛, 我不食猪)"라는 문
   장은]『기록휘편』에 "너희들이 돼지를 먹지 않으면 나는 소를 먹지 않겠다(爾不食猪,
   我不食牛)"라고 잘못되어『승조유사』본에 따라 고쳤다.[34]

⑤ ['호(糊)'자는]『국조전고』본에 '초(椒)'자로 되어 있다.[35]

⑥ '영인(令人)' 이하의 서른여섯[일곱] 글자[收取黃牛淨糞, 用水調於銅盆如糊, 遍擦殿內
   地面牆壁. 且命頭目幷富家, 每早亦塗擦牛混糞]는『기록휘편』원문에 "소똥을 수습하
   여 바른다(收取牛糞塗擦)"라는 여섯 글자로 되어 있는데 빠진 것이 틀림없다. 따라서
   『승조유사』본에 따라 보충하였다.[36]

⑦ ['차(次)'자는]『승조유사』본에 '노(路)'자로 되어 있다.[37]

⑧ 이상 두 글자[敬牛]는『승조유사』본에 따라 보충하였다.[38]

---

[34] 풍승균 씨가 밝히고 있는 것처럼『기록휘편』원문은 "爾不食猪, 我不食牛"라고 되어 있는데,『국조전고』
   에는 "你不食牛, 吾不食猪"라고 하였고,『삼보정이집』,『설집』,『담생당』본에는 "我不食牛, 爾不食猪"
   라고 되어 있다. 왕은 소고기를 먹지 않고, 대두목은 돼지고기를 먹지 않는다고 했으므로, 문맥으로 보
   면, 왕인 내가 돼지고기를 먹지 않을 테니, 너도 소고기를 먹지 말라는 문장이 되어야 한다. 따라서『국
   조전고』의 "네가 소고기를 먹지 않으면, 나는 돼지고기를 먹지 않겠다"라고 한 것이 맞다.

[35] 주당면(朱當㴐)의『국조전고』에는 '호(糊)'자가 '초(椒)'자로 되어 있지만, 등사룡(鄧士龍)본에는 '호
   (糊)'자로 되어 있다. 당연히 '호'자가 선본이다.

[36] 풍승균 씨의 이 교정 주석에는 오류가 있다. 앞서 살펴본『기록휘편』의 기록과 다른 명나라 필사본의
   해당 문장들을 다음과 같이 정리해 둔다.
   『국조전고』: "令人收取黃牛夜拋淨糞於銅盆內, 用水調稀如糊, 遍擦殿內地面牆壁. 其王府頭目富家, 每
   早亦用糞燒成白灰, 硏細, 用好布爲小袋盛灰, 常帶在身, 侵晨洗面畢, 則取糞灰水調, 些須揉其額幷兩股."
   『삼보정이집』: "令人收取黃牛夜拋淨糞於銅盆內, 用水調薄, 遍塗殿內地面牆壁. 其頭目及富家, 每早亦
   用牛糞燒灰, 硏細, 用好布爲之小袋, 盛灰常帶在身. 每早侵晨洗面, 取牛糞灰水調揉其額幷
   兩股."
   『설집』과『담생당』본: "令人收取黃牛夜拋淨糞於銅盤內, 用水調薄, 遍塗殿內地面牆壁. 其頭目及富家,
   每早亦用牛糞擦塗. 又將牛糞燒灰硏細, 用好布爲小袋盛灰, 長帶在身. 每早侵晨洗面畢, 取牛糞水調揉其
   額幷兩股."
   역자: 令人收取黃牛夜拋淨糞於銅盆內, 用水調薄, 遍擦塗殿內地面牆壁. 其王府頭目富家, 每早亦用牛
   糞塗擦擦塗. 又將牛糞燒成硏細, 用好布爲小袋盛灰, 常帶在身. 每早侵晨洗面, 取牛糞灰水調, 些須揉其額
   幷兩股

[37] 다시『기록휘편』으로 돌아와서 '간각삼차(間各三次)'는『국조전고』에 '間各三路'로,『삼보정이집』에는
   '其間各三次'로 되어 있는데,『설집』과『담생당』본에서만 '日各三次'로 되어 있다. 한편『서양번국지』
   는『기록휘편』과 일치한다. 이로써 여기서는 물에 희석한 소똥 재를 각각 세 차례 바른다는 정보를 전
   달하고 있으므로,『기록휘편』의 '간(間)'자는『설집』과『담생당』본의 '일(日)'자를 고려하여 '일간(日
   間)'으로 재구성하기를 제안한다.

13-5. 모세: 코끼리와 소를 경배하는 이유

전하여 이르기를, 옛날 '모사(某些, 모세)'라는 성인이 있었는데, 교화를 확립하자 사람들이 그가 진짜 천사[眞天]라 알고 사람들 모두가 흠모하며 따랐다. 이후 성인은 다른 곳으로 함께 가서, 그 동생 살몰리(撒沒嚟)에게 교인들을 관장하게 하였는데, 그 동생이 망령된 마음이 일어 금송아지 한 마리를 주조하고, "이것이 성주(聖主)이니, 두드리면 영험이 있을 것이다"라고 하였다. 교인들은 그 명에 따라 이 황금 소를 경배했다. 말했다. 항상 황금 똥을 싸자 사람들이 그 금을 얻으면서, 마음으로 탐하여 천도(天道)를 잊고, 소를 진짜 주인으로 여겼다. 나중에 모사[모세] 성인이 돌아와서, 사람들이 동생 살몰리에게 미혹되어 망가진 성도(聖道)를 보고 마침내 그 소를 없애고, 그 동생을 처벌하려 하자, 그 동생은 큰 코끼리를 타고 달아나 버렸다. 후세 사람들은 그를 그리워하며 그의 귀환을 갈망하여, 월초면 중순에 돌아올 것이라 하고, 중순이 되면 월말에 반드시 올 것이라고 했다. 지금까지도 바람은 끊어지지 않았다.[39] 남곤 사람들이 코끼리와 소를 경배하는 것은 이러

---

38 이 교정에 해당하는 『기록휘편』 원문[爲敬佛之誠]은 『삼보정이집』, 『설집』, 『담생당』본에도 마찬가지이다. 다만 『국조전고』에만 "이것이 소와 불(佛)을 경배하는 정성이다(此爲敬牛敬佛之誠)"라고 하였다. 이로써 풍승균 씨가 보충해 넣은 '경우(敬牛)' 두 글자는 적절하다. 아울러 『국조전고』에 따라 '차(此)'자를 넣는 것이 문장에 훨씬 유리하다.

39 풍승균 씨는 모사(某些)에 관해 주석을 내지 않았다. 그의 친구인 상달(向達) 씨는 『서양번국지』를 교주하며, 모사(某些)는 무사(Musa), 모세(Moses)의 음역이고, 살몰리(撒沒嚟)은 알 사메리(Al-samêri)에 해당하는 음역 명칭이라고 설명했다(『서양번국지교주』, 28쪽). 우선 모세는 구약성서, 출애굽기에 보이는 예언자로, 이집트 출신의 이스라엘 민족 지도자로 알려져 있다. 한편, 『무슬림 상징 사전(Dictionnaire des symboles musulmans』(1995, 275쪽)에 따르면, 그는 이슬람의 주요 예언자로, 시나이(Sinai)산에서 신에게 토라(Tolah)를 받은 사람이며 임란(Imran)의 아들이자 세포라(Sephora)의 남편이라고 한다. 모세는 칼림 알라(Kalim Allah)라고도 불리며, 꾸란 여러 곳에 등장한다.
   알 사메리(Al-Samêri), 알 사마리(Al Samari), 아랍어로는 알 사미리(Al-Sāmirī)로, 무싸 이븐 자파르(Moussa ibn Zafar), 또는 꾸란에서 모세의 반역 제자를 지칭하는 '사마리티언(Samaritain)'으로도 불린다. 꾸란 20장에 따르면, 알 사메리는 모세가 시나이산에서 십계명을 받는 동안 황금 소를 주조하여 히

한 까닭이다.

傳云, 昔有一聖人名某些, 立教化, 人人知其是眞天,[①] 人皆欽從. 以後聖人同[②]往他所, 令其弟名撒沒嚟掌管教人. 其弟心起矯妄, 鑄一金犢, 曰, 此是聖主,[40] 凡叩之則有靈驗,[41] 教人聽命,[42] 崇敬其金牛, 曰, 常糞金, 人得金, 心愛[③]而忘天道, 皆以牛爲[④]眞主. 後某些聖人回還,[43] 見衆人被弟撒沒嚟惑壞聖道,[44] 遂廢其牛,[45] 而

브리인들을 우상숭배로 이끌려 한 사람으로 기술되어 있다(George Sale, 『The Koran, commonly called the Alcoran of Mohammed』, 1836, 126~127쪽). 이 이야기는 성경 출애굽기에도 비슷하게 보이는데, 소를 주조한 이는 바로 '아아론(Aaron)'이다. 『성경에서 잘 알려지지 않는 것들(Biblical Things not Generally Known)』(London, 1879년), 아아론의 황금소와 관련된 전설[89] 조목에서 다음과 같이 설명했다.

"이슬람교도들은 황금소는 아아론이 만든 것이 아니라, 이스라엘 후손들에게 중요한 인물 중 한 사람인 알 사메리(Al Sameri)가 만든 것이라고 한다. 이 황금소는 이스라엘인들이 이집트인들에게 구걸한 금은 등의 재료로 만든 반지와 팔찌로 만들어졌다. 그들은 이집트인들과 잘못된 거래를 짊어지고 있었으므로 아아론은 알 사메리에게 장신구들을 사람들에게 모으도록 했고 모세가 산에서 돌아올 때까지 그것들을 보관하게 하였다. 주조술을 알고 있었던 알 사메리는 그것들을 몽땅 용광로에 넣고 한 덩어리로 녹였는데 소의 모습으로 나오게 되었다. 이집트인들의 우상숭배에 익숙했던 이스라엘인들은 이 형상을 종교적으로 숭배하기 시작했다. 알 사메리는 더 나아가 천사 가브리엘의 말 발자국에서 약간의 먼지를 가지고, 사람들 앞으로 나아가 그 소의 입에 던져 넣자, 소가 곧바로 울면서 살아나게 되었다. 바로 그 먼지의 은덕 때문이었다." 이상으로부터 마환의 기술은 이슬람교도의 설을 따르고 있음을 알 수 있다. 또한 마환이 인도에서 소를 경배하는 관습을 보며, 꾸란에 보이는 황금소에 관한 이야기를 떠올렸던 것일까? 알 사메리를 모세의 동생으로 기술하고 있는 점, 캘리컷의 사람들은 알 사메리의 귀환을 갈망하고 있다는 대목은 상당히 주목할 만하다. 어쨌든 마환이 소개하고 있는 모세와 알 사메리에 관한 이야기는 중국 최초의 언급임에는 분명하다. 동시대 비신(費信)의 『성사승람』에는 보이지 않는다.

40 '성주(聖主)'는 『삼보정이집』에 '이주(二主)'로 잘못되어 있다.
41 『기록휘편』의 이 문장[凡叩之則有靈驗]은 『국조전고』, 『삼보정이집』, 『설집』, 『담생당』본 모두 "敬之即有靈驗"이라고 하였고, 공진의 『서양번국지』(상달 교주본, 29쪽)에서도 "만약 능히 숭배한다면 즉시 황금 똥을 싸서 보답할 것이다(若能崇敬, 當日黃金以酬)"라고 하였으므로, 『국조전고』, 『삼보정이집』, 『설집』, 『담생당』본을 따라 교정해야 한다.
42 이 문장[教人聽命]부터 "皆以牛眞主"까지, 『기록휘편』 원문은 "教人聽命崇敬其金牛曰常黃金人得金心變而忘天道皆以牛眞主"라고 하였다. 풍승균 씨는 중간에 '왈(曰)'자를 교정하지 못하여 그대로 살리다 보니, 위와 같이 구두했던 것이다. 여기의 '왈(曰)'자는 『국조전고』, 『삼보정이집』, 『설집』, 『담생당』본 모두 '일(日)'자로 되어 있다. 따라서 『기록휘편』의 문장은 다음과 같이 고치고 구두해야 할 것이다. "**教人聽命崇敬. 其金牛日常黃金, 人得金, 心愛而忘天道, 皆以牛眞主.**"
43 '성인(聖人)' 두 글자는 『삼보정이집』, 『설집』, 『담생당』본에 빠져 있다.

欲罪其弟, 其⑤弟騎一大象遁去. 後人思之,⑥ 懸望其還, 且如⑦月初, 則言月中必至. 及至⑧月中, 又言月盡必至. 至今望之不絶. <u>南昆人敬象牛由此故也.</u>⁴⁶

① ["사람들이 그가 진짜 천사[眞天]라 알고(人人知其是眞天)"라는 문장은]『승조유사』본에 "교를 세우고 사람들에게 천도를 경배하게 하였다(立敎令人敬奉天道)"라고 되어 있다.⁴⁷

② ['동(同)'자는]『국조전고』본에 '인(因)'자로 되어 있다.⁴⁸

③ ['애(愛)'자는]『국조전고』본에 '변(變)'자로 되어 있다.⁴⁹

④ '위(爲)'자는『승조유사』본에 따라 보충하였다.⁵⁰

---

44 『기록휘편』의 이 문장[見衆人被弟撒沒嚎惑壞聖道]은『국조전고』에 "見敎人被其弟惑壞"라고 하였고,『삼보정이집』,『설집』,『담생당』본에는 "見衆人被其弟誣惑"으로 되어 있다. 이로써 볼 때,『기록휘편』원문이 상세하기는 하지만 덧붙여진 언급이 많음을 알 수 있다. 동생의 이름은 위에서 이미 밝혔으므로, 빼는 것이 맞고, 동생이 사람들을 미혹시켰다는 정보를 전하고 있으므로, '성도(聖道)' 두 글자도 빼는 것이 적절하다. 한편 '중인(衆人)'은『국조전고』의 '교인(敎人)'을 따라야 할 것이다. 따라서『기록휘편』의 문장은 "사람들이 동생에게 미혹되어 망가진 것을 보고(見敎人被其弟惑壞)"라고 재구성하기를 제안한다.

45 '수(遂)'자는『국조전고』에 빠져 있지만,『삼보정이집』,『설집』,『담생당』본에는 들어 있다.

46 『기록휘편』의 이 문장[南昆人敬象牛由此故也]은『삼보정이집』에서 '남곤(南昆)'을 '남비(南毗)'라고 한 것 이외에는『설집』,『담생당』본과 일치하고 있고,『국조전고』에서는 마지막의 '고(故)'자를 생략하고 있다.

47 이상『기록휘편』의 두 문장[人人知其是眞天, 人皆欽從]은『국조전고』에 "人知有眞天人, 皆欽從",『삼보정이집』에서는 "人皆欽從",『설집』에서는 "人人皆欽從以從",『담생당』본에는 "人人皆欽敬以從"으로 되어 있다. 그가 '진짜 천사(眞天)'라는 정보는『기록휘편』과『국조전고』에 들어 있다. 이상으로부터 "人人知其是眞天, 皆欽從"으로 재구성하기를 제안한다.

48 『기록휘편』의 이 문장[以後聖人同往他所]은『국조전고』에 "以後聖人因往他所"라고 하였고,『삼보정이집』에는 "以後某些因往他處所"라고 되어 있으며,『설집』에서는 "某些因往他所"라고 하였고,『서양번국지』에서도 "其聖人因往他國"이라고 하였으므로『기록휘편』의 '동(同)'자는 '인(因)'자로 고치는 것이 맞다.

49 '심애(心愛)'는 풍승균 씨가 밝히고 있는 것처럼『국조전고』에 '심변(心變)'으로 되어 있다.『삼보정이집』,『설집』,『담생당』본에서 이 문장은 보이지 않는다.

50 이 교정에 해당하는『기록휘편』원문[皆以牛眞主]은『국조전고』에 "皆以牛爲其主"라고 하였고,『삼보정이집』과『설집』에는 "皆以牛爲眞主"라고 되어 있고,『담생당』본에는 '진주'가 '진성(眞聖)'으로 되어 있다. 풍승균 씨가『승조유사』본에 따라 '위(爲)'자를 보충한 것은 정확하다. 한편『국조전고』의 '기주' 또한 '진주'로 고치는 것이 맞다.

⑤ '기(其)'자는 『승조유사』본에 따라 보충하였다.[51]

⑥ 이상 두 글자[思之]는 『승조유사』본에 따라 보충하였다.[52]

⑦ ['차여(且如)'는] 『기록휘편』에 '약언(若言)'으로 되어 있어 『국조전고』본에 따라 고쳤다.[53]

⑧ '지(至)'자는 『승조유사』본에 따라 보충하였다.[54]

13-6. 예배

왕에게는 대두목 두 사람이 있어 나랏일을 관장하는데, 모두 아랍인이다. 나라엔 대부분이 모두 이슬람교를 믿는다. 예배당은 20~30개소가 있고, 7일마다 한 차례 예배한다. 예배일이 되면 온 식구가 몸을 씻고 재계하며, 일하지 않는다. 오시(午時, 11~13시)가 되면, 대소의 남자들은 예배당에 가서 예배하고 미시(未時, 13~15시)에 흩어져 집으로 돌아가는데, 그제야 매매하고, 집안일을 처리한다. 사람들은 매우 성실하며, 외모는 말끔하고, 풍채가 좋다.

---

51 풍승균 씨가 보충해 넣은 '기(其)'자는 『국조전고』에는 보이지만, 『삼보정이집』, 『설집』, 『담생당』본에는 없다. 문맥에 따라 넣는 것이 적절하다. 이는 『서양번국지』의 문장[其弟卽乘一大象遁去]으로 확인할 수 있다.

52 이 교정에 해당하는 『기록휘편』 원문[後人懸望其還]은 『국조전고』에 "後之人懸望撒沒嚟回來"라고 하였고, 『삼보정이집』과 『설집』에는 "後人懸望其回"라고 하였다. 따라서 풍승균 씨가 『승조유사』본에 따라 보충한 두 글자는 불필요하다. 이는 『서양번국지』의 문장[至今國人懸望撒沒嚟回]으로도 확인된다.

53 이 교정에 해당하는 『기록휘편』의 원문[若言月初, 則言月中必至. 及月中, 又言月盡必至]은 먼저 『삼보정이집』, 『설집』, 『담생당』본에는 보이지 않는다. 『국조전고』에서는 "且如月初, 則言月中必至, 及至月中, 又言月盡至"라고 하였다. 풍승균 씨는 문두의 '약언(若言)'을 『국조전고』에 따라 '차여(且如)'로 고친 것은 적절하다. 한편, 『서양번국지』에서는 "월초면 월중에 반드시 올 것이라 하고, 월중이 되면 월말에 반드시 올 것이라고 한다(如月初則言月中必至, 及月中又言月終必至)"라고 하였다.

54 풍승균 씨는 앞의 주석에서는 『국조전고』본을 따랐고, 여기서는 『승조유사』본을 따르고 있는데, 사실 『국조전고』에 이 '지(至)'자는 들어 있다.

王有大頭目二人,[55] 掌管國事, 俱是回回人, 國中大半皆奉回回敎門.[①] 禮拜寺有二
三十處, 七日一次行禮拜.[56] 至日, 擧[②]家齋浴,[③] 諸事不幹.[57] 巳午時, 大小男子到
寺禮拜,[58] 至未時方散回家,[59] 纔做買賣, 幹理家事.[60] 人甚誠信, 狀貌[④]濟楚標致.

① '국사(國事)' 이하 열다섯 글자[俱是回回人, 國中大半皆奉回回敎門]는 『기록휘편』에는
  "나라 사람들은 모두 회회인이고 회회교를 신봉한다(國人俱是回回人, 奉回回敎)"라
  고 되어 있다. 이는 『서양조공전록』의 "나라 사람 중에서 회회교를 믿는 사람은 열에
  여섯이다(國人脩回回敎者十分之六)"라는 말로 볼 때 『기록휘편』 원문에는 오류가 있
  다는 것을 알 수 있다. 따라서 『승조유사』본에 따라 위와 같이 고쳤다.[61]
② ['거(擧)'자는] 『기록휘편』에 '본(本)'자로 되어 있어 『승조유사』본에 따라 고쳤다.
③ ['욕(浴)'자는] 『기록휘편』에 '목(沐)'자로 되어 있어 『승조유사』본에 따라 고쳤다.[62]
④ 이상 두 글자[狀貌]는 『승조유사』본에 따라 보충하였다.[63]

[55] '이인(二人)'은 『삼보정이집』에만 보이지 않는다.
[56] 『기록휘편』의 이 문장[七日一次行禮拜]에서 '행(行)'자는 『국조전고』, 『삼보정이집』, 『설집』, 『담생당』
      본뿐만 아니라 『서양번국지』에도 보이지 않으므로, 여기서는 삭제하는 것이 맞다.
[57] '간(幹)'자는 『삼보정이집』, 『설집』, 『담생당』본에 '이(理)'자로 되어 있고, 『서양번국지』에는 '치(治)'자
      를 보여 주는데, 같은 의미이다.
[58] 『기록휘편』의 이 문장[大小男子到寺禮拜]은 『국조전고』와 일치를 보이는데, 『삼보정이집』에는 "大小
      男子到禮拜寺禮佛"로, 『설집』, 『담생당』본에는 "大小男子到禮拜寺拜"라고 되어 있다.
[59] '산(散)'자는 『삼보정이집』에서 '교(敎)'자로 잘못되어 있다.
[60] 이상 『기록휘편』의 두 문장[纔做買賣, 幹理家事]은 『국조전고』에 "纔敢買賣交易等事"라고 하였고, 『삼
      보정이집』, 『설집』, 『담생당』본에는 "纔做買賣交易等事"라고 되어 있다. 여기서는 『삼보정이집』, 『설
      집』, 『담생당』본에 따라야 할 것으로 생각한다.
[61] 이 교정에 해당하는 『기록휘편』의 원문[國人俱是回回人, 奉回回敎]은 『국조전고』에 "國人大率皆奉回
      回敎門"이라고 하였으며, 『삼보정이집』에는 "國人皆奉回回敎門", 『설집』과 『담생당』본에는 "國人太半
      皆是回回敎門"이라고 되어 있다. 한편 『서양번국지』에는 "다수가 그들 종교를 신봉한다(多奉其敎)"라
      고 하였으므로, 『기록휘편』의 원문은 『국조전고』에 따르는 것이 적절하다.
[62] 이 교정에 해당하는 『기록휘편』 원문[本家齋沐]은 『설집』과 『담생당』본에도 마찬가지이다. 다만 『국
      조전고』와 『삼보정이집』에 "擧家齋沐"이라고 되어 있다. 따라서 『기록휘편』의 '본(本)'자를 '거(擧)'자
      로 수정하는 것은 맞지만, '목(沐)'자는 그대로 유지하는 것이 맞다.
[63] 이 교정에 해당하는 『기록휘편』 원문[濟楚標致]은 『국조전고』에 "濟楚標致貌偉"라고 되어 있다. 『삼보
      정이집』, 『설집』, 『담생당』본에는 이 문장이 빠져 있다. 풍승균 씨는 '상모(狀貌)' 두 글자를 『승조유사』
      본에 따라 보충했는데, 『서양번국지』에서 "그 사람들의 용모는 준수하고, 또한 매우 성실하다(其人狀

13-7. 교역

두 명의 대두목이 중국 조정에서 품급과 상을 받으므로, 보선이 이곳에 이르면, 전적으로 두 사람에 따라 주로 매매가 이루어진다. 왕은 두목과 철지(哲地)를 파견하고, 미눌궤(未訥几)는 관청에서 수목(數目)을 계산하며, 중개인이 배를 거느리는 대인을 만나, 가격을 협상할 날짜를 의논하여 고른다. 그날이 되면, 먼저 비단 등의 물품을 가지고 가서, 흥정할 값을 정하고, 그에 따라 합한 값과 수량을 써서 피차가 거두어 가진다. 그 두목과 철지들이 내관 대인들과 여러 손을 서로 잡으면, 그 중개인은 "모월 모일에 여러 손 중에서 하나의 손바닥을 쳐 [값을] 결정했으니, 비싸거나 싸거나 해도 다시는 후회하거나 고칠 수 없습니다"라고 한다. 그런 뒤에야 철지와 부호들이 보석, 진주, 산호 등의 물품을 가지고 와서 가격을 의논하는데, 하루 만에 결정되는 것이 아니라, 빨라도 1개월이고 늦으면 2~3개월 걸린다. 가격대로 흥정이 결정되어 한 주인에게 진주 등의 물품을 샀다면, 그 값의 약간은 원래 두목과 미눌궤의 손을 거쳐 계산된 것이므로, 저사(紵絲) 등의 물품을 약간 상환해야 하는데, 애당초 손바닥을 쳐 [값을] 결정한 물건에 따라 상환하며 조금도 고치지 않는다. 이들의 셈법은 주판[算盤]이 없어, 단지 두 손과 두 발 스무 개의 손가락과 발가락을 사용하여 계산하지만 조금도 틀림이 없으니, 일반적인 방식과는 매우 다르다.

其二大頭目受<u>中國</u>朝廷陞賞, 若寶船到彼, 全憑二人主爲買賣.**64** 王差頭目①幷哲

貌俊偉, 亦甚誠信)"라고 했으므로, 풍승균 씨의 보충은 적절하다.

64 『기록휘편』의 이 문장[全憑二人主爲買賣]은 『국조전고』에 "전적으로 두 사람의 주장에 따라 매매한다(全憑二人主張買賣)"라고 하였고, 『삼보정이집』, 『설집』, 『담생당』본에는 "전적으로 두 사람이 중심이

地未訥几②計書算于③官府牙人來④會, 領船大人議擇某日打價.⁶⁵ 至日, 先將帶去錦綺等物,⁶⁶ 逐一議價已定, 隨寫合同價數, 彼此收執.⑤ 其頭目哲地卽與內官大人衆手相拏, 其牙人則言某月某日,⁶⁷ 於衆手中拍一掌, 已定, 或貴或賤, 再不悔⑥改. 然後哲地富戶纔將寶石·珍珠·珊瑚等物來看議價,⁶⁸ 非一日能定, 快則一月, 緩則二三月. 若價錢較⑦議已定, 如買一主珍珠等物, 該價若干, 是原經手頭目未訥几計算,⁶⁹ 該還紵絲等物若干, 照原打手之貨交還,⁷⁰ 毫釐無改. 彼之算法無算盤, 只⑧以兩手兩脚幷二十指計算, 毫釐無差, 甚異于常.⁷¹

① ['왕차두목(王差頭目)'은]『승조유사』본에는 '왕이 사는 곳의 두목(王居之頭目)'으로 되어 있다.

② '미(未)'자는『서양조공전록』과 여러 판본에 '미(米)'자로 되어 있고, '궤(几)'자도 '범(凡)'자로 되어 있다.

되어 매매한다(全憑二人爲主買賣)"라고 되어 있다. 의미상 큰 변화가 없으므로,『기록휘편』을 그대로 따른다.

65 '영선대인(領船大人)'은『국조전고』,『삼보정이집』,『설집』모두에서 '領䑸大人'으로,『담생당』본에는 '䑸大人'으로 되어 있으므로, '선'자는 '종(䑸)'자로 고치는 것이 맞다.

66 『기록휘편』의 '등물(等物)'은『설집』,『담생당』본과 같지만,『국조전고』,『삼보정이집』에는 '등화(等貨)'로 되어 있다.

67 '모일(某日)'은『국조전고』에 '모길일(某吉日)'로 되어 있고,『삼보정이집』,『설집』,『담생당』본에서는 '모일교역(某日交易)'으로 되어 있다.

68 『기록휘편』의 이 문장[然後哲地富戶纔將寶石·珍珠·珊瑚等物來看議價]은『국조전고』와 일치하는 반면,『삼보정이집』에는 "然後哲地富戶將寶石·珍珠·珊瑚等貨來看議價",『설집』에는 "然後哲地富戶各將寶石·珍珠·珊瑚等物來看議價",『담생당』본에는 "然後哲地卽與各將寶石·珍珠·珊瑚等物來看議價"라고 되어 있다. 여기서는『설집』본에 따라 '재(纔)'자를 '각(各)'자로 바꾸는 편이 문장에 더 잘 어울린다.

69 『기록휘편』의 이 문장[是原經手頭目未訥几計算]은『설집』에만 "원래 두목과 미눌범의 손을 거쳐 계산된 대로(若原經手頭目米納凡算)"라고 되어 있다.

70 『기록휘편』의 이상 두 문장[該還紵絲等物若干, 照原打手之貨交還]은『설집』과 일치하는 반면,『삼보정이집』에서는 문두의 '해(該)'자가 '전(前)'자로 되어 있는 것만 다르고 나머지는 모두 일치하고 있다. 하지만『국조전고』에는 "만약 저사 등의 물품 약간을 돌려줘야 한다면, 원래 손을 쳐서 [결정한 값]에 따라 일일이 따져 돌려준다(若該還紵絲等物若干, 照原打手之價一一准還)"라고 하였다.

71 이 마지막 문장의 네 글자[甚異于常]는『삼보정이집』,『설집』,『담생당』본에 보이지 않는다.

③ 이상 네 글자[計書算于]는 『국조전고』본에는 '즉서산수(卽書算手)'로 되어 있다.

④ ['내(來)'자는] 『기록휘편』에 '미(未)'자로 되어 있어 『국조전고』본에 따라 고쳤다.[72]

72 『기록휘편』에 따른 이 문장들[王差頭目幷哲地未訥几計書算于官府牙人未會領船大人議擇某日打價]을 풍승균 씨는 미회(未會)의 '미(未)'자를 '내(來)'자로 고쳐 "王差頭目幷哲地未訥几計書算于官府, 牙人來會, 領船大人議擇某日打價"라고 끊어 읽었다. 그러나 첫 번째 문장에서 '차(差)'자는 '견(遣)'의 뜻이므로, '철지' 뒤에 구두해야 하고, 관청에서 기록하고 계산하는 사람의 주어는 미눌궤가 되어야 한다. 또한 '내회(來會)'는 와서 만난다는 뜻으로, 목적어인 배를 이끌고 온 대인[領船大人]을 잇고, 그 뒤에 구두해야 한다. 따라서 "왕은 두목과 철지를 보내고, 미눌궤는 관청에서 수목[算]을 기록하고 계산하며, 중개인들이 와서 배를 이끌고 온 대인들을 만나, 값을 흥정할 날짜를 의논하여 고른다(王差頭目幷哲地, 未訥几計書算于官府, 牙人來會領船大人, 議擇某日打價)"라는 정도로 풀이할 수 있다. 이렇게 이해하면, 실제 중국에서 온 내관들을 만나는 주체는 중개인들이 된다. 말하자면 왕이 파견한 두목과 철지의 역할은 가려져 버린다. 따라서 『기록휘편』의 문장은 교정을 요한다.

위의 문장은 『국조전고』에 "왕이 보낸 두목과 철지, 기록하고 계산하는 사람인 미눌범, 관청의 중개인이 와서 선단을 이끌고 온 대인을 만나 값을 흥정할 날짜를 의논하여 고른다(王差頭目竝哲地 · 米訥凡即書算手 · 官牙人來會領艎大人, 議擇某日打價)"라고 하였고, 『삼보정이집』에는 "王差頭目竝哲地米訥几即書算手 · 官牙人等, 會領艎大人, 議擇某日打價", 『설집』에는 "王差頭目竝哲地米訥凡即書算手 · 官牙人來會領艎大人, 議擇某日打價", 『담생당』본에는 "王差頭目竝哲地米納凡即書算手 · 官牙人來會艎大人, 議擇某日打價"라고 하며 『국조전고』와 비슷한 문장을 보여 준다. 대종(大艎)을 거느리고 온 중국측 내관들을 만나는 현지 사람들은 두목, 철지, 미눌범[미눌궤|미납범], 관청의 중개인으로 읽히므로, 『기록휘편』의 원문은 이들 네 사본에 따라 교정해야 하는 것은 분명하다. 하지만 해결해야 하는 문제가 많다.

첫째, 미눌궤(未訥几), 미눌범(米訥凡), 미눌궤(米訥几), 미납범(米納凡) 어느 것을 선본으로 취할 것인가의 문제이다. 이들 음역 명칭이 어떤 단어를 옮긴 것인지가 정확히 밝혀지지 않았기 때문에 선본을 고르기는 힘들어 보인다. 뒤펜다크는 『마환』, 53쪽에서 '철지미눌궤(哲地未訥几)'로 붙여 읽고, '왈리기 시티(Waligi Chitty)'에 대응시킨 바 있다. 뒤펜다크가 밝힌 근거는 네덜란드 학자 팔렌틴(Valentyn)의 『실론에 관한 기술(Beschrijvinge van Ceylon)』, 8쪽에 나오는 내용이다. 뒤펜다크가 주석에 옮겨 놓은 네덜란드어 해당 원문에 따르면, '왈리기 시티'는 산호나 각종 재료로 만든 귀금속을 취급하는 사람이다. 이에 대해, 보다 자세한 검토를 한 학자는 폴 펠리오이다.

"15세기 전반의 『영애승람』에서 캘리컷에 배가 도착하면, 왕은 두목과 계산하는 사람인 철지미납궤(哲地米納几)를 보낸다고 하였다. 철지는 당연히 말레이에서 'čeṭī'라는 형태로 통용되었고, 'chatim'으로 현행 포르투갈어에 들어 있는, 영국-인도어의 'chetty', 말레이어의 'cheṭṭi', 즉 남인도에서 상인들을 일반적으로 지칭하는 명사로 이해해야 한다. 미납궤(米納几)에 관하여, 뒤펜다크는 『마환』, 53쪽에서 마환의 '철지미납궤'를 팔렌틴(Valentyn)의 실론 기술, 제5권, 8쪽에 보이는 '왈리기 치티(waligi chitty)'로 볼 것을 제안했다. 팔렌틴은 호칭 또는 부가 형용사에 관한 아주 풍부한 전문용어를 담고 있었으나 그에 관한 현대적 설명에 대해서는 모른다. 팔렌틴의 귀금속 시장에 전문화된 'waligi chitty'는 'walinde' 또는 'chitty'로 구분되는 세 부류 중 하나였다. '왈리기'는 확실히 타밀어 'valikkar'[산스크리트어 'vanij'에서 나옴]와 비슷한 형태에 대응한다. 사실 나는 이것이 '미납궤'와 같은 단어라고 생각한다. 그러나, 'veniaga'의 사람들이 어원상으로 'banyan'과 'valikkar'와 같다는 점, 정화의 함대가 말레이인들의 중개에 힘입고 있다는 점을 상기하면, 미납궤가 단지 'vinyāga', 즉 'veniaga'의 'vinyāgi'라는 중개인 명칭이 아닌지 모르겠다. [내가 자문을 구했던 Meile는 'waligi'의 종성 'i'에 대한 타밀어 설명을 찾지 못

⑤ 이상 네 글자[彼此收執]는 『기록휘편』에 '각수(各收)'로 되어 있는데 아마도 '각자수집 (各自收執)'의 잘못일 것이다. 여기서는 『승조유사』본에 따라 고쳤다.[73]

했다.] 포르투갈어로 '베니아가(veniaga, 상인)'와 '샤팅(chatim, 교활한 상인)'은 둘 다 비하하는 의미가 있다. 이러한 맥락으로 말레이어 'čětī'도 파브르(Favre)가 '말라바르의 원주민'(상인)인 'čětī'를 '구두쇠' 인 'čětī'와 힌두어 어원으로 구분하려 하지 않고도, '인색한' 사람들이라는 모욕적인 형용사로 설명해야 한다고 생각한다'[『명사』에서 호자와 사이드 후세인(Le Hoja et le Sayid Husain de l'Histoire des Ming)』(『통보』, 1948, 90쪽, 주9)]. 이상 펠리오의 설명은 결국 '왈리기'는 비하하는 의미가 담긴 '교활 한 상인'이라는 말이다. 앞서 철지는 캘리컷에서 세 번째 등급으로 부유한 상인 계층을 의미했다. 그러 므로 철지와 미눌궤는 분리해서 읽어야 하고, '철지'가 상인들이므로, 다시 귀금속을 취급하는 '교활한 상인'을 열거하는 것은 논리적으로 맞지 않다. 따라서 왈리기=미눌궤로 대응시키는 것은 음성적, 내용 전개의 측면에서 설득력이 전혀 없다.

'미(未, wèi)'자와 '미(米, mǐ)'자는 한국어 발음은 같지만, 중국어 발음은 다르다. 펠리오는 '왈리기'에 음성적으로 부합하도록 '미(未)'자를 선택했지만, 『기록휘편』을 제외한 모든 다른 사본과 공진의 『서양 번국지』의 '미(米)'자를 보여 주므로, '미(米)'자를 선택할 수밖에 없다. 두 번째 글자에 대한 분기 즉 '눌 (訥)'자와 '납(納)'자는 민남어 발음으로 [nak]과 [lap|nap|nak]을 보여 주고 현대 중국어 발음도 같으므 로 크게 문제가 되지 않는다. 세 번째 글자인 『기록휘편』과 『삼보정이집』의 '궤(几)'자와 『국조전고』, 『설집』, 『담생당』본의 '범(凡)'자의 분기는 판단이 쉽지 않다. 앞서 가지국[코치왕국] 조목에서 본 '목과 (木瓜)'에서 율(Yule)은 "단수형은 무쿠반(Mukkuvan)이고 복수형은 무쿠바르(Mukkuvar)"라고 설명한 바 있다. 말하자면 'mi-lap-an' 즉 '미납(米納)'의 단수형을 전사한 것일 수도 있기 때문이다. 이 측면에 서만 본다면, 미눌궤(米訥几)보다는 미납범(米納凡)이 유리하다. 더 좋은 고증을 기대하면서 역자는 잠 정적으로 미납범(米納凡)을 선택한다.

둘째, 『기록휘편』본을 제외한 다른 사본에서 '미납범' 뒤에 '즉(即)'자로 설명하고 있는 대상의 범위가 문제가 된다. 다시 말해 '미납범'의 설명이 '기록하고 계산하는 사람[書算手]'에 그치는지, 아니면 '기록 하고 계산하는 사람이자, 관청 중개인[官牙人]'이라는 말인지이다. 상달(向達) 씨가 교주한 공진의 『서 양번국지』에는 "왕은 곧바로 두목, 철지 그리고 미납범을 보내와 만난다. 이 미납범은 바로 그 나라[本 國]의 기록하고 계산하는 사람의 명칭으로, 중개인[牙僧人]이다(王郎遣頭目竝哲地及米納凡來會. 其米 納凡乃是本國書算手之名, 牙僧人也)"라고(교주본, 29쪽) 하였기 때문이다. 또한 『국조전고』, 『삼보정 이집』, 『설집』, 『담생당』본에 보이는 '관아인(官牙人)'이란 표현도, 허대령, 왕천유가 교점한 『국조전 고』본(2140쪽)에는 '관·아인(官·牙人)'으로 중간에 사잇점을 두고 있다. 즉 왕이 파견하는 사람은 두 목, 철지, 기록하고 계산하는 미납범, 관원, 중개인이라는 말이다. 이러한 거래의 거간꾼으로 활동한 계 층은 혁령(革令) 계급이다. 따라서 '관아인'은 관원과 거간꾼으로 읽은 것이 적절해 보인다. 이상으로부 터 『기록휘편』의 문장은 다음과 같이 교정할 것을 제안한다. "왕은 두목과 철치, 기록하고 계산하는 사 람인 미납범, 관원, 중개인을 보내와, 대종(大𥡷)을 거느리고 온 대인들을 만나 값을 흥정할 날짜를 의 논하여 고른다(王差頭目幷哲地·米納凡書算手·官·牙人來, 會領𥡷大人, 議擇某日打價)."

[73] 이 교정에 해당하는 『기록휘편』 원문은 "隨寫合同價數, 各收"라고 되어 있는데, 『국조전고』, 『삼보정이 집』, 『설집』, 『담생당』본 모두 일치하고 있다. 또한 공진의 『서양번국지』에도 "좌우 양측이 합의하여 약속한 바를 써서 각기 하나씩 가진다(書左右合契, 各收其一)"라고 하였으므로, 풍승균 씨의 교정은 불 필요하다.

⑥ ['회(悔)'자는]『기록휘편』에 '회(誨)'자로 잘못되어 『승조유사』본에 따라 고쳤다.[74]

74 '회(悔)'자는 『국조전고』,『삼보정이집』,『설집』,『담생당』본 모두 일치를 보인다. 따라서 풍승균 씨가 『기록휘편』의 '회(誨)'자를 『승조유사』본에 따라 고친 것은 맞다. 이상은 중국의 보선이 캘리컷에 도착 했을 때, 어떻게 거래가 이루어지는지를 설명한 기록으로, 유일한 중요 자료이다. 그러나 문장을 이해 하는 데 상당히 어렵다. 관련된 교정과 이본들을 사본에 따라 정리하여 전체적으로 문장의 의미를 파악 할 필요가 있다.

『기록휘편』: 王差頭目幷哲地, 未訥几計書算于官府, 牙人來會領船大人, 議擇某日打價. 至日, 先將帶去 錦綺等物, 逐一議價已定, 隨寫合同價數, 各收. 其頭目·哲地卽與內官大人衆手相拏, 其牙人則言某月某 日, 於衆手中拍一掌, 已定, 或貴或賤, 再不悔改. 然後哲地·富戶纔將寶石·珍珠·珊瑚等物來看議價, 非一日能定, 快則一月, 緩則二三月. 若價錢較議已定, 如買一主珍珠等物, 該價若干, 是原經手頭目未訥 几計算, 該還紵絲等物若干, 照原打手之貨交還, 毫厘無改.

『국조전고』: 王差頭目幷哲地, **米訥凡卽書算手·官**牙人來會領艍大人, 議擇某日打價. 至日, 先將帶去 錦綺等貨, 逐一議價已定, 隨寫合同價數, 各收. 其頭目·哲地卽與內官大人衆手相**拿**, 其牙人則言某月某 **吉日**, 於衆手中拍一掌, 已定, 或貴或賤, 再不悔改. 然後哲地·富戶纔將寶石·珍珠·珊瑚等物來看議價, 非一日能定, 快則一月, 緩則二三月. 若價錢較議已定, 如買一主珍珠等物, 該價若干, 是原經手頭目·未 訥几計算, 該還紵絲等物若干, 照原打手之**價一一准還**, 毫厘無改.

『삼보정이집』: 王差頭目幷哲地, **米納凡卽書算手·官牙人等**, 會領艍大人, 議擇某日打價. 至日, 先將帶 去錦綺等貨, 逐一議價已定, 隨寫合同價數, 各收. 其頭目·哲地卽與內官大人衆手相**掌**, 其牙人則言某**年 月日交易**, 於衆手中拍一掌, 已定, 或貴或賤, 再不悔改. 然後哲地·富戶將寶石·珍珠·珊瑚等**貨**來看議 價, 非一日能定, 快則一月, 緩則二三月. 若價錢較議已定, 如買一主珍珠等物, 該價若干, 是原經手頭目· **米納几**計算, **前**還紵絲等物若干, 照原打手之**貨交還**, 毫厘無改.

『설집』: 王差頭目幷哲地, **米納凡卽書算手·官牙人等來會**大人, 議擇某日打價. 至日, 先將帶去錦綺 等**物**, 逐一議價已定, 隨寫合同價數, 各收. 其頭目·哲地卽與內官大人衆手相**拿**, 其牙人則言某**月某日交 易**, 於衆手中拍一掌, 已定, 或貴或賤, 再不悔改. 然後哲地·富戶**各**將寶石·珍珠·珊瑚等**貨**來看議價, 非一日**就定**, 快則一月, 緩則二三月. 若價錢較議已定, 如買一主珍珠等物, **議該若干**, **是**原經手頭目·**米 納凡算**, **該**還紵絲等物若干, 照原打手之**貨交還**, 毫厘無改.

『담생당』본: 王差頭目幷哲地, **米納凡卽書算手·官**牙人**等來會艍**大人, 議擇某日打價. 至日, 先將帶去 錦綺等**物**, 逐一議價已定, 隨寫合同價數, 各收. 其頭目·哲地卽與內官大人衆手相**拿**, 其牙人則言某**月某 日交易**, 於衆手中拍一掌, 已定, 或貴或賤, 再不悔改. 然後哲地**卽與各**將寶石·珍珠·珊瑚等**物**來看議價, 非一日**就定**, 快則一月, 緩則二三月. 若價錢較議已定, 如賣一主珍珠等**物若干**, 照原打手之**貨交還**, 毫厘 無改.

『서양번국지』: 王卽遣頭目竝哲地及米納凡來會. 其米納凡乃是本國書算手之名, 牙儈人也. 但會時先告 以某打價. 至期將中國帶去各色貨物對面議定價值, 書左右合契, 各收其一. 哲地乃與坐舡內臣各相握手. 米納凡言過吉日, 就中指一掌爲定, 自後價有貴賤, 再不改悔. 以後哲地竝富戶各以寶石·珍珠·珊瑚來 看. 惟是議論價錢最難, 疾則一月, 徐則兩三月方定. 如某寶石若干該紵絲某物貨若干, 卽照原打手價無改.

이상의 기술들은 크게 세 단계로 나누어 볼 수 있다. 첫째, 왕이 사람들을 파견하여 중국의 사람들을 만나 흥정할 날짜를 조정하는 단계이고, 둘째는 약속한 날짜에 중국에서 가져온 상품들의 수량과 가격 을 의논하여 쌍방이 일종의 계약서를 작성하는 단계이며, 마지막은 그 계약에 따라 캘리컷 측에서 대응 하는 상품을 내놓고 값을 흥정하여 거래하는 과정이다. 이에 덧붙여 두목과 미납범에 대한 일종의 수수

⑦ ['교(較)'자는] 『기록휘편』에 '진(較)'자로 잘못되어 『국조전고』본에 따라 고쳤다.[75]

⑧ ['지(只)'자는] 『기록휘편』에 '즉(則)'자로 되어 있어 『승조유사』본에 따라 고쳤다.[76]

13-8. 화폐

　왕은 순금 6할의 합금으로 돈을 만들어 유통하는데, '파남(吧南)'[77]이라 하고, 각 동전의 지름 면은 중국 저울[촌(寸)]로 3푼 8리이고, 배면에는 문양(또는 문자)이 있으며, 중국 저울로 1푼이 나간다. 또한, 은으로 동전을 만드는데, '탑아(搭兒)'[78]라고 하며, 각 동전은 약 3리(釐)의 무게가 나가고, 잔돈으로

료를 지급하는 방식을 기술하고 있다. 이상의 정보들을 종합하여 역자는 다음과 같이 원문을 교정하고 번역문을 제시코자 한다.

　왕은 두목, 철지, 기록하고 계산하는 미납범, 관원, 중개인을 보내와, 값을 흥정할 날짜를 의논하여 고른다. 그날이 되면 먼저 가지고 갔던 비단류 등의 물건을 가져와 일일이 값을 의논하여 결정하고, 그에 따라 합의한 가격과 수량을 써서 각자가[쌍방이] 가진다. 그 두목과 철지들은 곧 내관 대인들과 여러 손을 서로 잡으면, 그 중개인이 "몇월 며칠에 여러 손 가운데 하나를 쳐, [값을] 결정했으므로, 비싸거나 싸거나 해도 다시는 후회하거나 고치지 못합니다"라고 말한다. 그런 다음 철지와 부호들이 각각 보석, 산호, 진주 등의 물건을 가져와 보여 주며 값을 의논하는데, 하루에 결정할 수 있는 것이 아니라, 빠르면 한 달, 늦으면 두세 달이 걸린다. 가격대로 흥정이 정해져, 어떤 주인에게 진주 등의 물건을 샀다면, 해당하는 값의 약간은 두목과 미납범의 손을 거쳐 계산된 것이므로, [그들에게] 저사(紵絲) 같은 물건의 약간을 상환해야 하는데, 애당초 손을 쳐 [결정한] 값에 따라 상환하며 조금도 고치지 않는다(王差頭目 幷哲地・米納凡書算手・官・牙人來, 會領綵大人, 議擇某日打價. 至日, 先將帶去錦綺等物, 逐一議價已定, 隨寫合同價數, 各收. 其頭目・哲地卽與內官大人衆手相拿, 其牙人則言某月某日, 於衆手中拍一掌, 已定, 或貴或賤, 再不悔改. 然後哲地・富戶各將寶石・珍珠・珊瑚等物來看議價, 非一日能定, 快則一月, 緩則二三月. 若價錢較議已定, 如買一主珍珠等物, 該價若干, 是原經手頭目米納凡計算, 該還紵絲等物若干, 照原打手之價交還, 毫厘無改).

75　'교(較)'자는 『국조전고』, 『삼보정이집』, 『설집』, 『담생당』본, 『서양번국지』에서 모두 확인된다.

76　'지(只)'자는 『국조전고』, 『삼보정이집』, 『설집』 모두에 '단(但)'자로 되어 있고, 『담생당』본에는 '즉(則)'으로 되어 있다. 한편 공진의 『서양번국지』에는 '지(只)'자를 보여 주는데, '단(但)'자와 의미상 차이가 없으므로 '단'자를 따르기로 한다.

77　'파남'(吧南, fanam)은 남인도의 작은 금화로, 가지국 조목에 보이는 법남(法南)의 다른 표기이다. 자세한 것은 12-11를 참고하시오.

78　'탑아'(搭兒, tara, tare, tar)는 남인도에서 사용한 은화로 가지국 조목에서는 '답아(畓兒)'로 표기되었다. 자세한 것은 12-11을 참고하시오.

이 동전을 사용한다.

王以六成金鑄錢行使, 名吧南, 每箇徑面^①官寸^②三分八釐, 面底有紋,⁷⁹ 重官秤一分. 又以銀爲錢,⁸⁰ 名搭兒, 每箇約重三釐,^③ 零用此錢.

① 이상 두 글자[徑面]는 『승조유사』본에 따라 보충하였다.
② ['촌(寸)'자는] 『기록휘편』에 '칭(秤)'자로 되어 있어 『서양조공전록』에 따라 고쳤다.⁸¹
③ ['삼리(三釐)'는] 『기록휘편』에 '이리(二釐)'로 되어 있어 『승조유사』본과 『서양조공전록』에 따라 고쳤다.⁸²

13-9. 도량형

도량형법은, 현지 저울[番秤]로 1전(錢)은 중국 저울로 8푼에 해당하고, 현지 저울로 1냥은 16전이며, 중국 저울로 1냥 2전 8푼에 해당한다. 현지 저울 20냥은 1근이고, 중국 저울로 1근 9냥 6전에 해당한다. 이 현지 저울을

---

79 '문(紋)'자는 『삼보정이집』에만 '문(文)'자로 되어 있다.
80 '전(錢)'자는 『국조전고』, 『삼보정이집』, 『설집』, 『담생당』본 모두 '소전(小錢)'으로 되어 있으므로, '소(小)'자를 보충해 넣어야 한다.
81 이 교정에 해당하는 『기록휘편』 원문[每箇官秤三分八釐]은 『국조전고』에 "每箇徑寸三分八厘"라고 하였고, 『삼보정이집』에는 "官寸三分八厘"로, 『설집』과 『담생당』본에는 "每箇官秤二分八厘"로 되어 있다. 한편 『서양번국지』에서는 "每錢中國官秤三分八厘"라고 하였다. 뒤에 다시 이 주화의 무게가 중국 저울로 1푼이라고 했으므로, 이 문장은 『국조전고』에서처럼 주화의 지름을 말하고 있다고 봐야 한다. 따라서 『기록휘편』과 『서양번국지』의 '관칭(官秤)'은 '관촌(官寸)'의 잘못일 것이다. 이는 황성증의 『서양조공전록』 고리국 조목에서 "지름은 중국 촌(寸)으로 3푼 8리[1.15cm]이다(徑官寸三分八厘)"라고 한 문장으로 확인할 수 있다. 이로부터 『기록휘편』의 원문은 『국조전고』에 따라 "每箇徑官寸三分八釐"라고 읽어야 할 것이다.
82 '삼리(三釐)'는 『기록휘편』 원문에 '이리(二釐)'로 잘못되어 있는데, 『국조전고』, 『삼보정이집』, 『설집』, 『담생당』본 모두 '삼리'로 되어 있고, 『서양번국지』에서도 '삼리'로 확인된다. 한편, 『국조전고』에만 '약(約)'자가 빠져 있다.

'번랄실(番刺失)'이라 하고, 저울의 추는 저울대 끝에 고정하고, 저울 눈금은 저울대 가운데에서 움직이는데, 들어 올려 평평하게 정반성(定盤星, 저울의 최소단위)이 되게 하여, 물건을 달 때는 눈금을 앞으로 옮기고 물건의 경중에 따라 당겼다 물렀다 한다. 단지 10근을 달 수 있는데, 중국 저울로 16근에 해당하며, 향료 등의 상품을 달 때, 200근은 현지 저울로 1파하(播荷)[83]가 되고, 중국 저울로 320근에 해당하며, 후추를 달 때, 250근이 1파하가 되고, 중국 저울로 400근에 해당한다. 무릇 일체의 크고 작은 화물을 달 때는 대부분 천평(天平) 저울로 맞추어 단다. 양을 재는 법은 청동으로 되[升]를 주조하여 유통하는데, 그곳 말로 '당알려(黨戛黎)'[84]라고 하며, 매 승(升)은 중국의 승으로 1승 6합에 해당한다.

衡法每番秤一錢,[85] 該官秤八分, 每番秤一兩, 計十六錢, 該官秤一兩二錢八分. 番

'파하(播荷)'는 '바하르'라는 무게의 단위로, 자세한 것은 12-9의 주를 참고하시오.

84 『서양번국지』(30쪽)에도 같은 형태를 보여 주는 당알려(黨戛黎)는 『서양조공전록』(100쪽)에는 '당알리(黨戛梨)'로 되어 있다. 상달, 사방, 만명 씨 모두 이 명칭을 고증하지 못했다. 조지 필립스(Geo. Phillips) 씨는 이탈리아 볼로냐 출신의 여행가 루도비코 디 바르테마(Ludovico di Varthema, 1470~1517?)의 여행기에 보이는 '쿠리아(Curia)'라고 하였다(『JRAS』, 1896, 4월호, 「Mahuan's Account of Cochin, Calicut, and Aden」, 347쪽). 바르테마는 캘리컷의 은전과 환전에 관한 설명을 하면서 "향신료 같은 상품을 다룰 때는 바하르(bahar)로 거래했는데, 이 바하르는 우리의 3깐타로(cántaro)이다. 다른 물건들은 보석과 같은 방식으로, 쿠리아(curia)로 거래한다. 1쿠리아는 '20깐타로'로 생각된다. 그렇지 않으면 그들은 '파라솔라(farasola)'로 거래하며, 그 '파라솔라'는 약 우리의 25리라(lira)의 무게가 나간다"라고 하였다(『The travels of Ludovico di Varthema』, London, Hakluyt Society, 1863, 170쪽). 여기의 '바하르'는 바로 마환의 '파하(播荷)'이고 파라솔라는 바로 '법랄실(法刺失)'이다. 그러므로 남는 것은 '당알려'가 바로 '쿠리아'로 추정된다. 하지만 음성적인 근접성은 전무하다. 바르테마의 '쿠리아'는 『영국-인도 용어사전』, 코르즈(Corge) 조목에 따르면(255쪽), 옛날 1스코어(score, 20개)에 해당하는 교역 용어로, 아랍, 인도의 교역에 사용되었다고 한다. 이어서 "코리(Kori)는 정확히 북인도에서 같은 방식으로 사용되었다. 사실 관습적인 민간 셈법으로 40, 60에 대해 '코리', '틴고리(tīn kori)' 등등으로 부른다"라고 하였다. 여기의 '틴코리'가 바로 당알려에 해당하는 음으로 보이지만 역시 음성적으로 만족스러운 것은 아니다.

85 여기 도량형에 관한 문장들은 『국조전고』에 모두 빠져 있고, '서양포(西洋布)' 기술로 이어진다.

秤二十兩①爲一斤, 該②官秤一斤九兩六錢. 其番秤名番③剌失, 秤之權釘定於衡末, 稱④準則活動於衡中, 提起平爲定盤星, 稱物則移準向前, 隨物輕重而進退之.⑤ 止可秤十斤, 該官秤十六斤,⁸⁶ 秤香貨之類, 二百斤番秤爲一播荷,⁸⁷ 該官秤三百二十斤, 若稱胡椒, 二百五十斤爲一播荷, 該官秤四百斤. 凡稱一應巨細貨物, 多用天平對較.⑥ 其量法, 官鑄銅爲升行使, 番名黨夏黎,⁸⁸ 每升該官一升六合.

① ['이십냥(二十兩)'은]『기록휘편』에 '삼냥(三兩)'으로 되어 있어『승조유사』본에 따라 고쳤다.⁸⁹

② '해(該)'자는『승조유사』본에 따라 보충하였다.⁹⁰

③ ['번(番)'자는]『승조유사』본,『서양조공전록』에 모두 '법(法)'자로 되어 있다.⁹¹

④ ['칭(稱)'자는]『승조유사』본에 '기(其)'자로 되어 있다.⁹²

⑤ 이상 여덟 글자[隨物輕重而進退之]는『승조유사』본에 따라 보충하였다.⁹³

---

86 『기록휘편』의 이 문장[該官秤十六斤]은『설집』,『담생당』본,『서양번국지』에 일치하는 반면,『삼보정이집』에는 "該官秤一十六兩"으로 잘못되어 있다.

87 '번칭(番秤)'은『기록휘편』과『삼보정이집』에서는 일치를 보이지만,『설집』,『담생당』본에 '관칭(官秤)'으로 잘못되어 있다.

88 '번(番)'자는『설집』과『담생당』본에 빠져 있다.

89 이 교정에 해당하는『기록휘편』원문[현지 저울 세 냥은 1근이다(番秤三兩爲一斤)]는『설집』에 "番秤二十兩爲一斤"으로,『담생당』본에는 "每番秤十兩爲一斤"이라 하였다. 공진의『서양번국지』에도『설집』과 일치하므로, 풍승균 씨가『승조유사』에 따라 고친 것은 적절하다.

90 '해(該)'자는『삼보정이집』,『설집』,『담생당』본, 그리고『서양번국지』에 따라 보충하는 것이 맞다.『삼보정이집』에서 이상의 문장들은 "저울 법은 현지 저울로 1전은 중국 저울 1근 9냥 6전에 해당한다(衡法每番秤一錢, 該官秤一斤九兩六錢)"라고만 되어 있다.

91 '번랄실(番剌失)'은『삼보정이집』,『설집』,『담생당』본 모두 '법랄실(法剌失)'로 되어 있으므로, '번(番)'자는 '법(法)'자로 고치는 것이 좋겠다. 학자들은 가지국 조목(12-9)에 보이는 봉랄(封剌)이 바로 '법랄실(法剌失)' 즉 '프라실라(frāsila)'로 보는 것에 동의하지만, 사실 여기서는 분명 저울 이름으로 쓰였다. 혹 '프라실라'를 재는 전문 저울을 말하는 것인지 모르겠다. '프라실라'에 대한 자세한 설명은 12-9를 참고하시오.

92 '칭(稱)'자는『삼보정이집』,『설집』,『담생당』본 모두에서 확인된다.

93 풍승균 씨가『승조유사』본에 따라 보충한 이 문장[隨物輕重而進退之]는 앞 문장과 중복된 의미를 담고 있을뿐더러,『삼보정이집』,『설집』,『담생당』본에는 보이지 않는다. 해당하는『기록휘편』원문은 "其番秤名番剌失, 秤之權釘定於衡末, 稱準則活動於衡中, 提起平爲定盤星, 稱物則移準向前"으로 되어 있

⑥ 이상 열네 글자[凡稱一應巨細貨物, 多用天平對較]는 『기록휘편』에 "巨細之物以用天
平稱兌"로 되어 있어 『승조유사』본에 따라 고쳤다.[94]

13-10. 서양포

서양포(西洋布)[95]는 그 나라에서 '차려포(搽黎布)'라고 하는데, 인근의 감파
이(坎巴夷) 등지에서 난다. 한 필의 폭은 4척 5촌이며, 길이는 2장 5척으로,
그곳에서 금전 8개 혹은 10개에 팔린다. 나라 사람들은 또한 고치실[蠶絲]을
갖가지 색으로 물들여 사이사이에 꽃을 짜 넣은 수건을 짜는데, 폭은 4~5

고, 『삼보정이집』에는 "其番秤名曰法剌失, 秤之權釘定于衡末, 稱准則活動于衡中, 提起平爲盤星, 稱
物則移准向前", 『설집』에는 "其番秤名法剌失, 秤釘定于衡末, 准則活動于衡中, 提起平爲盤星, 稱物則
福准向前", 『담생당』본에는 "其番秤名法剌失, 秤定釘于衡處, 準則活動于衡中, 提起平爲盤星, 稱物則
福準向前"을 보여 주고 있다. 따라서 풍승균 씨가 보충한 여덟 글자의 문장은 삭제하는 것이 맞다.

[94] 이 교정에 해당하는 『기록휘편』 원문[巨細之物, 以用天平稱兌]은 『삼보정이집』, 『설집』, 『담생당』본에
"巨細之物, 多用天平對"로 되어 있다. 따라서 『삼보정이집』, 『설집』, 『담생당』본에 따라 『기록휘편』의
'이(以)'자는 '다(多)'자로 바꾸고, '칭태(稱兌)'를 '대(對)'자로 고치면, 풍승균 씨의 교정은 불필요하다.

[95] '서양포'의 의미부터가 문제이다. 소위 '서양'에서 나는 베를 말하는 것인지, 고유명사처럼 특정한 지역
의 베를 말하는지를 판단하기 어렵다. '서양'이 지칭하는 곳이 본서에만 무수히 많을뿐더러, 베를 생산
하는 곳도 많다. 게다가 생산하는 베들도 다양하다. 이 점에서 여기 마환의 기술은 실마리를 제공하고
있다는 점에서 매우 중요하다. 『명일통지』, 권90에 서양고리(西洋古里)에는 "서양포가 나는데 폭은
4~5척이다(幅廣至四五尺)"라고 하였다. 여기의 '서양고리국'은 『도이지략』의 '고리불(古里佛)'로, 모두
남인도 서안 말라바르(Malabar) 해안 코지코드(Kozhikode) 항구의 아랍어 명칭인 칼리쿠트(Kalikut)에
해당하는 음역이다. 소계경 씨는 출처를 정확히 밝히지 않고 "남인도 동안, 코로만델 해안의 마술리파
트남(Masulipatnam)에는 극세한 면포가 나는데, 그곳에서는 '무살(Musale)', '무슬린(Moucelin)'이라 한
다. 모두 이 도시의 옛 이름인 마살리아(Masalia)에서 변화한 것이다. 혹자는 중국의 문헌에 보이는 서
양포는 모석리(毛夕里, al-Mawsil)에서 왔으며 인도와는 무관하다고 한다. 이 모석리포(毛夕里布)는 영
어로 '무슬린(Muslin)', 불어로는 '무쏠린(Mousseline)'이라 하는데 모두 알 마우실에서 어원을 가진다.
『장춘진인서유기(長春眞人西遊記)』의 백마사(白麽斯), 도종의(陶宗儀) 『철경록(輟耕錄)』 권10의 모자(㡌子), 『영
애승람』 홀로모시(忽魯謨厮) 조목의 모사(㡌紗)는 모두 원나라 시기 서적에 보이는 서양포의 번역 명칭
들이다'라고 하였다(『도이지략교석』, 43쪽). 사실 이 설명은 브레트슈나이더(『Mediaeval Researches
from Eastern Asiatic Sources』, II, 308쪽)의 설과 이를 인용하여 논의한 폴 펠리오의 설(「15세기 초 중
국의 대항해」, 『통보』, XXX, 438쪽)을 차용한 것이다. 이상을 마환의 기술과 종합해 보면, 서양포는 인
도 동안에서 나는 모슬린을 말한다. 그렇다고 이 서양포가 인도 동안에만 생산된다는 것을 말하지는 않
는다. 적어도 이를 기준으로 서쪽에 있는 나라에서 생산한다는 말로 이해하면 무리가 없을 것이다.

척이고, 길이는 1장 2~3척으로 매 건당 금전 1백 개에 팔린다.

西洋布本國名撦①黎布, 出於鄰境坎②巴夷等處. 每疋闊③四尺五寸, 長二丈五尺, 賣彼處金錢八箇或十箇.[96] 國人亦將蠶絲練染各色, 織間道花手巾, 闊四五尺,[97] 長一丈二三尺,[98] 每條賣金錢一百箇.

① ['차(撦)'자는]『기록휘편』에 '지(指)'자로 잘못되어『승조유사』본, 장승의 개정본,『서양조공전록』에 따라 고쳤다.[99]

[96] 『기록휘편』의 이 문장[賣彼處金錢八箇或十箇]은『국조전고』에만 "賣彼處金錢八箇"로 되어 있다.

[97] 『기록휘편』의 이 설명[闊四五尺]은『설집』,『담생당』본,『서양번국지』와 일치하고,『국조전고』에는 "四五尺闊"로 어순이 바뀌어 있다. 다만『삼보정이집』에서 "闊四尺五寸"이라고 하였는데, 위에 나오는 '서양포'를 기술한 것에 오염되었을 가능성이 크다.

[98] 『기록휘편』의 이 설명[長一丈二三尺]은『국조전고』와 일치하지만,『삼보정이집』,『설집』,『담생당』본에는 "長一丈二三尺餘"를 보여 주고, 공진의『서양번국지』에서는 "長一丈二三尺有餘"라고 하였다. 이미 2~3척이라고 여지를 두었으므로, '여(餘)'자는 잉여이다.

[99] '차려포(撦黎布)'는『삼보정이집』,『설집』,『담생당』본,『서양번국지』와 일치하지만,『국조전고』에만 '차리포(撦梨布)'로 되어 있다.『도이지략』정가려(丁家廬) 조목에 "녹색 힐포(頡布)로 만든 단삼을 입으며 차리견(遮里絹)으로 맨다(穿綠頡布短衫, 繫遮里絹)"라고 하였는데, 록힐(W. W. Rockhill)은,「14세기 중국과 인도양 연안, 동부 열도와의 무역 관계에 관한 주석(Notes on the relations and trade of China with the eastern archipelago and the coasts of the Indian Ocean during the fourteenth century)」(『통보(通報)』, XVI, 1915), 119쪽 주2에서 "차리(遮里) 호박단 또는 거즈는 아마도 『영애승람』고리조목에서 '차려(撦黎)'라고 부른 것과 같은 직물일 것이다. 이 천은 또한 '서양포(西洋布)'라고도 하는데 감파이(坎巴夷, Cambay)에서 난다. 한편『도이지략』삼불제 조목에서 서양사포(西洋絲布)는 또한 왕대연의 책에서 반복적으로 만나는 용어인 '사포(絲布)'라고도 불렀다. 황종식의『서양조공전록』6쪽에서 사포는 모시와 비단을 섞어서[苧皮兼絲絹] 만든다고 하였다. '차리'는 힌두어 sāri, sāṣhi로, 영어로는 숄(shawl)이다"라고 설명했다. 하지만 후지타 도요하치는 "'차(遮)'자는 '월(越)'자의 잘못 같다.『제번지』점성(占城) 속국에는 월리(越裏)가 보이고,『원사』에는 '월리(越裏)'로 되어 있다"라고 교주했으나 그 위치를 고증하지 못했다(『도이지략역주』, 95쪽). 이에 대해 소계경 씨는 "월리(越裏), 월리(越里)는 파릭(Parik)에 해당하는 음으로 현 베트남 남부에 있다. 그곳에서 나는 직물 명칭이 알려지지 않았으므로 '차리견(遮里絹)'이란 명칭과 무관한 듯하다. …차리견(遮里絹)은 인도 말라바르(Malabar) 해안의 차리아(Chalia) 도시에서 생산하는 명주실과 양모로 짠 베로, 아랍 지리학자가 '샤리야트(shaliyat 또는 shāliāt)'라고 하는 것이 바로 이것일 것이다. 힌두스탄에 보이는 '사루(sārū)', 인도유럽어의 '샬(chalh)' 또는 '샬리(shalli)' 역시 이 베를 지칭하고, 서양포 또는 서양사포(西洋絲布)와는 같은 것이 아니다"라고 설명했는데(『도이지략교석』, 105쪽), 매우 수긍할 만하다. 사실 차리(遮里)=차려(撦

② ['감(坎)'자는] 『기록휘편』에 '자(扻)'자로 잘못되어 『승조유사』본에 따라 고쳤다.[100]

③ '활(闊)'자는 『승조유사』본에 따라 보충하였다.[101]

13-11. 후추

후추는 산골 마을에 사는 사람들이 텃밭을 만들어 많이 심는다. 10월 사이에 후추가 익으면 따서 햇볕에 말린 다음 판다. 원래 수확한 후추를 수매하는 대호(大戶, 부호)가 있어 상관의 창고에 거두어 저장한다. 살 사람이 관청의 수매 허락을 받으면, 수량을 보고 계산하고, 세금은 관청에 낸다. 후추 1파하는 금전 200개에 팔린다. 철지들은 대부분 각색의 보석, 진주로 수매하거나 산호 구슬 등의 물품으로도 산다. 각처의 외래 선박이 이곳에 이르면, 국왕 또한 두목과 서기 등을 파견하여 함께 모여 판매하고 세금을 거두어 관청에 내게 한다.

胡椒山鄉住人置園多種.[102] 到十月間, 椒熟采摘①曬幹而賣, 自有收椒大戶來收,[103] 上官庫收貯.[104] 若有買者, 官與發買,[105] 見數計算, 稅錢②納官. 每胡椒一播荷, 賣金錢二百箇. 其哲地多收買下各色寶石・珍珠, 幷做下珊瑚珠等物,[106] 各處番船到

黎)로, 서양포를 지칭한다면, 포(布)와 견(絹)의 차이를 극복할 수 없다.

100 '감파이(坎巴夷)'는 『국조전고』에 '坎吧夷'로, 『삼보정이집』에는 '감파이(坎吧夷)'로 되어 있다.

101 '활(闊)'자는 『국조전고』, 『삼보정이집』, 『설집』, 『담생당』본 모두에 들어 있다.

102 『국조전고』에 후추에 관한 설명은 이 문장[胡椒山鄉住人置園多種]뿐이다.

103 『기록휘편』의 이 문장[自有收椒大戶來收]은 『삼보정이집』에 "自有收椒大戶收買"라고 하였고, 『설집』, 『담생당』본에는 "見數計算稅錢納官" 이전까지의 문장들이 모두 생략되어 있다. 『삼보정이집』과 의미가 대동소이하므로 『기록휘편』 원문을 그대로 따른다.

104 '수저(收貯)'는 『삼보정이집』에만 '성저(盛貯)'로 되어 있다.

105 '관여발매(官與發買)'는 『삼보정이집』에만 "報與發買"로 되어 있다.

106 '산호주(珊瑚珠)'는 『삼보정이집』, 『설집』, 『담생당』본에 '산호'로 되어 있다.

彼, 國王亦差頭目并寫字人等,[107] 眼同而[3]賣, 就取稅錢納官.[108]

① 이상 두 글자[采摘]는 『승조유사』본에 따라 보충하였다.[109]

② ['전(錢)'자는] 『기록휘편』에 '탈(脫)'자로 잘못되어 『승조유사』본에 따라 보충하였다.[110]

③ ['이(而)'자는] 『승조유사』본에 '발(發)'자로 되어 있다.[111]

13-12. 야자

부잣집 대부분이 야자수 1,000그루, 또는 2천~3천 그루를 심어 사업을 한다. 야자는 쓰임이 매우 많다. 어린 것에는 매우 단 즙이 있어 먹기 좋고, 술로 빚을 수 있다. 익은 야자 과육은 기름을 짜고, 당(糖)을 만들고, 밥을 지어 먹는다. 바깥을 싸고 있는 지푸라기 같은 것은 새끼로 만들어 배를 만드는 데 쓴다. 야자 껍데기는 그릇이나 술잔을 만들고, 또 잘 태운 재는 금은 세공의 생활 물품을 양감[鑲嵌, 이어붙임]하는 데 쓴다. 야자수는 집을 만드는 데 좋고, 잎은 지붕을 덮는 데 좋다.

富家多種椰子樹, 或一千株, 或[①]二千三千株, 爲產業. 其椰子有十般使用.[112] 嫩者

---

107 '국왕(國王)'은 『삼보정이집』, 『설집』, 『담생당』본에 모두 '왕(王)'자로 되어 있다.

108 『기록휘편』의 이 문장[就取稅錢納官]은 『삼보정이집』, 『설집』, 『담생당』본에 "亦取稅錢"으로 되어 있고, 『서양번국지』에서는 "亦收稅錢"이라고 하였다.

109 '채적(采摘)' 두 글자는 『삼보정이집』, 『설집』, 『담생당』본에서 확인된다.

110 '세전(稅錢)'은 『기록휘편』에 '탈신(脫身)'으로 되어 있다. 『삼보정이집』, 『설집』, 『담생당』본, 『서양번국지』 모두 '세전'을 보여 주므로, 풍승균 씨의 교정은 정확하다.

111 『기록휘편』의 이 문장[眼同而賣]은 『삼보정이집』, 『설집』, 『담생당』본, 『서양번국지』 모두 정확히 일치하므로 풍승균 씨의 이 주석은 불필요하다.

112 『기록휘편』의 이 문장[其椰子有十般使用]은 『국조전고』에 "其椰子有十般所用"으로, 『삼보정이집』에는 "其椰子有十般取用)"으로 되어 있다. 『설집』과 『담생당』본에서는 "椰子有般"으로 잘못되어 있다. 한편

有漿甚甜, 好喫, 可釀酒. 老者椰肉打油, 做糖, 做飯吃. 外包之穰,^② 打索, 造船. 椰殼爲碗, 爲杯,¹¹³ 又好燒灰打箱金銀細巧生活.¹¹⁴ 樹好造屋, 葉好蓋屋.¹¹⁵

① 이상 두 글자[株, 或]는 『승조유사』본에 따라 보충하였다.¹¹⁶
② ['양(穰)'자는] 『서양조공전록』에도 마찬가지이다. 『승조유사』본에는 '종(椶)'로 되어 있는데 '종(稷)'자의 잘못일 것이다.¹¹⁷

13-13. 채소와 과일

채소에는 겨자, 생강, 나복(蘿蔔, 당근), 호수(胡荽),¹¹⁸ 파, 마늘, 호로, 가지가

『서양번국지』에는 "야자에는 열 가지 쓰임이 있다(云椰有十用)"라고 하였다. 『기록휘편』의 사용(使用)은 『국조전고』의 '소용(所用)'으로 고치는 편이 문맥에 유리하다.

113 '위배(爲杯)'는 『국조전고』, 『담생당』본, 『서양번국지』에는 "爲酒鍾"으로, 『삼보정이집』과 『설집』에는 "위주충(爲酒盅)"으로 되어 있다. 여기의 '충(盅)'자는 그릇을 의미한다.

114 『기록휘편』의 이 문장[又好燒灰打箱金銀細巧生活]은 『국조전고』에 "燒灰打廂金銀生活"이라 하였고, 『삼보정이집』, 『설집』, 『담생당』본에는 "又好燒火打廂金銀細巧生活"이라고 되어 있다. 한편 『서양번국지』(교주본, 30쪽)에는 "又可燒灰廂金銀細巧生活"이라고 하였다. 이로써 '회(灰)'자는 '화(火)'자로, '상(箱)'자는 '상(廂)'자로 읽어야 할 것이다. 여기의 상(廂) 또는 '상(厢)'은 양감(鑲嵌, 금속을 이어붙이다)의 의미로 사용된 것으로 생각한다.

115 이 문장[葉好蓋屋]의 '호(好)'자는 『국조전고』, 『삼보정이집』, 『설집』, 『담생당』본 모두에 '감(堪)'자로 되어 있다. '감'자로 고치는 것이 문맥에 더 유리하다.

116 이 교정에 해당하는 『기록휘편』의 원문[富家多種椰子樹, 或一千二千三千株爲産業]은 『국조전고』에 "富家種椰子樹爲産業"이라고만 되어 있다. 『삼보정이집』과 『설집』에는 "富家則種椰子樹, 或千株二三千株爲産業"이라고 하였으며, 『담생당』본에는 "富家則種"이라고만 하였다. 한편 공진의 『서양번국지』에는 "富家多種椰子樹, 或一千株或二千三千株, 以此爲産業"이라고 하였다. 이로써 볼 때, 풍승균 씨의 교정은 정확하다.

117 이 교정에 해당하는 『기록휘편』 원문[外色之穰]은 『국조전고』, 『설집』, 『담생당』본에 '外包之穰', 『삼보정이집』에만 '外包穰'으로 되어 있으므로, '색(色)'자는 '포(包)'자로 고치는 것이 맞다. 또한 '양(穰)'자도 『국조전고』, 『삼보정이집』, 『설집』, 『담생당』본 모두 같다. 다만 『서양번국지』에는 '其外皮穰'으로 되어 있다.

118 코리안드룸 사티붐(Coriandrum sativum)이라는 학명을 가지는 '수(荽)'는 우리가 알고 있는 향채(香菜) 또는 고수풀이다. 이 '수(荽)'자는 『설문해자』에 보이지 않고, 생강을 뜻하는 '수(葰)'자가 보인다. 이 글자의 음을 슈[息遺]로 읽고 "생강속으로 입을 향기롭게 할 수 있다"라고 하였다. 『설문해자주』에서 '수

있고, 채과(菜瓜, 멜론)와 동과(東瓜, 동아)는 사시사철 모두 있다. 손가락 크기의 작은 오이가 있는데, 길이는 2촌쯤 되고, 청과(靑瓜) 같은 맛이다. 자주색 껍질의 파는 마늘 같은데, 머리는 크고 잎은 작아 근으로 달아 판다. 파라밀, 파초자는 두루 파는 사람이 있다. 목별자(木別子)는 키가 10여 장이고 열매는 푸른 감 같고, 안에는 씨가 30~40개 들어 있으며, 익으면 저절로 떨어진다.

蔬菜有芥菜・生薑[①]・蘿蔔・胡[②]荽・蔥・蒜・葫蘆・茄子，菜瓜・東瓜四時皆有.

(綏)'자는 '수(倭)'자의 가차자라고 설명했다. 또한 '수(荽)'자는『당운』에 보이는데, '수(倭)'에 해당하는 것임을 알 수 있다. 따라서 '수(倭)=수(荽)=수(葰)'는 모두 서로 통용한 글자들이다. [수]로 발음하는 토종의 식물이 있었음을 알 수 있다. 일반적으로 외국에서 들어온 산물의 경우 '호(胡)'자를 붙여 명명하곤 했는데, 여기의 호수(胡荽)도 같은 예에 들어간다. 또한, 이렇게 '호(胡)'자가 붙은 식물들은 대부분 장건(張騫)이 '서역'에서 가져왔다고 보는 것이 중화사상에 매몰되어 있었던 중국인들에게는 당연한 귀결이다. 그러나『사기』나『한서』에 보이는 장건 열전에는 호수를 전혀 언급하고 있지 않다. '호수'라는 명칭은『박물지』에서 처음으로 보이는데, 유입의 공을 장건에게 돌리고 있다. 그에 해당하는 문장이 가필된 것이 아니라는 보장이 없다. 역시, 기원후 2세기 장중경(張仲景)의『금궤요략(金匱要略)』에도 "돼지고기와 생호수를 같이 먹으면 배꼽을 썩게 한다(猪肉以生胡荽同食, 爛人臍)"라고 하였고(『사고전서』본, 권24, 7a), "4월에서 8월까지는 호수를 먹지 말라. 사람의 정신을 손상한다(四月八月勿食胡荽傷人神)"라고 하였으며(『사고전서』본, 권24, 13b), "호수를 오래 복용하면 많은 것을 까먹게 한다. 환자는 호수와 황화채(Lampsana apogonoides)를 먹으면 안 된다(胡荽久食之令人多忘, 病人不可食胡荽及黃花菜)"라고 하였다(사고전서본, 권24, 15a). 이러한 언급이 보이지만 역시 원본인지 아닌지는 확인할 수 없다. 호수가 중국에 재배된 것은 6세기『제민요술』에서 언급되었으나, 그것이 어디에서 어떻게 어떤 목적으로 사용되었는지는 언급하지 못했다. 이러한 원산지 불명의 설명은 이시진(李時珍)의 시대까지 이어졌다. 사실 많은 본초류 서적들에 호수를 정확히 설명하는 자료는 없다. 역사서에서는 단지『오대사(五代史)』회골(回鶻, 위구르) 조목(중화서국, 916쪽)에 회골의 산물 중 하나로 호수(胡荽)를 언급한 것이 전부이다. 호수의 티베트어 명칭은 '우-수(u-su)'이다. 이로써 볼 때 호수는 중국의 서쪽 지역에서 들어온 것으로 짐작할 수 있다. 이를 출발점으로 라우퍼 씨는 소위 중국의 '서역' 지역 즉 이란 일대의 호수를 지칭하는 명칭들을 두루 조사하고, 호수의 원산지가 이란 지역이며, 그곳으로부터 인도, 중국으로 전파되었다고 추정했다(『중국과 이란』, 297~299쪽). 이 식물은 우리의 사전을 찾아보면 고수풀이라고 설명하고 있다. '고수'가 '호수'로부터 변화된 것으로 보기보다는 이란어 코스위(koswi), 코슈위(košwi), 고슈위(gošwi)의 음역으로 보는 것이 더 그럴법하다. 마지막으로 이 식물에 대해 우리에게 알려지지 않은 효능이 있는데, 슐리메(Schlimmer)는 "이 식물은 페르시아 거의 전역에서 채소처럼 재배된다. 현지인들은 성욕억제제 그리고 특히 발기 욕구를 없애 주는 것으로 생각한다"라고 하였다(『Terminologie médico-pharmaceutique et anthropologique française-persane』, 1874, 156쪽).

又有一等小瓜如指大, 長二寸許, 如靑瓜之味, 其蔥紫皮, 如蒜, 大頭小葉,[119] 稱觔
而賣. 波羅蜜·芭蕉子廣有賣者. 木別③子樹高十餘丈, 結子如綠柿樣,[120] 內包其
子三四十箇, 熟則自落.[121]

① 이상 네 글자[芥菜·生薑]는 원문에 '개강(芥姜)'으로 되어 있어 『승조유사』본에 따라
　　보충하였다.[122]

② ['호(胡)'자는] 『승조유사』본에 '원(芫)'자로 되어 있다.

③ ['별(別)'자는] 『승조유사』본과 『서양조공전록』에 '별(鼈)'자로 되어 있다.[123]

119　'대두소엽(大頭小葉)'은 『국조전고』, 『설집』, 『담생당』본에 "頭大葉小"로 되어 있다. 이에 따라 글자의
　　순서를 바꾸는 것이 맞다. 『삼보정이집』에는 '두(頭)'자가 빠져 있다.

120　『기록휘편』의 이 설명[結子如綠柿樣]은 『국조전고』에 "結而大綠柿樣"으로 되어 있고, 『삼보정이집』에
　　는 "結如大綠柿樣"으로, 『설집』과 『담생당』본에는 "結如大綠柿大"라고 하였다. 또한 『서양번국지』(교
　　주본, 31쪽)에서는 "結實如大綠柿"로 되어 있으므로 『기록휘편』의 원문이 선본으로 판단된다.

121　『기록휘편』의 이 문장[熟則自落]은 『국조전고』에만 "熟自墮落"으로 되어 있다.

122　여기 식물에 관한 『기록휘편』의 원문[蔬菜有芥·姜·蘿蔔·胡荽·蔥·蒜·葫蘆·茄子, 菜瓜·東瓜四
　　時皆有]은 『설집』에도 마찬가지이다. 『국조전고』에는 "각양의 채소가 모두 있고, 동과는 사계절 모두
　　있다(菜各樣俱有, 冬瓜四時皆有)"라고만 되어 있다. 『삼보정이집』, 『담생당』본에는 "蔬菜有芥·姜·
　　蘿蔔·胡荽·蔥·蒜·葫蘆·茄子·菜瓜·東瓜"라고 되어 있다. '강(姜)'자는 '강(薑)'와 혼용하여 쓰므
　　로, 풍씨의 교정은 꼭 필요한 것은 아니다.

123　'목별자(木別子)'는 『국조전고』, 『삼보정이집』, 『설집』, 『담생당』본 모두에 '목별자(木鼈子)'로 되어 있
　　다. 이에 따라 고쳐야 한다. 목별자(木別子)는 목별자(木鼈子, Momordica cochinchinensis Spreng), 목
　　별자(木鼈子)로도 쓰고, 이칭으로 취시과(臭屎瓜), 목해(木蟹), 구시과(狗屎瓜), 천초(天草), 누령자(漏
　　苓子), 토목별(土木鼈), 목별과(木鼈瓜), 등동(藤桐) 등이 있다. 박과의 다년생 덩굴성 식물로, 뿌리[木
　　鼈子根]와 계란 같은 열매를 약으로 사용한다. 열매의 씨가 자라 껍데기 같은 모양이라고 하여 붙여진
　　이름이라고 한다. 이칭에 보면 토목별(土木鼈)이 있다는 것은 그에 상응하는 번목별(番木鼈)이 있다는
　　말이다. 여기서는 당연히 번목별(番木鼈)을 말하는 것으로 보인다. 즉 마전자(馬錢子)를 가리킨다. 이
　　시진은 『본초강목』(사고전서본, 권18상, 18a)에서 씨의 모양이 "동전을 늘어놓은 것 같은 말의 문양과
　　같다고 하여 마전이라 한다(狀似馬之連錢, 故名馬錢)"라고 하였다. 번목별은 토목별 즉 목별자와 씨의
　　모양이 둥근 동전 같아서 생겨난 이름임을 알 수 있다. 이 번목별은 '화실각파두(火失刻把都)', '고실파
　　두(苦實把豆)'로도 불린다.

13-14. 가축과 날짐승

박쥐는 매처럼 크고 모두 이 나무에 거꾸로 매달려 쉰다. 붉은 쌀, 흰 쌀 모두 있고, 대맥과 소맥은 모두 없다. 밀가루는 모두 다른 곳에서 팔러 와야 산다. 닭, 오리가 널리 분포하지만, 거위는 없다. 양의 다리는 크고 회색이며, 당나귀처럼 생겼다. 수우(水牛)는 그렇게 크지는 않다. 황우(黃牛) 중에는 3백~4백 근 나가는 것도 있지만, 사람들은 그 고기를 먹지 않고, 다만 그 우유만을 먹으며, 사람들은 수유(酥油)가 없으면 밥을 먹지 않고, 그 소가 늙어 죽으면 매장한다. 각종 바닷물고기는 그 값이 매우 싸고, 산중의 사슴과 토끼도 파는 사람이 있다. 인가에서는 공작을 많이 기른다. 기타 날짐승에는 까마귀, 매, 해오라기, 제비는 있지만 다른 모양의 크고 작은 날짐승들은 전혀 없다.

其蝙蝠如鷹之大, 都在此樹上倒掛而歇. 米紅白皆有, 麥大小俱無. 其麵皆從別處販來賣.[124] 雞·鴨廣有, 無鵝. 羊脚高灰色, 如驢駒子之樣.[125] 水牛不甚大.[126] 黃①牛有三四百觔者, 人不食其肉, 止食其乳酪,[127] 人無酥油②不吃飯, 其牛養至老死

---

[124] 『기록휘편』의 이 문장[其麵皆從別處販來賣]은 『국조전고』와 『서양번국지』에는 보이지 않고, 『삼보정이집』과 『설집』에는 "其麵麥皆從別處販來"로, 『담생당』본에는 "其麵麥皆從他處販來"로 되어 있다. 이상 세 사본은 『기록휘편』의 '면(麵)'를 '면맥(麵麥)'으로 보여 주고 있는데, 밀가루를 만드는 밀을 의미한다. 따라서 '맥'자를 보충해 넣는 것이 좋겠다.

[125] 『기록휘편』의 이 문장[如驢駒子之樣]은 『국조전고』, 『삼보정이집』, 『설집』, 『담생당』본 모두 "似驢駒之樣"으로 되어 있으므로, 이에 따라 고치는 것이 맞다. 이는 『서양번국지』의 문장[羊脚高如驢之駒]에서도 확인할 수 있다.

[126] 『기록휘편』의 이 문장[水牛不甚大]은 『삼보정이집』, 『서양번국지』와도 일치한다. 『설집』, 『담생당』본에서는 '수우(水牛)'가 빠져 있고, 『국조전고』에는 '심(甚)'자가 보이지 않는다.

[127] '유락(乳酪)'은 『삼보정이집』, 『설집』, 『담생당』본에 '유락수유(乳酪酥油)'로 되어 있는데, '수유'는 뒤에 다시 나오므로 중복된다.

卽埋之. 各色海魚其價③極賤, 山中④鹿兔亦有賣者. 人家多養孔雀. 其它禽鳥則有⑤烏鴉·蒼⑥鷹·鷺鷥⑦·燕子, 其餘別樣大小禽鳥, 則竝無有.[128]

① 이상 두 글자[大, 黃]는 『기록휘편』에 잘못 도치되어 있어 『승조유사』본에 따라 바로잡았다.

② ['수유(酥油)'는] 『승조유사』본에 '유락(乳酪)'으로 되어 있다.

③ 이상 두 글자[其價]는 『승조유사』본에 따라 보충하였다.[129]

④ 이상 두 글자[山中]는 『승조유사』본에 따라 보충하였다.[130]

⑤ 이상 여섯 글자[其它禽鳥則有]는 『기록휘편』 원문에는 '금유(禽有)'로 되어 있어 『승조유사』본에 따라 고쳤다.

⑥ '창(蒼)'자는 『승조유사』본에 따라 보충하였다.

⑦ '사(鷥)'자는 『승조유사』본에 따라 보충하였다.[131]

13-15. 탄창(彈唱, 노래하고 연극하는 것)

나라 사람들 또한 탄창(彈唱)을 할 수 있고, 호로박을 악기로 사용하며,

---

[128] 이 교정에 해당하는 『기록휘편』 원문[其餘飛鳥竝無]은 『국조전고』에 보이지 않는다. 『삼보정이집』, 『설집』, 『담생당』본에는 "其餘飛鳥竝無"라고 되어 있고, 『서양번국지』(교주본, 331쪽)에는 "其他飛鳥俱無"라고 하였으므로, 『삼보정이집』, 『설집』, 『담생당』본을 따라야 할 것이다.

[129] 이 교정에 해당하는 『기록휘편』 원문[各色海魚極賤]은 『국조전고』에서 "其各色海魚甚賤"이라고 하였고, 『삼보정이집』, 『설집』, 『담생당』본에서도 "其各色海魚又賤"이라 하였으므로, 풍승균 씨가 『승조유사』본에 따라 보충한 것은 불필요하다. 『서양번국지』의 문장은 『기록휘편』과 일치한다.

[130] 이 교정에 해당하는 『기록휘편』 원문[鹿兔亦有賣者]은 『국조전고』에 보이지 않지만 『삼보정이집』, 『설집』, 『담생당』본, 『서양번국지』 모두 일치된 문장을 보여 주고 있으므로, 풍승균 씨가 『승조유사』본에 따라 보충한 것은 불필요하다.

[131] 이 교정에 해당하는 『기록휘편』 원문[禽有烏鴉·鷹·鷥·燕子]은 『설집』과 『담생당』본에도 일치하고 있다. 『삼보정이집』에서는 "禽有烏鴉·鷹·鷺鷥·燕子"로 되어 있다. 하지만 『국조전고』에 이 정보는 보이지 않는다. 한편 『서양번국지』에서는 "禽有孔雀·鷺鷥·烏鴉·燕"으로 '공작'을 더 보여 주지만, 문장구조는 일치하고 있다. 따라서 『기록휘편』, 『설집』, 『담생당』본을 따르는 편이 풍승균 씨가 보충한 것보다 타당하다.

붉은 청동 철사로 현을 만들어 현지의 노래를 서로 부르며 연주하는데, [그]
음악은 들을 만하다.

國人①亦會彈唱, 以葫蘆殼爲樂器, 紅銅絲爲弦, 唱番歌相和而彈, 音韻堪聽.[132]

① 이상 열네 글자[其餘別樣大小禽鳥則竝無有國人]는 원문에 '기여비조 병무항원(其餘
飛鳥, 竝無行衍)'으로 되어 있는데, 마지막 글자는 틀림없이 잘못된 것이다. 이에『승
조유사』본에 따라 보충하였다.[133]

13-16. 관혼상제

민속, 혼례와 상례는 쇄리(鎖俚)인, 회회인 각각 고유한 의례를 따르므로
같지 않다.

民俗婚喪之禮, 鎖俚人 · 回回人①各依自家本等體例不同.[134]

① '인(人)'자는『승조유사』본에 따라 보충하였다.[135]

---

132 『기록휘편』의 이 문장[音韻堪聽]은『삼보정이집』,『설집』,『담생당』본 모두 같은 문장을 보여 주고 있
지만,『국조전고』에는 "其有音韻不聽"이라고 되어 있다. 하지만『서양번국지』(교주본, 31쪽)에는 "甚
有音韻可聽"이라고 하였으므로『국조전고』의 '불(不)'자는 '감(堪)' 또는 '가(可)'자로 교정할 수 있다.
133 풍승균 씨는 이상의 문장을 "其餘飛鳥, 竝無行衍"라고 구두했으나, '항원(行衍)'은 바로 항원(衍院)으로,
금나라 원나라 시기 기녀 또는 배우들이 거처하는 곳을 의미하므로, '병무(竝無)'에서 문장을 끊어야 한
다. 이 문장은『기록휘편』원문에 "行衍亦會彈唱"으로 되어 있는데,『삼보정이집』과『설집』에는 '항원
(行衍)'이 '항원(行院)'으로,『담생당』본에는 '원(院)'자로만 되어 있다.『국조전고』에는 "國人亦會彈唱"
이라고 하였다.
134 이상 관혼상제에 관한 기술은『국조전고』에 보이지 않는다.
135 '인(人)'자는『삼보정이집』,『설집』,『담생당』본,『서양번국지』모두에서 확인할 수 있다.

13-17. 왕위계승

왕의 자리는 아들에게 전하지 않고 외종질에게 전한다. 조카에게 전하는 것은 딸의 배에서 난 사람을 적자로 여기기 때문이다. 왕에게 자매가 없다면, 동생에게 전하고, 동생이 없으면 유덕한 사람에게 양보하는데, 대대로 이렇게 이어져 왔다.

其王位不傳於子, 而傳於外甥. 傳甥止論女腹所生爲嫡族.[136] 其王若無姊妹,[137] 傳之於弟, 若無弟, 遜與有德之人, 世代相仍如此.

13-18. 형벌

왕의 법률에 태형은 없고, 죄가 가벼운 자는 손과 발을 자르고, 무거우면 벌금을 물리고 사형하며, 심하면 재산을 조사하여 압류하고 멸족한다. 법을 어긴 자가 있으면, 관아로 잡아가 죄를 승복하게 하고, 만약 사정에 혹시라도 억울함이 있어 승복하지 않는 자가 있으면, 왕이나 대두목 앞에 쇠솥을 놓고 기름 4~5근을 가득 넣고 끓여, 먼저 나뭇잎을 넣어 터지는 소리가 있는지를 시험한 다음, 그 사람의 오른손의 손가락 두 개를 기름 속에 잠깐 넣어 데쳐, 시커멓게 되기를 기다렸다가 꺼내 베로 싸매고 봉하여 [날

---

136 『기록휘편』의 이 문장[傳甥止論女腹所生爲嫡族]은 『국조전고』에 "傳之朝正論女腹所生爲嫡族"으로 되어 있고, 『삼보정이집』에는 "傳甥之故止論女腹所生爲嫡族"이라고 하였으며, 『설집』에서는 "之故止論女腹所生爲嫡族"으로, 『담생당』본에서는 "傳與外甥之○論腹所生爲嫡族"으로 되어 있다. 여기서는 『삼보정이집』과 『설집』본을 따르는 것이 타당할 것으로 보인다. 의미를 새겨 보면 "조카에게 전하는 이유는 딸의 배에서 태어난 사람을 적자로 여기기 때문이다"라는 의미일 것이다.

137 『기록휘편』의 이 문장[其王若無姊妹]은 『국조전고』에만 "만약 전할 자매가 없다면(若無姊妹傳之)"으로 되어 있다.

짜를?] 기록해 둔 채로 관아에서 감시하며 머물게 한다. 2~3일 뒤에 여러 사람이 모여 개봉하여 봤을 때 손이 문드러졌으면, 사정이 억울한 것이 아니므로 곧바로 형을 가하고, 손가락이 예전처럼 손상되지 않았다면, 풀어 주고, 두목 등의 사람들이 풍악을 울려 그 사람이 집으로 돌아가도록 예로써 전송하고, 친척들과 인근 벗들이 예물을 보내며 서로 축하하며, 음주하고 풍악을 울려 축하하는데, 이 일이 가장 기이하다.[138]

王法無鞭笞之刑, 罪輕者截手斷足,[139] 重則罰金誅戮[①] 甚則抄沒[②]滅族. 人有犯法者, 拘之到官, 卽伏其罪, 若事情或有[③]冤枉不伏者, 則於王前或大頭目前, 置一鐵鍋, 盛油四五觔,[140] 煎滾,[141] 先以樹葉投, 試爆彈有聲,[142] 遂令其人以右手二指煠

---

138 이러한 신성재판에 관한 증언은 마환과 거의 같은 시기에 인도를 여행한 니콜로 데 콘티(Niccolò de' Conti)의 기술에서도 찾을 수 있다. "형사 재판에 있어서 맹세가 허용되는데, 그곳에는 범죄를 입증할 목격자가 없기 때문이다. 맹세를 하는 세 가지 방식이 있다. 하나는 맹세하는 사람이 우상 앞에서 서서 자신이 우상에게 무고하다고 선서하는 것이다. 맹세한 다음 그는 혀로 벌겋게 달군 곡괭이처럼 생긴 쇳조각을 핥는다. 그가 상처를 입지 않으면 그는 무고함이 밝혀진다. 또 다른 방식은 우상 앞에서 먼저 맹세하고, 같은 쇳조각이나 벌겋게 달군 쇠판에 몇 걸음을 걷는다. 어느 한 부분이라도 타면 그는 유죄로 처벌을 받고, 아무런 상처가 없으면, 그는 범죄에 대한 처벌이 면제된다. 맹세하는 세 번째 방법은 가장 일반적인 방식이다. 우상 앞에 그릇을 놓고 끓는 버터로 채운다. 저지를 범죄에 무고하다고 맹세한 사람이 버터 속에 두 손가락을 넣었다가 곧바로 린넨으로 싸서 없어지지 못하도록 봉인한다. 사흘째 되는 날 벗긴다. 손가락에 어떤 상처라도 있으면 처벌받고 상처가 없으면 풀려난다"라고 증언했다(메이저 (R.H. Major) 편, 『India in the Fifteenth Century』(London, Hakluyt Society, 1857), 「니콜로 콘티의 여행」, 31~32쪽). 다른 나라에서의 예로는, 주달관(周達觀)의 『진랍풍토기(眞臘風土記)』 쟁송(爭訟) 조목에 보인다. "민가에서 물건을 잃어버렸을 때, 그 사람이 도둑이라고 의심되나 시인하지 않을 경우 솥에 기름을 아주 뜨겁게 끓여 그 사람의 손을 그 속에 넣게 하는데, 물건을 훔쳤다면 손이 문드러지고, 훔치지 않았다면 피부와 살이 예전 그대로라고 한다(且如人家失物, 疑此人爲盜, 不肯招認, 遂以鍋煎油極熱, 令此人伸手於中. 若果偸物, 則手腐爛, 否則皮肉如故云)"[『고금설해(古今說海)』(사고전서본, 18a)]라고 하는 이야기와 상당히 닮았다. 자세한 사항은 『앙코르 캄보디아: 진랍풍토기역주』, 95~96쪽을 참고하시오.

139 '죄경자(罪輕者)'는 『국조전고』, 『삼보정이집』, 『설집』, 『담생당』본, 『서양번국지』 모두 '경즉(輕則)'으로 되어 있다. 이에 따라야 할 것이다.

140 '사오근(四五觔)'은 『국조전고』와 일치하지만, 『삼보정이집』, 『설집』, 『담생당』본에서는 '사오십근(四五十斤)'으로 되어 있다. 이에 따라야 할 것이다.

141 '전곤(煎滾)'은 『국조전고』, 『삼보정이집』, 『설집』, 『담생당』본에 모두 "煎滾其油"라고 하였으므로, '기

於油內片時,[143] 待焦方起,[144] 用布包裹封記, 監留在官. 二三日後聚衆開封視之,
若手爛潰, 其事不枉, 卽加以刑, 若手如舊不損, 則釋之,[145] 頭目人等以鼓樂禮送
此人回家, 諸親鄰友饋禮相賀,[146] 飮酒作樂以相慶,[147] 此事④最爲奇異.

① ['육(戮)'자는]『기록휘편』에 '착(戳)'자로 잘못되어 고쳤다.[148]
② ['몰(沒)'자는]『기록휘편』에 '봉(封)'자로 되어 있어『승조유사』본에 따라 고쳤다.[149]
③ 이상 두 글자[或有]는『승조유사』본에 따라 보충하였다.[150]
④ 이상 다섯 글자[以相慶, 此事]는『승조유사』본에 따라 보충하였다.[151]

유(其油)' 두 글자를 보충해 넣어야 할 것이다.

142 이상 두 문장[先以樹葉投, 試爆彈有聲]은『국조전고』에 "먼저 나뭇잎을 기름 속에 넣고 터지는 소리가
있는지를 시험하고 (先以樹葉投之油內, 試其爆烈有聲)"라고 하였고,『삼보정이집』과『설집』에는 "先以
樹葉投之油內試之, 爆烈有聲"으로,『담생당』본에는 "先以樹葉投之油內試, 其爆烈有聲"으로 되어 있다.

143 '잡(煤)'자는『삼보정이집』에 '작(炸)'자로,『설집』과『담생당』본에는 '탐(探)'자로 되어 있다. 잠깐을 의
미하는 '편시(片時)'는『국조전고』에만 보이지 않는다.

144 『기록휘편』의 이 문장[待焦方起]은『국조전고』와『삼보정이집』에 '待焦取出'로,『설집』에서는 "焦取
出"로,『담생당』본에는 "取出"로만 되어 있다. 또한『서양번국지』에도 '취출'로 되어 있으므로『기록휘
편』원문의 '방기(方起)'는 '취출(取出)'로 고치는 것이 맞다.

145 '즉석지(則釋之)'는『국조전고』에만 '즉차(則差)'로 잘못되어 있다.

146 '제친인우(諸親鄰友)'는『국조전고』에만 '친우(親友)'로 되어 있다.

147 이 교정에 해당하는『기록휘편』원문[飮酒作樂]은『국조전고』,『삼보정이집』,『설집』,『담생당』본, 그
리고『서양번국지』에서 일치하고 있으므로, 풍승균 씨가『승조유사』본에 따라 보충한 것은 불필요하다.

148 풍승균 씨는 교정한 근거를 밝히지 않았지만, '주륙(誅戮)'은『국조전고』,『삼보정이집』,『설집』,『담생
당』본 모두 일치하고 있으므로,『기록휘편』의 '착(戳)'자를 바로잡을 수 있다.

149 이 교정에 해당하는『기록휘편』의 원문[甚則抄封滅族]은『국조전고』,『삼보정이집』,『설집』,『담생당』
본 모두 일치하고 있으므로, 풍승균 씨의 교정은 받아들일 수 없다. '초봉(抄封)'은 '사봉(査封)'의 뜻으
로, 죄인의 재산을 조사하여 압류하는 것을 말한다.

150 이 교정에 해당하는『기록휘편』원문[若事情冤枉不伏者]은『국조전고』에 "若冤枉不伏者"라고 하였고,
『삼보정이집』과『설집』에는 "若事冤枉不伏者",『담생당』본에서는 "若是冤枉不伏者"로 되어 있다. 이
로써『기록휘편』원문이 가장 정확함을 알 수 있다. 풍승균 씨가 보충해 넣은 '혹유(或有)'는 문맥에서는 정확
하지만, 원본만으로도 해석할 수 있으므로 빼는 것이 좋겠다.

151 '차사(此事)' 두 글자 역시『국조전고』,『삼보정이집』,『설집』,『담생당』본 어디에도 보이지 않으므로,
불필요한 보충으로 생각한다.

13-19. 조공

사신들이 돌아가는 날에, 국왕은 좋은 적금(赤金) 50냥으로, 현지의 장인에게 터럭 같은 가는 금실을 뽑아내 얽어 짜서 얇은 편(片)을 만들어, 각색의 보석, 큰 진주를 이어 붙여 보대(寶帶) 하나를 만들게 하여, 두목 내방(乃邦)을 보내 중국에 바쳤다.

使回之日, 其國①王欲進貢, 用好赤金五十兩, 令番匠抽如髮細金絲,[152] 結縭成片,[153] 以各色寶石·大珍珠厢成寶帶一條,[154] 差頭目乃邦②進奉中國.

① 이상 여섯 글자[使回之日, 其國]는 『승조유사』본에 따라 보충하였다.[155]

② 이상 두 글자[乃邦]는 덧붙여진 것 같다. 『국조전고』본에는 '내나(乃那)'로 되어 있다.[156]

---

152 '영(令)'자는 『국조전고』에만 '명(命)'자로 되어 있다.

153 '결관(結縭, 얽어맨다)'은 『서양번국지』(교주본, 32쪽)와 일치하는 반면, 『국조전고』, 『삼보정이집』, 『설집』, 『담생당』본 모두에 '결만(結挽, 얽어맨다)'으로 되어 있다.

154 '대(大)'자는 『국조전고』, 『삼보정이집』, 『설집』, 『담생당』본, 『서양번국지』 모두에 빠져 있다. 이에 따라 삭제하는 것이 맞다.

155 이 교정에 해당하는 『기록휘편』의 원문[王欲進貢, 用赤金五十兩]은 『국조전고』, 『삼보정이집』, 『설집』, 『담생당』본 모두 "王用赤金五十兩"으로 되어 있고, 『서양번국지』에서는 "國王其年以赤金五十兩"이라고 했으므로, 『국조전고』, 『삼보정이집』, 『설집』, 『담생당』본에 따라 교정해야 할 것이다.

156 『기록휘편』에 따른 이 문장[差頭目乃邦進奉中國]은 『국조전고』에 "差頭目乃那進奉朝廷"으로, 『삼보정이집』에는 "差頭目乃那進獻於朝廷", 『설집』에는 "差頭目乃那進獻朝廷", 『담생당』본에는 "差頭目乃那進獻中國", 『서양번국지』에서는 "遣頭目乃那進貢中國"이라고 하였다. 따라서 『기록휘편』의 '중국'은 '조정'으로 바꾸는 편이 더 어울린다. 한편 『기록휘편』의 '내방(乃邦)'이 맞는지, 『국조전고』, 『삼보정이집』, 『설집』, 『서양번국지』의 '내나(乃那)'가 맞는지는 모른다. 또한, 이것이 사람 이름을 음역한 것인지, 아니면 마환이 작은 나라들에 관해 설명하면서 "바로 작은 나라이다(乃小邦也)"라고 한 말이 잘못 여기에 들어간 것인지는 확인할 수 없다.

14
—
몰디브 왕국
[溜山國]

❋

해제

유산국은 현 스리랑카에서 남서쪽으로 약 645km 떨어진, 1,200여 개의 크고 작은 산호초와 약 200개의 모래톱으로 구성된 인도양의 군도를 지칭한다는 것이 여러 학자의 공통된 견해이다. 그 근거로는 1340년경 이븐 바투타의 여행기록을 들 수 있다. "캘리컷을 떠난 지 열흘 만에 디밧 알마할(Dhibat Almahal)이라는 섬에 도착했다. 디밧(Dhibat)은 디브(Dhib) 여성형처럼 발음한다. 이곳에는 세상에서 섬이 가장 많이 모여 있다. 대략 '2천 개'라고 한다. 이들 섬 중에서 1백 개는 둥글게 고리처럼 모여 있고, 이 섬들은 문과 같은 입구 하나가 있어, 배들은 그곳으로 들어갈 수 있을 뿐이다"(『Voyages d'Ibn Batoutah』(C. Defrémery, B. R. Sanguinetti, 파리, 1877), IV, 1877, 110쪽)라고 하였다. 디밧 알마할은 '지바탈 마할'로 읽어야 하고, '디브'로 발음하는 '디바'는 산스크리트어 드위빠(dvipa), 즉 섬에 해당하는 말이다. 거꾸로 읽으면 '마할디브'가 된다.

몰디브에 어원에 관하여 대략 3가지 정도로 요약해 볼 수 있다. 먼저 인도의 고고학자 데라니야할라(P.E.P Deraniyagala, 1900~1976)는 「스리랑카와 교역로에 관한 고고학적 문제들(Some archaeological problems concerning Sri Lanka and its trades route)」이란 논문에서(『Studies in South Asian Culture』, VII(Brill, 1978), 52쪽), 몰디브는 싱할라어에 어원을 두는 것으로 설명하고 있다. 그에 따르면, 어원은 마알라 디바이나(Maala Divaina)로 '목걸이 섬'을 의미한다고 한다. 둘째, 미국의 경제사 연구학자인 얀 호겐돈(Jan Hogendorn, 1937~2017)은 『노예무역의 조개 화폐(The Shell Money of the Slave Trade)』(Cambridge University Press, 1986, 20~22쪽)에서 몰디브(Maldives)는 화환을 의미하는 '말라(mālā)'와 섬을 뜻하는 '드위빠(dvīpa)'라는 산스크리트어 단어의 조합에서 나왔다고 생각했다.

이상 두 설명은 몰디브를 화환이나 목걸이처럼 둥근 이미지로 표현하고 있다는 점에서 의미상 큰 변화가 없으며, 현 몰디브 산호초 군도의 외형적 윤곽과도 상당히 닮아 있다. 하지만 이와는 전혀 다른 어원을 말하는 증언도 있다. 포르투갈 르네상스 시기 의사였던 가르시아 드 오르타(Garcia de Orta, 1500?~1568?)는 그곳 사람들은 몰디브라고 부르는 것이 아니라, '날르디바(Naledíva)'라고 불렀고, 마아바르(Maabar) 언어로 '날르(nale)'는 '4'를, '디바(diva)'는 '섬'을 의미하여 그들 언어로 '날르디바'는 '네 개의 섬'을 뜻한다. 그러므로 현재의 몰디브는 '날르디바'가 와전된 것이라고 설명했다(『인도의 약과 약물과 약초에 관한 논의(Colloquies on the Simple and Drugs of India)』, Delhi, 2016, 22쪽). 현재 군도를 형성하고 있는 섬들을 생각해 볼 때 '네 개'라는 말은 이해하기 어렵다. 비신(費信)과 마환도 이 군도의 큰 지역만 8개를 언급하고 있으니 말이다.

이 몰디브 군도를 처음으로 기술한 사람은 앞서 인용한 이븐 바투타일 것이다. 그가 말한 디밧 알마할(Dhibat Almahal)이 분명히 몰디브 군도를 지칭한다는 것을 충분히 알 수 있다. 한편 중국에서 이 몰디브를 언급한 것은 이븐 바투타와 거의 동시대인 왕대연의『도이지략』에 보이는 '북류(北溜)'이다. 중국 자료 중에 가장 이른 언급으로 확인된다. 왕대연은 다음과 같이 기록했다(후지타 도요하치,『도이지략교주』, 117쪽).

[북류의] 지세는 낮아 수만의 도서들이 있다. 선박들이 서양으로 가면서 승가랄(僧加剌, 스리랑카 남단 돈드라 헤드)을 지날 때 조류가 빠르고 급한데, 역풍을 만나면 곧바로 이 나라로 표류한다. 다음 해 여름 동남풍이 불기를 기다렸다가 선박들은 [북]유(溜)를 거슬러 올라간다. [바다] 물에는 들쭉날쭉한 바위들이 있는데, 예리하기가 칼날 같아 배들이 남아나지 않는다. 그곳에는 야자로 만든 줄, 파자(肌子), 건어(乾魚), 대수건포(大手巾布)가 난다. 바다의 상인들은 매번 배에 가득 파자를 싣고 오다(烏爹, 오리싸?), 붕가랄(朋加剌, 뱅골)로 가서 배 한 척 남짓 실을 수 있는 쌀과 교역한다. 대저 이들은 파자를 돈처럼 저울에 달아 사용하는데, 또한 아주 오래된 먹고 사는 수단이다(地勢居下, 千嶼萬島. 舶往西洋, 過僧伽剌傍, 潮流迅急, 更値風逆, 輒漂此國. 候次年夏東南風, 舶仍上溜口之. 水中有石槎中枒, 利如鋒刃, 蓋已不勝舟矣. 地産椰子索‧肌子‧魚乾‧大手巾布. 海商每將一舶肌子下烏爹‧朋加剌, 必互易米一船有餘. 蓋彼番以肌子權錢用, 亦久遠之食法也).

왕대연이 기록한 내용은 이븐 바투타만큼은 자세하지 않지만, 조가비 화폐인 파자, 말린 물고기, 그리고 머리에서 어깨까지 쓰는 수건 같은 것은 이븐 바투타가 기술한 것과 일치한다. 그러나 왕대연은 '유(溜)'자의 의미를 설명하지 않아, '북류' 두 글자로 몰디브 군도의 어느 곳을 음역한 것인지, '북'자는 방향사로 실제로는 '유(溜)'만 음역한 것인지, 아니면 두 글자 모두 중국식으로 의역한 것인지 전혀 알 수 없게 되었다.

'유(溜)'자의 의미에 관하여, 현재 나온 사전으로는 그 의미를 만족스럽게 새길 만한 정의가 없다. 구준(邱濬, 1421~1495), 『중편경대고(重編瓊臺稿)』, 권11에 따르면, "[만랄가국] 그 경계에서 서남쪽으로 배로 약 10여 일 가는 거리에, 간섭국(幹纖國)이 있는데, 바로 '유산(溜山)'이란 곳이다. 바닷물이 기울어 급하게 쏟아지기 때문에 '유(溜)'라고 한다. 물의 힘이 점점 떨어져 부력이 겨자씨도 감당할 수 없다. 배가 잘못 그 속으로 들어가면 아래로 빠져 닿는 곳이 없어진다. 신선가들이 말하는 '봉래약수(蓬萊弱水)'가 이에 가깝지 않을까(距其境西南舟行約十餘日, 有幹纖國者, 即所謂溜山也. 海水傾注, 其名爲溜. 水勢漸下, 力不能勝一芥. 舟行誤入其中, 即沈下而無所底止. 神仙家所謂蓬萊弱水, 殆近是與)"라고 하였다. 여기에서 말하는 '간섭'은 바로 『영애승람』과 『성사승람』에서 유산의 다른 명칭인 '첩간(牒幹)'의 잘못임을 알 수 있다. 또한 '유(溜)'라고 하는 것은 바닷물이 급격히 기울어 쏟아지기 때문에 붙여진 이름이라는 설명에 주목할 필요 있다.

명나라 나무등(羅懋登)이 1597년경에 쓴 『삼보태감서양기(三寶太監西洋記)』, 59회에 보면 왜 '유산국'이라고 하느냐는 질문이 보인다. 이에 대해 국사(國師)는 "바다 가운데 산이 있는데, 자연적으로 이루어진 성궐(城闕)과 같은 천연의 3개 석문이 있다. 그 속의 물을 '유(溜)'라 하여 이 때문에 '유산'이라 부른다(山在海中, 天生的三個石門, 如城關之樣. 其中水名溜, 故此叫做溜山)"라고 하였다. 말하자면 작은 섬들이 이어져 고리 모양을 형성하고 있는데, 그 안쪽의 바다를 '유(溜)'라고 한다는 것이다.

이로써 몰디브를 '유산'으로 부른 것은 순전히 중국식 의역임을 알 수 있다. 그렇다면 왕대연이 부른 '북류(北溜)'의 '북'은 방향사일까? 아니면 고유명사를 옮긴 것일까? 후지타 도요하치는 '북류'가 "말(Mal) 또는 발(Bal)에 해당하는 음이다. 말(발)레디브(Malédive, Balédive) 군도의 관장(官場)이 있었던 곳으로 정화의 항해도에서 '관서(官嶼)'라고 하는 곳이다"(『도이지략교주』, 118쪽)라고 하였다. 소계경 씨는 이 주장에 동의하며, "본서의 '북류(北溜)'라는 명칭은 후지타 도요하치의 주장에 따라 몰디브 중심지인 '말레(Male)'에 해당하는 음으로 보는 것이 가장 적합하다. 방언에서 [m]과 [p] 또는 [b]음은 서로 바뀔 수 있으므로 [ma]는 '북(北)'으로 읽을 수 있다. 그러나 북류와 명나라 문헌에 보이는 유산(溜山)의 '유(溜)'자는 해당 지역의 해류나 땅 이름과 유관하다는 것을 보여 준다"라고 하였으나, 음성적 유사성을 이끄는 근거들이 빈약하다. 앞서 본 바와 같이 '유(溜)' 또는 '유산(溜山)'이라고 의역된 중국 명칭은 몰디브를 지칭하는 말로 쓰였다는 것을『도이지략』의 언급에서 확인할수 있다.

『도이지략』나위(羅衛) 조목에서 그곳 사람들의 복식을 설명하면서 "자주색 만(縵)으로 머리를 감싸고, 유포(溜布)로 묶는다(以紫縵纏頭, 繫溜布)"라고 하였고(『도이지략교주』 47쪽); "담양(淡洋) 조목(105쪽)에서도 남녀가 상투하고 '유포(溜布)'로 맨다(男女椎髻, 繫溜布)"; 하리(下里) 조목(119쪽)에서도 "남녀는 삭발하고 '유포(溜布)'를 맨다(男女削髮, 繫溜布)"; 금탑(金塔) 조목(122쪽)에서 "남녀는 몽둥이 모양으로 상투를 틀고 흰 베를 둘러 '유포(溜布)'로 묶는다(男女椎髻, 纏白布, 繫溜布)"라고 하였다. 학자들은 여기의 '유포'가 바로 북류, 즉 몰디브에서 나는 베로 보는 데 이견이 없다. 그러나 주목할 것은 대팔단(大八丹) 조목(124쪽)에서의 기술이다. "남녀는 짧은 머리에 남류포(南溜布)를 입는다(男女短髮, 穿南溜布)"라고 '남류'라는 언급을 하고 있다. 이에 대해 심증식은『도이지략광증』(총서집성본, 하, 6쪽)에서 "남류(南溜)는 북류(北溜)와 마주하고 있으나 본서에서는 북류는 있는데 남류는 없다. 북류에서 나는 대수포(大手布)을 '유포(溜布)'라고 약칭하므로, '남(南)'자는 '북(北)'자의 잘못이다"라고 하였다. 후지타 도요하치는 심중식의 이러한 교정을 따르는 것처럼 소개만 하고 있고 아무런 언급이 없고, 소계경 씨는 전혀 주목하지 않고 있다.

사실 몰디브 군도는 남북으로 약 820㎞에 펼쳐져 있다. 남북으로 나누어 말할 가능성이 있다. 또한 『도이지략』의 기술에 따르면, 다음 해 여름 동남 풍이 불기를 기다렸다가 유(溜)를 거슬러 올라간다고 하였다. 그리고 수도 인 말레는 군도에서 약간 북쪽 지점에 있다. 따라서 북류의 '북'자는 방향 위치를 지칭하는 의미로 봐야지, 그로부터 음성적 유사성을 찾는 것은 무 리하다. 마환과 비신은 이 군도의 8대 큰 섬들을 일일이 열거하고 있다. 물 론 남에서 북으로 항해하는 과정을 통해 알게 된 것으로 이해해야 할 것이 지만, 한편으로 과연 이 엄청난 군도를 다 돌아봤을까 하는 의문이 드는 것 은 사실이다. 아마도 현지인의 말을 통해 옮겨 적은 것일 가능성이 크다. 그렇지 않고 실제 둘러봤다면 마환은 분명 그에 대한 기록을 남겼을 것이 다. 한 가지 공교로운 것은 바로 몰디브는 26개의 환초로 이루어져 있고, 21개의 행정구역으로 나뉘는데, 그중 17개는 말레((Malé), 아두(Addu), 푸바물 라(Fuvahmulah), 쿨루두푸시(Kulhudhuffushi) 구역에 속하므로, 결국 크게는 8개 행정구역으로 나뉘는 점이다. 마환이 이 8대 섬들에 대해 기술을 하지 않 았으므로, 그 위치를 추정해 가는 것은 의미도 없을 뿐만 아니라, 추정도 억측에 가까울 수밖에 없다. 어쨌든 마환은 이븐 바투타도 언급하지 않은 8개 섬을 열거한 것은 그 당시로서는 최초의 것임에는 분명하다. 마환이 열거한 8개의 큰 섬에 대해 만명(萬明)은 다음과 같이 대응시키고 있다. 지 도를 펴 놓고 큰 섬을 순서대로 찾아간 것으로 보인다. 그에 대한 근거가 있는 것은 아니다.

8대 유(溜)	만명, 『명초본도이지략교주』, 74~75쪽
사류(沙溜)	Mulaku atoll/Mulaku 섬
인부지류(人不知溜)	Mila-Madulu atoll의 한 섬
기래류(起來溜)	Tiladumati atoll/Kalai 섬
마리기류(麻里奇溜)	Malicut(Minicoy)섬
가반년류(加半年溜)	Kalpeni
가가류(加加溜)	밀스가 추정한 북위 11도 37분 지점, 혹은 Cagad(kaka-diw?) 즉 11도 30분 지점.
안도리류(安都里溜)	Androth 섬
관서류(官瑞溜)	Male

마환의 기술은 반세기 이전 이븐 바투타의 증언과 상당 부분 일치하고 있으므로, 내용의 이해를 위해 해당 부분들을 선별하여 다음과 같이 번역해 둔다. 『Voyages d'Ibn Batoutah』(C. Defrémery, B. R. Sanguinetti, 파리, 1877), IV, 1877, 110~123쪽. 정수일 씨의 역주본으로는 249~255쪽을 참고하시오.

캘리컷을 떠난 지 열흘 만에 '디밧 알마할(Dhībat Almahal)'이라는 섬에 도착했다. 디밧(Dhībat)은 디브(Dhīb, 아랍어로 늑대. 산스크리트어로 '섬'을 뜻하는 'douīpa'의 변형) 여성형처럼 발음한다. 이 섬들은 세상에서 놀랄 정도로 많다. 대략 2천 개라고 한다. 이들 섬 중에서 고리 모양으로 둥글게 모여 있는 1백 개 미만의 섬들이 있다. 이 섬들은 문과 같은 입구 하나가 있어, 배들은 그곳으로 들어갈 수 있을 뿐이다. 배가 이들 중 한 곳에 들어갈 때는 반드시 주민 가운데 뽑은 안내인이 있어야 그들의 안내로 다른 섬들에 이를 수 있다. 섬들은 서로 매우 가깝게 있어 한 섬에서 나오자마자 다른 섬의 야자나무 끝이 보인다. 배가 길을 잃으면 이들 섬으로 들어갈 수 없고, 바람은 마아바르(코로만델 해안) 또는 실론으로 배를 끌어간다.

이 섬의 주민들 모두는 무슬림으로, 경건하고 정직한 사람들이다. 이들은 지역 또는 풍토로 나뉘는데 각기 '꼬르두이(Cordoūiy)'라는 행정관의 통치를 받는다. 지방에 따라 ① 빨리뿌르(Bālipour), ② 까날루스(Cannaloūs), ③ 마할(Mahal, 모든 섬을 지칭하는 명칭에 따른 지역이며 군주들이 이곳에 산다), ④ 뗄라디브(Télādīb), ⑤ 까라이두(Caraïdoū), ⑥ 떼임(Teïm), ⑦ 뗄레도메띠(Télédommety), ⑧ 엘레도메티(Hélédommety), ⑨ 베레이두(Bereïdoū), ⑩ 깐다칼(Candacal), ⑪ 몰루크(Moloūc), ⑫ 수웨이드(Souweïd)로 나뉜다. 수웨이드 지역이 모두에서 가장 멀다. 말디브의 모든 섬에는 곡물이 나지 않는다. 안리(anly, 밀의 일종)와 비슷한 곡물이 수웨이드 지역에서만 나서, 그곳에서 마할로 실어 온다. 주민들이 먹는 것은 리룬(lyroūn)과 비슷한 물고기인데, 그들은 '쿨브 알마스(koulb almās)'라고 부른다. 그 고기의 살은 붉고 지방질이 없지만, 냄새는 암양의 살과 비슷하다. 낚시질로 그 물고기를 잡아서 네 덩어리로 고기를 자른 다음 가볍게 익혀서 야자잎으로 만든 광주리에 넣고 걸어 훈연한다. 완전히 말려서 먹는다. 이 나라에서 사람들은 그것을 인도, 중국 그리고 예멘으로 수출한다. 그것을 '쿨브 알마스'라고 부른다.

이들 섬에 있는 나무 대부분은 야자수이다. 야자수는 물고기와 함께 주민의 식량을 제공한다. 이에 대해서는 이미 언급했다. 야자수의 특성은 놀랍다. 종려나무 중 하나는 매년 12송이를 낳아 한 달에 한 번 딴다. 어떤 것은 작고, 어떤 것은 크며, 대부분이 말랐고, 나머지는 푸르며, 이 푸른 것이 오래간다. 첫 번째 책에서 말한 것처럼 그들은 과실과 함께, 우유, 기름, 꿀을 만든다. 그 꿀로 빵을 만들고 말린 코코넛과 함께 먹는다. 코코넛에서 추출한 이 모든 식품과 동시에 섭취하는 물고기는 성행위에 비할 데 없는 놀라운 정력을 제공한다. 이들 섬의 주민들은 이런 식으로 놀랄 만한 것들을 만들어 낸다. …

이들 섬의 식물 중에 추문(tchoumoūn, Eujenia Jambu), 레몬나무, 토란 등을 언급할 만하다. 주민들은 토란의 뿌리를 가루로 만들어 일종의 국수처럼 뽑아 코코넛우유와 익히는데 그곳에 있는 가장 먹을 만한 요리 중 하나였다. …

말디브의 주민들은 정직하고, 경건하며 성실하고 확고한 신념을 가진 사람들이다. 그들의 음식은 계율에 따른 것이고 그들의 기도는 이루어진다. 사람이 누군가를 만나면 "신은 나의 주인님이며, 모하메드는 나의 선지자이며, 나는 무지한 중생이다"라고 한다. 그들의 신체는 연약하며 전투, 전쟁, 무기에 익숙하지 않아 기도만 한다. … 섬마다 아름다운 모스크가 있으며 대부분 나무로 만들었다.

섬사람들은 청결하고 더러운 것을 피한다. 대부분 사람은 매우 무더운 날씨와 많은 땀 때문에 결백할 정도로 하루에 두 번씩 씻는다. 그들은 백단향 등과 같은 향유를 많이 바르고, 막다샤우(Makdachaou)에서 가져온 사향으로 치장한다. 그들이 기도문을 암송할 때, 아내들은 안약, 장미수, 사향 기름이 든 상자를 가져와 남편과 아들의 눈썹에 안약을 바르고, 피부에 윤기가 나도록 장미수와 사향 기름을 문질러 발라 주어 얼굴에 피곤한 흔적을 없애 주는 것이 이들 관습 중 하나이다.

이곳 사람들의 옷은 파네(pagne, 사롱 같은 천)이다. 그들은 허리에 팬티 대신에 파네를 매고, 이흐람(ihrām, 순례 기간 무슬림들이 사용하는 천의 일종)과 비슷한 '알루일리안(alouilyān)'이라는 천을 등에 걸친다. 어떤 사람은 터번을 하고 어떤 사람들은 작은 손수건으로 그것을 대용한다. 누구나 카디(kādhi)나 선지자를 만나면 어깨 위의 옷을 벗고 등을 드러낸 채로 그 관리가 집에 이를 때까지 따라간다. …

말디브의 사람들은 귀족이든 평민이든 모두 맨발로 다닌다. 거리는 청소하여 매우 깨끗하고 나무가 우거져 다니는 사람들이 과수원에 있는 것 같다. 그렇지만 누구나 집에 들어갈 때는 반드시 말렘(mālem) 근처에 있는 항아리의 물로 발을 씻어야 한다. …

배가 이르면, 작은 배인 까나디르(canādir, 단수형은 cundurah)들이 섬의 주민들을 태우고 배를 영접하러 가는데, 그들은 후추와 싱싱한 코코넛인 까란바(caranbah)를 가져간다. 각각 선원 중에 원하는 사람에게 선물로 준다. [받은] 그 사람은 손님이 되어, 친척처럼, 그가 가지고 있는 상품을 그녀의 집으로 가져간다. 새로 온 사람 중에 결혼을 원하는 사람이면 누구나 남편이 된다. 떠날 때가 되면 그는 부인을 버린다. 말디브의 주민들은 그 나라를 떠나지 못하기 때문이다. 결혼하지 않은 사람들에게도 그가 사는 집에서 음식을 해 주고 그가 떠날 때는 먹을 것을 제공해 준다. 그가 떠날 때 최소한의 예물에도 만족한다.

'벤데르(bender, 세관)'라는 재정 이익은 배에 실은 모든 상품의 일정 비율을, 상품이 제값이든 더 나가든 결정된 가격으로 살 권한으로 이루어진다. 이것을 반데르 법이라고 한다. 각 섬에 반데르는 '베젠사르(bédjensār)'라는 나무로 만들었는데, 그곳에서 꼬르두에리(cordouéry, 가장 높은, 111쪽에서는 'cordoūiy'로 읽음)인 행정관이 모든 상품을 모아 교역한다. 현지 주민들은 닭으로 도자기를 산다. 솥은 5~6마리의 닭에 팔린다.

선박들은 이 섬에서 앞서 언급한 물고기, 코코넛, 파네, 우일란(ouilyān), 터번을 가져간다. 터번은 면으로 만들었다. 그들은 또한 현지인들에게 매우 일상적인 구운 항아리, 카우리와 칸바르(kanbar)를 가져간다. 칸바르는 코코넛 섬유질에 부여된 명칭이다. 현지인들은 해변 근처에 판 구덩이에서 가공한 다음 곡괭이로 무두질하여 여인들이 끈으로 만든다. 배의 판자를 꿰는 데 이러한 끈을 사용하고, 이 밧줄을 중국, 인도 그리고 예멘으로 수출한다. 칸바르는 마로 만든 끈보다 더 좋다. 인도와 예멘에서 배[판자]를 엮는 것은 바로 이 끈이다. 왜냐하면 인도의 바다는 암석으로 가득하여 쇠못을 사용한 배가 암석에 부딪히기라도 하면, 부서져 버리기 때문이다. 그러나 이 끈으로 꿰매면 탄력성이 있어 부서지지 않는다.

이들 섬의 주민들은 화폐로 카우리를 사용한다. 사람들은 바다에서 주워 모은 생물(연체동물)을 그렇게 부른다. 그들은 해안에 파 놓은 구덩이에 그것을 넣어 둔다. 살이 다 없어지면 하얀 뼈만 남는다. 이러한 100개의 조가비를 '시야흐(syāh)'라고 하고, 700개를 '팔(fāl)', 12,000개를 '코타(cotta)', 10만 개를 '보스투(bostoū)'라고 한다. 시장에서는 4보스투=금화 1디나르라는 기준으로 이러한 카우리로 계산한다. 종종 12보스투를 1디나르 정도로 값을 낮추어 팔기도 한다. 섬사람들은 벵골 사람들에게 쌀과 교역하는데, 벵골 사람들도 그것들을 화폐로 사용하기 때문이다. 또한, 모래 대신에 바닥짐으로 이것들을 쓰는 예멘 사람들에게도 판다. 이 카우리는 종종 본국에 있는 흑인들 사이에 교역의 수단으로도 사용된다. 나는 말리(Māly)와 주주(Djoudjou)에서 금화 1디나르=1,150으로 팔리는 것을 봤다.

이들 섬의 여인들은 머리를 가리지 않는다. 그들의 황후도 그렇게 하지 않는다. 여인들은 머리를 빗어 한쪽으로 모은다. 그들 중 대부분은 파네 하나로 배꼽에서 땅까지 가릴 뿐이다. 신체의 나머지 부분은 그대로 드러내 놓는다. 이러한 복장으로 시장 등의 곳을 다닌다. …

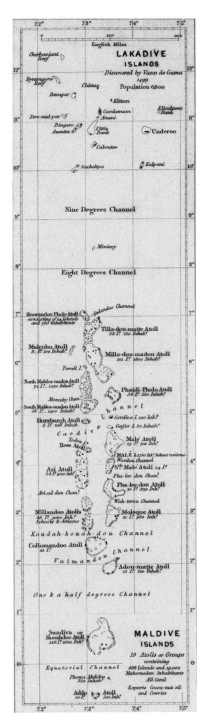

John Walker, 「인도양의 군도(Islands in
Indian Ocean)」, 런던, 1856. 32×39m.
몰디브제도 부분.

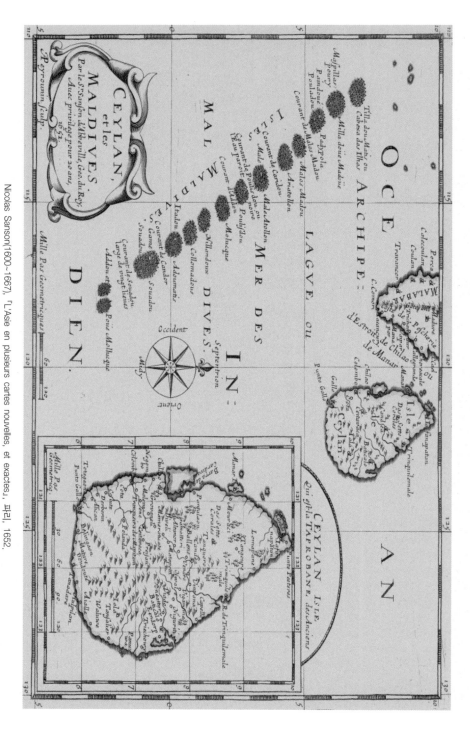

Nicolas Sanson(1600~1667), 「L'Asie en plusieurs cartes nouvelles, et exactes」, 파리, 1652.

「실론과 몰디브 지도」, 19×25cm, 1:9,300,000.

몰디브 왕국[溜山國]¹⁵⁷

14-1. 지리와 생활환경

소문답랄(蘇門答剌)에서 배를 타고 소모산(小帽山)을 지나 서남쪽으로, 순풍에 열흘을 가면 도착할 수 있다. 그 나라는 그곳 말로 '첩간(牒幹)'¹⁵⁸이라 한다. 성곽은 없고, 산에 기대 모여 산다. 사방은 모두 바다이며, 섬과 모래톱 같아 땅은 넓지 않다. 나라의 서쪽은 가는 길이 일정치 않고 바다에는 성궐 같은 천연의 석문 하나가 있으며, 여덟 개의 큰 곳이 있다. 유(溜)에는 각각의 이름이 있는데, 첫째는 사류(沙溜), 둘째는 인부지류(人不知溜), 셋째는 기천류(起泉溜), 넷째는 마리기류(麻里奇溜), 다섯째는 가반년류(加半年溜), 여섯째는 가가류(加加溜), 일곱째는 안도리류(安都里溜), 여덟째는 관서류(官瑞溜)이다. 이 여덟 곳 모두 주인이 있고, 상선들이 통행한다. 또 아주 좁은 유(溜)도 있는데 전하기를 3천여 유(溜)가 있다고 하니, 소위 '약수삼천(弱水三千)'¹⁵⁹이라고 하는 곳이 바로 이곳이다. 그곳의 사람들은 모두 나무에 집

---

157 『담생당』본의 표제는 "유산국, 『일통지』에 있다(溜山國【一統志有】)"라고 하였다.

158 첩간(牒幹)에 관하여, 소계경 씨에 따르면, "'간(幹)'자는 '알(斡)'자의 잘못인 것 같다. 첩알(牒斡)은 바로 드와(Dewa) 또는 드와(Dwa)에 해당하는 음이다. 이것이 인도양의 이 산호초 군도를 부르는 중세 아랍 명칭인데, 산스크리트어 드위빠(Dvipa)에서 나온 것으로, '도(島)' 또는 '주(洲)'를 의미한다"(『도이지략교석』, 265쪽)라고 하였다. 아랍인들이 몰디브를 '드와(Dewa, Dwa)'라고 한 근거를 제시하지 않았다. 또 이 단어는 산스크리트어로 섬을 지칭하는 말일 뿐이다. 게다가 다른 사본들 모두 '첩간'으로 정확히 일치하고 있다. 대응하는 음을 복원하려면 보다 정확한 자료의 발굴이나 고증을 기다려야 한다.

159 『산해경』에 "곤륜의 북쪽에 있는 물은 그 힘이 겨자씨도 이길 수 없어[가라앉아] '약수(弱水)'라고 한다(昆侖之北有水, 其力不能勝芥, 故名弱水)"라고 하였다. 이로부터 험난하면서 요원한 물줄기를 지칭하는 말로 사용되었다. 예를 들어 소식(蘇軾)의 「금산의 묘고대(金山妙高臺)」 시에서 "봉래는 이를 수 없

을 올려 살거나 동굴에서 살며, 미곡을 모르며, 단지 물고기와 새우를 잡아 먹는다. 옷 입는 것을 모르고, 나뭇잎으로 앞뒤를 가린다.[160] 순조롭지 못한 비바람을 만나면, 뱃사람은 침위(針位)와 키를 잃어, 배는 그 유(溜)를 지나면서 그 거세게 흐르는 물[瀉水]에 빠져, 점점 힘을 잃고 침몰하므로 대체로 지나는 배들은 모두 조심스럽게 이에 대비해야 한다.

自蘇門答剌開船, 過小帽山投西南,[161] 好風行十日可到,[162] 其國番名牒幹.① 無城郭, 倚山聚居.[163] 四圍皆海, 如洲渚一般, 地方不廣. 國之西去程途不等, 海中天生石門一座如城闕樣,[164] 有八大②處. 溜各有其名, 一曰沙溜,③ 二曰人不知溜,④ 三曰起泉溜,⑤ 四曰麻里奇溜,⑥ 五曰加半年溜,⑦ 六曰加加溜,⑧ 七曰安都里溜,⑨ 八曰官瑞溜.⑩ 此八處皆有所主,[165] 而通商船. 再有小窄之溜, 傳云三千有餘溜,[166] 此謂

고, 약수는 삼만 리네(蓬萊不可到. 弱水三萬里)"라고 하였다. 여기서는 몰디브의 해수면이 아주 낮고, 산호초가 많아 배의 접근이 어려움을 말하고 있다.

160 "옷 입는 것을 모르고, 나뭇잎으로 앞뒤를 가린다"라는 기술은 뒤에 나오는 복식에 관한 기술(14-3)과 분명히 상반된다. 이렇게 배치되는 기술은 비신(費信)의 『성사승람』 유양국(溜洋國) 조목에서도 마찬가지이다. 비신은 "나체이며 옷이 없어, 나뭇잎을 엮어 앞뒤를 가린다(裸形無衣, 惟結樹葉遮前後也)"라고 하였다(『성사승람교주』, 후집, 23쪽). 그러나 4권본인 『고금설해』(사고전서본, 권19, 5a~5b)본에는 "남자들은 곱슬머리이고, 짧은 적삼을 입으며, 사롱[梢布]를 두른다(男子拳髮, 穿短衫, 圍梢布)"라고 하였다. 몰디브 군도는 남북으로 1,200km에 달한다. 구역마다 다른 풍습을 가질 수 있고, 민족 구성도 다를 수 있다고 짐작해 볼 수는 있지만, 이러한 상반된 기술은 비신과 마환 모두 현지에 직접 가 보지 않고 전하는 말에 의존하여 기록했다는 방증이 될 수 있다.

161 '서남(西南)'은 『삼보정이집』, 『설집』, 『담생당』본, 『서양번국지』(상달 교주본, 32쪽)에는 '서남행(西南行)'으로 되어 있지만, '행'자가 없어도 문맥에는 지장이 없으므로, 저본의 문장을 유지한다.

162 이 문장[好風行十日可到]은 『국조전고』에만 "순풍에 배를 타고 10여 일을 가면 도착할 수 있다(船行好風十餘日可到)"라고 되어 있다.

163 '취거(聚居)'는 『삼보정이집』에만 '거주(居住)'로 되어 있고, 『국조전고』에는 "倚山聚居面歇"이라고 되어 있는데, '면헐(面歇)'은 잘못 필사된 것으로 생각한다.

164 『기록휘편』의 이 문장[海中天生石門一座如城闕樣]은 『삼보정이집』에 "海天生石門如城闕樣"으로, 『설집』에는 "海中天生石門如城闕樣"으로 되어 있고, 『담생당』본은 『설집』에서 '양(樣)'자가 빠져 있다. 『서양번국지』에서는 "천연의 석문이 바다 가운데 있는데, 그 모습이 성궐과 같다(有天生石門海中狀如城闕)"라고 하며 역시 '양(樣)'자는 보이지 않는다. 여기서는 『기록휘편』과 『국조전고』를 따른다.

165 '팔(八)'자는 『삼보정이집』에만 빠져 있다.

弱水三千, 此處是也.[167] 其間人皆巢居穴處,[168] 不識⑪米穀, 只捕魚蝦而食. 不解穿衣, 以樹葉遮其前後. 設遇風水不便, 舟師失針舵損,[169] 船過其溜, 落於瀉水,⑫ 漸無力而沈,[170]⑬ 大概行船皆宜謹防此也.

① 유산(溜山)의 도성은 옛날 말레(Malé)에 있었다.

② ['대(大)'자는] 『기록휘편』에 '장(丈)'자로 잘못되어 고쳤다.[171]

③ ['사류(沙溜)'는] 『성사승람』(천일각본)과 『서양조공전록』에서 기록한 명칭과 같다.[172]

④ ['인부지류(人不知溜)'는] 『서양조공전록』과 『성사승람』에 '임부지류(壬不知溜)'로 되어 있다.[173]

⑤ ['기천류(起泉溜)'는] 『성사승람』과 『서양조공전록』에는 모두 '기래류(起來溜)'로 되어 있다.[174]

---

166 『기록휘편』에 따른 이 문장[三千有餘溜]에서 '유(溜)'자는 『국조전고』, 『삼보정이집』, 『설집』, 『담생당』본 모두에 보이지 않고, 『서양번국지』(교주본, 32쪽)에서도 "기타 작은 유(溜)도 3천여 곳이 있다(其餘小溜尙有三千餘處)"라고 하였으므로, 빼는 것이 맞다.

167 이상 『기록휘편』의 두 문장[此謂弱水三千, 此處是也]은 『국조전고』, 『삼보정이집』, 『설집』, 『담생당』본 모두에 "所謂弱水三千, 正此處也"라고 하였고, 『서양번국지』에서도 "古傳弱水三千, 卽此處也"라고 하였으므로, 이에 따라 고쳐야 할 것이다.

168 '개(皆)'자는 『삼보정이집』, 『설집』, 『담생당』본에는 '다(多)'자로 되어 있고, 『국조전고』에는 "其國之人巢居穴處"라고 하였다. 또한 『서양번국지』에도 '개(皆)'자를 보여 준다. '모두'라는 보편적 의미보다는 '대부분'이라는 일반적 의미가 더 맞을 것 같다.

169 『기록휘편』의 이 문장[舟師失針舵損]은 『국조전고』에 "뱃사람이 배의 키를 놓치면(舟師失其船舵)"이라고 하였고, 『삼보정이집』과 『설집』에는 "舟師失釘舵"로, 『담생당』본에는 "舟師○釘舵"라고 되어 있다. 한편 『서양번국지』에서는 "뱃사람이 침위와 키 조정에 실수가 있다면(舟師針舵有失)"으로 되어 있으므로 『삼보정이집』, 『설집』, 『담생당』본의 '정(釘)'자는 분명 '침(針)'자의 잘못일 것이다. 따라서 『기록휘편』의 '손(損)'자는 '실(失)'자와 의미가 중복되므로 빼는 것이 맞겠다.

170 '침(沈)'자는 『삼보정이집』, 『설집』, 『담생당』본에 '침몰(沈沒)'로 되어 있다.

171 '대(大)'자는 『기록휘편』에 '장(丈)'자로 되어 있는데, 자형에서 비롯된 오기로, 『국조전고』, 『삼보정이집』, 『설집』, 『담생당』본, 『서양번국지』 모두에 '대(大)'자로 되어 있다. 따라서 풍승균 씨의 교정은 정확하다.

172 '사류(沙溜)'는 『서양번국지』, 『국조전고』, 『삼보정이집』, 『설집』, 『담생당』본 모두 일치한다.

173 '인부지류(人不知溜)'는 『서양번국지』, 『국조전고』, 『삼보정이집』, 『설집』, 『담생당』본, 『서양번국지』 모두 일치한다.

⑥ ['마리기류(麻裏奇溜)'는] 『서양조공전록』에도 같다. 『성사승람』에는 '마리계류(麻里溪溜)'로 되어 있는데, 아마도 코르넬리의 아틀라스(Cornelli's Atlas)[175]의 말리컷(Malicut)일 것이다.[176]

⑦ ['가반년류(加半年溜)'는] 『서양조공전록』, 『성사승람』에 모두 '가평연류(加平年溜)'로 되어 있다.[177]

⑧ ['가가류(加加溜)'는] 『서양조공전록』, 『성사승람』 모두 같다.[178]

⑨ ['안도리류(安都里溜)'는] 『서양조공전록』, 『성사승람』 모두 같다.[179]

⑩ ['관서류(官瑞溜)'는] 『서양조공전록』, 『성사승람』 모두 '관서류(官嶼溜)'로 되어 있다.[180]

⑪ ['식(識)'자는] 『승조유사』본에 '생(生)'자로 되어 있다.[181]

⑫ ['낙어사수(落於鴑水)'는] 『서양조공전록』에 "유수에 떨어진다(墜於溜水)"로 되어 있다. '사수(鴑水)'는 '유수'의 잘못일 것이다.[182]

---

174 『기록휘편』의 '기천류(起泉溜)'는 『국조전고』, 『삼보정이집』, 『설집』, 『서양번국지』에 '기래류(起來溜)'로, 『담생당』본에는 '처래류(處來溜)'로 되어 있으므로 '천'자를 '내'자로 바꾸는 것이 맞다.

175 코르넬리 아틀라스란, 이탈리아 프란체스코 지도학자이자 천문가 빈센조 마리아 코로넬리(Vincenzo Maria Coronelli, 1650~1718)가 1690~1701년에 간행한 『베네토 지도(Atlante Veneto)』를 말하는데, 두 번째 파트에 아시아 지도가 수록되어 있다.

176 '마리기류(麻裏奇溜)'는 『국조전고』에만 '麻里哥溜'로 되어 있고, 『삼보정이집』, 『설집』, 『담생당』본, 『서양번국지』모두 '마리기류'로 같다.

177 '가반년류(加半年溜)'는 『국조전고』에는 '加平年溜'로 되어 있고, 『삼보정이집』, 『설집』, 『담생당』본, 『서양번국지』에는 '가반연류'로 되어 있다.

178 '가가류(加加溜)'는 『국조전고』, 『삼보정이집』, 『설집』, 『담생당』본, 『서양번국지』모두 같다.

179 '안도리류(安都里溜)'는 『국조전고』에만 '海都里溜'로 되어 있고 『삼보정이집』, 『설집』, 『담생당』본, 『서양번국지』모두 '안도리류'로 되어 있다.

180 '관서류(官瑞溜)'는 『국조전고』에 '官嶼溜', 『삼보정이집』에는 '官場溜', 『설집』에는 '官鳴溜', 『담생당』본에는 '官名溜'로, 『서양번국지』에서는 '官塢溜'로 되어 있다. 『무비지 · 항해도』에는 관서(官嶼)가 사랄류(沙剌溜, 사류)와 임부지류(任不知溜, 인부지류) 사이에 그려져 있으므로, '관서류'를 선택하는 것이 좋겠다. 한편 『기록휘편』에는 '일왈(一曰)', '이왈(二曰)' 등으로 숫자를 표기하고 있지만, 『국조전고』, 『삼보정이집』, 『설집』에는 첫 번째 유(溜)의 이름 앞에 '왈'자를 넣고 모두 이름만 열거하고 있다.

181 『기록휘편』의 이 문장[不識米穀]은 『국조전고』, 『삼보정이집』, 『설집』, 『담생당』본 모두 일치하고 있지만, 『서양번국지』에서는 "평생 곡식을 먹지 않는다(平生不食米穀)"라고 하였다.

182 이 교정에 해당하는 『기록휘편』의 원문[落鴑水]은 『국조전고』, 『삼보정이집』, 『설집』, 『담생당』본 모두에 '落鴑水'로 '어(於)'자가 보이지 않는다. 공진의 『서양번국지』에서도 "그 유(溜)에 빠지면, 끝내 벗어날 수 없다(一落其溜, 遂不能出)"라고 하였다. 따라서 '어(於)'자는 빼는 편이 마환의 원문에 가까울

⑬ 이상 네 글자[無力而沈]는 『승조유사』본에 따라 보충하였다.[183]

14-2. 민족 구성과 생활방식

첩간의 국왕, 두목, 서민들은 모두 회회인이다. 풍속은 순수하고 아름다우며, 행하는 것들은 모두 [그들] 종교의 규범에 따른다. 사람들은 대부분 물고기를 잡는 일을 생업으로 삼고, 야자를 심어서 살아간다.

牒幹國王·頭目·民庶皆是回回人. 風俗純美, 所行悉遵敎門規矩. 人多以漁爲業,[184] 種椰子爲生.[185]

14-3. 복식

남녀의 체모는 약간 검으며, 남자는 흰 베로 머리를 싸매고 아래는 수건을 두른다. 부인들은 위에 짧은 옷을 입고, 아래는 또한 넓은 베로 만든 수건을 두른다. 또한, 넓고 큰 베수건으로 머리를 넘겨 가려 덮지만, 그 얼굴은 드러낸다.

듯하다. 문제는 '사(瀉)'자와 '유(溜)'자의 선택이다. 다행히 두 글자는 위에서 아래로 흐르는 급류를 의미하고, 앞의 문장에 이미 '유(溜)'자를 언급했으므로, 저본의 '사(瀉)'자를 유지하는 것이 맞다.

[183] 이 교정에 해당하는 『기록휘편』의 원문[大槪謹防此也]은 『국조전고』와 『서양번국지』에는 "大槳行船謹防此也"로, 『삼보정이집』과 『설집』에는 '행선(行船)'이 '선행(船行)'으로 바뀌어 있고, 『담생당』본에는 "大槳行船謹防此地也"라고 하였다. 따라서 『기록휘편』에는 '행선' 두 글자만 보충해 넣으면 된다.

[184] '업(業)'자는 『국조전고』, 『설집』, 『담생당』본에는 '생(生)'자로 되어 있는데, 같은 의미이다. 단 『삼보정이집』에는 '지(知)'자로 잘못되어 있다.

[185] '생(生)'자는 『국조전고』, 『삼보정이집』, 『설집』, 『담생당』본 모두에서 '업(業)'자로 되어 있다.

男①女體貌微黑, 男子白布纏頭,[186] 下圍手巾. 婦人上穿短衣, 下亦以闊布手巾圍
之. 又②用闊大布手巾過頭遮蓋, 止③露其面.

① ['남(男)'자는] 『기록휘편』에 '아(兒)'자로 되어 있어 『승조유사』본에 따라 고쳤다.[187]
② ['우(又)'자는] 『기록휘편』에 '급(及)'자로 되어 있어 『승조유사』본에 따라 고쳤다.
③ ['지(止)'자는] 『기록휘편』에 '상(上)'자로 되어 있어 『승조유사』본에 따라 고쳤다.[188]

14-4. 관혼상제

혼례와 상례는 모두 이슬람교의 규범에 따라 행한다.

婚喪之禮, 悉依回回教門規矩而後行.[189]

---

[186] '백(白)'자는 『삼보정이집』에만 빠져 있다.

[187] 이 교정에 해당하는 『기록휘편』의 '아녀(兒女)'는 『국조전고』, 『삼보정이집』, 『설집』, 『담생당』본, 『서양번국지』 모두 '남녀'로 되어 있으므로, 풍승균 씨의 교정은 정확하다.

[188] 이 교정에 해당하는 『기록휘편』의 원문[及用闊大布手巾過頭遮蓋, 上露其面]은 『국조전고』에 "또 수건으로 머리를 넘겨 덮되 얼굴만 드러낸다(又以手巾過頭蓋覆, 止露其面)"라고 되어 있다. 그러나 『삼보정이집』과 『설집』에는 "또 넓고 큰 수건으로 머리를 넘겨 얼굴을 가린다(又用闊大手巾過頭遮面)"라고 하였고, 『담생당』본에는 "又用闊大手巾裹頭遮面"이라고 하였다. 얼굴을 가리는지, 드러내는지 분명 의미가 상반된다. 한편 『서양번국지』(교주본, 32~33쪽)에는 "또 큰 수건으로 머리를 넘겨 덮어 내리되 다만 얼굴만 드러낸다(又用闊大手巾過頭蓋下, 只露其面)"라고 하였다. 여기서는 히잡을 쓴 사람을 말하는 것으로 보이므로, 얼굴 드러내는 방식이 맞을 것이다. 다만 『기록휘편』에서만 '포(布)'자가 보인다. 폭이 넓은 베로 만든 수건이[闊大布手巾]라는 말인데, 『도이지략』에서는 이곳 몰디브산 베가 '유포(溜布)'라는 명칭으로 여러 나라에서 언급되어 있다. 따라서 『기록휘편』의 '상(上)'자를 '지(止)'자로 고치면 가장 선본을 보여 준다.

[189] 『기록휘편』의 이 문장[悉依回回教門規矩而後行]은 『국조전고』에 "모두 교리에 따라 행한다(悉依教門而行)"라고 하였고, 『삼보정이집』, 『설집』, 『담생당』본에서는 "悉依教規而行"으로 되어 있으며, 『서양번국지』에도 "依教門行"을 보여 주므로, 『기록휘편』의 문장은 상당히 풀어져 있음이 분명하다. 여기서는 『삼보정이집』, 『설집』, 『담생당』본을 따르는 것이 적절할 것이다.

14-5. 토산: 야자

    토산으로 강진향 또한 많지 않지만, 야자는 매우 많아, 각처에서 와서 수매하여 다른 나라에 상품으로 판다. 작은 모양의 야자 껍데기는 그곳 사람들이 깎아 내, 술그릇으로 만들고, 화리목(花棃木)[190]으로 다리를 만들어, 그곳의 칠(漆)로 입구와 다리를 칠하는데, 매우 희한하다. 야자의 외피에 있는 양(穰)을 거칠고 가늘게 새끼줄로 만들어 집에 쌓아 놓는다. 곳곳의 외래 선박의 상인(上人)들도 와서 수매하여 다른 나라에 판매하며, 배 등을 만드는 데 사용한다.

    土產降眞香也不多,[191] 椰子甚廣,[192] 各處來收買往別國貨賣. 有等小樣椰子殼, 彼人旋①做酒鍾, 以花棃木爲足,[193] 用番漆漆其口足, 甚爲希罕.[194] 其椰子外包之穰,② 打成麤細繩索,[195] 堆積在家,[196] 各處番船上人亦來收③買, 賣與別國, 造船等用.

---

190 '화리목'에 대해서는 4-11을 참고하시오.

191 『기록휘편』의 이 문장[土產降眞香也不多]은 『국조전고』에 "土產除香不多"라고 되어 있는데 여기의 '제 (除)'자는 '강(降)'자의 잘못일 것이다. 왜냐하면 『삼보정이집』에는 "土產降香不廣"으로, 『설집』과 『담생당』본에는 "土產降眞不廣"으로 되어 있기 때문이다. 따라서 『기록휘편』본이 가장 명확하지만, '야 (也)'자는 빼는 것이 맞다. 이는 『서양번국지』(교주본, 33쪽)를 통해서도 확인된다.

192 '광(廣)'자는 『삼보정이집』, 『설집』, 『담생당』본에는 '다(多)'자로 되어 있는데, 앞의 문장에서 '광'자를 썼기 때문이다.

193 '이(棃)'자는 『삼보정이집』, 『설집』, 『담생당』본에 '이(梨)'자로 되어 있는데, 이체자이다.

194 『기록휘편』의 이 문장[甚爲希罕]은 『삼보정이집』, 『설집』, 『담생당』본에 "운치가 있어 쓸 만하다(標致 可用)"라고 하였고, 『서양번국지』에는 '심미(甚美)'하다고 하였다. 『기록휘편』의 희한(希罕)하다는 의미는 보기 드물고 아름답다는 뜻으로 읽어야 할 것 같다.

195 '추(麤)'자는 『삼보정이집』, 『설집』, 『담생당』본에 '조(粗)'자로 되어 있는데, '거칠다'는 같은 의미의 다른 글자이다.

196 『기록휘편』의 이 문장[堆積在家]은 『삼보정이집』과 『설집』에 "쌓아 집을 이룬다(堆積成屋)"라고 하였고, 『담생당』본에는 "堆集成屋"을 보여 준다. 뒤의 문장과의 연결을 고려해 보면 『기록휘편』본이 흐름에 더 부합한다.

① ['선(旋)'자는]『기록휘편』에 '종(縱)'자로 되어 있어『승조유사』본에 따라 고쳤다.[197]

② ['양(欀)'자는]『승조유사』본에는 '종(樅)'자로 되어 있다.[198]

③ '수(收)'자는『승조유사』본에 따라 보충하였다.[199]

14-6. 조선

그들이 배를 만들 때는 못을 사용하지 않고, 다만 구멍을 뚫어 이 새끼줄로 연결하며, 나무쐐기를 추가한 다음 현지의 역청(瀝靑)으로 이음새를 바르면, 물이 새어들지 않는다.

其造番船, 皆不用釘,[200] 止鑽其孔, 皆以此索聯縛,[201] 加以木楔, 然後以番瀝靑塗

---

[197] 이 교정에 해당하는『기록휘편』원문[彼人縱做酒鍾]은『삼보정이집』과『담생당』본에 "彼人鏃做酒盅"으로,『설집』에는 "彼人旋做酒盅"으로 되어 있다. 또한『서양번국지』에는 "土人將殼旋做酒鍾"이라고 했는데 '선(旋)'자가 동사 역할을 하는 것으로 보아, '선(旋)'자는 '선(鏃)'자의 잘못된 글자일 것이다. 이는『기록휘편』본의 '종(縱)'자의 자형으로도 짐작할 수 있다. '선(鏃)'자는 기계나 칼로 돌려가며 깎아 내는 것을 말한다. 따라서『삼보정이집』과『담생당』본에 따라『기록휘편』의 '종(縱)'자는 '선(鏃)'자로 바꾸는 것이 맞을 것이다. '주종(酒鍾)'과 '주충(酒盅)'의 분기는 이미 고리국 조목에 보이는 야자 설명[13-12]에서도 찾아볼 수 있다.

[198] '양(欀)'자는『국조전고』,『삼보정이집』,『설집』,『담생당』본,『서양번국지』에 모두 '양(欀)'자로 되어 있으므로, 이에 따라 고쳐야 한다.

[199] 이상의『기록휘편』의 문장들[各處番船上人亦來收買, 賣與別國, 造船等用]은『삼보정이집』,『설집』,『담생당』본에 "別處番船亦來收買販往別✝國賣與, 造船等用"으로 되어 있다. 먼저 '造船等用'은 "배 등을 만드는 데 사용한다"라는 의미임이 분명하다. 왜냐하면, 뒤에 이 배를 만드는 설명이 이어지고 있기 때문이다. 따라서 '조선' 앞에 구두해야 한다. '판(販)'자와 '매(賣)'자는 같은 의미로 둘 중 하나는 덧붙여져 있다. 따라서 '판왕(販往)'이나 '매여(賣與)'가 중복되었다. '매여'는『기록휘편』에도 보이므로 '판왕'이 덧붙여진 것으로 보는 것이 타당하다. 한편『기록휘편』의 원문에서 '상인(上人)'은 덧붙여진 것으로 보인다. 또한 풍승균 씨가『승조유사』본에 따라 보충해 넣은 '수(收)'자는『삼보정이집』,『설집』,『담생당』본에 보이고, 보충해 넣지 않더라도 문제는 되지 않는다. 한편『국조전고』에는『기록휘편』,『삼보정이집』,『설집』,『담생당』본에서 보이는 세부 정보들을 모두 빼고 "야자는 매우 널리 분포하는데, 겉을 싸고 있는 볏짚 같은 것으로 새끼를 꼬아, 팔거나 배를 만드는 데 사용한다(椰子甚廣, 以外包之穰打成繩索, 賣與造船等用)"라고만 하였다. 이상으로부터『기록휘편』의 문장은 "各處番船亦來收買, 賣與別國, 造船等用"으로 교정할 수 있을 것이다.

[200] '정(釘)'자는『국조전고』,『삼보정이집』,『설집』,『담생당』본에 모두 '일정(一釘)'으로 되어 있는데, 이

縫, 水不能漏.[202]

14-7. 용연향

용연향[203]은, 어부들이 항상 유(溜)가 있는 곳에서 채취하는데, 물에 담근

에 따라 '일'자를 보충해 넣는 것이 문맥에 유리하다.

201 이상『기록휘편』의 두 문장[止鑽其孔, 皆以此索聯縛]은『국조전고』에는 '공(孔)'자가 같은 의미인 '규(竅)'자로 된 것만 다르다.『삼보정이집』에는 "其鑽孔皆以聯縛"으로,『설집』에는 "其鑽孔皆以索聯縛"으로,『담생당』본에는 "止鑿其孔或以索聯縛"으로 되어 있다. 여기서는『국조전고』와『기록휘편』을 따르는 것이 맞다. 이는『서양번국지』(교주본, 33쪽)의 문장[止鑿其孔, 以椰索聯縛]에서도 확인할 수 있다.

202 이상『기록휘편』의 두 문장[然後以番瀝青塗縫, 水不能漏]은『국조전고』,『삼보정이집』,『설집』,『담생당』본 모두 "然後以番瀝青塗之"라고 되어 있고,『서양번국지』에는 "역청을 바르면 매우 단단히 얽힌다(用瀝青塗之至緊)"라고 하였다. "물이 새들어오지 않는다"라는 말은『기록휘편』에만 보인다.

203 용연(龍涎)은 향유고래[Physeter macrocephalus]의 분비물로, 향유고래의 침이라는 설이 있고, 아픈 위에서 분비되는 물질을 토해낸 것이라는 설이 있지만, 소화하지 못한 물질을 배 속에 넣어 두었다가 배설한 물질로 알려져 있다. 영어로는 '암버그리아(ambergria)'라고 하는데, 아랍어 안바르(anbar)에 어원을 두고 있다. 본서의 도파르[祖法兒國, 15-4], 메카[天方國, 19-10]에 보이는 '엄팔아(俺八兒)'라는 단어 또한 이 안바르를 음역한 것이다. 이 향의 존재에 대해서는 단성식(段成式, 803?~863)의『유양잡조(酉陽雜組)』(사고전서본, 권4, 4a)에서 언급한 것이 가장 빠른 것 같다. "발발력국(撥拔力國)은 서남해에 있는데, 아말향(阿末香)이 난다"라고 하였다. '발발력(撥拔力)'은 지금의 베르베라(Berbera)로 동아프리카 소말리아에 있다. '아말향(阿末香)'은 용연의 아랍어 명칭인 암버(amber)에 해당하는 음역이다. 이것이 중국 자료에서 가장 빠른 언급이라고 할 수 있다. 조여괄의『제번지』에 이르면, 더욱 자세한 용연의 설명과 산지들이 기술되어 있다. 소코트라[中理國] 조목에서 조여괄은 "이 용연이 나오는 곳을 모르지만, 갑자기 덩어리가 되어 나타나는데, 3~5근 혹은 10근이나 되는데 해안가로 떠밀려 와 토착민들이 다투어 나누어 가지고, 배들은 바다로 나가 찾아 건져 낸다(其龍涎不知所出, 忽見成塊, 或三五斤, 或十斤, 飄泊岸下, 土人競分之, 或船在海中篤見探得)"라고 하였다. 또 하권 용연 조목에서 조여괄은 "대식국(大食國)의 서해(西海)에는 용이 많은데 돌을 베고 한숨 자면 침 거품이 물에 뜨고, 쌓이면 단단하게 될 수 있어 교인(鮫人)들이 이것을 채취하여, 지고의 보배로 여긴다. 막 채취한 것은 하얀색이고 조금 오래되면 자줏빛이 되고 아주 오래되면 검게 변한다. 향초도 아니고 누린내 나는 풀도 아니며, 부석(浮石)과 비슷하고 가볍다. 사람들은 용연에 기이한 냄새가 있다고 하고, 어떤 사람은 용연의 향이 비리고 여러 향을 발산할 수 있다고 하는데, 모두 그렇지 않다. 용연은 향기를 피워도 원래 아무런 손익(損益)이 없고 단지 연기를 모을 수 있을 뿐이다. 다른 향과 잘 어울려 진짜 용연으로 태우면, 한 가닥의 푸른 연기가 공중에 떠서 흩어지지 않고 맺힌다. 앉은 사람이 가위로 잘라 연기 가닥을 나눌 수 있다. 이것이 그러한 이유는 신기루(蜃氣樓)의 남은 힘 때문이다"라고 하였다. 이로써 용연의 산지가 단성식이 말한 지역과 부합하는, 즉 아프리카 동쪽 해안임을 알 수 있다. 유욱(劉郁)의『서사기(西使記)』에 "팔팔아가 서해에서 나는데 대모(玳瑁)가 뿌린 정액을 상어가 먹고 토해 내면 해마다 더해져 결정을 이룬다. 값은 황

역청의 색으로, 냄새를 맡아도 향기가 없고, 불에 태우면 비린내만 있다. 그 값은 매우 비싸며, 사는 사람들은 은으로 교역한다.

其龍涎香, 漁者常於溜處采得, 如水浸瀝青之色,[204] 嗅之無香, 火燒惟有①腥②氣, 其價高貴,[205] 買者③以銀對易.

① 이상 두 글자[惟有]는 『승조유사』본에 따라 보충하였다.
② ['성(腥)'자는] 『기록휘편』에 '성(鯹)'자로 되어 있어 『승조유사』본에 따라 고쳤다.[206]
③ 이상 두 글자[買者]는 『승조유사』본에 따라 보충하였다.[207]

14-8. 해파(海䰠)

해파[208]는 그곳 사람들이 채취하여 산처럼 쌓아 두고, 가려 덮어 그 살

금과 같으며, 가짜는 무소의 똥으로 만든다(撒八兒出西海中, 蓋璘瑁之遺精, 蛟魚食之吐出, 年深結爲, 價如金, 其假者即犀牛糞爲之也)"라고 하였다. 브레트슈나이더의 설명에 따르면, '살팔아'는 '왕실의 향'이라는 의미의 페르시아어 '샤부이(shahbūy)'인데, '샤바리(shabari)'로 잘못 읽은 것이라고 하였다(『Mediaeval Researches from Eastern Asiatic Sources』 I, 152쪽). 한편 소계경 씨의 설명에 따르면, 이 '살팔아'가 "용연의 페르시아어 이름인 샤보이(Šāhboi)의 음역으로, 향을 제어한다는 말이다"라고 하였다(『도이지략교석』, 46쪽). 대체로 '용연'이란 말로 중국에 의역되어 유행한 것은 송나라 시기부터로 보인다. 용연향에 관한 자세한 설명은 『바다의 왕국들』, 438~440쪽을 참고하시오.
204 '색(色)'자는 『국조전고』, 『삼보정이집』, 『설집』, 『담생당』본 모두에 '양(樣)'자로 되어 있으므로, 이에 따라 교정하는 것이 맞다. 역청의 색을 말하는 것이 아니라 역청 같은 상태를 말하는 것이기 때문이다.
205 '기(其)'자는 『국조전고』, 『삼보정이집』, 『설집』, 『담생당』본에 모두 보이지 않는다.
206 이 교정에 해당하는 『기록휘편』 원문[火燒鯹氣]은 『국조전고』와 『담생당』본에도 마찬가지이다. 『삼보정이집』, 『설집』에는 "火燒腥氣"로 되어 있다. '성(鯹)'자 역시 생선 비린내를 뜻하는 글자로 모두 같은 의미를 전달하고 있다. 따라서 풍승균 씨가 『승조유사』본에 따라 보충한 '유유(惟有)'는 불필요하다.
207 이 교정에 해당하는 『기록휘편』 원문[以銀對易]은 『국조전고』, 『삼보정이집』, 『설집』, 『담생당』본, 『서양번국지』 모두 일치하고 있으므로, 풍승균 씨의 보충은 불필요하다.
208 '파(䰠)'자는 '파(蚆)'자와 같은 글자이다. 이 글자는 원나라 이후의 문헌에서, 특히 '서양'과 관련된 자료에만 한정되어 나타난다. 연대를 추정할 수 있는 가장 이른 자료는 바로 1349~1350년 왕대연의 『도이지략』일 것이다. 일종의 접미사 '자(子)'자를 붙여 사용한 것을 보면, 동남아시아의 말을 '파'자로 음역하

고 그에 해당하는 글자를 별도로 만든 것으로 추정된다. 나혹(羅斛) 조목(역주본, 514쪽)에 "법으로 파자(肌子)를 돈으로 대신하여 유통한다. 매 [파자] 1만은 중통초 24냥으로 기준 삼아 사람들에게 매우 편리하다(法以肌子代錢, 流通行使, 每一萬準中統鈔二十四兩, 甚便民)"라고 하였고, 또 침로(針路) 조목(171쪽)에서 "파자를 섬(暹)에 유통해 돈으로 사용한다(肌子通暹, 准錢使用)"라고 하였으며, 섬(暹) 조목(209쪽)에서 "그리고 파자를 저울에 달아 돈처럼 사용한다(仍以肌子權錢使用)"라고 하였다. 이 밖에도 북류(北溜) 조목(341쪽)에 "그곳에는 야자로 만든 줄, 파자, 건어, 대수건포가 난다(地産椰子索 · 肌子 · 魚乾 · 大手巾布)"라고 하였고, 붕가랄(朋加剌) 조목(439쪽)에서 "파자 11,520 남짓으로 교역하며 소전(小錢)처럼 저울질하여 사람들을 편리하게 하므로, 참으로 유익하다(互易肌子一萬五百二十有餘, 以權小錢便民, 良有益也)"라고 하였으며, 방배(放拜)의 교역하는 상품 중 하나로 언급되었고, 대오다(大烏爹) 조목(454쪽)에서도 화폐로 사용하고 있다. 마지막으로 오다(烏爹) 조목(500쪽)에서는 붕가랄과 거의 비슷하게 "한 개의 은전(銀錢)은 2전(錢) 8푼이고 중통초(中統鈔) 10냥을 기준으로 하며, 파자(肌子) 11,520여 개와 바꾸고, 돈으로 바꾸어 사용한다(每箇銀錢重二錢八分, 准中統鈔一十兩, 易肌子計一萬一千五百二十餘, 折錢使用)"라고 하였다. 이상에서 『도이지략』에 나타난 파자(肌子)는 화폐 특히 잔돈 대용으로 사용되었고, 이러한 파자가 몰디브를 중심으로 동남아시아 전역으로 거래되었음을 알 수 있다. 다음으로 이 '파'자를 사용하는 자료가 바로 마환의 『영애승람』으로, 비신의 『성사승람』에서는 보이지 않는다. 마환은 '해파(海肌)'라고 하며 '해(海)'자를 덧붙여 의미를 명확하게 사용했다.

마르코 폴로는 자신의 기록에서 카라잔(Caragian, 운남)을 기술하면서 "바다에서 찾은 흰 폴스랜(porcelain)을 사용하고, 때로는 개의 목걸이로 걸기도 한다. 80개의 폴스랜 껍데기는 은전 1개의 값이 나가는데, 베니스 그로트로는 2이며 24피콜리이다. 은전 8개는 금전 1개에 해당한다"(『The Book of Ser Marco Polo』, II, 66쪽)라고 하였고, 또 콜로만(Coloman, 운남 동북방) 지방을 설명하면서, "대량의 금이 이 지방에서 발견된다. 작은 거래에서 그들은 내가 앞서 말했던 폴스랜 껍데기를 사용한다. 내가 말한 모든 지방, 즉 방갈라(Bangala), 카우지구(Caugigu), 안인(Anin)에서 폴스랜 껍데기와 금을 통화로 사용한다"(123쪽)라고 하였으며, 또 손두르(Sondur)와 콘두르(Condur) 섬을 지나 동남쪽으로 500마일 떨어진 곳에 있는 로칵(Locac)을 기술하면서 "이 나라에서는 내가 앞서 말한 모든 지역에서 작은 거래에 사용되는 모든 폴스랜 껍데기가 채취된다"(276쪽)라고 하였다. 확실히 마르코 폴로는 폴스랜 같은 조개껍데기를 말했을 뿐 그것이 무엇이라 부르는지는 언급하지 않았다.

동시대 이븐 바투타의 기술에 따르면(『Voyages d'Ibn Batoutah』, IV, 121~122쪽), "이 제도 주민들의 화폐는 카우리를 사용한다. 사람들은 바다에서 주워 모은 생물(연체동물)을 그렇게 부른다. 그들은 해안에 파놓은 구덩이에 그것을 넣어 둔다. 살이 다 없어지면 하얀 뼈만 남는다. 이러한 100개의 조가비를 '시야흐(syāh)'라고 하고, 700개를 '팔(fāl)', 12,000개를 '코타(cotta)', 10만 개를 '보스투(bostoū)'라고 한다. 시장에서는 4보스투=금화 1디나르라는 기준으로 이러한 카우리로 계산한다. 종종 12보스투를 1디나르 정도로 값을 낮추어 팔기도 한다. 섬사람들은 뱅골 사람들에게 쌀과 교역하는데, 뱅골 사람들도 그것들을 화폐로 사용하기 때문이다. 또한, 모래 대신에 바닥짐으로 이것들을 쓰는 예멘 사람들에게도 판다. 이 카우리는 종종 본국에 있는 흑인들 사이에 교역의 수단으로도 사용된다. 나는 말리(Māly)와 주주(Djoudjou)에서 금화 1디나르=1,150으로 팔리는 것을 봤다"라고 하였다.

수많은 개오지(Cypraea) 중에서 '화폐'의 목적으로 사용된 것은 돈 개오지[Cypraea moneta]와 두 번째로 많이 사용한 것이 노랑 테두리 개오지[Cypraea annulus]로, 모두 바다 조가비이다. 선사시대부터 장식과 교환수단으로 유럽과 아시아 거의 전역에서 유통되었다. 조개를 화폐로 사용한 것은 중국 문헌에서 가장 빨리 보인다. 하지만 '서양'에서 화폐로 사용된 조가비는 원나라 시기가 되어서야 문헌에 기록을 썩혀, 섬라(暹羅), 방갈랄(榜葛剌) 등의 나라에 되돌려 팔고, 화폐로 사용한다.

海肌彼人採積如山, 黿爛其肉,^① 轉賣暹羅^②·榜葛剌^③等國, 當錢使用.

① 이상 두 글자[其肉]는 『국조전고』본에 따라 보충하였다.
② 이상 네 글자[轉賣暹羅]는 『승조유사』본에 따라 보충하였다.
③ 이상 세 글자[榜葛剌]는 『서양조공전록』에 따라 보충하였다.[209]

14-9. 마교어(馬鮫魚)

마교어는 큰 덩어리로 잘라서 햇볕에 말려 저장해 두면, 각국이 또한 수매하여 다른 곳에 파는데, '해류어(海溜魚)'라고 하며 그것을 판다.[210]

되기 시작한 것으로 보인다. 영어의 '카우리(cowry)'는 힌두스탄어 '카우리(cauṛi)' 또는 '카우디(kauḍi)'에 어원을 두고, 이는 일반적으로 산스크리트어 카파르다(kaparda)와 카파르디카(kapardika)에서 왔을 것으로 추정한다. 소계경 씨의 설명에 따르면, 몰디브어로는 '볼리(boli)', 말레이어로는 '비아(bia)', 자바어로는 '브야(beya)', 타이어로는 '브에르(beer)', 중국어 '패(貝)'자와 '파(肌)'자의 발음은 남해에서 왔다고 추정하고 있다(『도이지략교석』, 117쪽). '파(肌)'자는 이러한 조개 화폐를 지칭하기 위해 새로 만들어진 글자로, 이 글자의 중국 남방 방언 발음을 추적하기 어렵고, '패(貝)'자의 발음이 남해에서 왔을 것이라는 추측은 음성적으로 수긍하기 어렵다. 어쨌든 조개 화폐인 카우리가 무엇이며, 그것이 어떻게 채취되어 화폐로 사용되는지에 관한 정확한 기술은 마환의 『영애승람』이 가장 빠른 것은 분명하다.

209 풍승균 씨가 『승조유사』본에 따라 교정한 문장들은[黿爛其肉, 轉賣暹羅·榜葛剌等國, 當錢使用]은 『기록휘편』에 "가려 썩혀 또한 다른 곳에 판다(黿爛, 亦賣販他處)"라고만 되어 있다. 『국조전고』에 "그 살을 가려 썩힌 다음, 섬라 등의 나라에 되돌려 팔고, 화폐로 사용한다(晦爛其肉, 轉賣暹邏等國, 當錢使用)"라고 하였고, 『삼보정이집』, 『설집』, 『담생당』본에는 "섬라, 방갈랄국에 되돌려 팔고, 화폐로 사용한다(奄爛內肉, 轉賣暹羅·榜葛剌國, 當錢使用)"라고 되어 있다. 또한 『서양번국지』(교주본, 33쪽)에서는 "쌓아 가려 두었다가 살이 썩기를 기다려 그 껍데기를 취해, 시암, 벵골 왕국에 되돌려 팔고, 동전을 대신하여 사용한다(堆黿待肉爛取殼, 轉賣暹羅榜葛剌國, 代錢使)"라고 하였으므로, 여기서는 『삼보정이집』, 『설집』, 『담생당』본을 따르는 것이 맞다.

210 『도이지략』북류(北溜) 조목에, 나는 산물로 어건(魚乾)을 들고 있다. 드 프레메리(C. Defremery)와 상귀네티(B.R. Sanguinetti)가 불어로 번역한 이븐 바투타의 『여행(Voyages)』(Paris, La Découverte,

其馬鮫魚切成大塊, 曬乾收貯,[211] 各國亦來收販他處,[①] 名曰海溜魚而賣之.

① '엄란기육(罨爛其肉)' 아래로 서른세 글자[轉賣暹羅・榜葛剌等國, 當錢使用. 其馬鮫魚切成大塊, 曬乾收貯, 各國亦來收販他處]는 『기록휘편』에 "또한 다른 곳에 판다(亦買販他處)"라는 다섯 글자로만 되어 있어, 『승조유사』본과 『서양조공전록』에 따라 그 빠진 문장을 보충하였다.[212]

1997), III, 222쪽에는 다음과 같이 몰디브 사람들의 음식을 기록하고 있다. "주민들의 음식은 리룬 (lyroûn) 같은 물고기들인데, 그들은 '쿨브 알마스(koulb almâs)'라고 부른다. 그 살은 붉고 지방질이 없 지만, 암양고기의 냄새가 난다. 그 물고기를 잡으면, 네 토막으로 잘라, 가볍게 익힌 다음, 종려나무 잎 으로 만든 바구니에 넣고 훈연한다. 고기가 완전히 마르면 먹는다. 이 나라에서 인도, 중국, 야만 (Yaman) 등으로 실어 간다. 사람들은 이것을 '쿨브 알마스'라고 한다." 카루(kalu)는 검다는 뜻이고, '빌 리(bili)'는 가다랑이를, '마스(mas)'는 물고기를 뜻한다.

211 또한, 이상의 문장들[其馬鮫魚切成大塊, 曬乾收貯]은 『기록휘편』에 빠져 있어, 풍승균 씨가 『승조유사』 본에 따라 보충해 넣은 문장들이다. 『국조전고』에는 "마하어는 팔뚝만 하게 큰 덩어리로 잘라 싱겁게 햇볕에 바짝 말려, 창고에 저장한다(馬蝦魚切成手臂大塊, 淡晒極乾, 倉屋收貯)"라고 하였고, 『삼보정이 집』, 『설집』, 『담생당』본에는 "그 마교어는 팔뚝만 하게 큰 덩어리로 잘라 햇볕에 말려 창고에 저장한 다(其馬鮫魚切成手臂大塊, 曬幹, 倉屋收貯)"라고 되어 있다. 『국조전고』의 '하(蝦)'자는 '교(鮫)'자의 잘 못임을 알 수 있다. 여기서도 『삼보정이집』, 『설집』, 『담생당』본을 따르는 것이 적절해 보인다.

212 풍승균 씨의 교정대로, 『기록휘편』에는 "罨爛 … 亦來買販他處, 名曰海溜魚而賣之"로 이어 가며 중간의 문장들을 모두 빠뜨렸다. 여기 『기록휘편』의 이 문장[亦來收販他處, 名曰海溜魚而賣之]은 『국조전고』 에 "'유어'라고 하며 다른 나라에 판다(名溜魚, 賣與他國)"라고 되어 있다. 『삼보정이집』과 『설집』에는 "각국 역시 사러 와서 다른 나라에 파는데, '유어'라고 한다(各國亦來買販他處賣之, 名曰溜魚)"라고 하 였고, 『담생당』본에는 "各國亦販賣他處賣之, 名曰溜魚"라고 하였다. 이로써 볼 때, 어떤 문장이 마환의 원문에 가까운지는 판단하기 어렵다. 다만 『기록휘편』의 '해류어(海溜魚)'는 『국조전고』, 『삼보정이집』, 『설집』에 따라 '유어(溜魚)'로 고쳐야 하고, 풍승균 씨의 교정문에 '대괴(大塊)' 앞에 '수비(手臂)'를 보충 해 넣어야 하는 것은 분명하다.

『국조전고』: 海肌彼人採積如山, 晻爛其肉, 轉賣暹邏等國, 當錢使用. 馬蝦魚切成手臂大塊, 淡晒極乾, 倉屋收貯. 名溜魚, 賣與他國.

『삼보정이집』: 海肌彼人採積如山, 奄爛內肉, 轉賣暹羅・榜葛剌國, 當錢使用. 其馬鮫魚切成手臂大塊, 曬幹, 倉屋收貯. 各國亦來買販, 他處賣之, 名曰溜魚.

『설집』: 海肌彼人採積如山, 罨爛內肉, 轉賣暹羅・榜葛剌國, 當錢使用. 其馬鮫魚切成手臂大塊, 曬幹, 倉屋收貯. 各國亦來**販賣**, 他處賣之, 名曰溜魚.

『담생당』: 海肌彼人採積出山, 罨爛內肉, 轉賣暹羅國・榜葛剌國, 當錢使用. 其馬鮫切成手臂大塊, 曬 幹, 倉屋收貯. 各國亦來**販賣**, 他處賣之, 名曰溜魚.

『서양번국지』: 出海肌, 土人採積如山, 堆罨待肉爛取殼, 轉賣暹羅・榜葛剌國代錢使. 出馬鮫魚, 土人將 其魚切如臂大, 淡晒至乾, 盈倉收貯. 他國多販去, 名曰溜魚.

14-10. 직물

일종의 비단실을 섞어 짠 수건이 있는데, 매우 촘촘하고 길며 넓어, 다른 곳에서 짠 것들보다 월등하다.[213] 또 일종의 금실로 짠 네모난 손수건이 있는데, 남자들이 [그것으로] 머리를 싸맨다. 값에는 은 다섯 냥에 팔리는 비싼 것도 있다.

織一等絲①嵌手巾, 甚密實長闊, 絕勝他處所織者.[214] 又有②一等織金方帕, 與男子纏頭.[215] 價有賣銀五兩之貴者.[216]

① ['사(絲)'자는] 『기록휘편』에 '채(綵)'자로 잘못되어 『승조유사』본에 따라 고쳤다.[217]

이상으로부터 역자는 "海䏶(彼人採積如山, 奄爛內肉, 轉賣暹羅‧榜葛剌等國, 當錢使用. 其馬鮫魚切成手臂大塊, 曬幹, 倉屋收貯, 名曰溜魚. 各國亦來販買, 他處賣之"로 재구성했다.

213 『도이지략』 북류(北溜) 조목에 기록한 유산의 산물 중에 대수건포(大手巾布)가 들어 있는데, 후지타 도요하치(『도이지략교주』, 118쪽)와 소계경 씨는 여기 명주실을 섞어 짠 수건[絲嵌手巾]과 같은 것으로 보고 있다(『도이지략교석』, 266쪽).

214 『기록휘편』의 이상 두 문장[甚密實長闊, 絕勝他處所織者]은 『국조전고』에 "그 세밀함이 다른 곳보다 월등하다(其細密絕勝他處)"라고 되어 있고, 『삼보정이집』, 『설집』, 『담생당』본에는 "甚密實長闊, 絕勝他處"라고만 되어 있다. 따라서 『기록휘편』의 '소직자(所織者)'는 덧붙여진 말로 볼 수 있다. 그렇지만 『서양번국지』에서는 "길고 넓으며 더욱 튼실하고 세밀하여 다른 곳에서 나는 것보다 우수하다(長闊而加實密, 勝他處所出者)"라고 하였다.

215 『기록휘편』의 이 문장[與男子纏頭]은 『국조전고』, 『삼보정이집』, 『설집』, 『담생당』본 모두 "남자들이 머리를 싸매는 데 쓸 수 있다(男子纏頭可用)"라고 하였고, 『서양번국지』에는 "男子可纏頭"라고 하였으므로 『국조전고』, 『삼보정이집』, 『설집』, 『담생당』본에 따라 고치고 보충해야 한다.

216 『기록휘편』에 따른 이 문장[價有賣銀五兩之貴者]은 『국조전고』에 '유(有)'자 없이 "其價賣銀五兩之貴者"라고 되어 있고, 『삼보정이집』에는 "其價有賣銀二兩之貴者"으로, 『설집』과 『담생당』에는 "其價銀二兩"으로 되어 있다. 그리고 『서양번국지』에는 "其價有賣銀五兩者"라고 하였으므로 문두에 '기(其)'자를 넣는 편이 타당하고, 『삼보정이집』, 『설집』과 『담생당』본의 '이냥'은 '오냥(五兩)'으로 읽어야 한다.

217 이 교정에 해당하는 『기록휘편』 원문[織一等綵嵌手巾]은 『국조전고』에 '絲嵌手巾'으로만 되어 있고, 『삼보정이집』, 『설집』, 『담생당』본에는 '又織一等絲嵌手巾'으로 되어 있다. 또한 『서양번국지』(교주본, 33쪽)에서 "또 일등의 비단실을 섞어 짠 수건이 나는데(又出一等絲嵌手巾)"라고 했으므로, 풍승균 씨의 교정대로 『기록휘편』의 '채(彩)'자는 '사(絲)'자로 고치는 것이 맞다.

② '유(有)'자는 『승조유사』본에 따라 보충하였다. [218]

14-11. 산물

하늘의 기후는 사계절이 항상 여름처럼 덥다. 그 땅은 매우 척박하여, 쌀은 적고, 맥(麥)은 없다. [219] 채소는 두루 나지 않고, 소, 양, 닭, 오리가 모두 있으나 나머지는 나지 않는다.

天之氣候, 四時①常熱如夏. 其土地甚瘠,② 米少, 無麥. 蔬菜不廣, 牛·羊·雞·鴨皆有, 餘無所出.

① 이상 두 글자[四時]는 『승조유사』본에 따라 보충하였다. [220]
② 이상 다섯 글자[其土地甚瘠]는 『기록휘편』에 '토수(土瘦)'로 되어 있어 『승조유사』본에 따라 보충하였다. [221]

---

218 이 교정에 해당하는 『기록휘편』 문장[又一等織金方帕]은 『국조전고』에 '又一等織金手帕'으로, 『삼보정이집』에는 '所織一等織金方帕'으로, 『설집』과 『담생당』에는 '又織一等織金手巾'으로 되어 있는데 모두 주어 역할을 하고 있으므로, 풍승균 씨가 보충해 넣은 '유(有)'자는 불필요하다. 여기서는 또 다른 수건을 설명하고 있는데, 이븐 바투타는 머리에서 어깨까지 덮는 숄 같은 수건을 언급하고, 또 작은 손수건 같은 것으로 대용한다고 했으므로, 여기서는 네모난 수파(手帕, 일종의 손수건), 즉 '방파(方帕)'로 읽어야 할 것이다.

219 이븐 바투타의 『여행기』에는 "몰디브의 모든 섬에는 곡물이 없다"(III, 221쪽)라고 하였는데, 마환이 기술한 내용과 일치하고 있다.

220 이 교정에 해당하는 『기록휘편』 원문[天之氣候常熱如夏]은 『국조전고』에 "氣候常熱如夏"로 되어 있고, 『삼보정이집』, 『설집』, 『담생당』본에도 앞에 '기(其)'자만 넣었을 뿐 마찬가지이다. 또한 『서양번국지』에서도 "氣候長熱如夏"라고 하였으므로 풍승균 씨의 보충은 불필요하다.

221 이 교정에 해당하는 『기록휘편』의 원문[土瘦]은 『국조전고』, 『삼보정이집』, 『설집』, 『담생당』본, 『서양번국지』 모두 같다. '수(瘦)'자는 땅이 척박한 것을 의미하므로 풍승균 씨의 교정처럼 원문을 고칠 필요는 없다.

14-12. 통화

왕은 은으로 작은 주화를 만들어 사용하게 한다.

王以銀鑄小^①錢使用.^②

① '소(小)'자는 『승조유사』본에 따라 보충하였다.[222]
② 『서양조공전록』의 주에 "무게는 중국 저울로 2푼 3리 나간다(重官秤二分三釐)"라고
　하였다.

14-13. 보선과의 교역

중국 보선 한두 척이 이곳으로 가서 용연향, 야자 등의 물품을 수매한다.
작은 나라이다.

中國寶船一二隻亦到彼處,[223] 收買龍涎香・椰子等物. 乃一小邦也.

---

[222] 이 교정에 해당하는 『기록휘편』 원문[王以銀鑄錢使用]은 『국조전고』, 『삼보정이집』, 『설집』, 『담생
　당』본, 『서양번국지』에서 확인할 수 있지만, 어디에도 풍승균 씨가 보충해 넣은 '소(小)'자는 들어 있
　지 않다.
[223] '도(到)'자는 『국조전고』, 『삼보정이집』, 『설집』, 『담생당』본, 그리고 『서양번국지』 모두에 '왕(往)'자
　로 되어 있으므로 이에 따라 고치는 것이 맞다.

15
—
도파르 왕국
[祖法兒國]

✹

해제

조법아(祖法兒)는 현재 오만 술탄국의 가장 큰 주인 도파르(Dhofar)에 해당한다. 북쪽으로는 사우디아라비아 서쪽으로는 예멘 공화국과 접해 있고 남으로는 아라비아해가 펼쳐져 있다. 중심 도시는 오만 술탄국의 두 번째로 큰 항구인 살랄라(Şalālah)이고, 유향의 세계적 산지로, 중세 동서양 무역의 중요한 거점 역할을 담당했다. 기원전 2세기 초에서 기원후 6세기까지 히미어라이트(Himyarite) 왕국이 지배했던 곳이기도 하다. 이 나라에 대한 중국 측 기록은 마환과 비신의 것이 가장 빠르다.

15세기 정화함대의 통역관들은 모두 나라[國]로 기술하고 있는 이곳에 대해 아랍 여행자들은 도시(City)로 설명하고 있다. 중세 동서양 교통의 거점인 이곳은 15세기 이전 중국인들에게 기록으로 남겨지지 않은 것 같다. 『제번지』 대식국 조목에는 그 속국들이 열거되어 있다. 그중에 들어 있는 '노발(奴發)'에 대해 히어트와 록힐은 주파르(Zufar), 현재의 도파르(Dhofar)이며,

마르코 폴로가 쉐르(Shehr)에서 400마일(643km) 떨어진 두파르(Dufar)로 추정하며, 『명사』 권326에 보이는 '조법아(祖法兒)'라고 연결했다(『조여괄』, 121쪽). '노발'과의 어떠한 음성적 가능한 근접성이 보이지 않는데도, 폴 펠리오 씨는 아라비아해 남안에 있는 마르코 폴로의 두파르(Dufar)에 관하여 자파르(Zafār)로 옮기는 것은 잘못이고, '주파르(Zufār)' 또는 '조파르(Zofār)'라고 옮겨야 한다고 지적한 뒤에, 중국 자료에서 언급한 것을 추적했다. 그에 따르면, 처음으로 이 명칭을 옮긴 중국인은 조여괄이며 '노발(奴發)'로 표기되었고, 15세기 초반에는 '조법아(祖法兒)'와 '좌법아(佐法兒, Zufār, Zofār)'로 표기되었다고 한다. 또한, 정화의 함대가 1421~1422년에 조파르를 방문했을 것으로 추정했다(『Notes on the Marco polo』, II, 637쪽).

13세기 말 마르코 폴로는 '두파르'라는 도시에 대해 다음과 같이 이야기해 주고 있다. "두파르는 크고, 유명하며 아름다운 도시로, **에쉐르(Esher) 서북쪽에서 500마일에 떨어져 있다.** 사람들은 사라센인들이고 그들의 주군으로 아덴 술탄에게 예속된 백작이 있다. 이 도시가 그래도 아덴 지방에 속해 있기 때문이다. 도시는 연해에 있으며 매우 훌륭한 **항구를 갖추고 있어 이곳과 인도 사이의 많은 해상 교역이 이루어진다.** 그러므로 상인들은 많은 **아랍의 말**들을 그들 시장에 가져와 많은 이윤을 남긴다. 이 도시는 아래 다른 많은 도시와 마을을 거느리고 있다. **많은 백향[유향]이 여기에서 생산된다.** 어떻게 생산하는지 말해 주겠다. 이 나무들은 작은 전나무(fir tree)와 비슷하며, 칼로 여러 곳에 칼집을 내면 그곳으로부터 향이 흘러나온다. 이따금 칼집을 내지 않아도 나무에서 흘러나오기도 한다. 그곳의 엄청난 태양열 때문이다"(Yule, 『The Book of Ser Marco Polo』 2, 444~445쪽).

정화 함대의 두 번째 항해(1408~1411년), 네 번째 항해(1416~1417년), 마지막 일곱 번째 항해(1431~1433)에 통역관으로 수행했던 비신(費信)은 자신의 기록인 『성사승람』 후집에서 좌법아국(佐法兒國)을 다음과 같이 기술했다. "캘리컷[고리국]에서 순풍에 20일 밤낮을 가면 이를 수 있다. 이 나라는 돌을 쌓아서 성을 만들고 노고석을 포개어 집을 짓는다. 높이가 3~4층 되는 것도 있어 탑과 같은 모습이다. 주방, 화장실, 거실이 모두 그 위에 있다. 농토는 넓으나 수확이 적다. 산지는 누런 붉은색이고 역시 초목이 자라지 않는다. 사람들은 **물고기를 잡아 햇볕에 말린다. 큰 것은 사람이 먹고 작은 것으로는 소, 말, 낙타, 양을 사육한다.** 남녀는 곱슬머리이고 긴 적삼을 입는다. **여인들이 나갈 때는 베로 머리와 얼굴을 가려 다른 사람들이 보지 못하도록 한다.** 풍속은 상당히 순수하다. 땅에서는 조랄법(祖剌法), 황금 주화 문양의 표범, 낙타 발굽의 새[駝蹄鳥], 유향, 용연향이 난다. 교역하는 상품으로는 금은, 단향, 미곡, 후추, 단견(段絹), 자기 등이 있다. 그 추장은 하사품에 감복하여 사신을 보내 방물을 바쳤다(自古里國順風二十晝夜可到. 其國疊石爲城, 砌羅股石爲屋, 有高三四層, 若塔之狀, 廚廁臥室皆在其上. 田廣少收, 山地黃赤, 亦不生草木. 民捕海魚曬乾, 大者人食, 小者喂養牛馬駝羊. 男女拳髮, 穿長衫. 女人出則以布兜頭面, 不令人見. 風俗頗淳. 地產祖剌法·金錢豹·駝蹄鳥·乳香·龍涎香. 貨用金銀·檀香·米穀·胡椒·段絹·磁器之屬. 其酋長感慕恩賜, 遣使奉貢方物)"(『기록휘편』본, 『성사승람교주』, 후집, 19쪽). 비신의 도파르 기술은 왕대연의 『도이지략』 기술방식을 따르고 있지만, 『도이지략』에서는 찾을 수 없다. 확실히 본문에서 볼 『영애승람』의 조법아(祖法兒) 기술과도 상당히 다르다. 비신의 기술은 캘리컷에서의 거리만 며칠 차이가 날 뿐, 뒤에 보이는 아덴 설명과 비슷함을 볼 수 있다. 비슷한 민족 구성과 문화를 가진 지역이었음을 짐작해 볼 수도 있겠지만 상투적인 복제였을 가능성도 크다. 정화가 마지막 항해를 했던 1세기 전 즈음, 이른 바투타는 이 도파르란 도시를 매우 상세하게 기술했다.

쿨루아(Couloua)에서 자파르 알후무드(Zhafar alhoumoudh)[짜고 쓴 식물이 있는 자파르]로 향했다. 자파르라는 단어는 격의 변화가 없으며, 마지막 철자에는 모음 [i]가 항상 따라붙는다. 자파르는 인도양 연안의 예멘 끝에 있다. 사람들은 비싼 값에 말들을 인도로 수출한다. 순풍일 경우 횡단에는 꼬박 한 달이 걸린다. 내 경우에 **인도의 도시 칼리쿠트**(캘리컷)**에서 자파르까지 28일 걸린 적이 있다.** 순풍이어야만 밤낮으로 나아갈 수 있을 뿐이다. 자파르와 아덴은 육로로 사막을 횡단하여, 한 달이다. 자파르와 하드라마우트(Hadramaut) 사이는 16일이고, 자파르와 오만 사이는 20일 여정이다.

자파르란 도시는 마을이나 부속된 도시도 없이 사막 평원에 있다. 시장은 도시 밖, '하르자(Hardja)'라는 촌락에 있는데, 많은 양의 과일과 물고기들이 그곳에서 팔리기 때문에, **가장 더럽고, 가장 악취가 나며 가장 파리가 많은 곳 중 하나이다.** 대체로 물고기는 사르딘[정어리]으로 이곳에서는 아주 기름진 음식이다. 놀라운 것은 바로 **가축들에게도 이 정어리를 먹여 기른다**는 점이다. 양들도 마찬가지이다. 나는 다른 나라에서 이러한 것을 본 적이 없다. 시장의 상인들 대부분은 여성 노예들이며 그녀들은 검은 옷이 입혀져 있다.

자파르 사람들이 주로 경작하는 것은 밀(dhourah)로, 아주 깊은 우물을 퍼내 관개한다. … 특히 '알라스(alas)'라는 밀이 있는데 사실은 일종이 보리이다. 쌀은 인도에서 수입한다. 쌀은 사람들이 주식으로 삼는 것이다. 이 도시의 주화들은 **구리와 주석으로 주조한 주화**로 다른 것은 통용하지 않는다. 사람들은 상인이며 전적으로 장사로 먹고 산다. …

자파르 사람들은 겸손하고, 천성을 타고났으며 너그러워 외국인을 좋아한다. 그들의 옷은 **인도에서 수입한 면으로 만들었고, 바지 대신에 허리에는** [사롱 같은] **간단한 옷을 맨다.** 날씨가 무더우므로 대체로 몸 중간에 수건 하나를 싸매고 등에 다른 수건을 걸친다. 사람들은 하루에 여러 차례 씻는다. 도시에는 많은 모스크가 있는데, 그 안에는 세정을 위한 작은 방들이 많다. 자파르 사람들은 비단, 면, 아마로 매우 아름다운 천을 짠다. 이 도시의 사람들이 가장 많이 걸리는 병은 두 다리가 붓는 코끼리 다릿병이다. 남자들 대부분은 탈장으로 고생한다(C. Defrémery, B. R. Sanguinetti, 『Voyages d'Ibn Batoutah』, II, 196~199쪽).

이상의 정보들을 토대로 이제 마환의 기록을 읽을 차례이다. 특히 주목할 부분은 비신의 설명과 어떻게 다른지를 먼저 살펴보고, 마르코 폴로와 이븐 바투타의 기록과 비교하여, 비신과 마환 중에서 누가 직접 견문한 것인지를 판단할 필요가 있다. 역자는 비신과 마환 그 누구도 도파르에 가지 않았다고 생각한다.

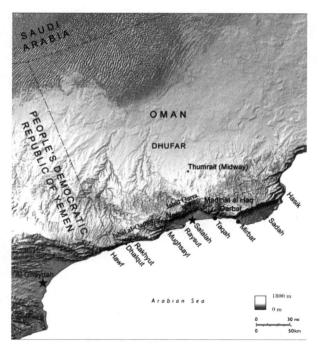

Abdel Razzaq Takriti, 『Monsoon Revolution Republicans, Sultans, And Empires In Oman 1965-1976』, Oxford, 2013.

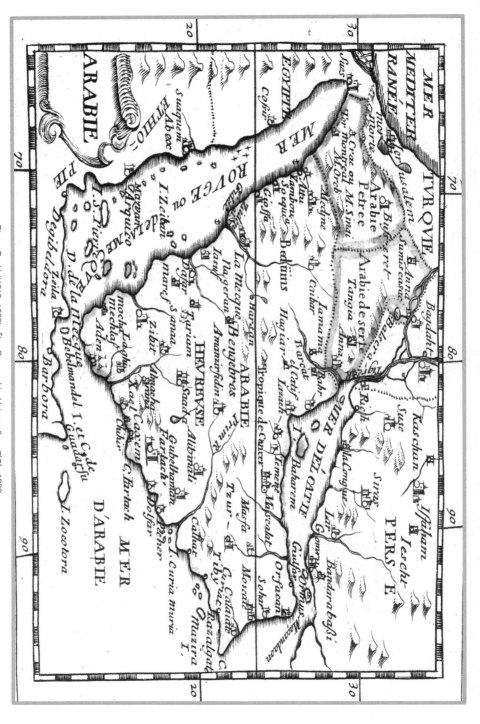

Pierre Du Val(1619~1683), 「La Geographie Universelle」, 파리, 1682.

「아라비아 지도」, 11×13㎝, 1:31,000,000.

✻
도파르 왕국[祖法兒國][224]

15-1. 지리

고리국(古里國)에서 배를 타고 서북쪽으로, 순풍에 열흘 밤낮을 가면 도착할 수 있다. 이 나라는 해변에 산을 기대고 있고, 성곽은 없으며,[225] 동남쪽은 대해이고 서북쪽은 겹겹의 산이다.

自古里國開船投西北, 好風行十晝夜可到.[226] 其國邊海倚山, 無城郭, 東南大海, 西北重山.

---

[224] 『담생당』본의 표제는 "조법아국, 『일통지』에 있다(祖法兒國【一統志有】)"라고 하였다.

[225] 비신은 자신이 직접 가지 않고 전하는 말을 토대로 기록한 '후집'에 이 나라를 넣고 있는데, "바닷가에 모여 살며, 돌로 만든 성(城)과 집들은 높이로 3~5층을 쌓아 올려 그 위가 탑과 같다"라고 하는 상반된 기술을 하고 있다(원문은 부록에 첨부한 해당 조목을 참고하시오). 또한 마환은 아래 문장에서 국왕과 그의 행차를 기술하고 있는 것으로 보아 성곽이 없다고 한 기술은 상당히 의심스럽다.

[226] 조법아국으로 가는 여정을 기술하는 첫 두 문장[自古里國開船投西北, 好風行十晝夜可到]은 『기록휘편』과 『국조전고』에서는 일치를 보이고 있지만, 『삼보정이집』에는 "自古里國開船, 好風投西北, 行十晝夜可到"라고 하였고, 『설집』과 『담생당』본, 『서양번국지』(상달 교주본, 33쪽)에는 "自古里國開船, 投西北行十晝夜可到"라고 되어 있다. 『고금설해』본 『성사승람』에 수록된 좌법아국(佐法兒國) 조목에서는 (사고전서본, 권20, 6b) "캘리컷[고리국]에서 순풍을 타고 20일 밤낮을 가면 도착할 수 있다(自古里國順風二十晝夜可到)"라고 하였다. 또 약 1세기 전 이븐 바투타는 여행기에서 "**인도의 도시 칼리쿠트(캘리컷)에서 자파르까지 28일 걸린 적이 있다**"라고 하였다(C. Defrémery, B. R. Sanguinetti, 『Voyages d'Ibn Batoutah』, II, 196쪽). 따라서 마환의 텍스트에 '이(二)'자를 '십(十)'자 앞에 보충해 넣는 것이 적절할 것이다.

15-2. 민족

국왕과 나라 사람들은 모두 이슬람교를 신봉하고, 체형은 장대하고, 용모는 풍만하고 크며, 하는 말은 꾸밈이 없고 솔직하다.

國王國人皆奉回回教門, 人體長大,[227] 貌豐偉,[228] 語言朴實.[229]

15-3. 복식

왕의 반(絆)은 희고 가는 현지 베[番布]로 머리를 싸매고, 엄지손가락만큼 큰 푸른 꽃을 가는 실로 짠 머리덮개, 혹 금실로 짠 비단 외투[衣袍]를 입기도 하고, 발에는 그곳의 가죽신 혹은 두껍지 않은 가죽신을 신는다. 출입할 때는 가마를 타거나 말을 탄다. 앞뒤로 코끼리, 낙타, 말의 대열과 칼과 방패를 든 사람들이 늘어서 있고, 필률(篳篥),[230] 쇄나(鎖嗦)를 불며 빽빽하게 행진한다. 백성들이 입는 의관은 머리를 싸매고 긴 옷을 입으며,[231] 발에는 가죽신을 신는다.

王者之絆,[232] 以白細番布纏頭, 身穿靑花如大指大細絲①嵌蓋頭,② 或金錦衣袍, 足

---

227 '인체(人體)'는 『삼보정이집』, 『설집』, 『담생당』본에는 '인물(人物)'로 되어 있다.

228 '모풍위(貌豐偉)'는 『국조전고』에 "貌偉"라고만 되어 있고, 『삼보정이집』, 『설집』, 『담생당』본에는 "體貌豐偉"로 되어 있다.

229 '박실(朴實)'은 『국조전고』에만 '질박(質樸)'으로 되어 있다.

230 '필률(篳篥)'은 대나무로 만든 관악기로 '필율(觱篥)', '비율(悲篥)', '가관(笳管)' 등으로도 불린다. 피리 모양과 흡사하며, 위에 나 있는 구멍은 7~9개이다.

231 일반인들의 복식을 설명한 이 기술은 상당히 뭉뚱그려져 있다. 비신은 『성사승람』(풍승균, 교주본, 후집, 19쪽)에서는 "여인들은 베로 머리와 얼굴을 가리고, 나가서 다른 사람을 만날 때도 얼굴을 드러내지 않는다"라고 기술하고 있다(부록을 참고하시오).

穿番靴, 或淺面皮鞋. 出入乘轎或騎馬, 前後擺列象駝 馬隊, 刀③牌手, 吹篳篥④鎖

嗊,⑤ 簇擁而行. 民下所服衣冠, 纏頭長衣, 腳穿靴鞋.

① ['사(絲)'자는]『기록휘편』에 '녹(綠)'자로 되어 있어『승조유사』본에 따라 고쳤다.²³³

② ['개두(蓋頭)'는]『승조유사』본,『서양조공전록』에는 '원령(圓領)'으로 되어 있다.²³⁴

③ '도(刀)'자는『기록휘편』에 빠져『승조유사』본에 따라 보충하였다.²³⁵

④ ['필률(篳篥)'은]『승조유사』본에 '팔열(叭咧)'로 되어 있고,『서양조공전록』에는 '팔뢰

(叭嘸)'로 되어 있다.

⑤ ['쇄나(鎖嗊)'는]『승조유사』본에 '쇄눌(鎖吶)'로,『서양조공전록』에는 '쇄날(鎖捺)'로

되어 있다. 모두 페르시아어 수르나(surna), 또는 수르나이(surnai)의 음역들이다.²³⁶

232 '반(絆)'자는 여기에서도 마찬가지로,『국조전고』,『삼보정이집』,『설집』,『담생당』본 모두에 '분(扮)'
  자로 되어 있다. '분(扮)'자로 고치는 것이 좋겠다.

233 '사(絲)'자는『국조전고』,『삼보정이집』,『설집』,『담생당』본,『서양번국지』모두에서 확인할 수 있다.

234 이 교정에 해당하는『기록휘편』의 원문[身穿青花如大指大細綠嵌蓋頭]은『삼보정이집』에 "身穿青花如
  指細絲嵌圓頭"로,『설집』과『담생당』본에는 "**身穿青花如錦指細絲嵌員領**"으로,『국조전고』에는 "**身穿
  青花如絹紬細絲嵌圓領**"으로 되어 있다. 한편『서양번국지』(상달 교주본, 34쪽)에는 "**身著青花長衣, 細
  絲嵌圓領**"이라 하였다. 우선『기록휘편』,『삼보정이집』,『설집』,『담생당』본 모두에는 '여(如)'자 아래
  '지(指)'자가 들어 있다. 문제는『기록휘편』처럼 '대지(大指)'인가 아니면 그냥 '지(指)'인가이다.『기록
  휘편』에만 '대'자가 더 들어 있다. 심지어『서양번국지』와『국조전고』에는 손가락에 관련된 정보가 전
  혀 보이지 않는다. 따라서『기록휘편』의 '대지(大指)'는 '지'로만 읽는 것이 맞다. 또,『기록휘편』의 '녹
  (綠)'자는 다른 필사본에 모두 '사(絲)'자로 되어 있고, 앞의 유산국 조목[14-10]에도 보이므로, '사(絲)'자
  로 고치는 것이 맞다. 마지막으로『기록휘편』의 '개두(蓋頭)'는 다른 필사본에 모두 '원령(圓領)' 또는
  '원령(員領)'으로 되어 있다. 여기의 '원령'은 관료들이 입는 예복 같은 것을 말한다. 그렇다면 문장의 구
  조는 "몸에는 …와 같은 청화(青花)가 있는 원령 혹은 …를 입는다는 것이다. '지(指)'자를 살린다면, 손
  가락 같은 청화를 가는 실로 짜 넣은 원령을 입는다는 말로 읽히고,『국조전고』의 '견(絹)'자로 본다면,
  비단 같은 가는 실로 청화를 짜 넣은 원령을 입는다는 말이 된다. 분명『기록휘편』본은『삼보정이집』
  과『설집』이 근거한 판본과 확실히 다르며,『국조전고』가 근거한 판본과도 다르다. 따라서 여기서는
  원령(圓領)을 따라야 할 것이다.

235 '도(刀)'자는『국조전고』에만 보인다. 다른 사본들에는 '도'자 없이 '패(牌, 방패)'자만 기록해 두고 있다.
  공진의『서양번국지』에도 마찬가지이다. 그러므로 저본인『기록휘편』에 따라 빼는 것이 맞겠다.

236 『기록휘편』의 '嗊'자는『국조전고』에는 '눌(吶)',『삼보정이집』에는 '날(捺)',『설집』과『담생당』본에는
  '나(嗊)',『서양번국지』에서는 '납(納)'자를 보여 주고 있다. 모든 사본이 [na] 발음을 보여 주고 있으므
  로,『기록휘편』원문의 글자는 '나(嗊)'자의 오기로 봐야 할 것이다. 풍승균 씨의 주석은 전적으로 펠리
  오의 설명(「15세기 초 중국의 대항해」, 420쪽)을 그대로 가져온 것이다. 펠리오 씨는 록힐이 '쇄날(鎖

15-4. 예배일

예배일이 되면, 오전 반나절은 시장에서 교역하지 않는다. 남녀노소 모두 목욕을 마치고, 곧바로 장미로(薔薇露)[237] 혹은 침향과 기름을 얼굴과 사지(四肢)에 바르고서, 깨끗한 의복으로 차려입는다. 또 작은 흙 화로에 침향, 단향(檀香),[238] 엄팔아(俺八兒)[239] 등의 향을 태우고, 그 화로 위에 서서 의

捺)'로 옮기고, 페르시아어 '수르나(zurna)', 즉 '플레젤렛(Flageolets)'으로 추정한 것을(「14세기 중국과 인도양 연안, 동부 열도와의 무역 관계에 관한 주석」, 612쪽) 부정하고, 페르시아어 수르나이(sūrnāi) 또는 수르나(sūrnā)에 해당하는 음이며, 일종의 '오보에'라고 설명했다.

[237] 장미로(薔薇露)는 바로 장미수(薔薇水)를 말한다. 장미는 도홍경(陶弘景)의 『명의별록(名醫別錄)』에 보이는 '장미(墻薇)'가 가장 빨리 보이는 표기이다. 산스크리트어로는 '자브(jave)', 페르시아어로는 '잘바(jalva)'라고 하는데, '장미(墻薇)' 또는 '장미(薔薇)'는 모두 이들과 음이 가까우므로 이런 유의 외래어에서 나왔다고 할 수 있다(『도이지략교석』, 50쪽). 『제번지』 하권, 장미수 조목에서 "장미수는 대식국의 꽃이슬이다. 오대(五代)에 외국 사신 포가산(蒲謌散)이 15개 병을 공물을 바쳤고 그 이후 거의 오지 않았다. 오늘날은 대부분 꽃을 채취하여 물에 담가 쪄서 그 액을 취하는 것으로 대신한다(薔薇水, 大食國花露也. 五代時番使蒲謌散以十五餠效貢, 厥後罕有至者. 今多採花浸水, 蒸取其液以代焉)"라고 하였다. 송나라 채조(蔡條)의 『철위산총담(鐵圍山叢談)』에서는 "구설에 장미수는 외국에서 장미화에 맺힌 이슬을 채취한 것이라고 하는데 그렇지 않다. 실은 백금으로 시루를 만들고 장미화를 채취하여 찌면 물이 나오는데, 자주 채취하여 쪄, 쌓이면 향이 된다. 그래서 썩지 않는다. 그러나 이역의 장미수는 향기가 매우 강하여, 대식의 장미수는 유리 항아리 속에 밀봉하여 놓아도 향기가 수십 보까지 퍼지고, 옷에 뿌리면 십여 일이 지나도 없어지지 않는다. 광주에서 외국에서 만든 향을 모방하려 해도 장미를 얻을 수 없어 단지 바탕 향으로 자스민을 취해 만드는데, 또한 사람들의 후각을 자극할 수 있지만, 대식국의 장미수에 비하면 둔하다(舊說, 薔薇水, 乃外國采薔薇花上露, 殆不然. 實用白金爲甌, 採薔薇花蒸氣成水, 則屢採屢蒸積而爲香, 此所以不敗, 但異域薔薇花氣馨烈非常, 故大食國薔薇水. 雖貯琉璃缶中蠟蜜封其外, 然香透徹聞數十步, 灑著人衣經十數日, 不歇也. 至五羊效外國造香, 則不能得薔薇, 第取素馨茉莉花, 爲之, 亦足襲人鼻觀, 但視大食國眞薔薇水猶奴爾)"라고 하였다. 이상의 설명은 『바다의 왕국들』, 331~333쪽에 자세하다. 후지타 도요하치는 "이븐 하우칼(Ibn Hawqal)이 전하는 바에 따르면, 파르스(Fars)에서 나는 장미수는 인도차이나, 호라산(火刺散), 북아프리카, 시리아, 이집트 등의 나라로 운송된다고 했는데(Le Strange, 『Eastern Caliphate』, 293쪽), 여기서 말하는 대식(大食)의 장미수가 바로 이것이다. 다른 책에서는 '장미로(薔薇露)'로 되어 있는데 같은 것이다"라고 설명하고 있는데(『도이지략교주』, 14쪽), 여기서 말하는 다른 책은 바로 『영애승람』을 말한다. 자세한 것은 『바다와 문명: 도이지략역주』, 68쪽을 참고하시오.

[238] 단향(檀香)에 대해서는 조와국 조목(2-13)의 주석을 참고하시오.

[239] 엄팔아(俺八兒)는 용연향(龍涎香)을 지칭하는 아랍어 안바르(anbar)에 해당하는 음이다. 자세한 것은 유산국 조목(14-7) 용연향 주석을 참고하시오.

복과 몸에 훈증하고서야 비로소 예배당으로 간다. 예배를 마치고 돌아올 때, 거리나 시장을 지나더라도 그 훈증한 향기는 반나절 동안 끊어지지 않는다.

如遇禮拜日, 上半日市絶交易. 男女長幼皆沐浴, 旣畢,[240] 即將薔薇露或沈香幷[①] 油搽面幷四體, 俱穿齊整新淨衣服.[241] 又以小土[②]爐燒沈・檀・俺八兒[③]等[④]香, 立 於爐上,[242] 熏其[⑤]衣體, 纔往禮拜寺. 拜畢方回,[243] 經過街市, 半晌熏香不絶.[⑥]

① '병(幷)'자는『승조유사』본과『서양조공전록』에 보이지 않는다. 덧붙여진 것 같다.[244]
② [토(土)'자는]『기록휘편』에 '상(上)'자로 잘못되어『승조유사』본에 따라 고쳤다.[245]
③ [엄팔아(俺八兒)'는] 아랍어 안바르(Anbar)의 음역자로 용연향(龍涎香)을 말한다.
④ [등(等)'자는]『기록휘편』에 '주(籌)'자로 되어 있어 고쳤다.[246]

240 『기록휘편』의 이 문장[男女長幼皆沐浴, 旣畢]은 의미상 큰 변화는 없지만,『국조전고』에는 "長幼男子皆 沐了"라고 되어 있고,『담생당』본에는 "長幼男子皆沐浴畢"로,『삼보정이집』과『설집』에는 "男女長幼 皆沐浴畢"이라 하였다.『국조전고』본이 마환의 원문에 가까울 수 있다.
241 '구(俱)'자는『국조전고』,『삼보정이집』,『설집』,『담생당』본 모두에 '재(纔)'자로 되어 있으므로, 고쳐 야 한다.『국조전고』에는 표현을 더욱 간단히 '纔穿齊整新衣'라고 하였다.
242 '노(爐)'자는『국조전고』,『삼보정이집』,『설집』,『서양번국지』(상달 교주본, 34쪽) 모두에 '기(其)'자로 되어 있다. 앞의 문장에서 이미 노(爐)를 언급했으므로 이에 따라야 할 것이다.『담생당』본에는 이 정 보가 보이지 않는다.
243 『기록휘편』에 따른 이상의 두 문장[纔往禮拜寺. 拜畢方回]은『국조전고』에 "禮拜後, 分散出"이라고 하 였고,『삼보정이집』과『설집』에는 "禮拜畢, 各散"으로 되어 있고『담생당』본에는 "禮畢, 各散"이라 하 였다.
244 『기록휘편』의 이 문장[即將薔薇露或沈香幷油搽面幷四體]은『국조전고』에 "곧바로 장미로 혹은 침향 기름을 얼굴에 바른다(即將薔薇露或沈香搽其面)"라고 되어 있고,『삼보정이집』에는 "即將薔薇露或 沈香香水搽面及體"라고 하였으며,『설집』과『담생당』본은 "即將薔薇露或沈香油搽面及體"라고 되어 있 다. 이로써 풍승균 씨의 추측대로『기록휘편』의 '침향병(沈香幷)'의 '병'자는 덧붙여졌음을 확인할 수 있 다. 또한『삼보정이집』의 '沈香香水'는 '향'자가 덧붙여졌고, 향수(香水)는 '향유(香油)'가 되어야 한다. 또한『국조전고』에는 얼굴에만 바르는 것으로 기록되어 있지만,『서양번국지』(교주본, 34쪽)에도 "以 薔薇露或沈香油塗擦體面"이라고 하였으므로,『국조전고』의 문장에는 다른 필사본들에 따라 '체(體)'자 도 보충해야 할 것이다. 따라서『기록휘편』의 '사체(四體)'에서 '사(四)'자를 빼는 것이 맞을 것이다.
245 '토(土)'자는『기록휘편』원문에 분명히 들어 있다. 풍승균 씨의 오독일 것이다.

⑤ '기(其)'자는 『승조유사』본에 따라 보충하였다.[247]

⑥ ['반향훈향부절(半晌熏香不絕)'은] 『승조유사』본에 "향기는 반나절이 되어도 사라지지 않는다(香氣半晌不散)"라고 되어 있다.[248]

15-5. 관혼상제

혼례와 상례는 본디 이슬람교의 규범에 따라 행한다.

婚喪之禮, 素遵回回敎規而行.[249]

15-6. 유향

이곳에는 유향(乳香)[250]이 나는데, 그 향은 바로 수지이다. 이 나무는 느릅

---

246 '등(等)'자는 『삼보정이집』, 『설집』, 『담생당』본, 『서양번국지』에서 모두 확인된다.

247 '기(其)'자는 『국조전고』, 『삼보정이집』, 『설집』 모두 '의체(衣體)' 앞에 들어 있으므로, 풍승균 씨의 보충은 타당하다. 한편 『담생당』본에는 '의'자 없이 '熏其體'로 되어 있다.

248 『기록휘편』에 따른 이 문장[半晌熏香不絕]은 『국조전고』, 『삼보정이집』, 『설집』 모두 "香氣半晌不散"이라고 하였고, 『담생당』본에는 "香氣半晌不絕"이라 하였다. 『서양번국지』에는 "향기는 밥 먹을 때까지도 흩어지지 않는다(香氣頓飯不散)"라고 되어 있으므로 이에 따라 "香氣半晌不絕"로 고치는 것이 맞다.

249 '소(素)'자는 『국조전고』, 『삼보정이집』, 『설집』, 『담생당』본 모두에 '실(悉)'자로 되어 있으므로 이에 따라 교정하는 것이 맞다.

250 '유향(乳香)'은 훈륙향(薰陸香), 유두향(乳頭香), 마미향(馬尾香), 천택향(天澤香), 마륵향(摩勒香), 다가라향(多伽羅香) 등의 이칭이 있다. 영어로는 '프란킨센스(Frankincense)'라고 하는데, 불어에서 나온 단어로, '순수한 향'이란 의미이다. 히어트와 록힐에 따르면, 훈륙은 "의심할 여지 없이 아랍어 쿤두르(kundur) 또는 인도어 형태인 쿤두(kundu) 또는 쿤드라(kundura)에서 나왔다"라고 했다(『조여괄』, 196쪽). 튀르크-오스만어로는 '군록(günlük)'이라 하는데, 라들로프(W. Radloff)는 『Versuch eines Wörterbuch der Türk-Dialekte』(II, 1636)에서 중국어에서 비롯되었다고 추정했다. 유향의 명칭과 종류에 대해서는 『바다의 왕국들』, 307~311쪽을 참고하시오. 유향의 중국 유입 시기에 관하여 추정하자면, 당나라 시기 서역과 남해로의 길이 열리면서 중국 남해로부터 들어온 것으로 보인다. 오미노 미후네(淡海三船)가 779년 당나라의 감진(鑑眞) 승려의 전기를 쓴 『대당화상동정전(唐大和上東征傳)』에

나무와 비슷하지만, 잎은 뾰족하고 길다. 그곳 사람들은 매일 나무를 베어 향을 채취해 판다.

土産乳香, 其香①乃樹脂也. 其樹似楡而葉尖長. 彼人每②砍③樹取香而賣.

① ['향(香)'자는]『기록휘편』에 '유(乳)'자로 되어 있어『승조유사』본에 따라 고쳤다.[251]
② '매(每)'자는『승조유사』본에 따라 보충하였다.
③ ['감(砍)'자는]『기록휘편』에 '작(斫)'자로 되어 있어『승조유사』본에 따라 고쳤다.[252]

15-7. 중국과의 교역

중국 보선이 이곳에 이르러 칙서를 읽어 주고 상을 하사하는 것이 끝나

"[중국 해남성 만안(萬安)]주(州)의 대수령 풍약방(馮若芳)이 사는 집에 초청하여 3일을 공양했다. 풍약방은 매년 페르시아 선박 두세 척을 탈취하여 자기 물건으로 삼고, 사람들을 잡아 와 노비로 삼았다. 노비들의 거처는 남북으로 3일, 동서로는 5일 걸리는 곳으로, 마을이 서로 이어졌는데, 모두 풍약방의 노비들이 사는 곳이었다. 풍약방은 손님들을 초대하면 항상 '유두향'으로 등촉을 밝혀 한 번 태우는 데 1백 근이나 되었다. 그의 집 뒤에는 소방목이 산처럼 노적되어 있었다. 나머지 재물들도 이와 같았다(州大首領馮若芳請住其家, 三日供養. 若芳每年常刼取波斯舶二三艘, 取物爲己貨, 掠人爲奴婢. 其奴婢居處, 南北三日行, 東西五日行, 村村相次, 總是若芳奴婢之 [住] 處也. 若芳會客, 常用乳頭香爲燈燭, 一燒一百餘斤. 其宅後, 蘇芳木露積如山. 其餘財物, 亦稱此焉)"라고 적고 있다. 또, 당나라 말, 풍지(馮贄)의『운선잡기(雲仙雜記)』(사고전서본, 권8, 8b)에는『구상선학록(舊相禪學錄)』이라는 책을 인용하여, "조무광(曹務光)이 조주(趙州, 하북성)에서 귀뚜라미를 싸움 붙이는 그릇인 투반에 유두향 10근을 태우는 것을 보고 이르기를, '재물은 얻기 쉬워도, 부처는 구하기 어렵네'라고 했다(曹務光見趙州以斗盆燒乳頭香十斤曰, 財易得, 佛難求)"라는 기록이 보인다. 두 기록 모두 유두향이 귀하고 값비싼 것임을 이미 알고 있다는 전제하에서 기술한 내용이므로, 8~9세기 중국 남해에서 내륙으로 이미 유두향이 알려져 있었음을 알 수 있다.

[251] 이 교정의 해당하는『기록휘편』원문[其乳乃樹脂也]은『국조전고』,『삼보정이집』,『설집』,『담생당』본,『서양번국지』모두 "其香乃樹脂也"로 되어 있으므로, 풍승균 씨의 교정은 정확하다.

[252] 이 교정에 해당하는『기록휘편』원문[彼人斫樹取香而賣]은『국조전고』에 '작(斫)'자가 '감(砍)'자로,『삼보정이집』에는 '작(斫)'으로,『설집』과『담생당』본에는 '파(破)'자로 되어 있다. 또『서양번국지』에는 "斫樹取香而賣"라고 하였으므로,『기록휘편』과『삼보정이집』의 '작(斫)'자는 '감(砍, 베다)'자 또는 '작(斫)'자의 오기임이 분명하다. 그러나 풍승균 씨가 보충해 넣은 '매(每)'자는 불필요하다.

면, 그 왕은 두목을 보내 나라 사람들에게 두루 유시(諭示)하여, 모두 유향(乳香), 혈갈(血竭), 노회(蘆薈),[253] 몰약(沒藥),[254] 안식향(安息香),[255] 소합유(蘇合

---

[253] '노회(蘆薈)'는 『본초강목』(사고전서본, 권34, 68b)에는 '노회(盧會)'로 되어 있고, 노회(奴會), 눌회(訥會), 상담(象膽) 등의 이칭이 언급되어 있다. 이 노회는 알로에에 해당하는 역명이다. 이를 가장 먼저 언급한 것은, 이순(李珣)의 『해약본초』로, "노회는 파사국(波斯國)에서 나는데 모양은 검은 엿과 비슷한데, 바로 나무 수지이다(盧會生波斯國, 狀似黑餳, 乃樹脂也)"라고 하였다. 11세기 소송(蘇頌)은 『도경본초(圖經本草)』에서 "지금은 광주에만 들어오는 것이 있다. 이 나무는 산과 들에서 자라고, 수지가 눈물처럼 떨어져 형성된다. 시기에 구애되지 않고 채취한다(今惟廣州有來者. 其木生山野中, 滴脂淚而成. 采之不拘時月)"라고 하였는데(사고전서본, 『본초강목』, 권34, 68b), 어떤 식물인지 정확한 기술이 없다. 이 식물에 대한 정확한 정보는 조여괄의 『제번지』에서 비로소 제공된다. "노회(蘆薈)는 아랍과 노발국에서 나는데 풀에 속한다. 그 형태는 후미(鱟尾, 투구게 꼬리)와 비슷하고 토착민들은 채취하여 옥기(玉器)에 찧고 갈아, 졸여 고(膏)로 만들어 가죽 포대에 넣어 두는데, '노회'라고 한다(蘆薈出大食奴發國, 草屬也. 其狀如鱟尾, 土人採而以玉器搗研之, 熬而成膏, 置諸皮袋中, 名曰蘆薈)"라고 하였다. 이로부터 노회가 나무가 아니라 풀이며 알로에를 말하고 있음을 확인할 수 있다. 이시진은 조여괄의 책을 참고하지 못한 것으로 보인다. 이시진은 조여괄의 책을 옮겨 놓은 『일통지(一統志)』를 통해 이 정보를 접했다. 이전의 정보와 비교하여 그는 풀인지 나무인지 분간하지 못하는 의문을 남겼다.

히어트와 록힐은 조여괄이 중리국(中理國, 소코트라) 조목의 산물로 노회를 언급했음을 상기하고, 노발국을 하드라마우트 해안에 있는 도파르로 추정했다. 이어서 이 노회가 페르시아어 알와(alwā)의 음역으로 보았다. 앞서 본 것처럼 광주에만 들어온 것이 있다고 했으므로, 노회는 바닷길로 들어온 것임이 분명하다. 또, 라우퍼 씨의 고증에 따르면, 페르시아인들은 아랍인들에게 가져왔고, 아랍인들은 그리스어에서 음역한 것으로 밝혔다(『이란과 중국』, 480~481쪽). 그러므로 페르시아어 어원설은 성립하지 않는다. 또한, 히어트와 록힐은 소코트라의 산물인 노회는 조여괄 시대 이후 중국 시장에서 사라지고, 명나라 시기에는 노회(奴會), 눌회(訥會), 상담(象膽) 등으로 불리는 아카시아 카테추(Acacia catechu)의 산물인 '카테추'라고 설명했다. 결국, 노회가 '카테추'라는 말인데, '카테추'는 해아(海兒茶)로 전혀 다른 식물이다. 『이드리시의 지리서』, I, 47쪽에는 소코트라의 알로에에 관한 조여괄과 유사한 기술을 하고 있다. "7월에 잎을 채취하여 그것으로부터 즙을 짜 햇볕에 말렸다가, 8월에 가죽 포대에 넣는다"라고 한 것을 보면, 조여괄이 기록한 노회는 바로 소코트라의 산물임을 알 수 있다. 자세한 사항은 『바다의 왕국들』, 403~404쪽을 참고하시오.

[254] 라틴어로는 미르하(myrrha)로 알려진 '몰약'은 5세기 이전에 쓴 책이지만 이미 산실되고 후세 자료에 인용되어 전하는 서표(徐表)의 『남주기(南州記)』에 처음으로 언급되었다. 『남주기』에서 몰약을 언급한 문장은 이순(李珣)이 927~970년 사이에 저술한 『해약본초』에 인용되었다. 이로써만 볼 때 몰약은 당나라 이전에 중국인들에게 알려진 것으로 짐작할 수 있다. 그러나 이시진은 이순이 인용한 서표의 설명에 대해, "이순(李珣)은 '유향은 페르시아 소나무 수지다'라고 했는데, 여기서도 '몰약도 소나무 수지다'라고 한 것으로 보아, 잘못된 말에서 나왔을 것이다. '신향(神香)'이라는 것은 어떤 물건인지 모르겠다(李珣言乳香是波斯松脂, 此又言沒藥亦是松脂, 蓋出傳聞之誤爾. 所謂神香者, 不知何物也)"라고 하였다(『본초강목』, 권34). 결국 이시진은 서표의 설명을 인정하지 않고 있는 셈이다. 단성식(段成式, 803?~863)의 『유양잡조(酉陽雜組)』(사고전서본, 권18, 13쪽)에 "몰수(沒樹)는 파사국에서 난다. 불림에서는 '아착(阿縒)'이라 부른다. 키는 1장 남짓이며 껍질은 청백색이고, 잎은 괴나무 잎과 비슷하나 길

며, 꽃은 귤꽃과 비슷하나 크고, 열매는 검은색으로 큰 것은 산수유 같다. 맛은 시고 달아 먹을 수 있다(沒樹出波斯國, 拂林呼爲阿縒. 長一丈許, 皮靑白色, 葉似槐葉而長, 花似橘花而大, 子黑色, 大如山茱萸, 其味酸甜可食)"라고 하였다. 몰수(沒樹)로 시작하지만, 기술하고 있는 것은 아착(阿縒), 즉 아랍어 명칭인 '아사(asa)', 아랍어 '아스(as)'를 말하고 있다. 이시진은 몰수의 '몰'자가 '밀(蜜)'자로 판단하여 단성식의 이 조목을 밀향(蜜香) 조목으로 옮겼다(사고전서본 『본초강목』, 권34, 53a). 사실 몰수와 몰약은 전혀 다른 것이다. 따라서, 몰약의 존재가 당나라 시기에 중국에 알려졌다는 확실한 근거는 없다. 샤퍼(E. H. Schafer)가 "유향처럼 몰약도 아프리카와 아라비아의 수지로, 고대 근동지역에서 신성한 명성을 얻었다. 특히 몰약은 고대 이집트에서 시신을 방부 처리하는 사람들에게 필요한 것 중 하나로 알려져 있다. 이러한 전승은 예수의 시신을 보존 처리한 '니코데무스(Nicodemus)'로 이어졌다. 어두운 적색의 이 향은 당나라 시기에는 거의 알려지지 않았다"(The Golden peaches of Samarkand, 1963, 171쪽)라고 한 것은 정확한 판단이라고 생각한다. 몰약에 관한 정보로는 조여괄(趙汝适)의 『제번지』에 보이는 설명이 가장 정확하다. 자세한 것은 『바다의 왕국들』, 312~314쪽을 참고하시오.

255 음역 명칭인 '안식향(安息香)'에는 두 종류의 다른 향료를 지칭한다. '안식'은 2~3세기 이란고원을 차지하고 있었던 파르티아를 가리킨다. 이후 아르사케스 왕조가 전복되고 사산조 페르시아로 교체되었다. 수나라 시기(557~618)에는 파미르고원 북쪽에 있었다고 하는 조국(漕國)의 산물에 안식향이 들어 있다(『수서』, 권83, 1857쪽). 또 구자(龜玆, 쿠차) 열전에서도 안식향의 존재를 언급하고 있다. 다시 말해 이란고원 지역에서 난 안식의 향이 중앙아시아 타클라마칸 사막을 경유하여 중국으로 유입되었을 소지가 다분하다. 그러나 이 파르티아산 안식향의 존재는 확인되지만, 어떤 종인지 여전히 알려지지 않고 있다. 히어트와 록힐은 『본초강목』에 언급된 산스크리트어 졸패라향(拙貝羅香)에 대하여, [구패라]로 읽고, 그에 해당하는 산스크리트어로, 카디라(khādira) 또는 쿤두라(kundura), 즉 카테추(catechu, 인디언 프랑킨시스)를 제시했다(『조여괄』, 202쪽). 이러한 추정에 대해, 펠리오 씨는 히어트와 록힐의 책에 대한 긴 서평에서(『통보』, 1912, 480쪽), 의정(義淨)의 목록에 '구구라(宲具羅)', 또는 '구구라(求求羅)'라는 음역 표기가 보이므로, '졸(拙)'자를 '구'로 읽은 것은 정확하다고 지적한 뒤에, 이 '구구라'는 '키디라'나 '쿤두루'와 아무런 관련이 없고 그에 해당하는 음은 '구굴라(guggula, 안식향)'임을 밝히고, 말레이 지역에서만 보이는 스티락스 벤조인이 아니라, 발삼모덴드론 아프리카눔(Balsamodendron africanum)에서 추출한 것, 즉 육로의 안식향으로 보았다. 사실 히어트와 록힐이 추정한 카테추는 중국어로 '해아다(海兒茶)'를 말하므로, 엄연히 다른 것이다.

한편, 10세기 이순(李珣)의 『해약본초(海藥本草)』에는 『광주기(廣州記)』를 인용하여, "남해의 파사국에서 나는 나무 수지이다. 생긴 것은 복숭아나무 진과 같고, 가을에 채취한다(生南海波斯國, 樹中脂也. 狀若桃膠, 秋月采之)"라고 하였다(사고전서본 『증류본초』, 권13, 82a). 또, 단성식(段成式)의 『유양잡조(酉陽雜組)』 권18을 보면, "안식향 나무는 파사국에서 난다. 파사국 사람들은 '벽사(辟邪) 나무'라고 부른다. 길이는 3장(丈)이고 껍질은 황흑색이며, 잎은 4각이고 추위에도 시들지 않는다. 2월에 개화하고, 노란색이며 꽃술은 옅은 푸른색이고, 열매는 열리지 않는다. 그 나무의 껍질을 깎아 보면 그 진액이 엿 같은데, 이것을 '안식향'이라 부른다. 6~7월에 단단하게 응고되면 채취한다. 태우면 신명(神明)에 통하여 여러 사악한 것을 물리친다(安息香樹, 出波斯國, 波斯呼爲辟邪樹. 長三丈, 皮色黃黑, 葉有四角, 經寒不凋. 二月開花, 黃色, 花心微碧, 不結實. 刻其樹皮, 其膠如飴, 名安息香. 六七月堅凝, 乃取之. 燒通神明, 辟衆惡)"라고 했다. 단성식의 설명은 『광주기』의 설명을 부연한 것이 지나지 않는다. 다만 '남해(南海)'라는 두 글자만 빠져 있다. 여기의 파사국(波斯國)은 남해의 파세(Pasé)를 가리키는 것으로 봐야 한다. 이로써 남해산 안식향을 접할 수 있다.

油),²⁵⁶ 목별자(木別子) 등을 가져와 저사(紵絲), 자기(瓷器) 등의 물품과 교역하

남송의 조여괄(趙汝适)은 『제번지』에서 "안식향은 삼불제국에서 나는데, 이 향은 바로 수지이다. 그 모양은 호두의 속과 비슷하여 태우기에는 적당하지 않지만, 다른 향들을 두드러지게 할 수 있으므로, 사람들이 그것을 취해 다른 향과 섞는다. 『통전(通典)』에는 서융(西戎)에 안식국이 있는데, 후주(後周) 천화(天和, 566~572), 수(隋) 대업(大業, 605~618) 연간 조공해 왔다고 한다. 아마도 이 때문에 이름을 얻어서 삼불제에서 되돌려 거래되었을 것이다(安息香出三佛齊國, 其香酒樹之脂也, 其形色類核桃瓤, 而不宜於燒, 然能發衆香, 故人取之以和香焉. 通典敍西戎有安息國. 後周天和・隋大業中曾朝貢. 恐以此得名. 而轉貨於三佛齊)"라고 하면서, 육로의 안식향과 바닷길의 안식향을 하나로 연결하려는 시도를 엿볼 수 있다. 이는 당시 이 두 종류의 안식향이 중국인들을 혼란스럽게 했던 것이 분명하다. 이러한 혼동을 벗어나려는 시도였는지는 모르지만, 이시진은 "이 향은 나쁜 것을 물리치고, 사악한 것을 없앤다는 의미로 이렇게 이름하였다(此香辟惡, 安息諸邪, 故名)"라고 하였다(『바다의 왕국들』, 327쪽).

이상으로부터 정리하자면, 비슷하지만 다른 두 종의 안식향은 육로와 해로를 통해 중국에 유입되었다. 당나라 시기에 접어들면서 비슷한 종인 남해산 안식향이 육로의 안식향, 즉 스티락스 벤조인(Styrax Benjoin)으로 대체되었을 것이다. 따라서 『본초』 서적에서 기술하고 있는 것들은 모두 남해, 즉 말레이반도의 산물들일 것이다. 존 크로포드의 설명에 따르면, 말레이와 자와인들은 스티락스 벤조인(Styrax benzoin)을 'Kamâñan', 'Kamiñan', 'Kamayan'으로, 또는 축약하여 'mâñan', 'miñan'으로 표기한다. 약 7년 된 나무의 껍질을 상처 내어 추출하는 것으로 수마트라와 보르네오섬의 특산이라고 한다(John Crawford, 『A Descriptive Dictionary of the Indian Islands & Adjacent Countries』, London, Bradbury & Evans, 1856, 50쪽). 즉 앞서 말한 남해의 안식향이다. 이러한 말레이어를 음역한 것이 바로 『제번지』에서 별도의 조목을 두고 기술한 '금안향(金顏香)'이다. 마환은 구항(舊港) 조목에서(3-4) '금은향(金銀香)'으로 옮기고 있다. 결국, 조여괄 시대에도 명확히 구분하지 못하고 혼동했음을 알 수 있다. 이러한 구분이 명확해진 것은, 원나라 왕대연(汪大淵)의 『도이지략』이다. 왕대연은 구항(舊港) 조목에서는 '금안향'이라고 했고, 달길나(撻吉那) 조목에서는 '안식향'으로 구분하여 사용했다. 소계경 씨에 따르면, 여기 달길나는 페르시아 옛 항구인 '타히리(Tahiri)'로 추정했다(『도이지략교석』, 306쪽). '금안향'에 대해 자세한 것은 『바다의 왕국들』, 319~320쪽을 참고하고, '금은향'에 대해서는 앞 3-4의 해당 주석을 참고하시오.

256 '소합유(蘇合油)'는 글자 그대로 소합이란 식물의 기름이며, '소합'은 외래어를 옮긴 것이라는 점에는 학자들이 일치를 보인다. 그러나 '소합'이라는 단어가 어떤 외래어에 해당하는지, 그 원산지는 어디인지 아직 밝혀지지 않았다. 또 한국과 중국의 의학서적에는 소합향이 있고 소합향유가 나란히 보인다. 과연 이 둘은 같은 향약인가? 이 향약은 어떻게 만들어지는가? 다시 말해 자연 식물의 군은 수지인가 아니면 가공한 것인가의 문제가 남아 있다. 히어트와 록힐에 따르면(『조여괄』, 200~1쪽), "오늘날 중국 시장에서 찾을 수 있는 소합향유(蘇合香油, storax의 향기로운 기름) 또는 소합유(蘇合油, storax 기름)는 소아시아의 리키담다르 오리엔탈리스(Liquidambar orientalis L.)로부터 나는 산물이다. 옛사람들의 '스토락스'는 1세기 초에 대진(大秦)의 산물로 중국인에게 알려졌고, 중국인들이 '소합(蘇合)'으로 축약했을지도 모르는 '스투락스(στύραξ)'에 해당하는 명칭은 군은 수지이며, 여전히 시리아에서 일반적인, 스티락스 오피치날리스(Styrax officinalis)의 산물이었던 것 같다"라고 밝혔다. 라우퍼 씨는 소합이 그리스어 스투락스에 해당한다는 이 설에 대하여, 소합의 옛 발음과 부합하지 않으며, 파피루스 문헌에서 수지의 명칭이 발견되지 않은 점, 셈어에도 보이지 않는다는 점을 들어 이의를 제기하고, 이란 어원에서 나왔을 것이란 추측을 조심스럽게 제시했다(『중국과 이란』, 459쪽).

도록 한다.

첫 번째 해법으로 '소합향'은 나무이고, '소합향유'는 그로부터 추출한 향기로운 기름 같은 것을 가리킨다. 소송(蘇頌, 1020~1101)은 "오늘날에는 광주에도 있지만, 소목(蘇木)과 비슷하며, 향기가 없다. 약에 들어가는 것은 고(膏) 같은 기름만 쓰는데, 매우 향기가 강하다"라고 하며 소합향과 소합향유를 구분하여 언급한 것처럼 읽힌다. 이어서 『양서』(권54, 798쪽)를 인용하여, "소합은 여러 향의 즙을 섞어 끓인 것이지 자연의 한 물건이 아니다. 또 이르기를, '대진 사람들은 소합을 채취하여 그 즙을 먼저 짜서 향고를 만들고 그 찌꺼기를 여러 나라의 장사꾼들에게 판다. 그래서 중국에 굴러들어 온 것은 그다지 큰 향이 나지 않는다(蘇合是合諸香汁煎之, 非自然一物也. 又云大秦人採蘇合, 先笮其汁以爲香膏, 乃賣其滓與諸國賈人, 是以展轉來達中國, 不大香也)"라고 하였다. 논리적 귀결에 따라 소송은 "그렇다면 광남 지역에서 팔리는 것은 끓이고 남은 찌꺼기란 말인가? [그렇지 않다] 지금 쓰고 있는, 고(膏) 같은 기름은 조합하여 만든 것일 뿐이다(然則廣南貨者, 其經煎煮之餘乎. 今用如膏油者, 乃合治成者爾)"라고 확신하고 있다(사고전서본 『본초강목』, 권34, 58a). 동시대의 심괄(沈括, 1031~1095)도 『몽계필담(夢溪筆談)』(『사고전서』본, 권26, 8a)에서 "지금의 소합향은 견고한 나무와 같고, 붉은색이다. 또 새를 잡는 끈끈이 [黐膠]와 같은 소합유(蘇合油)가 있는데 오늘날 이것을 이용하여 소합향을 만든다. 유몽득(劉夢得)의 『전신방(傳信方)』에는 소합향을 말하면서 '껍질은 얇고, 열매는 금색이며, 누르면 작아지고 놓으면 일어나며, 한참 동안 안정되지 않고, 벌레가 꿈틀대듯 향기가 강한 것이 좋다'라고 하였다. 이와 같다면 오늘날 사용하는 것과는 완전히 다르다. 다시 정밀하게 고증해야 한다(今之蘇合香, 如堅木, 赤色. 又有蘇合油, 如黐膠, 今多用此爲蘇合香. 按劉夢得傳信方, 用蘇合香云, 皮薄, 子如金色, 按之即小, 放之即起, 良久不定, 如蟲動, 氣烈者佳也. 如此則全非今所用者, 更當精考之)"라고 주장했다. 확실히 소합향과 소합향유의 구분을 하고 있지만, 이들도 정확한 해답을 주지 못하고 혼돈만 더해졌다.

두 번째 해법으로, 소합향은 향유(香油)를 만들고 난 찌꺼기를 말하고, 소합향유는 소합의 즙을 달여 만든 것이다. 『광동통지(廣東通志)』(권52, 65b)에 인용된 『증류본초』에 따르면, "소합향. 도홍경은 민간에 전하는 '사지시(獅子屎)'인데, 외국의 설은 그렇지 않다. 지금은 모두 서역에서 온다고 했다. 색은 자단과 같고, 돌처럼 무겁다. 태운 재가 흰 것이 좋다. 대진 사람들은 먼저 그 즙을 짜서 향고(香膏)로 만들고 그 찌꺼기를 파는데, 사람들에게 굴러다니다가 중국에 이른 것은 크게 향기롭지 않다. 그 즙이 바로 소합유이다(陶隱居云, 俗傳是獅子屎, 外國說不爾, 今皆從西域來. 色如紫檀, 重如石, 燒之灰白者佳. 大秦人採蘇合, 先笮其汁, 以爲香膏, 乃賣其滓, 與人展轉達中國不大香也. 其汁曰蘇合油)"라고 했다. 비교하여 종합해 보면, 소합향은 리키담바르 오리엔탈리스의 수지로, 향고(香膏)로 정제하고 남는 찌꺼기를 '소합향'이라고 하는데, 이는 태우는 향을 말하고, 반면 향고는 약용으로 사용되었던 것으로 짐작할 수 있다. 조여괄이 『제번지』 하권 소합향유 조목에서(『바다의 왕국들』, 324~325쪽) "소합향유는 대식국에서 나는데, 향기와 맛은 대개 독두(篤耨)와 비슷하며, 진하고 찌꺼기가 없는 것을 상품으로 친다. 외국인들 대부분이 이 향유를 몸에 바른다(蘇合香油, 出大食國, 氣味大抵類篤耨, 以濃而無滓爲上, 番人多用以塗身)"라고 한 것을 근거 삼을 수 있다.

마지막으로 원산지에 관하여, 중국 자료에는 대진(大秦, 헬레니즘 오리엔트), 파사(波斯, 페르시아) 등이 거론되고 있고, 조여괄은 『제번지』 상권에서 소합향유가 소아시아의 바그다드[노미(蘆眉, Rum), 길자니(吉慈尼, Ghazni)의 산물로 언급했다. 또 주거비(周去非)는 『영외대답』「대식제국(大食諸國)」 조목에서 마리발국(麻離拔國)의 산물 중 하나로 소합유(蘇合油)를 들었는데(『영외대답교주』, 99쪽), 여기 마리발국은 하드라마우트 해안의 무르바트(Murbat)일 가능성이 크다. 결국, 페르시아 이란 지역에 부합한다. 덧붙여 남중국해에서 들어온다고 하는 것은 중개무역의 소산일 것이다.

中國寶船到彼, 開讀賞賜畢, 其^①王差頭目遍諭國人, 皆將乳香・血竭・蘆薈・沒藥・安息香・蘇合油・木別^②子之類, 來換易紵絲・磁器等物.²⁵⁷

① '기(其)'자는 『승조유사』본에 따라 보충하였다.²⁵⁸
② ['별(別)'자는] 『승조유사』본, 『서양조공전록』 모두 '별(鼈)'자로 되어 있다.²⁵⁹

15-8. 산물

이곳의 기후는 항상 8~9월처럼 춥지 않다. 쌀, 맥(麥), 콩, 조, 서(黍), 직(稷), 마(麻), 곡(穀), 그리고 제반 채소, 오이[瓜], 가지, 소, 양, 말, 나귀, 고양이, 개, 닭, 오리 등도 없는 것이 없다.

此處氣候, 常如八九月, 不冷. 米・麥・豆・粟・黍・稷・麻・穀^①及諸般蔬菜・瓜・茄, 牛・羊・馬・驢・猫・犬・雞・鴨之類, 亦皆不缺.^②

① '마곡(麻穀)'은 『승조유사』본에 '지마(芝麻)'로 되어 있다.
② 이상 여섯 글자[之類, 亦皆不缺]는 『승조유사』본에 따라 보충하였다.²⁶⁰

---

257 '역(易)'자는 『설집』과 『담생당』본에만 빠져 있다.
258 '기(其)'자는 『국조전고』, 『삼보정이집』, 『설집』, 『담생당』본, 『서양번국지』 모두에 보이지 않으므로, 풍승균 씨의 보충은 불필요하다.
259 '목별자(木別子)'는 『국조전고』, 『삼보정이집』, 『설집』, 『담생당』본 모두 '목별자(木鼈子)'자로 되어 있다. 사실 '별(別)', '별(鼈)', '별(鼈)' 모두 가능하고, 여러 사본에 따라 고치는 것이 맞지만, 일반적으로 많이 사용되는 글자는 '별(鼈)'자이다. 자세한 설명은 앞서 본 고리국 조목[13-14]의 주석을 참고하시오.
260 이 교정에 해당하는 『기록휘편』 원문은 "…牛・羊・馬・驢・猫・犬・雞・鴨"으로 문장이 끝난다. 『국조전고』, 『삼보정이집』, 『설집』, 『담생당』본, 『서양번국지』 모두에는 마지막에 "皆有" 두 글자가 있다. 따라서 『기록휘편』 원문에는 '개유' 두 글자만 보태 넣으면 된다. 풍승균 씨의 보충은 불필요하다.

15-9. 타조[駝雞]

산에는 또한 타계(駝雞)가 있는데, 토착민들이 이따금 포획하여 판다. 이 타계의 몸은 펑퍼짐하고, 목은 길며, 모습은 학과 같고, 다리는 3~4척이고, 발에는 두 개의 발가락이 있다. 털은 낙타와 같고, 녹두 등을 먹으며, 낙타처럼 다니기 때문에 '타계'라고 한다.

山中亦有駝雞,²⁶¹ 土人間亦捕獲①來賣. 其雞②身匾頸長, 其狀③如鶴, 脚高三四尺, 每脚止有二指.④ 毛如駱駝, 食綠豆⑤等物, 行似駱駝, 因此名駝雞.²⁶²

① 이상, 네 글자[間亦捕獲]는 『기록휘편』에 '포(捕)'자로만 생략되어 있어 『승조유사』본에 따라 보충하였다.²⁶³
② '계(雞)'자는 『승조유사』본에 따라 보충하였다.
③ 이상 두 글자[其狀]는 『승조유사』본에 따라 보충하였다.²⁶⁴
④ ['지(指)'자는] 『승조유사』본에 '조(爪)'자로 되어 있다.
⑤ '녹두(綠豆)'는 『승조유사』본에 '두미(豆米)'로 되어 있다.²⁶⁵

---

261 '유(有)'자는 『기록휘편』, 『설집』, 『담생당』본에 일치하지만, 『국조전고』, 『삼보정이집』, 『서양번국지』에는 '출(出)'자로 되어 있다.

262 『기록휘편』의 이 문장[因此名駝雞]은 『국조전고』에 빠져 있다. 『삼보정이집』에서는 "以此名爲駝雞"라고 하였고 『설집』에서는 "此名喚駝雞"라고 되어 있다. 『담생당』본에는 '타(駝)'자가 '낙(駱)'으로 되어 있다.

263 이 교정에 해당하는 『기록휘편』 원문은 "土人捕來賣"라고 되어 있는데, 『국조전고』, 『삼보정이집』, 『설집』, 『담생당』본 모두 "土人捕捉來賣"로 되어 있다. 따라서 '착(捉)'자만 보충해 넣으면 된다.

264 이상 풍승균 씨의 교정에 해당하는 『기록휘편』 원문[其身匾, 頸長如鶴]은 『국조전고』에만 "其駝雞身匾, 頸長如鶴"으로 되어 있고, 『삼보정이집』, 『설집』, 『담생당』본 모두 『기록휘편』과 일치한다. 이미 앞 문장에서 타계(駝雞)를 언급했으므로, 여기서는 『국조전고』의 '타계'는 빼는 것이 맞다. 따라서 풍승균 씨의 두 교정사항 ②와 ③은 불필요하다.

265 '녹두(綠豆)'는 『삼보정이집』, 『설집』, 『담생당』본에서는 일치하지만, 『국조전고』에서는 '두미(豆米)'로, 『서양번국지』(상달 교주본, 35쪽)에는 '미두(米豆)'로 되어 있다. 여기서는 『국조전고』와 『서양번국지』를 따르는 것이 맞을 것이다. 한편 '식(食)'자는 『국조전고』, 『삼보정이집』, 『설집』에는 '끽(喫)'자

15-10. 낙타

낙타에는 단봉과 쌍봉이 있는데, 사람들이 모두 타고 길거리를 다닌다. 죽을 때가 되면 도살하여 그 고기를 판다.

其駱駝則有單峯者, 有隻峯者,[①] 人皆騎坐以適街市. 將死, 則殺之賣其肉.[②]

① 이상 아홉 글자[則有單峯者, 有隻峯者]는 『기록휘편』에 '단봉(單峯)' 두 글자로만 되어 있어 『승조유사』본에 따라 보충하였다.[266]
② 이상 열두 글자[以適街市. 將死, 則殺之賣其肉]는 『기록휘편』에 "시장에서 도살하여 그 고기를 판다(街市殺賣其肉)"라고 되어 있어 『승조유사』본에 따라 보충하였다.[267]

15-11. 통화

그 왕은 '당가(倘伽)'[268]라는 금전을 주조하는데, 개당 중국 저울로 2전이

로, 『담생당』본에는 '흘(吃)'자로 되어 있다.

266 이 교정에 해당하는 『기록휘편』의 원문[其駱駝單峯]은 『국조전고』에 "行似駱駝, 單峯雙峯俱有"라고만 되어 있어 역시 완전하지는 못하다. 『삼보정이집』, 『설집』, 『담생당』본에는 "其駱駝單峯雙峯俱有"로 되어 있다. 따라서 이에 따라 보충해야 할 것이다. 한편, 『서양번국지』에는 "그곳에서 나는 낙타에는 단봉, 쌍봉이 있다(其地出駱駝有單峯雙峯者)"라고 하였다.

267 이상의 교정에 해당하는 『기록휘편』의 원문[人皆騎坐以適街市殺賣其肉]은 『국조전고』, 『설집』, 『담생당』본에 "人皆騎坐, 街市殺賣其肉"으로 되어 있고, 『삼보정이집』에만 '개(皆)'자가 빠져 있을 뿐이다. 또한, 『서양번국지』(교주본, 35쪽)에서는 "나라 사람들이 모두 타고 다니며, 또한 도살하여 그 고기를 판다(國人皆騎坐, 亦殺賣其肉)"라고 하였으므로, 『기록휘편』의 '이적(以適)'은 덧붙여진 것으로 보는 것이 순조롭다. 그 의미를 새겨 보면, 사람들 모두 타고 다니고, 길거리 시장에서는 도살하여 그 고기를 팔기도 한다는 정도가 될 것이다. 문장의 흐름은 풍승균 씨가 『승조유사』본에 따라 보충한 것이 당연히 자연스럽다.

268 '당가(倘伽)'는 벵골 조목(17-5), 메카 조목(19-11)에도 보인다. 상달 씨는 이 '당가'가 탕카(tanka)에 해당하는 음으로 당시 인도 서해안과 아랍의 몇몇 지방에서 금은화폐를 '탕카'로 불렀다고 하였다(『서양번국지교주』, 35쪽). 윌리엄 어스킨(William Erskine, 1773~1852)은 '탕가' 또는 '탕카'는 서투르키스탄

나가고, 지름은 1촌 5푼이며, 한 면에는 문양이 있고, 한 면에는 사람 형상
의 도상이 있다. 또 붉은 구리를 주조하여 작은 동전을 만드는데, 약 3리가
나가고, 지름은 4푼이며, 잔돈으로 사용한다.

其王鑄金錢名倘伽,[269] 每箇重官秤二錢,[①] 徑一寸五分, 一面有紋,[②] 一面人形之
紋.[270] 又以紅銅鑄爲小錢, 約重三釐,[③] 徑四分, 零用.

① ['이전(二錢)'은] 『기록휘편』에 '이분(二分)'으로 되어 있고, 『승조유사』본에는 "중국
  저울로 3전이 나간다(重官秤三錢)"라고 되어 있다. 장승 개정본과 『서양조공전록』에
  는 모두 '이전(二錢)'으로 되어 있어 이에 따라 고쳤다.[271]
② ['문(紋)'자는] 『승조유사』본에 '자(字)'자로 되어 있다.[272]

어원을 가지며 '흰색'을 의미하는 '탕(tang)'에서 나왔다고 하였다(『A History of India under the Two
First Sovereigns of the House of Taimur, Báber and Humáyun』, I, 546쪽). 『영국-인도 용어사전』에
따르면(896~897쪽), 탕카 또는 탕가는 13세기와 14세기 초반에 델리 군주들의 은화에 대한 일반적인
명칭으로 사용되었고, 벵골에서도 '타카(ṭakā)'라는 형태로 사용되었다고 한다. 대략 1333~1343년 시기
에 인도를 방문했던 이븐 바투타는 금화를 '탕카' 또는 '디나르(dīnār)'로 불렀고 1탕카는 10은디나르에
해당한다고 했다. 이러한 은디나르를 마살리크 알 압싸르(Masālik al-abṣār, 1340년경)는 '인도의 은 탕
가'로 불렀다. 또한, 시칸다르 로디(Sikandar Lodi, 1488~1517) 시대에는 '검은'(또는 구리)의 탕카도 보
인다. 이로써 볼 때, 탕카 또는 탕가는 서투르키스탄에서 기원했으나, 남쪽으로 퍼지면서 본래의 의미
인 '은화'를 벗어나 금화, 구리 주화에 모두 사용되었던 것으로, 특히 그냥 '주화'라는 의미로 사용되었다
고 추정할 수 있다.

269 『기록휘편』의 이 문장[其王鑄金錢名倘伽]은 『국조전고』, 『삼보정이집』, 『서양번국지』에 "王以金鑄錢,
  名倘伽"로, 『설집』과 『담생당』본에서는 "王鑄金錢使用, 名倘伽"로 되어 있다. 이로써 우선 『기록휘편』
  의 '기(其)'자는 빼는 것이 맞다. 『설집』과 『담생당』본은 '사용(使用)' 두 글자가 덧붙여져 있다. 그러므
  로 여기서는 『국조전고』, 『삼보정이집』, 『서양번국지』를 따르는 것이 타당해 보인다. 한편 이 금전(金
  錢)에 관한 설명은 『국조전고』에 "每箇重三錢, 零用此錢"이라고만 되어 있다.
270 이 『기록휘편』의 문장[一面人形之紋]에서 '문(紋)'자는 『삼보정이집』에는 '문(文)'자로, 『설집』과 『담생
  당』본에는 역시 '문(紋)'자로 되어 있다. 따라서 여기의 '문(紋)'자는 도상을 가리키는 것이 틀림없다.
271 '이전(二錢)'은 『기록휘편』에 '이분(二分)'으로 잘못되어 있지만, 『삼보정이집』, 『설집』, 『담생당』본, 『서
  양번국지』에는 모두 '이전(二錢)'으로 되어 있다. 따라서 풍승균 씨의 교정은 정확하다.
272 이 교정에 해당하는 『기록휘편』 원문[一面有紋]에서 '문(紋)'자는 『삼보정이집』, 『설집』, 『담생당』본
  모두 '문(文)'자로 되어 있고, 『승조유사』본에는 '자(字)'자로 되어 있는 것으로 보아, 여기의 '문(紋)'자
  는 문양보다는 글자를 지칭하고 있다고 생각된다. 여기서는 '문(文)'자로 바꾸어야 할 것 같다.

③ 이상 네 글자[約重三釐]는 『승조유사』본에 따라 보충하였다.[273]

15-12. 조공

이 나라 왕은 황명을 받은 사신들이 돌아가는 날에, 또한 그 두목을 보내, 유향, 타계 등의 물품을 보선을 따라 함께 가서 조정에 진공하게 했다.

其國王於欽差使者回日, 亦差其頭目, 將乳香 · 駝雞等物, 跟隨寶船以進貢于朝廷焉.①

① '영용(零用)' 아래로 서른세 글자[其國王於欽差使者回日, 亦差其頭目, 將乳香 · 駝雞等物, 跟隨寶船以進貢于朝廷焉]는 『기록휘편』에 "유향 타계 등의 물품을 진공했다(進貢乳香 · 駝雞等物)"라는 여덟 글자로 생략되어 있어 『승조유사』본에 따라 보충하였다.[274]

---

273 여기 붉은 구리 동전에 관한 문장들[又以紅銅鑄爲小錢, 約重三釐, 徑四分, 零用]은 『기록휘편』 원문에 "또한 붉은 구리를 주조하여 작은 동전을 만드는데 직경은 4푼이며 잔돈으로 사용한다(又以紅銅鑄爲小錢, 徑四分, 零用)"라고 되어 있다. 『삼보정이집』과 『설집』에는 모두 "以紅銅鑄爲小錢, 徑四分, 零用此錢"이라고 되어 있고, 『담생당』본에는 '경(徑)'자가 '경(輕)'자로 잘못되어 있다. 또한 『서양번국지』에도 "又以紅銅鑄小錢徑四分零用"이라고 하였으므로 풍승균 씨가 보충한 것이 과연 필요한 정보인지는 의문이 많다. 여기서는 『삼보정이집』과 『설집』에 근거하여 『기록휘편』의 문장을 그대로 따르는 것이 맞다.

274 조공에 관련된 정보는 『기록휘편』에 "進貢乳香 · 駝雞等物"이라고만 되어 있다. 『국조전고』에는 "왕 또한 두목을 차출하여 유향, 타계 등의 물품을 가지고 와 바쳤다(王亦差頭目賫乳香 · 駝雞等物, 進貢)"라고 되어 있으며, 『삼보정이집』에는 "王亦差人將乳香 · 駝鶏等物, 進獻朝廷"이라고 하였고, 『설집』에는 "王亦差人進貢乳香 · 駝鶏等於中國"으로 되어 있는데, 『담생당』본은 '타(駝)'자가 '낙(駱)'자로 되어 있는 것만 『설집』과 다르다. 또한 『서양번국지』에는 "왕은 또한 사람을 보내 유향, 타조 등의 물건을 가져가, 중국에 표문을 올리게 했다(王亦遣人賫乳香駝雞等物, 表進中國)"라고 하였다. 이상을 근거로 재구성해 보면, "왕도 두목을 보내, 유향, 타계 등의 물품을 조정에 바쳤다(王亦差頭目, 進貢乳香 · 駝鶏等物於朝廷)"라는 정도가 될 것이다.

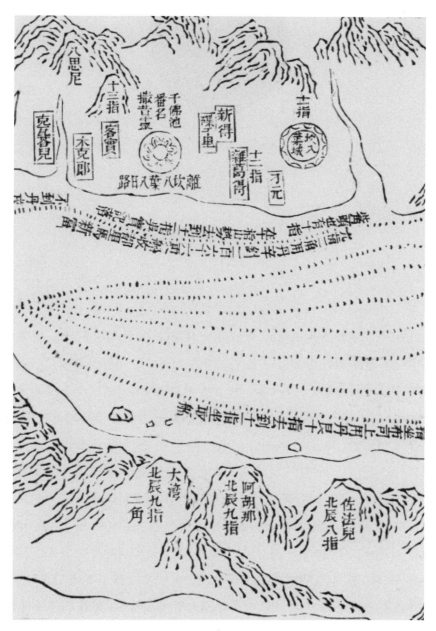

모원의(茅元儀, 1594~1640), 『무비지(武備志)』, 권240, 21a.

16
아덴 왕국
[阿丹國]

✳

해제

아단(阿丹)은 2015년 이래로, 예멘의 임시 수도가 된 항구도시로, 홍해의 아덴만과 접해 있는 아덴(Aden)을 지칭하는 것임에는 이견이 없다. 『에리트라해 안내기(Periplus of the Erythraean Sea)』에 따르면(Wilfred H. Schoff, London, 1912, 31~32쪽), 기원 전후로 아덴은 인도와 홍해를 잇는 거점 항구로 가장 이른 언급을 보여 주는 것 같다. 하지만 중세에 과연 이 아덴 항구가 얼마나 번성했고, 동서양 교역에 있어 얼마나 중요한 역할을 했는지는 그 자료가 많지 않다. 15세기 이전 중국 측의 기록도 찾기 어렵다. 원나라 시기 중국인으로서는 가장 많은 해외의 섬들을 돌아본 왕대연은 1349~1350년 『도이지략』이란 기록을 남겼다. 물론 자신이 가 보지 않는 곳에 대해서도 정보들을 기록해 두고는 있지만, 왕대연은 홍해의 메카[천방(天房)]를 기록에 담고 있다. 아덴만을 거치지 않고 메카로 가려면 육로밖에 없다. 이러한 의문에서 출발한 소계경 씨는 『도이지략』의 99개 섬이나 항구도시 중에서 아덴을 찾으려 했다. 그는 마침내 리가탑(哩伽塔)=묵가탑(嘿伽塔)을 상정하고, 아덴의 동남쪽에 있는 무카테인(Mukatein)의 음역임을 주장했다. 왕대연이 기록한 리가탑의 내용은 다음과 같다.

나라는 먼 서쪽 경계에 있으며 바로 국왕 바다의 해변가이다. 농토는 척박하여 기장을 심기에 적합하다. 사람들은 판자와 돌을 포개 집을 짓는다. 땅을 1장 남짓 깊게 파서 종자를 보관하는데, 3년이 지나도 썩지 않는다. 기후는 가을엔 덥고 여름엔 시원하다. 풍속은 순박함을 좋아한다. 남녀는 마르고 키가 크며, 형색은 아주 독특하다. 머리카락은 길이가 2촌으로 더 길게 두지 않는다. 베로 원피스를 만들어 입고 검은 베로 사롱을 맨다. 바닷물을 끓여 소금을 만들고, 기장을 발효시켜 술을 빚으며 우유를 주식으로 삼는다. 그곳에는 청랑간(清琅玕)과 산호수(珊瑚樹)가 나는데, 이 나무는 길이가 1장 남짓, 또는 7~8척 가량 되고, [둘레는] 1척 남짓이다. 가을과 겨울에 민간에서는 모두 배를 타고 채취하는데, 횡목에 [산호수를] 부수는 그물과 촘촘한 끈을 그 위에 묶고, 밧줄로 횡목의 양쪽 끝을 묶어 사람이 배에서 끌고 가면 그 나무가 들쭉날쭉하여 걸리면 당겨 올린다. 교역하는 상품은 금, 은, 오색단(五色緞), 무륜포(巫崙布) 등이다(國居遼西之界, 乃國王海之濱. 田瘠, 宜種黍. 民疊板石爲居. 掘地丈有餘深, 以藏種子, 雖三載亦不朽也. 氣候秋熱而夏涼. 俗尚朴. 男女瘦長, 其形古怪. 髮長二寸而不見長. 穿布桶衣, 繫皂布捎. 煮海爲鹽, 釀黍爲酒, 以牛乳爲食. 地產靑琅玕・珊瑚樹, 其樹或長一丈有餘, 或七八尺許, 一尺有餘. 秋冬民間皆用船採取, 以橫木繫破網及紗線於其上, 仍以索縛木兩頭, 人於船上牽以拖之, 則其樹槎牙, 掛挽而上. 貿易之貨, 用金・銀・五色緞・巫崙布之屬)[『도이지략교석』, 349쪽; 『바다와 문명: 도이지략교주』, 468쪽].

소계경 씨에 따르면, "왕대연은 아프리카 서쪽과 지중해 구역에 가지 않았으므로 후지타 도요하치의 설은 의심의 여지가 있다. 내 생각엔, 본문에서 '사람들은 판석을 쌓아 집을 만든다(民疊板石爲居)'라고 했고, '땅에서는 청낭간, 산호수가 난다(地産靑琅玕·珊瑚樹)'라고 한 말들은 묵가탑이 아라비아반도, 홍해 입구 부근의 아덴(Aden)인 것 같다. … 묵가탑은 무카테인(Mukatein)에 해당하는 음으로 현 아덴시 남쪽에 있는 정박지는 이 명칭으로 부르고 있다. 아덴이라는 명칭은 명라나 초기 문헌에는 '아단(阿丹)'으로 되어 있고 『대덕남해지』에는 '아단(啞靼)'으로 되어 있는데 이 항구명이 원나라 초기의 기록된 명칭일 것이다"라고 하였다(『도이지략교석』, 350쪽). 먼저 소계경 씨는 후지타 도요하치 등이 추정하고 있는 지중해의 마그레브라는 설을 의심하는 근거로 왕대연이 아프리카 서쪽과 지중해에 가지 않았다는 것이다. 그렇다면 왕대연은 이곳 묵가탑[자신이 주장하는 '아덴']에 갔다는 말인가? 왕대연이 아덴에 갔을 가능성은 거의 없다. 판자와 돌을 쌓아 집을 만든다는 기술과 청낭간과 산호수가 난다는 것으로 어떻게 아덴임을 입증할수 있을까? 마지막으로 아덴의 동남쪽에 있는 '무카테인'이란 곳이 실제 당시의 중심항구였다고 할지라도, 동서양 여행자들의 기록 어디에도 언급되지 않은 이곳의 명칭을 가 보지도 않은 왕대연이 어떻게 그 이름을 알았을까? 소계경 씨의 추정은 억지스럽다.

마환의 동시대 인물인 비신(費信)은 『성사승람』이란 기록을 남겼다. 비신의 기록은 왕대연의 『도이지략』에 대부분 근거하고 있다는 것은 학계에서 잘 알려진 사실이다. 비신은 자신의 책에서 아단국(阿丹國)에 관한 기술을 남겼다. 이 나라에 관한 기술만큼은 특이하게도 왕대연의 책에서 찾아볼수 없다. 만약 '아단국=묵가탑(嘿伽塔)'이라면 왜 비신은 왕대연의 기록을 따르지 않았겠는가. 비신은 『성사승람』 후집에서 다음과 같이 아덴을 기술했다(풍승균, 『성사승람교주』, 후집, 17쪽). "[아단국]은 바다에 의지해 있다. 돌을 쌓아 성을 만들었고, 나고석(羅股石)을 쌓아 집을 만드는데, 3~4층의 높이로 주방과 거실 모두 그 위에 있다. 조와 밀을 먹는다. 풍속은 상당히 순수하고, 사람들은 풍요롭다. 남녀는 곱슬머리에 긴 적삼을 입는다. 여자가 나갈 때는 청사(靑紗)로 얼굴을 가리고 천으로 머리를 온통 둘러 용모를 드러내지 않으며, 두 귀에는 금 주화 몇 개를 늘어뜨리고, 목에는 목걸이를 찬다. 꼬리 아홉(?)의 검은 양[九尾羖羊], 천리를 가는 낙타[千里駱駝], 흑백의 꽃문양이 있는 나귀[黑白花驢], 낙타 발굽을 가진 닭[駝蹄雞], 황금 주화 문양이 있는 표범[金錢豹]이 난다. 교역하는 상품으로는 금은, 색단(色緞), 청백의 꽃문양 자기, 단향, 후추 등이다(倚海而居, 疊石爲城, 砌羅股石爲屋, 三四層高, 廚房臥屋皆在其上. 用粟麥. 風俗頗淳, 民下富饒, 男女拳髮, 穿長衫. 女若出, 則用靑紗蔽面, 布幔兜頭, 不露形貌, 兩耳垂金錢數枚, 項掛瓔珞. 地產九尾羖羊·千里駱駝·黑白花驢·駝蹄雞·金錢豹. 貨用金銀·色段·靑白花磁器·檀香·胡椒之屬)"라고 하였다. 이로써 소계경 씨의 묵가탑=무카테인=아덴이라는 설이 성립하지 않음을 확인할 수 있다. 다시 말하자면, 아덴은 15세기가 돼서야 중국인의 기록 속에 나타났다고 인정할 수밖에 없다.

마르코 폴로는 13세기 아덴 지방에 관하여 다음과 같이 기술하고 있다 (Yule, 『The Book of Ser Marco Polo』, II, 438~439쪽).

아덴 지방에는 술탄이라 불리는 왕이 있다. 사람들은 모두 **사라센들**이며 **모하메드 신봉자**들로 기독교도에게 엄청난 증오심을 품고 있다. 이 지방에는 많은 도시와 마을이 있다.

아덴은 많은 화물을 실은 많은 **인도의 배들이 오는 항구**이다. 그리고 이 항구로부터 상인들은 작은 선박으로 7일 남짓 걸리는 곳으로 상품을 실어 간다.

7일 만에 도착하여 그들은 상품을 하역하고, 낙타에 다시 싣고 30일 여정의 육로로 운송한다. 이렇게 알렉산드리아강으로 가져간 다음 그 강을 따라 내려가 알렉산드리아 도시에 이른다. 알렉산드리아의 사라센들이 후추와 다른 향신료를 받는 것은 아덴을 통한 이 길이다. 이들 상품을 운송할 수 있는 좋고 편리한 다른 길은 없다.

아덴의 술탄은 인도와 이곳을 오가며 다른 상품들을 수입하는 선박으로부터 많은 세금을 받는다. 그리고 수출품에서도 소득을 챙긴다. 아덴항에서 인도까지 많은 **아랍 군마와 승용마, 그리고 사역용 땅딸막한 말들**이 보내지기 때문에, 이것들은 수입업자들에게 막대한 이익을 가져다주었다. 말들은 인도에서 아주 비싼 가격에 팔리지만, 내가 앞서 말한 것처럼, 그곳에서는 사육하는 사람이 없어, 군마 1필에 은 100마르크 이상에 팔린다. 이에 대해 아덴의 술탄은 항구에서 무거운 세금을 받기 때문에 그가 세상에서 가장 부유한 왕 중 한 사람이라고 한다.

마르코 폴로는 아덴의 왕, 기독교도와의 갈등, 알렉산드리아로의 교역로, 아덴이 중점을 둔 말 교역을 언급했다. 한편 14세기 이븐 바투타도 대양의 가장자리에 있는 예멘의 아덴 항구를 지났다. 이븐 바투타는 서쪽에서 동쪽으로, 육로를 통해 아덴을 찾았다. 그는 마르코 폴로와는 사뭇 다르게 아덴을 기록했다.

산들이 아덴을 둘러싸고 있었다. 한쪽으로만 그 항구로 들어갈 수 있었다. 큰 도시였지만 곡물이나, 나무나 심지어 마실 물도 없었다. 음용할 물이 도시에서 멀리 있었기 때문에 도시에는 **빗물을 받기 위한 수조를** 갖추고 있었다. 종종 아랍인들은 물을 길어 가는 것을 막고, 그들이 돈과 직물로 만족할 때까지 물과 도시의 주민 사이를 차지하고 있었다. 아덴에서의 **더위는 대단했다.**
이 도시는 인도인들이 넘쳐났고, 캄바이(Cambaie), 타나(Tanah, 타나), 카울렘
(Cawlem, 콜람), 칼리쿠트(Kalikouth, 캘리컷), 판다라이나(Fandarainah), 샬리야트
(Chaliyat), 만다루르(Mandharour, 망갈로르), 파칸와르(Fakanwar), 히나우르(Hinaour,
호노르), 신다부르(Sindabour) 등등에서 오는 커다란 선박들이 이르는 항구였다.
이집트의 상인들도 마찬가지였다. 아덴의 사람들은 거친 상인과 어부로 나뉜
다. 상인 중에는 엄청난 부를 가진 사람이 있었고, 간혹 그 누구와도 공유하지
않고 한 상인이 큰 배를 소유하기도 한다. 그 정도로 부유하다. 상인들에게서
이러한 것들이 과시와 자랑거리가 되었다 (『Voyages d'Ibn Batoutah』, II, 177쪽).

마르코 폴로와 이븐 바투타의 시선을 끈 것들은 16세기 두아르테 바르보
사(Duarte Barbosa)의 기술에서도 이어진다(M. L. Dames, 『The Book of Duarte Barbosa』,
I, London, The Hakluyt Society, 1918, 53~58쪽). 『영애승람』의 아덴국 기록은 마환이
15세기 초 이곳을 방문했다면 마환의 시선은 어디로 향했을까? 과연 마환
은 아덴에 갔을까?

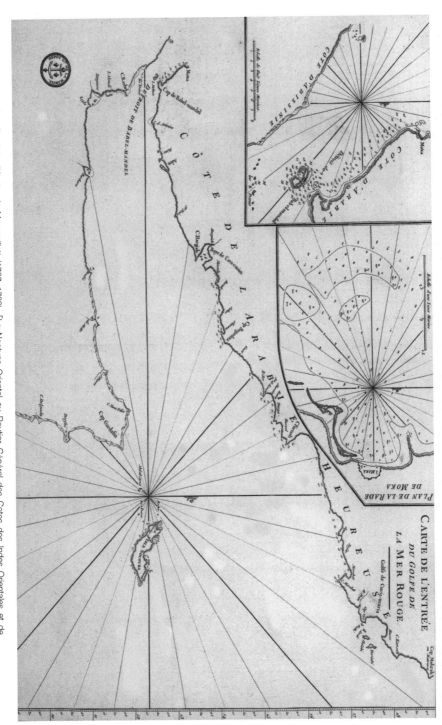

Jean-Baptiste d'Après de Mannevillette(1707~1780), 『Le Neptune Oriental ou Routier Général des Cotes des Indes Orientales et de la Chine enrichi de cartes hydrographiques』(1745년 초판본, 1775년 재판본이 간행되었고, 이후 1810년까지 지도들이 추가되었다). 파리, 1810, 「홍해 입구 항해도」.

*

아덴 왕국[阿丹國]

16-1. 나라 개황

고리국(古里國)에서 배를 타고 정서쪽 태(兌, 서쪽) 방위로, 순풍을 타고 1개월을 가면 도착할 수 있다. 이 나라는 바닷가에 있고, 산에서 멀리 떨어져 있다. 나라는 부유하고 사람들은 넉넉하다. 국왕과 나라 사람들은 이슬람교를 신봉하고 아랍 언어를 말한다. 사람들의 성격은 굳세고, 기병, 보병, 정예병 7천~8천 명이 있으며, 국세는 강성하여 이웃 나라들이 두려워한다.

自古里國開船, 投正西兌位, 好風行一月可到.[275] 其國邊海, 離山遠. 國富民饒, 國王國人皆奉回回教門,[276] 說阿剌壁言語.[277] 人性強梗,① 有馬步銳兵七八千,② 所以國勢威重,[278] 鄰邦畏之.[279]

---

[275] '호풍(好風)' 두 글자는 『기록휘편』에만 들어 있다. 이상 아단국으로 가는 여정은 비신의 『성사승람』(『고금설해』본)에 "고리국에서 순풍에 22일 밤낮으로 [항행하면] 이를 수 있다(自古里國順風, 二十二晝夜可至)"(사고전서본, 권20, 5a)라고 되어 있다.

[276] '국왕국인(國王國人)' 네 글자가 『국조전고』에만 빠져 있다.

[277] '아랄벽(阿剌壁)'은 공진의 『서양번국지』(상달 교주본, 35쪽)에는 '아랄필(阿剌必)'로 음역 표기되어 있는데, 아랍을 가리킨다. 중국 자료에서 최초로 '아랍'을 음역한 것으로 보인다. 1502년의 『대명회전(大明會典)』, 임요유(林堯兪, 1558~1626)의 『예부지고(禮部志稿)』, 서광계(徐光啟, 1562~1633)의 『신법산서(新法算書)』, 방이지(方以智, 1611~1671)의 『통아(通雅)』 등에서는 '아랄필(阿剌必)'로 표기되었다.

[278] 『기록휘편』의 이 문장[所以國勢威重]은 『국조전고』와 일치하지만, 『삼보정이집』과 『설집』에 "所以國勢強盛"으로, 『담생당』본에는 "所以勢強盛"으로 되어 있다. 한편 『서양번국지』에는 이 문장이 모두 빠져 있다.

[279] '외(畏)'자는 『국조전고』에만 같은 의미의 '구(懼)'자로 되어 있다.

① ['경(梗)'자는] 『승조유사』본에 '경(硬)'자로 되어 있다.[280]

② ['칠팔천(七八千)'은] 『서양조공전록』에 '이만(二萬)'으로 되어 있다.[281]

16-2. 중국과의 관계

영락 19년(1421) 정사 태감 이(李) 등이 조서와 의관을 가져가 왕과 추장들에게 하사하라는 황명을 받고, 소문답랄(蘇門答剌)에 도착해, 선단을 나누었는데, 내관 주(周) 등이 보선 세 척을 통솔하여 이 나라에 이르렀다. 왕은 [중국 사신들이] 온 것을 듣고 곧바로 대소의 두목들을 거느리고 바닷가로 나와, 조칙과 하사품을 영접하여 왕부(王府, 왕이 거처하는 곳)에 이르니, 예를 행하는 방식이 매우 공경스럽고 성실했으며 감사하게 생각했다. 국왕은 즉시 그 나라 사람들에게 유시(諭示)하여 단지 진주와 보석만 있으면 교역하도록 허락했다. 그곳에서 무게가 2전(錢)쯤 나가는 큰 덩어리의 묘정석(貓睛石),[282] 여러 색의 아고(雅姑) 등과 같은 기이한 보석들, 큰 진주, 키가 2척이나 되는

---

280 '경(梗)'자는 『국조전고』, 『삼보정이집』, 『설집』, 『담생당』본, 그리고 『서양번국지』모두 '경(硬)'자로 되어 있다. 두 글자는 통용하여 쓴다. 『초사(楚辭)』「귤송(橘頌)」에서 "단단하면서도 조리가 있네(梗其有理兮)"라고 하였는데, 왕일(王逸)은 '경(梗)'은 강(強)의 의미로 설명하고 있다. 그렇지만 일반적인 '경(硬)'자로 고치는 것이 적절하다.

281 '칠팔천(七八千)'은 『서양번국지』에서만 일치를 보이고, 『국조전고』, 『삼보정이집』, 『설집』, 『담생당』본에는 모두 '이만(二萬)'으로 되어 있다.

282 '묘정(貓睛)'은 표면에 고양이 눈동자에 보이는 수직의 섬광 같은 빛이 있어서 '묘정석(貓睛石)', '묘안석(猫眼石)', '묘아안(貓兒眼)'이라고도 한다. 조여괄(趙汝适)의 『제번지』하권에 별도의 한 조목으로 기술되어 있다. 조여괄에 따르면, "묘아정은 모양이 엄지손가락만큼 큰 작은 돌이다. 고양이의 눈동자처럼 밝고 깨끗하며 투명하여 붙여진 이름이다. 말라바르[南毗]에서 나는데 나라에는 '담수(淡水)'라는 강이 있는데, 여러 물줄기가 주전자처럼 모여든다. 깊은 산의 부서진 돌들이 폭우 때문에, 떠내려와 모두 이곳에 흘러들면 관청에서 작은 배를 타고 걸러 채취한다. 그중에서 둥글고 밝은 것이 묘아정이다. 혹 그 땅을 비추는 별이 있는데, 빼어난 기운이 응집하여 만들어진 것이라고 한다." 『제번지』에서는 묘아정이 스리비자야[三佛齊], 촐라[注輦], 대식국(大食國), 특히 실론[細蘭]에서 많이 나는 것으로 기술되어 있다. 하지만 여기 마환의 책에는 이곳과 호르무즈[忽魯謨厮, 18-14]에만 언급되어 있다. 자세한 것은 『바다의 왕국들』, 410~411쪽을 참고하시오.

산호수 여러 그루를 샀고, 또 산호 가지 다섯 궤짝, 금박(金珀), 장미로(薔薇露), 기린(麒麟), 사자(獅子), 화복록(花福鹿),[283] 금전표(金錢豹), 타계(駝雞), 백구(白鳩) 등을 사서 돌아왔다.

永樂十九年, 欽命正使太監李①等, 齎詔勅衣冠賜其王酋, 到蘇門答剌國, 分綜, 內官周②領駕寶船數③隻到彼. 王聞其至, 卽率大小頭目至海濱, 迎接詔勅賞賜④至王府, 行禮甚恭謹感伏.⑤ 開讀畢, 國王⑥卽諭其國人, 但有珍寶許令賣易.[284] 在彼買得重二錢許大塊⑦貓睛石, 各色雅姑等異寶, 大顆珍珠, 珊瑚樹高二尺者數株, 又買得珊瑚枝五櫃·金珀·薔薇露⑧·麒麟⑨·獅子·花福⑩鹿⑪·金錢豹·駝雞·白鳩之類而還.⑫

①『기록휘편』에는 ['이(李)'자] 아래에 한 글자가 빠져 있는데,『서양조공전록』에도 마찬가지이다.『승조유사』본에는 '모(某)'자로 되어 있는데 아마도 태감 이흥(李興)일 것

---

283 '화복록(花福鹿)'은『명사』권326, 부랄와(不剌哇, 소말리아 Baraawe?) 조목에 '화복록(花福祿)'으로 표기되어 있다. 풍승균 씨는 이 때문에 '복록'이 소말리아어로 파로(faro)에 해당하는 음으로 추정한 것 같다. 이 설은 상달의『서양번국지교주』(36쪽)와 만명 씨의『명초본영애승람교주』(81쪽), 사방 씨의『서양조공전록교주』(114쪽)에서 그대로 인용되었다. 소말리아어로 얼룩말은 '다미르 파로(dameer farow)'라고 하는데, '다미르'는 말이라는 뜻이다. 파로우가 '보록'에 해당하는 음이면, '화(花)'자에 대응하는 음은 무엇인지 의문이다. 라틴어로는 '에키페루스(equiferus)'라고 하는데, '에키'는 말이란 뜻이고 '페루스'는 '야생의'라는 의미이다. 소말리아어 '파로우'는 라틴어 페루스에 해당한다. 따라서 소말리아어 다미르 파로는 야생말이란 뜻으로 해석된다. 화복록 바로 뒤에 나오는 금전표(金錢豹)는 표범을 말하는데, 앞의 '황금 주화'는 표범의 가죽 문양을 설명한 것이다. 그렇다면 화복록은 꽃문양의 얼룩말을 말하는 것으로 볼 수 있다. 얼룩말은 대체로 줄무늬이지만 반점이 들어간 종도 있으므로, 그럴법하다.

284 『기록휘편』의 이 문장[但有珍寶許令賣易]은『삼보정이집』,『설집』,『담생당』본과 일치하지만,『국조전고』에는 "但有珍珠寶石許令賣易"이라고 되어 있다. '진보(珍寶)'를 진주와 보석으로 읽어야 하는 정보를 주고 있다. 그러나 '단(但)'자의 뜻을 파악하기는 어렵다. 진주와 보석에만 교역을 허락한 것인지, 아니면 진주와 보석만 있으면 교역을 허락받았다는 말인지 애매하다.『서양번국지』에는 "가진 보물들을 모두 내와 팔도록 허락했다(凡有寶物俱許出賣)"라고 하였다. 따라서 단지 진주와 보석만 있어도 교역이 허락되었다는 말로 이해하고자 한다. 밀스 씨는『기록휘편』의 문장을 "단지 귀중한 물건을 가진 사람들만 그들과 교역하도록 허락되었다"(『영애승람역주』, 155쪽)라고 번역했다.

이다.[285]

② 『기록휘편』에는 ['주(周)'자] 아래에 한 글자가 **빠져** 있는데, 『서양조공전록』에도 마찬가지이다.[286]

③ ['수(數)'자는] 『승조유사』본에는 '삼(三)'자로 되어 있다.[287]

④ 이상 네 글자[詔勅賞賜]는 『기록휘편』에 '조상(詔賞)'으로 되어 있어 『승조유사』본에 따라 보충하였다.[288]

⑤ 이상 두 글자[感伏]는 『국조전고』본에 "모두 신하의 예로 복종했다(咸服臣子之禮)"라

---

[285] 영락(永樂) 19년(1421)의 태감 이 아무개에 대하여 풍승균 씨는 이흥(李興)으로 추측했다. 뒤펜다크는 「15세기 초 중국의 항해 원정의 실제 날짜(The True Dates of the Chinese Maritime Expeditions in the Early Fifteenth Century)」라는 논문에서(『통보』, 34(1939), 355쪽), 정화의 마지막 즉 7번째 항해를 선덕(宣德) 6년(1430)에 해당시키고 부사(副使)로 태감(太監) 이흥(李興)이 참여한 것으로 설명했는데, 이로써 밀스 씨는 마환의 '이 아무개'를 이흥으로 추정했다. 그러나 연대가 무려 10년의 차이가 있다. 한편 펠리오 씨는 「15세기 초 중국의 대항해」, 343쪽 주석에서 1421년의 '이 아무개'를 이흥으로 추측했으나, 「다시 정화의 항해에 관하여(Encore à Propos des Voyages de Tcheng Houo)」, 『통보』, 32(1936), 216쪽에서는 상달 씨의 필사본을 근거로 이개(李愷)일 것으로 추측했다. 어떤 필사본을 말하는지 정확히 밝히지 않았지만, 상달 씨가 발굴하여 교주한 공진의 『서양번국지』에는 "永樂十九年上命太監李克正使"라고 하며 '이(李)'자 뒤에 '극(克)'자를 보여 주지만, 상달 씨는 충(充)자로 교정했다(35쪽). 역사 기록에서 이흥(李興)은 영락 원년(1403) 시암[섬라]에 사신으로 갔다는 기록이 있다(『명사』, 권 324, 8398쪽).

[286] 상달 씨는 『서양번국지교주』에서 "令內官周□□□等駕寶舡三隻往彼"라고, '주(周)'자 아래 세 글자가 빠졌으며, 또 '주(周)'는 주흥(周興)을 지칭한다고 하였다(35쪽). 그러나 『명사』에서 환관 주흥(周興)은 보이지 않는다.

[287] 이 교정에 해당하는 『기록휘편』 원문[內官周領駕寶船數隻到彼]은 『삼보정이집』, 『설집』, 『담생당』본에 "內官周等駕寶船三隻往彼"라고 되어 있고, 『국조전고』에는 "內官周等領駕寶船三隻往彼"로 되어 있다. 또한 주12에서 본 『서양번국지』에서도 '삼척(三隻)'이라 하였으므로, 『기록휘편』의 '수(數)'자는 '삼(三)'자로 고치는 것이 적절하다. 문제는 '도(到)'자로 읽어야 할 것인지, 아니면 다른 사본들처럼 '왕(往)'자로 읽어야 할 것인지이다. 만약 마환 자신이 함께 간 것이라고 하면 '도'자가 맞을 것이다. 하지만 동행하지 않았다면, '왕'자가 더 어울릴 것이다. 결국, 문제는 마환의 이 아덴국 조목의 기술이 본인이 직접 견문한 것인지 아니면 간접적으로 들은 이야기를 기록해 둔 것인지라는 문제로 귀결된다. 잠정적으로 다른 필사본에 따라 '도(到)'자도 '왕(往)'자로 고쳐 둔다.

[288] 이 교정에 해당하는 『기록휘편』 원문[迎接詔賞至王府]은 『삼보정이집』와 일치하고, 『설집』과 『담생당』본에서는 '조상(詔賞)'이 '조뢰(詔賚)'로 되어 있을 뿐이다. 또한 풍승균 씨는 '조칙상사(詔勅賞賜)'로 보충하고, "卽率大小頭目至海濱, 迎接詔勅賞賜, 至王府行禮甚恭謹感伏"으로 구두를 했으나 뒤이어 나오는 '至王府' 뒤에 구두하는 것이 맞다. 영접한 것은 사신단이 가져온 칙서와 하사품이고, 칙서를 읽어 주고, 하사품을 내리는 일은 왕궁에 도착해서 이루어지는 예식이므로 『기록휘편』의 원문인 '조상(詔賞)'을 그대로 살리는 것이 맞을 것이다.

고 되어 있다.[289]

⑥ '왕(王)'자는 『기록휘편』에 빠져 있어 『승조유사』본에 따라 보충하였다.[290]

⑦ 이상 두 글자[大塊]는 『승조유사』본에 따라 보충하였다.[291]

⑧ '노(露)'자는 『기록휘편』에 빠져 있어 보충하였다.[292]

⑨ ['기린(麒麟)'은] 소말리(Somali)어 기리(giri)의 음역으로 바로 지라프(giraffe)이다.[293]

⑩ ['복(福)'자는] 『기록휘편』에 '묘(猫)'자로 잘못되어 『승조유사』본에 따라 고쳤다.[294]

⑪ '복록(福鹿)'은 또한 소말리어 파로(faro)의 음역으로 바로 제브라(zebra)이다.

⑫ 이상 두 글자[而還]는 『승조유사』본에 따라 보충하였다.[295]

---

289 『기록휘편』의 이 문장[行禮甚恭謹感伏]은 『삼보정이집』에 "禮甚尊敬感伏"으로, 『설집』과 『담생당』본에는 "禮甚尊謹感伏"으로 되어 있고, 『국조전고』에는 "禮甚遵謹, 咸服臣子之禮"라고 하였다. 또한 『서양번국지』에도 "禮甚敬謹"이라 하였으므로, 『기록휘편』의 문장에는 '행'자가 덧붙여져 있음을 알 수 있다.

290 '왕(王)'자는 『국조전고』, 『삼보정이집』, 『설집』, 『담생당』본, 그리고 『서양번국지』 모두에서 확인된다.

291 이 교정에 해당하는 『기록휘편』의 원문[在彼買得重二錢許貓睛石]은 『국조전고』에 "在彼買到重二錢大塊貓睛石", 『삼보정이집』, 『설집』, 『담생당』본에는 "其時在彼到重二錢許大塊貓睛石"으로 되어 있다. 한편 『서양번국지』에서는 "이 나라에서 무게가 2전쯤 나가는 묘정[석] 한 덩어리, …를 샀다(此國買到貓精一塊重二錢許, …)"라고 하였다. 이로써 『기록휘편』 원문에 '대괴(大塊)' 또는 '일괴(一塊)'를 보충해야 한다.

292 '노(露)'자는 『국조전고』, 『삼보정이집』, 『설집』, 『담생당』본, 그리고 『서양번국지』 모두에 들어 있다.

293 중국 옛 자료에서 목이 긴 동물 기린(麒麟, Giraffe)을 언급한 것은 15세기로부터 시작된다. 중국의 학자들은 모두 소말리아어 '기리(giri)'를 음역한 것이라고 본다. 사실 기린에 해당하는 소말리아어는 '저리(geri)'이다. 사실 저리와 기린 사이의 음성적 개연성은 눈에 띄지 않는다. 유럽어로 'girafe', 'giraffa', 'girafa', 'azorafa' 등으로 표기하고, 아랍어로는 '알-자라파(al-zarāfa)'라고 하며, 페르시아어로는 '수르나파(surnāpa)' 또는 '주르나파(zurnāpa)'라고 한다. 소말리아어는 앞 음절만 따서 '저리'라고 하는 것 같다. 만약 소말리아어에서 왔다면 뒤의 음절 '파'에 해당하는 음을 따라갈 수 없다. 사실 소말리아 아덴 일대에는 기린이 분포하지 않는다. 중국어 기린의 어원이 무엇인지는 좀 더 고증을 기다려 판단해야 할 것으로 생각한다.

294 '복(福)'자는 『국조전고』, 『삼보정이집』, 『설집』, 『담생당』본, 그리고 『서양번국지』(교주본, 36쪽) 모두에서 확인된다.

295 이 교정에 해당하는 『기록휘편』의 원문[又買得珊瑚枝五櫃·金珀·薔薇·麒麟·獅子·花福鹿·金錢豹·駝雞·白鳩之類]은 『국조전고』에 "또 샀다(又買得)"라는 표현 없이, '珊瑚枝株五匱·金箔·薔薇露·麒麟·獅子·花福祿·金錢豹·駝鷄·白雄之類'라고 하며 앞 문장과 병렬로 이어 가고 있는데, 『삼보정이집』, 『설집』, 『담생당』본에도 '其珊瑚枝株五匱·金珀·薔薇露·麒麟·獅子·花福鹿·金錢豹·駝鷄·白鳩之類'라고 하며 『국조전고』와 같은 문장구조를 보여 주고 있다. 『기록휘편』의 문장과 비교해 보면, 문두에 있는 '또 샀다(又買得)'라는 말과 끝의 '~하여 돌아왔다(而還)'라는 표현이 없다. 한편 『서양번국지』에도 몇몇 글자의 출입만 있을 뿐 같은 문장을 보여 주고 있다. 따라서 『기록휘편』의 '又買得'

16-3. 복식

국왕의 반(絆)은 머리에는 금관을 쓰고, 몸에는 누런 도포를 입으며, 허리에는 보석으로 장식한 황금 띠를 맨다. 예배일에는 예배당으로 가서 예배하는데, 가늘고 흰 현지 베[番布]로 머리를 싸매고 그 끝에는 황금 실로 짠 비단을 추가하며, 몸에는 흰 도포를 입고, 수레를 타고 대오를 지어 간다. 그 두목들의 관복(冠服)은 각기 등급이 있으며 같지 않다. 나라 사람들의 천반(穿絆)으로, 남자들은 전두(纏頭, 터번)를 하고, 살합라(撒哈喇), 사폭(梭幅),²⁹⁶ 수놓은 비단, 저사(紵絲) 등으로 만든 옷을 입으며, 발에는 가죽신을 신는다. 부인들의 반(絆)은 몸에는 긴 옷을 입고, 어깨와 목에는 관음보살의 반(絆)과 같이 보석이나 진주를 꿰어 만든 장식물을 차며, 귀에는 금으로 상감한 보석 귀걸이를 두 쌍씩 달고, 팔에는 금과 보석으로 만든 팔찌를 차며, 발가락에도 반지를 한다. 또 명주실을 섞어 짠 수건으로 머리를 덮지만, 얼

과 '而還'은 부연 설명임을 확인할 수 있다. 『기록휘편』과 『서양번국지』의 '궤(櫃)'자는 세 판본에서 같은 의미의 '궤(匱)'자로 되어 있다. 『국조전고』에만 '금박(金珀)'이 '금박(金箔)'으로 되어 있는데, '금박(金珀)'이 맞다.

296 '사폭(梭幅)'은 사전적 정의로는 새의 깃털을 가공하여 만든 직물이라고 한다. 사복(梭服, 梭腹, 梭福), 쇄복(鎖袱, 瑣伏) 등으로 표기가 다양한 것으로 보아 외래어를 음역했을 가능성이 크다. 주덕윤(朱德潤, 1294~1367)의 『존복재문집(存復齋文集)』, 권5, 「이역설(異域說)」(사고전서본, 15a)에서 '불림(佛㦨)'이란 나라를 기술하면, "그곳에는 또한 털을 꼬아 베를 만드는데, 사복이라 한다. 밀석단(密昔丹) 잎으로 염색하여 진한 녹색으로 만드는데, 빨아도 색이 엷어지지 않는다(其地又能撚毛爲布, 謂之梭福, 用密昔丹葉染成沉綠, 浣之不淡)"라고 하였고, 왕사진(王士禛, 1634~1711)의 『향조필기(香祖筆記)』(사고전서본, 권1, 4b)에서는 "만랄가(滿剌加), 합렬(哈烈, 헤라트)에는 쇄복(鎖袱)이 나는데, '사복(梭服)'이라고도 한다. 새의 솜털로 만드는데, 문채는 환기(紈綺)와 같다. 지금은 민중(閩中)에 가장 많고, 값은 그다지 비싸지 않으며 우사(羽紗) 우단(羽緞)과는 비교할 것이 못 된다(滿剌加哈烈出鎖袱, 一名梭服, 鳥毳爲之, 紋如紈綺. 今閩中最多, 價不甚高, 非羽紗羽緞比)"라고 하였다. 이로써 볼 때, 새의 솜털로 만드는 이 직물은 '서역'에서 먼저 만들어졌고, 그것이 중국 남쪽으로 전해진 것으로 추정해 볼 수 있다. 한편 밀스 씨는 모직류와 다른 외래 직물을 일컫는 말로, 아랍어 'suf'가 와전된 것이라고 한다고 하였다(『영애승람역주』, 156쪽). 'suf'와의 음성적 근접성은 만족스럽지 못하지만, 인도네시아어에서 '수프'는 양모 또는 양모로 만든 옷, 또는 털실을 의미한다.

굴만은 드러낸다. 나라 사람들은 금은을 새겨 세공하여 머리 장식 등의 생활 물품을 만드는데, 매우 정묘(精妙)하며, 천하에서 가장 우수하다.

國王之絆,[297] 頭戴金冠, 身穿黃袍, 腰繫寶粧金帶. 至禮拜日赴寺禮拜, 則①換細白番布纏頭, 上加金錦之頂, 身穿白袍,[298] 坐車列隊而行.[299] 其頭目冠服各有等第不同.[300] 國人穿絆,[301] 男子纏頭, 穿撒哈②喇③‧梭幅‧錦繡‧紵④絲等⑤衣, 足著靴鞋. 婦人之絆, 身穿長衣, 肩項佩寶石‧珍珠纓絡,[302] 如觀音之絆, 耳帶金廂寶環四對,[303] 臂纏金寶釧鐲, 足⑥指亦⑦帶指環.⑧ 又用絲嵌手巾蓋于頂上, 止露其面.[304] 凡國人打造鈒細金銀首飾等項生活, 甚精妙,⑨ 絶勝天下.

① 이상 여섯 글자[日赴寺禮拜, 則]는 『기록휘편』에 '필(畢)'자로 되어 있어 『승조유사』 본에 따라 보충하였다.[305]

---

297 '반(絆)'자는 『국조전고』, 『삼보정이집』, 『설집』, 『담생당』본 모두 '분(扮)'자로 되어 있다. 분장(扮裝), 또는 분식(扮飾)이란 의미로 몸치장을 말한다.

298 '천(穿)'자는 『국조전고』, 『삼보정이집』, 『설집』, 『담생당』본 모두 '복(服)'자로 되어 있다.

299 『기록휘편』의 이 문장[坐車列隊而行]은 『설집』과 『담생당』본에만 "坐俱列象而行"이라고 되어 있는데, 의미 파악이 쉽지 않다.

300 '관복(冠服)'은 『삼보정이집』에만 '관대(冠帶)'로 되어 있다.

301 '반(絆)'자는 위에서와 마찬가지로 『국조전고』, 『삼보정이집』, 『설집』, 『담생당』본 모두 '분(扮)'자로 되어 있다. 아래의 모든 '반(絆)'자도 '분'자로 고쳐야 한다.

302 『기록휘편』의 이 문장[肩項佩寶石‧珍珠纓絡]은 『국조전고』에 "肩項佩珍寶纓絡"으로, 『삼보정이집』에는 "肩項佩珠纓絡"으로, 『설집』과 『담생당』본에는 "頭頭佩珍珠纓絡"으로 되어 있다. 또한 『서양번국지』(교주본, 36쪽)에서는 "肩頂佩珍珠寶石瓔珞"이라 하였다. 대체로 보석과 진주를 꿰어 만든 목걸이를 건다는 의미인데, '어깨와 목'에 하는 것인지 아니면 『설집』과 『담생당』본대로 '머리끝'에 하는 것인지, 아니면 『서양번국지』대로 어깨 끝에 하는 것인지 분명하지 않다. 뒤의 문장에서 '관음보살처럼'이라는 설명이 있으므로, 목 주변 어깨로 보석과 진주를 꿴 목걸이를 한다고 읽어야 할 것이다.

303 '상(廂)'자는 '양(鑲)'의 뜻으로 쓰여 상감한 것을 의미한다.

304 '지(止)'자는 『삼보정이집』, 『설집』, 『담생당』본에 빠져 있고, 『서양번국지』에는 '지(只)'자로 되어 있다.

305 이 교정에 해당하는 『기록휘편』 원문은 "至禮拜, 畢, 換細白番布纏頭"라고 되어 있다. 마환의 원래 기록이 이런 상태였을 수도 있다. 『삼보정이집』에서는 "예배일이 되면 예배당으로 가서, 예배하고, 희고 가는 현지의 베로 바꾸어 머리를 싸맨다(至禮拜日, 去禮拜寺, 禮拜, 換細白番布纏頭)"라고 되어 있다. 또

② ['합(哈)'자는] 『기록휘편』에 '탑(嗒)'자로 잘못되어 『승조유사』본과 『서양조공전록』에 따라 고쳤다.[306]

③ ['살합랄(撒哈剌)'은] 분명 말레이어 사켈라트(sakĕlat)의 음역일 것이다.[307]

『국조전고』, 『설집』, 『담생당』본에서는 "至禮拜日, 去寺, 禮拜, 換細白番布纏頭"라고 하였다. 한편, 『서양번국지』에서는 "예배일이 되면, 또 희고 가는 현지의 배로 머리를 싸맨다(至禮拜日, 亦以細白番布纏頭)"라고 되어 있다. 이로써 『기록휘편』의 문장은 "예배당에 가서 예배를 마치고"라는 뜻을 전달하고 있음을 알 수 있다. 풍승균 씨가 '필(畢)'자를 대신하여 고친 '즉(則)'자는 다른 사본에 보이지 않는다. 사실 이 글자가 없어도 문장의 흐름에는 아무런 지장이 없다. 또한 교정문의 '부(赴)'자도 의미는 같더라도 '거(去)'자로 고치는 것이 좋겠다.

[306] '합(哈)'자는 『국조전고』, 『삼보정이집』, 『설집』, 『담생당』본 모두에서 확인된다. 여기 살합랄(撒哈剌)은 '살합라(撒哈喇)'로 표기되어 호르무즈 조목[18-14]에서도 보인다.

[307] 풍승균 씨의 이 주석은 중국 학자 중에서 가장 이른 설명이다. 그의 친구인 상달 씨 역시 풍씨의 견해에 따라 이 '사켈라트(sakĕlat)'가 폭이 넓은 털로 짠 융단이란 의미라고 설명했다(『서양번국지』, 36쪽). 이후 사방(謝方) 씨는 황성증(黃省曾)이 살합랄(撒哈剌)과 모사(毿紗)를 잘못 붙여 읽은 것만 지적했고, 그에 관해 설명은 하지 못했다(『서양조공전록』, 110쪽). 한편 주연관(周連寬) 씨는 『서역행정기 · 서역번국지(西域行程記 · 西域番國志)』(중화서국, 1991, 78쪽)에서 붉은색과 초록색의 신발 같은 것으로 다소 동떨어진 설명을 내놓았다. 만명 씨는 『중국과 포르투갈 초기 관계사(中葡早期關係史)』(중화서국, 2001, 29~30)에서 살합랄이 페르시아어로 'Sagheree'이고, "일종의 홍선갈(紅線褐, 붉은 선이 있는 털옷?) 같은 것을 '살합랄'이라 한다"라고 하였고, 『명초본영애승람교주』(82쪽)에서는 풍승균과 상달 씨의 설명으로 되돌아왔다.

'살합라(撒哈喇)'는 '살합랄(撒哈剌)'로 표기되어 『원사(元史)』, 권43, 「순제본기」, 지정(至正) 13년(1353), 9월 신묘(辛卯)의 기사에 가장 빨리 보인다. 비신의 『성사승람』에도 살합랄로 표기되어 있다. 『명사』 외국전에는 섬라(暹羅)[중화서국, 8401쪽], 만랄가(滿剌加)[8419쪽], 수문달나(須文達那)[8422쪽], 석란산(錫蘭山)[8466쪽], 방갈랄(榜葛剌)[8447쪽], 살마아한(撒馬兒罕, 사마르칸트)[8598쪽], 노미(魯迷)[8627쪽]의 조공품 목록에 들어 있다. 이들 나라 중에서 조공 연대를 확인할 수 있는 기록은, 수문달나에서는 1383년(홍무 16), 살마아한(撒馬兒罕)에서는 1392년(홍무25)에 조공했다고 한다. 또한 「노미전(魯迷傳)」에서는 1394년과 1400년에 살합라로 만든 가리개(撒哈剌帳)를 조공한 것으로 되어 있다.

1387년 조소(曹昭)가 짓고, 왕좌(王佐)가 1459년 교정하고 증보한 『격고요론(格古要論)』(사고전서본, 권하 7쪽)에서 쇄해랄(灑海剌)은 서번(西蕃)에서 나며 융모(絨毛)로 짠 것으로, 폭은 3척이며 전(氈)처럼 질기고 두꺼워, 서쪽 외국에서도 비싸다(灑海剌出西蕃, 狨毛織者, 闊三尺許, 緊厚如氈, 西蕃亦貴)라고 살합랄이 무엇인지 처음 설명되었다. 『명일통지(明一統志)』, 권90, 24b, 쇄리국(瑣里國)의 산물로 살합랄을 언급하며 "털로 짜며, 모직물처럼 몽실몽실하고, 붉은 것과 초록 두 색이 있다(以毛織之, 蒙茸如氍毹, 有紅綠二色)"라고 하였다. 두 정보는 모두 살합랄이 모직물임을 설명하고 있다. 브레트슈나이더는 이 살합랄이 페르시아어 샬(shāl)에 해당하는 것으로 추정했다(『Mediaeval Researches from Eastern Asiatic Sources』, II, 258쪽). 하지만 록힐은 「14세기 중국과 인도양 연안, 동부 열도와의 무역 관계에 관한 주석」에서 서양포(西洋布) 차려(撦黎)를 '샬'로 옮겼다(『통보』, 459쪽).

흐루너펠트는 이 상품을 말레이어 '사클라트(saklat)' 또는 '사할라트(sahalat)'로 보았다(『말레이반도와 말라카에 관한 주석』, 253쪽). 흐루너펠트의 설명은 루파에르(G.P. Rouffaer)가 말레이어 사켈라트

④ ['저(紵)'자는]『승조유사』본에 '세(細)'자로 되어 있다.

⑤ ['등(等)'자는]『기록휘편』에 '주(籌)'자로 잘못되어『서양조공전록』에 따라 고쳤다.[308]

⑥ ['족(足)'자는]『기록휘편』에 '수(手)'자로 되어 있어『승조유사』본에 따라 고쳤다.[309]

⑦ ['역(亦)'자는]『기록휘편』에 '우(又)'자로 되어 있어『승조유사』본에 따라 고쳤다.

⑧ ['족지역대지환(足指亦帶指環)'은]『서양조공전록』에 "손가락과 발가락에는 금반지를 낀다(手足指約以金環)"라고 되어 있다.

(sakĕlat)와 비교한 것을(『Encyclopaedie van Nederlandsch-Indië』, IV, 393쪽) 따르고 있다. 이 말레이어 사켈라트는 율(H. Yule)과 버넬(A.C. Burnell)에 따르면, "페르시아어 사칼라트(saḳallāṭ, saḳallaṭ), 사클라틴(saḳlaṭīn), 사클라툰(saḳlaṭūn)에 해당하는데, 모종의 모직품에 적용되며 특히 지금은 유럽에서 셔츠 등의 옷감으로 쓰이는 브로드[broadcloth]에 적용된다"라고 설명하였다(『Hobson-Jobson』, 861쪽, 수클라트(Suclát) 조목). 이러한 음역에 대해 펠리오 또한 적절한 해법으로 평가하고 있다(「15세기 초 중국의 대항해」, 『통보』, XXX, 437쪽).

워터스(T. Watters)와 후툼 쉰들러(A. Houtum-Schindler)는 중국어 살합랄에 대응하는 말로 페르시아어 '사키르라트(sakirlāt)', '사기르라트(sagirlāt)'를 제시하고, 그 어원이 '진홍색 천'을 뜻하는 페르시아어 '사칼라트'(saqalāt, saqallāt, saqalāṭ, saqallāṭ)라고 하였다. 또 로스 박사(Dr. E. D. Ross)는 1549년의 중국-페르시아어 사전에서 '중국어 살합랄=페르시아어 사칼라트'라는 등식을 찾아냈다(『중국과 이란』, 497~498쪽). 이로부터, 루파에르와 흐루너펠트가 제시한 말레이어 사켈라트(sakĕlat), 사클라트(saklat), 사할라트(sahalat)는 페르시아어 사칼라트(saqalāt, saqallāt, saqalāṭ, saqallāṭ)에서 나온 것임을 알 수 있다. 살합랄(撒哈剌) 또는 살합라(撒哈喇)는『영애승람』에서 여기 아덴과 호르무즈[18-14] 조목에서만 언급되었다. 또『명사』에서는 살마아한(撒馬兒罕, 사마르칸트)과 노미(魯迷, 룸(Rūm), 튀르키예)에서 조공했다고 하였다. 이로써 볼 때, '살합랄' 또는 '살합라'는 페르시아 어원을 가지며, 그 지역이 원산지임을 추정할 수 있다.『명사』에 보이는 섬라(暹羅, 시암), 만랄가(滿剌加, 말라카), 수문달나(須文達那, 사무드라), 석란산(錫蘭山, 실론), 방갈랄(榜葛剌, 뱅골)에서 조공한 것은 해상 교역을 통해 들어온 상품으로 보인다.

라우퍼 씨는 "페르시아어 사클라툰(saqlāṭūn) 또는 사클라틴(saqlāṭīn)이 '진홍색 천이 만들어지는 룸(Rūm)의 한 도시이며, 진홍색 천 또는 옷은 그곳에서 생산된다'라는 의미라고 한다. 사클라틴(saqlāṭīn)은 바이하키(Baihaki)와 이드리시(Edrīsī)가 1040년과 1150년에 이미 언급한 바 있다. 이드리시에 따르면, 스페인 알메리아(Almeria)에서 나는 실크 제품이며, 그것은 틀림없이 '룸'이란 도시를 의미한다. 야쿠트(Yāqūt)는 타브리즈에서 생산된다고 하였는데, 중국인들이 사마르칸트와 연결하는 것은 그럴법하다. 그렇지만 인도, 호르무즈 그리고 아덴에서의 살합랄에 관한 중국의 기록들은 확실히 티베트의 사그 라드(sag-lad)와 마찬가지로 유럽산 울 또는 소모사(梳毛絲)의 양복지[broadcloth]를 언급하고 있다"라고 설명했다(『중국과 이란』, 497~498쪽).

308 '등(等)'자는『국조전고』,『삼보정이집』,『설집』에서 확인된다. 또한 여기『기록휘편』원문[錦繡 · 紵絲等衣]은 먼저『삼보정이집』과『설집』에 '錦繡 · 紵絲 · 細布等衣'라고 되어 있고(『서양번국지』에도 같음),『국조전고』에는 '錦綺 · 紵絲 · 細布等衣'라고 하였으며,『담생당』본에는 '錦繡 · 紵絲 · 細布物衣'라고 되어 있다. 따라서『기록휘편』원문에는 '세포(細布)'를 보충해 넣어야 한다.

309 '족(足)'자는『국조전고』,『삼보정이집』,『설집』,『담생당』본 모두에서 확인된다.

⑨ 이상 세 글자[甚精妙]는 『승조유사』본에 따라 보충하였다.[310]

16-4. 시장

또 시장, 목욕탕이 있고 아울러 익힌 음식, 명주실, 비단, 서적, 각종 생활 물품을 파는 점포들이 모두 있다.

又有市肆・混①堂, 幷熟食②・絲③帛・書籍・諸色什物鋪店皆有.

① ['혼(混)'자는] 『승조유사』본에 '욕(浴)'자로 되어 있다.[311]
② 이상 두 글자[熟食]는 『승조유사』본에 '주방식점(酒坊食店)'으로 되어 있다.
③ ['사(絲)'자는] 『기록휘편』에 '채(綵)'자로 되어 있어 『승조유사』본에 따라 고쳤다.[312]

---

310 이 교정에 해당하는 『기록휘편』 원문[凡國人打造鈒細金銀首飾等項生活, 絶勝天下]은 『삼보정이집』, 『설집』, 『담생당』본에는 "凡國人打造入細金銀生活, 絶勝天下"라고 되어 있고, 『국조전고』에는 "凡國人打造鈒細生活金銀者, 絶勝天下"라고 하였다. 한편 『서양번국지』에는 "凡國人打造金銀入細生活, 絶勝天下"라고 되어 있다. 이로써 볼 때, 풍승균 씨가 보충한 세 글자[甚精妙]는 마지막에 "천하에서 으뜸이"라는 말과 중복되며, 다른 사본에는 보이지 않으므로 불필요한 교정이다. 또한 『기록휘편』 원문에서만 '머리 장식류(首飾等項)'가 더 들어 있다. 의미상 가장 명확하지만, 다른 사본에 보이지 않고, 생활용품에 들어가는 것이므로 빼는 편이 적절할 것이다. 종합하여 역자는 "凡國人打造鈒細金銀生活, 絶勝天下"라고 재구성한다.

311 『기록휘편』에 따른 이 문장[又有市肆・混堂]은 『국조전고』, 『삼보정이집』, 『설집』, 『담생당』본에 모두 '市肆・混堂'으로 되어 있다. 따라서 문두의 '우유(又有)'는 문장 끝에 '도유(皆有)'가 있으므로 삭제하는 것이 맞다. '혼당(混堂)'이란 목욕탕을 말한다. 『서양번국지』에도 '혼당(混堂)'으로 되어 있다.

312 이상 교정에 해당하는 『기록휘편』의 원문[幷熟食・綵帛・書籍・諸色什物鋪店皆有]은 『삼보정이집』, 『설집』, 『담생당』본에 "幷熟食・綵帛・書籍・諸色物件鋪店皆有"라고 하였다. 이 세 본의 문장에 '채백(彩帛)'이 『국조전고』에서는 '사백(絲帛)'으로, 『담생당』본에서는 『기록휘편』처럼 '채백(綵帛)'으로 되어 있다. 또한 『서양번국지』에도 '채백(綵帛)'을 보여 준다. '채(彩)'자와 '채(綵)'자는 '무늬' '채색'이라는 의미로 혼용한다. 그렇지만 '사백(絲帛)'은 명주실과 비단 제품으로 볼 수밖에 없다. 따라서 풍승균 씨가 '채(綵)'자를 '사(絲)'자로 교정한 것은 잘못이다. 또한 '십물(什物)'은 일상 생활용품을 지칭하는데 『국조전고』, 『삼보정이집』, 『설집』, 『담생당』본, 『서양번국지』의 '물건(物件)'보다 상당히 구체적인 표현이다. 그렇지만 '십(什)'자는 '건(件)'자와 자형이 비슷하여 오기일 가능성도 있으므로, 다른 사본들에 따라 고치는 것이 맞을 것이다.

16-5. 통화

왕은 적금(赤金)으로 동전을 주조하여 유통하는데, '보로리(甫嚕嚟)'라고 하며 각 동전은 중국 저울로 1전(錢)이 나가고, 배면에는 문양이 있다. 적동(赤銅)으로 '보로사(甫嚕斯)'라는 주화를 만들어 잔돈으로 사용한다.

王用赤金鑄錢行使, 名甫嚕嚟,[①] 每箇重官秤一錢, 底面有紋.[313] 又用紅銅鑄錢, 名甫嚕[②]斯,[③] 零使.[314]

① [보로리(甫嚕嚟)] 이에 대응하는 페르시아어는 푸루리(furūri)이다.[315]
② ['노(嚕)'자는]『기록휘편』에 '곡(嘓)'자로 되어 있어『승조유사』본과『서양조공전록』에 따라 고쳤다.

---

313 '문(紋)'자와 '문(文)'자는 같은 의미로 흔히 통용하지만, 동전에 국한하여 말할 때, 그것이 문양이냐 글자이냐의 차이는 크다.『삼보정이집』과『국조전고』에서는 모두 '문(文)'자로 되어 있다. 한편 '저면(底面)'이란 표현은 문맥상 배면을 말하는 것으로 보인다. 아래 방갈랄[17-5], 홀로모시[18-5] 조목에서도 사용되었음을 참고하시오.

314 '영사(零使)'란 잔돈으로 사용한다는 의미로,『국조전고』와『삼보정이집』에는 모두 "잔돈으로 이 동전을 사용한다(零使此錢)"라고 '차전(此錢)' 두 글자가 덧붙여져 있다. 한편『설집』과『담생당』본에는 이 두 동전에 관한 설명이 하나로 합쳐져 "王用赤金鑄錢行使, 名哺嚕斯, 零用"으로 되어 있다.

315 '보(甫)'자는 아래에서도 마찬가지로,『국조전고』,『삼보정이집』,『설집』,『담생당』본에 모두 '포(哺)'자로 되어 있다. 반면 공진의『서양번국지』(상달 교주본, 36쪽)에는 두 경우 모두 '보(甫)'자로 되어 있다. 풍승균 씨가 제시한 페르시아어 푸루리에 비추어 보면, '포(哺)'자가 더 가깝다. 조지 필립스(Geo. Phillips)는 라이덴 대학의 드 후에(de Goeje) 교수의 설명에 따라, "'포'는 아랍어로 아버지를 뜻하는 아부(Abu)을 표현한다. 이는 많은 주화의 이름에서 보이는데, 예를 들어 필러 달러(Pillar Dallar)의 명칭인 아부 마드파(Abu Madfa), 즉 총의 아버지, 또는 아버지의 총이란 의미로, 아랍인들은 두 자루의 총에 비교했다. 포로려가 '아부 루루(abu Loo-loo)', 즉 '진주의 아버지'라는 의미로, 아마도 주화 위에 있는 둥근 테두리가 콩 또는 진주를 닮았기 때문일 것이다. 포로사는 아부 카우스(Abu Kaus, 아치의 아버지) 또는 코스(Kos, 활)로, 주화 위에 아치 활의 모양이 들어 있기 때문이다"라고 설명했다(『JRAS』, 1896(4월호), 「Mahuan's Account of Cochin, Calicut, and Aden」, 349쪽). 록힐(608쪽), 뒤펜다크(61쪽) 모두 이 설을 그대로 따르고 있다. 하지만 펠리오 씨는 이 포로려가 15세기 중반 페르시아어로 푸루리(fulūrī) 즉 '오레우스(aureus, 두카트 금화)'로 복원했는데(「15세기 초 중국의 대항해」, 421쪽), 음성적으로 매우 만족스러운 추정이다. 이 펠리오의 설은 거의 정설처럼 인정받고 있다.

③ [보로사(甫嚕斯)] 이에 대응하는 아랍어는 푸루스(fulūs)이다.³¹⁶

16-6. 기후와 계절

그곳의 기후는 온화하여 항상 8~9월과 같다. 일월은 정해져 있지만, 윤월이 없고, 12개월을 기준으로 1년으로 삼는다. 달에는 크고 작음이 없이 만약 두(頭)³¹⁷의 밤에 초승달이 보이면 다음 날이 바로 그달의 시작이다. 사계절은 고정되지 않았지만, 당연히 음양인(천문가)이 추산한 것이 있어, 어떤 날이 봄의 시작이라 하면, 뒤에 과연 화초가 피어난다. 어떤 날이 초가을이라 하면, 과연 나뭇잎이 말라 떨어진다. 일식과 월식, 조수간만, 풍우, 추위와 따뜻함에 기준 삼지 않는 것이 없다.

其地氣候溫和, 常如八九月. 日月之定無閏³¹⁸月, 惟以十二箇月爲一年. 月無①大小, 若頭夜見新月, 明日卽月首②也. 四季不定, 自有陰陽人推算, 如以③某④日爲春首, 後果然花草開榮. 某⑤日是初秋, 果然木葉彫落.³¹⁹ 及於日月交食, 潮信早晩, 并風雨寒暖, 無不準驗⑥.

① ['무(無)'자는] 『기록휘편』에 '지(之)'자로 되어 있어 『승조유사』본에 따라 고쳤다.³²⁰

316 이 설명 역시 펠리오의 「15세기 초 중국의 대항해」, 421쪽을 따르고 있다. 펠리오에 따르면, '보로사(甫嚕斯)'는 중세 구리 주화인 아랍어 팔스(fals)의 복수형 'fulūs'에 해당하는 음이라고 설명했다.

317 여기에서 '두(頭)'자는 순(旬), 즉 10일, 20일, 30일 이외의 날짜를 가리키는 용어이다. 말하자면, 1~9, 11~19, 21~29일을 의미한다.

318 '윤(閏)'자는 풍승균 씨가 '규(閨)'자로 잘못 옮겨 놓아 바로잡았다.

319 『기록휘편』의 이 문장[果然木葉彫落]은 『삼보정이집』, 『설집』, 『담생당』본에서는 '과연' 대신에 '즉(則)'자를 넣어 "則木葉彫落"이라 하였고, 『국조전고』에서는 "則木葉彫落", 『서양번국지』에서는 "則木葉凋脫"로 되어 있고, 앞서 '과연(果然)'은 이미 사용했으므로 여러 사본에 따라 '즉(則)'자로 바꾸는 편이 적절하다.

② ['수(首)'자는] 『기록휘편』에 '일(一)'자로 되어 있어 『승조유사』본에 따라 고쳤다.[321]

③ 이상 두 글자[如以]는 『승조유사』본에 따라 보충하였다.

④ ['모(某)'자는] 『기록휘편』에 '기(其)'자로 되어 있어 『승조유사』본과 『서양조공전록』에 따라 고쳤다.[322]

⑤ ['모(某)'자는] 『기록휘편』에 '기(其)'자로 되어 있어 『승조유사』본과 『서양조공전록』에 따라 고쳤다.

⑥ '교식(交食)'이하 열세 글자[潮信早晚, 幷風雨寒暖, 無不準驗]는 『기록휘편』에 "풍우와 조수 범람에 기준 삼지 않는 것이 없다(風雨潮汎無不准者)"라는 여덟 글자로 되어 있어 『승조유사』본에 따라 고치고 보충하였다.[323]

---

320 이 교정에 해당하는 『기록휘편』의 두 문장[惟以十二箇月爲一年. 月之大小]은 『국조전고』에 "準以十二月爲一年, 月無大小", 『설집』에는 "準以十二箇月爲一年. 月之大小", 『담생당』본에는 "準以十二箇月爲一年. 月大小"로 되어 있지만, 『삼보정이집』에만 "12월의 크고 작음으로 기준 삼아(準以十二月之大小)"라고 되어 있다. 그러나 『서양번국지』에서도 '월지대소(月之大小)'라고 되어 있으므로, 풍승균 씨가 『승조유사』본에 따라 '무(無)'자로 고친 것은 성급한 판단이다. 뒤에 나오는 내용도 달의 크고 작음에 관한 설명임을 확인하지 못한 것인가. '준(準)'자는 『서양번국지』에서는 '단(但)'자를 보여 주므로, 『기록휘편』 '유(惟)'자의 오기로 보는 편이 문맥에 유리하다.

321 이 교정에 해당하는 『기록휘편』의 두 문장[若頭夜見新月, 明日卽新月一也]은 『국조전고』에 "若頭夜見新月, 明日卽一月也"라고 하였고, 『삼보정이집』에서는 "若頭夜見新月, 明日卽月一也", 『설집』과 『담생당』본에서는 "若頭一夜見新月, 明日就是一月也", 『서양번국지』에는 "月之大小但以今夜見新月, 明日卽月一也"라고 하였다. 문제는 『국조전고』, 『설집』, 『담생당』본에 따라 '일월(一月)'로 읽은 것인지, 아니면 『기록휘편』, 『국조전고』, 『서양번국지』에 따라 '월일(月一)'로 읽을 것인가이다. 만명 씨는 자신의 저본인 『삼보정이집』의 '월일'을 '일월'로 고치는 우를 범했다(『명초본영애승람교주』, 83쪽). 다시 앞 문장들의 의미를 따라가 보면, 달의 크고 작음은 두(頭, 21~29일 사이)에 초승달이 보이면 그다음 날이 바로 1일이라는 의미를 전달하고 있는 것으로 읽힌다. 만약 '1월'로 한다면, 매달이 1월이 된다. 따라서 여기서는 『기록휘편』의 설명이 가장 타당하여 그에 따른다.

322 이 교정에 해당하는 『기록휘편』의 두 문장[自有陰陽人推算, 其日爲春首]은 『삼보정이집』, 『국조전고』, 『설집』, 『담생당』본 모두 "自有陰陽人推算, 某日爲春首"로 되어 있다. 즉 '기(其)'자는 '모(某)'자의 오기임은 분명하지만, 교정⑤는 불필요한 것이다.

323 풍승균 씨가 옮긴 『기록휘편』 원문 "及於日月交食, 風雨潮汎, 無不准者"에서 중간의 '범(汎)'자는 '신(汛)'자로 정정해야 한다. 또한 풍씨가 교정한 전체 문장들[及於日月交食, 潮信早晚, 幷風雨寒暖, 無不準驗]은 『삼보정이집』, 『설집』, 『담생당』본에는 "及乎日月交蝕·風雨潮汛, 無不准者"로 되어 있고, 『국조전고』에는 "及於日月交蝕, 風雨潮信, 無不准驗"으로 되어 있다. 한편 『서양번국지』에서는 "至於日月交蝕風雨潮信無不准"으로 되어 있으므로, 『기록휘편』, 『삼보정이집』, 『설집』, 『담생당』본에 따라 "及於日月交蝕, 風雨潮汛, 無不准者"라고 고치는 것이 타당하다.

16-7. 음식

사람들의 음식으로 쌀가루와 밀가루 등의 여러 제품이 모두 있고, 대부분 유락(乳酪), 수유(酥油), 당밀을 제조하여 먹는다.

人之飮食, 米粉麥①麵諸品皆有, 多以乳酪 · 酥油 · 糖蜜制造而食.

① 이상 두 글자[粉麥]는 『승조유사』본에 따라 고쳤다.[324]

16-8. 산물

쌀[米], 메조[粟], 콩[豆], 곡(穀), 대맥(大麥), 소맥(小麥), 참깨[芝麻]와 여러 채소가 모두 있다. 과일에는 만년조(萬年棗),[325] 잣, 파담(把擔), 건포도, 호두, 화홍

---

[324] 이 교정에 해당하는 『기록휘편』의 원문[米麵諸品皆有]은 『국조전고』, 『삼보정이집』, 『설집』, 『담생당』본, 그리고 『서양번국지』 모두 일치하므로 풍승균 씨의 보충은 불필요하다.

[325] '만년조(萬年棗)'란 종려나무과에 속하는 상록교목의 열매로 우리의 대추와 비슷하여 '대추야자(Phoenix dactylifera)'로 불린다. 천년조(千年棗), 해조(海棗), 파사조(波斯棗), 번조(番棗), 금과(金果), 봉미초(鳳尾蕉)라고도 불렸다. '천년조'니, '만년조'니 하는 것은 나무의 수령 때문에 붙여진 이름이다. 단성식(段成式, 803?~863)의 『유양잡조』(사고전서본, 권18, 11a)에 "파사조(波斯棗)는 파사국(波斯國, 페르시아 지역)에 있는데, 파사국에서는 '굴망(窟莽)'이라 부른다. 나무의 길이는 3~4장이고, 둘레는 5~6척이며, 잎은 토종 등나무와 비슷하고 시들지 않는다. 2월에 바나나꽃처럼 생긴 꽃이 핀다. 두 갑(甲)이 점점 벌어져 그 안에는 10여 개의 방이 들어 있다. 열매는 길이가 2촌이고 황백색이며 씨가 있다. 익으면 열매는 검어져 말린 대추 모양이다. 맛은 엿처럼 달아 먹을 만하다(波斯棗出波斯國. 波斯國呼爲窟莽. 樹長三四丈, 圍五六尺, 葉似土藤, 不凋. 二月生花, 狀如蕉花. 有兩甲漸漸開擘, 中有十餘房. 子長二寸, 黃白色, 有核. 熟則子黑, 狀類乾棗, 味甘如飴, 可食)"라고 하였다. 두보(杜甫, 712~770)가 「해종행(海棕行)」을 노래했는데, 해종(海棕)은 '해종(海椶)'으로, 대추야자 나무를 지칭한다. 이로써 볼 때, 8세기 전에 이미 대추야자가 중국에 알려져 있었음을 추론할 수 있다. 하지만 『본초강목』, 권31, 무루자(無漏子) 조목에 인용된 도종의(陶宗儀)의 『철경록(輟耕錄)』[『사고전서』본으로 27권 3쪽에 보이는데, 글자 상의 출입이 있다]은 이 나무의 연원을 한나라 시기로 거슬러 올라가고 있다. "사천 성도(成都)에는 금과수(金果樹) 여섯 그루가 있는데, 전하는 바에 따르면 한나라 시기의 것이라고 한다. 높이는 50~60장이고 둘레는 3~4심(尋)이며 화살처럼 곧게 뻗어 가지가 없다. 꼭대기에 종려나무 같은 잎이 있

(花紅, 사과), 석류(石榴), 복숭아, 살구 등의 종류가 있다. 코끼리, 낙타, 나귀, 노새, 소, 양, 닭, 오리, 고양이, 개 모두 있고, 돼지와 거위만 없다. 면양은 흰 털에 뿔이 없고, 머리에는 검은 털 두 뭉치가 있는데, 중국 동자들의 머리 뭉치와 같으며, 목 아래에는 소가죽으로 만든 전대와 같고, 털은 개처럼 짧고, 꼬리는 쟁반처럼 크다.

米·粟·豆·穀·大小二麥·芝麻^①幷諸色蔬菜俱有. 果子有萬年棗·松子·把擔^②·乾葡萄·核桃·花紅·石榴·桃·杏之類.^③ 象·駝·驢·騾^④·牛·羊·雞·鴨·猫·犬皆有, 止無豬·鵝. 棉羊白毛^⑤無角, 頭上有黑毛二團, 如中國童子頂搭.^⑥ 其頸下如牛袋一般,**326** 其毛短如狗, 其尾大如盤.

① 이상 열 글자[米·粟·豆·穀·大小二麥·芝麻]는 『기록휘편』에 '미맥곡률마두(米麥穀栗麻豆)'로 되어 있어 『승조유사』본에 따라 보충하였다.**327**

②['파담(把擔)'은] 페르시아어 바담(badam)이다.**328**

고, 표피는 용 비늘 같으며, 잎은 봉황의 꼬리 같고, 열매는 대추처럼 크다. 매해 중동(仲冬)에 유사(有司)가 제수를 갖출 때 채취하여 의공(醫工)에게 칼로 푸른 껍질을 벗겨내고 석회와 함께 삶아, 정제한 찬 꿀에 넣어 네 차례 뒤집어 준 다음, 병에 밀봉하여 진상토록 했다. 이런 방법이 아니면 날 것은 떫어 먹을 수 없다. 그곳의 사람들은 '고로마조(苦魯麻棗)'라고 하는데 아마도 봉미초(鳳尾蕉)일 것이다. '만세조(萬歲棗)'라고도 하는데, 천주(泉州)에 있는 만년조가 바로 이것이다(四川成都有金果樹六株, 相傳漢時物也. 高五六十丈, 圍三四尋, 挺直如矢, 木無枝柯. 頂上有葉如椶櫚, 皮如龍鱗, 葉如鳳尾, 實如棗而大. 每歲仲冬, 有司具祭收采, 令醫工以刀剝去靑皮, 石灰湯淪過, 入冷熟蜜浸換四次, 瓶封進獻. 不如此法, 則生澀不可食. 番人名爲苦魯麻棗, 蓋鳳尾蕉也. 一名萬歲棗, 泉州有萬年棗, 卽此物也)"라고 하였다. 여기의 고로마(苦魯麻)는 『유양잡조』의 굴망(窟莽)과 발음이 비슷하다.

326 '우(牛)'자는 『국조전고』, 『삼보정이집』, 『설집』, 『담생당』본, 『서양번국지』 모두 '황우(黃牛)'로 되어 있으므로, '황우'로 고치는 것이 맞을 것이다.

327 풍승균 씨는 『기록휘편』 원문에 '미맥곡률마두(米麥穀栗麻豆)'로 되어 있는 것을 『승조유사』본에 따라 보충했다고 하였지만, 『삼보정이집』, 『설집』, 『담생당』본에는 '米·麥·穀·栗·麻·豆'로 『기록휘편』과 일치한다. 게다가 『서양번국지』에도 "米·麥·穀·栗·麻·豆幷蔬菜俱有"라고 하였으므로, 『기록휘편』에 따르되, '율(栗)'자만 '속(粟)'자로 고치면 된다. 한편 『국조전고』에는 여섯 가지 곡물을 '오곡(五穀)'이라고만 하였다.

③『승조유사』본에는 이 아래[杏之類]에 '방옥(房屋)'을 이어서 말하고 있다.[329]

④ ['나(驘)'자는]『승조유사』본에 '마(馬)'자로 되어 있다.[330]

⑤ ['모(毛)'자는]『승조유사』본에 '미(尾)'자로 되어 있다.[331]

⑥ 이상 열네 글자[頭上有黑毛二團, 如中國童子頂搭]는『기록휘편』에 '어각처유양탑원흑(於角處有兩搭圓黑)'으로 되어 있어『승조유사』본에 따라 고쳤다.[332]

328 '파담(把擔)'은 홀로모시 조목에 '파염(把聃)'으로 되어 있는데 '염(聃)'자는 '담(聹)'자의 오기로 보는 것이 맞다. 파담(把擔, 把聃)은 말레이어와 페르시아어의 바담(badam)을 음역한 명칭으로, 아몬드(Prunus dulcis)를 가리킨다. 현재 중국어로는 '편도(扁桃)'라고 번역한다.『유양잡조(酉陽雜俎)』(사고전서본, 권18, 11a)에 "편도는 파사국에서 나는데, 파사국에서는 '바담수(婆淡樹)'라고 부르며, 키는 5~6장, 둘레는 4~5척이고, 잎은 복숭아나무와 비슷하지만 넓고 크다. 3월에 흰 꽃이 피었다가 떨어지면 복숭아 같은 열매를 맺는데 모양이 납작하다(偏桃出波斯國. 波斯國呼爲婆淡樹, 長五六丈, 圍四五尺, 葉似桃而闊大, 三月開花白色, 花落結實狀如桃子而形偏)"라고 한 것으로 보아 '바담'이 중국에 알려진 시기는 당나라로 거슬러 올라가는 것을 알 수 있다.

329 이상 열매를 기술하고 있는『기록휘편』의 문장[果子有萬年棗・松子・把擔・乾葡萄・核桃・花紅・石榴・桃・杏之類]은『삼보정이집』,『설집』,『담생당』본에 "**果**有萬年棗・松子・把**聃**・乾葡萄・核桃・花紅・石榴・桃・杏之類"로 같은 구성을 보여 주고 있지만,『국조전고』에서는 몇 가지를 빼고, "果有萬年棗・松子・葡萄・桃・杏之類"라고만 하였다.『기록휘편』의 '과자(果子)'는 다른 사본에 모두 '과(果)' 또는 과(菓)자로만 되어 있다. 내용으로 보면 과일과 열매를 말하고 있으므로『기록휘편』이 제일 정확하다. 한편 중간에 '파담(把擔)'은 호르무즈 조목[18-13]에서는『삼보정이집』에서처럼 '파담(把聃)'으로 표기하고 있고,『서양번국지』(상달 교주본, 36쪽)에서는 '파단(把丹)'으로 표기했다.

330 이상 동물에 관한『기록휘편』의 원문[象・駝・驢・驘・牛・羊・雞・鴨・猫・犬皆有]은『삼보정이집』,『설집』,『담생당』본,『서양번국지』와 일치하는 구성을 보여 주지만,『국조전고』에는 '타(駝)' 다음에 '마(馬)'가 더 들어 있다. 다음 문장에 돼지와 거위만 없다고 했고, 마르코 폴로는 여행기에서 아덴 술탄의 말 교역을 특기하고 있으므로(앞의 해제를 참고하시오), '마(馬)'자를 추가하는 것이 맞다.

331 『기록휘편』의 이 문장[棉羊白毛無角]은『국조전고』,『삼보정이집』,『설집』,『담생당』본에 "此處棉羊白毛無角"이라고 하였고,『서양번국지』에서는 "其綿羊則白毛無角"이라고 했으므로, 문두에 '차처(此處)'라는 두 글자를 보충하는 것이 좋겠다.

332 이 교정에 해당하는『기록휘편』의 원문[於角處有兩搭圓黑]은『국조전고』,『삼보정이집』,『설집』에서도 일치하고 있고,『담생당』본에도 "于角處有兩答負黑"으로 되어 있는데, 여기『담생당』본의 '부(負)'자는 원(員)자의 오기로 같은 의미를 전달하고 있다.『국조전고』에만 "於角處有兩搭圓黑, 甚異"라고 했을 뿐이다. 이로써 풍승균 씨의 보충 교감은 불필요하다. 여기에서 '탑(搭)'자는 양사로 쓰였다. '원흑(圓黑)'은 '흑원(黑圓, 검은 원)'으로 새겨야 할 것으로 생각한다. 이러한 의문을 풀어 주듯이,『서양번국지』(상달 교주본, 37쪽)에는 "뿔이 난 곳에는 두 개의 검은 점이 있다(於出角處有兩黑點)"라고 하였다.

16-9. 주거

백성들이 거처하는 집은 모두 돌을 쌓아 만들고, 위는 벽돌이나 흙으로 덮는다. 돌로 3층을 쌓아 높이는 4~5장이다. 또한, 나무로 시렁을 세워 누대를 만들어 사는 사람도 있는데, 그 나무는 모두 토산인 자단목으로 만든다.

民居房屋皆以石砌,^① 上以磚蓋, 或土蓋.³³³ 有石砌三層, 高四五丈. 亦有用木起架爲樓居^②者, 其木皆^③土産紫檀木爲之.

① [백성들이 거처하는 집은 모두 돌을 쌓아서 만든다(民居房屋皆以石砌)는 이 정보는] 『성사승람』아단 조목에 '나고석을 쌓아 집을 만든다(砌羅股石爲屋)'라고 했고, 『도이지략』 고랑보(高郞步) 조목에 "대불산 아래, 만이 휘감는 곳에 종횡으로 모두 노고석이다(大佛山之下, 灣環中, 縱橫皆鹵股石)"라고 하였다. 『성사승람』의 '나고(羅股)'와 『도이지략』의 '노고(鹵股)'는 같은 사물을 다르게 음역한 것으로 보인다. 산호초석(珊瑚礁石)을 지칭하는 것이리라.³³⁴

---

333   『기록휘편』의 이 두 문장[上以磚蓋, 或土蓋]은 『삼보정이집』, 『설집』, 『담생당』본에 "上蓋以磚或土"로 되어 있고, 『국조전고』에는 "上蓋以甎或土"로 되어 있다. '전(磚)'과 '전(甎)'은 같은 글자이다. 이로써 『기록휘편』의 문장을 바로잡아야 할 것이다.

334   '노고석(鹵股石)'이라는 암석은 『제번지』삼서(三嶼) 조목에 보인다. "바다에는 노고(鹵股)라는 돌[鹵股之石]이 많다(海多鹵股之石)"라고 하였다. 히어트와 록힐 씨는 'bare ribs of rock'으로 번역했는데(『조여괄』, 162쪽), '드러난 바위의 늑골'이란 뜻이다. 이후 록힐 씨는 '노고석'이 산호 또는 산호 모체가 죽어 굳은 암석(Madreporic Rocks)으로 보인다고 하였다(111쪽 주1). 이 노고석은 왕대연의 『도이지략』의 고랑부(高浪阜) 조목과 소구남(小唄喃) 조목에서도 나타난다. 한편 『서양조공전록』아단(阿丹) 조목은 "사람들의 집은 나고(羅股)라는 돌로 만든다"라고 하였다. 또 『동서양고 · 동양침로』, 『순풍상송』, 『지남정법』에는 노고석(老古石)으로 되어 있다. 이로써 볼 때, '노고'는 음역 명칭에 해당하는 것을 알 수 있다. 이 음역 명칭을 소계경 씨는 다음과 같이 복원했다. "말레이어로 '모여 있는 것[簇聚]'을 롱콜(rongkol)이라 하는데, 노고석은 바투 롱콜(batu rongkol)로 복원할 수 있을 것 같다. 뜻은 군락을 이룬 암석으로, 산호가 형성한 일종의 암석을 가리킨다. 그 경도는 비록 일반 암석보다는 못하지만, 항해에 장애가 되기에는 족하다"라고 하였다(『도이지략교석』, 92쪽). 소 씨의 설명대로라면, '바투(batu)'는 암석이란 뜻이므로, 결국 '로고'는 수식어인 '롱콜'을 음역했다는 말이다. 차라리 '코랄(coral)'에 어원을 두

② 이상 아홉 글자[亦有用木起架爲樓居]는 『승조유사』본에 따라 보충하였다.

③ 이상 세 글자[其木皆]는 『승조유사』본에 따라 보충하였다.[335]

16-10. 토산

이곳에서 나는 초목들로는 또 장미로(薔薇露), 첨복화(簷蔔花),[336] 씨 없는

고 있다는 추정보다 설득력이 없다. 현재까지 원음이 밝혀지지 않은 이상, 록힐 씨가 언급한 대로, 산호가 죽어 굳어진 암석(madreporic rocks)을 말한다고 보는 편이 최선일 것이다. 어쨌든, 비신은 자신이 직접 가지 않은 곳을 '후집'에 모아 기술하고 있지만, 『서양조공전록』에서 그대로 반영되었다. 아덴 사람들이 집을 짓는 돌이 '노고석'이라는 정보를 제공하고 있지만, 이는 비신의 기록에 유일하다. 따라서 다른 나라의 정보를 잘못 가져왔을 가능성이 크다.

335 이 교정에 해당하는 『기록휘편』의 원문[高四五丈者]은 『삼보정이집』에 "高四五丈樣屋者"로, 『설집』과 『담생당』본에는 "高四五丈樣房屋者"로 되어 있다. 『국조전고』에만 "높이는 4~5장이고 누대 같은 방에서 거주한다(高四五丈, 樓房居住)"라고 되어 있는데, 이렇게 문장을 만들어 보면 앞뒤가 통하지 않고 분절될 수밖에 없다. 이로써 볼 때 『기록휘편』의 원문이 중복 없으므로 그대로 따라야 한다. 『서양번국지』에 "有石砌三層, 高四五丈者"라고 한 것에서 확인할 수 있다. 풍승균 씨가 마지막에 보충한 "其木皆土產紫檀木爲之"라고 한 문장의 앞 세 글자는 『승조유사』에 따랐다고 밝혔다. 그렇다면 나머지 "皆土產紫檀木爲之"는 『기록휘편』에 있다는 말이다. 그러나 『기록휘편』의 문장은 "土產紫檀木"이라고 시작하며 토산품들을 열거하고 있다. 이는 『국조전고』, 『삼보정이집』, 『설집』, 『담생당』본 모두 일치한다. 따라서 풍승균 씨가 보충해 넣은 마지막 문장은 뒤의 토산품을 기술하는 문장으로 붙여야 한다.

336 '첨복(簷蔔)', '담복(薝蔔)'에 대한 이시진의 풀이에 따르면(사고전서본 『본초강목』, 권36, 22b), "치(卮)는 술 그릇이다. 치자가 그것과 비슷하여 이름을 붙인 것이다. 민간에서는 '치(梔)'자로도 쓴다. 사마상여(司馬相如)의 「자허부(子虛賦)」에 '선지가 노랗게 빛나네'라고 하였는데, 그 주에 '선지는 지자(支子)'라고 하였다. 불교 서적에 그 꽃을 '담복(薝蔔)'이라 하였고, 사령운(謝靈運)은 '임란(林蘭)'이라 하였으며, 증조(曾慥, 12세기)는 '선우(禪友)'라 불렀다(卮, 酒器也. 卮子象之, 故名. 俗作梔. 司馬相如賦云, 鮮支黃爍. 注云, 鮮支卽支子也. 佛書稱其花爲薝蔔, 謝靈運謂之林蘭, 曾端伯呼爲禪友)"라고 하였다. '첨복'인지 '담복'인지 자형이 비슷하여 얼마든지 혼동할 수 있다. 하지만 이시진은 담복이 치자의 꽃이라고 설명하고 있다. 담복은 '첨복'으로 읽어야 한다. 산스크리트어로 '참파카(champaka)', 힌디어로 '참팍(champak)'에 해당하는 음이라는 것이 일반적이다. '담'자와 '첨'자의 혼동은 9세기에도 이어졌다. 『유양잡조(酉陽雜俎)』(사고전서본, 권18, 4b)에 "일반 꽃들은 (꽃잎이) 6개로 나는 것이 적은데, 유독 치자화는 6개로 난다. 도홍경(陶弘景, 456~536)이 '치자는 잘린 꽃잎이 6개로 나며, 화방(花房)은 7갈래로 나뉘어 있어 꽃의 향기가 매우 진하다'라고 하였다. 전하는 바에 따르면 서역의 담복화(薝蔔花)이다(諸花少六出者, 唯梔子花六出, 陶眞白言梔子翦花六出, 刻房七道, 其花香甚, 相傳卽西域薝蔔花也)"라고 담복화에 대한 설명을 보여 준다. 이러한 혼동은 송나라 주거비(周去非, 1135~1189)의 책에서도 마찬가지이다. 『영외대답(嶺外代答)』 권7에 "번치자(蕃梔子)는 대식국에서 난다. 불경에서 말하는 담복화(薝蔔花)이다. 바다의 외국 사람들이 그것을 말리는데, 염색하는 집의 홍화(紅花) 같다. 오늘날 광주에서

백포도, 그리고 화복록(花福鹿), 푸른 꽃문양이 있는 흰 타계(駝雞), 큰 꼬리에 뿔이 없는 면양(棉羊)이 있다.[337] 복록은 노새처럼 생겼으며 흰 몸에 흰 얼굴을 하고 있으며, 양미간은 은은하게 가느다란 푸른 줄무늬 꽃이 일어나 온 몸에서 네 다리에까지 이르는데, 가는 줄무늬는 조문포(條紋布)처럼 그려 놓은 듯하다. 푸른 꽃문양이 있는 흰 타계에도 푸른 꽃이 있는데 복록과 같다.

其地土所產草木, 又有①薔薇露·簷蔔花·無核白葡萄, 并花福鹿·靑花白駝雞·大尾無角棉羊②. 其福鹿如騾子樣, 白身白面, 眉心隱隱起細細靑條花起滿身至四蹄,[338] 細條如間道如畫.[339] 靑花白駝雞亦有靑花③, 如福鹿一般.

용연(龍涎)을 향으로 만들 수 있는 것은 번치자를 사용하기 때문이다. 또한 광주 깊은 곳에는 백화(白花)가 있는데 치자화(梔子花)와 완전히 같으나 5개가 나와, 사람들은 천축에서 온 것이라 하고 또 '담복(簷蔔)'이라 한다고 하는데 이 설은 틀린 것 같다(蕃梔子出大食國. 佛書所謂簷蔔花是也. 海蕃乾之, 如染家之紅花也. 今廣州龍涎所以能香者, 以用蕃梔故也. 又深廣有白花, 全似梔子花, 而五出, 人云亦自西竺來, 亦名簷蔔, 此說恐非是)"라고 했다. 주거비도 '담'자로 썼지만, 이 담복이 바로 중국의 치자가 아니라 서역에서 나는 '번치자'라고 달리 봤다는 점에 주목해야 한다. 치자는 꼭두서니과[Rubiaceae]에 속하고, 첨복은 목련과[Magnoliaceae]에 속한다. 이탈리아 음악가 피에트로 델라 발레(Pietro Della Valle, 1586~1652)는 인도 여행에서 "그들은 크기와 형태 면에서 우리의 '질리플라워(Gilly flower)'와는 다른 꽃을 보여 주었는데, 색은 연노랑이었으며, 매우 달콤하고 강한 향이 났다. 그들은 '치암파(ciampa)'라고 불렀다"라고 하면서, 서양인으로서는 가장 이른 언급을 남겼다(『The travels of Pietro della Valle in India』, I, Hakluyt Society, 1892, 40쪽). 치자화(梔子花)는 『제번지』 하권에 별도의 조목으로 설명되어 있다. 『바다의 왕국들』, 329~330쪽을 참고하시오.

337 비신은 『성사승람』(풍승균, 교주본, 후집, 17쪽)에서 이곳에서 나는 양으로 '구미고양(九尾羖羊)'을 들었다. 이는 황성증의 『서양조공전록』(교주본, 114쪽)에서도 확인된다. 한편 『고금설해』본 『성사승람』(사고전서본, 권20, 5b)에서는 "이곳에서는 영양(羚羊)이 나는데, 가슴에서 꼬리까지 아홉 덩어리를 드리우고 있어 구미양이라 한다(地産羚羊, 自胸中至尾垂九塊, 名爲九尾羊)"라고 하였다. 이 비신의 설명은 이시진의 『본초강목』, 권51상에서도 인용되었고, 청나라 오임신(吳任臣)의 『산해경광주(山海經廣注)』, 권2에서도 인용되었다.

338 풍승균 씨는 이 문장[眉心隱隱起細細靑條花起滿身至四蹄]에 대해 아무런 언급이 없는데, 『기록휘편』의 원문을 잘못 옮겨 놓았다. 원문에는 『삼보정이집』, 『설집』, 『담생당』본에서처럼 "眉心細靑條花起滿身至四蹄"로 되어 있다. 풍승균의 교정문에서 '은은기(隱隱起)' 세 글자를 삭제해야 한다.

339 『기록휘편』의 이 문장[細條如間道如畫]은 『삼보정이집』과 『설집』에는 "條間道如畫"라고 되어 있고, 『국조전고』에는 "條道如畫"라고 되어 있다. '간도(間道)'란 색이 들어간 조문포(條紋布)를 말한다. 문맥으로 볼 때는 『기록휘편』본이 가장 이해가 쉽다. 한편 『담생당』본에는 "條間如畫"로 되어 있다.

① 이상 열한 글자[爲之. 其地土所產草木, 又有]는 『승조유사』본에 따라 보충하였다.[340]

② 앞의 '면양(綿羊)' 조목[16-8]은 여기 뒤에 와야 할 것 같다.

③ 이상 네 글자[亦有靑花]는 『승조유사』본에 따라 보충하였다.[341]

16-11. 기린

기린의 앞 두 다리는 높이가 9척 남짓이고, 뒷다리는 6척쯤 되며, 머리는 쳐들고 목은 길어 1장 6척이며, 앞은 높고 뒤는 낮아 사람이 올라탈 수 없다. 머리에는 두 개의 육종이 귓가에 있고, 소의 꼬리에 사슴의 몸뚱이로, 발굽은 세 쪽이고, 입은 길고 좁으며, 조, 콩, 면병(麫餅, 빵)을 먹는다.

麒麟前二足高九尺餘,① 後兩足約高六尺, 頭擡頸長一丈六尺,[342] 首昂後低, 人莫能騎. 頭上有兩肉角②在耳邊, 牛尾鹿身, 蹄有三跆, 匾口, 食粟·豆·麵餅.

340 풍승균 씨가 밝히고 있는 것처럼, 앞의 열한 글자[爲之. 其地土所產草木, 又有]는 『기록휘편』 원문에는 '토산자단목(土產紫檀木)'으로만 되어 있다. 『국조전고』, 『삼보정이집』, 『설집』, 『담생당』본 모두 마찬가지이다. '첨복화(簷蔔花)'는 『삼보정이집』에는 '첨복화(詹卜花)'로, 『설집』과 『담생당』본에는 '첨복화(簷匐花)'로 되어 있다.

341 풍승균 씨가 『승조유사』본에 따라 보충한 교정은 불필요하다. 또한 풍씨는 "細條如間道, 如畫靑花, 白駝雞亦有靑花, 如福鹿一般"이라고 문장을 끊어 읽었는데, '청화백타계(靑花白駝雞)'는 이 나라의 토산으로 앞서 언급되었으므로, 풍씨처럼 '청화'에 구두하여 앞 문장에 붙이면 안 된다. 『기록휘편』 원문은 "푸른 꽃문양의 흰 타조는 화복록과 같다(靑花白駝雞, 如福鹿一般)"라고 읽어야 한다. 이는 『삼보정이집』, 『설집』, 『담생당』본을 통해서 확인할 수 있다. 다만 『국조전고』에서는 "청화백타계는 화복록과 같은 꽃이다(靑花白駝雞, 如福鹿一般之花)"라고 하였는데 중복이다.

342 『기록휘편』에 따른 이상 두 문장[後兩足約高六尺, 頭擡頸長一丈六尺]은 『국조전고』와 『담생당』본에 "後兩足約高六尺, 長頸, 擡頭高一丈六尺"으로 되어 있고, 『삼보정이집』에서는 "後兩足約高六尺, 頜, 擡頭高一丈六尺"으로 일치를 보이지만, 『설집』에서는 "後二足約高六尺餘, 長頸, 擡起頭高一丈六尺"이라고 되어 있고 『담생당』본에는 "後二足約高六尺餘, 長頸, 擡頭高一丈六尺"을 보여 준다. '양족(兩足)'과 '이족(二足)'은 같은 말이고, '약(約)'자를 문장 뒤에 '여(餘)'자로 쓴 것은 얼마든지 가능하다. 따라서 『기록휘편』의 문장은 "後兩足約高六尺, 長頸, 擡頭高一丈六尺"으로 고쳐야 한다.

① '여(餘)'자는 『승조유사』본에 따라 보충하였다.[343]

② ['두상유양육각(頭上有兩肉角)'은] 『기록휘편』에 "머리에는 두 개의 짧은 뿔이 났다
(頭生二短角)"라고 되어 있어 『승조유사』본에 따라 고쳤다.[344]

16-12. 사자

사자의 몸은 호랑이와 비슷하고 검고 누런색에 반점이 없으며, 머리는
크고 입은 넓으며, 꼬리는 뾰족하고 털은 많으며 갓끈처럼 검게 길고, 우레
처럼 포효한다. 짐승들이 사자를 보면 엎드려 일어나지 못하니 바로 짐승
중의 왕이다.

其獅子身形似虎, 黑黃無斑, 頭大口闊, 尾尖①毛多, 黑長如纓, 聲吼如雷, 諸獸見
之,[345] 伏不敢起, 乃獸中之王也.

① ['첨(尖)'자는] 『승조유사』본에 '소(小)'자로 되어 있다.[346]

16-13. 조공

그 나라 왕은 성은에 감복하여 특별히 금으로 상감한 보물 허리띠 2개,

---

343 '여(餘)'자는 『국조전고』, 『삼보정이집』, 『설집』, 『담생당』본뿐만 아니라 『서양번국지』(교주본, 37쪽)
    에서 모두 확인된다.
344 풍승균 씨가 밝히고 있는 것처럼 『기록휘편』의 원문은 "頭生二短角"이라고 되어 있다. 『국조전고』, 『삼
    보정이집』, 『설집』, 『담생당』본에는 모두 "頭生二短肉角"이라고 하였으므로 이에 따라 고치면 된다.
    한편 『서양번국지』에서는 "두 귀 주변에는 짧은 육종이 있다(兩耳邊有短肉角)"라고 하였다.
345 『기록휘편』의 이 문장[諸獸見之]은 『국조전고』에만 "짐승들이 살짝 보기만 해도(諸獸略見)"라고 되어
    있다.
346 '첨(尖)'자는 『국조전고』, 『삼보정이집』, 『설집』, 『담생당』본 모두에서 보인다.

진주 보석을 파 넣은 금관 1개를 만들고, 그리고 아고(雅姑) 등과 각종 보석, 지각(地角) 2매, 금엽에 쓴 표문을 중국에 바쳤다.

其國王感荷聖恩, 特造金廂寶帶二條·窟①嵌珍珠寶石金冠一頂, 幷雅姑等各樣寶石, 地②角二枚, 金葉表文, 進貢中國.³⁴⁷

① ['굴(窟)'자는] 『승조유사』본에 '상(廂)'자로 되어 있다.³⁴⁸
② ['지(地)'자는] 『국조전고』본에는 '사(蛇)'자로 되어 있다.³⁴⁹

---

347 『기록휘편』에 따른 이 두 문장[地角二枚, 金葉表文, 進貢中國]은 『삼보정이집』, 『설집』, 『담생당』본에는 "금엽에 표문을 써서 조정에 바쳤다(修金葉表文, 進獻朝廷)"라고 되어 있고, 『국조전고』에는 "進貢于朝廷"으로만 되어 있다. 따라서 『기록휘편』의 '중국'은 '조정'으로 고치는 것이 맞다. 『삼보정이집』, 『설집』, 『담생당』본의 '수(修)'자는 덧붙여진 것으로 보인다.

348 '굴감(窟嵌, 파서 상감하다)'은 『설집』, 『담생당』본에도 마찬가지지만, 『삼보정이집』에는 '금사(金絲)'로 되어 있고, 『국조전고』에는 금관을 설명하는 말 없이 그냥 '金冠一頂'이라고만 되어 있다. 『기록휘편』, 『설집』, 『담생당』본의 '굴감'을 따른다. 여기에서 '굴(窟)'자는 '굴(掘)'자의 의미이다. 또한 풍승균 씨가 빠드린 교정으로, '조(造)'자는 『국조전고』, 『삼보정이집』, 『설집』, 『담생당』본 모두 '진(進)'자로 되어 있으므로 이에 따른다.

349 '지각(地角)'은 『삼보정이집』, 『설집』, 『담생당』본에도 마찬가지지만, 『국조전고』와 『서양번국지』에는 '사각(蛇角)'으로 되어 있다. '사각(蛇角)'이 이전 자료에서 확인되는 표기이다. '지각'이란 표기는 아마도 마환의 원문에서부터 비롯했을 가능성이 크다. 사각(蛇角)은 곽박(郭璞, 276~324)의 『산해경주(山海經注)』(사고전서본, 권3, 16b)에서 "고도(古都)의 사각은 '벽서(碧犀)'라고 한다(古都之蛇角, 號曰碧犀)"라고 설명했다. 여기의 '고도'는 골독(骨篤), 골돌(骨突), 골출(骨柮), 골도(骨睹), 고독(蠱毒) 등으로 표기되기도 한다. 모두 '고도'를 음역한 것일 것이다. 이시진(李時珍)의 『본초강목』(사고전서본, 권42, 40b)에는 사각(蛇角)을 상당히 자세하게 설명하고 있다. "음역한 명칭인 골돌서(骨咄犀, 骨篤이라고도 함)는 벽서(碧犀)이다"라고 했고, 이시진은 도종의(陶宗儀)의 『철경록(輟耕錄)』을 인용하여 "'골돌서는 큰 뱀의 뿔이다. [골돌은] 고독(蠱毒)으로 되어야 한다. 고독을 해독하는 효과가 서각(犀角)과 같다고 하기 때문이다'라고 하였다. 『당서』에 고도국(古都國)에서도 이것이 난다고 했으므로 골돌은 또한 고도가 와전된 것 같다(骨咄犀, 大蛇之角也. 當作蠱毒, 謂其解蠱毒如犀角也. 唐書有古都國亦產此, 則骨咄又似古都之訛也)"라고 설명했다. 이어서 이시진은 여러 책의 설명을 보여 주며, 『대명회전(大明會典)』에 "사각은 합밀(哈密, Hami)에서 난다(蛇角出哈密)"라고 하였고, 유욱(劉郁)은 『서사기(西使記)』(사고전서본, 7a)에서 "골독서(骨篤犀)는 바로 큰 뱀의 뿔로, 서번(西番)에서 난다(骨篤犀即大蛇角也, 出西番)"라고 하였으며, 또 조소(曹昭)는 『격고요론(格古要論)』(사고전서본, 권2, 11b)에서 "골독서(骨篤犀)는 벽서이다. 색은 옅은 벽옥과 같으며 약간 노랗다. 그 문양과 결은 뿔과 같다. 두드리면 맑은 소리가 옥보다 나으며, 갈고 깎아 내면 향이 있는데 태우면 냄새가 나지 않는다. 아주 귀중하며 종기를 삭히고 통

Fig. 4. Aq Qoyunlu, anonymous, AE fals, Shiraz, AH 888, 1.50 g

Fig. 17. Safavid AE falus, Jahrom, AH 1110?, 4 g, 17 mm, 2.5 mm

Fig. 5. Aq Qoyunlu, anonymous, AE fals, Shiraz, AH 902, 1.42 g

Fig. 18. Safavid AE falus, Jahrom, 4.39 g, 20 mm, 2 mm

Seyed Omid Mohammadi and Reza Ghanaatpishe, 「Some Aq Qoyunlu and Safavid Copper Coins of Jahrom」, 『Journal of the oriental Numismatic Society』(247, 2002),
왼쪽: 아크 코윤루 왕조 시기 시라즈(Shiraz) 팔스(6쪽), 오른쪽: 사파비 왕조 시기 자롬(Jahrom) 팔루스(8쪽).

증을 완화할 수 있다(骨篤犀, 碧犀也. 色如淡碧玉, 稍有黃色, 其文理似角. 扣之聲清越如玉, 磨刮嗅之有香, 燒之不臭. 最貴重, 能消腫解痛)"라고 한 것을 인용했고, 마지막으로 홍매(洪邁)의 『송막기문(松漠紀聞)』에 "골독서는 서(犀)가 크지는 않지만, 문양이 상아와 같고 노란색을 띤다. 칼 손잡이를 만들 수 있는 것을 값을 매길 수 없는 보물로 친다(骨篤犀, 犀不甚大, 紋如象牙, 帶黃色. 作刀靶者, 以爲無價之寶也)"라는 설명을 들었다. 여기 '홍매(洪邁)'는 '홍호(洪皓)'의 오기일 것이다. 사실 이시진은 정작 '뱀의 뿔'이 무엇인지에 대해서는 언급이 없다. 한편 학옥린(郝玉麟)의 『광동통지(廣東通志)』(사고전서본, 권52, 150b)에 "흡독석은 서양 섬에 사는 독사의 뇌에 있는 돌이다(吸毒石, 西洋島中毒蛇腦中石也)"라고 하였다. 또 『운연과안록(雲煙過眼錄)』(사고전서본, 권1, 5b)에 "골돌서는 바로 사각(蛇角)이다. 그 성질이 매우 독하여 독을 풀 수 있다. 독을 독으로 공략하므로 '고독서(蠱毒犀)'라고도 한다(骨咄犀酒蛇角也, 其性至毒而能解毒. 蓋以毒攻毒也, 故又曰蠱毒犀)"라고 하였으므로, 흡독석이 바로 골돌서를 지칭하는 것이 아닌지 모르겠다.

모원의(茅元儀, 1594~1640), 『무비지(武備志)』, 권240, 20b.

17
—
벵골 왕국
[榜葛剌國]

해제

벵골지역은 마우리아(Maurya, 기원전 323 ~ 기원전 184) 왕조, 굽타 왕조(Gupta, 320~550)의 속령으로 있었고, 8세기 불교의 팔라 왕조(Pala, 750?~1174?)를 거쳐, 힌두교의 세나 왕조(Sena, 1070~1230)의 통치를 받았다. 이후 인도 델리 술탄국의 투글라크(Tughlaq) 왕들에 의한 부분적 통치를 받아 오다가 1342년 일리야스 샤히(Ilyas Shahi) 왕조 시대(1342~1487)를 맞았다. 16세기에는 다시 무굴 제국에 정복되었고, 세포이 항쟁을 계기로 1858년 영국령 인도제국의 지배를 받았다. 1947년 영국령 인도로부터 독립하고 자치권을 회복하고, 동벵골과 서벵골로 분리되었다가, 1955년 동벵골이 파키스탄과 합쳐지면서 동파키스탄으로 나뉘었다. 이후 동서 파키스탄의 내란과 인도·파키스탄 전쟁으로, 1971년 동파키스탄이 방글라데시로 독립하여 방글라데시 인민 공화국으로 오늘에 이르고 있다. 여기 『영애승람』에서 기술하는 시기는 바로 일리야스 샤히 왕조 시기이므로, 시대적 배경을 이해하기 위해 이 시기의 역사를 간략하게 소개한다.

　벵골 독립 술탄국의 실질적 건국자이자 왕조의 개조인 하지 일리야스 (Haji Iliyas)는 말릭(Malik) 신분으로 사트가온(Satgaon, Saptagram)에서 흥기했다. 1338년 이주딘 야히아(Izzuddin Yahya, 1328~1338재위)가 죽고 사트가온의 주인이 되었다. 하지 일리야스는 알리 무바라크(Ali Mubarak)와의 오랜 다툼 끝에 (1339~1342) 술탄 샴수딘 압불 무자파르 일리야스 샤(Sultan Shamsuddin Abul Muzaffar Iliyas Shah)라는 칭호로 1342년 라크나우티(Lakhnauti, Gauḍa)의 왕좌에 올랐다. 이로써 향후 150년 동안(1342~1487) 유지되었던 일리야스 샤히 술탄국의 토대를 마련했다. 1352년 즈음, 일이야스는 소나르가온에서 파크루딘 무바라크 샤(Fakhruddin Mubarak Shah, 1338~1349재위)의 아들이자 후계자인 이크티야루딘 가지 샤(Ikhtiyaruddin Ghazi Shah)를 무찌르고 벵골 전 지역을 장악하여, 명실상부한 '방갈라의 술탄', '방갈 사람들의 샤'로 거듭났다. 유능했던 일리야스 샤는 약 16년을 통치하다가 판두아(Pandua)에서 죽었다.

　일리야스의 아들이자 계승자인 시칸다르 샤(Sikandar shah)는 33년의 태평성대를 누리다가, 1390년경 아들 아잠 샤(Azam Shah)의 군대와 판두아 근처의 고알파라(Goalpara)에서 싸우다 살해되었다. 결국 아잠 샤는 1390년에 '기야수딘 아잠 샤'(Sultan Ghiyasuddin azam shah, 1390~1411)라는 칭호로 왕위에 올랐다. 법 적용을 엄격히 하며 유능했던 아잠 샤가 죽고, 그의 아들 사이푸딘 함자 샤(Saifuddin Hamza Shah, 1411~1412재위)는 1년 남짓 통치하는 데 불과했다. 그가 재위하고 있을 때, 라지샤히(Rajshahi) 지역 바투리아(Bhaturiah)의 힌두 지주였던 라자 가네샤(Raja Ganesh)가 강성해져, 그의 사주를 받고, 술탄의 노예였던 시하부딘(Shihabuddin)이 주인을 죽이고 벵골 왕의 자리에 올랐다. 사이풋딘 함자 샤의 아들인 무함마드 샤 빈 함자 샤(Muhammad Shah Bin Hamzah Shah)는 1412년 벵골의 다른 곳에서 술탄으로 자칭하며 주화를 발행하기도

했지만, 지위를 계속 유지할 수 없었고, 결국, 라자 가네샤와 시하부딘에게 패배하여 일리야스 왕조의 단절기를 맞이했다.

시하부딘과 라자 가네샤의 협력은 오래가지 못했다. 시하부딘은 반란을 일으켜 라자 가네샤를 가두고 한동안 그의 권력을 잠식했다. 시하붓딘은 자신을 술탄 시하부딘 바야지드 샤(Sultan Shihabuddin Bayazid Shah)로 칭하며 자신의 명으로 주화를 발행하기도 했다. 얼마 후 가네샤가 술탄에 반하는 음모를 밝히고 그를 공격하여 1414년 그를 죽였다. 시하부딘의 아들 알라우딘 피루즈(Alauddin Firuz)가 남부 벵골로 달아나 정권을 세우려 했지만, 라자 가네샤가 공격하여 죽이고 스스로 1414년 벵골의 왕좌에 올랐다.

라자 가네샤가 벵골의 통치자가 되면서 무슬림 탄압이 시작되었다. 판두아의 성자 누루 꾸뜹 알람(Nur Qutb Alam)이 자운푸르(Jaunpur)의 이브라힘 샤르키(Ibrahim Sharqi) 술탄에게 개입을 요청하자 라자 가네샤는 이브라힘 샤르키가 벵골에서 철수하도록 힘을 써 달라고 요청했다. 성자는 결국 가네샤의 아들 자두(Jadu)를 이슬람으로 개종시킨다는 조건으로 가네샤의 요청을 받아들이고 아들 자두를 벵골의 왕위에 올렸다. 이듬해 1415년 이브라힘 샤르키가 벵골을 떠났다.

자두는 자랄루딘 압불 무자파르 무함마드 샤(Jalaluddin Abul Muzaffar Muhammad Shah)로 1416년 주화를 발행했으나 그의 통치는 1년 남짓에 불과했다(1416~1417). 그의 부친인 라자 가네샤가 다시 왕위에 오르고 자랄루딘을 힌두교로 재개종시켰다. 이때부터 라자 가네샤는 1418년까지 벵골을 '다누즈 마르단 데브'(Danuj Mardan Dev)라는 칭호로 통치했다. 그의 어린 아들 마헨드라(Mahendra)가 계승했지만 얼마 되지 않아 그의 형인 자랄루딘에게 1418년 찬탈당했다. 자랄루딘은 이슬람교로 개종하고 자랄루딘 무함마드 샤(Jalaluddin Muhammad Shah)로 칭하며 약 15년간 통치를 이어 갔다. 1433년 자랄루딘이 죽고 그의 아들 샴수딘 아마드 샤(Shamsuddin Ahmad Shah, 1433~1435 재위)가 1435년까지 재위했다. 아마드 샤의 폭정에 그의 노예 나시르 칸(Nasir Khan)과 샤디 칸(Shadi Khan)이 공모하여 아마드를 살해했다. 하지만 곧바로 나시르 칸과 샤디 칸은 왕위 싸움에 휘말렸다. 결국, 나시르가 샤디를 죽이고 왕위에 올랐지만, 귀족들의 반대로 죽임을 당하며 며칠 만에 끝났다. 샴수딘 아마드 샤의 죽음으로, 귀족들이 샴수딘 일리야스 샤의 후손인 나시르우딘(Nasiruddin)을 왕으로 추대함으로써 일리야스 샤히 왕조는 재건되었고, 나시르우딘은 1435년 뱅갈의 왕좌에 올랐다. 이로부터 후기 일리야스 샤히 왕조가 1487년까지 이어졌다. 이상은 방글라데시 공식 백과사전인 방갈라페디아(Bangalapedia)를 참고하여 정리하였다.

벵골의 어원은 산스크리트어 서사시인 『마하바라타(Mahābhārata)』(4세기경) 고대인도 갠지스 델타지역에 있었다고 하는 방가(Vanga) 왕국에서 나왔다는 것이 일반적인 설이다. 율은 "벵골은 갠지스 델타지역과 바로 그 위의 지역을 지칭한다. … 우리가 알고 있는 범위에서 이 명칭은 13세기 후반 이전에는 아랍이나 서양의 문헌에 언급되지 않았다. 13세기 초반 아랍인들은 중심 도시의 이름에 따라 라크나오티(Lakhnaotī) 지방이라 불렀으나, 원래 형태였던 '방가(Vaṅga)'에서 나온 '방(Bang)'이라는 가장 오래된 형태를 찾을 수 있다. 그렇지만 11세기 탄조레 대탑의 비문에서 '방갈람(Vaṅgālam)'이 있었다. 이것이 바로 추적할 수 있는 가장 오래된 용례이다"(『영국-인도 용어 사전』, 85쪽). 펠리오 씨도 율의 이 설명에 동의하고 있지만, 한 가지 주목할 만한 사실을 언급하고 있다. "'방가(Vaṅga)'와 '방랄라(Vaṅgāla)'라는 두 명칭은 다르다. 말하자면 방갈라는 방가(벵골)의 한 지역을 침공하여 점령한 것으로 보이기 때문이다. 그렇다고 해서 1225년 조여괄이 쓴 『제번지』에 보이는 붕가라(鵬茄囉)를 벵골로 추정하는 것을 정당화하지는 않는다"(『Notes on Marco Polo』, I, 74쪽). 풍승균은 『제번지교주』에서 이 붕가라가 벵골일 가능성을 언급했었고, 소계경 씨는 『도이지략교석』에서 확인한 바이지만(332쪽), 역자 생각으로 『제번지』의 붕가라는 인도 서부의 해안 '망갈로르(Mangalore)'로 보인다. 따라서 벵골에 대한 첫 음역 명칭으로 볼 수 있는 것은 왕대연의 『도이지략』에서 별도의 조목으로 기술하고 있는 '붕가랄(朋加剌)'일 것이다. 서양인의 기술은 왕대연보다 확실히 앞서고 있다. 마르코 폴로는 직접 가지는 않았지만, 운남에서 들은 소문에 따라 기술했다(이는 정보의 출처가 인도가 아니라는 점에서 의미가 있다). 그는 라시드 앗 딘이 코로만델 해안에서 방갈라(Vaṅgāla)를 거쳐 운남에 이르는 여정을 그대로 따르고 있으므로, 마르코 폴로의 시대보다 적어도 1세기 전에 방갈라를 알고 있었다. 마르코 폴로는 다음과 같이 기술했다.

방갈라는 남쪽에 있는 지방으로, 앞서 말한 대로 나 마르코 폴로가 대카안의 궁정에 있었던 1290년까지도 정복되지 않았다. 이 지방에는 고유한 언어가 있고, 사람들은 사악한 우상 숭배자들임을 알아야 한다. 이들은 인도와 상당히 가깝다. 그곳에는 거세당한 사람들이 많이 있어서, 이들을 보유한 부호들(Barons)은 이 지방에서 그들을 데려간다. 사람들은 코끼리만 한 소를 가졌지만 그렇게 크지는 않다. 그들은 고기, 우유, 쌀을 먹고 산다. 그들은 면을 많이 생산하여 그것으로 주로 교역하며, 스파이크나드(Spikenard, 甘松), 갈링갈(Galingale, 방동사니), 생강, 사탕수수와 같은 향신료와 많은 다른 것들이 난다. 인도인들도 그곳에서 내가 말한 거세당한 사람들, 대부분 그 나라 사람들과 전쟁한 다른 지방에서 잡아 온 남녀의 노예들을 [사러] 찾아오는데, 이러한 거세당한 사람들과 노예들은 인도사람과 이들을 데려가 세상에 팔려는 상인들에게 팔린다(『The Book of Ser Marco Polo』, II, 114~115쪽).

『고대남해지명회석』에 따르면(913~914쪽), "『후한서·서역전』에는 '반기(磐起)', 『위략(魏略)』의 '반월국(磐越國)'이 모두 이 나라를 가리킨다.『신·구당서』의 동천축(東天竺), 『송사』의 동인도(東印度), 『제번지』주련(注輦) 조목의 '서천붕가라(西天鵬茄囉)', 『대덕남해지』의 '붕가라(鵬茄囉)', 『도이지략』의 '붕가랄(朋加剌)', 『원사·성종본기』의 '분해리(奔奚里)', 『성사승람』, 『정화항해도』, 『명사』의 '방갈랄(榜葛剌)', 『명실록·태조실록』의 '방합랄(邦哈剌)', 『서양조공전록』유산국 조목의 '팽가랄(彭加剌)', 『순풍상송』의 '방가라(傍伽喇)', 『해국문견록』의 '망초랍(網礁臘)' 또는 '민아(民呀)', 『해록』의 '명아라(明呀喇)', 『해도일지(海島逸志)』의 '명교료(明絞膋)'가 모두 이곳을 지칭한다"라고 설명하고 있다. 이는 대략 소계경 씨의 『도이지략교석』설명을 따르고 있는데(333쪽), 여기에서 『후한서』의 '반기(磐起)'와 『위략』의 '반월국(磐越國)'은 고대 방가 왕국으로 보기에는 남아 있는 자료가 너무나 부족하고, 또 고대인도의 영역은 동쪽으로 아쌈 북부까지 이어져 있었다. 만약 '반기' 또는 '반월'이 벵골지역의 고대 왕국을 지칭한 것이라면 『당서』와 『송사』에서 '동천축'이니 '동인도'라고 두루 지칭하지는 않았을 것이다. 따라서 중국기록에서도 '벵골'이란 명칭은 벵골이 독립 술탄국으로 건국하기 이전에 음역된 기록은 없다고 봐야 한다. 『원사·성종본기』의 '분해리(奔奚里)' 또한 배제되어야 한다. 무엇보다도 음성적 근접성이 부족하고, 지리적 위치도 벵골로 볼 만한 근거가 현재까지는 없다.

결국, 벵골에 관한 중국 측 기록은 왕대연의 『도이지략』(1349)이 가장 빠르고, 하나의 독립왕국으로서의 기술로는 여기 『영애승람』이 가장 자세하고 종합적인 기록임이 틀림없다. 그러나 동시대 비신(費信)의 기록은 마환의 기술보다 훨씬 현장감이 있다. 벵골 왕국 측으로부터의 접대 장면은 비신의 기술에만 보인다. 부록에 번역해 둔 『성사승람』의 해당 조목을 참고하시오.

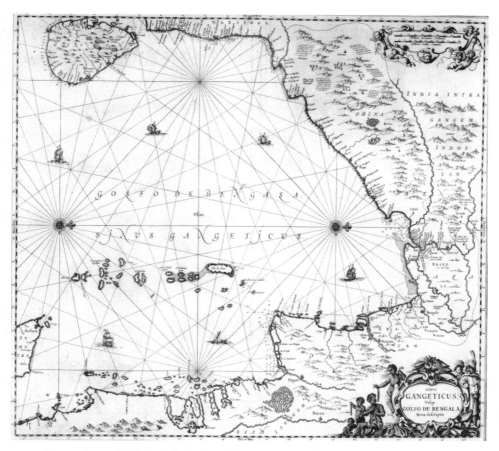

Johannes Jansson(1588~1664), 『Atlantis majoris quinta pars, orbem maritimum seu omnium marium totius orbis terrarum』, Amsterdam, 1650.
「벵골만으로 알려진 갠지스만(Sinus Gangeticus, Vulgo Golfo de Bengala)」, 48×54㎝.

벵골 왕국[榜葛剌國]³⁵⁰

17-1. 지리

소문답랄(蘇門答剌)에서 배를 타고 모산(帽山)과 취람도(翠藍島)에 이르렀다가 서북 방향으로 순풍에 20일을 항해해 가서 먼저 절지항(浙地港)에 이르러,³⁵¹ 배를 정박시켜 놓은 다음, 작은 배로 항구로 들어가 5백 리 남짓을 가면 쇄납아항(鎖納兒港)에 도착하고, 뭍에 올라 서남쪽으로 35개 역참을 가면 그 나라에 이른다. 성곽이 있고, 그 왕궁[王府]과 일체 크고 작은 관청들이 모두 성안에 있다.

自蘇門答剌國開船, 取帽山幷翠藍島,³⁵² 投西北上, 好風行二十日, 先到浙地港①泊船, 用小船入港, 五百餘里到地名鎖納兒港②登岸, 向西南行三十五站到其國.③ 有城郭,³⁵³ 其王府④幷一應大小⑤衙門皆在城內.

① ['절지항(浙地港)'은] 이븐 바투타 여행기에 나오는 사드카완(Sadkāwan)으로, 지금의

---

350 『설집』과 『담생당』본에는 "『일통지(一統志)』에 원래는 옛 혼주도부로, 이 나라가 가장 크다(一統志云, 本古忻州都府, 其國最大)"라는 주석이 달려 있다.

351 이상 벵골 왕국에 이르는 여정은 비신의 기술과 정확히 일치한다. 비신은 『성사승람』(고금설해본)에서 "사무드라[소문답랄]에서 순풍에 20일 밤낮을 [항행하면] 이를 수 있다(自蘇門答剌順風二十晝夜可至)"라고 하였다(사고전서본, 권20, 1b).

352 '도(島)'자는 『국조전고』에만 '서(嶼)'자로 되어 있다. 여기의 취람산(翠藍山)은 앞서 본 석란 조목(10)에서 본 취람산, 즉 니코바르제도를 말한다.

353 『기록휘편』의 이 문장[有城郭]은 『국조전고』, 『삼보정이집』, 『설집』, 『담생당』본에는 모두 "其國有城郭"으로 되어 있으므로, 앞에 '기국(其國)' 두 글자를 보완해야 할 것이다.

치타공(Chitagong) 항구이다. 『기록휘편』원문에는 '엄(淹)'자로 잘못되어 『승조유사』본에 따라 고쳤다.[354]

② ['쇄납아항(鎮納兒港)'은] 이븐 바투타 여행기에 나오는 '소나르카완(Sonarkāwan)'으로 오늘날 소나르가온(Sonārgong)이다.[355]

③ 『성사승람』에서 말한 판독와(板獨哇, Panduah)는 추장이 사는 곳이다.[356]

---

[354] '절지항(浙地港)'의 '항(港)'자는 『기록휘편』원문에 '엄(淹)'자로 되어 있다. 『국조전고』에는 정확히 '절지항(浙地港)'으로 되어 있다. 『삼보정이집』, 『설집』, 『담생당』본에는 '제지항(淛地港)'으로 되어 있다. 비신의 『성사승람』에는 '찰지항(察地港)'으로, 『정화항해도(鄭和航海圖)』에서는 '살지항(撒地港)'으로 표기했는데, 치타공을 가리키고 있다. 풍승균 씨는 『성사승람』전집 방갈랄국(榜葛剌國) 조목의 '찰지항(察地港)' 주석에서 『영애승람』의 '제지항(淛地港)'이며 지금의 치타공(Chittagong)을 가리킨다고 하였다(『성사승람교주』전집, 39쪽). '제(淛)'자는 '절(浙)'자의 이체일 뿐이고, 『대청일통지(大淸一統志)』, 『연감유함(淵鑑類函)』에는 '제지항(淛地港)'으로 되어 있으므로 문제될 것이 없다. 록힐은 '패지항(沛地港)'으로 잘못 읽었다(437쪽). 후지타 도요하치는 『도이지략』의 붕가랄(朋加剌) 조목을 주석하며 '석지항(淅地港)'으로 읽고 '석지항, 찰지항(察地港) 모두 치트가온(Chatganw)[이븐 바투타의 표기 형태]에 해당하는 음으로 지금의 치타공(Chittagong)이다"(『도이지략교주』, 149쪽)라고 하였다. 모두 '절(浙)'자를 잘못 읽은 경우이다. 『고대남해지명회석』(666쪽)에 인용된 중국 문헌들을 참고하여 정리해 보면, 치타공은 '찰지항(察地港)' 또는 '절지항(浙地港)'으로 음역되었다. 아랍인으로는 이븐 바투타가 가장 먼저 이 항구도시를 언급하고 있는데, "우리가 들어간 벵골의 첫 번째 도시는 수드카완(Sudkāwān)으로, 대양의 해변에 있는 곳이다"라고 하였다. 서양인으로는 16세기 포르투갈인 드 바로스(De Barros)의 '차티감(Chatigam)'을 시작으로, 'Satagam', 'Chataguão', 'Chatigan', 'Chittagoung', 'Xatigam', 'Chittigan' 등이 보인다. 이러한 아랍인과 서구인들의 표기를 볼 때, 『성사승람』의 찰지항(察地港)이 음성적으로 더 근접하다. 방글라데시 동남부에 있는 행정중심 도시로, 치타공 구릉 지대와 벵골만 사이로 흐르는 카르나풀리(Karnaphuli)강 어귀에 있는 항만도시이다.

[355] 『성사승람』전집, 방갈랄국(榜葛剌國) 조목에는 '쇄납아강(鎮納兒江)'으로 되어 있다. 풍승균 씨는 "『영애승람』에서의 음역 명칭과 같다. 지금의 소나르가온(Sonārgāon)이다"라고 설명했다(『성사승람교주』전집, 39쪽). 이 주석은 후지타 도요하치의 설명을 참고한 듯하다. 그는 "쇄납아항과 쇄납아강은 '수나르가온(Sunarganw)'으로 다카(Dacca)의 동남쪽 몇 마일 지점에 있다"라고 하였다(『도이지략교주』, 149쪽). 윌리엄 우즐리(William Ouseley)가 번역한 『The Geographical Works of Sádic Isfáni』(London, 1832), 30쪽에 따르면, '금세공인의 마을'이란 뜻이라고 한다. '수네르공(Soonergong)' 또는 '순네르가웅(Sunnergaum)'이라 부르기도 한다. 지금은 사라진 마을이지만 벵골 동부의 중심 도시인 다카(Dacca)의 건설 이전에 있었다. 렌넬(Major Rennell)의 『Memoir of a Map of Hindoostan』, 57쪽에 보인다. 렌넬은 이 마을이 다카로부터 남동쪽으로 약 13마일 떨어진 부람푸터(Burrampooter)강의 지류에 있으며, 정교한 면제품으로 유명했다고 한다(앞의 책). 해밀턴(Hamilton) 씨는 『동인도 지방지(East India Gazetter)』에서 수네르공(Soonergong)은 원래 '수바루아 그라마(Suvarua grama)'라고 불렸는데, '황금의 마을'이란 뜻이라고 하였다. 소나르가온은 방글라데시의 수도 다카(Dhaka) 시내에서 남동쪽으로 약 29㎞ 떨어진 곳에 있다.

[356] 『기록휘편』의 이 문장[向西南行三十五站到其國]에서 마환은 분명 왕이 사는 도시를 언급하지 않았다.

④ '부(府)'자는 『국조전고』본에 따라 보충하였다.

⑤ ['일응대소(一應大小)'는] 『기록휘편』에 '대소일응(大小一應)'으로 되어 있는데 『승조유사』본에 따라 고쳤다.[357]

17-2. 나라 개관

이 나라의 땅은 광활하고, 산물은 풍부하며 사람들은 조밀하다. 온 나라 사람들이 모두 회회인들이다. 민속은 순박하고 선량하다. 부자 중에는 배를 만들어 외국에 나가 경영하는 사람들이 상당히 많고, 밖으로 나가 품팔이하는 기술자들도 많다. 사람들의 얼굴과 몸은 모두 검고, 간혹 온통 흰 사람도 있다.

其國地方廣闊, 物穰①民稠, 舉國皆是回回人.② 民俗淳善. 富家造船往諸番國經

먼저 '도기국(到其國)'은 『국조전고』에 "到榜葛剌國"으로, 『삼보정이집』에는 '도국(到國)', 『설집』과 『담생당』본에는 '到國中'으로 되어 있다. 여기에서 '국(國)'자는 도성 또는 수도의 의미로 사용되었다. 비신은 『성사승람』 방갈랄 조목에서 치타콩에서 16개 역참을 가면 소나르가온에 도착하고, 다시 20개 역참을 가면 추장이 사는 곳인 판독와(板獨咓, Panduah)에 도착한다고 하였다. 한편 비신의 기술은 직접 현지에서 목격하지 않고는 쓸 수 없는 매우 사실적인 내용을 보여 준다(부록에 실린 번역문을 참고하시오). 우선 비신은 도읍까지 '36'개 역참을, 마환은 '35'개 역참을 언급하고 있다. 펠리오의 추정에 따르면(「15세기 초 중국의 대항해」, 324쪽), 마환이 벵골에 간 시기는 일곱 번째 항해인 1431~1433년 사이일 것으로 추정했지만, 사실 마환이 벵골에 간 일은 확인되지 않는다. 밀스 씨는 1432년 당시 벵골 통치자의 거점은 판두아에서 가우르(Gaur)로 옮겨 갔으므로, 마환이 방문한 수도는 캘리컷에서 351도 방향으로 157마일 떨어진 곳에 있는 가우르였을 것으로 추정했다. 이어서 비신이 1412~1414년과 1415~1418년에 간 수도는 판두아였다고 확신하고 있다(『영애승람역주』, 160쪽).

357 이 교정에 해당하는 『기록휘편』 원문[其王幷大小一應衙門皆在城內]은 『국조전고』에 "其王府幷一應大小衙門皆在城內"로, 『삼보정이집』에는 "其國王應有大小衙門皆在城內"로, 『설집』과 『담생당』본에는 "其王居之所幷一應大小衙門皆在城內"로 되어 있다. 따라서 『기록휘편』 원문에서 '대소일응'은 '일응대소'로 어순을 바꿔야 하고, '왕(王)'자는 '왕부(王府)' 또는 '왕거지소(王居之所)' 등의 보충이 의미를 좀 더 명확하게 보여 주지만, 없어도 문제될 것은 없다. 『서양번국지』에서는 "왕이 사는 곳과 크고 작은 여러 관청들 모두 성 안에 있다(王居及大小諸衙門皆在城內)"라고 하였으므로, 『기록휘편』의 '왕(王)'자는 '왕거(王居)'로 교정하는 편이 좋겠다.

營者頗③多, 出外④傭役⑤者亦多. 人之容體皆黑, 間有一白者.⑥

① ['양(穰)'자는]『국조전고』본에 '광(廣)'자로 되어 있다.³⁵⁸
② 이상 일곱 글자[擧國皆是回回人]는『승조유사』본에 "행동거지는 모두 이슬람 교리에 의거한다(擧動皆依回回敎門)"라고 되어 있다.
③ '파(頗)'자는『승조유사』본에 따라 보충하였다.³⁵⁹
④ ['외(外)'자는]『기록휘편』에 '입(入)'자로 잘못되어『승조유사』본에 따라 고쳤다.
⑤ ['역(役)'자는]『기록휘편』에 '기(伎)'자로 되어 있어『승조유사』본에 따라 고쳤다.³⁶⁰
⑥ 이상 열한 글자[人之容體皆黑, 間有一白者]는『승조유사』본에 "남자, 부인 대부분이 자당색이고, 뽀얀 흰색의 사람은 적다(男婦多紫棠色, 白皙者少)"라고 되어 있다.³⁶¹

17-3. 복식

남자들은 모두 머리를 삭발하고, 흰 베로 감싼다. 몸에는 모자를 아래로 내린 원령(圓領) 같은 긴 옷을 입고, 아래는 넓은 [베로 만든] 수건을 두르며, 발에는 얇은 가죽신을 신는다. 왕과 두목의 복장은 모두 이슬람교의 예법

---

358 '양(穰)'자는『기록휘편』,『설집』과『담생당』본에 일치하지만,『국조전고』에만 '광(廣)'자로 되어 있고, 『삼보정이집』에는 '양(攘)'자로 되어 있다.

359 풍승균 씨가 보충해 넣은 '파(頗)'자는『국조전고』,『삼보정이집』,『설집』,『담생당』본 어디에도 보이지 않으므로, 삭제하는 것이 맞다.

360 이상 두 교정에 해당하는『기록휘편』의 원문[出入傭伎者亦多]은『삼보정이집』,『설집』,『담생당』본에 "出外傭技者亦多"라고 되어 있고,『국조전고』에는 "出外傭役者亦多"라고 하였으므로,『기록휘편』의 '입(入)'자는 '외(外)'자로 당연히 고쳐야 한다. 그러나 '기(伎)'자는 '기(技)'자와 통용한다. 결국, 품팔이하는 기술자인지, 일꾼인지 선택하기 어렵다.『서양번국지』(상달, 교주본, 38쪽)에서도 "而傭伎者亦多"라고 했으므로, 풍승균 씨처럼 반드시 '역(役)'자로 교정해야 하는 것은 아니다.

361 『기록휘편』의 이 문장[人之容體皆黑]은『국조전고』에 "人之容體男婦皆黑"이라고 하였고,『삼보정이집』,『설집』,『담생당』본에는 "人之容體男女皆黑"이라고 하였다. '남부(男婦)'든 '남녀(男女)'든 모두 덧붙여진 말들이다. 문맥으로 보아서는 이들을 뺀『기록휘편』이 가장 명료하다. 그렇다고 이 본이 마환의 원문에 가깝다고 보장할 수는 없다.

을 받들어, 의관이 매우 단정하고 아름답다.

男子皆剃髮, 以白布纏之. 身服從頭套下圓領長衣, 下圍各色闊手巾,[362] 足穿淺面
皮鞋. 其國王幷頭目之服,[363] 俱奉①回回敎禮, 冠衣甚整麗.[364]

① ['봉(奉)'자는] 『기록휘편』에 '복(服)'자로 되어 있어 『승조유사』본에 따라 고쳤다.[365]

17-4. 언어

나라의 말은 모두 방갈리(榜葛里)를 따르고 자체적으로 하나의 언어를 형
성하고 있지만, 파아서어(吧兒西語)를 말하는 자들도 있다.

國語皆從榜葛里,[366] 自成一家言語, 說吧兒西①語者亦有之.

① ['파아서(吧兒西)'는] 파르시(Farsi), 즉 페르시아어이다.[367]

---

362 '활수건(闊手巾)'은 『기록휘편』과 『국조전고』에 일치하지만, 『삼보정이집』, 『설집』, 『담생당』본에는
    '포(布)'자를 더 넣어 '활포수건(闊布手巾)'으로 되어 있다.

363 『기록휘편』의 이 문장[其國王幷頭目之服]은 『삼보정이집』과 같지만, 『설집』과 『담생당』본에서는 '병
    (幷)'자가 없는 문장을 보여 주고 있다. 단 『국조전고』에만 "其國王頭目之扮"으로 '복(服)'자가 '분(扮)'
    자로 되어 있다.

364 '정려(整麗)'는 『기록휘편』과 『국조전고』에서 일치하지만, 『삼보정이집』, 『설집』, 『담생당』본에는 '정
    (整)'자로만 되어 있다. 『서양번국지』에서는 '결려(潔麗)'를 보여 준다.

365 이 교정에 해당하는 『기록휘편』의 원문[俱服回回敎禮]은 『국조전고』에도 마찬가지이다. 『삼보정이집』,
    『설집』, 『담생당』본에는 "俱依回回體制"라고 하였다. 따라서 풍승균 씨가 '복(服)'자를 '봉(奉)'자로 교
    정한 것은 과한 친절이다. 여기서는 '의(依)' 또는 '복(服)'자를 따르는 것이 맞다.

366 '방갈리(榜葛里)'는 『국조전고』에 '노갈리(撈葛俚)'로, 『삼보정이집』에는 '방갈리(榜葛俚)'로, 『설집』과
    『담생당』본에는 '방가리(榜家俚)'로 되어 있다. 물론 음역 표기지만 『기록휘편』의 '이(里)'자는 '이(俚)'
    자로 바꾸는 것이 좋겠다. 바로 벵골어(Bengali)를 가리키고 있다.

367 이 정보[說吧兒西語者亦有之]는 『국조전고』에 보이지 않는다. 『기록휘편』의 '파아서(吧兒西)'는 『삼보

17-5. 통화

국왕은 은으로 '당가(儅伽)'라는 동전을 주조하는데, 하나는 중국 저울로 3전의 무게가 나가고, 지름은 중국 자로 1촌 2푼이며, 배면에는 문양이 있다. 일체의 매매는 모두 이 은전으로 값을 따진다. 잔돈으로, 그곳 말로 '고리(考嚟)'[368]라는 해파(海肥)를 사용하는데, 개수를 따져 교역한다.

國王以銀鑄錢, 名儅伽, 每箇重官秤三[①]錢,[②] 徑官寸一寸二分, 底面有紋. 一應買賣皆以此錢論價. 零用海肥番名考嚟,[369] 論箇數交易.[370]

① ['삼(三)'자는] 『기록휘편』에 '이(二)'자로 잘못되어 『승조유사』본에 따라 고쳤다.[371]

정이집』, 『설집』, 『담생당』본에는 '파아서(巴兒西)'로 되어 있다. 한편 『서양번국지』에서는 『기록휘편』과 같은 표기를 보여 주고 있는데, 상달(向達) 씨는 "인도에서는 페르시아 출신이면서 배화교를 믿는 인도인들을 '파르시(Pārsi)'라고 하는데, 이들이 사용하는 언어도 '파르시'라고 한다"라고 하며 여기의 '파아서'를 파르시의 음역으로 추정했다(『서양번국지교주』, 38쪽). 만명 씨는 이들이 하나의 집단을 이룬 것은 아니고, 이슬람교도를 피해 페르시아에서 인도로 이주해 온 배화교도들이라고 상달 씨의 설명을 반복했다(『명초본영애승람교주』, 87쪽).

368 고리(考嚟)는 카우리(kauri)에 해당하는 음으로, 조개 화폐를 말한다. 자세한 것은 유산국 조목(14-8)의 주석을 참고하시오.

369 이상의 문장들[國王以銀鑄錢, 名儅伽, 每箇重官秤三錢, 徑官寸一寸二分, 底面有紋. 一應買賣皆以此錢論價. 零用海肥番名考嚟]은 『국조전고』에서는 "또한 은전을 사용한다. 해파는 그곳 말로 고리라고 한다(亦以銀錢使用. 海肥番名考嚟)"라고만 되어 있다. 마지막 문장인 "零用海肥番名考嚟"는 『삼보정이집』에 "街市零用海肥, 番名考黎"로 되어 있고, 『설집』과 『담생당』본에는 "街市合用海肥, 番名考黎"라고 되어 있다. 『설집』과 『담생당』본의 '합(合)'자는 『삼보정이집』의 '영(零)'자의 오기로 보이므로, 『기록휘편』의 원문에는 『삼보정이집』, 『설집』과 『담생당』본에 따라야 '가시(街市)' 두 글자를 보충해야 할 것이다.

370 '논(論)'자 앞에는 『국조전고』, 『삼보정이집』, 『설집』, 『담생당』본 모두에 '역(亦)'자를 보여 주므로, 이에 따라 보충해야 할 것이다.

371 이 교정에 해당하는 '당가(儅伽)'라는 은화를 설명하는 문장들[每箇重官秤三錢, 徑官寸一寸二分, 底面有紋]은 『국조전고』에는 빠져 있다. 『기록휘편』 원문에는 "每箇重官秤二錢, 徑官寸一寸二分, 底面有紋"으로 되어 있고, 『삼보정이집』에는 "每箇重官秤三錢, 徑一寸二, 底面有文", 『설집』과 『담생당』본에서는 "每箇重官秤三錢, 徑官尺一寸三分, 底面有紋"이라고 하였고, 『서양번국지』에는 "매 [은]전은 중국 저

② ['전(錢)'자는] 『서양조공전록』에 '분(分)'자로 잘못되어 있다.

17-6. 관혼상제

민속과 관례, 상례, 혼인의 예법은 모두 회회교의 예법에 따른다.

民俗冠喪祭婚姻之禮, 皆依回回教門禮制.①

① 이상 두 글자[禮制]는 『승조유사』본에 따라 보충하였다.[372]

17-7. 산물

사계절의 기후는 항상 여름처럼 덥다. 쌀과 곡식은 1년에 두 번 익고, 쌀과 기장은 가늘고 길며 세홍미(細紅米)가 대부분이다. 속(粟), 맥(麥), 참깨[芝麻], 각색의 콩, 서(黍), 생강, 겨자, 파, 마늘, 오이, 가지, 채소가 모두 있다. 과일에는 파초자(芭蕉子)가 있다. 술에는 3~4가지, 야자주(椰子酒), 미주(米酒),

울로 3전의 무게가 나가고, 중국 자로 지름은 1촌 2푼이며 배면에는 문양이 있다(每錢官秤重三錢, 官尺徑一寸二分, 底面有紋)"라고 하였다. 이로써, 우선 『기록휘편』의 '이전(二錢)'은 '삼전(三錢)'으로 고치는 것이 맞다. 둘째, 『기록휘편』의 '관촌(官寸)'은 『설집』, 『담생당』본과 『서양번국지』에 따라, '관척(官尺)'으로 고치든지, 아니면 『삼보정이집』처럼 빼는 것이 맞다. 셋째, 지름이 1촌 2푼인지, 『설집』과 『담생당』본의 1촌 3푼인지의 문제는 『기록휘편』, 『삼보정이집』, 『서양번국지』를 따르는 것이 적절하다. 넷째, '문(紋)'자는 『삼보정이집』에만 '문(文)'자로 되어 있다. 문양이 있는 것인지 글자가 있는 것인지 분명하지 않지만, 여기서는 다수의 사본에 따라 문양[紋]으로 읽는다. 이로써 위의 교정문은 "每箇重官秤三錢, 徑官尺一寸二分, 底面有紋"으로 고친다.

372 이 교정에 해당하는 『기록휘편』의 원문[民俗冠喪祭婚姻之禮, 皆依回回教門]은 『국조전고』에 "民俗冠婚喪禮, 皆亦回回教門"으로, 『삼보정이집』, 『설집』, 『담생당』본에는 "民俗冠婚喪祭, 皆依回回教門"으로 되어 있다. 『삼보정이집』, 『설집』, 『담생당』본에서의 '제(祭)'자가 조금 의심스럽긴 하지만, 이에 따라 고쳐야 할 것으로 보인다. 따라서 풍승균 씨가 『승조유사』본에 따라 보충한 두 글자는 불필요하다.

수주(樹酒)[373], 교장주(茭葦酒)가 있는데 각기 만드는 법이 있으며, 소주(燒酒)가 많이 있다. 시장에는 파는 차가 없어 민가에서는 빈랑으로 사람을 대접한다. 거리와 시장에는 일체의 점포, 혼당(混堂), 술, 밥, 디저트[甜食]를 파는 집들이 모두 있다. 낙타, 말, 노새, 나귀, 물소, 황우, 산양, 면양, 거위, 오리, 닭, 돼지, 개, 고양이 등의 가축이 모두 있다. 과일에는 파라밀(波羅蜜), 산자(酸子), 석류, 사탕수수[甘蔗] 등등이 있고, 단 음식으로는 사당(沙糖, 설탕), 백당(白糖, 백설탕), 당상(糖霜, 얼음 사탕), 당과(糖果, 사탕), 밀전(蜜煎, 물엿), 밀강(蜜

---

373 '수주(樹酒)'에 관한 마환의 설명이 없으므로, 어떤 나무에서 나는 술인지, 그것이 열매에서 나는 것인지 아니면 수지인지 아니면 꽃에서 만드는 것인지 단정할 수 없다. 다만 이와 연관된 다음 사항들을 찾을 수 있다. 『명일통지』(사고전서본, 권87, 47b)에는 "'수두종(樹頭椶)'이란 나무는 높이가 5~6장이고 열매는 손바닥만 하다. 그곳 사람들은 누룩을 항아리에 넣고 끈으로 열매 아래에 그 항아리를 걸어 둔다. 그리고 그 열매에 자상을 내고 항아리로 흘러내린 즙을 취해 술로 만드는데, 수두주라고 한다. 혹 누룩을 사용하지 않고 채취한 즙을 졸여 백당으로 만들기도 한다. 그 잎이 바로 패엽으로 미얀마의 글을 [그 위에] 쓴다(樹類[頭]椶, 高五六丈, 結實大如掌. 土人以麯納罐中, 而以索懸其罐於實下. 劃其實, 取汁流于罐以爲酒, 名曰樹頭酒. 或不用麯, 惟取其汁熬爲白糖. 其葉卽貝葉, 寫緬書)"라고 하였다. 이 정보는 『본초강목』(사고전서본, 권31, 22b) 야자 조목 아래는 수두주에 관한 설명이 부록으로 실려 있는데, 『환우지(寰宇志)』의 설명을 인용하고 있다. 이 『환우지』는 왕중(王重, 1426~?) 등 29인이 1456년 왕명으로 편찬한 『환우통지(寰宇通志)』를 말하는 것이다. 김호동 교수가 『마르코 폴로의 동방견문록』(434쪽) 주에서 『태평환우기(太平寰宇記)』로 읽은 것은 실수이다.

청나라 의학자 조학민(趙學敏)이 1765년 편찬한 『본초강목습유(本草綱目拾遺)』, 권7에는 야중주(椰中酒)를 설명하고 있는데, "미얀마에 있는 수두주(樹頭酒)는 야자 속에 들어 있는 즙이다(緬甸有樹頭酒, 卽椰子中漿汁也)"라고 하면서 야중주가 바로 수두주임을 알려 주고 있다. 이러한 명나라 기록들은 훨씬 이전으로 거슬러 올라갈 수 있다. 『양서(梁書)』, 권54에 실린 돈손국(頓遜國) 조목에 "또한 술이 나는 나무(酒樹)가 있는데, 안석류와 비슷하다. 그 꽃의 즙을 채취하여 항아리에 넣어 두면 며칠이 지나면 술이 된다(又有酒樹, 似安石榴. 采其花汁停甕中, 數日成酒)"라고 하였다. 여기의 돈손은 미얀마 테나세림(Tenasserim), 현재 미얀마의 타닌타이(Tanintharyi) 지역으로 추정된다. 이러한 지역적 일치로 볼 때, 수두주(樹頭酒)=야중주(椰中酒)=주수(酒樹)이므로 마환이 언급한 수주(樹酒)는 이를 말한 것으로 생각한다.

마르코 폴로는 수마트라의 술을 기술하면서, "내가 말해 줄 술 이외에 다른 술은 없다. 당신들은 그 술을 어떤 나무에서 나온다는 것을 알아야 한다. 술을 마시고 싶으면 그들은 이 나무의 가지를 자르고 줄기에 큰 항아리를 달아 두면 하룻밤 사이에 항아리에 가득 찬다. 이 술은 마시기 좋으며 흰색과 붉은색이 있다. … 이 나무들은 작은 대추야자 같으며, 잘린 가지에서 더 술이 나오지 않을 때는 그 나무뿌리에 물을 주면 얼마 되지 않아 이전처럼 술이 나온다"라고 하였다(『The Book of Ser Marco Polo』, II, 292~293쪽). 이 수마트라의 술 나무는 앞서 본 미얀마의 술 나무와 비슷하다. 마환의 『영애승람』에서는 이러한 미얀마와 수마트라의 술 나무가 전혀 언급되지 않고 있다가, 미얀마의 서쪽에 있는 벵골을 언급하며 나타났다는 점에 주목할 필요가 있다.

薑) 등이 있다.

四時氣候, 常熱如夏. 稻穀一年二熟, 米粟細長, 多有細紅米.[374] 粟・麥・芝麻・各色豆・黍・薑・芥・蔥・蒜・瓜・茄・蔬菜皆有.[375] 果有芭蕉子.[376] 酒有三四等, 椰子酒・米酒・樹酒①・茭葦酒, 各色法制,② 多有③燒酒. 市賣無茶, 人家以檳榔待人.④ 街市一應鋪店・混⑤堂・酒・飯・甜食等肆都有. 駝・馬・驢・騾・水牛・黃牛・山羊・棉羊・鵝・鴨・雞・猪・犬・貓等畜皆有.[377] 果則有⑥波羅蜜・酸子・石榴・甘蔗等類, 其甜食則有⑦沙糖・白糖・糖霜・糖⑧果・蜜煎・蜜薑⑨之類.

① ['수주(樹酒)'는]『서양조공전록』에 '동자주(桐子酒)'로 되어 있다.[378]
② '법제(法制)'는『승조유사』본에 '조법(造法)'으로 되어 있다.[379]
③ ['유(有)'자는]『승조유사』본에 '작(作)'자로 되어 있다.[380]

374　『기록휘편』의 이 문장[多有細紅米]은『삼보정이집』에 "多紅者"라고 하였고,『설집』과『담생당』본에는 "多有"라고만 하였다. 이 정보는『국조전고』에 빠져 있다. 여기서는『삼보정이집』을 따르는 것이 중복 감을 피할 수 있다. 이는『서양번국지』에서 확인된다.

375　여기 곡물과 채소를 열거한 문장[粟・麥・芝麻・各色豆・黍・薑・芥・蔥・蒜・瓜・茄・蔬菜皆有]은 『국조전고』본에 종류를 대부분 생략하고 "粟・麥・菉荳・蔬菜各色俱有"라고만 하였다.

376　이 문장[果有芭蕉子]은 뒤에 나오는 과일을 기술하는 부분에 들어가야 할 정보이다. 마환의 원문이 이처럼 되어 있었을 것으로 보인다. 그래서『국조전고』는 과일을 설명하면서 "果有芭蕉…"라고 정리하려 했던 것으로 추측한다.

377　이상 짐승과 가축에 관한 정보는『국조전고』에 "驢騾頭畜, 雞犬諸色俱有"라고 되어 있다.『삼보정이집』에는 뒤에 나오는 과일 종류와 순서가 바뀌어 있는데, "有駝・馬・驢・騾・水牛・黃牛・山羊・棉羊・雞・鴨・猪・鵝・犬・貓等畜"으로 되어 있고『설집』과『담생당』본은『삼보정이집』과 같지만, 끝에 '俱有' 두 글자를 더 넣어 문장을 혼란스럽게 만들고 있다.

378　'수주(樹酒)'는『삼보정이집』에 '수자주(樹子酒)'로 되어 있고,『국조전고』,『설집』,『담생당』본에는 빠져 있다.『서양번국지』에는 이 술에 관한 정보가 전혀 보이지 않는다.

379　『국조전고』와『삼보정이집』에는 "各有造法"으로,『설집』과『담생당』본에는 "各色造法"으로 되어 있으므로,『기록휘편』의 '법제(法制)'는 '조법(造法)'으로 고치는 것이 맞다.

380　『기록휘편』의 이 문장[多有燒酒]은『국조전고』에도 일치한다. 그런데『삼보정이집』,『설집』,『담생당』본에서는 "多作燒酒而賣"라고 하였다.『국조전고』에 "多作燒酒而賣無茶"로 되어 있던 것을 허대령, 왕천유 씨가 교점하면서,『기록휘편』에 따라 '이(而)'자를 '시(市)'자로 고쳐 버렸다. 따라서『국조전고』의 이 두 문장은 "소주를 많이 만들어 판다. 차가 없어…(多作燒酒而賣. 無茶, …)"라고 구두해야 한다.

④ ['인(人)'자는]『승조유사』본에 '객(客)'자로 되어 있다.[381]

⑤ ['혼(混)'자는]『승조유사』본에 '욕(浴)'자로 되어 있다.[382]

⑥ '유(有)'자는『승조유사』본에 따라 보충하였다.

⑦ 이상 일곱 글자[等類, 其甛食則有]는『승조유사』본에 따라 보충하였다.

⑧ '당(糖)'자는『승조유사』본에 따라 보충하였다.

⑨ 이상 두 글자[蜜薑]는『승조유사』본에 따라 보충하였다.[383]

17-8. 직물

토산은 대여섯 가지의 가는 베가 있다. 하나는 그곳 말로 '비박(卑泊)'이라

이는『서양번국지』(교주본, 39쪽)에서 "多作燒酒賣"라고 한 것에서 확인되므로 풍승균 씨의 교정문은 『삼보정이집』,『설집』,『담생당』본에 따라 다시 구두하고『기록휘편』의 '시매(市賣)'는 '이매(而賣)'의 잘못으로 읽어야 한다.

381 이상 두 문장[市賣無茶, 人家以檳榔待시은 앞의 주에서 언급한 대로 "而賣. 無茶"로 읽어야 한다. 한편 『삼보정이집』,『설집』,『담생당』본에서는 "인가에서는 차가 없어 손님이 오면 빈랑을 먹는다(人家無茶, 客至以檳榔啖人)"라고 하였고,『서양번국지』에서 "土俗無茶, 以檳榔待客"이라고 한 문장에서 확인할 수 있다. 여기『서양번국지』의 '객'자는『승조유사』본과 같다.

382 '혼당(混堂)'은 이미 앞의 아덴국 조목[16-4]에서 한 차례 언급된 바 있다.『국조전고』에 '욕탕(浴湯)'으로,『삼보정이집』,『설집』,『담생당』본에는 '욕당(浴堂)'으로 되어 있고,『서양번국지』에서는 '혼당(混堂)'을 유지하고 있다. 여기서는 다수의 사본에 따라 '욕당(浴堂)'으로 고친다.

383 이상 풍승균 씨가 교정한 두 문장은『기록휘편』원문에 "果則波羅蜜·酸子·石榴·甘蔗·沙糖·白糖·糖霜果·蜜煎之類"라고 되어 있다.『국조전고』에는 "果有芭蕉·波羅蜜·酸子·石榴·甘蔗之類, 砂糖·白糖·糖霜·果·蜜餞之類",『삼보정이집』에는 "果有波羅蜜·酸子·石榴·甘蔗·砂糖·糖霜·糖果·蜜煎姜之類",『설집』과『담생당』본에는 "果則波羅蜜·酸子·石榴·甘蔗·沙糖·白糖·霜果·蜜煎姜之類"라고 되어 있고,『서양번국지』에는 "果有芭蕉·甘蔗·石榴·酸子·波羅蜜, 及砂糖·白糖·糖霜·蜜煎之類"라고 하였다. 첫째, 풍승균 씨가 ⑥에서 '유(有)'자를 보충한 것은 꼭 필요한 교정은 아니다. 교정문의 '과즉유(果則有)'는 '과유(果有)'로 고치는 것이 더 유리하다. 둘째,『기록휘편』 뿐만 아니라 명나라의 네 필사본에서 '사당(沙糖)' 앞에는 글자가 빠졌음을 짐작할 수 있다. 그래서 풍승균 씨는 ⑦에서 일곱 글자[等類, 其甛食則有]를 보충했다. 그러나 어느 사본에도 보이지 않고, 없더라도 문장의 의미를 파악하는 데 지장이 없으므로 따르지 않는다. 셋째, 풍승균 씨는 ⑧에서『기록휘편』의 '糖霜果'를 '糖霜·糖果'으로 '당(糖)'자를 보충해 넣었다. 이는『국조전고』와『삼보정이집』에서 확인되므로 적절하다. 마지막으로 ⑨에서 '밀강(蜜薑)'을 더 추가한 것은 다른 사본에 전혀 보이지 않으므로, 따르지 않는다.

하는 필포(蓽布)로, 폭은 3척 남짓이고, 길이는 5장 6~7척이며, 이 베는 풀 먹인 흰 종이[粉箋]처럼 고르고 가늘다. 하나는 그곳 말로 '만자제(滿者提)'라고 하는 강흑포(薑黑布)로, 폭은 4척가량 되고, 길이는 5장 남짓인데, 이 베는 긴밀하고 튼실하다. 하나는 그곳 말로 '사납파부(沙納巴付)'라고 하는 것으로 폭은 5척이고, 길이는 3장으로, 바로 생평라(生平羅)[384]와 같은 포라(布羅)이다. 하나는 그곳 말로 '흔백근탑여(忻白勤搭黎)'라고 하는데, 폭은 3척이고 길이는 6장으로 베의 코가 드물고 고른데, 바로 포사(布紗)[385]로, 모두 이 베로 싸맨다[전두를 한다]. 하나는 그곳 말로 '사탑아(沙榻兒)'라고 하는데, 폭은 2척 5~6촌이고 길이는 4장 남짓으로 삼사포(三梭布)[386]와 같다. 하나는 그곳 말로 '맥흑맥륵(驀黑驀勒)'이라 하는데, 폭은 4척이고 길이는 2장 남짓으로, 뒷면에는 솜털이 나 있으며, 두께는 4~5푼으로, 두라면(兜羅綿)이다. 뽕나무, 산뽕나무, 누에, 고치 모두 있으나, 실을 뽑아, 명주실을 섞어 만든 수건[絲嵌手巾]과 비단[絹]을 짤 줄만 알고, 고치 솜을 탈[成綿] 줄은 모른다.

土産五六樣細布. 一樣蓽布,[①] 番名卑泊,[②] 闊三尺餘, 長五丈六七尺, 此布勻細如粉箋一般.[387] 一樣[③]薑黑布, 番名滿者提,[④] 闊四尺許, 長五丈餘, 此布緊密壯實. 一

384 '나(羅)'는 누빈 것이 있으면 '숙라(熟羅)'라고 하고, 누빈 것이 없는 민자의 것은 '생라(生羅)'라고 하는데 여기의 '생평라'는 이를 두고 말하는 것으로 보인다. 오자목(吳自牧)의 『몽양록(夢粱錄)』(사고전서본, 권18, 3b)에는 비단 제품 목록에 들어 있다. 뒤에 나오는 포라(布羅)에 관하여, 펠리오 씨는 "'나(羅)'는 원래 비단으로 만든 크레이프이고, '포(布)'는 중국 사람들이 삼[麻], 모시, 돌리쵸스(Dolichos, 편두콩) 등과 같은 것으로 만든 천으로, 특히 중세 말부터는 면으로 만든 것으로 이해한다. 그러므로 포라(布羅)는 [실제 비단 크레이프와는 달리] 면 크레이프를 의미한다(「15세기 초 중국의 대항해」, 427쪽).

385 펠리오 씨는 포사(布紗)를 앞서 본 포라(布羅)와는 달리, '면 거즈'로 번역했다(앞의 출처). 크레이프 천은 얇고 주름진 것이 특징이라면, 거즈는 가볍고 성글며, 주름이 없다는 점이 다르다.

386 '삼사포(三梭布)'란 명나라 육용(陸容)의 『숙원잡기(菽園雜記)』(사고전서본, 권1, 1b)에 따르면 바로 강소성 송강현(松江縣)에서 나는 '저사포(紵絲布)'라고 한다.

387 '분전(粉箋)'이란 분홍색의 편지지를 말하는데, 『국조전고』, 『삼보정이집』, 『설집』, 『담생당』본에는 '지(紙)'자를 더 넣어 '분전지(粉箋紙)'라고 하였다. 분전(粉箋) 또는 분전(粉牋)은 중국어 사전에는 분홍

樣番名⑤沙納巴⑥付, ⑦ 闊五尺, 長三⑧丈, 便如生平羅樣, 卽布羅也. 一樣番名忻白
勤⑨搭黎, 闊三尺, 長六丈, 布眼稀勻, 卽布紗也, 皆用此布纏頭. 一樣番名⑩沙⑪榻
兒, ⑫ 闊二尺五六寸, 長四丈餘, 如⑬好三梭布一般. 有一樣番名驀黑驀勒, ⑭ 闊四
尺, 長二⑮丈餘, 背面皆起絨頭, 厚四五分, 卽兜羅⑯綿⑰也. 桑柘蠶繭⑱皆有, 止會
作綾繰絲嵌手巾幷絹, 不曉成綿. ⑲

① ['필포(蓽布)'는]『도이지략』에 '필포(芘布)'로 되어 있다.[388]
② ['비박(卑泊)'은]『기록휘편』에 '비치(卑治)'로 되어 있어 장승 개정본,『서양조공전록』
  에 따라 고쳤다. '필포(蓽布)', '필포(芘布)', '비박(卑泊)' 등의 세 명칭은 같은 사물에
  대한 다른 음역일 것이다.[389] 옛날 추정에 '바틸라(batteela)', 또는 '베이라미(beirami)'
  라고 하는 것은 모두 아니다.[390]

색 편지로 설명하고 있는데, 여기서는 의미가 부합하지 않는 것 같다. 아마도 펠리오 씨가 설명한 '풀
먹인 종이'로 보든가(「15세기 초 중국의 대항해」, 424쪽) 아니면 '흰 종이'라고 풀이하는 것이, 문맥에
더 유리할 것이다. 록힐은 '니여분(膩如粉)'으로 잘못 읽고, "그려 놓은 듯이 가늘고 매끄럽다"라고 번역
했고(439쪽), 뒤펜다크는 '쌀 종이'로(『Ma Huan Re-Examined』, 63쪽)으로 번역했는데, 표현은 정확하
지 않지만, 펠리오와 비슷한 생각을 했던 것으로 보인다. 한편 밀스 씨는 펠리오의 설명에 따라 '풀 먹인
종이'라고 해석하고 그 근거를 밝히지 않았다(『영애승람역주』, 162쪽).

[388] '필포(芘布)'는 1349~1350년에 지은 것으로 추정되는 왕대연(汪大淵)의『도이지략』, 붕가랄(朋加剌, 벵
골) 조목에 보인다. 또한 방배(放拜), 오다(烏爹) 조목에서는 '필포(匹布)'가 보이는데, 대체로 동인도지
역의 산물로 같은 직물을 음역 표기한 것으로 생각한다.

[389] '비박(卑泊)'은『기록휘편』원문에는 '비치(卑治)'로,『국조전고』에는 '비득(卑得)'으로,『삼보정이집』에
는 '비박(卑泊)'으로,『설집』과『담생당』본에는 '비(卑)'자만 보인다. 한편『서양번국지』에는 '박(泊)'이
라고만 되어 있고『서양조공전록』에는 '비박(卑泊)'으로 되어 있다. 이 천은『도이지략』붕가랄(朋加
剌) 조목에서 '필포(芘布)'라고 하였다. '필(蓽)', '필(芘)', '비(卑)'는 모두 비슷한 음을 가지고 있고, '박
(泊)'은 포(布)와 음이 비슷하다.『조선왕조실록』, 태종 12년 임진(1412) 5월 10일(계사) 기사에, "조와
국 사람이 파는 비포(秘布) 10필을 샀다(買爪哇國人所賣秘布十匹)"라고 하며 '비포(秘布)'로 옮겼다. 그
렇다면 '비박'으로 발음되는 것을 '필포' 또는 '비포'로 음역하고 의역한 것은 아닐까. 여기서는『삼보정
이집』의 '비박'을 따르는 것이 가장 유리할 것으로 생각한다.

[390] 뒤펜다크는『기록휘편』본에 따라 비박(卑泊)를 '비치(卑治)'로 옮겨 놓고 이 '비치'가 필립스에 의해 '베
틸라(betteela)'로 확인되었다고 했다(『Ma Huan Re-Examined』, 63쪽). 이에 대해 펠리오의 고증은 다
음과 같다. "그러나 율(Yule,『Hobson-Jobson』, 90)과 케른(H. Kern,『Linschoten』, I, 66)에 따르면,
오건디(얇은 모슬린 천)의 옛날 이름인 'betteela'는 'beatilha'로 표현되고, 달가도(Dalgado)가 자신의『포
르투갈-아시아어 용어집(Glossário Luso-asiático)』에 넣지 않고『아시아 언어에서 포르투갈 어휘의 영

③ 이상 두 글자[一樣]는 『승조유사』본에 따라 보충하였다.[391]

④ ['만자제(滿者提)'는] 『명사』에 따르면, 수문달나(須文達那, 수마트라)에는 만직지(滿直地)가 있다고 하였는데, 아마도 같은 사물에 대한 다른 음역일 것이다. 옛 고증에 '치트(čīt)'라고 하는 것은 일종의 파사포(波斯布, chintz)이다.[392]

향(Influência do vocabulário português em línguas asiáticas)』, 26쪽에 넣기로 남겨 둔 순수한 포르투갈어다. 말레이어의 비틸라(bitila)가 포르투갈어에서 왔다면 그 차용은 마환의 시대보다 훨씬 뒤이다. 그러나 다른 텍스트를 보면, 장승은 '필포는 '비박(卑泊)'이라고 한다. 폭은 3척 이상 넓고, 길이는 56~57척이다. 풀 먹인 종이처럼 가늘고 매끄럽다.' 황성증은 '필포(苾布)는 '비박(卑泊)'이라고 하는데, 폭은 2척이고, 길이는 56척이며, 고르고 가늘며 희다'라고 하였다. 마환과 장승의 기록에 비추어 볼 때 이 천의 폭이 '3척 이상'이라고 인정할 수 있겠지만[반면 『승조유사』에는 황성증처럼 '2척'으로 되어 있는데, 이것이 맞을 수도 있을 것이다], 장승과 황성증이 일치를 보인 것으로부터, 비치(卑治)는 유일한 마환 판본에서의 '비박(卑泊)'을 잘못 옮겼다고 결론지을 수 있을 것이다[『승조유사』는 필포(苾布)의 원래 이름을 언급하고 있지 않음]. 황성증의 '필포(苾布)'라는 표기는 가장 오래된 것이다. 왜냐하면 1349~1350년의 『도이지략』, 정확히는 뱅골 조목에서(록힐, 436쪽과 후지타 도요하치의 『도이지략교주』, 98a) 언급되어 있기 때문이다. 천의 이름으로 '필(苾)'은 마환이 음역한 '필(華)'과 마찬가지로, 14세기 무역 중국어에서 통용된, 외래어를 음역했음을 보여 준다. 원래 이 음역어는 마환이 '비박(卑泊)'이라고 옮긴 원래의 이름과 일치한다. 후지타 도요하치는(98a) 마환의 비박이 이븐 바투타의 책에서 보이는 '바이라미(bairamī)'로 쓰인 천의 이름일 것으로 추정하고, 이 점에 대해 율의 책을(Yule, 『Cathay and the Way Thither』, IV, 19쪽) 참조케 하였다. 나는 이 두 명칭 사이에서 발음상의 연관성을 찾을 수 없다. 어떤 사전에도 보이지 않는 '필포(苾布)'라는 명칭은 명나라 시기에 자주 사용되었다. 『명사』는 수문달나(須文達那, 권325, 5b, 유필포(幼苾布) 14필), 팔렘방(권324, 10b), 캘리컷(권326, 1b), 담파(淡巴, 권325, 6b)의 전(傳)에서 필포(苾布)에 대해 말하고 있다. 마찬가지로 『명사』는 말라카 전(傳)에서 '백필포(白苾布)', 뱅골에서 (권326, 4a) '세백필포(洗白苾布)'을 언급하고 있다. 필포(苾布)의 색을 특정하자면 언제나 흰 천임을 알 수 있다"(「15세기 초 중국의 대항해」, 424~426쪽).

391 '일양(一樣)'은 『국조전고』, 『삼보정이집』, 『설집』, 『담생당』본 모두에서 확인할 수 있다. '강흑포(薑黑布)'는 『기록휘편』 원문에 '강황포(薑黃布)'로 되어 있는데, 풍승균 씨는 원문의 '황(黃)'자를 '흑(黑)'자로 고쳤음에도 그 근거를 언급하지 않았다. 『국조전고』와 『삼보정이집』에는 '강황포(姜黃布)'로, 『설집』과 『담생당』본에는 '포(布)'자 없이 '강황(姜黃)'으로 되어 있다. '강(薑)'자와 '강(姜)'자는 통용하여 쓰므로, 여기서는 '강황포'가 되어야 한다. 강황은 울금을 말한다.

392 펠리오 씨는 만자제(滿者提)의 고음을 [manǰāti]로 읽고 이에 대해 언급할 만한 것이 떠오르지 않는다고 했다. 그러면서 『명사』에서 '만직지(滿直地)'라는 명칭을 연관 짓고 있다. 그에 따르면 "『명사』 수문달나(須文達那) 전에서는(권325, 5b)에는 '화만직지이(花滿直地二)'와 '번금주직지이(番錦紬直地二)'를 언급하고 있다. '화만직지이(花滿直地二)'가 '꽃문양이 들어간 만직지(滿直地) 두 필'을 의미하는지는 모르겠지만, 두 번째 명칭의 '주(紬)'자는 '만(滿)'자로 고쳐야 한다. 게다가 이 두 대상에는 앞서 말한 천을 거명할 때 명시한 수사로서 '필(匹)'자가 없다. 두 명칭이 공통으로 가지고 있는 직지(直地)가 '곧은 곳'이란 의미인지 음역인지 전혀 알 수 없다. 슐레겔은(『통보』, 1901, 342쪽) 산스크리트어 'citra'에서 나온 마라타(Mahratta)어 'čīt', 힌두어 'čīṭt'는 바로 '친츠(chintz)'라고 추정했다(율, 『영국-인도 용어사전』, 201쪽을 참고하시오). 맞는 것 같다"라고 하였다(「15세기 초 중국의 대항해」, 426쪽). 한편 율은 이 친

⑤ 이상 두 글자[番名]는 『기록휘편』에 빠져 있어 보충하였다.[393]

⑥ ['파(巴)'자는] 『기록휘편』에 '걸(乞)'자로 잘못되어 『승조유사』본과 『서양조공전록』
에 따라 고쳤다.

⑦ ['사납파부(沙納巴付)'는] 페르시아어로 샤나바프(šānabāf)이다.[394] 『국조전고』본에는
'사납파복(沙納巴福)'으로 되어 있다.

⑧ ['삼(三)'자는] 『기록휘편』에 '이(二)'자로 되어 있는데 『승조유사』본에도 마찬가지이
다. 여기서는 장승 개정본과 『서양조공전록』에 따라 고쳤다.[395]

⑨ ['근(勤)'자는] 『승조유사』본, 『별하재(別下齋)』본, 『서양조공전록』에는 '늑(勒)'자로
되어 있다.[396]

츠(Chintz)에 관하여 다음과 같이 설명하고 있다. "날염되었거나 점 문양이 들어간 면포이다. 포르투갈
어로는 '시타(chita)', 마라타(Mahratta)어로는 '시트(chīt)', 그리고 힌두어로는 '친트(chīnt)'라고 한다.
… 이 친트는 아마도 산스크리트어로 '얼룩덜룩한' 반점들이 있다'는 의미가 있는 치트라(citra)에서 나
왔을 것이다. 최상의 친츠는 마술리파탐(Masulipatam)과 사드라스(Sadras)에 있는 마드라스 해안에서
난다. 프랑스어 형태는 '시트(chite)'인데, 영어의 '시트(sheet)'와 같은 어원을 가지는 것으로 추정된다"
라고 하였다(『Hobson-Jobson』, 201쪽).

393 이 교정에 해당하는 『기록휘편』 원문[一樣沙納乞付]은 『국조전고』에 '一樣沙納巴幅'으로, 『삼보정이집』,
『설집』, 『담생당』본에는 '一樣沙納巴付'라고 기록하고 있다. 또한 『서양번국지』에서는 "一種沙納巴布"
라고 하였으므로 풍승균 씨가 보충해 넣은 '번명(番名)'은 보이지 않는다. 여기서는 '一樣沙納巴付'를 따
라야 할 것이다.

394 펠리오 씨는 『기록휘편』본 『영애승람』과 장승의 개정본, 그리고 황성증의 『서양조공전록』의 문장을
비교하여 『기록휘편』의 사납걸부(沙納乞付)는 사납파부(沙納巴付)의 잘못이고, 20척[二丈]은 30척[三
丈]의 잘못이라는 것을 고증했다. 그리고 '사납파부'에 대하여 다소 명확한 설명을 다음과 같이 제시하
고 있다. "나(羅)는 원래 비단으로 만든 크레이프이고, 포(布)는 중국 사람들이 마(麻), 모시, 돌리쵸스
(Dolichos, 편두콩) 등과 같은 것으로 만든 천으로, 특히 중세 말부터는 면으로 만든 것으로 이해한다.
그러므로 '포라(布羅)'는 [실제 비단 크레이프와는 달리] 면 크레이프를 의미한다. 사납파부(沙納巴付)
는 오래전부터 페르시아어 'shānbāft'를 음역한 것으로(록힐 439쪽과 뒤펜다크 63쪽), 『Hobson-Jobson』
(shanbaff 항목)에 명시되어 있다. 그러나 불러(Vuller, II, 391쪽)가 수집한 유일한 형태는 'šānh-bāf'이
고, 이븐 바투타는 'šānabāf'로도 읽을 수 있는 'šānbāf'라고 명명했다. 또 율에 의해 정리된 형태들 어
느 것에도 마지막에 [t]음을 가지는 것은 없다. 그러므로 'šānh-bāf'에 해당하는 중국어 음역은 정확하
다. 그러나 이 천은 바르테마(Ludovico di Varthema) 등의 'sinabaffi'처럼 섬세한 천을 말하지만 불러의
자료들은 'šānh-bāf'가 거친 천으로 말하고 있다(「15세기 초 중국의 대항해」, 427쪽).

395 '삼(三)'자는 『기록휘편』과 『국조전고』에 '이(二)'자로 되어 있다. 하지만 『삼보정이집』, 『설집』, 『담생
당』본은 '삼'자로 되어 있다. 『서양번국지』에도 '삼'으로 되어 있으므로 '삼'자를 따라야 할 것으로 보인다.

396 『기록휘편』의 이 문장[一樣番名忻白勤搭黎]은 『국조전고』에 "一樣番名抑白勒搭嚟"로, 『삼보정이집』에
는 '一樣忻曰[白]勤塔黎'로, 『설집』과 『담생당』본에는 "一樣忻白勒搭黎"로 되어 있다. 『기록휘편』과 『국

⑩ 이상 두 글자[番名]는 『기록휘편』에 빠져 있어 보충하였다.[397]

⑪ ['사(沙)'자는] 『국조전고』본에 '사(紗)'자로 되어 있다.

⑫ [사탑아(沙榻兒)는] 여러 사본에서 두 번째 글자가 '탑(塌)'자로 되어 있지만, 첫 번째 글자는 모두 '사(沙)'자로 되어 있다. 분명 차우타르(cāwtar)로, '사(沙)'자는 '초(抄)'자의 오기일 것이다.[398]

⑬ '여(如)'자는 『승조유사』본에 따라 보충하였다.[399]

⑭ ['맥흑맥륵(驀黑驀勒)'은] 마말(maḥmal)로, '융(絨)'을 말한다.[400]

조전고』에만 '번명(番名)'이 보인다. 『승조유사』본에는 '흔백륵탑리(忻白勒搭嚟)'로, 『서양번국지』에서는 '세백륵탑리(細白勒搭嚟)'로 되어 있다. 한편, 만명 씨는 『명초본영애승람교주』, 90쪽에서 자신의 저본인 『삼보정이집』에 따라 흔백근답려(忻白勤答黎)로 옮기고 'hinbokindari'에 해당하는 음이며 인도의 직물이라고 설명했다. 이 '힌보킨다리'란 발음은 펠리오 씨가 흔백근탑려(忻白勤搭黎)의 고음을 추정하여 옮긴 발음일 뿐이다(「15세기 초 중국의 대항해」, 428쪽). 펠리오도 이 천에 대해 이본들만 비교했을 뿐 아무런 설명을 내놓지 못했다.

[397] 이 교정에 해당하는 『기록휘편』의 원문[一樣沙榻兒]은 『국조전고』에 '사(沙)'자가 '사(紗)'자로 되어 있다. 『삼보정이집』, 『설집』, 『담생당』본에서는 '탑(榻)'자가 '탑(塌)'자로 되어 있고, 『서양번국지』에는 "一種炒塌兒"를 보여 주는데, 모두 같은 하나의 대상을 음역하여 옮기고 있음을 알 수 있다. 하지만 풍승균 씨가 임의로 보충해 넣은 '번명(番名)' 두 글자는 보이지 않는다.

[398] 풍승균 씨의 이 주석은 펠리오의 설명을 그대로 따르고 있다. 음역 명칭인 '사탑아(沙榻兒)'는 '탑(榻)'자가 '탑(塌)'자를 보여 주는 것 이외에는 다른 이본이 보이지 않을 정도로 일치하고 있다. 페랑은(『JA』, 1920, II, 230쪽) 이 사탑아(沙塌兒)를 『영국-인도 용어사전』, 706쪽의 차우타르(chowtars)와 『영국-인도 용어사전』, 217쪽의 처더(chudder)에 연결했다. 율은 "차우타르(Chowtars) 이 명칭은 처더(Chudder)와 같지 않은 것은 거의 분명해 보인다. 『아이니 아크바리(Ain-i Akbari)』의 면제품 목록에서, 챠우타르(cautār)가 보이는데, 이는 '네 가닥의 실 또는 줄로 만들었다'는 것을 의미한다. '네 겹'이란 의미의 '챠우타이(chautāhī)'는 펀잡 지방에서 덮개로 사용하는 면의 일종이다"라고 하였다(『Hobson-Jobson』, 706쪽). 이에 대해 펠리오 씨는 "『아이니 아크바리』의 형태가 '챠우타르(čawtār)'이므로 나는 1922년에(『통보』, XXI, 96~97쪽) 사탑아(沙塌兒)를 '초탑아(抄塌兒)'로 고칠 것을 제안했다. 그러나 이 경우에서 '사탑아(沙塌兒)'라는 잘못된 이본이 이미 1451년의 판본에 들어가 있었을 것이라고 인정해야만 한다. 어쨌든 이제부터라도 나는 '챠우타르(čawtār)'가 '4개의 선을 가지는'이란 의미이고, 기술적 관점에서 삼사(三梭)는 글자 그대로 '세 개의 북'을 의미하므로 중국의 삼사포(三梭布)와 비슷하게 보인다고 말했다"라고 설명했다(「15세기 초 중국의 대항해」, 428~429쪽).

[399] 이 교정에 해당하는 『기록휘편』 원문[好三梭布一般]은 『설집』과 『담생당』본에 '포(布)'자 없이 "好三梭一般"으로 되어 있다. 『국조전고』와 『삼보정이집』에는 "如好三梭布一般"이라 하였고, 『서양번국지』(교주본, 39~40쪽)에는 '중국의 좋은 사포 모양과 같다(如中國好梭布狀)'라고 하였다. 따라서 풍씨의 교정은 적절하다.

[400] 『기록휘편』의 이 문장[有一樣番名驀黑驀勒]은 『국조전고』에 '一樣驀哩驀勒'으로 되어 있고, 『삼보정이집』에는 '一樣驀嘿驀勒'으로, 『설집』과 『담생당』본에는 '一樣黑驀勒'으로 표기하고 있다. 또한 『서양번

⑮ ['이(二)'자는] 『국조전고』본에 '사(四)'자로 되어 있다.[401]

국지』에도 "一種驀黑驀勒"이라고 하였으므로 『기록휘편』의 '유(有)'자는 빼는 것이 맞다. 한편, 『국조전고』의 '嚟'자는 『삼보정이집』 '嘿'자의 오기이며, 이 '묵'자는 『기록휘편』, 『설집』, 『담생당』본의 '흑(黑)'자의 오기라고 추정할 수 있다. 『기록휘편』에만 '번명' 두 글자가 보이는데 습관적으로 덧붙여진 것으로 보인다.

중국의 학자들은 맥흑맥륵(驀黑驀勒)이 '마말(mahmal)'의 음역이고 의미는 '융(絨)'이라는 것에 이의가 없는 것 같다. 그러나 이것이 두라면(兜羅綿)인지 두라금(兜羅錦)인지에 대해서는 논의가 매우 부족하다. 펠리오 씨는 황성증의 『서양조공전록』의 여러 판본을 추적하여 『차월산방(借月山房)』본에는 맥리맥근(驀哩驀勤)과 '두라금(兜羅錦)'으로 되어 있고, 『월아당(粵雅堂)』본에서는 맥리맥근과 '두라면(兜羅綿)'으로 되어 있으며, 『별하재(別下齋)』본에서는 맥리맥륵(驀哩驀勒)과 '두라면'으로 되어 있다는 것을 확인했다. 이에 대해 록힐은 모슬린을 말하는 '마말(mahmal)'로 생각했으나 기술한 내용과 잘 부합하는 것은 아니었다. 그래서 페랑은(『JA』, 1920, II, 227쪽) 이미 이것이 비로드를 의미하는 마말일 것으로 추정했다. 펠리오의 고증은 다음과 같이 이어진다. "아마도 마환은 '맥(驀)'자를 두 번째 발음인 [ma] 즉 [ma-hei-ma-le]로 발음했을 것이다. 그러나 두라면(兜羅綿) 또는 두라금(兜羅錦)이 문제이다. 『아이니 아크바리(Ain-i Akbari)』의 마말은 '금으로 만든 천' 또는 '비단 직물'을 말하고(『JA』, 1920, 227~229쪽), 그리고 마환과 장승의 텍스트에서 두라금(兜羅錦)의 '금(錦)'은 수놓은 비단이란 의미이므로 이 의미와 어울리는 것 같다. 하지만 마환의 목록에는 비단이 아닌 천을 뜻하는 '포(布)'만 들어 있을 뿐이므로(금 등으로 수놓은 비단 직물들에 대한 언급은 다음에 나옴), 따라서 마말(mahmal)은 어쨌든 수놓은 비단이 아니다. 게다가 [면의] 솜털을 의미하는 '면(綿)'자와 수놓은 비단의 '금(錦)'자 사이에는 흔하고 쉬운 서법상의 혼동이 있을 수 있다. 1225년에 조여괄(趙汝适)은 특히 벵골 조목에서 두라면을 언급하면서 두라면은 면제품 중에서 가장 질긴 것이라고 특기하고 있다(『조여괄』, 88, 97, 116, 217쪽). 히어트와 록힐은(『조여괄』, 219쪽) '두라(兜羅)'는 면을 뜻하는 산스크리트어 '툴라(tūla)' [tūlā로 읽는 것이 나음를 표현한 것이라고 하면서, 두라면이 조여괄의 책에서, 즉 1225년에 처음으로 보인다고 생각했다. 그러나 이러한 음역은 상당히 오래되었다. 사실 3세기 말 중국 불경에서 두라면을 찾아볼 수 있다(Jean Przyluski의 『La légende de l'Empereur Açoka』, 250쪽과 메이지 『대장경(大藏經)』 10책, 5a, 또한 오다 도쿠노(織田得能)의 『佛敎大辭典』, 1278쪽을 보시오). 따라서 믿을 만한 모든 텍스트에서는 항상 '두라면(兜羅綿)'으로 되어 있다. 그렇지만 다소간에 '두라금(兜羅錦)'이라는 잘못된 것이 끼어들기도 했다(그 예로서는 라우퍼의 『Sino-Iranica』, 491쪽을 참고하시오). 바로 현재 우리가 채택한 마환 판본, 장승, 황성증의 것에서 '두라금'으로 되어 있지만, 황성증의 세 판본 중에서 둘은 두라면으로 되어 있다. 그리고 『명사』 벵골전(권326, 4a), 수문달나(須文達那, 권325, 5b), 담파전(淡巴傳, 권325, 6b)에서도 모두 마찬가지로 '두라면'으로 되어 있다. 1349~1350년 『도이지략』의 반달리(班達里) 조목에서는(록힐, 464쪽) 두라면으로 맞게 되어 있지만, 벵골 조목에서는(록힐, 436쪽) '두라금'으로 되어 있다. 마환과 비신(費信)이 알고 있었던 『도이지략』 사본에서도 이미 이와 같았을 것으로 생각된다. 이것이 '두라금'으로 옮긴 근거가 되었을 것이다. 단언할 수는 없지만 『도이지략』의 '두라금'은 모두 '두라면'의 오기라고 말하고 싶다. 따라서 마환이 말한 벵골의 마말(mahmal)은 면으로 만든 벨벳이지, 면으로 만든 수단(繡緞)이 아니다. 그렇지만 두라면에 관하여, 의미상 잘 부합하지도 않고, 두라면과 서법상 혼동하기 쉬운 두라금이라는 표현을 14세기에 만들어 내는 것이 불가능한 것은 아니다"라고 하였다(「15세기 초 중국의 대항해」, 429~430쪽).

[401] '이(二)'자는 『국조전고』에도 일치한다. 풍승균 씨의 실수로 보인다.

⑯ ['두라(兜羅)'는] 산스크리트어 툴라(tūlā)로, 면(綿)을 말한다.

⑰ ['면(綿)'자는] 『기록휘편』에 '금(錦)'자로, 『서양조공전록』의 두 판본에는 '면(綿)'자로 되어 있다. 게다가 두라면은 옛날에도 음역 명칭이 있었으므로 그에 근거하여 고쳤다.[402]

⑱ ['견(繭)'자는] 『기록휘편』에 '사(絲)'자로 되어 있어 『승조유사』본에 따라 고쳤다.[403]

⑲ 이상 열다섯 글자[止會作綾繰絲嵌手巾并絹, 不曉成綿]는 『기록휘편』 원문에는 '금직사감수포병모면(金織絲嵌手布并帽綿)'으로, 『승조유사』본에는 "실을 뽑아낼 수는 있어도 면을 벗길 수는 없다(止會抽絲, 不能剝綿)"라고 되어 있다. 여기서는 『국조전고』본에 따라 고쳤다.[404]

---

402 '두라면(兜羅綿)'은 『기록휘편』 원문에 '두라금(兜羅錦)'으로 되어 있는데, 『삼보정이집』, 『설집』, 『담생당』본 모두 '두라금'으로 되어 있고, 『국조전고』에만 '두라면'으로 되어 있다. 『제번지』 붕가라국(鵬茄囉國)에서는 '두라면'으로, 『도이지략』의 붕가랄(朋加剌, 벵골) 조목과 『성사승람』에서는 '두라금'이라 하였다. 두라는 툴라(tūlā) 즉 면을 지칭하므로, '두라면'이라 해야 맞다.

403 이 교정에 해당하는 『기록휘편』 원문[桑柘蠶絲皆有]은 『국조전고』에 "桑枯樹雖有"라고 하였고, 『삼보정이집』에는 "柔蠶絲雖有"로, 『설집』과 『담생당』본에는 "桑柘蠶絲雖有"로 되어 있다. 또한 『서양번국지』(교주본, 40쪽)에도 "桑柘蠶絲雖有"라고 하였으므로, 풍승균 씨가 '사(絲)'자를 '견(繭)'자로 고친 것은 잘못이다. 또한 『기록휘편』의 '개(皆)'자는 '수(雖)'자로 고쳐야 한다.

404 풍승균 씨가 교정한 이상 두 문장[止會作綾繰絲嵌手巾并絹, 不曉成綿]은 『기록휘편』 원문에 "金織絲嵌手布并帽綿"으로 되어 있다. 『국조전고』에는 "止會作綾繰絲嵌手巾并絹, 不曉成綿"으로 되어 있고, 『삼보정이집』에는 "止會織絲嵌手巾并絹, 不曉成錦"이라 하였으며, 『설집』과 『담생당』본에는 "止會織絲嵌手巾并帽絨成錦"으로 되어 있고, 『서양번국지』에서는 "止織絲嵌手巾竝絹布"라고 하였다. 우선 『국조전고』의 '작선(作綾)'은 실을 만든다는 의미이고, '조사(繰絲)'는 실을 켠다는 뜻이므로 의미가 중첩된다. 따라서 '작선'을 삭제하면, 『삼보정이집』의 문장과 가까워진다. 첫째, 『기록휘편』 원문에서 첫 번째 글자 '금(金)'자는 '지회(止會)'로 고치는 것은 분명하다. 둘째, '사감수건(絲嵌手巾)'이란 본서의 여러 나라에서 확인되는데[2-4, 4-3, 10-7, 14-10, 16-3, 18-14], 명주실을 섞어 짠 수건을 말한다. 『기록휘편』의 '모면(帽綿)'은 알려지지 않은 조합이다. 『설집』과 『담생당』본의 '모융(帽絨)' 역시 알려지지 않은 조합이지만, 글자를 도치한 '융모(융단으로 만든 모자)'란 표현은 찾아볼 수 있다. 따라서 벵골 사람들은 사감수건과 『국조전고』와 『삼보정이집』의 '견(絹)' 또는 『서양번국지』의 '견포(絹布)'만 짤 줄 안다는 선택만 남았다. 여기 '견(絹)'이란 얇지만 질긴 생사(生絲)로 만든 비단을 말하고, '견포'란 명주실과 마(麻)를 섞어 짠 견직물을 말한다. 두 번째 문장은 '면(綿)' 또는 '금(錦)'을 만들 줄 모른다는 말이다. 이 정보는 『서양번국지』에는 보이지 않는다. '면(綿)'이란 사서(絲絮), 또는 사면(絲綿), 즉 비단 솜을 의미한다. '금(錦)'은 꽃문양이 들어간 비단을 말한다. 그러므로 '금(錦)'을 짤 줄 모른다고 한다면, 앞 문장에서 '견(絹)'자는 어울리지 않는다. '견포'를 선택한다면, 벵골 사람들은 사감수건과 견포만 짤 줄 알고, '성면(成綿)'할 줄 모른다는 말이 된다. '성면(成綿)'이란 표현은 누에고치의 섬유질을 뭉치는 것을 말하는지 아니면 비단 솜에서 실을 뽑아내는 것인지 해석하기 어렵다. 상식적으로 전자를 모를 리는 없고, 후자의 경우는 앞서 본 바와 같이 벵골 사람들은 다양한 견직물을 짜고 있으므로, 역시 어울리지 않는다. 결

17-9. 생활용품

칠기, 쟁반 그릇, 빈철(鑌鐵),[405] 창, 도(刀), 가위 등의 물품들도 파는 사람들이 있다. 흰 종이 같은 것은, 또한 나무껍질로 만든 것인데, 사슴 가죽처럼 매끄럽고 보드랍다.

漆器・盤碗・鑌鐵・鎗・刀・翦①等器皆有賣者. 一樣白紙, 亦是樹皮所造,[406] 光滑細膩如鹿皮一般.[407]

① ['전(翦)'자는]『승조유사』본에 '전(箭)'자로 되어 있다.

17-10. 법제

나라의 법에는 태형(笞刑), 장형(杖刑), 도형(徒刑, 징역), 유형(流刑, 유배)이 있다. 관의 품급, 아문(衙門), 인신(印信), 행이(行移) 모두 있다. 군대에도 관급(管給)과 군량미를 관리하는 관리가 있으며, 군대를 관리하는 두목을 '파사랄아(吧斯剌兒)'라고 한다.

國法有①笞杖徒流等刑. 官品衙門印信・行移皆有. 軍亦有官管②給糧餉, 管軍③頭

국, 우리에게 남겨진 가능성은 '금(錦)'을 짤 줄 모른다는 말일 것이다. 이로써『기록휘편』원문을 "止會織絲嵌手巾幷絹布, 不曉成錦"이라고 재구성할 것을 제안한다.

[405] '빈철'에 관해서는 조와국 조목 [2-5]의 주를 참고하시오.

[406] '역(亦)'자는『설집』과『담생당』본에 '개(皆)'자로 되어 있다.

[407] 『기록휘편』의 이 문장[光滑細膩如鹿皮一般]에서 '녹피(鹿皮)'는『삼보정이집』,『설집』,『담생당』본에 '궤피(麂皮)'로 되어 있다. 또한, 마지막의 '일반(一般)' 두 글자는『국조전고』,『삼보정이집』,『설집』,『담생당』본 어디에도 보이지 않으므로 삭제하는 것이 맞다.

目名吧斯剌兒.^④

① ['유(有)'자는]『승조유사』본에 따라 보충하였다.[408]
② 이상 두 글자[官管]는 『국조전고』본에 따라 보충하였다.[409]
③ ['군(軍)'자는]『기록휘편』에 '사(事)'자로 되어 있어 『승조유사』본에 따라 고쳤다.
④ ['파사랄아(吧斯剌兒)'는] 페르시아어로 군대장을 시파-살라르(sipāḥ-sālar)라고 하는
데, 여기 '파사랄아'가 그 음역이라면, 맨 앞에 '수(首)'자가 **빠졌음**이 틀림없다.[410]

17-11. 연예인

의사, 점쟁이, 음양가, 온갖 기예인이 모두 있다. 항원(行術)의 배우들은
몸에 검은 선이 도드라지게 자수한 흰 베로 만든 꽃문양 적삼을 입고, 아래
는 각색 명주실로 만든 수건을 두르며, 각색의 초자주(硝子珠, 유리구슬)[411] 사

---

408 '유(有)'자는 『국조전고』, 『삼보정이집』, 『설집』, 『담생당』본 어디에도 보이지 않지만, 『서양번국지』
에는 들어가 있다. 문장구성에 없어서는 안 되므로 풍승균 씨의 보충을 따른다.

409 이 교정에 해당하는 『기록휘편』 원문[軍亦有給糧餉]은 『국조전고』에 "軍亦有官, 管給糧餉"으로, 『삼보
정이집』, 『설집』, 『담생당』본에는 "軍亦有關給糧餉"이라 되어 있다. 풍승균 씨는 『승조유사』본에 따라
'관관(官管)' 두 글자를 보충해 넣었는데, 관공서에서 물품을 내어주거나 받는 것이나, 명령하는 공문서
를 '관급(關給)'이라 하므로 『삼보정이집』, 『설집』, 『담생당』본에 따라 '관(關)'자만 넣는 것이 문맥에
더 유리하다.

410 풍승균 씨가 『승조유사』에 따라 보충해 넣은 '관군(管軍, 군대를 관장하다)'은 『국조전고』, 『삼보정이
집』, 『설집』, 『담생당』본 모두에 들어 있으므로, 보충해 넣는 것이 정확하다. '파사랄아'는 『삼보정이집』
에만 '사'자가 '시(厮)'자로 되어 있는데, 이 두 글자의 혼용은 음역 표기에서 종종 나타난다. 홀로모사
(忽魯模斯)는 '홀로모시(忽魯謨斯)'로 표기하는 예가 바로 그것이다. 여기 풍승균 씨의 설명은 율과 버
넬의 『Hobson-Jobson』에서 가져온 것으로 보인다. 율과 버넬은 시파흐셀라르(Sipahselar) 항목 아래,
"페르시아어로 시파흐-살라르(sipāh-sālār)는 '군대를 이끄는 사람'의 뜻이다. '살라르'는 [1853~1883년
까지] 히드라바드(Hyderabad) 주의 수상 호칭에도 들어 있는데, 바로 'Salar Jung'은 '전쟁을 이끄는 사
람'이란 뜻이다"라고 하였고, 11세기부터 sbasalar, Sepah Salar, Sipah Salaar, Sapperselaar, Sipahsalar
등으로 표기되었다는 정보를 제공하고 있다(『영국-인도용어사전』, 840쪽). 이 설명은 상달, 만명 씨의
주석으로 이어졌다.

411 초자주(硝子珠)와 소주(燒珠)에 관해서는 점성 조목 [1-18]의 주석을 참고하시오.

이에 산호 구슬로 넣어 만든 목걸이를 어깨와 목에 차고, 또 청홍의 초자소(硝子燒, 유리구슬)로 탁(鐲, 방울이나 팔찌)을 만들어 양팔에 찬다. 민가에 잔치가 있으면, 이들이 와서 악기를 연주하고 그곳 노래를 부르며 그에 맞추어 춤을 추기도 하며, 또한 운수를 풀어 주는 자도 있다.

醫卜陰陽百工技藝皆有之.[412] 其行衏①身穿挑黑線白布花衫,[413] 下圍色絲手巾, 以各色硝子珠間以②珊瑚珠③穿成纓絡, 佩於肩項, 又以青紅硝子燒成鐲,[414] 帶於兩臂. 人家宴飮, 此輩亦來動樂, 口唱番歌對舞, 亦有解數.[415]

① 이상 두 글자[行衏]는 『승조유사』본에 '또 한 무리의 사람(又一等人)'으로 되어 있다.[416]

② '이(以)'자는 『승조유사』본에 따라 보충하였다.

③ '주(珠)'자는 『승조유사』본에 '호박(琥珀)' 두 글자로 되어 있다.[417]

412 '지(之)'자는 덧붙여진 것으로 보인다. 『국조전고』, 『삼보정이집』, 『설집』, 『담생당』본, 그리고 『서양번국지』 어디에도 들어 있지 않으므로 삭제하는 것이 맞다.

413 '도(挑, 도드라지게 자수하는 것)'자는 『국조전고』에만 '도(桃)'자로 잘못되어 있다.

414 '탁(鐲)'자는 『국조전고』, 『설집』, 『담생당』본에는 '천탁(釧鐲)'으로, 『삼보정이집』에는 '탁천(鐲釧)'으로 되어 있으므로, 여기에서 '천(釧)'자를 보충해 넣는 편이 적절할 것이다.

415 『기록휘편』의 이 문장[亦有解數]은 『국조전고』에 '亦有家數'로, 『삼보정이집』에는 '亦有拜數'로 되어 있고, 『설집』과 『담생당』본은 『기록휘편』과 일치하고 있다. 한편 『서양번국지』(교주본, 40쪽)에는 "또한 운수를 푸는 자도 있는데 가관이다(亦有解數可觀)"라고 되어 있다.

416 '항항(行衏)'은 풍승균 씨가 『기록휘편』의 원문을 잘못 옮겨 놓은 것이다. '항(衏)'자는 '원(衏)'자로 되어 있다. 『국조전고』에는 '항원(衏衏)'으로, 『삼보정이집』에는 '항원(行院)'으로, 『설집』과 『담생당』본에는 '항현(行衒)'으로 되어 있다. 여기의 '현(衒)'자는 '원(衏)'자의 오기이다. 항원(衏衏) 또는 '항원(行院)'이란 금나라, 원나라 시기 기녀 또는 배우들이 거처하는 곳으로 여기서는 그곳의 배우들을 지칭하고 있다. 앞의 고리국 조목 [13-15]를 참고하시오.

417 이 교정에 해당하는 『기록휘편』 원문[以各色硝子珠間珊瑚珠穿成纓絡]은 『국조전고』, 『삼보정이집』, 『설집』, 『담생당』본에는 "以各色硝子珠間珊瑚・琥珀珠穿成纓絡"이라고 하였다. 『기록휘편』의 문장에 '호박'이 더 들어간 형태를 보여 주고 있다. 어디에서 풍승균 씨가 보충해 넣은 『승조유사』본의 '이(以)'자가 보이지 않는다. 또 『서양번국지』에도 "각색의 초자주 사이에 산호, 호박을 넣어 목걸이를 만들어 어깨와 정수리에 찬다(以各色硝子珠間珊瑚琥珀, 穿成瓔珞佩於肩頂)"라고 하였으므로, 『기록휘편』의 원

17-12. 악공

'근초속로내(根肖速魯柰)'라는 사람들이 있는데, 바로 악공들이다. 매일 5경 때에, 두목 혹은 부잣집 문 앞에 이르러, 한 사람은 쇄나(鎖㖠)를 불고, 한 사람은 작은북을, 한 사람은 큰북을 치는데, 처음에는 느슨하게 시작하지만 고유한 리듬과 박자가 있으며, 뒤로 가면서 점차 빠르게 연주하고 그친다. 또 한 집에 가서 앞에서 한 것처럼 불며 두드리고 간다. 밥때가 되어서 집에 이르면 술과 밥을 주거나 돈과 물건을 주기도 한다.

有①一等人名根肖②速魯奈, 卽樂工也. 每日五更時分, 到頭目或富家門首, 一人吹銷㖠,③ 一人擊小皷, 一人擊大皷, 初起則慢, 自有調拍, 後漸緊促而息. 又至一家, 如前吹擊而去.⁴¹⁸ 至飯時仍到各家, 或與④酒飯, 或與錢物.

① ['유(有)'자는] 『승조유사』본에 '우(又)'자로 되어 있다.
② ['초(肖)'자는] 『국조전고』본에 '당(當)'자로 되어 있다.⁴¹⁹
③ ['쇄나(銷㖠)'는] 『승조유사』본에 '쇄눌(鎖呐)'로 되어 있다. 페르시아어 수르나(surna)의 음역이다.⁴²⁰

---

418 문에 '호박' 두 글자를 넣으면 될 것이다. 『서양번국지』의 '견정(肩頂)'은 '견항(肩項)'의 잘못일 것이다. 이 문장[如前吹擊而去]은 『국조전고』에만 "이전처럼 두드린다(似前而擊)"라고만 하였다.

419 풍승균 씨 교정문의 '내(奈)'자는 『기록휘편』의 '내(柰)'자를 잘못 옮겨 놓고 있다. '근초속로내(根肖速魯柰)'는 『삼보정이집』, 『설집』, 『담생당』본 모두 같은 형태를 보여 주고 있지만, 『국조전고』에는 '根當速嚕柰'로 되어 있고, 『서양번국지』에는 '근초속로내(根肖速魯奈)'로 되어 있다. 만명 씨는 '속로내(速魯柰)'는 수르나(surna)의 다른 음역 표기이므로, 근초속로내는 수르나를 부는 악공들을 말한다고 설명했으나(『명초본영애승람교주』, 91쪽), 아래 설명에서 '쇄나(銷㖠)'라는 표기가 나오는데, 과연 달리 표기했을까 하는 의문이 들고, 아래 설명에서 보는 바와 같이 하나의 악단, 오케스트라를 구성하고 있는 악기이므로, 만명 씨의 주장은 설득력이 떨어진다.

420 '쇄나(銷㖠)'는 『국조전고』에는 '쇄눌(鎖呐)'로, 『삼보정이집』에는 '쇄눌(嗩呐)'로, 『설집』과 『담생당』본에는 '쇄나(鎖㖠)'로 되어 있다. 따라서 『기록휘편』의 '㖠'자는 '나(㖠)'의 오기일 것이다. 조법아국 조

④ '여(與)'자는『승조유사』본에 따라 보충하였다.[421]

17-13. 호랑이를 부리는 사람

손으로 하는 속임수와 마술은 여러 가지 모두 있지만 그다지 기이한 것
은 아니다. 다만 한 가지가 있는데, 한 사람이 그의 아내와 함께 한 마리의
큰 호랑이를 쇠줄에 묶어 거리를 끌고 다니다가, 민가에 이르러 놀이를 연
출한다. 그 쇠줄을 풀자마자 호랑이를 땅에 앉게 하고 그 사람은 맨몸에 단
하나의 막대기[單梢]로 호랑이에 맞서 도약하면서 주먹질을 하며 호랑이를
차고 때린다. 그 호랑이가 성질을 부려 위세를 드러내고 포효하며 사람을
칠 듯한 기세를 보여도, 그 사람은 호랑이를 상대로 넘어지기를 여러 차례
번갈아 하고 끝낸다. 또 팔 하나를 호랑이 입에 넣어 목구멍까지 넣어도 호
랑이는 절대 물지 않는다. 그 사람이 이어서 호랑이 목을 채우고 나면 땅에
엎드려 먹이를 구하는데, 그 집의 사람들은 고기를 줘 먹이고 또 그 사람에
게 돈과 물건을 줘서 보낸다.

撮弄把戲, 諸色皆有, 不甚奇異.[422] 止有一樣,① 一人同其妻以鐵索拴一大虎, 在街
牽拽而行,[423] 至人家演弄. 卽解其鐵②索, 令③虎坐於地, 其人赤體單梢,[424] 對虎跳

목 [15-3]의 주를 참고하시오.

[421] '여(與)'자는『국조전고』,『삼보정이집』,『설집』,『담생당』본, 그리고『서양번국지』에서 확인된다.

[422] 이상『기록휘편』의 정보[撮弄把戲, 諸色皆有, 不甚奇異]는『국조전고』에 "손으로 하는 속임수나 마술하
는 여러 가지가 있으나, 희한한 것은 아니다(撮弄把戲者, 諸般雖有, 不罕)"라고 하였고,『삼보정이집』에
는 "撮弄把戲, 諸色皆有"라고만 하였고,『설집』과『담생당』본에도 "아울러 다양한 보드게임이 모두 있
다(幷博戲諸色皆有)"라고만 하였다. 한편『서양번국지』에서는 "각종 마술은 모두 그다지 기이하지 않
다(諸色把戲皆不甚奇)"라고 하였다.『기록휘편』의 '그다지 기이한 것은 아니다(不甚奇異)'라는 정보는
명나라 필사본들에는 보이지 않지만,『국조전고』의 '불한(不罕)'을 분명하게 표현한 것으로 생각된다.
본 역주서가『기록휘편』을 중심으로 진행되어 있으므로『기록휘편』원문을 그대로 유지하기로 한다.

躍, 拽拳將虎踢打. 其虎性發作威,[425] 咆哮勢若撲人,④ 其人與虎對跌數⑤交畢. 又以一臂伸入虎口, 直至其喉,⑥ 虎不敢咬. 其人仍鎖虎頸,[426] 則伏于地討食,[427] 其家則與肉啖之, 又與其人錢物而去.[428]

① 이상 두 글자[一樣]는 『승조유사』본에 따라 보충하였다.[429]

② '철(鐵)'자는 『승조유사』본에 따라 보충하였다.

③ '영(令)'자는 『승조유사』본에 따라 보충하였다.[430]

---

423 '가(街)'자는 『국조전고』, 『삼보정이집』, 『설집』, 『담생당』본 모두에 '가시(街市)'로 되어 있으므로, 이에 따라 '시(市)'자를 보충해 넣는 편이 마환의 전체적 어투에 어울린다.

424 '초(梢)'자는 『국조전고』, 『삼보정이집』, 『설집』, 『담생당』본 모두에 '초(稍)'자로 되어 있다. '단초(單梢)'라는 보이지 않는 조합이다. 록힐 씨는 이 말을 빼고 해석했고(438쪽), 밀스 씨는 '하나의 회초리'로 파악하고 '들다'는 표현을 넣어 "맨몸에 회초리 하나를 들고"라고 번역했다(『영애승람역주』, 164쪽). 그러나 호랑이와의 연출 속에 회초리의 역할은 보이지 않으므로, 적절하지 않은 번역이다. '초(稍)'자와 '초(梢)'자의 자형이 유사하고 의미까지 비슷하여 얼마든지 혼용할 수 있다. 그러나 '초(稍)'에는 '나무 막대기'란 의미는 보이지 않는다. 『서양번국지』(상달 교주본, 40쪽)에서는 "그 사람이 맨몸으로 도약한다(其人赤體跳躍)"라고 하며 '단초'라는 표현이 빠져 있다. 역자는 여기 『기록휘편』 '단초(單梢)'의 '초'자를 다른 명나라 필사본들에 따라 '초(稍)'자로 읽고, 뒤의 문장에 붙여서, "그 사람은 맨몸에 혼자서, 곧장 호랑이를 상대로 도약하고 …(其人赤體單, 稍對虎跳躍, …)"라고 해결하기를 제안한다.

425 이 문장[其虎性發作威]은 『국조전고』에만 "꼬리를 들고 위세를 드러낸다(掉尾作威)"라고 되어 있다.

426 『기록휘편』의 이 문장[其人仍鎖虎頸]은 『국조전고』와 일치를 보이지만, 『삼보정이집』, 『설집』, 『담생당』본에는 "弄畢, 乃鎖虎頸"으로 되어 있고, 『서양번국지』에는 "연출이 끝나면 호랑이를 사슬로 묶는다(戲訖鎖虎)"라고 하였으므로 『삼보정이집』, 『설집』, 『담생당』본에 따라 고쳐야 할 것이다.

427 이 문장[則伏于地討食]은 『설집』과 『담생당』본에는 "땅 위에 엎드려 밥을 구한다(伏之于地上討飯)"라고 하며 약간 느슨한 문장을 보여 준다.

428 『기록휘편』의 이 문장[又與其人錢物而去]은 『국조전고』, 『설집』, 『담생당』본에 "及與物錢而去"로 되어 있고, 『삼보정이집』에는 "及與其人錢物而去"로 되어 있다. 한편 『서양번국지』에서는 "아울러 돈과 물건을 그 사람에게 주어 보낸다(竝以錢物與其人而去)"라고 하였다. 이로써 『기록휘편』의 '우(又)'자는 의미는 비록 같더라도 '급(及)'자로 바꾸는 편이 좋겠다. 여러 사본에 보이는 '기인(其人)' 두 글자도 사실상 덧붙여졌다. 따라서 『국조전고』, 『설집』, 『담생당』본이 가장 원문에 가까울 것으로 생각한다.

429 이 교정에 해당하는 『기록휘편』의 원문[止有一人同其妻以鐵索拴一大虎]은 『국조전고』와 일치하고, 『삼보정이집』, 『설집』, 『담생당』본에는 여기의 '지(止)'자가 '우(又)'자로 되어 있는 것 이외에는 아무런 이문이 없다. 따라서 풍승균 씨가 『승조유사』본에 따라 보충한 '일양(一樣)'은 불필요하다. 앞의 문장과 연결하여 볼 때, '우(又)'자보다는 '지(止)'자를 선택해야 문맥이 순조롭다.

430 이상 두 교정에 해당하는 『기록휘편』의 원문[卽解其索, 虎坐於地]은 『삼보정이집』에도 일치하지만, 『국조전고』, 『설집』, 『담생당』본에는 "卽解其虎坐于地"라고 하였다. 따라서 풍승균 씨가 '철(鐵)'자를 보충

④ ['약박인(若撲人)'은] 『기록휘편』 원문에는 '세박(勢撲)'으로 되어 있어 『국조전고』본
　에 따라 고쳤다.[431]

⑤ '수(數)'자는 『승조유사』본에 따라 보충하였다.[432]

⑥ ['후(喉)'자는] 『국조전고』본에 '주(肘)'자로 되어 있다.

17-14. 달력

일월의 계산은 역시 12개월을 1년으로 하되 윤월이 없다. 절기의 늦고
빠름은 시기에 따라 추산한다.

日月之定, 亦以十二箇月爲一年, 無閏月. 節氣早晚臨期推.①

① 이상 일곱 글자[節氣早晚臨期推]는 『승조유사』본에 따라 보충하였다.[433]

해 넣은 것은 『국조전고』, 『설집』, 『담생당』본의 교정에 필요한 것이다. 또한, 『서양번국지』에도 "매
번 인가에 이르러 줄을 풀면 호랑이는 응시하며 땅에 앉는다(每至人家卽解索, 虎眈眈坐地)"라고 하였으
므로 '영(令)'자를 보충할 필요도 없다. 『기록휘편』과 『삼보정이집』을 그대로 따르면 된다.

431 이 교정에 해당하는 『기록휘편』 원문[咆哮勢撲]은 『삼보정이집』에도 마찬가지이다. 『국조전고』에는
"포효하는 기세로 사람을 칠 듯하다(咆哮勢若撲人)"라고 되어 있고, 『설집』과 『담생당』본에는 "포효하
며 그 사람을 칠 기세이다(咆哮勢撲其人)"라고 되어 있다. 그러므로 풍승균 씨가 『승조유사』본에 따라
보충해 넣은 것은 『국조전고』와 일치를 보이지만, 반드시 요구되는 교정은 아니다.

432 이 교정에 해당하는 『기록휘편』 원문[其人與虎對跌交畢]은 『국조전고』에 "與虎對攧數合畢"로, 『삼보정
이집』에는 "其人與虎對攧交"로, 『설집』과 『담생당』본에는 "人隨即與虎顚數交"로 되어 있다. 또한 『서
양번국지』에도 "그 사람이 호랑이를 상대로 드잡이하기를 여러 번 하고(其人與虎對搏數次)"라고 하였
으므로, 먼저 『기록휘편』의 '질(跌, 넘어지다)'자는 같은 뜻의 '전(攧)'자로 바꾸는 것이 좋겠고, '교(交)'
자 앞에는 '수(數)'자를 넣는 것이 문맥에 순조롭다. 따라서 "그 사람이 호랑이와 마주하여 넘어지기를
여러 차례 번갈아 하고 나면(其人與虎對攧數交畢)"으로 되어야 한다고 생각한다.

433 풍승균 씨가 『승조유사』본에 따라 보충해 넣은 이 문장은 『국조전고』, 『삼보정이집』, 『설집』, 『담생당』
본, 그리고 『서양번국지』 어디에도 보이지 않으므로 불필요하다.

17-15. 조공

왕은 또한 사람을 보내, 배를 타고 각 외국에 가서 매매하게 하고, 방물인 진주와 보석을 마련하여 중국에 진공한다.

王亦差人駕船往各^①番國買賣, 取辦方物珍珠·寶石, 進貢<u>中國</u>.

① '각(各)'자는 『승조유사』본에 따라 보충하였다.⁴³⁴

---

434 이상 조공에 관련된 『기록휘편』원문[王亦差人駕船往番國買賣, 取辦方物珍珠·寶石, 進貢中國]은 『국조전고』에 "왕은 또한 사람을 보내 각국의 방물을 사서 진공한다(王亦差人買辦各國方物進貢)"라고 하였고, 『삼보정이집』에서는 "국왕은 또한 사람을 뽑아 외국에 가서 매매하게 하고, 방물인 진주, 보석을 마련하여 조정에 바친다(國王亦差人往番國買賣, 采辦方物珍珠·寶石, 進獻朝廷)"라고 하였으며, 『설집』과 『담생당』본에는 "왕은 또한 사람을 선발하여 배를 타고 외국으로 가서 매매하게 하고, 방물인 진주, 보석을 채취하여 중국에 바친다(王亦差人駕船往番國買賣, 取采方物珍珠·寶石, 進于中國)"라고 하였다. 『설집』과 『담생당』본이 가장 『기록휘편』과 근접하고 있음을 볼 수 있다. 따라서 풍승균 씨가 보충해 넣은 '각(各)'자는 불필요하다.

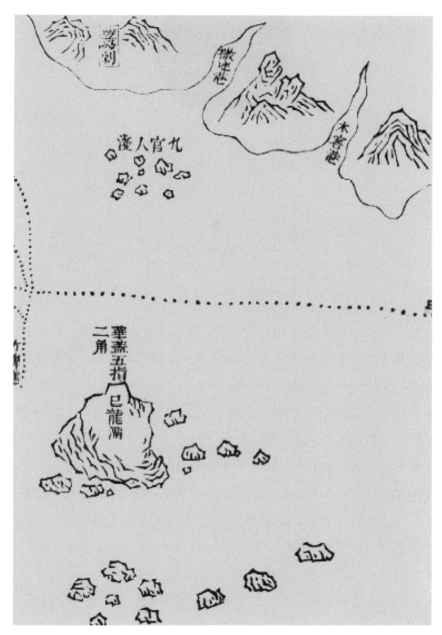

모원의(茅元儀, 1594~1640), 『무비지(武備志)』, 권240, 19a.

18
호르무즈 왕국
[忽魯謨厮國]

✱

해제

호르무즈는 페르시아만에 있는 이란의 섬이다. 이곳을 중국인들은 언제부터 알고 있었을까? 11세기 구양수(歐陽修, 1007~1072)의 둘째 사위 방원영(龐元英)의 『문창잡록(文昌雜錄)』 권1(사고전서본, 4a)에는 남방에 있는 15개 나라를 언급하고 있는데, 13번째 나라에 관하여 "층단(層檀)은 동쪽으로 바다에 이르고, 서쪽으로 호로몰국(胡盧沒國)에 이르며 남쪽으로는 하물단국(霞勿檀國)에 이르고 북쪽으로는 이길만국(利吉蠻國)에 이른다(其十三曰層檀, 東至海, 西至胡盧沒國, 南至霞勿檀國, 北至利吉蠻國)"라고 하였다. 펠리오 씨는 여기의 '호로몰'을 호르무즈의 음역으로 보고 있지만, 지리적 자료가 부합하지 않는다고 밝힌 바 있다(『Notes on Marco Polo』, I, 581쪽). 1369~1370년에 송렴(宋濂)과 왕위(王禕) 등이 왕명으로 편찬한 『원사』 권63에는 홀리모자(忽里模子)가 거명되었지만, 설명이 없어 호르무즈를 지칭하는 것인지 확인할 길이 없다. 또 『원사』 권123, "[날고래(捏古來)]의 아들 홀아도답(忽兒都答)에게 관군백호(管

軍百戶)를 맡겼다. 쿠빌라이는 부라나안(不羅那顏)을 따라 '합아마모(哈兒馬某)'라는 곳에 사신으로 보냈으나 병으로 죽었다(子忽兒都答, 充管軍百戶. 世祖命從不羅那顏使哈兒馬某之地, 以疾卒)"라고 기록하고 있다. 여기 '합아마모'를 브레트슈나이더는 마지막 글자인 모(某)자가 즈[sz] 발음 글자의 잘못으로 보고, 호르무즈로 추정했다(『Mediaeval Researches from Eastern Asiatic Sources』 II, 89쪽). 그러나 이는 하나의 가정일 뿐이다.

양추(楊樞, 1283~1331)는 1304년 바다를 통해 나회(那懷)를 일한국으로 호송한 기록이 황진(黃溍, 1227~1357)의 『금화황선생문집(金華黃先生文集)』권35(16a), 「해운천호양추묘지명(海運千戶楊樞墓誌銘)」에 보이는데, "대덕(大德) 8년(1304) 경사를 떠나, 11년(1307) '홀로모사(忽魯模思)'라는 곳에 상륙했다. 군(君)이 바다를 통해 왕래하는 데 5년이 걸렸다. 필요한 배, 식량, 기물 등이 모두 군에게서 나왔으니 유사를 번거롭게 하는 것이 아니었다. 게다가 사비를 들여 그곳의 토산, 백마, 검은 개, 호박, 포도주, 외국 소금 등을 사 와 진공했다(八年, 發京師, 十一年乃至其登陸處曰忽魯模思. 是役也, 君往來長風巨浪中, 歷五星霜. 凡舟楫 · 糗糧 · 物器之須, 一出于君, 不以煩有司. 既又用私錢市其土物 · 白馬 · 黑犬 · 琥珀 · 蒲萄酒 · 蕃鹽之屬以進)"라고 하였다. 이것이 중국 측 자료에서 가장 확실한 최초의 언급으로 보인다. 이상으로부터 우리는 호르무즈가 적어도 14세기 초에는 알려졌음을 확인할 수 있다. 그렇지만, 의문스럽게도 홍해의 메카를 기술하고 있는 왕대연의 『도이지략』에는 호르무즈에 해당하는 기록이 없다.

왕대연은 『도이지략』 감매리(甘埋里) 조목에서 다음과 같이 기술했다. "이 나라는 남풍(南馮)의 땅과 가깝고 불랑(佛朗)과 서로 가깝다. 바람에 돛을 펴 2개월이면 소구남(小唄喃)에 이른다. 그곳에서 만드는 배는 '마선(馬船)'이라 하는데, 상선보다 크고, 못과 석회를 사용하지 않고 야자 밧줄과

판자로 만든다. 선박은 2~3층이며 판자로 가로지르는 마판을 간다. 물이 새어 들어오는 것을 감당할 수 없어 선원들이 밤낮으로 돌아가며 물을 퍼 내는 것을 그치지 않게 한다. 아래는 유향(乳香)으로 무겁게 누르고, 위에 수백 마리의 말을 싣는다. [이 말은] 머리가 작고 꼬리가 가벼우며 사슴 몸에 배를 매달고 있는 것 같고 네 발굽은 쇠를 부수며, 키는 7척가량으로 주야 로 천 리를 갈 수 있다. 가진 목향(木香)과 호박류는 모두 불랑국(佛朗國)에서 나는 것으로, '서양'과 거래하며 교역한다. 갈 때는 정향, 두구(荳蔲), 청단(靑 緞), 사향(麝香), 홍색의 소주(燒珠), 소주(蘇州)와 항주(杭州)의 색단(色緞), 소목 (蘇木), 청백의 꽃문양 들어간 자기[靑白花器], 도자기 병, 철선(鐵線)을 팔고, 후추를 실어 돌아온다. 후추의 값이 비싼 것은, 이들 선박이 실어 가는 것 이 더 많기 때문이다. 상선들이 가져가는 것은 10에 1에도 미치지 못한다 (其國邇南馮之地, 與佛朗相近. 乘風張帆二月可至小唄喃. 其地造舟爲馬船, 大於商舶, 不使 釘灰, 用椰索板成片. 每船二三層, 用板橫棧. 滲漏不勝, 梢人日夜輪戽水不使竭. 下以乳香壓 重, 上載馬數百匹. 頭小尾輕, 鹿身弔肚, 四蹄削鐵. 高七尺許, 日夜可行千里. 所有木香・琥珀 之類, 均產自佛朗國來, 商販於西洋互易. 去貨丁香・荳蔲・靑緞・麝香・紅色燒珠・蘇杭色 緞・蘇木・靑白花器・瓷瓶・鐵條, 以胡椒載而返. 椒之所以貴者, 皆因此船運去尤多. 較商舶 之取, 十不及其一焉)." 『도이지략교주』, 164~165쪽.

이보다 조금 앞서 마르코 폴로는 쿠르모스[호르무즈]의 배에 관한 기술을 하면서 "그들의 배는 형편없어 대부분이 유실된다. 고정하는 쇠붙이를 쓰 지 않고 인디언 넛의 껍질을 꼬아 만든 것으로 붙이기 때문이다. 말총처럼 될 때까지 그 껍질을 두드려 거기서 실을 꼬아 만든 다음, 널빤지를 붙들어 맨다. 바닷물에도 썩지 않지만, 폭풍우에는 견디지 못한다. 배들에 역청(瀝 靑)을 칠하는 것이 아니라 물고기 기름을 바른다. 돛대 하나, 돛 하나, 키 하 나가 전부이고 갑판은 없고 짐을 실을 때 짐을 덮는 덮개가 고작이다. 이 덮개는 짐승의 가죽으로 만들어 이 덮개 위에 인도에 팔 말들을 싣는다. 쇠못을 사용하지 않기 때문에 배를 만들 때 나무못만 사용하여 내가 당신들에게 말한 꼰 끈으로 판자들을 붙인다. 그러므로 그들의 배로 항해하는 것은 위험한 일이고, 인도양의 폭풍이 심하게 불기 때문에, 이들 배의 대부분은 유실된다"(율과 꼬르디에, 『The Book of Ser Marco Polo』, I, 1903, 108쪽)라고 하였다. 마르코 폴로와 왕대연의 기술은 약속이나 한 것처럼 일치하고 있다.

그렇다면 왕대연의 감매리(甘埋里)가 호르무즈를 말하는 것인가? 록힐은 남인도양 마다가스카르 서북부에 있는 코모로(Comoro) 제도라고 확신했지만, 음성적 일치성도 부족하고 기술한 내용과도 부합하지 않으므로, 논의하지 않는다. 심증식은 『도이지략광증』(하, 속총서집성본, 18쪽)에서 "현 페르시아 라레스탄[拉利斯坦, Larestan, Lalistan] 해안과 아라비아해의 아망만(俄莽灣, 오만만?)이 마주 보는 곳으로, '고모백로론(告母白魯倫)'이라 한다. 「진도(陳圖)」에서 '감발륜(甘勃倫)'이라고 한 곳이 이곳이다. 『명사』에서 '홀로모사(忽魯謨斯)'라고 하는 곳 또한 여기에 있다. 하나는 남안(南岸) 땅을 일컫고 하나는 북안을 일컬을 뿐이다. 『제번지』 대식 속국에 감미(甘眉)가 바로 이곳이다"라고 하였다. 심증식이 거명한 지명들은 고증하기 어렵지만 분명한 것은 '감매리'가 '홀로모사'와 인접하고 있다는 점이다. 심증식의 설명을 본 후지타 도요하치는 "소구남(小唄喃) 조목에는 '감매(甘埋)'로 되어 있다. 아불페다[Aboulfeda, 亞弗飛達]는 호르무즈가 바로 케르만(Kerman)의 항구라고 하였으므로, 감매는 케르만에 해당하는 음일 수 있다"(『도이지략교주』, 165쪽)라고 추정하였다. 하지만 『도이지략』 소구남 조목에는 '감매'는 언급되지 않았고, '마선(馬船)'만 보인다. 바로 고리불(古里佛) 조목에 '감리(甘理)'라고 한 것을 말할 것이다. 후지타 도요하치는 고리불 조목에서 이 감리(甘理)를 '감매(甘埋)'로 교정했었다(142쪽).

아불페다(Aboulfeda, 1273~1331)의 기술에 따르면, "호르무즈는 키르만(케르만)의 항구이다. 많은 종려나무가 있는 도시이며 기후는 매우 덥다. 최근 그곳을 방문한 한 사람이 '옛 호르무즈는 타타르인의 침입으로 폐허가 되어 주민들은 옛날 호르무즈 서쪽 모퉁이에 있는 '자룬(Zaroun)'이란 섬으로 이주했다'라고 알려 주었다. 약간의 하층민들이 옛 호르무즈에 살고 있다. 자룬섬은 오만과 마주하고 있다. 호르무즈에서 파르시스탄(Farsistan, 파르스)의 경계까지 대략 7일 거리이다. 호르무즈는 『모슈타릭(Maschtarik)』에서 모크란(Mokran)의 끝에 있는 도시라고 한다. 인도양에서 오는 배들은 해협을 통해 그곳에 접근한다"(『Geographie D'aboulfeda』, 1848, II, VI장, 104쪽).

이에 대한 소계경 씨의 설명은 다음과 같다(『도이지략교석』, 366쪽). "호르무즈에는 신구의 구분이 있다. 옛 도시는 페르시아 대륙 동남쪽 경계인 아에지르(Aejir) 상류에 있으며 바다로부터 약 반나절 일정에 있으며 배로 통할 수 있으며 그곳은 미나브(Mīnâb)인데 잘못 읽어 미나오(Minao)가 되었다. 마르코 폴로는 1272년과 1293년 두 차례 이 항구에 갔다. 그 후 얼마 되지 않아 페르시아 동부에 전쟁이 일어나 호르무즈는 안전을 우려하여 위정자가 곧바로 키시(Kish, Qays) 도주(島主)에게 지란(Jiran)섬을 빌려 옛 도시의 상인과 주민들을 데리고 이 섬으로 이주했는데 이곳이 바로 신호르무즈이다, 이 섬은 대륙에서 약 5마일 떨어져 있고, 옛 도시에서는 약 15마일 떨어져 있었다. 옮긴 연대는 1302년경으로 본다. 옮겨 온 이후로 무역이 대륙에 있었을 때보다 훨씬 번영을 이루었다. 이즈음 일한국에 부속되었다고 볼 수는 있지만, 케르만(Kerman)의 속국이었다고는 볼 수 없을 것 같다. 양추(楊樞)는 대덕(大德) 5년(1301)과 대덕 9년(1305) 두 차례 페르시아로 갔는데, 상륙한 지점은 섬에 있는 신 호르무즈였다. 왕대연이 서쪽으로 항해한 것은 지원(至元) 원년(1330) 이후이므로, 신 호르무즈였음에는 두말할 필요도 없다. 그러므로 『도이지략』의 '감매리'라는 명칭은 케르만에 해당하는 음으로 볼 수 없고 '감리매(甘里埋)'의 도치 형태, 즉 호르무즈의 다른 음역으로 보는 것이 맞다."

그렇지만 감매리와 쿠르모스[호르무즈] 사이에는 음성적 거리가 너무 멀다. 소 씨는 호르무즈를 표기한 마르코 폴로 여행기의 약 60개의 다른 표기 중에서 'charmusa'를 선택하여, "'cha'와 'ka'는 통용하므로 '감매리'라는 명칭은 감리매(甘里埋)의 도치 형태로, 즉 하르무즈(Harmuz)에 해당하는 음이며, 『제번지』의 '감미(甘眉)'는 이를 줄인 음역으로 봐야 한다"라고 주장했다. 감매리의 도치 형태인 '감리매(甘里埋)'라고 하더라도, 'g' 또는 'k'가 'c', 'h', 'ch' 등과 어떻게 통용할 수 있는지 명확한 근거를 제시해야 할 것이다. 또한 감리매로 도치되었다면, 오히려 케르만 발음에 더 근접하게 들린다. 이상으로부터 우리는 호르무즈가 정확하게, 의심 없이 중국 자료에 언급된 것은 14세기 초로 봐야 할 것이다. 이 시기는 호르무즈 섬으로 옮겨 이전보다 더 번성한 무역중심지로 번영했다. 우리는 마환의 기록을 통하여 호르무즈의 번영을 확인하면 된다.

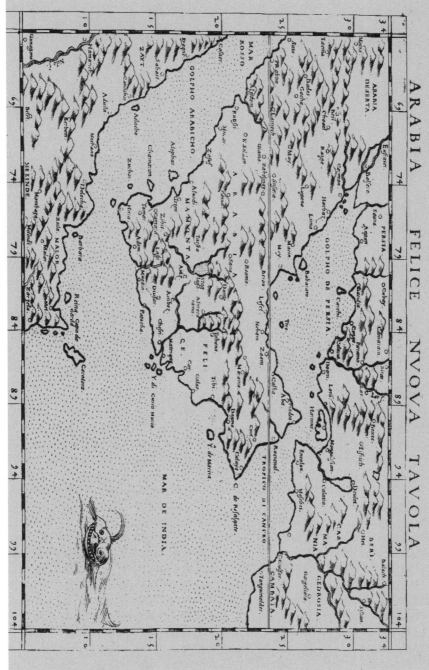

ARABIA FELICE NVOVA TAVOLA

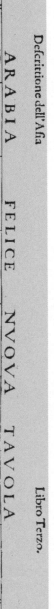

Girolamo Ruscelli(1518~1566), 「La Geografia di Claudio Tolomeo Alessandrino, Nuovamente tradotta di Greco in Italiano da Ieronimo Ruscelli」, 베네치아, 1599, 「사우디아라비아, 걸프만, 홍해 지도」, 19×24cm, 1:19,000,000.

*

호르무즈 왕국[忽魯謨廝國]⁴³⁵

18-1. 나라 개관

고리국(古里國)에서 배를 타고 서북 방향으로 순풍에 25일 가면 도착할 수 있다. 이 나라는 바닷가에 있고, 산에 기대어 있는데, 곳곳의 외국 배들과 육로로 오는 외국[旱番] 상인들이 모두 이곳에 와서 시장으로 달려가[趨集] 사고팔므로, 나라 사람들이 모두 부유하다. 국왕과 나라 사람들은 모두 이슬람교를 신봉하는데, [그 신을] 높이고 공경하며 성실하게 믿어, 하루에 다섯 차례 예배하고 목욕재계한다. 풍속은 순박하고 너그러워 가난하거나 힘든 집이 없다. 한 집이라도 화를 당해 가난한 사람이 있다면, 사람들이 모두 옷가지, 먹을 것, 밑천[錢本]을 주어 그들을 구제한다. 사람들의 몸과 용모는 희고 건장하게 키가 크며[豐偉], 의복은 말끔하고 아름답다.

---

435 『담생당』본의 표제는 "홀로국모시국【『일통지』에 있다】(忽魯國謨廝國【一統誌有】)"라고 되어 있다. 록힐(W. W. Rockhill)에 따르면, 마환 이전 시기에 호르무즈에 관한 중국 측의 언급은 없다고 하였다 (「Notes on the relations and trade of China with the eastern archipelago and the coasts of the Indian Ocean during the fourteenth century」, part II-5, 『통보』, 604쪽). 그러나 원나라 문인 황진(黃溍, 1277~1357)의 『문헌집(文獻集)』에 보이는 「송강가정등처해운천호양군묘지명(松江嘉定等處海運千戶楊君墓誌銘)」에는 정확히 '홀로모사(忽魯模思)'를 언급하고 있다. 이 묘지명은 위원(魏源, 1794~1857)의 『원사신편(元史新編)』(권18, 8a~b)에서도 다루어졌다. 또한 브레트슈나이더는 호르무즈의 역사를 개괄하면서 『원사』에서 유관한 방증자료를 소개하고 있다(『Mediaeval Researches from Eastern Asiatic Sources』, II, 130쪽). 한편 폴 펠리오 씨는 록힐의 이 설을 반박하며, "이 명칭이 1세기 반세기 이전의 『경세대전(經世大典)』의 지도에 보인다는 것을 망각했기 때문이다"라고 하였는데(「15세기 초 중국의 대항해」, 431쪽), 여기 『경세대전』의 지도에는 호르무즈를 지도상에 보여 주고는 있지만, 그 명칭이 표기된 것은 아니다.

自古里國開船投西北, 好風行二十五日①可到. 其國邊海倚山, 各處番船幷旱番客商都到此地趕集買賣.**436** 所以國民皆富.**437** 國王國人皆奉回回教門, 尊謹②誠信, 每日五次禮拜,**438** 沐浴齋戒.**439** 風俗淳厚, 無貧苦之家. 若有一家遭禍③致貧者, 衆皆贈以衣食錢本, 而救濟之.**440** 人之體貌清白豐偉,**441** 衣冠濟楚標致.④

① '일(日)'자는『승조유사』본에 '주야(晝夜)' 두 글자로 되어 있다.**442**

---

436 '한번(旱番)'이란 '해번(海番)'의 상대적인 의미로 물에 사는 또는 육로로 이동하는 이민족들을 가리킨다.『유림외사(儒林外史)』제8회를 보면 "참으로 혼란하여 길을 선택하지 못하고 며칠 육로로 달려가기도 하고 배를 타고 갔다(眞乃是慌不擇路, 趕了幾日旱路, 又搭船走)"라고 하였는데, 여기 '한(旱)'자는 육지라는 의미로 사용되었다.

　'간집(趕集)'이란 먼 곳으로 물건을 팔러 간 상인들과 현지의 사람들이 특정한 장소와 일시에 모여 교역하는 행위를 말하는데, '간허(趕墟)' 또는 '진허(趁墟)'라고도 한다. 즉 시장에 모여드는 것을 말한다.『노잔유기(老殘遊記)』, 19회에 "매월 3일과 8일에는 크게 모이는데, 몇십 리의 사람들이 모두 운집한다(每月三八大集, 幾十里的人都去趕集)"라고 한 것을 참고할 만하다.

　'도(到)'자와 '간(趕, 달려가다)'자의 의미가 중복된다. 그래서인지『국조전고』에만 '간집(趕集)'이 빠져 있다.

437 '개부(皆富)'는『삼보정이집』,『설집』,『담생당』본에는 '은부(殷富, 매우 부유하다)'로 되어 있다.

438 '오차(五次)'는『국조전고』에 '삼차(三次)'로 되어 있는데, '삼(三)'과 '오(五)'의 혼동으로 비롯된 것으로 보인다.

439 『기록휘편』의 이 문장[沐浴齋戒]은『국조전고』와 일치한다. 그러나『삼보정이집』,『설집』,『담생당』본에서 "반드시 그 정성을 다한다(必盡其誠)"라는 네 글자가 더 있는데, 앞의 문장[尊謹誠信]과 중복되므로『기록휘편』을 따르는 것이 맞다.

440 이상의『기록휘편』의 문장들[風俗淳厚, 無貧苦之家. 若有一家遭禍致貧者, 衆皆贈以衣食錢本, 而救濟之]은『삼보정이집』,『설집』,『담생당』본에서 "國中＾風俗淳厚, 無貧苦之家. 若有一家遭￣禍致￣貧者, 衆皆贈以衣食錢本, 而救濟之"라고 하며 거의 일치된 문장을 보여 준다. 다만『국조전고』에서는 "풍속은 순박하고 온후하여, 빈궁한 집이 없고, 가난한 사람이 있으면 모두 자본으로 도와 그를 구제한다(風俗淳樸溫厚, 無貧窮之家. 有一家窮者, 衆助以資本而救濟之)"라고 더 축약된 문장을 보여 준다. 이로써『기록휘편』의 '고(福)'자는 '화(禍)'자로 고치는 것이 맞다. '전본(錢本)'은『국조전고』의 '자본(資本)'으로 의미를 새기는 것이 좋겠다.

441 '풍위(豐偉)'는『국조전고』와『서양번국지』(상달 교주본, 41쪽)에만 '괴위(魁偉)'라고 표현하였는데, '풍위'보다는 고투의 표현이다.

442 '일(日)'자는『국조전고』,『삼보정이집』,『설집』,『담생당』본, 그리고『서양번국지』에서도 확인된다. 비신(費信)의『성사승람』(『고금설해』본), 홀로모사국(忽魯謨斯國) 조목에서는 "고리국(캘리컷)에서 10일 밤낮으로 [항행하면] 이를 수 있다(自古里國十晝夜可至)"라고 하였다(사고전서본, 권20, 7a). 한편『서양조공전록』에서는 "이 나라는 캘리킷[고리]에서 서북쪽으로 5천 리쯤에 있다(其國在古里西北可五

② ['근(謹)'자는] 『승조유사』본에 '경(敬)'자로 되어 있다.[443]

③ ['화(禍)'자는] 『기록휘편』에 '고(禍)'자로 되어 있어 『승조유사』본에 따라 고쳤다.

④ 이상 두 글자[標致]는 『승조유사』본에 따라 보충하였다.[444]

18-2. 혼례

혼례와 상례는 모두 이슬람교의 법규에 따른다. 남자가 아내를 얻을 때는 먼저 중매인을 통해 혼례절차가 끝나면 남자 집에서는 자리를 마련하여 가적(加的)[445]—'가적'은 이슬람교의 규율을 관장하는 관리이다.—그리고 주례하는 사람, 중매인, 친족 중 연장자들을 초청한다. 양가에서는 각각 삼대 조상의 관향(貫鄕) 내력을 알려 주고 혼서를 써서 확정한 뒤에 날짜를 선택하여 혼인한다. 그렇지 않으면 관청에서 간통으로 여겨 논죄한다.

千里)"라고 하였으므로(『서양조공전록교주』, 106쪽), 비신의 '10일'은 너무 짧다.

[443] '존근(尊謹)'은 『설집』, 『담생당』본에도 마찬가지인데, 글자 그대로 높이고 공경한다는 의미일 것이다. 『국조전고』에는 '준근(遵謹, 따르고 공경한다)'으로 의미상 비슷한 조합을 보여 주고 있다. 다만 『삼보정이집』에만 '존경(尊敬)'으로 되어 있다. 따라서 의미가 '존근' 또는 '준근'으로 해도 의미가 통하지 않는 것이 아니므로 그대로 두어도 될 것이다.

[444] 이 교정에 해당하는 『기록휘편』 원문[衣冠濟楚]은 『삼보정이집』, 『설집』, 『담생당』본에도 "복식이 말끔하고 아름답다(衣冠濟楚)"라고 되어 있다. '표치(標致, 출중하게 아름다운 여인의 자태를 형용하는 말)'는 『국조전고』에만 추가되어 있다. 이미 '제초(濟楚, 또는 齊楚)'에 그 의미가 포함되어 있고, 『서양번국지』도 『기록휘편』과 같은 문장을 보여 주므로, 덧붙여진 것으로 보아 빼는 것이 좋다고 생각한다.

[445] 『영국-인도 용어사전』(177쪽)에는 '법관'을 의미하는 아랍어 '카지(kāḍi, kāẓi)'를 설명하면서, 아라비안나이트에 '카디(Cadi)'라는 형태로 보인다고 한다. 마환이 설명하고 있는 '가적(加的)'은 바로 이 '카지'에 해당하는 음일 것이다. 먼저 상달 씨가 카디(kadi)에 해당하는 음으로 보았고(『서양번국지교주』, 41쪽), 이어서 사방 씨도 카디의 음역이라 하면서, 마환의 설명에 따라 이슬람교의 의례를 담당하는 사람이라고 설명했다(『서양조공전록교주』, 107쪽). 『영국-인도 용어사전』(178쪽)에 길게 설명된 인도와 벵골 지역에서의 카지의 역할은 일종의 '법무행정관'이었다. 영국의 의사였던 프라이어(John Fryer)는 1672~1681년 페르시아와 동인도를 여행하며 쓴 기록에서 "법관인 카지는 부모들이 짝을 맺어 준 뒤에, 그들을 결혼시킨다(The Cazy or Judge, after the match is made by the parents, marries them)"라고 하였는데(『A New Account of East India and Persia』, 런던, 1698, 94쪽), 마환이 기술한 것과 정확하게 부합한다.

婚喪之禮, 悉遵<u>回回</u>教規.⁴⁴⁶ 男子娶妻, 先以媒妁, 已通禮^①訖, 其男^②家卽置席請

加的, 加的^③者, 掌敎門規矩之官也. 及^④主婚人^⑤幷媒人·親族之長者. 兩家各通

三代鄉貫來歷, 寫立婚書已定, 然後擇日成親.⁴⁴⁷ 否則官府如奸論罪.⁴⁴⁸

① ['예(禮)'자는]『기록휘편』에 '윤(允)'자로 되어 있어『승조유사』본에 따라 고쳤다.⁴⁴⁹

② ['남(男)'자는]『기록휘편』에 '여(女)'자로 되어 있어『승조유사』본,『서양조공전록』에
따라 고쳤다.

③ 이상 여덟 글자[卽置席請加的, 加的]는『기록휘편』에 '청적적친(請的的親)' 네 글자로
되어 있어『승조유사』본에 따라 고쳤다.⁴⁵⁰

④ ['급(及)'자는]『승조유사』본에 '즉(卽)'자로 되어 있다.⁴⁵¹

⑤ '인(人)'자는『승조유사』본에 따라 보충하였다.⁴⁵²

---

⁴⁴⁶ 『기록휘편』의 이 문장[悉遵回回教規]은『국조전고』에 "모두 교의 규율에 따라 어김이 없다(悉依教規無
違)"라고 되어 있다.『기록휘편』의 '따른다'는 의미의 '준(遵)'자는『국조전고』,『삼보정이집』,『설집』,
『담생당』본, 그리고『서양번국지』(상달 교주본, 41쪽)에 한결같이 '의(依)'자로 되어 있다. 의미는 같더
라도 이에 따라 고치는 것이 맞다.

⁴⁴⁷ '성친(成親)'이란 남녀가 혼인 관계를 맺는 것, 즉 성혼(成婚)의 다른 말이다.『국조전고』,『삼보정이집』,
『설집』에는 '성혼(成婚)'으로,『담생당』본에는『기록휘편』처럼 '성친'으로 되어 있다.

⁴⁴⁸ 『국조전고』에서만 '관부'를 '관법(官法)'라고 하였는데, 대동소이한 의미이다.

⁴⁴⁹ 명나라 다른 필사본에 모두 '윤(允)'자로 되어 있다.『기록휘편』에는 '윤흘(允訖)'로 되어 있는데, 풍승
균 씨는 그 의미를 파악하지 못해『승조유사』에서 '예(禮)'자를 가져와 '통례(通禮)'로 해석하고자 했다.
그러나『삼보정이집』,『설집』,『담생당』본에는 '윤흘(允訖)'로,『국조전고』에는 '윤락(允諾)'으로, 한결
같이 '윤(允)'자를 보여 주고 있다. 따라서 의미가 통하려면,『국조전고』의 '윤락(허락)'을 따라야 할 것이
다. 또한 필사본에서 '흘(訖)'자는 '낙(諾)'자와 혼동할 개연성이 높다.

⁴⁵⁰ 이 교정에 해당하는『기록휘편』의 원문[其女家請的, 的親者]은『국조전고』본에 "其男家則置酒請加酌,
加酌者,"로 '적(的)'자 대신에 '작(酌)'자를 보여 준다. 또『삼보정이집』에는 "其男家則置酒請的, 加的者"
로, '적(的)'자 앞에 '가(加)'자가 빠져 있고,『설집』과『담생당』본에는 其男家則置酒請伽的, 伽的者"로,
'가(加)'자가 '가(伽)'로 되어 있다. 한편,『서양번국지』에서는 "然後男家置酒請加的, 加的者"라고 하
였으므로,『기록휘편』의 문장은『설집』과『담생당』본에 따라 '여(女)'자는 '남(男)'자로 교정하고, 풍승
균 씨가『승조유사』본에 따라 보충한 '치석(置席)'은 '치주(置酒)'로 고치는 것이 맞다. 한편 '가(伽)'자는
음역한 글자이므로,『삼보정이집』과『서양번국지』에 따라 '가(加)'자로 고치는 것이 적절하다.

⁴⁵¹ '급(及)'자는『국조전고』,『삼보정이집』,『설집』,『담생당』본, 그리고『서양번국지』모두에서 확인된다.

⁴⁵² 주혼인(主婚人)의 '인(人)'자는 풍승균 씨가『승조유사』에 따라 보충한 글자이다.『삼보정이집』,『설집』,
그리고『서양번국지』에는 모두 '주혼(主婚)'으로 되어 있다.『국조전고』에는 '주혼인(主婚人)'으로,『담

18-3. 상례[453]

죽은 사람이 있으면, 현지의 흰색 베로 대렴과 소렴의 옷을 짓고, 병에 맑은 물을 담아 시신의 머리에서 발까지 두세 차례 씻어낸 다음, 깨끗해지면, 사향과 편뇌(片腦)[454]를 시신의 입과 코를 메우고, 수의를 입히자마자 관에 넣은 다음, 곧바로 매장한다. 그 무덤은 돌로 쌓아 만들고, 구덩이 아래는 5~6촌가량의 깨끗한 모래를 간다. 관이 이르면, 그 관을 없애고 단지 시신만 석실 안에 넣고 위는 석판 뚜껑으로 고정하며, 깨끗한 흙으로 봉분을 두텁게 쌓아 매우 견고하고 단정하다.

如有人死者,[455] 卽用白番布爲大殮小殮之衣,[456] 用瓶盛淨水, 將屍從頭至足澆洗二①三次, 旣淨, 以麝②香片腦③塡屍口鼻, 纏服殮衣, 貯棺內, 當卽便埋.[457] 其墳以石

생당』본 '주인혼(主人婚)'으로 되어 있다. 여기의 '주혼'은 '주례'라는 의미이므로 '인'자를 별도로 보충해 넣어야 할 필요는 없다.

453 여기 상례에 관한 기술은 『국조전고』에 완전히 빠져 있다.

454 '편뇌(片腦)'란 용뇌향(龍腦香)이 편(片)으로 된 것을 말하는데, 『제번지』에는 '매화뇌(梅花腦)'로 불렸다. 그 조각이 매화와 비슷하여 붙여진 이름이라고 한다. 자세한 것은 『바다의 왕국들』, 304쪽을 참고하시오.

455 『기록휘편』의 이 문장[如有人死者]은 『삼보정이집』, 『설본』, 『담생당』본에 "사람이 죽은 집이라면(如人死之家)"으로 되어 있지만, 의미상 구법이 순조롭지 못하다. 이것이 마환의 원문이었을지는 모르지만, 그래도 이해가 쉬운 『기록휘편』을 따른다. 『서양번국지』(교주본, 41쪽)에서는 "죽은 사람은 아주 가는 흰 베로(死者用極細白布)"라고 하며 명료하게 되어 있다.

456 『기록휘편』에 따른 이 문장[卽用白番布爲大殮小殮之衣]에서 첫 번째 글자 '즉(卽)'자는 『삼보정이집』, 『설본』, 『담생당』본에 모두 '변(便)'자로 되어 있다. 같은 의미지만 좀 더 구어적이라고 할 수 있는 '변(便)'자로 고치는 것이 좋겠다. 다음에 이어지는 '백번포(白番布)'는 『설집』과 『담생당』본에 '세백번포(細白番布)'로 되어 있고, 『삼보정이집』에는 '치세백갈포(致細白葛布)'로 되어 있다. 여기에서 '치(致)'자의 의미는 '치(緻, 촘촘하다)'자의 뜻으로 해석할 수 있다. 그렇다면 가는 '갈포'냐 '번포'냐가 문제가 된다. 일반적으로 '갈포'는 여름용 거친 베를 의미하므로 '세(細)'자라든가 '치(緻)'자와 어울리지 않는다. 따라서 『설집』과 『담생당』본을 따르는 것이 적절하다고 생각한다.

457 '당즉(當卽)'은 『삼보정이집』, 『설집』, 『담생당』본에는 '수즉(隨卽)'으로 되어 있다. 의미상 변화는 없다.

砌, 穴下鋪淨沙五六寸. 擡棺至,[458] 則去其棺,[④] 止將屍放石穴內,[459] 上以石板蓋定, 加以淨土, 厚築墳堆,[460] 甚堅整也.[461]

① '이(二)'자는『승조유사』본,『서양조공전록』에 빠져 있다.[462]

② ['사(麝)'자는]『기록휘편』에 '사(射)'자로 되어 있어『승조유사』본과『서양조공전록』에 따라 고쳤다.[463]

③ ['전(塡)'자는]『기록휘편』에 '훈(薰)'자로 되어 있어『승조유사』본과『서양조공전록』에 따라 고쳤다.[464]

④ 이상 다섯 글자[至, 則去其棺]는『승조유사』본에 따라 보충했다.[465]

---

458 『기록휘편』의 이 문장[擡棺至]은『삼보정이집』,『설집』,『담생당』본 모두 마지막에 '피(彼)'자가 있고,『서양번국지』에서는 "昇至葬所"라고 하였으므로,『기록휘편』의 '지(至)'자 뒤에는 '피(彼)'자를 보충해야 할 것이다.

459 『기록휘편』의 이 문장[止將屍放石穴內]은『삼보정이집』에 '내(內)'자가 빠져 있어, 만명 씨는 뒤에 이어지는 '상(上)'자를 끌어왔는데[止將屍放石穴上, 以石板蓋定](『명초본영애승람교주』, 93쪽), 잘못된 구두이다.『설집』과『담생당』본에도 '내(內)'자는 분명히 들어 있다.

460 '분퇴(墳堆)'는『삼보정이집』에는 '광퇴(壙堆)'로 잘못되어 있는데,『설집』과『담생당』본에도 '분(墳)'자로 되어 있는 것을 보면 '광(壙)'자는 '분(墳)'자의 자형상 오기로 보인다.

461 『기록휘편』의 이 문장[甚堅整也]은『설집』에 '야(也)'자 없이 '심견정(甚堅整)'으로,『담생당』본에는 '견심정(堅甚整)'으로 되어 있고,『삼보정이집』에 "매우 견고하고 정결하다(甚堅整潔)"라고 되어 있다. 분명 견고하고 단정한 모습을 기술한 것임은 틀림없다.『서양번국지』에는 이러한 기술이 없다.

462 '요세(澆洗)'는 물로 불순물을 씻어 낸다는 뜻으로『설집』과『담생당』본에는 '관세(灌洗)'라는 같은 의미의 다른 글자로 표현하였다. 이어서 풍승균 씨는『기록휘편』원문에 따라 '이(二)'자를 넣어 교감했지만,『삼보정이집』,『설집』,『담생당』본에 '삼차(三次)'로 되어 있고,『서양번국지』에서도 '삼(三)'자만 보이므로 '이(二)'자는 빼야 할 것이다.

463 '사(麝)'자는『삼보정이집』,『설본』,『담생당』본, 그리고『서양번국지』모두 일치한다.

464 '전(塡)'자는『삼보정이집』,『설본』,『담생당』본, 그리고『서양번국지』모두에서 확인된다.

465 이 교정에 해당하는『기록휘편』원문[擡棺至, 止將…]은『삼보정이집』에 "擡棺至彼, 則玄其棺"으로,『설집』과『담생당』본에는 "擡棺至彼, 則去其棺"으로 되어 있으므로, 풍승균 씨가『승조유사』에 따라 보충한 것에 '피(彼)'자만 더 보충하면 된다.

18-4. 음식

사람들의 음식은 수유(酥油, 버터)를 섞어 익혀 먹는다. 시장에는 구운 양, 구운 닭, 얇은 빵, 하리싸[哈喇撒],[466] 일체의 면 식품 모두 파는 사람이 있다. 두세 식구의 집에서는 대부분 불을 피워 밥하지 않고, 단지 익힌 음식을 사 와서 먹는다.

人之飲食,[467] 務以酥油拌煮而食.[468] 市中①燒羊・燒雞・燒肉・薄餅・哈喇撒, 一應麵食皆有賣者. 二三口之家多不擧火做飯,[469] 止買熟食而喫.[470]

① ['중(中)'자는]『기록휘편』에 '유(有)'자로 되어 있어『승조유사』본에 따라 고쳤다.[471]

---

[466] '합랄산(哈喇撒)'은『국조전고』,『삼보정이집』,『설집』,『담생당』본 모두 '합리살(哈里撒)'로 되어 있다. 풍승균, 상달 모두 이것이 무엇인지 몰랐던 것 같다. 또한, 폴 펠리오 역시 "단어의 앞부분은 'halwā'를 연상시키지만, 그렇다면 전사의 마지막 글자는 오기여야 한다"라고 하며,『승조유사』에 '산(撒)'자가 없는 것을 그 근거로 삼고 있다(「15세기 초 중국의 대항해」, 432쪽). 여기 '합랄산'은 중동지역에서 매운 고추 등을 넣어 만든 양념장인 하리싸(Harissa)의 음역으로 추정한다.

[467] '음식(飲食)'은『삼보정이집』에만 '반식(飯食)'으로 되어 있다.

[468] '무이(務以)'는『삼보정이집』,『설집』,『담생당』본에는 '필이(必以)'로 되어 있고,『국조전고』에는 '무용(務用)'으로 되어 있다. '무(務)'자는 부사로 쓰여 '반드시'란 뜻이고 '이(以)'자와 '용(用)'자는 '~로서'란 의미로 쓰였으므로 의미는 모두 같다.

[469] 『기록휘편』의 이 문장[二三口之家多不擧火做飯]은『삼보정이집』에 "두서너 식구의 집에서는 모두 불을 피워 밥하지 않는다(二三四口之家, 皆不擧火做飯)"라고 하였고,『국조전고』에서는 "두서너 식구의 집에서는 각기 불을 피우지 않는다(二三口之家, 各不擧火)"라고 하며 '주반(做飯)'을 빼 버렸다.『설집』과『담생당』본에서는 "서너 식구의 집에서는 불 피워 밥하는 집이 많지 않다(三四口之家, 不多擧火做飯)"라고 되어 있다. 한편『서양번국지(교주본, 42쪽)』에는『국조전고』처럼 "서너 식구의 집에서는 대부분 불을 피우지 않는다(三四口之家多不擧火)"라고 되어 있다. 절충하여, "두서너 식구의 집에서는 대부분 불을 피워 밥하지 않는다(二三四口之家多不擧火做飯)"라고 읽을 것을 제안한다.

[470] 『기록휘편』의 이 문장[止買熟食而喫]은『설본』과『담생당』본에 "다만 익힌 고기를 사 와서 먹는다(止買熟肉喫)"라고 되어 있다.

[471] 이 교정에 해당하는『기록휘편』의 원문[市有燒羊・燒雞・燒肉・薄餅・哈喇撒, 一應麵食皆有賣者]은『국조전고』,『삼보정이집』,『설집』,『담생당』본에 '합라산(哈喇撒)'을 '합리살(哈里撒)'로 옮긴 것 이외에는 일치를 보이고 있는데, 왜 풍승균 씨가 '중(中)'자로 교정했는지 모르겠다.

18-5. 통화

왕은 은으로 '저나아(底那兒, dīnār)'라 부르는 돈을 주조한다. 지름은 중국 자로 6푼이고, 배면에는 문양이 있으며, 중국 저울로 4푼의 무게가 나가는 데, [이것을] 유통해 사용한다.

王以銀鑄錢, 名底那兒.① 徑官寸六分, 底面有紋,[472] 重官秤四分, 通行使用.

① ['저나아(底那兒)'는] 디나르(dinar)이다.[473] 『기록휘편』에는 '나저아(那底兒)'로 잘못되어 있는데, 『서양조공전록』에도 마찬가지이다. 『승조유사』본에는 '저나(底那)'로 되어 있어 고쳤다.[474]

18-6. 서법

쓰고 기록하는 것은 모두 아랍의 글자이다.

書記皆是回回字.

---

[472] 『기록휘편』의 이 동전 설명[底面有紋]은 『삼보정이집』과 『설집』에 "배면에는 문자가 있다(面底有文)" 라고 되어 있지만 『국조전고』에는 이 문장이 빠져 있다. 한편 『서양번국지』에는 "面底有紋"이라고 되어 있다.

[473] 저나아(底那兒), 즉 디나르에 관해서는 소문답랄국 조목의 [7-9]를 참고하시오.

[474] '저나아(底那兒)'는 『국조전고』, 『삼보정이집』, 『설집』, 『담생당』본 모두 일치한다.

18-7. 시장

시장의 여러 점포에는 온갖 물품을 모두 갖추고 있지만, 술집만 없는데, 국법으로 술을 마시는 자는 시장에서 처형된다.

其市肆諸般鋪面,[475] 百物皆有,[476] 止無酒館, 國法飮酒者棄市.

18-8. 의사와 점쟁이

문인과 무인, 의사와 점쟁이들은 다른 곳보다 매우 뛰어나다.

文武醫卜之人絕勝他處.

18-9. 양을 부리는 사람

각종 기예가 모두 있지만, 그 촬롱(撮弄, 마술), 파희(把戲)는 모두 특이한 것은 아니다. 다만 양이 높은 장대에 올라가는 한 가지가 가장 가소롭다. 그 기술은 길이가 1장쯤 되는 한 자루의 나무를 사용하는데, 나무 장대 끝에는 양의 네 발굽만 나무에 세울 수 있을 뿐이다. 나무를 땅에 수직으로 세워 고정하고, 그 사람이 작고 흰 숫양을 끌어와 손뼉을 치며 뭔가를 왼다. 그 양은 박수에 고무되어 그 장대로 다가와서 먼저 앞 두 발을 그 나무에 올려

---

[475] '포면(鋪面)'은 『국조전고』, 『삼보정이집』, 『설집』, 『담생당』본 모두 '포점(鋪店)'으로 되어 있으므로, 바로잡아야 한다.

[476] 『기록휘편』의 이 문장[百物皆有]은 『국조전고』에 "百物皆有賣者"로 되어 있다.

놓고 다시 뒷발을 장대 위에 세로로 세운다. 또 한 사람이 장대 한 단으로 양의 발굽 앞에 맞대어 놓으면, 그 양은 다시 앞 두 발을 나무 끝에 올려놓고 이어서 뒷다리를 세로로 세운다. 곧바로 사람이 그 나무를 잡으면, 그 양은 두 나무의 끝에 서는데, 춤을 추는 모습과 같다. 나무 한 단으로 몰면, 대여섯 단을 연이어 오르는데, 또 높이가 1장쯤 된다. 춤이 끝나기를 기다려 [그 양이] 나무에 서면, 곧 사람이 나무를 밀어 쓰러뜨리고 사람이 손으로 그 양을 받는다. 또 땅에 눕히면 죽은 모습을 짓고, 앞 다리를 펴게 하면 앞 다리를 펴고, 뒷다리를 펴게 하면 뒷다리를 편다.

　　各色技藝皆有, 其撮弄把戲,[477] 皆不爲奇. 惟有一樣羊上高竿, 最可笑①也. 其術② 用木一根, 長一丈③許, 木竿頭上,[478] 止可許羊四蹄立於木.[479] 將木立豎於地, 扶定,[480] 其人引一小白羝④羊, 拍手念誦. 其羊依拍鼓舞, 來近其竿,[481] 先以前二足搭

477　『기록휘편』의 이 문장[各色技藝皆有其撮弄把戲]은 구두하기 난해하다. 먼저 『국조전고』에 "各色技藝 皆有其撮弄者"로 되어 있고, 『삼보정이집』에는 "各色技藝皆有撮弄博戲"로, 『설집』과 『담생당』본에는 "各色技藝皆有撮弄博弈"으로 되어 있다. 하지만 『서양번국지』에는 단순히 "각종 기예가 모두 있다(各 色伎藝皆有)"라고 되어 있어 문제 해결에 도움이 되지 않는다. 첫째, 『기록휘편』의 '파희(把戲)'는 마술을 뜻하는데, 촬롱(撮弄) 역시 변희(變戲)로 손으로 하는 마술 같은 것이다. 따라서 『삼보정이집』의 '박희(博戲)' 또는 『설집』과 『담생당』본의 '박혁(博弈)'으로 교정해야 할 것 같다. 둘째로 문장 중간에 있는 '기(其)'자이다. 이 글자 때문에 "各色技藝皆有, 其撮弄把戲"라고 끊어 읽을 수밖에 없다. 이렇게 놓고 보면 문맥이 매끄럽지 못하다. 생각건대, 여기의 '기(其)'자는 앞의 '유(有)'자와 자형이 비슷하여 잘못 들어갔을 가능성이 크다. 말하자면, 『삼보정이집』, 『설집』, 『담생당』본에 따라 "각종 기예 중에는 마술 과 보드게임이 모두 있는데(各色技藝皆有撮弄博戲ᵂ)"라고 중간에 구두점 없이 보는 편이 뒤에 오는 문 장과 그런대로 잘 연결된다.

478　'목간두상(木竿頭上)'은 『삼보정이집』, 『설집』과 『담생당』본 모두에 '목상평두(木上頭平)'를 보여 주는 데, 『서양번국지』에서 그냥 "위는 평평하다(上平)"라고 하였으므로, 『삼보정이집』, 『설집』과 『담생당』 본에 따라 고쳐야 할 것 같다.

479　『기록휘편』의 이 문장[止可許羊四蹄立於木]은 『삼보정이집』, 『설집』과 『담생당』본 모두에 "止可容羊 四蹄"라고 되어 있다. 『기록휘편』의 '입어목(立於木)' 세 글자는 덧붙여진 것이 분명하다.

480　이상 『기록휘편』의 두 문장[將木立豎於地, 扶定]은 『삼보정이집』에 "將屯木値立於池內, 另用一人扶定" 으로, 『설집』과 『담생당』본에는 "이 나무를 땅에 수직으로 세우고, 별도로 한 사람이 붙들게 하면(將此 木直立於地上, 另用一人扶定)"이라 하였다. 따라서 『기록휘편』의 원문은 『설집』과 『담생당』본에 따라

定其木, 又將後二足一縱立於竿上.⁴⁸² 又一人將木一根⑤於羊脚前挨⑥之, 其羊又將前兩⑦足搭上木頂, 隨將後二脚縱起.⁴⁸³ 人卽扶定其木,⑧ 其羊立於二木之頂,⁴⁸⁴ 跳動⑨似舞之狀. 又將木一段⑩趲⑪之, 連上五六段, 又高丈許,⁴⁸⁵ 俟⑫其舞罷, 然後立於中木, 人卽推倒⑬其竿, 以手接住其羊.⁴⁸⁶ 又令臥地作死之狀, 令舒前脚則舒前, 令舒後脚則舒後.

① ['소(笑)'자는]『기록휘편』에 '탄(嘆)'자로 되어 있어『승조유사』본에 따라 고쳤다.⁴⁸⁷
② ['술(術)'자는]『기록휘편』에 '양(羊)'자로 되어 있어『승조유사』본에 따라 고쳤다.⁴⁸⁸
③ ['장(丈)'자는]『승조유사』본에 '장(丈)'자로,『서양조공전록』에는 '척(尺)'자로 되어 있다.⁴⁸⁹

고치는 것이 맞다.

481 '내근(來近)'은『삼보정이집』에 '거영(去迎)'으로,『설집』과『담생당』본에는 '주근(走近)'으로 되어 있다. 이로써『삼보정이집』의 '영(迎)'자는 '근(近)'자의 잘못임을 알 수 있다.

482 '일종립(一縱立)'은『설집』에만 "하나로 모아서다(一總立)"라고 되어 있다. 문맥으로는 '총립(總立)'이 더 잘 어울리는 것은 분명하다.

483 '이각(二脚)'은『삼보정이집』,『설집』,『담생당』본 모두 앞 문장과 마찬가지로 '양각(兩脚)'으로 되어 있다.

484 『기록휘편』의 이 문장[其羊立於二木之頂]은『삼보정이집』,『설집』,『담생당』본 모두 "그 양은 나무 위에 선다(其羊立於木上)"라고 되어 있다. 양이 나무의 끝에 서서 옮겨 가는 모습을 연상해 볼 때,『기록휘편』에서 '이(二)'자를 빼는 것이 좋다.

485 『기록휘편』의 이 문장[又高丈許]은『삼보정이집』,『설집』,『담생당』본에 모두 '높이가 2장쯤(高二丈許)'으로 되어 있다. '이(二)'자를 보충하는 것이 유리하다.

486 『기록휘편』에 따른 이 문장[以手接住其羊]도 그 자체로는 이해하기 어렵다.『삼보정이집』,『설집』,『담생당』본 모두 "사람이 손으로 그 양을 받는다(人以手接捧其羊)"라고 되어 있고,『서양번국지』(상달 교주본, 42쪽)에도 "손으로 양을 받아 땅에 누워 죽은 척하게 하면 양은 곧바로 땅에 눕는다(以手接羊令臥地作死, 羊卽臥地)"라고 했으므로,『삼보정이집』,『설집』,『담생당』본에 따라 고쳐야 할 것이다.

487 양을 장대에서 부리는 기예에 관한 기술은 '국조전고'에 완전히 빠져 있다. 이 교정에 해당하는『기록휘편』의 원문[惟有一樣羊上高竿, 最可嘆也]은『삼보정이집』에 "양이 높은 장대에 올라가는 것 같은 것은 가소롭다(一樣羊上高杆, 可笑也)"로 되어 있고,『설집』에는 "一樣羊上高杆則甚可笑也"라고 하였고,『담생당』본 '상(上)'자 없이『설집』과 일치하고 있다. 여기에서 '간(竿)'자와 '간(杆)'자는 같은 의미이다. 풍승균 씨가 '탄(嘆)'자를 '소(笑)'자로 고친 것은 정확하다.

488 이 교정에 해당하는『기록휘편』원문[其羊用木一根]은『삼보정이집』,『설집』,『담생당』본 모두 "其技用木一段"으로 되어 있다. 따라서 '양(羊)'자는 '기(技)'자로, '근(根)'자는 '단(段)'자로 교정하는 것이 맞다.

489 이 교정에 해당하는『기록휘편』의 원문[長一丈許]은『삼보정이집』에는 일치하지만,『설집』과『담생당』

④ ['저(羝)'자는]『승조유사』본에 '산(山)'자로 되어 있다.[490]

⑤ ['근(根)'자는]『승조유사』본,『서양조공전록』에는 모두 '단(段)'자로 되어 있다.[491]

⑥ ['애(挨)'자는]『서양조공전록』에 '접(接)'자로 되어 있다.[492]

⑦ '양(兩)'자는『승조유사』본에 따라 보충하였다.[493]

⑧ 이상 다섯 글자[卽扶定其木]는『기록휘편』에 '부기복어대중(扶其木於對中)'으로 되어 있어『승조유사』본에 따라 고쳤다.[494]

⑨ 이상 두 글자[跳動]는『승조유사』본에 따라 보충하였다.[495]

⑩ 이상 두 글자[一段]는『승조유사』본에 따라 보충하였다.[496]

⑪ ['찬(趲)'자는]『승조유사』본에 '애(挨)'자로,『서양조공전록』에는 '접(接)'자로 되어 있다.[497]

⑫ ['사(俟)'자는]『기록휘편』에 '첨(尖)'자로 되어 있어 고쳤다.[498]

본에 "길이는 1장 남짓이다(長丈餘許)"라고 되어 있다.

[490] '저(羝)'자는『삼보정이집』,『설집』과『담생당』본 모두 '고(羖)'자로 되어 있으므로, 이에 따라 고치는 것이 맞다.

[491] 앞의 주487의 경우와 같다.

[492] 『기록휘편』의 이 문장[又一人將木一根於羊脚前挨之]에서 먼저 '근(根)'자는 앞에서 본 것처럼 '단(段)'자로 바꾸어야 한다. 그리고 '각(脚)'자는『삼보정이집』,『설집』,『담생당』본에 모두 '제(蹄)'자로 되어 있다.『기록휘편』은 다음 문장에서 다시 '족(足)'자를 보여 주므로 '제'자로 고치는 것이 좋겠다.

[493] '양족(兩足)'은『삼보정이집』,『설집』,『담생당』본 모두 '양각(兩脚)'으로 되어 있다.

[494] 이 교정에 해당하는『기록휘편』의 원문은 "사람이 곧장 맞은편에서 그 나무를 붙들면(人卽扶其木於對中)"이라고 되어 있는데, 풍승균 씨가 왜 이런 교정을 했는지 의문이다.『삼보정이집』은『기록휘편』과 정확하게 일치하고 있고,『설집』과『담생당』본에서는 '대(對)'자가 '대(隊)'자로 되어 있는 것만 다르다. 따라서 풍승균 씨가 교정한 문장은 원래 문장으로 되돌려 놓는 것이 맞다.

[495] '도동(跳動)'은 풍승균 씨가『승조유사』에 따라 보충한 것으로,『삼보정이집』,『설집』,『담생당』본에는 모두 보이지 않는다. 따라서 빼는 것이 맞다.

[496] '일단(一段)' 두 글자는『삼보정이집』에도 마찬가지로 보이지만,『설집』과『담생당』본에는 '일'자 없이 '단(段)'자로만 되어 있다.

[497] '찬(趲)'자는『설집』,『담생당』본에서도 일치하지만,『삼보정이집』에 '찬(攢)'자로 되어 있다.『승조유사』에 '애(挨)'자로 되어 있는 것으로 판단할 때, 몰아가다, '밀친다'는 의미의 '찬(趲)'자가 맞다.

[498] 이 교정에 해당하는『기록휘편』원문[尖其舞罷]은 다른 필사본에는 보이지 않는 정보이다. 풍승균 씨는 원문의 '첨(尖)'자를 해석하지 못해 결국 '사(俟)'자로 고친 것으로 보인다. 이 정보가 마환의 원본에 있었다면, 추측건대, '첨(尖)'자는 '의(矣)'자의 잘못으로 앞 문장에 붙여 읽어야 할 것이다. 말하자면 "또 높이는 1장쯤 된다. 춤추기가 끝난 뒤에 가운데 나무에 선다(又高丈許矣. 其舞罷然後, 立於中木)"라고 되었을 것이다. 앞에 양이 춤추듯 뛴다는 내용이 있으므로, 이렇게 풀어 볼 수 있을 것이다.

⑬ ['도(倒)'자는] 『승조유사』본, 『서양조공전록』에 모두 '단(斷)'자로 되어 있다.[499]

18-10. 원숭이를 부리는 사람

또 크고 검은 원숭이 한 마리를 가지고 있는데, 키는 3척쯤 되고, 여러 가지 원숭이가 하는 일을 보여 준 뒤에, 구경꾼에게 수건으로 겹겹이 접어 그 원숭이의 두 눈을 단단히 싸매게 한 다음, 다른 한 사람에게 원숭이 머리를 몰래 한 번 때리고 깊숙이 숨게 한다. 뒤에 그 수건을 풀어 주고, 머리를 때린 사람을 찾게 하면, 원숭이는 많은 사람 속에서 그 사람을 찾아내는데, 매우 괴상하다.

又有將一大黑猴,[500] 高三尺許, 演弄諸般本事了, 然後令一閒人, 將巾帕重重摺疊,[501] 緊縛其猴兩眼, 別令一人潛打猴頭一下, 深深避之.[502] 後解其帕, 令尋打頭之人, 猴於千百人中, 徑取原人而出, 甚爲怪也.[503]

---

499 이 문장[人卽推倒其竿]은 『삼보정이집』, 『설집』에 "이후 중간에서 그 나무를 밀어 단절시킨다(然後於中推斷其木)"라고 되어 있고, 『담생당』본에는 "然後于中推其木段"이라 하였으므로 『기록휘편』의 '도(倒)'자로도 충분히 의미가 전달되지만 여러 사본에 따라 '단(斷)'자로 고친다.

500 『기록휘편』의 이 문장[又有將一大黑猴]은 『국조전고』에 "有人將一大黑猴"로, 『삼보정이집』에는 "又有人將一大黑猴"로, 『설집』과 『담생당』본에는 "又有一等人將一大黑猴"로 되어 있으므로, 『기록휘편』의 원문에서 '유(有)'자 다음에 '인(人)'자를 보충해 넣어야 할 것이다.

501 의미가 상당히 중첩된 『기록휘편』의 이 구[將巾帕重重摺疊]는 『국조전고』, 『삼보정이집』, 『설집』, 『담생당』본 모두 '將巾帕之類'로 되어 있다. 이에 따라 고치는 것이 맞다.

502 '심심(深深)'은 『기록휘편』에만 보인다. 의미는 더 분명하지만, 『국조전고』, 『삼보정이집』, 『설집』, 『담생당』본에 따라 삭제하는 것이 맞다.

503 이상 그 결말을 기록한 문장들[後解其帕, 令尋打頭之人, 猴於千百人中, 徑取原人而出, 甚爲怪也]은 여러 사본이 모두 대동소이한 의미를 전하고 있다. 『국조전고』는 "後解其縛, 令尋打伊者於千百人中, 徑取原打之人, 甚可笑也"로, 『삼보정이집』은 "後解其縛, 令尋打頭者於千百人中, 徑取原打之人, 甚可怪也"로, 『설집』과 『담생당』본에는 "後解其縛巾帕, 令尋打頭者, 其猴則於千萬人中, 竟取出原打之人, 甚爲可怪也"로 되어 있다. 이로써 적어도 『기록휘편』의 마지막 문장은 '甚可怪也'로 고치는 것이 타당하다.

18-11. 기후

이 나라 기후는 춥고 더우며, 봄에는 꽃이 피고, 가을에는 잎이 진다. 서
리는 있으나 눈은 없고, 비는 적으나 이슬은 많다.

其國氣候寒暑,① 春開花, 秋落葉.504 有霜無雪, 雨少露多.

① [기국기후한서(其國氣候寒暑)] 아래에 『승조유사』본에는 "모두 중국과 같다(皆如中
國)"라는 네 글자가 있다.505

18-12. 대산(大山)

큰 산 하나가 있는데, 사방에는 네 가지의 산물이 난다. 한쪽에서는 바닷
가에서처럼 소금이 나는데, 홍색이며, 사람들은 호미로 돌 같은 한 덩어리
를 캐낸다. 30~40근이 나가는 것도 있고, 또 습기 차지도 않아, 식용하려면
부숴 분말로 만들어 먹는다. 한쪽에서는 붉은 흙이 나는데, 은주(銀朱)506처
럼 붉다. 한쪽에서는 백토가 나는데, 석회처럼 담장을 바를 수 있다. 한쪽

---

504 이상 『기록휘편』의 두 문장[春開花, 秋落葉]은 『국조전고』, 『삼보정이집』, 『설집』, 『담생당』본, 그리고
『서양번국지』(42쪽) 모두 '즉(則)'자를 넣어 "春則開花, 秋則落葉"이라고 하였으므로 여기에서도 '즉'자
를 보충하는 것이 좋겠다.

505 풍승균 씨가 『승조유사』의 "모두 중국과 같다(皆如中國)"라는 언급이 있다는 것을 알려 주는 이유는 바
로 첫 문장의 술어가 애매하기 때문일 것이다. 『국조전고』에는 "그곳의 기후에는 추위와 더위가 있고
(其處氣候有寒暑)"라고 되어 있는데 이에 따라 '유(有)'자를 보충해 넣는 것이 맞다.

506 '은주(銀朱)'란 '성홍(猩紅)', '자분상(紫粉霜)'이라고도 하는데, 『본초강목』(사고전서본, 권9, 19b)에 보
이는 이시진의 설명에 따르면, "옛사람들이 '수은(水銀)은 단사(丹砂)에서 나오므로 수은을 녹이면 다시
붉게 된다'라고 하는 말이 바로 이것이다. 또한 이로부터 이름 지은 것이다(昔人謂水銀出於丹砂, 熔化
還復爲朱者, 卽此也. 亦名由此)"라고 하였다. 연금술, 화장품, 안료 등으로 사용되는 붉은 황화수은을
말한다.

에서는 황토가 나는데 강황(薑黃, 울금)처럼 노랗다. 모두 두목을 붙여 각 곳을 지켜 관리하도록 하는 것은 당연히 상인들이 사러 오면 판매하기 위함이다.

有一大山, 四面出四樣之物. 一面如海邊出之鹽,[507] 紅色,[508] 人用鐵鋤[①]如打石一般鑿起一塊, 有三四十[②]斤者, 又不潮濕, 欲用食則搥碎爲末而用.[③] 一面出紅土, 如銀硃之紅.[509] 一面出白土, 如石灰, 可以粉牆壁.[510] 一面出黃土, 如薑黃色之黃.[511] 俱着頭目守管各處, 自有客商來[④]販賣[⑤]爲用.

① ['서(鋤)'자는] 『기록휘편』에 '점(鋪)'자로 되어 있어 『승조유사』본에 따라 고쳤다.[512]

② ['십(十)'자는] 『승조유사』본에 '백(百)'자로 되어 있다.[513]

③ '자(者)'자 아래 『승조유사』본에는 "안에는 또 돌 같은 것이 있는데, 약간 촉촉하여,

---

507 '해변출지염(海邊出之鹽)'은 뜻을 좀 더 정확히 하여 『삼보정이집』, 『설집』, 『담생당』본에는 '소(所)'자를 넣어 '海邊所出之鹽'이라고 하였다. 참고할 만하다. 한편 『서양번국지』에는 "한쪽에서는 붉은 소금이 난다(一面出紅鹽)"라고 간략한 문장을 보여 준다.

508 '홍색(紅色)'은 『국조전고』에만 '홍반(紅礬)'으로 되어 있다.

509 『기록휘편』의 이 문장[如銀硃之紅]도 구법상의 출입이 있다. 『삼보정이집』에는 "그 색은 은주처럼 붉다(其色紅若銀硃)"로, 『국조전고』에는 "그 흙은 은주와 같다(其土如銀硃)"로, 『설집』에는 "其色紅如銀硃一般"으로, 『담생당』본에는 "其色紅如銀珠"로 되어 있다. 『서양번국지』에는 "其色紅如銀硃"로 되어 있다.

510 『기록휘편』의 이 문장[可以粉牆壁]은 『삼보정이집』과 일치하지만, 『국조전고』에서는 "若石灰, 可以粉墻"이라고 하였고, 『설집』과 『담생당』본에는 "如石灰, 可以粉壁"으로 되어 있다.

511 직역하면 '강황색의 노랑색과 같다'라는 뜻인데, 문장이 부자연스럽다. 『국조전고』에서는 "如薑黃之色"으로 되어 있는데, 가장 선본으로 판단한다. 『삼보정이집』, 『설집』, 『담생당』본 그리고 『서양번국지』에서는 '강황(薑黃)'을 '강황(姜黃)'으로 썼는데 이는 음역의 글자가 아니므로 '강황(薑黃)'으로 고쳐야 할 것이다.

512 '서(鋤)'자는 『기록휘편』의 '점(鋪)'자를 풍승균 씨가 고친 것이지만, 『삼보정이집』, 『설집』, 『담생당』본에는 작은 끌을 뜻하는 '참(鏨)'자로 되어 있다. 따라서 『기록휘편』의 '점(鋪)'자는 '참(鏨)'자의 오기로 보아야 한다. 한편 『국조전고』와 『서양번국지』에는 '착(鑿)'자로 되어 있는데 역시 '참(鏨)'자의 오류이다.

513 '십(十)'자는 『국조전고』, 『삼보정이집』, 『설집』, 『담생당』본 모두 '백(百)'자로 되어 있다. 한편 『서양번국지』에는 '三四斤'으로 되어 있다. 이로써 볼 때, 공진과 마환의 기술은 상당히 닮아 있음을 알 수 있다. 여기서는 '백(百)'자로 고치는 것이 맞을 것 같다.

사람이 복용하고자 한다면 부숴 가루로 만들면 먹을 수 있다(內又有一等石, 頗濕潤, 如人要用, 揎碎爲末亦可食)"라고 되어 있다.[514]

④ '내(來)'는 『승조유사』본에 따라 보충하였다.

⑤ ['판매(販賣)'는] 『승조유사』본에 '매취(買取)'로 되어 있다.[515]

18-13. 산물: 과일

땅에는 쌀과 밀이 많이 나지 않아 모두 다른 곳에서 곡물을 팔아 온 것들인데, 그 값이 매우 싸다. 과일에는 호도, 파담(把聃, 아몬드), 잣, 석류, 포도건(葡萄幹), 도건(桃幹), 화홍(花紅),[516] 만년조(萬年棗), 서과(西瓜), 채소로 오이, 파,

---

[514] 이 주석에 해당하는 『기록휘편』의 문장[欲用食則揎碎爲末而用]은 여러 사본에서 뜻은 대동소이하지만, 글자의 출입이 조금 있다. 『국조전고』에는 "欲用揎碎爲末而食"으로, 『삼보정이집』, 『설집』, 『담생당』본에는 "欲用則揎碎爲末而食"으로 되어 있다. 따라서 『기록휘편』의 '추(揎)'자는 '두드려 치다'는 의미인 '뇌(揎)'자를 따르는 것이 좋겠다.

[515] 이 교정에 해당하는 마지막 두 문장[俱着頭目守管各處, 自有客商來販賣爲用]은 글자의 출입이 다소 많다. 먼저 『기록휘편』에는 "모두 두목을 붙여 각 곳을 지키고 관리하게 하는 것은 본디 판매하러 오는 외래 상인들이 있기 때문이다(俱着頭目守管各處, 自有客商販賣爲用)"라고 되어 있다. 한편 『삼보정이집』에는 "모두 사람을 붙여 각 곳을 지켜 살피게 하는 것은 본디 사러 오는 사람들이 있기 때문이다(俱着人守看各處, 自有人來買取爲用)"라고 하였고, 『국조전고』에는 "왕은 사람을 파견하여 각 곳을 지키고 관리하게 하는 것은 본디 수매하러 오는 사람이 있기 때문이다(王差人守管各處, 自有人來收買爲用)"라고 하였으며, 『설집』과 『담생당』본에서는 이를 절충하여 "俱着人守管各處, 自有人來買取爲用"이라고 하였다. 『기록휘편』의 '두목(頭目)'은 모두 '인(人)'이라고만 하였고, 두 번째 구의 '객상(客商)' 또한 '인(人)'이라고 한 것을 알 수 있다. 『기록휘편』본만 유일하게 사람의 신분이 유난히 구체적이다. 그리고 『기록휘편』의 '판매(販賣)'는 의미상 맞지 않으므로 여기서는 『설집』과 『담생당』본의 '매취(買取)'를 따라야 할 것으로 보인다.

[516] 화홍(花紅)은 임금(林檎, Malus asiatica)의 별칭이다. 문헌상 '화홍'이란 명칭은 송나라 범성대(范成大, 1126~1193)의 『오군지(吳郡志)』(『사고전서』본, 권30, 9쪽)에 보인다. "밀임금은 과실이 꿀처럼 매우 달다. 잘 익지 않아도 신맛이 없다. 품종 중에 제일로, 도성에서 더욱 귀하게 친다. 다른 임금은 딱딱하고 크며, 빨갛지만 신맛이 있다. 마을 사람들은 이 임금을 '평임금'이라 하고, '화홍임금(花紅林檎, '꽃이 붉은 임금')이라고도 한다. 모두 밀임금보다 하품이다(蜜林檎. 實味極甘如蜜, 雖未大熟亦無酸味. 本品中第一, 行都尤貴之. 他林檎, 雖硬大且酣紅, 亦有酸味. 鄕人謂之平林檎, 或曰花紅林檎, 皆在蜜林檎之下)"라고 하였는데, 화홍은 바로 화홍임금의 줄인 표현이다. 『본초강목』(권30)에는 임금(林檎)과 내(柰) 두 종을 설명하고 있다. 이시진은 "'내(柰)'자는 전서(篆書)로 열매가 나무에 달린 모양을 본뜬 것이다. 산스크리트어로는 '빈파(頻婆)'라고 하는데, 지금 북방 사람들도 그렇게 부르며, '단호(端好)'라고 하

부추, 염교, 마늘, 나복(蘿蔔), 첨과(甜瓜) 등이 있다. 그 당근은 붉은색으로 연뿌리처럼 큰 것이 매우 많다. 첨과는 매우 커서 크기가 2척이나 되는 것이 있다. 호두는 껍데기가 얇고, 흰색이며 손으로 누르면 부스러진다. 잣은 길이가 1촌쯤 된다. 건포도에는 서너 가지 종류가 있는데, 하나는 말린 대추 같고, 자주색이다. 하나는 연 씨와 같고 씨가 없으며 하얀 결정체가 맺혀 있다. 하나는 둥근 알맹이가 흰콩처럼 크고, 대체로 희다. 파담은 호두와 비슷하고, 뾰족하고 길며 색은 희고, 안에는 씨가 있는데, 맛은 호도 과육보다 낫다. 석류는 찻그릇처럼 크고, 화홍(花紅)은 주먹처럼 크며 매우 향기롭고 맛있다. 만년조 또한 세 가지가 있는데, 하나는 현지 말로 '타사포(埭沙布)'[517]라고 하는데, 한 개가 엄지손가락처럼 크고, 씨는 작으며 설탕 같은 하얀 결정체가 맺혀 있어, 너무 달아 먹기 힘들다. 하나는 20~30개의 큰 덩어리로 푹 익으면 맛있는 곶감과 연조(軟棗, 고욤, Diospyros Lotus)의 맛과 같다. 하나는 남조(南棗, 검게 말린 대추)와 비슷한데 좀 크며, 맛은 좀 떫어, 그곳 사람들은 가져와서 가축들을 먹인다.

土産米麥不多, 皆是別處販來糶賣, 其價極賤.[518] 果有核桃·把聃①果·松子·石

는 것이다(篆文柰字, 象子綴於木之形. 梵言謂之頻婆, 今北人亦呼之, 猶云端好也)"라고 하였다.

517 타사포(埭沙布)에 관하여, 샹달 씨는 페르시아어 두샤브(dūshāb)에 해당하고, 의미는 포도나 대추의 시럽이라는 주장을 폈다(『서양번국지교주』, 43쪽). 만명 씨는 이 설의 출처를 밝히지 않고 그대로 따르면서, '대추야자의 가공제품'이라고 덧붙였다(『명초본영애승람교주』, 97쪽). 『Marwān ibn Janāḥ: On the nomenclature of medicinal drugs』에 따르면(I, 2020, 443쪽), '듀샤브'는 꿀이나 시럽을 의미하고 포도나 대추야자로 만든다고 하고, 대추꿀은 '아쌀 알 타므르('asal al-tamr)', '아쌀'은 꿀을 의미하고 '타므르'는 대추야자를 말한다. 따라서 '듀샤브'와 중국어 '타사포'가 음성적 유사성은 그럴법하지만, 마환은 분명히 대추야자의 종류를 말하고 있으므로, 두샤브와는 맞지 않는다. 물론 마환이 그것으로 만드는 꿀이나 시럽을 지칭한 말로 대신했을 그 종의 대추야자를 언급한 것일 수도 있다.

518 『기록휘편』의 이 문장[其價極賤]은 『국조전고』에는 빠져 있다. 『삼보정이집』에는 "그 값은 비싸지 않다(其價不貴)"라고 되어 있고, 『설집』과 『담생당』본에는 "其價甚賤"으로 되어 있다.

榴・葡萄幹・桃幹・花紅・萬年棗・西瓜・菜瓜・蔥・韭・薤・蒜・蘿蔔・甜瓜等物.[519] 其②胡蘿蔔紅色, 如藕大者③至多. 甜瓜甚大, 有高二尺者.[520] 其核桃殼薄, 白色, 手捏卽破. 松子長寸許. 葡萄干有三四樣, 一樣如棗干, 紫色. 一樣如蓮子大, 無核, 結霜.④ 一樣圓顆如白荳大, 略白色.[521] 把聃⑤果如核桃樣, 尖長, 色白, 內有仁, 味勝核桃肉.[522] 石榴如茶鍾大,[523] 花紅如拳大, 甚香美. 萬年棗亦有三樣, 一樣

---

519 과일과 채소의 구성에는 별다른 차이가 없다. 다만 여기『기록휘편』은 한 문장[果有核桃・把聃果・松子・石榴・葡萄幹・桃幹・花紅・萬年棗・西瓜・菜瓜・蔥・韭・薤・蒜・蘿蔔・甜瓜等物]으로 나열하고 있지만, 『삼보정이집』에서는 "果有核桃・把聃・松子・石榴・葡萄幹・花紅・桃幹・萬年棗・西瓜・菜瓜・蔥・韭・薤・蒜・蘿蔔等物都有"라고 과일과 채소를 분리하여 두 문장으로 보고 있다. 이는 『설집』과『담생당』본에도 마찬가지이다. 다만 중간에 '花紅・桃幹'을 잘못 '紅桃'라고 한 것만 다르다. 한편『국조전고』에는 "각종 과일이 모두 있고, 채소 또한 많다(果各色俱有, 菜亦多)"라고 줄여 놓고 있다. 또한, 『서양번국지』(교주본, 43쪽)에서도 "果有核桃・松子・葡萄乾・石榴・花紅・桃乾・把丹・萬年棗. 蔬有蔥・韭・薤・蒜・蘿蔔・菜瓜・西瓜・甜瓜"라고 하였으므로, 『삼보정이집』, 『설집』, 『담생당』본에 따라 두 문장으로 읽어야 할 것이다. 또한『기록휘편』의 '파담과(把聃果)'는 아덴 조목의 '과담(把擔)'[16-8]을 고려하여 '과'자를 빼야 할 것이다.

520 이상『기록휘편』의 문장들[甜瓜甚大, 有高二尺者]은『삼보정이집』에 "그 '과(瓜)'는 달고 매우 큰데, 키가 2척 되는 것도 있다. 당근은 붉은색으로 연뿌리처럼 크고 매우 많다(其瓜甜甚大, 高二尺者. 胡蘿蔔紅色, 如藕大, 亟多)"라고 하며, 나복(蘿蔔)과 첨과(甜瓜)의 설명 순서를 바꾸어 놓았고, 『설집』과『담생당』본에는 "그 '과(瓜)'는 달고, 큰 것 중에는 키가 2척이나 되는 것도 있다. 당근은 붉은색으로 연뿌리처럼 크고 매우 많다(其[瓜]甜, 其大[有]高二[尺]者. 胡蘿蔔紅色, 如藕大, 至多)"라고 되어 있다. 『국조전고』에는 " 당근은 붉은색으로 연뿌리처럼 큰 것이 있다(胡蘿蔔紅色, 如藕大者)"라고 당근만 언급하고 있다. 한편 '첨과(甜瓜)'로 보면 멜론이 되고, '과첨(瓜甜)'은 '과(瓜)가 달다'는 의미가 되므로, '첨과(甜瓜)'가 맞을 것이다. 한편, 『서양번국지』에서도 "甜瓜猶大, 有高二尺者"라고 하였으므로, 『기록휘편』을 따르는 것이 맞다.

521 『기록휘편』의 이 문장[一樣圓顆如白荳大, 略白色]은 이전의 기술과 다른 문장구조를 보여 주고 있다. 『국조전고』에서는 "一樣如白豆大, 圓顆, 紫色"으로, 『삼보정이집』에는 "一樣如白豆大, 圓顆, 略白"으로, 『설집』에서는 "一樣如白豆大, 員顆, 略白"으로 되어 있고, 『담생당』본에는 "一樣"만 보여 주고 있다. 한편『서양번국지』에서는 "一種僅如豆, 頗白"이라고 하였으므로, 『삼보정이집』이 세 종류의 건포도를 기술하는 데 있어 가장 일관적인 선본으로 판단된다.

522 아몬드를 설명하고 있는『기록휘편』의 문장들[把聃果如核桃樣, 尖長, 色白, 內有仁, 味勝核桃肉]도 약간의 출입이 있는데, 먼저『국조전고』에서는 "把聃果似核桃樣, 色白, 內仁味如核桃"라고 하였고, 『삼보정이집』에는 "아몬드의 씨는 호도 모양인데, 대략 뾰족하고 길며, 색은 희고, 안의 씨는 호도보다 맛이 좋다(把聃子似核桃樣, 略尖長, 色白, 內仁味勝核桃)"라고 되어 있으며, 『설집』에서는 "把聃果似核桃樣, 略尖長, 色白, 內味勝核桃"라고 하였고, 『담생당』본에는 "略尖長, 色白, 內勝核桃味"라고만 되어 있다. 마지막으로『서양번국지』에서는 "아몬드는 호도 같으며 끝은 길고 납작하고, 황색이며 안의 씨는 호도보다 맛이 좋다(把丹如核桃, 尖長匾黃色, 內仁味勝核桃)"라고 하였다. 따라서『기록휘편』의 '염

番名埞沙布, 每箇如母指大, 核小, 結霜如沙糖, 試甜, 難吃.[524] 一樣挼爛成二三十
箇大塊,[525] 如⑥好柿餅及⑦軟棗樣之味. 一等如南棗樣略大,[526] 味頗澀, 彼人將來喂牲口.

① ['담(聃)'자는]『기록휘편』에 '염(聃)'자로 되어 있어『승조유사』본에 따라 고쳤다. 앞
　의 아단(阿丹) 조목에서는 '파담(把擔)'으로 음역했는데, 모두 페르시아어 바담
　(badam)에 해당하는 음이다.

② ['첨과등물기(甜瓜等物其)'는]『기록휘편』에 '등물기첨과(等物其甜瓜)'로 되어 있어 바
　로잡았다.

③ '자(者)'자는『승조유사』본에 따라 보충하였다.[527]

④ 이상 네 글자[無核, 結霜]는『승조유사』본에 '백상여당(白霜如糖)'으로 되어 있다.[528]

⑤ ['담(聃)'자는]『기록휘편』에 '염(聃)'자로 되어 있어『승조유사』본에 따라 고쳤다.

(聃)'자는 '담(聃)'자로 고치고, '파담과(把聃果)'의 '과(果)'자는 앞의 경우와 마찬가지로 빼는 것이 맞을
　것이다.

523 '다종(茶鍾)'은『국조전고』,『담생당』본에도 일치하지만,『삼보정이집』과『설집』에는 '다충(茶盅)'으로
　되어 있는데 모두 차를 끓일 때 물을 담는 사발을 의미한다.

524 '만년조(萬年棗)'에 관한 설명은『국조전고』에만 "만년조는 원래 서리기 맺히면 사탕 같은데 너무 달아
　먹기 힘들다(萬年棗自結霜如砂糖, 試甜, 難吃)"라고만 하였고, 그 종류에 대해서는 생략되어 있다.

525 『기록휘편』의 이 설명[一樣挼爛成二三十箇大塊]은『삼보정이집』에 "一等挼爛成二三十斤大塊"라고 하
　였고,『설집』과『담생당』본에는 "一等挼爛成三四十斤大塊"로 되어 있다. 한편『서양번국지』에는 "一
　種挼成塊重二三十斤"으로 된 것으로 볼 때 여기『기록휘편』의 '개(箇)'자는 '근(斤)'자의 오기임을 알 수
　있다. 다시 말해, 무게가 한 송이에 20~30근 나가는 만년조를 설명하고 있다.

526 『기록휘편』의 이 문장[一等如南棗樣略大]은 앞서 만년조의 두 종류를 지칭하면서 '일양(一樣)'이란 표
　현을 쓰고 여기서는 '일등(一等)'이란 표현을 쓰고 있다.『삼보정이집』,『설집』,『담생당』본에는 "하나
　는 마른 것으로 남조와 비슷한데 좀 크다(一等乾者, 如南棗[樣]略大)"라고 되어 있다. 하지만『서양번국
　지』에는 "그리고 말린 남조와 같은 일종의 연조(軟棗)가 있는데 맛이 떫다(及有軟棗一種如南棗乾, 味
　澁)"라고 하였다. 여기의 '남조(南棗)'란 검게 말린 대추를 말하므로,『삼보정이집』,『설집』,『담생당』
　본에 따라 '일등(一等)' 뒤에 '건자(乾者)'를 보충하는 편이 문맥에 유리하다.

527 '자(者)'자는『삼보정이집』,『설집』,『담생당』본에 모두 들어 있다.

528 이 교정에 해당하는『기록휘편』원문[一樣如蓮子大, 無核, 結霜]은『삼보정이집』에 "一樣如蓮子, 無核,
　結霜白"으로,『국조전고』와『설집』에는 "一樣如蓮子, 無核, 結霜雪白"이라고 되어 있고,『담생당』본에
　는 "一樣如蓮子, 無核"으로만 되어 있고,『서양번국지』에서는 "一種如蓮子大, 無核結白霜"이라고 하였
　다. 이상으로부터『기록휘편』의 '대(大)'자는 빼는 것이 맞다. '상(霜)'자는 포도알 표면에 맺히는 하얀
　결정체를 지칭하는 말이므로, 다른 사본에 보이는 '백(白)'자나 '설(雪)'자는 의미의 중복이다.『기록휘
　편』을 따르는 것이 맞다.

⑥ ['여(如)'자는]『기록휘편』에 '호(好)'자로 잘못되어『승조유사』본에 따라 고쳤다.[529]

⑦ '급(及)'자는『승조유사』본에 따라 보충하였다.[530]

18-14. 보화와 직물

이곳에는 각 외국의 보화가 모두 있고, 또 홍아고·청아고·황아고, 그리고 홍랄(紅刺), 조파벽(祖把碧),[531] 조모랄(祖母刺),[532] 묘정(猫睛),[533] 금강찬(金鋼鑽),[534] 무게가 1전 2~3푼 나가는 용안(龍眼)같이 큰 진주, 산호수로 만든 구슬

---

529 풍승균 씨의 이 교정은 잘못되었다.『기록휘편』에는 여실히 '여(如)'자로 되어 있고,『삼보정이집』,『설집』,『담생당』본에서도 확인된다.

530 이 교정에 해당하는『기록휘편』원문[如好柿餠軟棗之味]은『삼보정이집』,『설집』,『담생당』본에 한결같이 '급(及)'자를 쓰지 않고 있다. 불필요한 보충이다.

531 '조파벽'이란 보석에 대하여, 밀스는 뒤펜다크의 주석을 그대로 옮겨 놓고 있다(『Ma Huan Re-examined』, 68쪽). 뒤펜다크는 다시 브레트슈나이더의 설명에 의존하고 있는데, 브레트슈나이더는 조파벽을 [dju-ba-bi]로 표기하고 일등급의 보석이며, 진한 녹색을 띤다고 설명한 다음, 주에서 "마환이 말한 녹색 보석은 틀림없이 에메랄드일 것이다. '조파벽'이라는 이 명칭은 에메랄드류의 다른 종을 지칭하는 아랍어나 페르시아어 명칭으로 인식되었을 가능성이 크다"라고 하였다. 이어서 케퍼스타인(Christian Keferstein)의 설명을 참조하여(『Mineralogia polyglotta』, 43쪽), 아름다운 초록색 날개를 가진 파리인, '칸타리스(cantharides)'를 의미하는 '조바브(dsobab)'라는 명칭은 진한 녹색을 띠는 고급 에메랄드에 적용한 것은 아랍인들이라고 설명하였다(『Mediaeval Researches from Eastern Asiatic Sources』, I, 174쪽). 조바브는 원래 [dhubāb]였을 것이다. 여기 조파벽과 매우 음이 근접하고 있다.

532 '조모라(祖母喇)'로도 표기하는 이 보석에 대해 밀스는 앞의 조파벽(祖把碧)과 마찬가지로, 뒤펜다크의 주석을 통해 브레트슈나이더의 설명을 따르고 있다.『철경록』권7에 회회의 보석을 다루고 있는 조목에서 녹석두(綠石頭) 범주 두 번째 항목으로 조목랄(助木刺)을 들고, "중급이며 밝은 녹색이다(中等明綠色)"라고 하였다. 브레트슈나이더는 이 보석을 부연 설명하면서 "이 명칭은 아마도 페르시아와 아랍어에서 에메랄드를 통칭하는 즈메루드(zmerud) 또는 사무로드(samurod)에 대응하는 음일 것이다. 현재 북경에서 '조모록(祖母綠)'이라 하는데, 비슷한 음을 간직하고 있다. 그러나 '녹보석(綠寶石)'이라는 명칭으로도 알려져 있다"(『Mediaeval Researches from Eastern Asiatic Sources』, I, 174쪽)라고 하였다.

533 '묘정(猫睛)'은 고양이 눈동자에 보이는 수직의 섬광 같은 빛이 나는 보석으로, 자세한 것은 아단국 조목(16-2)의 묘정석(猫睛石) 주를 참고하시오.

534 '금강찬(金鋼鑽)'은 다른 판본에 금강찬(金剛鑽)으로도 되어 있다.『고금도서집성·식화전(食貨典)』권332에는 주밀(周密, 1232~1298)의『제동야어(齊東野語)』를 인용하고 있는데, "옥 장인이 옥을 다룰 때는 형하(邢河)의 모래를 사용해야 하고 새기는 도구를 사용해야 한다. 금강찬이라는 것은 천하에서 가장 견고한 것으로 옥과는 다르다(그 값어치는 옥보다 못하다?)(玉人攻玉, 必以邢河之沙, 其鐫鏤之具必

과 가지와 뿌리, 현지에서 '살백치(撒白値)'라고 하는 금박(金珀)·박주(珀珠)·
신주(神珠)·납박(蠟珀)·흑박(黑珀), 여러 색의 아름다운 옥으로 만든 그릇,
수정으로 만든 그릇, 융단의 보풀이 1~2푼이고, 길이는 2장, 폭은 1장인 십
양금전용화담(十樣錦翦絨花毯),[535] 사폭(梭幅),[536] 살합라전(撒哈喇氈),[537] 모라(氉
羅), 모사(氉紗),[538] 각종 외래 청홍색 실을 박아 넣은 수건 등의 물품이 있고,

用. 所謂金剛鑽者, 蓋天下至堅者, 莫如玉"라고 하였다. '찬(鑽)'은 끌이나 송곳 같은 것을 의미하므로,
금강(金剛) 즉 다이아몬드로 만든 끌 같은 것을 말하는 것으로 보인다. 뒤펜다크는 『사원(辭源)』의 정
의에 따라 "금강석의 가루이다(金剛石之粉屑也)라고 설명했는데, 펠리오도 이를 따라 'Diamond dust
(연마용 다이아몬드 가루)'라고 하였다(「15세기 초 중국의 대항해」, 『통보』, XXX, 434쪽). 이처럼 가루
라고 하면 '찬(鑽)'자를 쓰지 않았을 것이다. 옥이나 철기에 문양을 새기는 도구를 지칭한다고 봐야 할
것이다. 사방(謝方)의 『서양조공전록교주』(110쪽)에서는 금강석(金剛石)이 바로 '찬석(鑽石)'이라고 설
명하며, 다이아몬드 자체로 본 것 같다.

535 십양금(十樣錦)에 대하여, 펠리오 씨는 『사원(詞源)』의 설명에 따라, "십양금(十樣錦)은 완전히 중국식
표현으로, 우선 사천의 열 가지 수단을 지칭했고, 이어서 열 가지 뛰어남을 갖춘 것을 표현하기 위해 사
람들에게도 적용되었다(『사원(詞源)』을 참고하시오). 타란자노는(P. Taranzano, Vocabulaires, II,
266) 십양금이 Amarantus gangeticus(비름)를 지칭하는 것으로 설명했다. 나는 그가 취한 정보의 출처
를 모르지만, 여기에서 꽃은 전혀 관계가 없다"(「15세기 초 중국의 대항해」, 436쪽)라고 하였다. 하지
만 십양금은 '십양금(十洋錦)'이라고 하는 꽃 이름이 맞다. 여기의 '십양금전용화담'이란, 십양금 문양으
로 융단을 잘라 만든 '화담(花毯)'이란 말로 해석하는 것이 원문의 설명과도 부합해 보인다.

536 사폭(梭幅)에 관해서는 아단 조목 [16-3]의 주석을 참고하시오.

537 살합라(撒哈喇)에 관해서는 아단 조목 [16-3]의 주석을 참고하시오. '전(氈)'은 일반적으로 동물의 털을
접착제를 사용하여 압착해 만든 두꺼운 담요 같은 것을 지칭한다. 따라서 '살합랄로 만든 전(양탄자)'로
해석하는 것이 적절해 보인다.

538 '모라(氉羅)'라는 명칭은 다른 책에서는 보이지 않는다. 단 사계좌(査繼左, 1601~1676)의 『죄유록(罪惟
錄)』(사고전서본, 권36, 66a)에 수록된 '홀로모사(忽魯謨斯) 열전'에 "錦袱撒哈喇氉羅氉紗"로 되어 있
는데, 『기록휘편』본 『영애승람』을 인용한 것으로 보인다. 결국 '담라'는 『영애승람』에만 보이는 조합
이다. 『철경록(輟耕錄)』(사고전서본, 권11, 5a)에는 복식(服飾)이나 용품들을 그림으로 그릴 때 색을
배합하는 방법을 기술하고 있는데, "모자는 분(粉), 토황, 단자, 먹을 약간 넣어 배합한다(氉子, 用粉·
土黃·櫃子, 入墨一點合)"라고 하였다. 모자의 색을 얻으려면 이처럼 안료를 조합해야 한다는 말일 것이
다. 또 조금 뒤에는 "모릉의 [색은] 자화지정(紫花地丁, Viola philippica, 호제비꽃)과 자분(紫粉)으로
꽃문양을 덮어씌운다(氉綾, 用紫花底, 紫粉搭花樣)"라고 하였다. 사전적으로 정의하자면 '모(氉)'는 꽃
문양이 들어간 모직물을 말하며, 『강희자전』에는 '모단(毛段)'으로 설명하고 있는데, 바로 '모단(毛緞)'
을 가리킨다. 한편, 『도이지략』 무지발(無枝拔) 조목에는 서양포(西洋布)가 보이는데, 소계경 씨는 『장
춘진인서유기(長春眞人西遊記)』의 '백마사(白麈斯)', 『철경록』의 '모자(氉子)', 『영애승람』의 '모사(氉
紗)' 등이 이 서양포를 말한다고 하면서 그 어원을 남인도 동안, 코로만델 해안의 마술리파트남
(Masulipatnam)에는 극세한 면포를 말하는 '무살(Musale)', '무슬린(Moucelin)', 즉 영어로 '무슬린

(Muslin)', 불어로는 '무쓸린(Mousseline)'이라고 추정했다(『도이지략교석』, 43쪽; 『바다와 문명: 도이지략역주』, 58쪽). 사실 소계경 씨의 이러한 설명은 브레트슈나이더(『Mediaeval Researches from Eastern Asiatic Sources』, II, 308쪽)의 설과 이를 인용하여 논의한 폴 펠리오의 설을 차용한 것이다(이 점에 대해 소계경 씨는 출처를 밝히지 않았다). 펠리오 씨는 「15세기 초 중국의 대항해」라는 논문에서 (『통보』, XXX, 438쪽) "『철경록』의 '모자'는 단순한 모슬린일 것이므로, '모릉(毠綾)'은 문양을 넣은 모슬린이다"라고 연결지었다. 이러한 추정을 근거로 펠리오 씨는 『영애승람』과 『서양조공전록』의 모라(毠羅)와 모사(毠紗)로 돌아와, 모라는 『철경록』의 모자, 모사는 『철경록』의 '모릉'으로 설명했다. 다시 말하자면 '모라'와 '모사'는 두 종류의 모슬린이란 말이다. 여기에서 펠리오 씨가 근거하고 있는 것은 음성적 근접성밖에 없다.

'모(毠)'자의 사전적 정의는 모직물인데, 모슬린은 면직물이다. 또한, 모슬린은 보통 흰색인데, 『철경록』에서 그 색을 재현할 안료 배합 방법을 기술할 필요가 있을까? 사실 『철경록』 권11에 나오는 '모자(毠子)'와 '모릉(毠綾)'으로부터 우리가 확인할 수 있는 것은 색깔과 꽃문양이 있고 없고에 따라 다르다는 것뿐이다. 다시 『영애승람』의 원문으로 돌아와서, 모라(毠羅)와 모사(毠紗)에서 '나(羅)'는 성글고 가벼운 견직물로 『초사 · 초혼』에서 왕일(王逸)은 기(綺, 문양이 있는 비단) 종류라고 설명하였다. '사(紗)'는 올이 성글고 얇은 직물을 말한다. 이 '사(紗)'자가 '실'을 뜻하는 것이 아니라면, 직물의 범위에서 '나(羅)'자와 큰 차이를 밝히기 쉽지 않다. 한편 『영애승람』의 판본들을 살펴보면, 모라(毠羅)는 『기록휘편』, 『국조전고』, 『삼보정이집』에는 들어 있지만, 또한 『설집』과 『담생당』본에는 보이지 않고 뒤의 모사(毠紗)만 있다. 만약 폴 펠리오 씨의 추정대로, '모라'와 '모사'가 두 종류의 모슬린이라면, 모슬린 종류를 세세하게 나열했을 가능성이 작다. 또 사전적 의미로, 모라와 모사는 큰 차이를 보이지 않는다. 그러므로 여기서는 『설집』과 『담생당』본을 따른다면, 문제를 하나 줄이는 셈이다. 여기 『영애승람』의 모사(毠紗)는 모사(毠絲)를 떠올리는데, 사전적 의미도 같고, 발음도 근사하다. 이 '모사(毠絲)'라는 단어는 진태하 씨가 『새국어생활』 권17(2007년 봄호)에 실은 「모시와 모란의 어원고」라는 글에서, "실크로드를 통하여 우리나라의 모시가 서역까지 전파되어 'muslin'이라 일컬어졌다"라고 하였다. 이를 근거로 원나라 잡극 「어초기(漁樵記)」에 나오는 구를 들었다. 신씨의 해석에 따르면, "너 장해 어떤 '대릉', '대라'라도 빨수록 하얗게 되살아나는 모사포(有甚麼大綾大羅, 洗白復生高麗毠絲布)"라고 하였는데 여기의 '모사포'가 바로 '모시포'라는 것이다. 게다가 번역에도 문제가 있다. 여기의 세백(洗白) 또한 베 이름이다. 따라서 「어초기」의 두 구는 다음과 같이 구두해야 할 것 같다. "무슨 '대릉', '대라', '세백'이라는 것이 있고, 또 생고려포, 모사포가 있다(有甚麼大綾 · 大羅 · 洗白, 復生高麗 · 毠絲布)."

『고금도서집성 · 변예전(邊裔典)』에는 모사포(毠絲布)가 8차례 언급되고 있는데, 모두 중국에서 계빈(罽賓), 묵덕나(默德那), 유구(琉球), 섬라(暹羅)의 왕들에게 내리는 하사품 목록에 들어 있으며, 모두 명나라 시기의 일들이다. 마찬가지로 『조선왕조실록』에서도 4차례 검색되는데, 모두 중국 조정에서 하사하는 물품 속에 들어 있다. 다시 『고금도서집성 · 궁위전(宮闈典)』을 보면, 친왕(親王)들에게 예물을 내린 항목들이 보이는데, "친왕 1등에게는 은 2백 냥, 저사 8필, 사(紗) 8필, 나(羅) 8필, 금(錦) 4단, 생숙견 16필, 고려포 14필, 백모사포 14필, 서양포 14필을 하사했다(賜親王一等, 銀二百兩, 紵絲八匹, 紗八匹, 羅八匹, 錦四段, 生熟絹十六匹, 高麗布十四, 白毠絲布十四, 西洋布十四)"라고 하였는데, 친왕들의 등급에 따라 차등을 두었을 뿐 품목은 대동소이하다. 여기에서는 분명히 저사와 모사포를 구분하고 있다. 또 『연려실기술』 별집 권5 공헌(貢獻) 조목에, 『고사촬요(考事撮要)』를 인용한 문장은 다음과 같다. [선조 임인년 35년에 사은사(謝恩使) 황신(黃愼)이 돌아와 아뢰기를, "북경(北京)에 있을 때 예부(禮部)의 채낭중(蔡郎中)이 말하기를, '너희 나라에서 모사포(毠絲布)를 진상하지 않은 것은 이미 구례에

[이것들을] 파는 사람이 모두 있다.

此處各番寶貨皆有, 更有靑紅黃雅姑石, 幷紅刺祖把碧^①·祖母刺^②·猫睛·金鋼^③鑽,^④ 大顆珍珠如龍眼大,⁵³⁹ 重一錢二^⑤三分, 珊瑚樹珠,⁵⁴⁰ 幷枝梗, 金珀·珀珠·神珠^⑥·蠟^⑦珀·黑珀,^⑧ 番名撒白値,^⑨ 各色美玉器皿·水晶器皿,^⑩ 十樣錦翦絨花單,⁵⁴¹ 其絨起一二分, 長二丈, 闊一丈,⁵⁴² 各色梭幅·撒哈喇^⑪氊·襪羅·襪^⑫紗·各番靑紅絲嵌手巾等類, 皆有賣者.

어긋나므로 전일 배신(陪臣)이 돌아갈 때 여러 번 일렀는데 지금 방물(方物)에 어찌하여 또 포자(布子)를 빠뜨렸는가. 너희 나라가 중국을 공경히 섬기는 것은 다른 나라에 견줄 바가 아니지만, 다만 근래에 바친 방물(方物) 중 모시포·석자(席子) 등의 물건도 품질이 거칠고 낮은 것이 많으니, 이제부터는 정하게 골라서 바치도록 하라'라고 하고, 이어서 묻기를, '너희 나라에서 이른바, '모시포(毛施布)'라 하는 것은 '백저포(白苧布)'인가. '흑마포(黑麻布)'인가 하기에, 회답하여 말하기를, '모시포는 우리 조선의 방언이며 곧 백저포(白苧布)입니다. 흑마포는 날[經]은 백사(白絲)를, 씨[緯]는 저사(苧絲)를 쓴 것이니, 그것은 색다른 모양의 포자(布子)이지요' 하였습니다"라고 하였다. '우리나라는 외구(外寇)의 난리로 파괴되어 방물을 바치는 데 결함이 생겼다. 송구스러워 사죄한다'라는 뜻으로 예부에 공문을 보냈다] 이로써 볼 때, 분명 모사포와 모시포는 다르다는 것을 알 수 있다. 또한, 중국과 조선에서 생산했던 모사포(襪絲布)의 모사는 『영애승람』의 호르무즈 조목의 모사(襪紗)와는 다른 것으로 보아야 한다. 다시 말해 '모사(襪紗)'는 지역적으로 보아 모슬린일 가능성이 크고, '모사(襪絲)'는 중국과 한국 등지에서 생산하는 모슬린의 모습과 닮은 천을 표현한 것으로 추정한다. 이러한 역자의 추정에는 '모(襪)'자에 대한 사전적 정의 즉 "일종의 꽃문양을 넣어 짠 모직물(一種織有花紋的毛織物)"이 잘못되었다는 것을 전제해야 한다는 단점이 있다.

539 '대(大)'자는 『삼보정이집』과 『국조전고』에는 보이지 않는다.

540 '주(珠)'자는 『국조전고』와 『서양번국지』에서는 '주(株)'자로 되어 있는데, '주(株)'는 오자로 읽어야 할 것이다. 왜냐하면 뒤에 '지(枝)'자와 중복된다. 여기의 '산호수주(珊瑚樹珠)'란 산호수로 만든 구슬을 말한다. 당연히 구두는 '珊瑚樹珠幷枝梗'이라고 붙이는 것이 맞다.

541 '단(單)'자는 『담생당』본에도 일치하지만, 『국조전고』, 『삼보정이집』, 『설집』 모두 '담(毯)'자로 되어 있으므로 고치는 것이 맞다.

542 이상 융(絨)을 설명하는 『기록휘편』의 세 문장[其絨起一二分, 長二丈, 闊一丈]은 『국조전고』에 "其絨起一分, 長二丈, 闊一丈"으로, 『삼보정이집』에는 "其絨起二三分, 長二丈, 闊一丈"으로 되어 있고, 『설집』과 『담생당』본에는 폭에 대한 설명 없이 "其絨起二三分, 長二丈"이라고만 되어 있다. 한편 『서양번국지』와 『서양조공전록』에는 『국조전고』에서처럼 "絨起一分, 長二丈, 闊一丈"으로 되어 있다. 여기에서 '융기'란 융단의 보풀을 말하므로, '1분'이 적합해 보인다.

① 이상 일곱 글자[石, 幷紅剌祖把碧]는 『기록휘편』에 '날석사파벽(剌石祖把碧)' 다섯 글자로 되어 있어 『승조유사』본에 따라 고쳤다.

② ['날(剌)'자는] 『승조유사』본에 '녹(綠)'자로 되어 있다.[543]

③ ['강(鋼)'자는] 『승조유사』본, 『서양조공전록』에는 모두 '강(剛)'자로 되어 있다.

④ ['찬(鑽)'자는] 『기록휘편』에 '쇄(鎖)'자로 잘못되어 『승조유사』본에 따라 고쳤다.[544]

⑤ 이상 두 글자[錢二]는 『승조유사』본에 따라 보충하였다.[545]

---

543 『국조전고』, 『삼보정이집』, 『설집』, 『담생당』본 모두에 '조모라(祖母喇)'로 되어 있다.

544 이상의 교정에 해당하는 『기록휘편』의 원문[此處各番寶貨皆有, 更有靑紅黃雅姑·剌石·祖把碧·祖母剌·猫睛·金鋼鎖]은 『국조전고』본에 "此處各番寶物皆有, 如紅鴉姑·靑黃鴉姑石·幷紅剌祖把碧·祖母喇·猫睛·金鋼鑽", 『삼보정이집』에는 "此處各番寶物皆有, 如紅雅姑·靑黃雅姑·剌石·祖把碧·祖母喇·猫睛·金鋼鑽", 『설집』과 『담생당』본에는 "此處各番寶貨皆有, 如紅雅姑·靑雅姑·黃雅姑·剌石·祖把碧·祖母喇·猫睛·金鋼鑽"으로 되어 있다. 이상 『국조전고』, 『삼보정이집』, 『설집』과 『담생당』본에서는 '홍(紅)'과 '청황(靑黃)'을 구분하여 뒤에 반복하여 '아고(雅姑)'를 추가한 것 외에는 차이가 없다. 풍승균 씨는 『승조유사』에 따라, "更有靑紅黃雅姑·剌石·祖把碧"을 "更有靑紅黃雅姑石, 幷紅剌祖把碧"으로 교정한 것이다. 이는 허대령(許大齡), 왕천유(王天有) 씨가 점교한 등사룡(鄧士龍)의 『국조전고』 해당 문장에 "원문에는 '靑黃鴉·剌石·祖把碧'으로 되어 있어 『승조유사』에 따라 고쳤다"(2159쪽)라고 한 교감 주석에서 확인된다. 이들도 풍승균 씨처럼 다른 필사본을 참조하지 못한 결과였고, 또한 '날석(剌石)'이 무엇인지 몰랐던 것으로 보인다. 여기서는 『기록휘편』 원문을 그대로 살려야 한다. 다만 자형상 혼동인 '사(祖)'만 '조(祖)'자로 바꾸면 된다. 여기서 말하는 '날석(剌石)'이란 인도어로는 '붉다'는 말을 [laal]이라 하는데, '날'이 이에 해당하는 음으로 보면, 붉은 돌, 즉 루비를 말하는 것으로 보인다. 라틴어로는 '루베르(Ruber)'라고 하고, 산스크리트어 '루디라(rudhirá)'라고 한다. 『철경록』(사고전서본, 권7, 7a)에 "아람의 보석들은 그 종류가 한둘이 아니고 그 가격도 한둘이 아니다. 대덕(大德, 1297~1607) 연간에, 본국의 대상 중에 홍랄(紅剌) 한 개를 관부에 팔았는데, 무게는 1냥 3전으로 값은 중통초(中統鈔)로 14만이었다. 모자의 꼭지에 고정하여 사용하는 것이었다. 이 뒤로 황제와 재상들이 귀한 보석으로 여겼다. 정월 초하루나 천수절 등의 큰 하례에 착용했다. '랄'이라 하는 것 또한 방언이다(回回國頭, 種類不一, 其價亦不一. 大德間, 本土巨商中賣紅剌一塊於官, 重一兩三錢, 估直中統鈔一十四萬, 定用嵌帽頂上. 自後累朝皇帝相承寶重. 凡正旦及天壽節大朝賀時, 則服用之, 呼曰剌, 亦方言也)"라고 하였고, 이어서 이 '랄'이란 보석을 홍석두(紅石頭) 범주에 넣고, 그 첫 번째 종으로 언급하며, "담홍색이고 예쁘다(淡紅色嬌)"라고 하였다. 또 『원명사류초(元明事類鈔)』(사고전서본, 권26, 23a)에도 같은 이야기가 보이는데, '날아륵(垍阿勒)'으로 되어 있다. 『명사』 권82, 『식화지』에 가정제(嘉靖帝, 1521~1567년 재위) 초에 사신을 아덴에 보내 사 온 보석들을 기록하고 있는데, 그중에도 홍랄석(紅剌石)이 들어 있다.

545 이 교정에 해당하는 『기록휘편』의 원문[重一錢三分]은 『국조전고』, 『삼보정이집』, 『설집』 모두 '삼(三)'이 '이삼(二三)'으로 되어 있고, 마지막에 '자(者)'자를 넣어 "重一錢二三分者"라고 하였다. 한편 『담생당』본에는 "重二錢一二分者"로 잘못되어 있다. 『기록휘편』 원문에 '전(錢)'자는 보이므로 '이'자만 보충해야 맞다. 또한 『서양번국지』(교주본, 43쪽)에도 "重一錢二三分者"라고 하였으므로 여러 사본에 따라 '자(者)'자를 넣는 편이 병렬로 이루어진 문장에 어울린다.

⑥ ['주(珠)'자는] 『서양조공전록』에 '박(珀)'자로 되어 있다.[546]

⑦ ['납(蠟)'자는] 『기록휘편』에 '납(鑞)'자로 되어 있어 『승조유사』본과 『서양조공전록』
에 따라 고쳤다.[547]

⑧ ['금박·박주·신주·납박·흑박(金珀·珀珠·神珠·蠟珀·黑珀)'은] 『국조전고』본
에 '금박신박납박흑박(金珀神珀臘珀黑珀)'으로 '박주(珀珠)'가 빠져 있다.[548]

⑨ ['살백치(撒白値)'는] 『승조유사』본에도 이와 같다. 『서양조공전록』에는 '살백식(撒白
植)'으로 되어 있다. 아마도 페르시아어 호박(琥珀)의 명칭인 사보이(šahboī)의 음역
명칭일 것이다. 세 번째 글자[値]는 '의(儀)' 또는 '이(伊)'자의 잘못으로 보인다.[549]

---

[546] '신박(神珠)'의 '주(珠)'자는 『국조전고』, 『삼보정이집』, 『설집』, 『담생당』본 모두에 '박(珀)'자로 되어
있고, 열거하고 있는 호박의 종류에도 모두 '박(珀)'자가 들어 있으므로, '박(珀)'자로 고치는 것이 맞다.

[547] '납(蠟)'자는 『국조전고』, 『삼보정이집』, 『설집』, 『담생당』본, 그리고 『서양번국지』에서 확인된다.

[548] '납(臘)'자는 '납(蠟)'자의 오기이다.

[549] 여기 '호박(琥珀)'과 관련된 『기록휘편』의 설명[金珀·珀珠·神珠·鑞珀·黑珀, 番名撒白値]은 이본이
많은 만큼 논란도 많다. 먼저 『국조전고』에는 "大塊金珀·神珠·蠟珀·黑珀, 番名撒白"으로, 『삼보정
이집』에는 "大塊金珀珠·神珀·蠟珀·黑珀, 番名撒白値"로, 『설집』과 『담생당』본에는 "大塊金珀·珀
珠·神珀·蠟珀·黑珀, 番名撒白値"로 되어 있고, 동시대 공진의 『서양번국지』에는 "大塊金珀幷珀
珠·神珀·蠟珀·黑珀, 番名撒白値"로 되어 있다. 한편, 황성증의 『서양조공전록』에는 "여러 가지 호
박을 '살백식'이라 하는데, 그 종류는 다섯 가지가 있다. 하나는 금박, 하나는 병박, 하나는 신주박, 하나
는 납박, 하나는 흑박이다(諸珀謂之撒白植, 其類有五, 一曰金珀, 二曰幷珀, 三曰神珀, 四曰蠟珀, 五曰
黑珀)"라고 하였다. 황성증에 따르면, 비록 다섯 가지 호박의 명칭에는 앞서 본 판본들과 상당한 차이를
보이지만, 이것들이 호박의 종류라는 것을 확인할 수 있다. 따라서 이상으로 다섯 가지 호박의 더 정확
한 명칭을 조합해 내면 되는데, 역자의 생각으로는 『설집』과 『담생당』본이 가장 그럴법하다고 판단된
다. 소계경 씨는 더 자세하게 다른 명칭들을 검색하고, 풍승균 씨의 주석을 보완하고 있다. 그에 따르
면, 호박은 페르시아어로는 '사바이(sabay)'라고 하고 산스크리트어로는 '아슈마이바(aśmaybha)'와 '트
리나그라힘(trinagrahim)', 히랍어로는 '하르팍스(harpax)'라고 하는데, 여기의 '살백치'는 바로 페르시
아어 '사바이'에 해당하는 음이라고 보았지만(『도이지략교석』, 302쪽), 음성적으로 부합하는지 의문이
든다.
　'살백치(撒白値)'에 대하여, 뒤펜다크는 페르시아어 '샤바(shaba)'는 '검은 돌' '흑옥(jet)'을 의미한다는
크라머스(Dr. Kramers)의 설을 빌려, "세 번째 음절이 샤바차(shabacha)에서 축약되었다고 생각했다.
또한 '샤브 시라그(shab-chiragh)'라는 단어가 있는데, '등불' 또는 '반딧불이'를 의미한다. 이 단어는 종
종 놀랍게 빛나는 돌을 지칭하기도 하지만, 음성적으로 잘 부합하지 않는다"라고 하였다(『Ma Huan
Re-examined』, 69쪽). 펠리오 씨는 이 설명에 생각해 볼 가치도 없다고 일축하고, '살백치'가 페르시아
어로 호박(琥珀)을 의미하는 사보이(šāh-boī 또는 šahboī, 글자 그대로의 의미는 '왕실의 향')를 제시했
다. "사보이(šahboī)에 대한 이 음역은 다른 문제를 제기하고 있다. 현지의 페르시아어 사전들은 호박의
명칭으로, 보통 [šāh-boī] 또는 [šahboī]의 서법상 변화로 보이는 [šāh-parī] 또는 [šahbarī]의 형태만 수록
되어 있다(J. A. Vullers, 『Lexicon persico-latinum etymologicum』, II, 393, 484쪽). 라우퍼가 『Sino-

⑩ 이상 네 글자[水晶器皿]는 『승조유사』본에 따라 보충하였다.[550]

⑪ '나(喇)'자는] 『기록휘편』에 '이(唎)'자로 잘못되어 『승조유사』본과 『서양조공전록』에 따라 고쳤다.[551]

⑫ ['모(氉)'자는] 『기록휘편』에 '전(氈)'자로 되어 있어 『승조유사』본에 따라 고쳤다.[552]

18-15. 가축

낙타, 말, 노새, 소, 양이 두루 분포한다. 그 양에는 네 종류가 있는데, 하나는 큰 꼬리가 있는 면양으로, 한 마리당 70~80근 나가고, 그 꼬리는 폭이

Iranica』, 521쪽, 주 11에서 재인용한 것은 바로 이 'šahbarī'이다. 15세기 초의 이러한 음역은 결정적으로 'Šahbarī'보다는 'šāhboī'가 맞는 것 같다. 그리고 일반적으로 서법상 혼동에서 나온 변형된 형태들이 통행 용법으로 자주 들어갔다고는 생각되지 않는다"라고 설명하였다(「15세기 초 중국의 대항해」, 『통보』, XXX, 436쪽). 『서양번국지(西洋番國志)』에서의 상달(向達), 『서양조공전록교주』에서의 사방(謝方) 씨는 모두 이 펠리오의 복원을 따르고 있다. 그러나 이 '사보이'는 '살백치(또는 식)'의 '치'자에 대응하는 음이 없다. 이에 대해 풍승균 씨는 '의(儀)' 또는 '이(伊)'자의 잘못으로 보인다고 한 것이다. 같은 의문을 품은 밀스 또한, 마환이 염두에 두었던 것은 '흑옥(jet)'을 의미하는 '사바이(sabaj)'였을 것이라는 베킹햄(C. F. Beckingham)의 설명을 빌려 왔으나(『The Overall Survey of the Ocean's Shores' [1433]』, 171쪽) 그 출처는 밝히지 않았다. 베킹햄의 설은 음은 잘 부합한다고 해도, 여기에서 말하고 있는 호박과는 다른 종류이다. 한편 『철경록』 권7에 보이는 회회의 보석 목록에 보면, 역시 녹석두(綠石頭) 조목에 살복니(撒卜泥)가 보이는데, "하등의 대석(帶石)으로, 연한 녹색이다(下等帶石淺綠色)"라고 설명하고 있다. 여기서 말하는 대석(帶石)이 줄 문양이 들어간 돌을 말하는지, 아니면 허리띠 장식으로 쓰는 돌이란 뜻인지 모르겠지만, 이 '살복니'가 여기 펠리오 씨가 말하는 사보이에 해당하는 음으로 생각된다.

550 이 교정에 해당하는 『기록휘편』 원문[各色美玉器皿]은 『서양번국지』에서도 마찬가지지만, 『국조전고』, 『삼보정이집』, 『설집』, 『담생당』본 모두에 "各色美玉器皿 · 水晶器皿"을 보여 주므로, 풍승균 씨의 교정은 적절하다.

551 '살합라(撒哈喇)'는 『국조전고』, 『삼보정이집』, 『설집』, 『담생당』본 모두에 '撒哈剌'로 되어 있지만, 앞서 본 아단국 조목[16-3]에도 '살합라(撒哈喇)'로 되어 있다. 한편 '전(氈)'자는 『국조전고』, 『삼보정이집』, 『설집』, 『담생당』본, 그리고 『서양번국지』 어디에도 보이지 않으므로 빼는 것이 맞다. 아덴국 조목에서도 보이지 않는다. '살합라'에 관한 설명은 해당 주석을 참고하시오.

552 이 교정에는 풍승균 씨의 착오가 있다. 『기록휘편』에도 정확히 '모(氉)'자로 되어 있고, 『국조전고』, 『삼보정이집』, 『설집』, 『담생당』본, 그리고 『서양번국지』 모두 일치한다. 모라(氉羅)는 『기록휘편』, 『국조전고』, 『삼보정이집』에는 들어 있지만, 또한 『설집』과 『담생당』본에는 보이지 않고 뒤의 모사(氉紗)만 있다. 마지막의 '등류(等類)'는 『삼보정이집』, 『설집』, 『담생당』본에는 '지류(之類)'로 되어 있는데, 의미상 별다른 차이가 없다. '모(氉)'에 대해서는 위의 모사(氉紗) 주석을 참고하시오.

1척 남짓 되어 땅에 끄는 데 그 무게는 20여 근 나간다. 하나는 개 꼬리를 한 양으로, 산양과 비슷하며, 그 꼬리는 2척 남짓 된다. 하나는 투양(鬪羊)으로, 키는 2척 7~8촌이고 전반은 털이 길어 땅에 끌고, 후반은 털을 잘라 말끔하며, 그 정면 머리, 얼굴, 목, 이마는 면양과 좀 비슷하고, 뿔은 굽어 앞으로 향하고 있으며, 위에는 작은 쇠판을 달고 있어 움직이면 소리가 난다. 이 양은 성질이 싸움을 잘하여 호사가들은 집에서 사육하여 다른 사람들과 재물을 걸고 도박하는 것을 놀이로 삼는다.

駝・馬・騾・牛・羊廣有. 其羊有四樣. 一等大尾棉羊, 每箇有七八十觔,[553] 其尾闊一尺餘, 拖着地,[554] 重二十餘斤. 一等狗尾羊, 如山羊樣, 其尾長二尺餘. 一等鬪[①]羊, 高二尺七八寸, 前半截毛長拖地,[555] 後半截皆翦淨, 其頭面頸額似棉羊,[556] 角彎轉向前,[557] 上帶小鐵牌, 行動有聲. 此羊性[②]快鬪, 好事之人喂養於家,[③] 與人鬪賭錢物爲戲.[④][558]

---

553 '칠팔십근(七八十觔)'은 『삼보정이집』에만 '칠십근(七十斤)'으로 되어 있다.

554 『기록휘편』의 '타착지(拖着地)'는 『국조전고』, 『삼보정이집』, 『설집』, 『담생당』본, 그리고 『서양번국지』 모두 '착(着)'자 없이 '타지(拖地)'로 되어 있으므로, '착(着)'자는 빼는 것이 맞다.

555 '절(截)'자는 '단(段)'에 해당하는 양사로, 구어적 표현이다.

556 이상 『기록휘편』의 두 문장[後半截皆翦淨, 其頭面頸額似棉羊]은 『삼보정이집』, 『설집』에 "몸의 후반은 모두 말끔하고, 그 정면 머리는 면양과 비슷하다(後半身皆淨, 其頭面似棉羊)"라고 하였고, 『담생당』본에는 "後半身皆淨, 其頭面破如棉羊"으로, 『국조전고』에는 "몸의 후반은 모두 깎아 말끔하고, 면양과 사뭇 비슷하다(後半身皆剪淨, 頗似棉羊)"라고 되어 있다. 한편 『서양번국지』(교주본, 44쪽)에는 "몸의 후반은 모두 깎았고, 그 머리는 면양과 좀 비슷하다(後半身皆剪, 其頭頗似棉羊)"라고 하였다. 이로써 볼 때 『기록휘편』의 문장이 가장 상세하지만, 다른 필사본들에 맞추어 정리해 보면, "後半身皆翦淨, 其頭面頗似棉羊" 정도가 될 것이다.

557 '전향(轉向)'은 『삼보정이집』, 『설집』, 『담생당』본에는 '전조(轉朝)'로 되어 있는데, 의미가 중첩되어 있다. 그래서인지 『국조전고』에서는 '향(向)'자만 써놓았다. 『서양번국지』에도 '전향'을 보여 주므로, 『기록휘편』의 원문을 유지한다.

558 『기록휘편』의 이 문장[與人鬪賭錢物爲戲]은 『국조전고』에 "**賭博財**物爲戲"라고 하였고, 『삼보정이집』, 『설집』, 『담생당』본에는 "**鬪賭財**物爲戲"라고 하였고, 『서양번국지』에서는 "以爲博戲"라고 하였다. 이로써 『기록휘편』 원문에서 '여인(與人)'을 빼고 '전(錢)'자는 '재(財)'자로 교정해야 할 것이다. '투도(鬪賭

① ['투(鬥)'자는] 『기록휘편』에 '문(門)'자로 잘못되어 『승조유사』본에 따라 고쳤다.[559]

② 이상 두 글자[羊性]는 『기록휘편』에 '지(地)'자로 되어 있어 『승조유사』본에 따라 고쳤다.[560]

③ 이상 두 글자[於家]는 『승조유사』본에 따라 보충하였다.[561]

④ 『서양조공전록』에 "첫째는 구미양(九尾羊), 둘째는 대미양(大尾羊), 셋째는 구미양(狗尾羊), 넷째는 투양(鬪羊)이다(一曰九尾羊, 二曰大尾羊, 三曰狗尾羊, 四曰鬪羊)"라고 하였다. 『기록휘편』과 『승조유사』본에는 모두 '구미양(九尾羊)'이 빠져 있다.[562]

賭)'란 도박한다는 뜻이다.

559 '투(鬥)'자는 『국조전고』, 『삼보정이집』, 『설집』, 『담생당』본, 그리고 『서양번국지』 모두에서 확인된다.

560 풍승균 씨는 『기록휘편』에 '차지쾌투(此地快鬪)'로 되어 있어, '양(羊)'자를 추가하고, 『승조유사』본에 따라 '지(地)'자를 '성(性)'자로 교감해 넣었지만, 『국조전고』, 『삼보정이집』, 『설집』, 『담생당』본에는 '차양쾌투(此羊快鬪)'로 되어 있다. 또한 『서양번국지』에도 "此羊善鬪"라고 하였으므로, 『기록휘편』의 원문은 '지(地)'를 '양(羊)'자로 바꾸어 주면 된다.

561 이 교정에 해당하는 『기록휘편』의 원문[好事之人喂養]은 『국조전고』, 『삼보정이집』, 『설집』, 『담생당』본에 모두 "好事之人喂養在家"로 되어 있다. 한편 『서양번국지』에는 "好事者養之"라고 하였다. 사실 '집에서'라는 말은 없어도 충분하다. 보충하고 싶다면 이들 명나라 사본들에 따라 '在家'로 바꾸는 것이 더 합리적이다.

562 마환은 본문에서 네 종의 양이 있다고 하고, 정작 기술한 내용은 세 종만 설명하고 있다. 황성증의 『서양조공전록』 홀로모사(忽魯謨斯) 조목에 따르면, "양에는 네 종류가 있다. 첫째는 구미양(九尾羊), 둘째는 대미양(大尾羊), 셋째는 구미양(狗尾羊), 넷째는 투양(鬪羊)이다(羊之類有四. 一曰九尾羊, 二曰大尾羊, 三曰狗尾羊, 四曰鬪羊)"라고 하였다. 이어서 부연 설명이 보이는데, 그에 따르면 "한 종은 꼬리가 1척 남짓 넓고 땅에 끌려 30여 근이 나간다. 한 종은 개 꼬리를 한 양[狗尾羊]으로 산양과 같고 꼬리 길이는 2척 남짓이다. 한 종은 투양으로 키가 2척 7~8촌으로 전반부는 털을 남겨 두고, 뒤는 말끔하게 잘랐다. 머리는 면양과 비슷하고, 뿔은 앞으로 구부러져 있다. 위에는 철판을 달아 움직이면 소리가 난다. 이 양은 싸움을 잘해, 호사가들이 이 양을 길러 도박하는 수단으로 사용한다(一等尾闊尺餘, 拖地, 重三十餘斤. 一等狗尾羊如山羊, 尾長二尺餘. 一等鬪羊高二尺七八寸, 前半截留毛, 後剪淨. 頭似綿羊, 角彎向前. 上帶鐵牌, 行動有聲. 此羊快鬪, 好事者蓄之, 以博錢物)"라고 하였다. 이 부연 설명은 확실히 마환의 기술과 일치한다. 첫 번째 종은 '대미양'이고, 두 번째 양은 '구미양(狗尾羊)'이며, 세 번째 양은 투양이다. 황성증은 구미양(九尾羊)을 거명했지만, 설명이 없다.

다시 『서양조공전록』 아단(阿丹) 조목에는 산물 중에 '구미고양(九尾羖羊)'이 보인다. 해당 문장을 살펴보면, "코끼리가 있고, 천 리 가는 낙타, 구미고양이 있다. [구미고양은] 털이 희고 뿔이 없으며, 뿔이 있을 자리에는 두 개의 원으로 검은 털이 나 있고, 목은 소 같다. 개의 털을 가지고 있으면서 꼬리가 말린 것을 면양이라고 한다(有象, 有千里駱駝 · 九尾羖羊. 其白毫無角, 角處有兩圓黑毛, 項如牛. 狗毫而盤尾者, 名曰綿羊)"라고 하였다. 『서양조공전록』을 교주한 사방(謝方) 씨는 『영애승람』에 구미양(九尾羊)이 보이지 않으므로, '구(九)'자가 '대(大)'의 잘못이라고 생각했다(『서양조공전록교주』, 110, 115쪽). 그렇다면 황성증은 '대미양'을 두 번 쓴 것이 된다. 따라서 이 주장은 수긍하기 어렵다. 역자의 생각

18-16. 초상비

또 '초상비(草上飛)'라고 하는 한 종류의 짐승이 나는데, 현지에서는 '석아
과실(昔雅鍋失)'이라 한다. 큰 고양이처럼 크고, 온몸에 흡사 대모(玳瑁)의 반
점이 있는 고양이[玳瑁斑猫] 모습으로 두 귀는 뾰족하고 검으며, 성격은 순하
고 고약하지 않다. 사자나 표범 같은 맹수들처럼, [그놈이] 나타나면 곧바로
땅에 엎드리니, 바로 짐승 중의 왕이다.

又出一等獸, 名草上飛, 番名昔雅鍋失.① 如大猫大,[563] 渾身儼似玳瑁斑猫樣,[564] 兩
耳尖②黑, 性純不惡. 若獅·豹等項猛獸, 見他卽俯伏於地,[565] 乃③獸中之王也.

① ['석아과실(昔雅鍋失)'은] 『기록휘편』에 '아화실(雅禍失)'로, 『승조유사』본에는 '석아
과(昔雅鍋)'로 되어 있어 『서양조공전록』에 따라 고쳤다.[566] 페르시아어 시야고스
(siyāhgōš)의 음역 명칭으로, 검은 귀[黑耳]를 뜻한다. 바로 학명이 펠리스 카라칼
(Felis caracal)인 들고양이[山猫]일 뿐이다.[567]

으로, 마환이 네 종이 있다고 해 놓고 세 종만 특기한 것은 그 특수성 때문이고, 일반적인 면양은 설명할
필요가 없었기 때문일 것이다. 따라서 황성증의 '구미양(九尾羊)'은 '대미양'으로 교정할 필요가 없다.
또한 구미양을 반드시 '꼬리가 아홉인 양'으로 이해할 필요는 없다. '구미'라는 양으로 읽으면 될 것이다.

563 『기록휘편』의 이 문장[如大猫大]은 『국조전고』에 '只有大猫大'로, 『삼보정이집』에 '有大猫大'로, 『설집』
과 『담생당』본에는 '其大猫大'로 되어 있고, 『서양번국지』에서는 "似貓而大"라고 했으므로, 여기서는
『기록휘편』을 따른다.

564 '반(斑)'자는 『국조전고』, 『삼보정이집』, 『설집』, 『담생당』본 모두 '반(班)'자로 되어 있는데, 여기 『기
록휘편』에 따라 바로잡아야 한다.

565 '부복(俯伏)'은 『국조전고』, 『삼보정이집』, 『설집』, 그리고 『서양번국지』 모두 '복(伏)'자로만 되어 있
어 바로잡는다. 『담생당』본에는 이 구가 모두 빠져 있다. 사실 이 두 문장은 사자나 표범이 짐승 중의
왕으로 알고 있으므로, 이해하기 어렵다. "사자, 표범 같은 맹수들이 그 녀석을 보고, 곧바로 땅에 엎드
리니(若獅·豹等項猛獸見他, 卽俯伏於地)"라고 구두하여 이해할 수도 있다.

566 『국조전고』에는 '鴉鍋失', 『삼보정이집』, 『설집』, 『담생당』본에는 '雅鍋失'로 되어 있으므로 풍승균 씨
의 교정은 정확하다.

567 풍승균 씨의 이 설명은 전적으로 펠리오를 따르고 있다. 펠리오 씨는 「15세기 초 중국의 대항해」

② ['첨(尖)'자는] 『기록휘편』에 '실(失)'자로 잘못되어 『국조전고』본과 『승조유사』본에 따라 고쳤다.[568]

③ ['내(乃)'자는] 『승조유사』본에 '역(亦)'자로 되어 있다.[569]

18-17. 조공

이 나라 왕도 사자, 기린, 말, 구슬, 보석 등의 물품과 금엽에 쓴 표문을 선박에 싣고, 두목 등의 사람들을 차출하여, 황제가 서양으로 파견하여 바

(438~439쪽)에서 "뒤펜다크는 페르시아어로 토끼를 의미하는 하로스(harōš)를 염두에 둔 것 같지만 서술한 내용과 이름은 상반된다. 이것은 시야-고스(siyāh-gōš) 또는 고양이속 스라소니[Felis caracal]로, 페르시아어로는 '검은 귀'를 뜻한다. 그러므로 그 학명은 카라쿨라크(qaraqulaq)에 해당하는 터키 이름에서 나왔다. 바로 이 이름으로 몽골과 명대의 문헌들은 종종 그것을 언급하고 있다. 그러므로 우리의 마환 텍스트는 여기에서 중복되게 변경된 것이다. … 마환이 초상비(草上飛, 풀 위를 날아다니는 것)라고 부른 시야-고스(siyāh-gōš)는 무서운 동물로 간주되었기 때문에 마환이 사자를 말할 때와 거의 같은 표현으로 설명되어 있다. …글자 그대로 '줄무늬가 있는 고양이'인 반묘(斑猫)는 '칸타리드(cantharide)'의 중국식 이름으로, 마환이 자바 조목에서 언급한 것을 보았다. 따라서 '펠리스 카라칼(Felis caracal)'이라는 줄무늬 스라소니는 완전히 거북과 '칸타리드'의 껍질의 것과 비슷하다고 이해할 수 있을 것이다"라고 하였다. 한편, 마환보다 1세기 앞서, 1320년경 인도를 여행했던 프랑스 남부 출신의 도미니크회 수도사 요르다누스(Jordanus Catalanus de Séverac)는 자신의 여행기인 『신기한 것에 관하여(Mirabilia Descripta)』에서 소인도[신드(Sind, 인도 북서부)와 발루키스탄(Baloutchistan, 현 파키스탄)] 지역을 기술하면서, "그곳에서 샤고이스라고 불리는 이 동물은 무엇이든 한 번 잡으면 죽을 때까지 놓아 주지 않는다"라고 하였다. 이 책을 역주한 박용진 씨는 "샤고이스(Siagois)는 페르시아 스라소니(sīyāh gūsh) 또는 카라칼(caracal, felis caracal)로 추정된다. 발음이 비슷할 뿐만 아니라 페르시아어 'sīyāh gūsh'는 검은 귀라는 뜻인데 페르시아 스라소니나 카라칼은 모두 귀가 검은색이기 때문이다. 그런데 여기서 설명하고 있는 소인도에 서식하는 카라칼은 검은 귀 아래로는 모두 흰색이라고 한다"라는 출처를 밝히지 않은 주석을 붙였다(『신기한 것에 관한 서술』, 서울대학교출판문화원, 2020, 73쪽). 이 설명은 마환이 '뾰족하고 검은 귀'라는 설명과 일치한다.

[568] '첨(尖)'자는 『삼보정이집』, 『설집』, 『담생당』본, 그리고 『서양번국지』에서도 확인된다. 펠리오 씨는 다른 판본들을 보지 못했기 때문에 '실(失)'자가 철(鐵)자의 이체인 '철(鐵)'자의 오른쪽 부분에 해당한 것으로 보았다(「15세기 초 중국의 대항해」, 439쪽). 펠리오 씨가 근거로 삼은 것은 팔렘방[구항, 3-6] 조목에서 마환이 화계(火雞)를 기술할 때, "다리는 길고 쇠처럼 검으며, 발톱은 매우 날카롭다(脚長鐵黑, 爪甚利)"라고 한 문장이다.

[569] '내(乃)'자는 『국조전고』, 『삼보정이집』, 『설집』, 『담생당』본, 그리고 『서양번국지』 모두 일치한다. 앞의 문장에서 "사자, 표범 같은 맹수들이 그 녀석을 보고, 곧바로 땅에 엎드린다"라고 했으므로, 『승조유사』본의 '역(亦)'자가 문맥에는 더 유리하다.

다에서 돌아오는 보선을 따라 대궐에 이르러 진공하게 했다.

其^①國王亦將船隻載^②獅子・麒麟・馬疋・珠子・寶石等物, 幷金葉表文, 差其頭

目人等,⁵⁷⁰ 跟隨欽差西洋回還寶船, 赴闕進貢.^③

① '기(其)'자는 『승조유사』본에 따라 보충하였다.[571]

② 이상 다섯 글자[亦將船隻載]는 『기록휘편』에 '장(將)'자로 되어 있어 『승조유사』본에
　　따라 보충하였다.[572]

③ '표문(表文)' 아래 스무 글자[差其頭目人等, 跟隨欽差西洋回還寶船, 赴闕進貢]는 『기록
　　휘편』에 "바다에서 돌아오는 보선을 따라 중국에 공물을 바쳤다(跟同回洋寶船進貢中
　　國)"라는 열 글자로 되어 있어 『승조유사』본에 따라 보충하였다.[573]

570　'인등(人等)'은 『삼보정이집』, 『국조전고』, 『설집』, 『담생당』본 모두에 빠져 있다. 특히 『국조전고』에
　　　는 이 문장이 전혀 보이지 않는다.

571　'기(其)'자는 『국조전고』, 『삼보정이집』, 『설집』, 『담생당』본, 그리고 『서양번국지』어디에도 보이지
　　　않으므로 풍승균 씨의 보충은 불필요하다.

572　이 교정에 해당하는 『기록휘편』 원문[國王將獅子・麒麟・馬疋・珠子・寶石等物]은 『국조전고』, 『삼보
　　　정이집』, 『설집』, 『담생당』본 모두 완벽히 일치하고 있다. 풍승균 씨가 교정한 대로 "선박에 싣는다(船
　　　隻載)"라고 한다면, 뒤에 나오는 '보선(寶船)'과 의미가 겹치므로, 『기록휘편』 원문을 그대로 살리는 것
　　　이 맞다.

573　이 교정에 해당하는 두 문장[跟隨欽差西洋回還寶船, 赴闕進貢]은 판본마다 글자 출입이 있다. 『국조전
　　　고』에서는 '금엽표문(金葉表文)' 뒤에 "조정에 바쳤다(進貢於朝)"라고만 되어 있다. 『삼보정이집』, 『설
　　　집』과 『담생당』본에는 "두목을 선발하여 바다에서 돌아가는 보선과 동행토록 하여 조정에 바쳤다(差頭
　　　目, 跟同回洋寶船, 進獻貢朝廷)"라고 되어 있다. 따라서 '금엽표문' 이후 『기록휘편』의 원문[跟同回洋寶
　　　船, 進貢中國]은 『삼보정이집』, 『설집』, 『담생당』본의 문장을 채택해야 할 것이다.

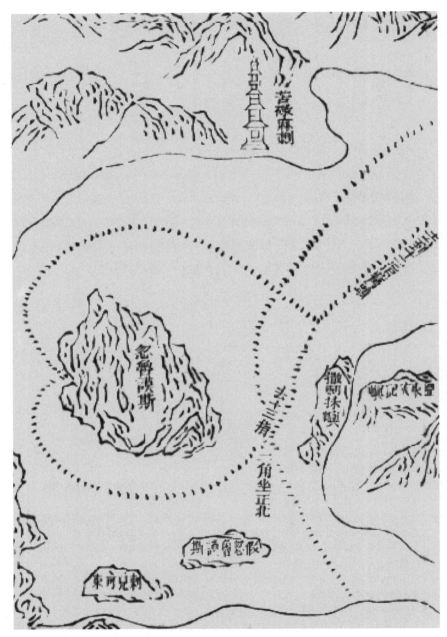

모원의(茅元儀, 1594~1640), 『무비지(武備志)』, 권240, 22a.

19
—
메카 왕국
[天方國]

＊

해제

'천방(天方)'이란 글자 그대로 '하늘의 사각형' 또는 '신의 사각형'이다. 바로 '사각형'이란 의미인 카아바(Kaaba, Ka'bah, Kabah)를 중국식으로 의역한 말이다. 이 의역 명칭은 1263년 유욱(劉郁)이 지은 『서사기(西使記)』의 천방(天房)으로 거슬러 올라간다. 이 '천방'은 '하늘의 집' 정도의 의미이다. 왕대연(汪大淵)은 『도이지략(島夷志略)』에서 '천당(天堂)'으로 번역했다. 스위스 여행가 부르크하르트(Johann Ludwig Burckhardt, 1784~1817)는 메카의 가장 큰 모스크를 베이툴라(Beitullah), 즉 '알라의 집'이란 의미라고 기술했다(『Travels in Arabia』, 134쪽). 따라서 '천방(天方)', '천방(天房)', '천당(天堂)'은 모두 이를 의역한 것임을 알 수 있다. 하지만 이들은 의미를 확장하여 메카 전체를 지칭하는 말로도 사용했다. 『영애승람』의 천방국(天方國)이란 명칭은 바로 '카아바'가 있는 나라 즉 메카를 말한다. 이슬람의 예언자[辟顔八兒 Peighember] 무함마드가 태어난 곳인 메카는 현 사우디아라비아 메카주의 중심 도시로, 홍해 연안에 있는 항구도시 지다 또는 제다(Jiddah, Jeddah)에서 70㎞ 떨어진 곳에 있다. 이슬람 세계의 가장 성스러운 도시로 이슬람교도라면 일생에 한 번은 반드시 순례를 떠나는 성지이다. 메카(Mecca), 막카(Makkah), 박카(Bakkah), '모든 도시의 어머니'란 뜻으로 움 알 쿠라(Umm al-Qurā) 등으로도 불린다.

유욱(劉郁)이 상덕(常德)의 진술을 기록한 『서사기(西使記)』(『추간집(秋澗集)』 권94, 『사고전서』본)에서 "바그다드[報達, 布達] 서쪽으로 말을 타고 20일을 가면 천방[카아바]이 있는데, 안에는 신의 사자이자 나라의 시조가 묻힌 곳이다. 그 선지자[師]는 페이겜베르[癖顏八兒, Peighember, 예언자]라고 한다. 카아바 안에는 '쇠줄'이 걸려 있는데, 손으로 만지면 성심이 미친 것이고, 진실하지 않으면 만질 수 없다. 경전이 아주 많은데, 모두 예언자가 지은 것이다. [천방국]은 수십 개의 큰 성을 관할하고 그 사람들은 잘산다(布達之西, 馬行二十日, 有天房, 內有天使神, 國之祖葬所也. 師名癖顏八兒. 房中懸鐵絚, 以手捫之, 心誠可及, 不誠者竟不得捫. 經文甚多, 皆癖顏八兒所作. 轄大城數十, 其民富實)"라고 하였다. 천방과 천방국을 혼용해 쓰고 있음을 알 수 있다. 문제는 카아바 안에 있는 '쇠줄'이 무엇을 말하는지 모르겠다. 카아바의 성물인 '검은 돌'을 말하는 것으로 보이지만 확실하지 않다.

이슬람 성지인 메카가 중국 문헌에서 기록된 것은 주거비(周去非)가 1178년에 쓴 『영외대답(嶺外代答)』 권3의 「대식제국(大食諸國)」 조목(『사고전서』본, 2b)에서일 것이다. 주거비는 메카를 '마가(麻嘉)'라고 음역하고 다음과 같이 기술했다. "마가국이 있다. 마리발(麻離拔)에서 육로로 서쪽으로 80여 정(程)[574]을 가면 도착한다. 이곳은 무함마드[麻霞勿]가 태어난 곳으로 성인[佛]

---

574 정(程)은 당송시기 거리를 계산하는 단위로 육로이냐 물길이냐에 따라 다르다. 육로로 갈 때에는 다시 말을 타고 가는지, 도보인지, 수레를 타고 가는지에 따라 다른데, 말로 가면 하루에 70리, 도보는 50리, 수레는 30리를 간다. 물길로 배를 타고 갈 때 강인지, 호수인지, 바다인지를 따져야 하고, 또 거슬러 가는지 흐름을 따라가는 것인지에 따라 계산이 복잡하다. 『송회요(宋會要)』 권198책, 「번이(蕃夷)5」에

이 거처하는 방장(方丈)이 있는데, 오색 옥과 벽돌로 담장과 집을 만들었다. 매년 탄생일이 되면 대식(大食)의 여러 나라 왕이 모두 사람을 보내 보배와 금은을 보시하고 비단으로 그 방장을 덮었다. 매년 여러 나라에서 앞다투어 와, 방장에 예배하고, 아울러 다른 나라 관리들과 부호들이 멀다 하지 않고 모두 와서 참배한다. 방장 뒤에는 성인의 묘[佛墓]가 있는데, 밤낮으로 언제나 노을빛을 드러내어, 사람이 가까이 다가가지 못하고 종종 눈을 감고 지나간다. 만약 사람이 죽음이 임박했을 때 무덤 위의 흙을 가슴에 바르면 곧바로 성력[佛力]으로 다시 태어날 수 있다고 한다(有麻嘉國. 自麻離拔國西去, 陸行八十餘程乃到. 此是佛麻霞勿出世之處, 有佛所居方丈, 以五色玉結甃成牆屋. 每歲遇佛忌辰, 大食諸國王, 皆遣人持寶貝金銀施捨, 以錦綺蓋其方丈. 每年諸國前來就方丈禮拜, 幷他國官豪, 不拘萬里, 皆至瞻禮. 方丈後有佛墓, 日夜常見霞光, 人近不得, 往往皆合眼走過. 若人臨命終時, 取墓上土塗胸, 卽乘佛力超生云)."

조여괄(趙汝适)은 『제번지』에서 이 정보를 고스란히 옮겨 놓고 있다. 사각형의 검은 비단으로 덮인 카바와 이스마엘의 묘를 중심으로 기술하고 있다. 흥미로운 것은 바닷길이 아니라 육로로 메카국에 이르는 정보를 제공하고 있다는 점이다. 마리발(麻離拔)은 『제번지』에서 '마라발(麻囉拔)'로 옮겼는데, 이곳에 대하여 히어트와 록힐은 『조여괄』(125쪽)에서 "하드라마우트 해안에 있는 미르바트에서 테하마(Tehama)를 거쳐 메카에 이르는 여정은 옛 사바(Saba)인들의 오래된 교역 루트"로 미르바트를 가리키는 것으로 추정했

"[지도(至道) 원년(995)에] 황제는 그 나라 사신을 불러 보고, 그 나라 지리와 풍속을 물었다. 역관이 대답하여 이르기를 '의주(宜州)에서 육로로 45정(程)입니다. 정(程)에는 리(里)나 이정표가 없지만, 새벽에 출발하여 밤까지를 1정(程)이라고 합니다'라고 하였다(帝召見其使, 詢其地理風俗, 譯對曰, 地去宜州陸待四十五程. 程無理埃, 但晨發至夜, 謂之一程)"라고 하였다. 또 『금병매(金瓶梅)』 제84회에 보면 "가을이 깊어졌을 때 날씨는 춥고 해는 짧아 하루에 2정(程) 60~70리의 땅을 갔다(那秋深時分, 天寒日短, 一日行兩程六七十里之地)"라고 한 것을 보면 두 역참 사이의 거리를 1정이라 한 것임을 알 수 있다. 따라서 1정은 30리 남짓으로 계산하면 무리가 없을 것으로 보인다.

다. 풍승균 씨는『제번지교주』에서 남비국(南毗國) 즉 말라바르(Malabar)에 해당하는 음으로 보았고, 소계경 씨는『도이지략교석』'묵가탑(哩伽塔)' 조목에서 아덴 항구 서안에 있는 '라스 무르바트(Ras Murbat)'라고 추정했다. 풍승균 씨의 말라바르는 너무 멀고, 소계경 씨의 '라스 무르바트'로 보면, 지다(Jidda) 혹은 메카는 거의 북쪽에 있으므로, 방향이 부합하지 않는다. 남는 추정은 히어트와 록힐의 루트인데, '테하마'가 홍해 동쪽 해안을 말하는 '티하마(Tihamah)'라면 주거비의 설명에 가장 근접하다고 할 수 있다.

주거비(周去非), 조여괄(趙汝适), 상덕(常德)의 진술을 토대로 기록한 유욱(劉郁)은 결국 들은 것을 기술해 놓은 것에 불과할 뿐이다. 그뿐만 아니라 상덕 자신도 카아바 안을 들어가 본 것은 아니고 현지에서 주워들은 정보임이 틀림없다. 그 누구도 '검은 돌'을 언급하지 않았다. 이제 왕대연의『도이지략』천당 조목을 보자.

"땅은 대부분이 광활한 사막으로 옛날 균충(筠冲)의 땅이며, '서역'이라고도 한다. 풍경은 조화롭고 사계절이 봄이다. 농토는 비옥하고 곡물은 풍요로우며 사는 사람들도 생업을 즐긴다. 운남(雲南)으로 통하는 길이 있어 1년이면 그곳에 이를 수 있다. '서양'으로도 통하는 길이 있다. '천당'이라 부르는 이곳에는 회회력(回回曆)이 있어 중국의 수시력(授時曆)과 앞뒤로 3일의 차이가 있을 뿐, 택일하는 것에는 큰 차이가 없다. 기후는 따뜻하고 풍속은 매우 훌륭하다. 남녀는 머리를 땋고 세포(細布)로 만든 긴 적삼을 입으며 세포로 만든 사롱을 맨다. 그곳에서는 서마(西馬)가 나는데 키가 8척가량이다. 사람들이 대부분 말 젖을 밥에 섞어 먹어 사람들이 살이 찌고 아름답다. 교역하는 상품은 은(銀), 오색단(五色緞), 청백의 꽃문양이 있는 자기[青白花器], 쇠솥 등이다(地多曠漠, 卽古筠冲之地, 又名爲西域. 風景融和, 四時之春也. 田沃稻饒, 居民樂業. 雲南有路可通, 一年之上可至其地. 西洋亦有路通. 名爲天堂. 有回回曆, 與中

國授時曆前後只爭三日, 其選日永無差異. 氣候暖, 風俗好善. 男女辮髮, 穿細布長衫, 繫細布捎. 地産西馬, 高八尺許. 人多以馬乳拌飯爲食, 則人肥美. 貿易之貨, 用銀・五色緞・青白花器・鐵鼎之屬)"(『도이지략교주』, 158~159쪽; 『바다와 문명: 도이지략역주』, 472~473쪽).

왕대연은 이곳에 가지 않았고, 유욱의 『서사기』도 참고하지 않았다. 그렇지만 왕대연은 이전과는 다른 정보를 담고 있다. 운남에서 통하는 길이 있다는 것을 언급했는데, 이 점에 대해서는 펠리오 씨가 가탐(賈耽)의 여정에 따라 고증한 작업이 있다. 이에 대해서는 역자의 『8세기 말 중국에서 인도로 가는 두 갈래 여정』을 참고하시오. 두 번째 정보는 '서양'으로 통하는 길이 있다고 한 것인데, 이 또한 펠리오 씨가 앞의 책에서 천착한 바 있다. 이 두 정보를 통해 왕대연의 시기에 이미 메카로 가는 상당한 정보가 있었음을 확인할 수 있다. 왕대연은 이전의 책에 서술한 것에 대한 설명은 생략하고, 세 번째로 이곳에서는 중국 달력이 아닌 회회력(回回曆)을 사용한다는 점과 아무도 다루지 않은 서양 말에 대한 언급, 말 젖을 밥에 섞어 먹는다는 정보, 교역하는 상품에 관한 기술들은 이전 기록에서 찾아보기 어렵다. 하지만 왕대연도 메카 카아바의 검은 돌에 대한 언급은 없다. 14세기 중반이 되어서도 중국인들은 카아바의 검은 돌을 모르고 있었던 것일까?

『구당서』권198, 「서융전(西戎傳)」대식 조목(5315쪽)에서 "대식국은 원래 파사의 서쪽에 있었다. 대업(大業) 연간(605~617)에 파사의 아랍인[胡人]이 구분마지나(俱紛摩地那)산에서 낙타를 기르고 있었는데, 문득 사자가 나타나 사람의 말을 하며 '이 산 서쪽에는 세 개의 굴이 있고, 굴에는 병장기가 많이 있으니 네가 가져갈 수 있을 것이다. 아울러 굴에는 글자가 적힌 검은 돌이 있으니 그것을 해독하면 왕위에 오를 것이다'라고 하였다. 아랍인은 그 말의 말대로 굴 안에 돌과 창칼이 매우 많았고, 돌에는 반란을 알려 주는 문장을 보았다. 이에 [사람들을] 규합하고 망명하여 항갈수(恒曷水)를 건너

상단을 겁탈하며 그 무리가 점점 많아졌다. 마침내 파사 서쪽 변방에 할거하며 스스로 왕이 되었다. 파사(波斯), 불름(拂菻)이 각기 군대를 보내 토벌했으나, 모두 **패배했다**(大食國, 本在波斯之西. 大業中, 有波斯胡人牧駝於俱紛摩地那之山, 忽有獅子人語謂之曰: 「此山西有三穴, 穴中大有兵器, 汝可取之. 穴中幷有黑石白文, 讀之便作王位」胡人依言, 果見穴中有石及猶刃甚多, 上有文, 敎其反叛. 於是糾合亡命, 渡恒曷水, 劫奪商旅, 其衆漸盛, 遂割據波斯西境, 自立爲王. 波斯·拂菻各遣兵討之, 皆爲所敗)"라고 하였다. '구분마지나' 산이 어느 산을 말하는지, '항갈수'가 어느 강을 말하는지 추측만 있을 뿐이다. 또 무함마드가 메디나로 떠난 해는 622년이다. 대업 연간과 부합하지 않는다. 무함마드가 계시를 받은 곳은 '히라' 산 동굴에서이다. 『구당서』는 흑석(黑石)을 언급하고 있지만, 이 돌은 카아바의 '검은 돌'과 다른 것이다.

결국, 카아바에 있는 '검은 돌'을 언급하고 있는 자료는 동시대 역관으로 수행한 비신(費信)의 기술이다. 하지만 비신은 자신의 서문에서 『전집』에 수록된 나라들은 자신이 직접 탐방한 기록이고, 『후집』은 역관들이 전해주는 말을 사실대로 옮겨 적은 것이라고 밝힌 바 있다(풍승균, 『성사승람교주』, 10쪽). 이 '검은 돌'을 언급한 메카, 즉 천방국(天方國)은 후집 끝부분에 실려 있다. 비신의 기록은 대부분 왕대연(汪大淵)의 『도이지략(島夷志略)』의 문장을 많이 베꼈다는 오명을 가졌지만, 자세히 들여다보면, 상당 부분 마환의 기록보다 정확한 '서양'의 정보들이 더 많다. 여기 메카를 기술할 때 이러한 점들은 더욱 두드러진다. 부록에 번역해 둔 『성사승람』의 해당 조목을 참고하시오.

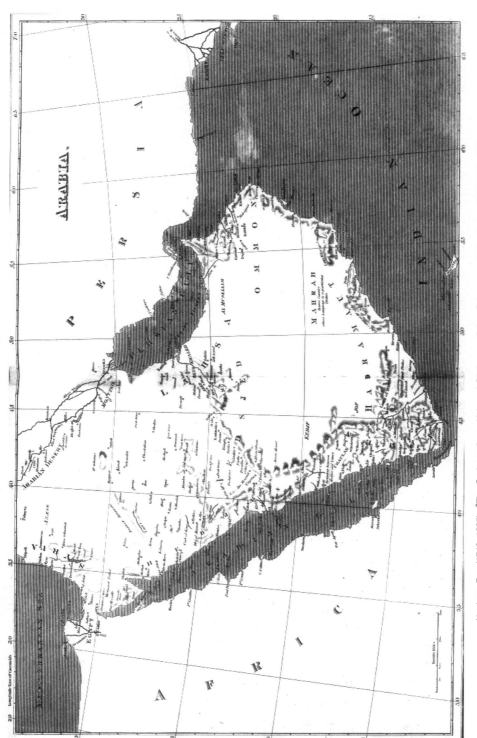

Abraham Rees(1743~1825), 「The Cyclopaedia or Universal Dictionary of Arts Sciences and Literature」, 필라델피아, 1820.
「아라비아 지도」, 24×36㎝, 1:11,000,000.

✳

메카 왕국[天方國][575]

19-1. 지리

이 나라가 바로 메카라는 나라이다. 고리국(古里國)에서 배를 타고 서남쪽 신(申, 서남쪽) 방향으로 잡고, 배로 석 달 가면 그 나라 항구에 이르는데, 그들은 '질달'(秩達, Jidda, Jeddah)이라고 한다. 대두목이 지키고 있다. 질달에서 서쪽으로 하루를 가면 왕이 사는 성에 이르는데, '묵가국(默伽國)'이라 한다.

此國卽默伽國也.[576] 自古里國開船, 投西南申位, 船行三箇月, 方到本國馬頭,[577]

---

575 『국조전고』본에는 '말갈국(靺鞨國)'으로 되어 있다. 이하 원문에서도 천방국(天方國)은 모두 '말갈국'으로 되어 있다. 사우디아라비아의 메카를 음역한 말이다. 가장 빠른 음역으로는 『영외대답(嶺外代答)』「대식제국(大食諸國)」 조목에서 '마가(麻嘉)'라고 한 것을 들 수 있다. 이어 유욱(劉郁)의 『서사기(西使記)』(1263)에서는 천방(天房, 알라가 거주하는 방)으로, 『도이지략』에서는 다시 '천당(天堂)'으로 의역했다. 마환과 동시대의 비신(費信), 공진(鞏珍) 모두 '천방(天方)'으로 표기한 것으로 보아, 명나라 시기에는 원나라 시기의 '천방(天房)'을 '천방(天方)'으로 썼음을 알 수 있다. 황성증(黃省曾)의 『서양조공전록(1520년)의 천방(天方) 조목에는 "예배하는 곳을 '천당'이라 한다. 그 '당'은 네모나 있고 높고 넓은데, '개아백'(愷阿白, 카아바)이라 부른다(其禮拜之寺曰天堂. 其堂四方而高廣, 謂之愷阿白)"라고 하였다. 카아바(Kaaba, ka'bah)는 '사각형의 입체(사각의 집)'를 의미하여 당(堂)〉방(房)〉방(方)으로의 흐름을 읽을 수 있다.

576 『기록휘편』에 따른 이 첫 문장[此國卽默伽國也]은 『국조전고』에 "自古里國開船"으로 시작하고 『삼보정이집』, 『설집』, 『담생당』본은 "卽默伽國也"로 시작한다.

577 '방(方)'자는 『국조전고』와 『삼보정이집』에는 보이지 않고, 『설집』과 『담생당』본에는 '가(可)'자로 되어 있다. 여기 천방국에 이르는 여정에 관하여, 비신(費信)은 『성사승람』(『고금설해』본)에서 "이 나라는 호르무즈에서 40일 밤낮으로 [항행하면] 이를 수 있다(其國自忽魯謨斯四十晝夜可至)"(사고전서본, 권20, 7b)라고 하였다. 한편 마환은 캘리컷[고리국]에서 호르무즈까지 25일 걸린다고 하였고, 비신은 10일을 언급했다. 캘리컷에서 호르무즈까지 한 달이라고 계산해도, 캘리컷에서 메카까지 '석 달'이라는

番名秩達,^① 有大頭目主守. 自秩達^②往西^③行一日, 到王居之城, 名默伽國.

① ['질달(秩達)'은]『기록휘편』에 '앙달(秩達)'로 잘못되어 있는데『승조유사』본에서도
마찬가지이다.『서양조공전록』의 차월산방(借月山房)본에만 '秩湉'으로 되어 있고 나
머지 판본에는 모두 '앙답(秩湉)'으로 되어 있다. 아랍어 명칭인 지다(Jidda)와 대응하
는 음이 부합하지 않는다.『국조전고』본에는 '질답(秩踏)'과 '질달(秩達)'로 되어 있어
그에 따라 고쳤다.

② ['질달(秩達)'은]『국조전고』본에 따라 고쳤다.

③ ['서(西)'자는] 여러 사본 모두 '서(西)'자로 되어 있는데, 사실은 '동(東)'자가 되어야 한
다. 이러한 오류는 마환의 원서에서 비롯된 것으로 보인다.⁵⁷⁸

19-2. 종교

　회회교를 신봉하는데, 성인이 이 나라에서 처음으로 교리를 선양했기 때
문으로, 지금까지도 나라 사람들은 교리 법칙을 준수하여 일을 행하며 조
금도 감히 어기지 않는다.

　奉回回教門,⁵⁷⁹ 聖人始於此國闡揚教法,⁵⁸⁰ 至今國人悉遵教規行事, 纖毫不敢

　여정은 너무 길다. '삼(三)'자가 '이(二)'의 오기일 가능성이 있다.

578　이상 교정에 해당하는『기록휘편』원문[自秩達往西行一日]은『국조전고』에 "自秩達往西行一日"로 되
어 있는데,『삼보정이집』본에는 "自秩達往西行一月",『설집』과『담생당』본에는 "自秩達往西行一個月"
로 되어 있다.『설집』과『담생당』본에 따르면 제다에서 메카까지 1개월이 걸린다고 한다. 제다에서 동
쪽으로 메카까지는 86km로 한 달의 거리는 아닌 것으로 보아야 한다.『서양번국지』(상달 교주본, 44쪽)
에도 마찬가지인 '서(西)'자는 당연히 '동(東)'자로 고쳐야 할 것이다. 이는 마환이 메카에 직접 가지 않
았다는 방증이기도 하다. '앙(秩)'자와 '질(秩)'자의 혼동은 다른 음역 표기에서도 확인된다.『문헌통고
(文獻通考)』(사고전서본, 권339, 3b)에 나오는 앙살라(秩薩羅)['앙(秩)'자는 '추(秋)'자로 되어 있음]를 히
어트 씨는 예루살렘으로 추정했는데(히어트의『China and the Roman Orient』, 204쪽을 참고), 'j'를 '앙'
과 '질'로 음역했다는 것을 볼 수 있다. 예루살렘은 성서에서 '예루샬라임(Yerushalaim)'으로 되어 있으
므로 '앙'자가 '질'보다 더 낫고, 제다는 아랍어로 [جدة Jidda]라고 발음하므로 '질'자가 타당하다.

違犯.[581]

19-3. 복식

이 나라 사람들은 신체가 크고 건장하며, 몸은 자당색(紫棠色, 검고 붉은색을 띠는)이다. 남자들은 터번을 하고 긴 옷을 입으며 발에는 가죽신을 신는다. 부인들은 모두 면사포를 쓰고 그 얼굴을 드러내서는 안 된다.

其國人物魁偉, 體貌紫膛色.[582] 男子纏頭, 穿長衣, 足着皮鞋. 婦人俱戴蓋頭, 莫能見其面.[583]

---

[579] 『기록휘편』의 이 문장[奉回回教門]은 『국조전고』에 '其國王教門'으로 되어 있고, 『삼보정이집』, 『설집』, 『담생당』본에는 이 정보가 보이지 않는다. 마환의 원문에 이 문장이 들어 있었다면, 『기록휘편』과 『국조전고』를 통합하여 추정해 볼 수밖에 없다. "其國王奉回回教門" 정도가 되어야 할 것이다.

[580] 『기록휘편』의 이 문장[聖人始於此國闡揚教法]은 『국조전고』와 일치하지만, 『삼보정이집』, 『설집』, 『담생당』본 "其回回祖師始於此國闡揚教法"으로 되어 있다. 한편, 『서양번국지』(상달 교주본, 44쪽)에서는 앞 문장과 통합하여, "옛날 서방의 성인이 이곳에서 이슬람 교리를 선양하여(昔者西方聖人始於此處闡揚回回教法)"라고 하였다.

[581] 『기록휘편』의 이 문장[纖毫不敢違犯]은 『국조전고』에 "不敢違犯"으로, 『삼보정이집』, 『설집』, 『담생당』본에는 "不敢有違"로 되어 있으므로, 『기록휘편』의 '섬호'는 덧붙여진 것임이 틀림없다. 이 정보는 공진의 기록에는 보이지 않는다. 모두 이후 추가되었을 가능성을 배제하지 못한다.

[582] 이상 『기록휘편』의 두 문장[其國人物魁偉, 體貌紫膛色]은 『국조전고』에 "其國人物偉壯, 體貌頗黑"이라 하였고, 『삼보정이집』에는 "其國中人物魁偉, 體貌紫膛色"으로, 『설집』과 『담생당』본에는 "其國中人物魁偉, 紫堂色"으로 되어 있다. 한편 공진의 『서양번국지』에도 '자당색(紫堂色)'으로 되어 있는데, '당(膛)', '당(堂)' 모두 '당(棠)'자의 오기로 보인다. 조여괄의 『제번지』 상권 물발국(勿拔國, 미르바트) 조목에서 "왕은 [얼굴색이] 자당색(紫棠色)이고, 터번을 하며, 적삼을 입는다(王紫棠色, 纏頭衣衫)"라고 하며(『바다의 왕국들』, 203쪽), 얼굴색을 붉은 팥배나무 열매 색으로 표현한 바 있다.

[583] 『기록휘편』의 이 문장[莫能見其面]은 『국조전고』에 "卒莫能見"으로 되어 있고, 『삼보정이집』, 『설집』, 『담생당』본에는 "不見其面"이라 하였다. 한편 『서양번국지』(45쪽)에서는 "그 얼굴을 다 드러낼 수 없다(卒不能見其面)"라고 하였다.

19-4. 언어

아랍의 언어를 말한다.

說阿剌畢^①言語.

① ['아랄필(阿剌畢)'은] 아라비아(Arabia)이다. 앞서 아단(阿丹) 조목에서는 '아랄벽(阿剌壁)'으로 되어 있었다.[584]

19-5. 풍속

국법으로 술을 금지한다. 민간 풍속은 화목하고 아름다우며, 가난한 사람들이 없고, 모두 교법을 준수하여 범법자가 적으니 실로 극락의 세계이다. 혼례와 상례는 모두 율법의 의례에 따라 행한다.

國法禁酒, 民風和美.^① 無貧難之家, 悉遵敎規, 犯法者少, 誠爲極樂之界.[585] 婚喪之禮皆依敎門體例而行.[586]

---

584   언어에 관한 이 정보는 『국조전고』에 보이지 않는다. 『기록휘편』과 『삼보정이집』의 '아랄필(阿剌畢)'은 『설집』과 『담생당』본에는 '합라필(哈喇畢)'로 되어 있다. 『서양번국지』에는 '아랄필(阿剌必)'로 되어 있는데 모두 아라비아(al-'arabīyah), 아라비(arabī)의 음역들이다. 현재는 '아랍백(阿拉伯)'으로 옮기는데 우리식으로는 아랍이다.

585   이상 풍속을 기술한 『기록휘편』의 문장들[無貧難之家. 悉遵敎規, 犯法者少, 誠爲極樂之界]은 『국조전고』에 "국법에 술을 금지하여 민풍이 온화하고 아름답다. 가난한 자가 없고 범법자가 적으니 바로 극락세계이다(國法禁酒, 民風和美. 無貧難者, 犯法者少, 乃極樂之界)"라고 하였고, 『삼보정이집』에서는 "비록 가난한 사람들도 모두 [이슬람교의] 법규를 준수하여 범법자가 적으니 실로 극락의 세계이다(雖貧難之家, 悉遵敎規, 犯法者少, 誠爲極樂之界)"라고 하였다. 『설집』과 『담생당』본에는 '준(遵)'자가 '존(尊)'자로 된 것만 다를 뿐 『기록휘편』과 일치한다. 한편 『서양번국지』에는 "사람들은 법을 어기지 않고 가난한 집이 없다(人少犯法, 無貧難之家)"라는 정보만 보여 준다. 『기록휘편』과 『설집』에 따른다.

① ['미(美)'자는] 『승조유사』본에는 '목(睦)'자로 되어 있다.[587]

19-6. 천당(카아바)

여기에서 대략 반나절 여정을 또 가면, 천당이라는 예배당에 도착한다. 이 당을 그들은 '개아백(恺阿白, Ka'aba)'이라고 한다. 밖으로 담장이 성을 두르고 있고, 그 성에는 466개의 문이 있으며, 문의 양옆에는 백옥의 돌[대리석][588]로 기둥을 만들었는데, 그 기둥은 467개이다. 앞에는 99개, 뒤에는 101개, 좌변에는 132개, 우변에는 135개이다. 이 당은 오색의 돌들을 첩첩 쌓아 사방의 지붕이 평평한 모양이다. 안에는 침향 대목 다섯 개로 들보를 세우고 황금으로 누각을 만들었다. 온 당의 담장 벽 모두 장미로(薔薇露), 용연향(龍涎香) 그리고 흙으로 만들어 향기가 끊이지 않는다.[589] 위에는 검은 저사(紵絲)로 덮개를 만들어 덮어 두었으며[爲罩罩之], 두 마리 검은 사자를 두어 그 문을 지키게 했다. 매년 12월 10일이면 각 나라의 회회인들이 1~2년 걸리는 먼 곳이라도 당 안에 들어와 예배하고 모두 덮어 둔 저사를 조금 찢어

---

586 『기록휘편』의 이 문장[婚喪之禮皆依教門體例而行]은 『삼보정이집』에도 같다. 『국조전고』에는 이 문장 자체가 빠져 있다. 『설집』과 『담생당』본에는 마지막에 '행(行)'자가 빠져 있고, 『서양번국지』에도 "其婚喪禮皆回回教門"이라고 하며 술어 없는 문장을 보여 주고 있다.

587 '미(美)'자는 『국조전고』, 『삼보정이집』, 『설집』, 『담생당』본, 『서양번국지』 모두에서 확인된다.

588 '백옥석(白玉石)'은 카아바 외곽 건물의 기둥들을 묘사한 것으로, 『성사승람』과 『서양조공전록』에만 '백옥(白玉)'으로 되어 있다. 백옥석은 바로 '한백옥석(漢白玉石)'으로 대리석을 말한다. 하지만 펠리오 씨가 「15세기 초 중국의 대항해」, 441쪽에서 '줄무늬 마노'라고 한 해석은 잘못되었다. 따라서 펠리오 씨가 '백옥'으로 보고자 한 견해도 받아들일 수 없다.

589 뒤펜다크는 "당(堂)내의 모든 벽은 장미수와 용연향으로 혼합된 흙으로 만들어졌다. 향은 절대로 모자라지 않는다"라고 번역하였는데, 문장을 잘못 읽은 것이 분명하다. 또한 황성증은 『서양조공전록』에서 "장미수, 용연향으로 매일 당의 네 벽을 발라, 향기가 끊어지지 않는다(以薔薇露·龍涎香日塗堂之四壁, 馨香不絶)"라고 하였다(『서양조공전록교주』, 116쪽). 이 역시 황성증의 착각으로 보인다. 향기가 끊임없이 나는 것은 장미수, 용연향과 흙을 섞어 만들었기 때문으로 보아야 한다.

기념품으로 가져간다. 다 찢어 가면 왕은 또 하나의 덮개를 미리 짜 두었다
가 다시 그 위에 덮어, 해가 거듭되어도 끊어지지 않는다.[590]

自此^①再行大半日之程, 到天堂^②禮拜寺, 其堂^③番名愷阿白. 外週垣城,[591] 其城有

四百六十六門, 門之兩傍皆用白玉石爲柱, 其柱共有四百六十七箇.[592] 前九十九

箇, 後一百一箇.[593] 左邊一百三十二箇, 右邊一百三十五箇.[594] 其堂以五色石疊砌,

四方平頂樣. 內用沈香大木五條爲梁,[595] 以黃金爲閣.[596] 滿堂內牆壁皆是薔薇

590 마환은 카아바를 둘러싸고 있는 건물들의 기둥과 문의 숫자까지도 자세하게 기록하였고, 이어서 카아
바의 내부와 외부에 대해서도 생생하다. 하지만 정작 이슬람교도들이 가장 귀중하게 생각하는 '검은 돌
(al-Hajaru al-Aswad)'에 대한 언급은 전혀 없다. 이는 마환이 직접 그곳에 가지 않았고, 전해 들은 것을
기록했다는 추정이 생겨나게 하는 부분이다. 검은 돌에 관한 기록은 이미 『구당서』 「대식전」에 보이는
데, "'구분마지나' 산은 나라의 서남쪽에 있으며, 큰 바다와 인접하고, 그 나라 왕은 동굴 안에 있었던 검
은 돌을 옮겨 그 나라에 두었다(俱紛摩地那山在國之西南, 鄰於大海, 其王移穴中 黑石置之於國)." 소계
경 씨는 여기 '구분마지나'를 맥지나(麥地那, 메디나)로 보았지만(『도이지략교석』, 354쪽), 아무런 근거
가 없다. 후지타 도요하치(1931)이 산이 메카 동남쪽에 있는 '아부 코바이스(Abou Kobais)'로 비정
했는데, 음역과는 거리가 멀다. 이 '검은 돌'에 관한 설명은 비신의 『성사승람』에 보인다. 부록에 실어
둔 해당 번역문을 참고하시오.

591 『기록휘편』의 이 문장[外週垣城]은 『담생당』본과 일치하고 있다. 『국조전고』과 『서양번국지』에는 "外
週如城"으로 되어 있고, 『삼보정이집』에는 "밝은 담장을 두른 성이 있다(外周垣有城)"라고 하였고, 『설
집』에는 "밖에는 담으로 둘렀다(外周垣)"라고 되어 있다. 여기서는 『기록휘편』과 『담생당』본을 따르는
것이 맞다.

592 『기록휘편』의 이 문장[其柱共有四百六十七箇]은 『국조전고』에 "모두 467개가 마주하고 있다(共四百六
十七對)"라고 되어 있다. 『삼보정이집』, 『설집』, 『담생당』본에는 "共有四百六十七箇"라고 하였으므로,
『기록휘편』의 '기주(其柱)' 두 글자는 덧붙여졌을 것이다.

593 이상 『기록휘편』의 두 문장[前九十九箇, 後一百一箇]은 『국조전고』에 빠져 있고, 『삼보정이집』에는
'계'자를 넣어 "前計九十九箇, 後計一百一箇"라고 하였고, 『설집』과 『담생당』본에도 "前九十九箇, 後
計一百零一箇"로 되어 있으므로, 『기록휘편』 원문에 '계(計)'자를 보충해 넣는 것이 좋겠지만, 뒤에 좌
우를 말할 때도 '계'자를 생략하고 있고, 『서양번국지』에도 '계(計)'자는 보이지 않으므로 그대로 따르는
것이 맞겠다.

594 이상 『기록휘편』의 두 문장[左邊一百三十二箇, 右邊一百三十五箇]도 『국조전고』에는 보이지 않는다.
『삼보정이집』에서는 앞 두 문장과 마찬가지로, '계'자를 넣어 "左計一百三十二箇, 右計一百三十五箇"라
고 하였고, 『설집』과 『담생당』본에는 '변(邊)'자를 빼고 "左一百三十二箇, 右一百三十五箇"로 되어 있
다. 또한 『서양번국지』에도 '변'자는 보이지 않으므로 『기록휘편』의 '변(邊)'자는 덧붙여졌다고 볼 수
있다.

595 『기록휘편』의 이 문장[內用沈香大木五條爲梁]은 『국조전고』와 『삼보정이집』에 "內用沉香木五條爲梁"

露·龍涎香和土爲之,⁵⁹⁷ 馨香不絕. 上用皂紵絲爲罩罩之,⁵⁹⁸ 蓄二黑獅子守其

門.⁵⁹⁹ 每年至十二月十日,⁶⁰⁰ 各番回回人甚至④一二年遠路的也到堂內禮拜, 皆將

으로 되어 있고, 『설집』과 『담생당』본에는 "用沉香木爲梁"으로만 되어 있다. 『서양번국지』에는 "內以
沉香木爲梁"으로 되어 있다. 한편 『서양조공전록』(교주본, 116쪽)에는 "其堂以沉香爲梁, 梁有五"로, 『명
사』「천방전」(8624쪽)에는 "內用沈香大木爲梁凡五"라고 하였다. 이를 종합해 보면, 『기록휘편』 원문
에서 '대(大)'자를 빼고, "안에는 침향나무 다섯 개로 들보를 만들었고(內用沈香木五條爲梁)"라고 재편
집한다면, 여러 이본의 단점을 충분히 보완할 수 있다고 생각한다. 한편 『명사』의 기술은 분명 『영애승
람』을 그대로 따랐음을 알 수 있다.

596 『기록휘편』의 이 문장[以黃金爲閣]은 『국조전고』, 『설집』과 일치하지만, 『삼보정이집』에서는 "采以黃
金爲閣"으로, 『담생당』본에는 "황금으로 합했다(以黃金合)"라고 되어 있다. 여러 사본이 대동소이하다.
다만 『서양번국지』에만 "以黃金爲承漏"로 되어 있다. 즉 '각(閣)'이 '승루(承漏)'로 바뀐 셈이다. 『설집』
본에는 "以黃金爲合, 漏堂內牆壁皆…"로 되어 있는데, 『서양번국지』에서 '승루'의 '승'자는 '합(合)'자의
잘못이고, '합'자는 '각(閣)'자의 잘못으로 추정되며, '누'자는 다음 오는 문장의 '만(滿)'자의 오기로 생각
된다. 그러므로 『서양번국지』의 원문은 『영애승람』에 따라 "以黃金爲閣. 滿堂…"으로 고쳐야 할 것이
다. 이제 문제는 '각(閣)'자를 어떻게 이해할 것인가이다. 뒤펜다크는 "안에는 침향나무로 만든 다섯 개
의 들보와 황금으로 된 장막을 가지고 있다"라고 번역했다(『마환』, 71쪽). '각'자를 장막으로 해석한 것
인데, 그러한 자전적 의미는 없다. 또한 밀스 씨는 이 '각(閣)'자를 선반 또는 시렁으로 번역했는데(『영
애승람역주』, 174쪽), 역시 쓰이지 않는 의미이다. 생각건대, '각'자에는 누각이 먼저 떠오르는데, 과연
카아바 안에 설치된 제단 같은 것을 말하는 것으로 보인다. 한편 '잔도(棧道)' 또는 '복도'라는 뜻도 있는
데, 침향목 다섯 개로 그런 설치물을 만들 수 있는지 역시 의문이다. "황금으로 누각을 만들었다"라는
말의 구체적인 의미는 『삼보정이집』에서처럼 황금으로 채색하여 제단을 만들었다는 의미일 것이다.

597 '화(和)'자는 『설집』과 『담생당』본에는 빠져 있다.

598 『기록휘편』의 이 문장[上用皂紵絲爲罩罩之]은 『국조전고』에 "上用皂紵絲爲蓋蓋之"로, 『삼보정이집』에
는 "上用皂紵絲爲罩罩之"로 되어 있고, 『설집』과 『담생당』본에는 "그 서까래 나무는 모두 금으로 1년에
한 번씩 장식하고, 위는 검은 저사로 덮개를 만들어 덮는다(其椽木俱以粧金, 每歲一度, 上用皂紵絲爲罩
罩之)"라고 하였다. 『설집』과 『담생당』본에 따라 『기록휘편』 원문을 그대로 따르는 것이 더 문맥에 적
합하다. '저사'로 덮은 것보다는 '저사'로 덮개를 만들어 덮었다는 것이 자연스럽다. 이는 아래 원문에
미리 하나의 덮개를 짜다(預織一罩)라는 표현으로 근거 삼을 수 있다.

599 『기록휘편』의 이 문장[蓄二黑獅子守其門]은 『국조전고』에 "蓄二黑獅子守其堂側"이라 하였고, 『삼보정
이집』, 『설집』, 『담생당』본에는 "畜二黑獅子守其堂門"으로 되어 있다. 또한 『서양번국지』에도 "畜二黑
獅子守堂門"이라고 하였으므로 '당(堂)'자를 보충해 넣어야 할 것이다. 사실 이 정보는 확인되지 않는
다. 특히 '검은 사자'라는 말은 더욱 이해하기 어렵다. '축(蓄)'자를 사용했으므로 살아 있는 사자 같지
만, 그냥 사자 동상일 수도 있다. 역자의 생각으로, 마환은 이곳에 가지 않았다. 이 조목은 다녀온 사람
의 이야기를 전해 듣고 받아 적은 것일 가능성이 크다. 그렇다면 마환은 '석(石)'자를 '사(獅)'자로 잘못
옮긴 것은 아닐까? 민남어 발음으로 '사(獅)'자는 [sai∣se∣su]이고, '석(石)'자는 [sia∣tsia∣tsio∣si∣sik]
등의 음가를 가진다. 사실 마환이 기술한 본 조목에는 카아바의 성물인 '검은 돌'이 보이지 않는다. 원래
이 돌은 하늘에서 떨어졌을 때는 하나의 '흰 돌'이었지만 이후 인간의 죄악으로 검게 변했고, 여러 조각
으로 부서졌다고 한다. 그러므로 마환이 기술한 '사자(獅子)'가 '돌[石子]'이었다면, '이(二)'자는 어울리

所罩紵絲割取一塊爲記驗而去.⁶⁰¹ 剜割既盡, 其王則又預織一罩, 復罩於上,^⑤ 仍
復年年不絶.

① 이상 두 글자[自此]는 『승조유사』본에 따라 보충하였다.⁶⁰²
② ['당(堂)'자는] 『기록휘편』에 '진(盡)'자로 잘못되어 『승조유사』본과 『서양조공전록』
   에 따라 고쳤다.⁶⁰³
③ ['당(堂)'자는] 『기록휘편』에 '진(盡)'자로 잘못되어 『승조유사』본과 『서양조공전록』
   에 따라 고쳤다.⁶⁰⁴
④ 이상 두 글자[甚至]는 『승조유사』본에 따라 보충하였다.⁶⁰⁵
⑤ 이상 열두 글자[其王則又預織一罩, 復罩於上]는 『기록휘편』에 "그 왕은 미리 짜 둔 것
   으로 그것을 덮는다(其王預織罩之)"라고 되어 있어 『승조유사』본에 따라 보충하였
   다.⁶⁰⁶

지 않는다.

600 『기록휘편』의 이 문장[每年至十二月十日]에서 '지(至)'자는 『국조전고』에서 확인되지만, 『삼보정이
집』, 『설집』, 『담생당』본, 그리고 『서양번국지』에서는 보이지 않는다. 카아바 순례는 이슬람력으로 열
두 번째 달(Dhu al-Hijjah), 여덟 번째, 아홉 번째, 열 번째 날에 이루어진다.
601 『기록휘편』의 이 문장[皆將所罩紵絲割取一塊爲記驗而去]에서 "記驗而去"는 『국조전고』에는 "記而去"
로 되어 있고, 『삼보정이집』에는 "기념품으로 삼아 생각하며 돌아간다(記, 念念而去)"라고 하였다. 따
라서 『기록휘편』의 '험(驗)'자는 빼는 편이 문맥에 유리하다. 한편 『설집』과 『담생당』본에는 이 정보가
빠져 있고, 『서양번국지』에서는 "왕왕 검은 덮개를 조금씩 찢어 기념으로 삼는다(往往割皂蓋少許爲
記)"라고 하였다.
602 이 교정에 해당하는 『기록휘편』 원문[再行大半日之程]은 『국조전고』에 "再行半日"로 되어 있고, 『삼보
정이집』, 『설집』, 『담생당』본에는 "再行大半日之程"이라 하였다. 또한 『서양번국지』도 마찬가지이다.
따라서 풍승균 씨가 『승조유사』본에 따라 보충해 넣은 두 글자는 불필요하다.
603 '당(堂)'자는 『국조전고』, 『삼보정이집』, 『설집』, 『담생당』본, 그리고 『서양번국지』 모두에서 확인된다.
604 여기의 '당(堂)'자도 『국조전고』, 『삼보정이집』, 『설집』, 『담생당』본, 그리고 『서양번국지』 모두에서
확인된다.
605 이 교정에 해당하는 『기록휘편』 원문[各番回回人一二年遠路的也到堂內禮拜]은 『국조전고』, 『삼보정이
집』, 『설집』, 『담생당』본 모두와 일치한다. 게다가 『서양번국지』(교주본, 45쪽)에서도 "오가는 데 1~2
년 걸리는 먼 길에 있는 여러 외국의 이슬람교도들도 카아바에 와서 예배한다(諸番回回行一二年遠路者
到寺禮拜)"라고 하였으므로 풍승균 씨가 『승조유사』본에 따라 보충해 넣은 '심지(甚至)' 두 글자는 불필
요하다.
606 이상 『기록휘편』의 원문[剜割既盡, 其王預織罩之, 仍復年年不絶]은 『국조전고』에 "다 찢어 가면 다시

19-7. 이스마엘 무덤

당의 왼쪽에는 사마의(司馬儀, Ismaël)[607] 성인의 묘가 있는데, 그 봉분은 모두 녹색 살부니(撒不泥)[608] 보석으로 만들었는데, 길이는 1장 2척이고, 높이는 3척이며, 폭은 5척이었다. 그 봉분을 두른 담장은 감황옥(紺黃玉)을 겹겹 쌓았는데 높이가 5척 남짓이었다. 성안 네 모퉁이에는 네 개의 탑을 조성하여 두고, 예배할 때마다 이 탑에 올라 갈반(喝班)하며 [알라신을] 부르고 절한다. 그 좌우 양쪽에는 각각 조사(祖師)들이 법을 전하던 당이 있다. 그곳도 돌로 첩첩 쌓아 조성하였는데, 그 장식이 매우 화려하다.

堂之左有①司馬儀聖人之墓, 其墳壠俱是綠②撒不泥寶石爲之,[609] 長一丈二尺, 高三尺,[610] 闊五尺, 其圍墳之牆,[611] 以紺③黃玉④疊砌, 高五尺餘. 城內四角造四堆

바꾸어 해마다 끊이지 않는다(割盡復換, 年年不絶)"라고 정보를 생략했고, 『삼보정이집』에는 "다 찢어가면 국왕은 그 덮개를 미리 짜 두었다가 다시 덮으니 매년 끊이지 않는다(剗割旣盡, 其國王預織其罩, 復罩之, 年年不絶)"라고 하며 『기록휘편』과 비슷한 문장을 보여 주고 있고, 『설집』과 『담생당』본에는 "모두 덮은 것을 얻어 가면, 다시 그것을 덮어 매년 끊이지 않는다(皆得所罩, 復罩之, 年年不絶)"라고 되어 있어, 전체적인 의미에는 별다른 차이가 없다.

607 『구약성경』에 따르면, 아브라함과 아내 사라의 몸종이었던 하갈과의 관계에서 태어난, 아브라함의 첫째 아들이 이스마엘이다. 이후, 사라가 이삭을 낳았다. 말하자면 적자 이삭과 서자 이스마엘과의 갈등에서 하갈은 사라의 구박을 벗어나 메카 근처의 광야(사막)로 피하게 되면서 기독교와 이슬람의 갈등이 시작된다. 광야에서 물을 찾던 하갈이 신비로운 힘으로 샘물이 솟아나게 되었는데 그것이 바로 뒤에 기술하는 잠잠 샘물이다. 이후 돌아온 아브라함과 이스마엘이 이 샘물이 나는 곳에 세운 제단이 바로 카아바이다.

608 '살부니(撒不泥)'는 『서양조공전록』에 '살복니(撒卜泥)'로 되어 있다. 도종의(陶宗儀)의 『철경록(輟耕錄)』(1366), 권7, 회회석두(回回石頭) 조목에서 살복니를 찾을 수 있다. 브레트슈나이더는 『Mediaeval Researches from Eastern Asiatic Sources』, I, 174쪽에서 이를 번역하여 "살복니는 옅은 초록의 돌로 하등에 속한다(下等帶石, 淺綠色)"라고 하였고, 그 주석에서는 "사부니(sabuni)는 '초록 비누'라는 의미로, 하등의 옅은 색 계열의 에메랄드에 부르는 페르시아 명칭이다"라고 하였다. 사방(謝方)은 『서양조공전록교주』(117쪽)에서 이 설을 따르고 있다.

609 '농시(壠是)'는 『담생당』본에만 '시롱(是壠)'으로 잘못 도치되어 있다.

610 '삼척(三尺)'은 『국조전고』에만 '2척'으로 되어 있다.

塔,⁶¹² 每禮拜卽登此塔喝班唱禮. ⑤ 左右兩傍有各祖師傳法之堂,⁶¹³ 亦以石頭疊造,
整飾極華麗.⁶¹⁴

① '유(有)'자는『승조유사』본에 따라 보충하였다.⁶¹⁵

② ['녹(綠)'자는]『기록휘편』에 '녹(錄)'자로 잘못되어『승조유사』본과『서양조공전록』
　에 따라 고쳤다.⁶¹⁶

③ ['감(紺)'자는]『기록휘편』에 '감(泔)'자로 되어 있어『승조유사』본에 따라 고쳤다.

④ ['감황옥(紺黃玉)'은]『서양조공전록』에 '황감옥(黃甘玉)'으로 도치되어 있다.⁶¹⁷

611　『기록휘편』의 이 구[其圍墳之牆]는『국조전고』와 같지만,『삼보정이집』에서는 '무덤을 구성하는 담장
　　은(爲墳之牆)'으로 되어 있고,『설집』과『담생당』본에는 '그 무덤을 구성하는 담장은(其爲墳之牆)'으로
　　되어 있다. 여기의 위(爲)자는 '위(圍)'자의 오기로 생각한다. 한편『서양번국지』에서는 '사방을 두른 담
　　장은(四圍墻垣)'으로 되어 있다.

612　『기록휘편』의 이 문장[城內四角造四堆塔]은『국조전고』와『삼보정이집』에 "성안의 네 모퉁이에는 네
　　개의 탑을 세워(城內四角造四塔)"라고 하였고,『설집』,『담생당』본에는 '각(各)'자를 더 넣어 '城內四角
　　各造四塔'이라고 하였다.『기록휘편』의 '퇴(堆)'자는 양사로 쓰인 것 같은데,『국조전고』,『삼보정이
　　집』,『설집』,『담생당』본 어디에도 보이지 않고,『서양번국지』에도 "墻內四隅造四塔"이라고 하였으며,
　　'조(造)'자와 의미가 중복되므로, 삭제하는 것이 맞다. 한편 최근『영애승람』을 불어로 역주한 르네 로
　　씨(René Rossi) 씨는 이 네 개의 첨탑은 17세기까지 여섯 개로 되었다가 이후 7개로 되었다는 정보를 제
　　시했다(『Ying-yai Sheng-lan』, 파리, 2018, 226쪽).

613　『기록휘편』원문에 '각(各)'자가 들어 있는 것으로 보아, 복수를 전제하고 있다. '조사(祖師)'란 창시자
　　를 뜻하므로 아마도 아브라함과 이스마엘을 지칭하는 것으로 보인다. 뒤펜다크 씨는 이슬람교의 네 정
　　파, 즉 하나피(Hanafi), 한발리(Hanbali), 말리키(Maliki), 샤피이(Shafi'i)가 카아바의 네 모퉁이 언덕을
　　차지하고 있으며, "다섯 기둥에 기도하는 시간에는 각 정파의 이맘(imām)이 이 언덕에서 있다. 아브라
　　함이 카아바를 지을 때 서 있었다고 하는 소위 '아브라함의 언덕(Ur Kasdim)'이라는 다른 언덕이 있다.
　　아마도 저자(마환)가 이들 장소들과 혼동한 것 같다"(『마환』, 72쪽)라고 설명했다. 이 설명대로라면, 마
　　환은 메카에 가지 않은 것이 분명하다.

614　『기록휘편』의 이 문장[整飾極華麗]은『국조전고』과 일치하지만『삼보정이집』,『설집』,『담생당』본에
　　서는 '극(極)'자 없이 "整飾華麗"라고 되어 있고『서양번국지』에서는 "모두 매우 화려하다(皆極華麗)"라
　　고 하였다.

615　'유(有)'자는『국조전고』와『서양번국지』에는 들어 있지만,『삼보정이집』에는 들어 있지 않고,『설집』
　　과『담생당』본에는 '시(是)'자로 되어 있다.

616　'녹(綠)'자는『국조전고』,『삼보정이집』, 그리고『서양번국지』에서 확인되고,『설집』과『담생당』본에
　　는 '연(緣)'자처럼 보이는데 모두 '녹(綠)'자 임을 확인할 수 있다.

617　이상의 교정에 해당하는『기록휘편』원문은 "以泔黃玉疊砌"로 되어 있는데, 여기의 '감황옥(泔黃玉)'은
　　『삼보정이집』과『국조전고』에는 '감황옥(紺黃玉)'으로 되어 있고,『설집』과『담생당』본에는 '감황토

⑤ 이상 열한 글자[每禮拜卽登此塔喝班唱禮]는 『기록휘편』에 '규례(叫禮)'로 되어 있어 『승조유사』본에 따라 보충하였다.[618]

19-8. 기후

그곳의 기후는 사계절이 항상 여름처럼 덥고, 비, 번개, 서리, 눈이 전혀

(泄黃土)'로 되어 있다. 여기 '토'자는 '옥'의 오기이다. '감(泄)'자인지 '감(紺)'자인지가 문제이다. 이에 대하여 폴 펠리오 씨는 「15세기 초 중국의 대항해」(442~443쪽)에서 다음과 같이 설명하고 있다. "마환 원문은 이스마엘 무덤의 벽은, 마지막 글자가 옥(玉)자의 잘못임이 틀림없는 감황왕(泄黃王)으로 되어 있다. 이에 대해 비신은 카아바의 포석(鋪石)은 황감옥(黃甘玉, 두 개정본에서도 같음)으로 만들어졌다고 했다. 황성증은 마환과 비신의 기술 내용을 모았지만, 당연히 거기에는 약간의 혼동이 있다. 카아바의 포석에 대해 차월산방(借月山房)과 월아당(粤雅堂)본은 비신과 같이 '황감옥(黃甘玉)'으로 되어 있으나 별하재(別下齋)본은 마환처럼 '감황옥(泄黃玉)'으로 쓰여 있다. 이스마엘의 무덤에 대해서, 월아당본은 비신에게서 가져온 문장에서처럼 '황감옥(黃甘玉)'으로 되어 있지만, 차월산방본과 별하재본은 마환의 원문에서 우리가 읽은 '감황옥(泄黃玉)'으로 되어 있다. 그러므로 '감황옥(泄黃玉)'은 이미 1451년 마환의 판본 속에 틀림없이 있었다. 하지만 감황옥은 황감옥보다 더는 뚜렷한 의미를 제시하지 않는다는 것을 인식해야 한다. 어쨌든 황옥(黃玉)은 존재하는 표현으로, 전문적인 의미로 토파즈와 같다. 가경(嘉慶) 시기에 태양의 신에게 제사를 지내는 잔을 만들기 위해 홍황옥(紅黃玉)을 찾고자 했으나, 메카와 쿠물(Qumul, 신강의 하미)의 사람들에게서는 찾지 못했다. 한 역관이 투루판에서 남서쪽으로 2천 리 떨어진 곳에 있는 아단(阿丹, 아마도 호탄과 혼동한 것으로 보임)에서 생산된다고 하며, 영락제와 선덕제 시기에 그것을 사기 위한 대규모 사신단을 조직할 것을 제안했다. 그러나 허락을 받지 못했었다(『명사』 권326, 5b). 나는 '감황옥(泄黃玉)'이란 어순을 유지하고 싶다. 하지만 '감(泄)'자는 어떠한 의미도 제시하지 않는다. 혹 1451년의 판본에서 이미 보이는 자줏빛을 뜻하는 '감(紺)'자의 잘못된 것이지는 않겠는가. 마환의 '자줏빛 황옥'은 1세기 뒤에 얻고자 했던 홍황옥(紅黃玉)과 그다지 멀어 보이지 않는다. [『승조유사』에는 '감황옥(紺黃玉)'으로 되어 있다]"라고 하였다. 이로써 추론해 보면, 서법상 '감(泄)'자와 '감(紺)'자는 '홍(紅)'자와 혼동할 가능성이 다분히 있다. 따라서 원문의 '감(泄)'자를 '감(紺)'자로 고친 것은 타당한 수정이라 생각한다.

618 이 교정에 해당하는 『기록휘편』의 원문[叫禮]는 『국조전고』에 "예배할 때마다 탑에 올라 알라신을 외치며 예배한다(每禮拜卽登塔叫佛禮拜)"라고 되어 있고, 『삼보정이집』, 『설집』, 『담생당』본에는 "예배할 때마다 탑에 올라 [알라신을] 부르고 절한다(每拜禮卽登塔叫禮)"라고 되어 있다. 문제는 바로 풍승균 씨가 『승조유사』에 따라 교정한 '갈반(喝班)'이다. 여기의 '갈반'은 '갈배(喝拜, 부르며 절하다)'의 오기가 아닌지 의심스럽다. 하지만 이러한 추정이 맞는다면, 뒤에 나오는 '창례(唱禮)'란 표현과 중첩된다. 문학적 수사법을 쓰면, '갈창배례(喝唱拜禮)'를 '갈배창례(喝拜唱禮)'로 꾸몄을 가능성도 있다. 하지만 『서양번국지』(교주본, 45쪽)에도 "예배할 때마다 이 탑에 올라 [알라신을] 부르고 절한다(每禮拜卽登塔叫禮)"라고 하였으므로, 풍승균 씨의 교정문에서 '갈반'이란 표현은 글자 그대로 의미를 파악하기 어려우므로 빼는 것이 좋겠다.

없다. 밤에 내리는 이슬이 매우 많아, 초목들 모두 이슬에 의존하여 자란다. 밤에 빈 그릇을 놓고, 날이 밝을 때까지 받으면, 그 이슬이 그릇의 3할 정도 생긴다.

其處氣候四時①常熱如夏, 竝無雨電霜雪. 夜露甚重, 草木皆馮露水滋養. 夜放一空碗, 盛至天明, 其露水有三分在碗.[619]

① 이상 두 글자[四時]는 『승조유사』본에 따라 보충하였다.[620]

19-9. 산물

토산으로 미곡은 적고, 모두 속(粟, 메조), 맥(麥, 밀 또는 보리), 흑서(黑黍, 검은 찰기장)를 파종한다. 오이와 채소류로 서과(西瓜), 첨과(甜瓜)[621] 중에는 두 사람이 한 개를 드는 것도 있다. 또 전화수(纏花樹) 같은 것이 있는데, 중국의

---

619 『기록휘편』에 따른 이상 세 문장[夜放一空碗, 盛至天明, 其露水有三分在碗]은 의미 전개가 매끄럽지 못하다. 『국조전고』에는 "밤에 그릇 하나를 놓고, 날이 밝을 때까지 받으면, 그릇에 3할의 물이 생긴다(夜放一碗, 承至天明, 有三分水在碗底)"라고 하였고, 『삼보정이집』에는 "밤에 빈 그릇을 놓고, 날이 밝을 때까지 받으면, 그릇 바닥에 3할이 생긴다(夜放一空碗, 盛至天明, 有三分在碗底)"라고 되어 있다. 또한 『설집』과 『담생당』본에는 "밤에 그릇이나 동이를 놓고 날이 밝을 때 이르면, 이슬이 [그 그릇] 안에 3할이 생긴다(夜放一碗或盆, 至天明, 有露水三分在內)"라고 하며 내용상의 변화는 없지만, 글자의 출입은 다소 있다. 한편 『서양번국지』에는 더욱 간단하게 "그릇을 놓고 이슬을 받으면, 새벽에 이르러서는 [그릇의] 3할 정도의 물을 얻을 수 있다(置碗露中, 及旦可得水三分)"라고 하였다. 의미전달의 측면에서 봤을 때, 『국조전고』본이 가장 순조롭다고 생각한다.

620 이 교정에 해당하는 『기록휘편』 원문[其處氣候常熱如夏]은 『삼보정이집』, 『설집』, 『담생당』본에는 '처(處)'자가 '지(地)'자로 되어 있는 것 이외에는 일치하고 있다. 다만 『국조전고』에는 "其處氣候常熱如炎天"으로 되어 있고, 『서양번국지』에서는 "其處氣候常熱如炎夏"라고 하였으므로, 풍승균 씨가 『승조유사』본에 따라 '사시(四時)'를 보충한 것은 불필요한 교정이다.

621 첨과(甜瓜)는 멜론(Cucumis melo L.)으로, '향과(香瓜)' 또는 하미의 특산으로 알려져 '합밀과(哈密瓜)'라고도 부른다. 5-11, 서과(西瓜) 주석을 참고하시오.

큰 뽕나무처럼 생겼다. 키는 1~2장이고 그 꽃은 1년에 두 번 피며, 오래 살고 말라죽지 않는다. 과일에는 나복(蘿蔔),[622] 만년조(萬年棗), 석류(石榴), 화홍(花紅, 사과), 큰 배[大梨子], 복숭아가 있는데 그중에는 4~5근 나가는 것도 있다. 낙타, 말, 나귀, 노새, 소, 양, 고양이, 개, 닭, 거위, 오리, 비둘기 또한, 널리 분포한다. 닭과 오리에는 10근 이상 나가는 것이 있다.

土産米穀僅少,[623] 皆種粟·麥·黑黍. 瓜菜之類西瓜·甜瓜每箇用二人擡一箇者亦有.[624] 又有①一種纏②花樹, 如中國大桑樹. 高一二③丈, 其花一年二放, 長生不枯. 果④有蘿蔔·萬年棗·石榴·花紅⑤·大梨子·桃子, 有重四五斤者.[625] 其駝·

---

[622] 나복(蘿蔔)은 무(Raphanus raphanistrum subsp. sativus)를 말한다. 분명 채소지 과일이 아니다. 『삼보정이집』, 『설집』, 『서양번국지』에는 모두 포도(葡萄)로 되어 있는데, 아마도 자형이 비슷하여 '나복'으로 잘못 옮겼다고 생각된다. 따라서 『기록휘편』의 원문도 포도라고 바로잡아야 할 것이다.

[623] 『기록휘편』의 이 문장[土産米穀僅少]은 『국조전고』와 일치하지만, 『삼보정이집』, 『설집』, 『담생당』본에서는 '근(僅)'자가 '심(甚)'자로 되어 있다. 한편, 『서양번국지』에서는 "土産米穀少"라고 하였으므로, '근(僅)'자는 '심(甚)'자로 고친다.

[624] 『기록휘편』의 이 문장[皆種粟麥黑黍瓜菜之類. 西瓜·甜瓜每箇用二人擡一箇者亦有]은 『국조전고』에 "모두 조, 밀, 콩, 기장을 파종한다. 오이, 채소류에는 …이 모두 있다(皆種粟麥豆黍. 瓜菜之類皆有西瓜·甜瓜每箇用兩人擡之. 亦有…)"라고 되어 있다. 여기의 '두(豆)'자 다른 사본에 보이는 '흑(黑)'자의 오기로 생각한다. 또한 『삼보정이집』에는 "皆種粟麥黑黍果果之類. 西瓜·甜瓜每箇用二人擡者. 亦有…"라고 되어 있는데, 두 번째 문장의 술어가 없다. 한편 『설집』과 『담생당』본에는 "모두 조, 밀, 흑리목, 오이, 채소 등등 심는다(皆種粟麥·黑梨木·瓜菜之類. 西瓜·甜瓜每箇用二人擡者. 亦有…)"라고 되어 있는데, 우선 '흑리목(검은 배나무)'이 무엇인지 모른다. 분명 '이(梨)'자는 '서(黍)'자의 오기로 보인다. 풍승균 씨의 교감을 제외하고 모든 사본이 '역유(亦有)'를 뒤에 붙여 구두하고 있다. 『기록휘편』에서 풍승균 씨는 두 번째 문장에 동사가 없으므로 뒤에 붙일 '역유(亦有)'를 앞으로 당겨 버렸다. 당연히 뒤에 오는 문장의 동사가 사라져 버렸기 때문에 『승조유사』본에서 두 글자를 가져왔다. 멀리 청나라 사본까지 가지 않아도 우리는 『국조전고』본을 선본으로 삼을 수 있을 것이다.

[625] 과일을 기술하고 있는 이 문장[果有蘿蔔·萬年棗·石榴·花紅·大梨子·桃子, 有重四五斤者]에는 풍승균 씨가 빠뜨린 구두의 문제가 있다. "어떤 것은 4~5근이 나가는 것도 있다"라는 말에는 한정 범위가 필요하다. 바로 앞에 있는 복숭아만 그렇다는 것인지, 큰 배도 포함하는 것인지, 아니면 모든 과일 전체를 말하는 것인지 모호하다. 전체의 과일을 지칭하는 것은 맨 앞에 과일에는 …가 있다는 '유(有)'자 때문에 불가능하다. 이 문제를 『삼보정이집』, 『설집』, 『담생당』본에는 다음과 같이 해결하고 있다. "[이들 과일] 모두 큰 것은 4~5 나가는 것이 있다(皆有大者重四五斤者)"로 되어 있다. 이는 『서양번국지』에서도 같다. 그렇다면 풍승균의 교정문에 '개(皆)'자를 '유(有)'자 앞에 넣고 그 앞에 구두해야 할 것이

馬・驢・騾・牛・羊・猫・犬・雞・鵝・鴨・鴿亦廣. 雞・鴨有重十斤以上者.[626]

① 이상 두 글자[又有]는 『기록휘편』의 원문이 희미하여 『승조유사』본에 따라 보충하였다.[627]

② ['전(纏)'자는] 『국조전고』본에 '면(綿)'자로 되어 있다.[628]

③ ['일이장(一二丈)'은] 『승조유사』본에 '삼장(三丈)'으로, 『서양조공전록』에는 '이장(二丈)'으로 되어 있다.[629]

④ ['과(果)'자는] 『기록휘편』에 '채(菜)'자로 잘못되어 고쳤다.[630]

⑤ ['석류・화홍・대리자(石榴・花紅・大梨子)'는] 『서양조공전록』에 '석류・임금・이(石榴・林禽・梨)'로 되어 있고, 『기록휘편』 원문에는 '홍(紅)'자가 빠져 있어 이에 근거하여 보충하였다.[631]

다. 그렇지만 다음 나오는 가축에 관한 기술에서도 유사한 문장구조를 보여 주고 있다. 해결책이라면 큰 배에 구두하고, 복숭아에는 4~5근 나가는 것이 있다고 읽을 수밖에 없을 것 같다. "果有蘿蔔・萬年棗・石榴・花紅・大梨子, 桃子有重四五斤者." 이렇게 말이오. 『국조전고』에는 이 문장이 완전히 빠져 있다.

626 이상 가축에 관한 문장[其駝・馬・驢・騾・牛・羊・猫・犬・雞・鵝・鴨・鴿亦廣. 雞・鴨有重十斤以上者]은 『국조전고』에는 "가축이 모두 있다(牲畜皆有)"라고만 되어 있다.

627 『기록휘편』 원문이 희미한 것이 아니라, 공백으로 두 글자가 빠져 있다.

628 이 교정에 해당하는 기록휘편 원문[ㅁㅁ一種纏花樹]은 『국조전고』에 "亦有其綿花樹"로 되어 있고, 『삼보정이집』에는 "亦有一樣花"라고 글자들이 빠져 있고, 『설집』, 『담생당』본에는 "亦有一樣綿花樹"로 되어 있다. 따라서 이들 필사본에 따라 고치는 것이 맞다. 풍승균 씨는 원문을 고치지 않고 '전(纏)'를 그대로 쓰면서 『국조전고』의 '면(綿)'자를 유보하고 있다. 『서양번지』에서도 "또한 면화 같은 나무가 있는데(亦有似棉花樹)"라고 되어 있으므로 『기록휘편』 원문의 '전(纏)'자는 '면(綿)'에서 나온 것이고, 이 '면'자는 목화의 '면(棉)'자에서 비롯된 것으로 오류의 연원을 거슬러 올라갈 수 있다. 따라서 '면화(棉花) 같은 나무'로 고쳐야 할 것이다. 이 나무는 '케이바 펜탄드라(Ceiba pentandra)'로, '케이폭(Kapok)' 나무로 더 잘 알려져 있다. 조여괄의 『제번지』에는 '길패(吉貝)'로 나타나는 나무이다. '길패'에 관해서는 『바다의 왕국들』, 381~386쪽을 참고하시오.

629 '일이장(一二丈)'은 『국조전고』본에만 '높이 2~3장(高二三丈)'으로 되어 있다.

630 '과(果)'자를 무엇에 근거하여 고쳤는지 말하지 않고 있다. 뒤에 열거한 것들이 과일들이기 때문일 것이다. 『삼보정이집』, 『설집』, 『담생당』본, 그리고 『서양번지』에도 확인할 수 있다. 다만 『국조전고』는 과일에 관한 기술 전체가 없다.

631 풍승균 씨가 『설집』본과 『서양번지』를 참고하지 못하고 1세기 뒤의 『서양조공전록』을 통해 교감한 결과지만 정확하다. 『설집』본과 『서양번지』 모두 '화홍(花紅)'으로 되어 있다. '대리자(大梨子)'는 『설집』본에 '율자(栗子, 밤)'로 되어 있고, 『서양번지』에는 '이(梨, 배)'자로만 되어 있다. 뒤에 나오는 "어

19-10. 특산

땅에서는 장미로(薔薇露), 엄팔아향(俺八兒香, 용연향), 기린, 사자, 타계(駝雞), 영양(羚羊), 초상비(草上飛),[632] 아울러 각색의 보석, 진주, 산호, 호박 등이 난다.[633]

土産薔薇露・俺八兒香・麒麟・獅子・駝雞・羚羊・草上飛,　　幷各色①寶石・珍珠・珊瑚・琥珀等物.[634]

① '색(色)'자는 『승조유사』본에 따라 보충하였다.[635]

19-11. 통화

왕은 금으로 '탕카[倘加]'라는 돈을 주조하여 사용하게 한다. 한 개에 지름은 7푼이고, 무게는 중국 저울로 1전이 나가며 중국과 비교하여 금은 20%의 순도[成色]로 되었다.

떤 것은 4~5근이 나가는 것도 있다"라는 설명을 고려해 보면, '밤'보다는 '배'가 더 타당하고, 전체 과일의 성격으로 보아도 '배'가 더 순조롭다.

632 초상비는 바로 스라소니의 일종인 '펠리스 카라칼(felis caracal)'을 말한다. 자세한 설명은 호르무즈 왕국(18-16)의 기술과 주석을 참고하시오.

633 이상 토산 목록에는 비신이 특기하고 있는 '천마(天馬)'가 빠졌다. 비신은 "말은 키가 8척으로, 바로 천마(天馬)이다"라고 하였다(부록을 참고하시오). 황성중의 『서양조공전록』(교주본, 118쪽)에도 '용마(龍馬)'가 많다고 하였다. 이는 마환이 메카에 가지 않았을 가능성을 보여 주는 또 다른 단서가 될 수 있다.

634 '등물(等物)'은 『국조전고』, 『삼보정이집』, 『설집』, 『담생당』본, 그리고 『서양번국지』에는 '등보(等寶)'로 되어 있다. 여기서는 보석들만 말하는 것이 아니므로 '등물'이 선본으로 판단된다.

635 '색(色)'자는 『국조전고』, 『삼보정이집』, 『설집』, 『담생당』본, 그리고 『서양번국지』모두에 들어 있다.

其王以金鑄錢, 名倘加行使.[636] 每箇徑七分, 重官秤一錢, 比中國金有十二成色.[637]

19-12. 성수(聖水)

또 서쪽으로 하루를 가면 한 도시에 도착하는데 '맥저납(驀底納, 메디나)'[638] 이라고 한다. 그 마합마(馬哈嘛, 무함마드)[639] 성인의 무덤이 바로 성안에 있는

636 　『기록휘편』의 이상 두 문장[其王以金鑄錢, 名倘加行使]은 『국조전고』에 더 간단하게 "금으로 돈을 만들어 사용한다(以金鑄錢使用)"라고만 되어 있다. 『삼보정이집』에는 "國王以金鑄錢, 名曰倘加, 街市行使"라고 하였으며, 『설집』과 『담생당』본에는 "왕은 금으로 돈을 주조하여 '당가'라고 부르고, 저잣거리에서 사용하게 한다(王以金鑄錢名倘伽, 街市行使)"라고 하였다. 『서양번국지』(교주본, 36쪽)에서는 "왕은 적금(赤金, 동과 금을 합금한 것)으로 돈을 만들어 '당가'라고 부르며 통행시킨다(王以赤金鑄錢名倘加行使)"라고 되어 있다.

637 　'성색(成色)'이란 금속화폐나 기물이 포함하고 있는 금속의 순도를 말한다. 『삼보정이집』에서도 이 문장은 일치한다. 『국조전고』에서는 "지름은 칠푼, 1전의 무게가 나가며 순도 20%의 금이 있다(徑七分, 重一錢, 有十二成色)"라고 되어 있는데, 이해하기 쉽지 않다. 한편 『설집』에는 "每箇徑七分, 重官秤一錢, 比中國金有十二成色者"라고 했으며, 『담생당』본에는 『설집』의 '십이'가 '십삼(十三)'으로 잘못된 것만 다르다. 그리고 이 두 필사본에는 마지막에 '자(者)'자를 넣어 두고 있는데, "[금이] 20%로 이루어진 것(金十二成者)"이라고 해석된다. 따라서 문맥이 가장 순조로운 것은 『설집』, 『담생당』본이므로 '자(者)'자를 추가하는 편이 유리하다. 한편, 『서양번국지』(46쪽)에는 금이 아니라 합금을 뜻하는 '적금(赤金)'을 사용하고 있는데, 20%의 순도와 비교하여 볼 때, 더욱 구체적인 표현이라고 할 수 있다.

638 　'맥저납(驀底納)'은 사우디아라비아 메디나(Medina)의 가장 빠른 음역이다. 『명사』, 권332(8597, 8625쪽)에는 '묵덕나(默德那)'로 음역하고 있다. '예언자의 도시'라는 의미를 가진 이 도시는 아랍어로는 알마디나(al-Madinah)이며, 사우디아라비아의 헤자즈 지방에 있는 내륙 도시로서 이슬람교의 성지 중 하나이다. 메카에서 북쪽으로 약 340km 거리에 자리하고 있다. 과연 마환의 말대로 이 거리를 하루 만에 갈 수 있을까? '일(一)'자가 '십(十)'자의 오기거나, 아니면 '십일(十一)'이 되어야 할 것이다. 이 점에서도 마환은 메카에 직접 가지 않은 것으로 보인다. 그런데, 공진(鞏珍) 역시도 같은 시간적 거리로 기술하고 있다. 이들이 메카에 직접 방문했다면, 반드시 거리 조정이 필요하다.

639 　'마합마(馬哈嘛)'는 두 『당서』 「대식전」에는 '마하말(摩訶末)'로 나타나고, 주거비의 『영외대답』 「대식제국」에는 '마하물(麻霞勿)'로, 『서양조공전록』에서는 '모한맥덕(謨罕驀德)'으로 되어 있다. 모두 이슬람의 예언자 무함마드(570~623)를 음역한 것이다. 흔히 마호메트 또는 모하메드(Mohammed, Muhammad, Mahomet)로 표기하기도 한다. 메카에서 태어난 그는 천사 가브리엘의 계시를 받고 이슬람교를 창시하며 설교했지만, 탄압을 받고 622년 메디나로 옮겨 왔는데 이를 '성천(헤지라)'이라고 하며 이해가 바로 이슬람 기원이다. 630년 다시 메카로 돌아와 카바의 우상들을 파괴하고 이슬람 포교를 통한 정복 전쟁을 완성하며 아라비아반도 전역을 통일했다. 632년 메디나 자택에서 죽었고, 이슬람교 제2의 성지인 예언자의 모스크에 매장되었다.

데, 지금까지 무덤 꼭대기에는 한 줄기 빛이 밤낮으로 구름을 뚫고 일어난다. 무덤 뒤에는 우물 하나가 있는데, 샘물이 맑고 달아 '아필삼삼(阿必糝糝, Zamzam)'이라 한다. 외국으로 가는[下番] 사람들이 그 물을 담아 배 옆에 저장해 두고, 바다 가운데에서 폭풍을 만나게 되면 이 물을 바다에 뿌리면 풍랑이 잦아든다.[640]

又往西行一日, 到一城, 名驀底納. 其馬哈嘛聖人陵寢正在城內, 至今墓頂豪①光日夜侵雲而起. 墓後有一井, 泉水淸甜, 名阿②必③糝糝④. 下番之人取其水藏於船邊,[641] 海中⑤倘遇颶風, 卽以此水洒之, 風浪頓息.[642]

① ['호(豪)'자는]『승조유사』본에 '호(毫)'자로 되어 있다.[643]

---

640 '잠잠' 우물에 관한 이야기는 이미『영외대답』에 이어서『제번지』에도 보인다.『영외대답(嶺外代答)』 권3 대진 조목 끝에 "나라에는 성수(聖水)가 있는데 바람과 파도를 멈추게 할 수 있다. 만약 바다에 큰 파도가 치면 유리병에 물을 담아서 뿌리면 그친다(國有聖水, 能止風濤, 若海揚波, 以琉璃瓶盛水灑之, 卽止)"라고 하였다. 주거비는 바그다드에 있는 것으로 착각하여, 대진 조목에 넣었다. 또 이 샘의 위치에 관하여『사림광기(事林廣記)』에는 '묵가(黙伽, Mekka)'에 있다고 하는데, "대식국의 조사(祖師)는 '포라우(蒲囉吽, Abraham)'라고 하며 어릴 때부터 이상한 모습이 있었다. 장성하여 아내를 얻어 황야에서 사내아이를 낳았는데, 물이 없어 씻길 수 없어 땅에 버려 두고, 어미가 가서 물을 찾았으나 얻지 못하고 돌아와 보니 그 아이가 다리를 땅을 문지르자 샘물이 용솟음쳤는데 매우 맑았다. 이 아이가 장성하자 '사마연(司痲煙)'이라 불렀다. 섬돌을 놓고 큰 우물을 만드니 가뭄을 만나도 마르지 않았다. 바다에서 풍랑을 만나 이 물을 뿌리면 곧바로 그친다(大食國祖師名蒲囉吽, 自幼有異狀. 長娶妻, 在荒野生一男子, 无水可洗, 棄之地. 母走尋水不獲, 乃回, 見其子腳擦地, 湧出一泉甚淸耳. 此子立, 名司痲煙. 砌成大井, 逢旱不乾. 泛海遇風濤, 以此水洒之, 應手而止)"라고 하였다. 아브라함과 이스마엘이 이 우물에 카아바 신전을 세웠다면, 위치는 카아바가 맞다고 봐야 한다. 그런데 마환과 공진은 카바에서 340km 떨어진 메디나에 있다고 기술하고 있다. 심지어 조여괄은 천축(인도)에 이런 우물이 있다고 기술하고 있다. 하지만 꾸란에는 '잠잠' 우물이 보이지 않는다. 이는 물이 매우 귀했던 지역에서 신성함을 부각하기 위해 만들어진 이야기로 보아야 할 것이다.

641 『기록휘편』의 이 문장[下番之人取其藏於船邊]은『국조전고』,『설집』에 "下番之人取其水藏船內"로 되어 있고,『삼보정이집』에서는 '하(下)'자가, '담생당'본에는 '기(其)'자가 빠져 있다. 한편『서양번국지』(교주본, 46쪽)에서는 "番人往往取水置缸中"이라고 했으므로『기록휘편』의 '변(邊)'자는 '내(內)'자로 바꾸는 것이 맞다.

642 『기록휘편』의 이 문장[風浪頓息]은『국조전고』에만 "風浪隨手頓息"으로 되어 있다.

② ['아(阿)'자는] 『기록휘편』에 '하(何)'자로 잘못되어 『승조유사』본과 『서양조공전록』
   에 따라 고쳤다.[644]

③ ['필(必)'자는] 『승조유사』본에 '복(卜)'자로 되어 있다.

④ ['삼삼(糁糁)'은] 아랍어로 잠잠(Zamzam) 우물을 말한다.

⑤ '중(中)'자는 『기록휘편』에 빠져 있어 보충하였다.[645]

19-13. 조공

선덕(宣德) 5년(1430)에 정사(正使) 태감 내관인 정화 등이 각 외국으로 가서
칙서를 읽어 주고 상을 내리라는 황명을 받았다. 선단을 나누어[分綜] 고리
국(古里國)에 이르렀을 때, 내관 태감 홍(洪)이 고리국 사신들이 이 나라로 가
는[往彼] 것을 보고, 통사(通使) 등 7인을 선발하여, 사향, 자기 등의 물품을 가
지고 캘리컷 배[本國]에 타고[附] 이 나라에 이르렀다. 1년에 왕래하며, 기이
한 보물들, 기린, 사자, 타계(駝雞) 등의 물건을 사 왔고, 아울러 천당을 그린
지도[天堂圖] 진본을 수도로 가지고 돌아왔다[回京]. 묵가국의 왕도 사신을 선
발하여 방물을 가지고 원래 갔던 통사 7인들을 같이 따라가 조정에 가져가
헌상토록 하였다.

---

643 '호(毫)'자는 『국조전고』, 『삼보정이집』, 『설집』, 『담생당』본, 그리고 『서양번국지』 모두에서 확인된
     다. 풍승균 씨는 사방으로 퍼져 나가는 터럭 같은 빛을 의미하는 '호광(毫光)'을 간과했다.
644 이 교정에 해당하는 『기록휘편』 원문[何必糁糁]은 『국조전고』, 『삼보정이집』 그리고 『서양번국지』에
     '아필삼삼(阿必糁糁)'으로 되어 있고, 『설집』과 『담생당』본에는 '아필삼삼(阿畢糁糁)'으로 표기되었다.
645 이 교정에 해당하는 『기록휘편』 원문은 "海倘遇颶風"으로 되어 있는데, 풍승균 씨는 무엇에 근거하여
     '중(中)'자를 보충했는지 밝히지 않았다. 『국조전고』에는 '폭풍을 만나면(倘遇颶風)'으로만 되어 있고, 『삼
     보정이집』, 『설집』, 『담생당』본에는 "바다를 지나면서 폭풍을 만나면(過海倘遇颶風)"으로 되어 있다.
     『서양번국지』에는 '우풍구작(遇風颶作)'으로 되어 있다. 따라서 '해(海)'에 글자를 보충하려면, '과(過)'
     자가 '중(中)'자 보다 더 타당하다.

宣德五年, 欽蒙聖朝差正使^①太監內官鄭和等往各番國開讀賞賜. 分䑸到古里國時, 內官太監洪^②見本國差人往彼, 就選差通事等七人,⁶⁴⁶ 齎帶麝^③香·磁器等物, 附本國船隻到彼.⁶⁴⁷ 往回一年, 買到各色奇貨異寶·麒麟·獅子·駝雞等物, 幷畫天堂圖眞本回京.⁶⁴⁸ 其默伽國王亦差使臣,^④ 將方物跟同原去通事七人,⁶⁴⁹ 獻齎於朝廷.⁶⁵⁰

① 이상 두 글자[正使]는 『승조유사』본에 따라 보충하였다.⁶⁵¹

646 『기록휘편』의 이 문장[就選差通事等七人]은 『국조전고』에는 "就宣差通事人等七人", 『삼보정이집』, 『설집』, 『담생당』본에는 "就選差通事人等七人"으로 되어 있다. 한편 『서양번국지』에서는 "이에 통사 등 7인을 골라 함께 가서(因擇通事等七人同往)"라고 하였으므로, 『기록휘편』본을 따른다.

647 '부(附)'자는 『국조전고』에만 '진(趁)'자로 되어 있다. 이 글자는 '뒤따르다', '편승하다' 등의 뜻이 있으므로, 역시 문맥상 가능하다. 만약 고리국의 배에 편승하여 갔다는 말이면 문제없지만, 만약 고리국의 배를 따라 분종(分䑸)이 갔다면 이야기가 다른 국면으로 접어든다.

648 『기록휘편』의 이 문장[幷畫天堂圖眞本回京]에서 '천당도(天堂圖)'는 『설집』과 『담생당』본에만 '천당국(天堂國)'으로 되어 있는데, '도(圖)'자와 '국(國)'의 자형에서 비롯된 오류로 보인다. 분명 정화의 일곱 번째 원정에서 있었던 일을 말하고 있다. 1430년 6월에 정화(鄭和)는 황제의 명을 받아 마지막 원정을 떠났다. 당연히 실제 출발은 1430년 말 또는 1431년 초일 것이다. 『명사』「정화열전」에는 이 마지막 원정이 1431~1433년에 이루어졌고, 호르무즈 등 17개국을 편력했다고 하였다. 이로써 볼 때, 마환이 천방국 이 조목을 완성한 시기는 1433년 이후일 것이다.

649 『기록휘편』의 이 문장[將方物跟同原去通事七人]은 의미를 파악하기 매우 불편하다. 바로 '동원거(同原去)'란 표현 때문이다. 『삼보정이집』, 『설집』, 『담생당』본에도 다름이 없지만, 『국조전고』에는 '같이 간(갈?) 사람(同去者)'이라고 되어 있다. 한편 『서양번국지』에는 "遣使七人者"라고 하였는데, 『서양번국지』의 문장의 의미를 파악할 수 없었던 상달 씨(교주본, 46쪽, 주7)는 '칠인' 앞에 '수(隨)'자를 추가하는 교감을 할 수밖에 없었다[7인을 따라서 사신을 보내다(遣使隨七人者)]. 다시 마환의 원문으로 돌아와서 '원(原)'자의 의미와 위치가 눈에 거슬리는 것은 사실이다. 그렇더라도 『국조전고』에 따라 '함께 간 사람'으로 보는 것도 문제가 된다. 메카 국왕이 보내는 사신은 고리국 배를 타고 함께 본국으로 왔다가 다시 사신으로 나가는 사람들이 아니기 때문이다. 따라서 '근동(跟同)'을 묶어 봐야 하는데, 의미가 다분히 중복된다. 하나의 해결책이라면, 『국조전고』의 '동'자는 '원(原)'자의 잘못이고, 『삼보정이집』과 『설집』본 그리고 『기록휘편』 원문에서 '동원거'는 '동'자가 덧붙여진 것으로 보는 방법[將方物跟原去通事七人]이 가장 타당하다고 생각한다.

650 『기록휘편』의 이 마지막 문장[獻齎於朝廷]에서 '재(齎)'자는 잘못 들어간 것 같다. 『국조전고』에는 "貢進朝廷"이라 하였고, 『삼보정이집』에는 "貢獻於朝廷"으로, 『설집』에는 "獻於中國朝廷"으로, 『담생당』본에는 "獻於朝廷"으로 되어 있다. 같은 맥락에서 『서양번국지』는 "중국에 진공했다(進貢中國)"라고 하였다. '조정'이라면 당연히 중국 조정을 말하는 것인데, 과연 마환이 '중국 조정'이란 표현으로 썼을까 하는 문제에는 의문의 여지가 있다.

651 이 교정에 해당하는 『기록휘편』 원문[欽蒙聖朝差太監內官…]은 『국조전고』에 "欽承聖朝差內官太監…"

②『기록휘편』에는 ['홍(洪)'자] 아래에 한 글자가 빠져 있고, 『승조유사』본에는 '모(某)' 자로 되어 있다.[652]

③ ['사(麝)'자는]『기록휘편』에 '사(射)'자로 되어 있어 『승조유사』본에 따라 고쳤다.[653]

④『서양조공전록』에 사신의 이름을 '사환(沙瓛)'이라 하였다.[654]

경태(景泰) 신미년(辛未年, 1451) 가을의 보름날에 회계(會稽)의 나무꾼 마환 이 기술하다.

<u>景泰辛未秋月望日會稽</u>①山樵馬歡述②

① ['회계(會稽)'는]『기록휘편』에 '회계(會乩)'로 되어 있어 고쳤다.[655]

②『국조전고』본과『승조유사』본에는 모두 이 행의 문장이 빠져 있다.[656]

으로, 『삼보정이집』에는 "蒙聖庭命差內官太監…"으로, 『설집』과『담생당』본에는 "欽蒙聖朝差內官太 監…"으로 되어 있다. 여기서는 『설집』과『담생당』본을 따르는 것이 순리적이다. 풍승균 씨가 보충한 '정사(正使)' 두 글자는 다른 필사본에는 보이지 않는다.

[652] 『서양번국지』에는 정확히 '홍보(洪保)'라고 되어 있다. 또한『서양번국지』권두에 실린 세 번째 칙령에 따르면 홍보가 이 명을 받은 것은 "선덕 5년(1430) 5월 초4일"이라는 정보를 제공하고 있다. 이 문장[內 官太監洪見本國差人往彼]에서 '본국(本國)'이란 바로 고리국(古里國), 즉 캘리컷을 말한다. '왕피(往彼)' 는『국조전고』에도 같다. 『삼보정이집』, 『설집』, 『담생당』본에는 "천방국에 가다(往天方國)"라고 나라 이름을 명시하고 있다.

[653] '사(麝)'자를 '사(射)'자로 쓴 예는 본서에서 자주 보인다. 『담생당』본에도 '사(射)'자로 필사되어 있다. 『국 조전고』, 『삼보정이집』, 『설집』에서는 정확히 '사(麝)'자를 확인할 수 있다.

[654] 풍승균 씨가 빠뜨린 교감 사항으로, 『기록휘편』의 이 문장[其默伽國王亦差使臣]은『국조전고』에 "其驀 加國王亦差使臣"으로, 『삼보정이집』에는 "其天方國王亦差使人"으로, 『설집』과『담생당』본에는 "其天 方國王亦差人"으로 되어 있다. 『영애승람』전체의 기술방식으로는『설집』과『담생당』본이 가장 들어 맞으므로 그에 따라 고쳐야 할 것이다. '묵가국(默伽國)'은『국조전고』에 '맥가국(驀加國)'으로, 『설집』 과『담생당』본에는 '천방국(天方國)'으로 되어 있다. 앞서 본 '도(圖)'를 말할 때는 일률적으로 '천당(天 堂)'이라는 표현을 쓰고 있다. 이처럼 '천당(天堂)'은 카아바를 특정한다면, 역시 카아바를 의미하는 '천 방(天方)'은 나라에만 적용되는 것인가. 그렇지 않다. 중국 자료에서 묵가(默伽)-맥가(驀加)-천당(天堂)- 천방(天方) 등은 구분 없이 사용되었다.

[655] 『설집』과『담생당』본에도 정확히 '회계(會稽)'로 되어 있다.

[656] 이 마지막 서명은『기록휘편』, 『설집』, 『담생당』본에만 보인다. 『삼보정이집』에도 보이지 않는다.

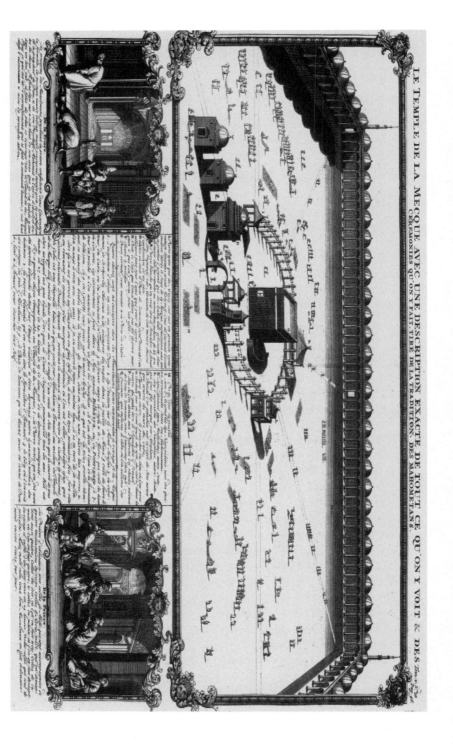

Henri Chatelain & Nicolas Gueudeville, 『Atlas historique ou Nouvelle introduction à l'histoire, à la chronologie & à la Geographie ancienne & moderne: Representée dans de nouvelles cartes, où l'on remarque l'établissement des Etats & Empires du monde, leur durée, leur chûte, & leurs differens gouvernements.』, V, Amsterdam, 1719, 46쪽.
메카에 있는 카아바의 전경과 기도하는 장면을 보여 주는 동판화.

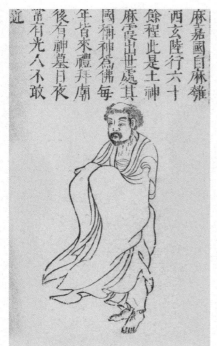

참고도 설명 (좌): 1607년 명나라 왕기(王圻)와 아들 왕사의(王思義)의 『삼재도회(三才圖會)』, 인물, 권12 「마가국(麻嘉國)」. "마가국(麻嘉國, 메카)은 마ㅇ 서쪽으로 육로로 60여 정(程)을 가면, 그곳이 토신(土神)인 무함마드가 태어난 곳으로, 나라에서는 신을 '불(佛)'이라 하고, 매년 모두 와서 예배한다. 묘 뒤에는 신묘가 있는데, 밤낮으로 항상 빛이 있어 사람이 감히 가까이 가지 못한다(麻嘉國自麻雒西玄陸行六十餘程, 此是土神麻霞出世處, 國稱神爲佛, 每年皆來禮拜, 廟後有神墓, 日夜常有光, 人不敢近)."

(우): 1607년 명나라 왕기(王圻)와 아들 왕사의(王思義)의 『삼재도회(三才圖會)』, 인물, 권12 「묵가국(默伽國)」. "묵가국은 옛날 황무지로 사람이 살지 않았다. 대식국의 건국자인 포라우는 어려서부터 기이한 모습을 보였는데, 장성하여 아내를 얻고 황야에서 한 사내아이를 낳았지만, 씻을 물이 없어 그를 땅에 버려 두고 어머니가 물을 찾으러 갔으나 찾지 못하고 돌아왔다. 그 아들이 땅을 발로 문지르자 맑은 샘물이 솟구쳐 올라왔다. 이 아이가 왕이 되어 '이스마엘'이라 했다. 돌을 쌓아 큰 우물을 만드니 한발에도 마르지 않았다. 바다에서 풍파를 만나더라도 이 물을 뿌리면 그치지 않음이 없다(默伽國古係荒郊, 無人烟, 因大食國祖師蒲羅咋, 自幼有異狀, 長, 娶妻, 在荒野生一男子, 無水可洗, 棄之地下, 母走尋水, 不見及回, 子以脚擦地, 湧出一泉清徹. 此子立, 名司麻烟. 砌成大井, 逢早不乾. 泛海遇風波, 以此水洒之, 無不止者)."

『영애승람후서(瀛涯勝覽後序)』[①]

　　나는 소싯적에 『이역지(異域志)』를 보고 천하 강토의 넓음, 풍속의 다름, 인물의 미추, 물화의 산출을 알았을 때, 경이로우면서도 기쁘고, 찬탄할 만하면서도 경악스러웠다. 그래도 호사가가 지었을 것으로 의심하며, 이런 이치가 없을 것으로 생각했다. 지금 마종도(馬宗道) 군과 곽숭례(郭崇禮)[1] 군이 여러 외국을 돌아다니며 기록한 사실들을 보고 나서야 비로소 『이역지』에 기재된 것이 정말로 터무니없는 것이 아니라는 것을 알게 되었다. 숭례는 항주 인화(仁和) 사람이고, 종도는 월(越, 절강성)의 회계(會稽) 출신으로 모두 서역의 이슬람교[天方敎]도이며 실로 출중한 인사[士]들이다. 옛날 태종황제(太宗皇帝, 영락제, 1402~1424년 재위)의 칙령으로 정화는 보선(寶船)을 통솔하여 서양으로 가 [황제의 조서를] 읽어 주고 상을 내려 치하했는데, 두 군(君)이

1　만명 씨는 근거를 밝히지 않고, "곽숭례는 회족으로 항주부 신성(新城, 현 절강성 富陽) 사람이다. 영락 14년(1414) 세공생(歲貢生)이고, 광서(廣西) 남녕부(南寧府) 조마(照磨)에서 벼슬했다. 서양에 간 사적은 상세하지 않다"라고 하였다(『명초본영애승람교주』, 105쪽). 이 정보는 『항주부지(杭州府志)』, 권26의 정보를 따랐다고 추정되는데, 이 '후서'의 작자가 마환을 자(字)로 칭하고, 곽숭례는 이름으로 불렀을 가능성은 희박하다. 여기의 숭례는 자로 보는 것이 맞다. 또한, 영락 14년은 서기로 1416년이다. '세공생(歲貢生)'이란 세공(歲貢)으로 해마다 지방 장관이 수재를 향시를 통해 선발하여 중앙에 올려보내는 생도를 말한다. 곽숭례와 관련하여, 외국에 간 환관 중에 곽문(郭文)이 역사 기록에 보인다. 『명사』, 권324, 「섬라전」(8399쪽)에 "[영락] 14년(1416)에 [섬라국] 왕자 삼뢰파라마랄차적뢰(三賴波羅摩剌箚的賴)가 사신을 보내와 부친의 죽음을 알렸다. 중관 곽문(郭文)에게 명하여 [섬라국에] 가서 제사를 지내 주도록 하고, 별도로 조서를 들려 관리를 보내 그 왕자를 국왕으로 책봉하고, 백금(白錦)·백라(白羅)를 하사하자 사신을 보내 사은했다. 17년 중관 양민 등에게 호위하여 돌아가게 했다(十四年, 王子三賴波羅摩剌箚的賴遣使告父之喪. 命中官郭文往祭, 別遣官齎詔封其子爲王, 賜以素錦·素羅, 隨遣使謝恩. 十七年命中官楊敏等護歸)"라고 했는데, 여기의 '곽문'이 바로 곽숭례의 이름일 가능성이 있다. '문(文)'과 '숭례(崇禮)'는 그럴법한 연관성을 가지고 있다.

외국의 말을 통역하는 데 능하여 마침내 이러한 선발에 부응해 사신들을 수행하여, 만 리를 돌아다녔다. 민(閩, 광동)의 오호문(五虎門)에서 출발하여, 맨 먼저 참파[占城], 다음으로 자바[爪哇], 시암[暹羅]에 들어갔고, 또 그다음으로 팔렘방[舊港], 아루[阿魯], 수마트라[蘇門], 람브리[南浡], 실론[錫蘭], 코치[柯枝]에 갔고, 끝까지 나가 멀리 아덴[阿丹], 메카[天方]에 이르렀으니, 무릇 20여 개국이다. 나라마다 하루 만에 갈 수 있는 것이 아니라서, 영토의 넓은 것을 기록하여 원근을 구분했고, 풍속의 다른 것을 기록하여 득실을 구분했으며, 인물의 미추를 기록하여 좋고 나쁨을 구분했고, 땅에서 나는 것을 기록하되 경중을 구분하여 모두 글로 기록했다. [원정을] 마치고 책을 만들었으니, 그 마음 씀씀이가 부지런했기 때문이리라. 두 군이 일을 마치고 고향으로 돌아가기를 기다리며, 항상 [그 책을] 꺼내 보여 주며, 사람들이 이역의 일을 알 수 있게 한 점, 또한 성조(聖朝, 현 왕조)의 위엄과 덕이 미치는 바를 보여 준 것이 이처럼 원대하도다. 숭례는 그래도 사람들을 다 알게 하지 못할까 걱정하여 판각하여 널리 전하고자, 그의 친구인 육정용(陸廷用)이 나에게 서문을 요청하여, 마침내 그 대략을 뒤에 기록하여 말하였다. 이 해, 감찰어사 고박(占朴) 극홍(劇弘)이 쓰다.

余少時觀異域志, 而知天下輿圖之廣, 風俗之殊, 人物之妍媸, 物類②之出產, 可驚可喜, 可愛可愕. 尙疑好事者爲之, 而竊意其無是理也. 今觀馬君宗道 · 郭君崇禮所紀經歷諸番之事實, 始有以見夫異域志之所載信不誣矣. 崇禮乃杭之仁和人, 宗道乃越之會稽人,③ 皆西域天方敎, 實奇邁之士也. 昔太宗皇帝勑令太監鄭和統率寶船往西洋諸番開讀賞勞, 而二君善通譯番語, 遂膺斯選, 三隨軺軺, 跋涉萬里.④ 自閩⑤之五虎⑥發跡, 首入占城, 次爪哇 · 暹羅, 又次之舊港 · 阿魯⑦ · 蘇門 · 南浡 · 錫蘭 · 柯枝, 極而遠造夫阿丹·天方, 凡二十餘國. 每國寄往⑧非一日, 於輿圖之廣者, 紀之以別遠近, 風俗之殊者, 紀之以別得失, 與夫人物之妍媸, 紀之以別美惡, 土地之出產, 紀之以別輕重, 皆錄之於筆. 畢而成帙, 其用心亦勤矣. 二君旣事竣歸鄉里, 恒出以示人, 使人皆得以知異域之事, 亦有以見聖朝威德之所及, 若是其遠⑨也. 崇禮尙慮不能使人之盡知, 欲鋟梓以廣其傳, 因其友陸廷用徵序於予, 遂錄其梗槪於後云. 是歲監察御史古朴⑩劇弘書.⑪

① 이 후서(後序)는 『국조전고』본과 『승조유사』본에 모두 빠져 있다.
② ['유(類)'자는] 『삼보정이집』서에 '화(貨)'자로 되어 있다.
③ 이상 여덟 글자[宗道乃越之會稽人]는 원문에 '회계산초종도(會乩山樵宗道)'로 되어 있어 『삼보정이집』서에 따라 고쳤다.
④ 이상 네 글자[跋涉萬里]는 『삼보정이집』서에 따라 고쳤다.
⑤ ['민(閩)'자는] 『기록휘편』에 '난(蘭)'자로 잘못되어 『삼보정이집』서에 따라 고쳤다.
⑥ ['호(虎)'자는] 『기록휘편』에 '처(處)'자로 잘못되어 『삼보정이집』서에 따라 고쳤다.
⑦ ['아로(阿魯)'는] 『삼보정이집』서에 '아로(啞魯)'로 되어 있다.
⑧ ['매국기왕(每國寄往)'은] 『삼보정이집』서에 '사지기주(使至寄住)'로 되어 있다.
⑨ 이상 다섯 글자[及, 若是其遠]는 『삼보정이집』서에 따라 보충하였다.
⑩ ['고박(古朴)'은] 『명사』에 '고박(古朴)'이라는 진주(陳州) 사람으로, 자(字)가 문질(文質)인 사람이 있는데, 시대는 상응하지만, 이 사람은 감찰어사를 지내지 않은 것 같다.[2]

---

2 서명은 일반적으로 출신지+이름순으로 쓴다. 또한 '호+이름+자'의 순으로 쓰는 예도 있다. 예를 들어, 비신(費信)의 『성사승람』(천일각영인본) 서문은 "정통(正統) 원년, 용의 해 병진년 봄, 정월 1월(양력 1436년 1월 18일), 옥봉(玉峯)의 송암(松岩) 선비, 비신[자(字)] 공효(公曉)가 삼가 [이] 서문을 씀(正統元年龍集丙辰春正月朔日玉峯松岩生費信公曉謹序)"이라고 하였는데, '호+이름+자'의 순서로 되어 있는 것을 볼 수 있다. 『삼보정이집』의 '후서' 마지막에 보이는 서문을 쓴 사람의 서명표기를 '고박(古朴)'이 이름이고 '극홍(劇弘)'은 자(字)로 읽을 수 있다. 그러나 『명사』, 권220에 수록된 고박의 전기(4163쪽)에는 자가 문질(文質)이고, 1424년 남경통정사(南京通政使), 이듬해 호부상서를 지내다가 선덕(宣德) 4년(1429)에 죽은 것으로 기록하고 있고, 서명에서 말하는 '감찰어사'라는 관직은 보이지 않는다. 따라서 '고박'과는 관직과 활동연대에서 부합하지 않는다.

⑪ 이상 열한 글자[是歲監察御史古朴劇弘書]는 『삼보정이집』서에 따라 보충하였다.[3]

3   만명 씨는 『영애승람』의 개편본이라 할 수 있는, 『예해휘함(藝海彙函)』 총서에 수록된 2권본 『영애승람』 판본을 찾아냈다. 현재 남경도서관에 소장된 이 판본은 역자가 원문을 확인하지 못했다. 만명 씨가 『명초본영애승람교주』(198쪽)에서 인용한 「영애승람후서」는 『삼보정이집』의 후서와 상당한 글자의 출입이 있다. 이에 대해서는 부록에 참고자료로 역주해 둔다. 이 『예해휘함』의 2권본 「영애승람후서」는 매우 정확한 연도와 작자에 대한 정보를 다음과 같이 제공하고 있다. "정통(正統) 기사년(己巳年, 1449), 열엿샛날 감찰어사 고변(古汴)의 유홍(劉弘)이 쓰다(正統己巳正月旣望監察御史古汴劉弘序)"라고 하였다. 연도는 1449년이고, 고박(古朴)이 '고변(古汴)'으로 되어 있고, 극홍(劇弘)이 '유홍(劉弘)'으로 되어 있음을 확인할 수 있다. 만명 씨는 여기 고변(古汴)이 바로 변량(汴梁) 즉 개봉(開封)을 지칭한다고 했는데, 어디에 근거한 것인지 의문이다. 고변은 강소성의 강 이름으로, '변수(汴水)', '제거(濟渠)', '변거(汴渠)' 등으로 불린다. '고변'이 지명으로 사용된 예는 확인하지 못했다. 또한, 출신지 뒤에 나오는 '유홍(劉弘)'이라는 사람도 확인되지 않으므로, 만명 씨처럼 '고변'은 변량으로 추정하는 것은 무리하다. 『영종예황제실록(英宗睿皇帝實錄)』, 권111, 정통(正統) 8년(1443) 12월 3일 세 번째 기사에 "학정 유홍, 교유 풍정, 훈도 심계·성기를 발탁하여 감찰어사로 삼았다. 홍 등은 먼저 이부에서 도찰원 이형(理刑)으로 골라 보냈는데, 이번 시험에 합격하였으므로, 뽑아 기용했다(擢學正劉泓·敎諭馮靖·訓導潘楷盛琦爲監察御史. 泓等先以吏部選送都察院理刑, 至是考中, 故擢用之)"라고 하였다. 여기의 '유홍(劉泓)'으로 보면 그럴법해 보이지만, 『삼보정이집』과 『예해휘함』 모두 정확히 '홍(弘)'자로 되어 있고, 감찰어사가 된 연대의 차이가 크다. 같은 인물로 보기는 어려울 것 같다.

『영애승람』
—
교정원문과
번역문

[1] 其國即釋典所謂王舍城也. 在廣東海南大海之南. 自福建福川府長樂縣五虎門開船, 往西南行, 好風十日可到. 其國南連眞臘, 西接交趾界, 東北俱臨大海. 國之東北百里有一海口, 名新州港, 港岸有一石塔爲記, 諸處船隻到此艤泊登岸. 岸有一寨, 番名設比奈, 二頭目爲主. 番人五六十家, 居內以守港口. 去西南百里到王居之城, 番名曰占. 其城以石壘, 開四門, 令人把守. [2] 國王係鎖俚人, 崇信釋敎, 頭戴金鈒三山玲瓏花冠, 如中國副淨者戴之樣. 身穿五色錦紬花番布長衣, 下圍色絲手巾. 跣足, 出入騎象, 或乘小車, 以二黃牛前拽而行. 頭目所戴之冠, 用茭葦葉爲之, 亦如其王所戴之樣, 但以金綵粧飾, 內分品級高低. 所穿顏色衣衫, 長不過膝, 下圍各色番布手巾. [3] 王居屋宇高大, 上蓋細長小瓦, 四圍牆垣用磚灰粧砌甚潔, 其門以堅木雕刻獸畜之形爲飾. 民居房屋用茅草蓋覆, 簷高不過三尺, 躬身低頭出入, 高者有罪. 服色紫, 白衣惟王可穿. 民下玄黃・紫色竝許穿, 衣服白者罪死. 國人男子蓬頭, 婦人撮䯻腦後. 身體俱黑, 上穿禿袖短衫, 下圍色布手巾, 赤腳. [4] 氣候暖熱, 無霜雪, 常如四五月之時. 草木常靑. 山產伽藍香・觀音竹・降眞香・烏木. 其烏木甚潤黑, 絶勝他國出者. 伽藍香惟此國一大山出產, 天下再無出處, 其價甚貴, 以銀對換. 觀音竹如細藤棍樣, 長一丈七八尺, 如鐵之黑, 每一寸有二三節, 他所不出. [5] 犀牛象牙甚廣. 其犀牛如水牛之形, 大者有七八百斤, 滿身無毛, 黑色, 俱是鱗甲, 紋癩厚

皮. 蹄有三跆, 頭有一角, 生於鼻梁之中, 長者有一尺四五寸. 不食草料, 惟食刺樹刺葉, 倂**指**大乾木, 拋糞如染坊黃櫨楂. 其馬低小如驢. 水牛·黃牛·猪·羊俱有, 鵝·鴨稀少. 雞矮小, 至大者不過二斤, 腳高寸半及二寸止. 其雄雞紅冠白耳, **亞**腰**蹺**尾, 人擎手中亦啼, 甚可愛也. [6] 果有梅·橘·西瓜·甘蔗·椰子·波羅蜜·芭蕉子之類. 其波羅蜜如冬瓜之樣, 外皮似川荔枝, 皮內有雞子大塊黃肉, 味如蜜**甜**. 中有子如雞腰子樣, 炒吃味如栗子. 蔬菜則有冬瓜·黃瓜·葫蘆·芥菜·蔥薑而已, 其餘果菜竝無. [7] 人多以漁爲業, 少耕種, 所以稻穀不廣. 土種米粒細長多紅者. 大小麥俱無. 檳榔·荖葉, 人不絶口而食. [8] 男女婚姻, 但令男子先至女家, 成親畢, 過十日或半月, 其男家父母及諸親友以鼓樂迎取夫婦回家, 則置酒作樂. 其酒則以飯拌藥, 封於甕中, 候熟. 欲飮, 則以長節小竹筒長三四尺者插入酒甕中, **賓客團**坐, 照人數入水, 輪次咂飮. 吸乾再**入水**而飮, **直**至無**酒**味則止. [9] 其書寫無紙筆, 用羊皮搥薄, 或樹皮熏黑, 折成經**摺**, 以白粉**寫**字爲記. [10] 國刑, 罪輕者以藤條杖脊, 重者截鼻. 爲盜者斷手, 犯奸者男女烙面成疤痕. 罪**甚**者, 以硬木削尖, 立於小船樣木上, 放水中, 令罪人坐於尖木之上, 木從口出而死, 就留水上以示衆. [11] 其日月之定無閏月, 但十二月爲一年, 晝夜分爲十更, **用鼓打記**. [12] **其王年節日**, 用生人膽汁調水沐浴, 其各處頭目采取進納, 以爲貢獻之禮. [13] 其國王爲王三十年, 則退位出家, 令弟兄子侄權管國事. 王往深山, 待齋受戒, **吃素**. 獨居一年, 對天誓曰, 我先爲王, 在位無道, 願狼虎食我, 或病死之. 若一年滿足不死, 再登其位, 復管國事. 國人呼爲昔嚟馬哈剌此(札), 至尊至聖之稱也. [14] **屍頭蠻者**, 本是人家一婦女也, 但眼無瞳, 人爲異. 夜寢則飛頭去, 食人家小兒**糞**, 其兒被妖氣侵腹必死. 飛頭回合其體, 則如舊. 若知而候頭飛去時, 移體別處, 回不能合則死. **人家若有此**不報官, 除殺者, 罪及一家. [15] 再有一通海大

潭, 名鰐魚潭. 如人有爭訟難明之事, 官不能決者, 則令爭訟二人騎水牛
赴過其潭. 理曲者鰐魚出而食之, 理直者雖過十次, 亦不被食. 最可奇也.
[16] 其海邊山內有野水牛, 甚狠. 原是人家耕牛, 走入山中, 自生自長, 年深
成群. 但見生人穿靑者, 必趕來抵觸而死, 甚可惡也. [17] 番人甚愛其頭, 或
有觸其頭者, **必有陰殺之恨**. [18] 其買賣交易使用七成淡金, 或銀. <u>中國</u>靑
磁・盤・碗等品, 紵絲・綾絹・燒珠等物, 甚愛之, 則將淡金換易. [19] 常將
犀角・象牙・伽籃香等物進貢<u>中國</u>.

[1] 이 나라가 바로 불경에서 말하는 왕사성(王舍城)이다. 광동(廣東) 해남
(海南) 대해의 남쪽에 있다. 복건 복천부(福川府) 장락현(長樂縣) 오호문(五虎門)
에서 배를 타고 서남쪽으로 가는데, 순풍이면 10일 만에 도착할 수 있다.
이 나라는 남쪽으로 캄보디아[眞臘]와 이어져 있고 서쪽으로는 베트남 통킹
[交趾]과 경계하고 있으며 동북쪽으로는 온통 대해와 마주하고 있다. 나라
의 동북쪽 1백 리에는 '신주항(新州港)'이라는 바다로 들어가는 입구가 있다.
그 항구 해안의 한 석탑에는 "여러 곳의 선박들이 여기에 이르러 정박하고
해안으로 올랐다"라고 기록되어 있다. 해안에는 현지인들이 '설비내(設比
奈)'라고 부르는 성채가 있고, 두 명의 두목이 주인 역할을 한다. 현지 주민
50~60가구가 [성채] 안에 거주하며 항구를 지킨다. 서남쪽 1백 리를 가면 왕
이 거주하는 성에 이르는데 그곳 사람들은 '점성(占城)'이라고 했다. 돌을 쌓
아 만든 이 성에는 4개의 문을 내어 사람들이 지키게 한다. [2] 국왕은 촐라
[鎖俚] 사람이고, 불교를 숭상하며, 머리에는 금으로 세 개의 산 모양으로 새
긴 영롱한 화관(花冠)을 쓰는데 중국의 부정(副淨)이 쓰는 모양과 같다. 몸에
는 **비단 명주처럼** 오색의 꽃문양이 들어간 현지의 베[番布]로 만든 긴 옷을
입고, 아래는 색이 들어간 실로 짠 사롱[手巾]을 두른다. 맨발로 다니며, 출

입할 때는 코끼리를 탄다. 혹 작은 수레를 타기도 하는데, 두 마리 황소가 앞에서 끌고 다닌다. 두목이 쓰는 관은 카장[椶葉] 잎으로 만든다. 역시 왕이 쓰는 것과 같지만, 다만 황금 문양으로 장식하고 그 안에서 품급(品級)의 높고 낮음이 나뉜다. 입고 있는 색깔이 들어간 윗도리는 길어도 무릎을 넘지 않으며 아래는 각종 색깔이 들어간 현지의 사롱[手巾]을 두른다. [3] 왕이 거처하는 집은 매우 높고, 그 위에는 뾰족하고 길며, 작은 기와로 덮여 있다. 사방을 두른 담장은 벽돌과 석회를 사용했고, 장식과 섬돌은 매우 청결하다. 그 문은 단단한 나무에 동물의 형태를 새겨 장식했다. 백성들이 거처하는 집은 띠 풀을 사용하여 지붕을 덮었고, 처마의 높이는 3척(약 1m)을 넘지 않아 **몸을 숙이고 머리를 낮추어 출입한다.** 처마가 높으면 죄가 된다. 의복의 **자주색이나 흰색은** 오로지 왕만 입을 수 있게 했다. 백성 이하는 검고, 누렇고, 자주색의 옷은 모두 입도록 허락되었으나, 의복이 흰 사람은 사형 죄에 해당한다[흰옷을 입은 사람은 사형에 처한다]. 나라 사람 중에 남자들은 더벅머리를 하고, 부인들은 머리를 뒤로 땋아 묶는다. 신체는 모두 검고, 위는 민소매의 짧은 셔츠를 입으며, 아래는 색깔이 들어간 **베로** 만든 수건을 두르고 맨발로 다닌다. [4] 기후는 따뜻하고 더우며 서리와 눈이 내리지 않고 언제나 [중국의] 4~5월과 같아 초목은 늘 푸르다. 산에는 오목(烏木), 가람향(伽藍香), 관음죽(觀音竹), 강진향(降眞香)이 난다. 오목은 매우 윤기가 나고 검으며 다른 나라에서 나는 것보다 훨씬 좋다. 가람향은 오로지 이 나라 제일 큰 산에서만 난다. 천하에 더는 나는 곳이 없어 그 값이 매우 비싸며 은으로 맞바꾼다. 관음죽은 가는 등나무 줄기처럼 생겼다. 길이는 1장(丈) 7~8척(尺)이고 쇠처럼 검고 1촌(寸)마다 2~3개의 마디가 있으며, 다른 곳에서는 나지 않는다. [5] 코뿔소[犀牛]와 상아(象牙)가 매우 넓은 지역에서 난다. 그 코뿔소[서우]는 물소처럼 생겼고, 큰 것은 7백~8백 근(斤)이 나가며 온몸에

털이 없고 검다. **온통 비늘과 갑각이며** 주름진 버짐이 난 두꺼운 가죽이 있다. 발굽에는 3개의 발톱이 있고 머리에는 하나의 뿔이 콧등에서 자라는데, 긴 것은 1척 4~5촌이다. 풀을 먹지 않고 **오로지 가시나무의 가시가 돋친 잎과 손가락만 한 마른 나무를 먹는다.** 싸는 똥은 염색하는 곳의 수막(Rhus succedanea) 죽 같다. 말은 키가 작아 나귀 같다. 물소, 황우(黃牛), 돼지, 양 등이 모두 있으나 거위와 오리는 거의 없다. 닭은 왜소한데, 큰 것이라도 2근(斤)을 넘지 않으며 **다리는 1촌 반, 혹은 2촌이다.** 수탉은 붉은 볏과 흰 귀가 있고, 허리는 **잘록하고** 꼬리는 솟구쳐 있다. 사람이 손으로 잡기만 해도 울어 몹시 귀엽다. [6] 과실에는 매실[梅], 귤(橘), 수박[西瓜], 사탕수수[甘蔗], 야자(椰子), 잭푸르트[波羅蜜], 바나나[芭蕉子] 등이 있다. 파라밀(잭푸르트)은 동아[冬瓜]처럼 생겼고, 외피는 사천(四川)의 여지(荔枝)와 같으며, 껍질 안에는 달걀 크기의 누런 과육이 있고 맛은 꿀 같다. 가운데 닭 고환같이 생긴 씨는 볶아 먹으면 밤 같은 맛이 난다. 채소는 동아, 오이[黃瓜], 박[葫蘆], 갓[芥菜], 파[蔥], 생강[薑]뿐이고 다른 과일이나 채소는 전혀 없다. [7] 사람들 대부분이 물고기잡이를 생업으로 삼지만, 농사는 많이 짓지 않아, 벼와 곡물은 두루 나지 않는다. 토종의 쌀알은 길고 붉은색이 많다. 대맥이나 소맥 어느 것도 없다. 사람들은 빈랑(檳榔), 부엽(蔞葉)을 입에서 떼지 않고 먹는다. [8] 남녀가 혼인할 때는 다만 남자가 먼저 여자 집에 가게 하고, 결혼을 마치고 10일 혹은 보름이 지나면 남자의 부모와 친구들이 풍악을 울리며, 부부를 맞이하여 집으로 돌아가, 주연을 베풀고 풍악을 울린다. 술은 밥과 약을 섞어 옹기에 봉하여 익기를 기다린다. 마시고 싶으면 3~4척(尺)쯤 되는, 마디가 길고 작은 대나무를 술 옹기에 꽂아 넣고 빙 둘러앉아 사람 수에 따라 물을 넣고, 돌아가며 빨아 마신다. 다 마시면 다시 물을 **넣어** 마시며 **술**맛이 없게 되면 그친다. [9] 글쓰기에 종이와 붓이 없어, 양가

죽을 두드려 얇게 하거나 혹은 나무껍질을 검게 그을려 접는 작은 수첩으로 만든 다음, 흰 가루로 글자를 써서 기록한다. [10] 나라의 형벌은 죄가 가벼운 자는 등나무 가지로 등을 때리고, 무거운 자는 코를 자른다. 도둑질을 한 자는 손을 자르고, 간통한 남녀는 얼굴에 낙인을 찍어 흔적을 남긴다. 죄가 몹시 큰 자는 단단한 나무를 뾰족하게 깎아 작은 배 모양의 나무에 세워 물속에 넣고, 죄인에게 뾰족한 나무 위에 앉도록 하는데, 나무가 입에서 나와 죽게 되면 물에 남겨 두고 본보기로 대중에게 보여 준다. [11] 해와 달을 계산할 때, 윤달은 없고, 다만 12개월을 1년으로 하고, 주야는 10경(更)으로 나누고 북을 쳐서 상기시킨다. 사계절은 꽃이 피면 봄으로 하고 잎이 떨어지면 가을로 한다. [12] 왕은 연중 절기에 산 사람의 담즙(膽汁)을 물에 타서 목욕한다. 각 처의 두목들이 채취하여 바치는 것을 헌상하는 예(禮)로 여긴다. [13] 그 나라의 왕은 왕으로서 30년이 되면 왕위에서 물러나 출가하고, 형제, 아들, 조카에게 국사를 임시로 다스리게 한다. 왕은 깊은 산으로 가서 재계(齋戒)하며 **소식**(素食)**한다**. 혼자 1년을 살고는 하늘에 맹세하며, "내가 앞서 왕이 되어 자리에 있으며 무도했다면, 바라옵건대 이리나 호랑이에게 잡아먹히게 하거나 병들어 죽게 해 주십시오"라고 한다. 1년을 꽉 채워도 죽지 않으면 다시 왕위에 올라 국사를 관장한다. 백성들은 '스리 마하라자[昔嚟馬哈剌札, Sri Maharaja]'라고 외치는데, 이는 지존(至尊)하고 지성(至聖)하다는 말이다. [14] '시두만(屍頭蠻)'이라 하는 것은 원래 인가(人家)의 한 부인인데, 눈에는 눈동자가 없는 점이 사람과 다르다. 밤에 잠이 들면 머리만 날아가서 인가 어린아이의 똥을 먹는데, [그러면] 그 아이는 요사스러운 기운이 배에 들어가 반드시 죽게 된다. 날아간 머리는 돌아와 그 몸과 붙으면 예전처럼 되는데, 만약 [그러한 것을] 알고 머리가 날아갈 때를 기다렸다가 몸을 다른 곳에 옮겨 버리면, 돌아와 붙을 수가 없게 되어 죽는다. 인가에 이러한 부인이 있는데도 관청에 알려 없애지 않는 자는 죄가 온 집안에 미친다. [15] 또 바다로 통하는 큰 못이 있는데, '악어담(鱷魚潭)'이라고 한다. 밝혀내기 어려운 일을 소송하여 다투었으나 관청에서 해결할 수 없는 일은 소송하여 다투는 두 사람을 물소에 태워 이 연못을 지나가게 한다. 이치가 어그러진 자는 악어가 나와 그를 먹어 버리고, 이치가 곧은 자는 열 번이나 지나가도 잡아먹히지 않는다. 아주 기이하게 여길 만하다. [16] 해변 산속에는 야생 물소가 있는데, 매우 사납다. 원래는 인가에서 밭 가는 소였는데 산중으로 달아나 그대로 생장하여 수년이 지나면서 무리를 이루게 되었다. 그러나 푸른 옷을 입은 낯선 사람을 보면 반드시 달려와서 들이받아 죽이니 매우 흉악하다. [17] 이곳 사람들은 자기 머리를 매우 소중하게 생각하여 혹 자신의 머리에 손을 대는 자가 있으면 **반드시 죽일 듯한 한을 품는다.** [18] 매매 교역에는 금 70%가 함유된 연한 금[七成淡金] 혹은 은을 사용한다. 중국 청자, 쟁반, 사발 등의 제품, 저사(紵絲), 무늬가 들어간 비단, 소주(燒珠, 유리 제품) 등의 물건을 매우 좋아하여 담금(淡金)으로 교역한다. [19] 언제나 코뿔소 뿔[犀角], 상아(象牙), 가람향(伽藍香) 등의 물품을 중국에 진공한다.

02　자바 왕국[爪哇國]

[1] 爪哇國者, 古名闍婆國也. 其國有四處, 皆無城郭. 其它國船來, 先至一處名杜板, 次至一處名新村, 又至一處名蘇魯馬益. 再至一處名滿者伯夷, 國王居之. [2] 其王之所居以磚爲牆, 高三丈餘, 周圍二百餘步. 其內設重門甚整潔, 房屋如樓起造, 高每三四丈, 卽布以板, 鋪細藤簟或花草席, 人於其上盤膝而坐. 屋上用硬木板爲瓦, 破縫而蓋. [3] 國人住屋以茅草蓋之. 家家俱以磚砌三四尺高土庫, 藏貯家私什物, 居止坐臥於其上. [4] 國王之扮, 蓬頭或帶金葉花冠, 身無衣袍, 下圍絲嵌手巾一二條, 再用錦綺或紵絲纏之於腰, 名曰壓腰. 插一把兩刃短刀腰間, 名不刺頭. 赤腳, 出入或騎象或坐牛車. [5] 國人之扮, 男子蓬頭, 女子椎髻, 上不穿衣, 下圍手巾. 男子腰插不刺頭一把, 三歲小兒至百歲老人貧富貴賤, 皆有此刀, 皆是兔毫上等雪花鑌鐵爲之. 其柄用金或犀角·象牙, 雕刻人形鬼面之狀, 制極細巧. 國人男婦皆惜其頭, 若人以手觸摸其頭, 或買賣之際錢物不明, 或酒醉狂蕩, 或言語爭競, 便拔此刀刺之, 強者爲勝. 若戳死人, 其人逃避三日而出, 則不償命. 若當時拿住, 隨亦戳死. 國無鞭笞之刑, 事無大小, 卽用細藤背縛兩手, 擁行數步, 則將不刺頭於罪人腰眼或軟肋一二刺卽死. 其國風土無日不殺人, 甚可畏也. [6] 中國歷代銅錢通行使用. [7] 杜板番名賭斑者, 地名也. 此處約有千餘家, 以二頭目爲主. 其間多有中國廣東及漳州人流居此地. 雞·羊·魚·菜甚賤. [8] 海灘有一小池, 甘淡可飮, 曰聖水. 傳言大元時命將史

弱・高興征伐闍婆, 經月不得登岸, 船中乏水, 軍士失措. 其二將拜天祝曰, 奉命伐蠻, 天若與之則泉生, 不與則泉無. 禱畢, 奮力插鎗海灘, 泉水隨鎗插處湧出, 水味甘淡, 衆飲而得全生. 此天賜之助也, 至今存焉. [9] 於杜板投東行半日許, 至新村, 番名曰革兒昔. 原係沙灘之地, 蓋因中國之人來此創居, 遂名新村, 至今村主廣東人也, 約有千餘家. 各處番船多到此處買賣, 其金子諸般寶石一應番貨多有賣者, 民甚殷富. [10] 自新村投南船行半日許, 則到蘇魯馬益港口, 其港內流出淡水. 此處沙淺, 大船難進, 止用小船行二十餘里, 到蘇魯馬益, 番名蘇兒把牙, 亦有村主, 掌管番人千餘家, 其間亦有中國人. [11] 其港口有一洲, 林木森茂, 有長尾猢猻萬數, 聚於上. 有一黑色老雄獼猴爲主, 卻有一老番婦人隨側. 其國中婦人無子嗣者, 備酒・飯・果・餅之類, 往禱於老獼猴, 其老猴喜, 則先食其物, 餘令衆猴争奪而食盡其物, 隨有雌雄二猴來前交感爲驗. 此婦回家, 卽便有孕, 否則無子也, 甚爲可怪. [12] 自蘇兒把牙小船行七八十里到埠頭, 名章姑. 登岸投西南行日半到滿者伯夷, 卽王之居處也. 其處番人二三百家, 頭目七八人輔助其王. [13] 天氣長熱如夏, 田稻一年二熟, 米粒細白. 芝麻・菉豆皆有, 惟無大小二麥. 土產蘇木・金剛子・白檀香・肉豆蔻・蓽撥・斑猫・鑌鐵・龜筒・玳瑁. [14] 奇禽有白鸚鵡, 如母雞大, 紅綠鸚哥・五色鸚哥・鷯哥, 皆能效人言語. 珍珠雞・倒掛鳥・五色花斑鳩・孔雀・檳榔雀・珍珠雀・綠斑鳩之類. [15] 異獸有白鹿・白猿猴等. 畜其猪・羊・牛・馬・雞・鴨皆有, 但無驢與鵝耳. [16] 果有芭蕉子・椰子・甘蔗・石榴・蓮房・莽吉柿・西瓜・郎扱之類. 其莽吉柿如石榴樣, 皮厚, 內有橘囊樣白肉四塊, 味甜酸, 甚可食. 郎扱如枇杷樣, 略大, 內有白肉三塊, 味亦甜酸. 甘蔗皮白釜大, 每根可長二三丈. 其餘瓜・茄・蔬菜皆有, 獨無桃・李・韭菜. [17] 國人坐臥無床凳, 吃食無匙筯, 男婦以檳榔・荖葉裹蜊灰不絕口, 欲吃飯時, 先將水嗽出口中檳榔, 就洗兩手幹淨, 團坐, 用盤滿盛其飯, 沃酥油湯汁, 以手撮入口中而食, 若渴則飲凉水. 賓客往來無茶, 止以檳榔待之. [18] 國有三等人. 一等回回人, 皆是西番各國爲商流落此地, 衣食諸事皆清致. 一等唐人, 皆是廣東・漳・泉等處人竄居此地, 日用亦美潔, 多有歸從回回敎門受戒持齋者. 一等土人, 形貌甚醜黑, 猱頭赤腳, 崇信鬼敎, 佛書言鬼國其中, 即此地也. 人吃食甚是穢惡, 如虵蟻及諸蟲蚓之類, 恬以火燒微熟便吃. 家畜竝犬, 與人同器而食, 夜則共寢, 略無忌憚. [19] 舊傳鬼子魔王青面紅身赤髮, 正于此地與一凶象相合, 而生子百餘, 常啖血食, 人多被啖. 忽一日雷震石裂, 中坐一人, 衆稱異之, 遂推爲主. 即令精兵驅逐凶象等衆而不爲害, 後復生齒而安焉. 所以至今人好兇强. [20] 年例有一竹鎗會. 但以十月爲春首. 國王令妻坐一塔車於前, 自坐一車於後. 其塔車高丈餘, 四面有窗, 下有轉軸, 以馬前拽而行. 至會所, 兩邊擺隊, 各執竹鎗一根. 其竹鎗實心無鐵刃, 但削尖而甚堅利. 對手男子各攜妻拏在彼, 各妻手執三尺短木棍立於其中. 聽鼓聲緊慢爲號, 二男子執鎗進步, 抵戳交鋒三合, 二人之妻各持木棍格之, 曰那剌那剌則退散. 設被戳死, 其王令勝者與死者家人金錢一箇, 死者之妻隨勝者男子而去. 如此勝負爲戲. [21] 其婚姻之禮, 則男子先至女家, 成親三日後迎其婦. 男家則打銅鼓銅鑼, 吹椰殼筒, 及打竹筒鼓幷放火銃, 前後短刀團牌圍繞. 其婦披髮裸體跣足, 圍繫絲嵌手巾, 項佩金珠聯紉之飾, 腕帶金銀寶裝之鐲. 親鄰朋友以檳榔・荖葉・線紉草花之類, 粧飾彩船而伴送之, 以爲賀喜之禮. 至家則鳴鑼擊鼓, 飲酒作樂, 數日而散. [22] 凡喪葬之禮, 如有父母將死, 爲子女者先問於父母, 死後或犬食, 或火化, 或棄水. 其父母隨心所願而囑之, 死後即依遺言斷送之. 若欲犬食者, 即擡其屍至海邊, 或野外, 有犬十數來食盡屍肉, 無遺爲好. 如食不盡, 子女悲號哭泣, 將遺骸棄水中而歸. 又有富人及頭目尊貴之人將死, 則手下親厚婢妾先與主人誓曰, 死則同往. 至死後出殯之日, **先以木搭高架**, 下壘柴堆, 縱火焚棺, 候焰盛之際, 其原誓婢妾二三人, 則滿頭帶草花, 身披五色花手巾, 登跳號哭良久, 擁下火內, 同主屍焚化, **此爲殉葬之禮**. [23] 番人殷富者甚多, 買賣交易行使<u>中國</u>歷代銅錢. [24] 書記亦有字, 如鎖俚字同. 無紙筆, 用茭蕉葉以尖刀刻之. 亦有文法, 國語甚美軟. [25] 斤秤之法, 每斤二十兩, 每兩十六錢. 每錢四姑邦, 每姑邦該官秤二分一釐八毫七絲五忽. 每錢該官秤八分七釐五毫, 每兩該官秤一兩四錢, 每斤該官秤二十八兩. 升斗之法, 截竹爲升, **每升**爲一姑剌, 該中國官升一升八合. 每番斗一斗爲**一捒黎**, 該<u>中國</u>官斗一斗四升四合. [26] 每月至十五十六, **月明之夜**, 番婦二十餘人或三十餘人聚集成隊, 一婦爲首, 以臂膊遞相聯**挽**不斷, 於月下徐步而行. 爲首者口唱番歌一句, 衆皆齊聲和之. 到親戚富貴之家門首, 則贈以銅錢等物. 名爲步月, 行樂而已. [27] 有一等人, 以紙畫人物鳥獸鷹蟲之類如手卷樣, 以三尺高二木爲畫軸, 止齊一頭. 其人蟠膝坐於地, 以圖畫立地, **展出**一段, 朝前番語高聲解說此段來歷. 衆人**圍**坐而聽之, 或笑或哭, 便如說平話一般. [28] 國人最喜<u>中國</u>靑花磁器, 幷麝香·**花絹**·紵絲·燒珠之類, 則用銅錢買易. [29] 國王常差頭目**以船隻方物**進貢<u>中國</u>.

[1] 자바 왕국[爪哇國]은 옛날에 '사바국(闍婆國)'이라고 불렸다. 그 나라에는 네 곳[도시]이 있으나, 모두 성곽이 없다. 다른 나라의 배가 오면 먼저 이르게 되는 한 곳은 '투반[杜板]'이라 한다. 다음 이르게 되는 한 곳은 '신촌(新村)'이라 하고, 또 이르게 되는 한 곳은 '수라바야[蘇魯馬益]'라고 한다. 다시 한 곳에 이르면 '마자파힛[滿者伯夷]'이라고 하는데, 국왕은 여기에 거주한다. [2] 왕이 사는 곳은 벽돌로 담장을 쌓았고 높이는 3장(丈) 남짓하며 **둘레는 2백여** 걸음 남짓 된다. 그 안에는 중문(重門)이 설치되어 있고 매우 깔끔하며,

방들은 누대처럼 조성되어 있다. 높이는 각각 3~4장(丈)이며, 판자를 펴놓고 작은 등나무 자리나 꽃무늬 자리를 깔아 놓았는데, 사람들은 그 위에 양반다리를 하고 앉는다. 집 위에는 견고한 나무판자를 사용하여 이음새 없이 덮는다. [3] 나라 사람들이 사는 집은 띠 풀로 지붕을 덮는다. 집마다 벽돌로 **3~4척의 흙 창고를** 쌓아 집에서 쓰는 잡동사니를 넣어 두고 그 위에 앉거나 누워 생활한다. [4] 국왕의 **복식은 더벅머리**이고, 혹은 황금 잎사귀로 만든 화관(花冠)을 쓰고 몸에는 옷을 입지 않고, 아래는 명주실이 들어간 수건 한두 자락을 두르며, 또 비단 혹은 저사(紵絲)를 사용하여 허리에 묶는데, '압요(壓腰)'라고 한다. **허리에는 '블라도[不剌頭]'라고 하는 양날의 단도 한 자루를 찬다.** 맨발로 다니며, 출입에는 코끼리를 타기도 하고 소가 끄는 수레를 타기도 한다. [5] 나라 사람의 **복식**으로, 남자는 **더벅머리를** 하고, 여자는 방망이 같은 상투를 하며, 상체는 옷을 입지 **않고**, 하체는 수건을 두른다. 남자는 허리에 블라도 한 자루를 꽂는다. 3세의 어린아이에서 백세의 노인까지 **빈부귀천**을 막론하고 모두 이 칼을 가지고 있으며 모두 토끼털과 **눈꽃 문양이 들어간 좋은** 빈철(鑌鐵)로 만든 것이다. 그 자루는 황금 또는 서각(犀角), 상아(象牙)를 사용하여 사람 형상이나 귀신 얼굴 모양을 새겨 넣는데 만든 것이 아주 세밀하고 정교하다. 나라 사람 중에 남자와 부인 모두 자신의 머리를 소중히 여겨 다른 사람이 그의 머리에 손을 대거나 만지거나, 혹 매매할 때 돈이나 물건이 분명하지 않거나, 혹 술에 취해 **미친 듯이 날뛰거나**, 혹 언쟁을 할 때면, 곧바로 이 칼을 꺼내 찌르는데 강한 자가 이기게 된다. 만약 사람을 찔러 죽였더라도 그 사람이 3일 동안 도피했다가 나오면 목숨으로 대가를 치르지 않아도 된다. 만약 현장에서 **잡히면** 곧바로 또한 찔려 죽는다. 나라에는 매질하는 형벌은 없고, 일의 크고 작음을 가리지 않고 곧바로 가는 등나무 줄기로 두 손을 등 뒤에 묶어, 끼고 몇 걸음 가서, 블라도로 죄인의 옆구리 혹은 연한 갈비가 있는 쪽을 한두 번 찌르면 즉사한다. 이 나라 풍토에 사람을 죽이지 않는 날이 없으니 매우 두려워할 만하다. [6] 중국의 역대 동전을 유통해 사용한다. [7] 투반[杜板]은 현지에서 '도반(賭斑)'이라고 하는 **곳의** 명칭이다. 이곳에는 약 1천여 가구가 **살고** 두 명의 두목이 주인 노릇을 한다. 이곳에는 중국 광동과 장주(漳州) 사람으로 여기에 흘러들어 사는 사람이 많다. 닭, 양, 물고기, 채소가 흔하고 싸다. [8] 바닷가에는 작은 연못이 하나 있는데 달고 짜지 않아 마실 수 있어 '**성수(聖水)**'라고 한다. 전하는 말에 따르면, 원나라 시대 사필(史弼), 고흥(高興)이 자바[闍婆]를 정벌하라는 명을 받았는데, 달을 넘겨도 해안에 오를 수 없었다. **배 안의 물이 바닥나** 군사들이 어찌할 줄 몰랐다. 두 장수는 하늘에 절하고 기도하며 "오랑캐를 정벌하라는 명을 받들었사오니, 하늘이 만약 허락해 주신다면 샘물이 나오게 하시고, 허락지 않으시면 샘물이 나오지 않게 하소서"라고 하였다. 기도가 끝나고 칼을 휘두르며 바닷가에 창을 꽂자, 샘물이 창이 꽂힌 곳에서 솟아올랐다. 물맛이 달고, 짜지 않아 사람들이 마시고 모두 살아날 수 있었다. 이 샘은 하늘이 내려 준 도움으로, 지금까지 그곳에 남아 있다. [9] 투반[杜板]에서 동쪽으로 반나절쯤 가면 신촌(新村)에 이르는데, 그곳 사람들은 '그레식[革兒昔]'이라고 한다. 원래 바닷가 모래사장에 닿은 땅으로, 대개 중국의 사람들이 이곳으로 와서 거주지를 형성했기 때문에 '신촌'이라 불리게 되었고, 현재의 촌장은 광동 사람이다. 약 1천여 가구가 살고 여러 곳의 외국 **배들이** 많이 이곳에 와 물건을 사고판다. 금과 제반 보석 일체와 외래 상품들을 파는 사람이 많으며, 백성들은 매우 잘산다. [10] **신촌에서 남쪽으로 반나절쯤 배로 가면**, 수라바야[蘇魯馬益] 항구에 도착하는데, 그 항구 **안에는** 강물이 흘러나온다. **이곳은** 백사장이 낮아 큰 배는 나아갈 수 없고, 단지 작은 배로 20여 리를 가면 수라바야에 이른다. 그곳에서는 '소아파아(蘇兒把牙)'라고 하며, 또한 촌주가 있다. 원주민 1천여 가구를 관장하고 그들 중에는 중국인들도 있다. [11] 항구에는 섬 하나가 있는데, 수목이 울창하고 수만의 꼬리긴 원숭이가 수목 위에서 모여 산다. 그중 검고 늙은 수컷 원숭이 한 마리가 주인 노릇을 하는데 늙은 원주민 **부인이 그 옆에 따라다닌다**. 나라에 자식이 없는 부인은 술, 밥, 떡 같은 것들을 갖추어 늙은 원숭이에게 가서 기도하는데, 그 늙은 원숭이가 좋아하면 먼저 그 음식물을 먹이고, 나머지는 **여러 원숭이에게 그 제물들을 다투어 가며 다 먹게 한다**. 곧 **암수** 원숭이 두 마리가 앞에 와서, 교배하며 징조를 보인다. 그 부인이 집에 돌아오면 곧바로 임신하게 된다. 그렇지 않으면 자식이 없다고 하니 몹시 괴기스럽다. [12] 수라바야에서 작은 배로 70~80리 가면 '창기르[章姑]'라고 부르는 부두(埠頭)에 도착한다. 해안을 올라 서남쪽으로 하루하고 반나절 가면, 마자파힛[滿者伯夷]에 도착하는데, 바로 왕이 거처하는 곳이다. 그곳의 외국인[番人]은 2백~3백 가구이며 두목 7~8인이 왕을 **보좌한다**. [13] 날씨는 여름처럼 더워 밭벼[田稻]는 이모작을 하고, 쌀알은 길고 하얗다. 참깨[芝麻], 녹두(菉豆)가 다 있지만 **대맥과 소맥만 없다**. 토산으로는 소목(蘇木), 금강자(金剛子), 백단향(白檀香), 육두구(肉荳蔻), 필발(蓽撥), 반묘(斑猫), 빈철(鑌鐵), 구통(龜筒), 대모(玳瑁)가 있다. [14] 기이한 새로는 백앵무(白鸚鵡)가 어미 닭처럼 크고, 홍록의 앵가(鸚哥), 오색 앵가, 요가(鷯哥)가 있는데 모두 사람 말을 흉내 낼 수 있다. 진주계(珍珠雞), 도괘조(倒掛鳥), 오색의 꽃 반점 비둘기[五色花斑鳩], 공작(孔雀), 빈랑작(檳榔雀), 진주작(珍珠雀), 초록 반점 비둘기[綠斑鳩] 등이 있다. [15] 기이한 짐승으로는 백록(白鹿), 백원후(白猿猴) 등이 있고, 가축으로는 돼지, 양, 소, 말, 닭, 오리, 모두 있으나 나귀와 거위만 없을 뿐이다. [16] 과실에는 바나나[芭蕉子], 야자(椰子), 사탕수수[甘蔗], 석류(石榴), 연방(蓮房), 망고스틴[莽吉柿], 수박

[西瓜], 랑사트[郞扱] 같은 것들이 있다. 망고스틴[망길시]은 석류처럼 생겼고, 껍질은 두껍고, 안에는 귤 주머니처럼 흰 과육 **4개가** 있으며, 맛은 달고 새콤하며 상당히 먹을 만하다. 랑사트[낭삽]는 비파(枇杷)같이 생겼지만 대체로 크고, 안에는 흰 과육 3개가 있으며 맛은 또한 달고 새콤하다. 사탕수수[감자]의 껍질은 하얗고 거칠며 큰데, 뿌리 길이는 2~3장(丈)쯤 된다. 나머지 오이[瓜]라든가 가지 등의 채소가 다 있지만 유독 복숭아[桃], 자두[李], 부추[韭菜]만 없다. [17] 나라 사람들이 앉거나 누울 때 침대나 걸상이 없고, 음식을 먹을 때에는 수저가 없다. 남자 여자들은 빈랑(檳榔), 부엽(荖葉)을 이회(蠣灰)와 **싸서** 입에서 떼지 않고 먹는다. 밥을 먹고 싶을 때는 물로 입안의 **빈랑을** 헹궈 내고, 두 손을 깨끗하게 씻고 **빙 둘러앉아** 쟁반에 밥을 가득 채운 다음, 수유(酥油) 끓인 국물에 **적셔**, 손으로 밥을 뭉쳐 입에 넣어 먹는다. 갈증이 나면 **찬물을** 마시고, **손님이** 오갈 때는 차를 대접하지 않고 빈랑을 대접하는 것에 그친다. [18] 나라에는 세 부류의 사람이 있다. 한 부류는 회회인(回回人)으로, 모두 서쪽에서 온 외래인이다. 각자의 나라에서 장사하다가 여기에 흘러들어 왔다. 의식(衣食) 등 여러 일이 모두 정결하고 조심스럽다. 한 부류는 중국인[唐人]인데, 모두 광동, 장주(漳州), 천주(泉州) 등에서 도망나와 **여기에** 사는 사람들로, **일상**생활이 또한, 훌륭하고 정결하며, 대부분 회회교도에 **귀의하여** 계를 받아 재계하는 자가 많다. 한 부류는 토착민으로 용모가 매우 추하고 **검은데**, 곱슬머리에 맨발로 다니고, 마교(魔敎)를 숭배한다. 불경에서 '그 안의 귀신 나라[鬼國其中]'라고 한 곳이 바로 이곳이다. [그] 사람들이 먹는 것이 매우 더럽고 혐오스러운데, 뱀, 개미와 여러 벌레, 구더기 같은 것들을 **대충** 불로 구워 살짝 익으면 곧바로 먹는다. 가축**과** 개는 사람과 같은 그릇에 먹고, 밤에는 함께 자며 편안히 거리낌이 없다. [19] 옛 전설에 귀자마왕(鬼子魔王)은 푸른 얼굴, 붉은 몸에 붉은 털이 있는데, 바로

이곳에서 어떤 망상(罔象)과 서로 합방하여 자식 1백여 명을 낳아 놓고, 언제나 **피를 빨아 먹이니**, 사람이 많이 **잡아**먹혔다. 어느 날 갑자기 천둥 번개가 바위를 갈랐는데, 그 속에 한 사람이 앉아 있었다. 사람들이 모두 기이하게 여겼고, 급기야 그를 **주인**으로 추대했다. 곧바로 정예 병사들에게 망상의 무리를 쫓아내 해를 끼치지 못하도록 한 뒤에야 백성이 회복되고 안정되었다. 그래서 지금 사람들은 사납고 강한 사람을 좋아한다. [20] 연례행사로 죽창(竹槍) 대회가 있다. 단 10월을 봄의 시작으로 삼는다. 국왕은 아내를 탑거(塔車)에 태워 앞에 가게 하고 자신은 다른 수레를 타고 뒤에서 따라간다. 탑거의 높이는 1장(丈) 남짓하고 사방에는 창이 있으며 아래에는 돌아가는 굴대가 있어 말이 앞에서 끌며 나아간다. 대회 장소에 이르면 양쪽에 **대오를 지어 늘어서서**, 각기 죽창 한 자루를 들고 있다. 죽창에는 쇠로 만든 칼날은 없지만 [대나무를] 예리하게 깎아 매우 견고하고 날카롭다. 상대하는 남자들은 각각 아내와 **식솔**들을 그곳으로 데려온다. 각자의 아내는 3척(尺)의 짧은 나무 곤봉을 손에 들고 그 가운데 선다. 빠르거나 느리게 치는 북소리를 듣고 [그 소리를] 신호로 삼아 두 남자는 창을 들고 나아가, 세 번 부딪히며 창끝을 교차시킨다. 두 사람의 아내가 나무 곤봉을 들고 저지하며, "물러나시오. 물러나시오[那剌]"라고 하면 물러나 흩어진다. 설령 찔러 죽게 되더라도 왕은 승자에게 명하여 죽은 자의 식솔에게 금전(金錢) 하나를 주게 하고, 죽은 자의 처는 이긴 남자를 따라가게 한다. 이렇게 승부를 겨루며 놀이를 한다. [21] 혼인의 예는 남자가 먼저 여자 집에 가서 결혼하고 삼일 뒤에 그 부인을 맞이한다. 남자 집에서는 구리 북[銅鼓]과 구리 징[銅鑼]을 치고 야자 껍질로 만든 악기[椰殼筒]를 불며, 그리고 죽통으로 만든 북[竹筒鼓]을 치고 아울러 폭죽을 쏘며, 앞뒤에서 단도와 둥근 방패로 에워싼다. 부인은 머리를 풀고 나체에 맨발로, 명주실로 짜 넣은 수건을 둘러매며, 목에는 황금 구슬을 **연달아 이은** 장식을 차고, 손목[腕]에는 금은보석으로 꾸민 팔찌를 찬다. **친척, 이웃, 친구들이** 빈랑, 부엽, 실로 꿴 **화초들로** 채색한 배를 장식하여 짝을 지워 보내는 것을 축하의 예로 여긴다. 집에 이르면 징과 북을 치고 음주하며 풍악을 울리다가 며칠이 지나 해산한다. [22] 장례를 치르는 예는 만약 부모가 죽으려 하면, 아녀자에게 먼저 부모에게 죽은 뒤에 [시신을] 개에게 먹일까, 화장할까, 물에 버릴까를 묻게 한다. 그 부모가 원하는 것을 부탁하면 죽은 뒤에는 유언에서 결정한 대로 장송한다. 만약 개에게 먹이고자 하는 자는 시신을 해변이나 야외(野外)에 들고 가면 수십 마리의 개들이 와서 시신을 먹게 되는데, 남기지 않고 다 먹어 치우는 것을 좋다고 생각한다. 만약 다 먹지 않으면 자녀들은 슬프게 부르짖고 통곡하며 남은 잔해를 바닷물에 버리고 간다. 또 부유한 사람, 두목, 존귀한 사람이 죽으려 하면, 수하의 가까운 하녀나 첩들이 먼저 주인에게 "죽으면 함께 가겠다"라고 맹세한다. 죽은 뒤, 널[棺]이 나가는 날에, **먼저 나무 가설물을 높이 세우고**, 아래는 땔나무 더미를 쌓아 불을 붙여 관을 태운다. 불길이 성해지는 때를 기다렸다가, 서원(誓願)했던 하녀나 첩 2~3인이 머리에는 온통 풀과 꽃을 두르고, 몸에는 오색의 꽃문양 수건을 걸치고 올라가 뛰며 한참을 울부짖다가 불 속으로 뛰어들어, 주인의 시신과 함께 타 버리는데, **이것이** 순장(殉葬)의 예법이다. [23] 그곳에 사는 사람 중에는 잘 사는 사람이 매우 많다. 매매 교역에는 중국의 역대 동전을 사용한다. [24] 또한 쓰고 기록하는 글자는 촐라[鎖俚] 글자와 같다. 종이와 붓은 없고 카장[茭葦] 잎에 뾰족한 칼로 새긴다. 또한, 문법도 있어 나라말이 매우 부드럽다. [25] 저울을 다는 법으로, 1근(斤)은 20냥이고 1냥은 16전(錢)이며, 1전은 4코방[姑邦]이고 1코방은 중국 저울로는 2분(分) 1리(釐) 8호(毫) 7사(絲) 5홀(忽)이다. 1전은 중국 저울로 8분 7리 5호이고, 1냥은 중국 저울로 1냥 4전이며, 1근은 중국 저울로 28냥에 해당한다. 되나 말[升斗]을 다는 법으로는 대나무를 잘라 승(升)을 만들고, **1승이** 1쿠락[姑剌]으로, 중국의 승으로는 1승 8홉(合)이다. 현지의 두(斗)는 1두가 1나이리[捺黎]이고 중국의 두(斗)로는 1두 4승 4합에 해당한다. [26] 매월 15~16일 밤, **달 밝은 밤에,** 그곳의 부인 20여 명 혹은 30여 명이 모여 대오를 짓고 부인 한 사람을 수장으로 삼아, 팔과 어깨를 바꾸어 서로 단절 없이 이어 **당기며** 달 아래 천천히 걸어 행진한다. 수장되는 사람이 토속 가요를 한 구절 하면 사람들이 모두 똑같이 화답한다. 친척이나 부유한 집의 문 앞에 이르면 동전(銅錢) 등의 물건을 [그녀들에게] 준다. 이를 '달빛 아래 걷기[步月]'라고 하는데, 행락(行樂)일 뿐이다. [27] 어떤 부류의 사람들은 종이에 인물, 새, 짐승, 매, 벌레 같은 것들을 그려, 두루마리 모양으로 3척(尺)의 높이에 2개의 나무로 그림의 기둥을 만들고, 한쪽으로 가지런하게 둔다. 사람들이 땅에 책상다리하고 빙 둘러앉으면, 그 그림을 땅에 세운다. 한 단락이 **펼쳐져 나오면,** 앞을 향해 토속어로 크게 그 단락의 내력을 해설한다. 사람들이 **둘러앉아** 듣고 웃거나 울거나 하는데, 바로 평화(平話)를 이야기해 주는 것과 같다. [28] 나라 사람들은 중국의 청화자기(靑花磁器)를 제일 좋아하고, 아울러 사향(麝香), **화견(花絹),** 저사(紵絲), 소주(燒珠) 같은 것들을 동전(銅錢)으로 교역한다. [29] 국왕은 언제나 두목을 사신으로 보내, **배[船隻]로** 방물들을 중국에 바친다.

팔렘방 왕국[舊港國]

[1] 舊港國, 卽古名三佛齊國是也. 番名浡林邦, 屬瓜哇國所轄. 東接瓜哇界, 西接滿剌加國界, 南連大山, 北臨大海. 諸處船來, 先至淡港, 入彭家門裏繫船. 岸多磚塔. 用小船入港, 則至其國. [2] 國人多是廣東·漳·泉州人逃居此地, 甚富饒. 地土甚肥, 諺云, 一季種田, 三季收稻, 正此地也. 地方不廣, 人多操習水戰. 其處水多地少, 頭目之家都在岸地造屋而居, 其餘民庶皆在木筏上蓋屋居之, 用椿纜拴繫在岸. 水長則筏浮, 不能淹沒. 或欲別處居之, 則起椿連屋去, 不勞搬徙. 其港中朝暮二次暗長潮水. 人之風俗·婚姻·死喪·言語皆與爪哇相同. [3] 昔洪武年間, 廣東人陳祖義等全家逃於此, 充爲頭目, 甚是豪橫. 凡有經過客船, 輒便刼奪財物. 永樂五年間, 朝廷差太監鄭和等統領西洋大艐寶船到此. 有施進卿者, 亦廣東人也, 來報陳祖義凶橫等情, 被太監鄭和生擒陳祖義等, 回朝伏誅, 就賜施進卿冠帶, 歸舊港爲大頭目, 以主其地. 本人死, 位不傳子, 是其女施二姐爲王, 一切賞罪黜陟皆從其制. [4] 土産鶴頂鳥·黃速香·降眞香·沉香·黃蠟之類. 金銀香中國不出, 其香如銀匠鈒銀器黑膠相似, 中有一塊似白蠟一般, 好者白多黑少, 低者黑多白少. 燒其香氣味甚烈, 冲觸人鼻, 西番幷鎖俚人甚愛此香. [5] 鶴頂鳥大如鴨, 毛黑, 頸長, 嘴尖. 其腦蓋骨厚寸餘, 外紅, 裏如黃蠟之色, 嬌黃甚可愛. 謂之鶴頂, 堪作腰帶·刀靶·擠機之類. [6] 又出一等火雞, 大如仙鶴, 圓身, 簇頸比鶴頸更長, 有軟紅冠似紅帽之狀, 二片生於

頸中. 嘴尖, 渾身毛如羊毛稀長, 青色. 脚長鐵黑, 爪甚利, 亦能破人腹, 腸出卽死. 好吃炔炭, 遂名火雞. 用棍打, 猝莫能死. [7] 又山產一等神獸, 名曰神鹿. 大如巨猪, 高三尺許, 前半截甚黑, 後一段白, 花毛純短可愛. 嘴如猪嘴不平, 四蹄如猪蹄有三路. 止食草木, 不食葷腥. [8] 其牛・羊・猪・犬・雞・鴨, 幷蔬菜・瓜・果之類, 與爪哇一般皆有. [9] 彼人多好博戲, 如把龜・弈棋・鬪雞, 皆賭錢物. [10] 市中交易亦使中國銅錢, 幷布帛之類. [11] 其王亦將方物進貢於朝廷.

[1] 팔렘방 왕국[舊港國] 바로 옛날 삼불제국(三佛齊國)으로 불리던 곳이다. 현지 **명칭은** 팔렘방[淳林邦]으로 자바의 관할에 속한다. 동쪽으로는 자바 **경계에** 접해 있고, 서쪽으로는 말라카[滿刺加] 국의 경계에 닿아 있으며, 남쪽으로는 큰 산에 **이어져** 있고, 북쪽으로는 대해에 임해 있다. 여러 곳에서 선박이 오면, 먼저 무시 강어귀[淡港]에 이르고, 방카 해협[彭家門] 안으로 들어가 **배를 댄다. 연안에는** 벽돌탑[磚塔]이 많다. 작은 배로 하구로 들어가면 그 나라에 이른다. [2] 나라의 많은 사람이 광동(廣東), 장주(漳州), 천주(泉州) 출신으로 이곳에 도망쳐 와 **살고, 매우** 부유하다. 땅은 매우 비옥하여 속담에 "한 계절 **밭을** 갈면, 세 계절 벼를 수확한다"라고 하였는데 바로 이곳이다. 땅덩어리는 넓지 않아 사람들은 대부분 수상 전투를 훈련한다. 그곳에는 물이 많고 땅이 적어 두목의 집은 모두 강안(江岸) 땅에 집을 지어 살고, 그 나머지 서민들은 모두 나무 뗏목에 지붕을 이어 살며, 말뚝을 박고 밧줄로 강안에 매어 둔다. 물이 불어나면 뗏목이 뜨므로 물에 잠기지 않는다. 혹 다른 곳에서 살고 **싶으면,** 말뚝을 풀고 집 연결하여 **떠나므로** 이사가 수고롭지 않다. 항구에는 아침저녁으로 두 차례 슬그머니 조수가 불어난다. **사람들의 풍속, 혼인, 장례, 언어 모두 자바와 같다.** [3] 옛날 홍무(洪武) 연간

(1368~1399)에 광동 사람 진조의(陳祖義) 등 온 가족이 이곳에 도망해 와 두목 노릇을 하면서 매우 위세를 부리며 사람을 속였다. 지나가는 **외국 배들이** 있으면 곧바로 재물을 겁탈했다. 영락 5년(1407) **사이에** 이르러 조정에서 파견한 태감 정화 등이 서양으로 가는 대종 보선을 통솔하여 이곳에 이르렀다. 마찬가지로 광동 사람이었던 '시진경(施進卿)'이란 자가 진조의가 전횡하는 여러 정황을 [정화 등에게] 와서 보고하자, 태감 정화가 진조의 등을 생포하여 조정으로 돌아와 처형시켰다. 이어서 [황제는] 시진경에게 관대(冠帶)를 하사하고 구항으로 돌려보내 대두목으로 삼고, 그곳을 주관하게 했다. 본인이 죽자, 자리를 아들에게 전하지 않고 그의 딸인 시이저(施二姐)가 왕이 되니, 모든 상벌과 인사[黜陟] 모두 그의 법과 제도에 따랐다. [4] 토산으로 학정조(鶴頂鳥), 황속향(黃速香), 강진향(降眞香), **침향**(沈香), **황랍**(黃蠟) 등이 있다. 금은향(金銀香)은 **중국에서 나지 않는다.** 이 향은 은세공 장인이 은그릇에 새길 때 사용하는 검은 아교와 비슷하고, **안에는 백랍 같은 한 덩어리가 들어 있다.** 좋은 것은 흰 것이 많고 검은 것이 적으며, 품질이 낮은 것은 검은 것이 많고 흰 부분이 적다. 이 향을 태우면 향기가 매우 강렬하여 사람의 코를 **찌르므로**, 서쪽 나라[西番]와 촐라[鎖俚] 사람들이 이 향을 매우 좋아한다. [5] 학정조(鶴頂鳥)는 오리처럼 크고, 털은 검으며, 목은 길고, 부리는 뾰족하다. 그 두개골은 두께가 1촌 남짓이고, 밖은 붉고, 안은 황랍 같은 **색으로, 연노랑 빛깔이** [사람들이] 매우 좋아할 만하다. 학정이라 부르는데, 요대(腰帶), 칼 손잡이[刀靶], **제기**(擠機) 같은 것을 만들 수 있다. [6] 또 화계(火雞) 같은 것이 나는데 선학(仙鶴)처럼 크고 **몸은** 둥글며, **화살촉 같은** 목은 학보다 길며, 붉은 모자 모양의 부드러운 붉은 볏이 **있고**, 또 목에는 두 갈래의 [벼슬이] 있다. 입은 뾰족하고, 온몸의 털은 양털 같지만 성글고 길며, 청색이다. 다리는 길고 쇠처럼 검으며, 발톱은 매우 **날카로워**[利] 사람의 배

를 찢어 장이 터져 나와 죽게 할 수도 있다. 숯[烺炭] 같은 것을 즐겨 먹어 '화계'라 부르게 되었다. 몽둥이로 때려도 **단박에** 죽일 수는 없다. [7] 또 산에는 말레이 '타피르[神鹿, senuk]'라 부르는 약간의 신기한 짐승이 난다. 큰 돼지만큼 크고, 키는 3척가량 되며, 전반부는 **매우** 검고, 후반부는 **희며**, 미세한 털은 뽀얗고 짧아 예쁘다. 주둥이는 돼지주둥이처럼 평평하지 않고, **네 굽은 돼지 굽처럼 세 쪽이다.** 단지 초목만 먹고 매운 채소나 고기를 먹지 않는다. [8] 소, 양, 돼지, 개, 닭, 오리, 그리고 채소, 오이[瓜], 과일 같은 것들은 자바와 마찬가지로 모두 있다. [9] 그 사람들은 대부분 '거북이 잡기[把龜]', 바둑이나 장기[弈棋], 투계(鬪鷄)를 좋아하는데 모두 돈이나 물건을 걸고 하는 도박이다. [10] 시중의 교역에는 또한 중국의 동전과 **베나** 비단 같은 것을 사용한다. [11] **이 나라 왕**[其王] 또한 방물을 **조정**에 바쳤다.

[1] 自占城向西南船行七晝夜, 順風至新門臺海口入港, 纔至其國. 地週千里, 外山崎嶇, 內地潮濕, 土瘠少堪耕種. 氣候不正, 或寒或熱. [2] 其王居之屋, 頗華麗整潔. 民庶房屋起造如樓, 上不鋪板, 卻用檳榔木劈如竹片樣密擺, 用藤扎縛甚堅固, 上鋪藤席竹簟, 坐臥食息皆在其上. [3] 王者之扮, 用白布纏頭, 上不穿衣, 下圍絲嵌手巾, 加以錦綺壓腰. 出入騎象或乘轎, 一人執金柄傘. 茭葦葉做, 甚好. 王係鎖俚人氏, 崇信釋敎. [4] 國人爲僧爲尼姑者極多. 僧尼服色與中國頗同, 亦住庵觀, 持齋受戒. [5] 風俗凡事皆是婦人主掌. 其國王及下民若有謀議刑罰輕重買賣一應巨細之事, 皆決於妻, 其婦人智量果勝於男子. 若有妻與我中國人通好者, 則置酒飯, 同飮坐寢, 其夫恬不爲怪, 乃曰, 我妻美, 中國人喜愛. [6] 男子撮髻, 用白布纏頭, 身穿長衫. 婦人亦椎髻, 身穿長衫. [7] 男子年二十餘歲, 則將莖物周圍之皮, 如韭菜樣細刀挑開, 嵌入錫珠十數顆皮內, 用藥封護, 待瘡口好, 纔出行走, 其狀如葡萄一般. 自有一等人開鋪, 專與人嵌銲, 以爲藝業. 如國王或大頭目或富人, 則以金爲虛珠, 內安砂子一粒, 嵌之. 行走, 扱扱有聲, 爲美. 不嵌珠之男子, 爲下等人也. 最爲可怪之事. [8] 男女婚姻, 先請僧, 迎男子至女家, 就是僧討取童女喜紅, 貼於男子之額, 名曰利市, 然後成親. 過三日後, 又請僧及諸親友拌檳榔彩船等物, 迎女歸, 男家則置酒作樂, 待親友. [9] 死喪之禮, 凡富貴人死, 則用水銀灌於腹內而葬之. 閭下人死, 擡屍於郊

外海邊, 放沙際, 隨有金色之鳥大如鵝者, 三五十數, 飛集空中, 下將屍肉
盡食飛去. 餘骨家人號泣就棄海中而歸, 謂之鳥葬. 亦請僧設齋誦經禮佛
而已. [10] 國之西北去二百餘里有一市鎮, 名上水, 可通雲南後門. 此處有
番人五六百家, 諸色番貨皆有賣者. 紅馬斯肯的石, 此處多有賣者. 此石在
紅雅姑肩下, 明淨如石榴子一般. 中國寶船到暹羅, 亦用小船去做買賣.
[11] 其國產黃速香·羅斛香·降眞香·沉香·花棃木·白豆蔲·大風子·
血竭·藤黃·蘇木·花錫·象牙·翠毛等物. 其蘇木如薪之廣, 顏色絕勝他
國出者. 異獸有白象·獅子·貓·白鼠. 其蔬菜之類, 如占城一般. 酒有米
酒·椰子酒, 俱是燒酒, 甚賤. 牛·羊·雞·鴨等畜皆有. [12] 國語頗似廣東
鄉談. [13] 民俗囂淫, 好習水戰, 常差部領討伐鄰邦. [14] 海䏆當錢使用, 不
拘金銀銅錢俱使, 惟中國歷代銅錢則不使. [15] 王差頭目將蘇木·降眞香
等物, 進貢中國.

[1] 참파[占城]에서 서남쪽으로 7일 밤낮을 배를 타고 간다. 순풍이면 신문
대(新門臺) 바다 어귀에 이르러 항구로 들어가야 이 나라에 이른다. **땅의** 둘
레는 천 리이고, 바깥으로 산이 높이 서 있고, 안으로 [나혹(羅斛)의] 땅은 축
축하며, [섬(暹)의] 토양은 척박하여 농사를 짓기에 다소 적합하지 않다. 기후
는 고르지 않아 추웠다가 더웠다 한다. [2] 왕이 사는 집은 사뭇 화려하고
정결하다. 서민들의 집은 누대처럼 세워 만드는데, 위에는 판자를 **깔지** 않
고, 빈랑나무를 대나무 조각처럼 **쪼개 조밀하게 배열하고**[密擺], 등나무 줄
기를 단단하게 묶은 다음 위에는 **등나무 자리**[藤席]**와 대나무 자리**[竹簟]**를** 깔
고, 앉고, 눕고, 먹고, 쉬고 하는 곳이 모두 그 위에 있다. [3] 왕의 **몸치장**[扮]
은 흰 베로 머리를 싸매고 상체는 옷을 입지 않으며, 하체에는 명주실을 섞
어 짠 수건을 두르고 문양이 들어간 비단으로 허리를 싸맨다. 출입에는 코

끼리를 타거나 가마를 타는데, 한 사람이 황금 손잡이가 있는 일산을 든다. 이 일산은 카장[茭蔁]의 잎으로 만드는데, 매우 훌륭하다. 왕은 촐라[鎖俚] 사람이며 불교를 신봉한다. [4] 나라 사람 중에는 비구나 비구니가 되는 자가 아주 많다. 승려들의 복장은 중국과 사뭇 같고 또한 암관(庵觀)에서 살며 재계하고 계를 받는다. [5] **풍속에** 모든 일은 부인이 주관한다. 왕과 아래 백성들은 형벌의 경중과 매매, 일체의 크고 작은 일을 상의할 때면, 모두 부인의 결정을 따르는데, 부인의 지혜와 기량[智量]이 결국 남자보다 낫기 때문이다. 아내가 우리 중국 사람과 좋아지낼 때는 술과 밥을 차려 놓고 함께 마시고 잠자리에 들어도 그 남편은 아무렇지 않은 듯 이상하게 여기지 않으며, "내 아내가 아름다워 중국인이 좋아한다"라고 한다. [6] 남자들은 상투를 틀고, **흰 베로** 머리를 싸매며, **몸에는** 장삼(長衫)을 입는다. 부인들도 몽둥이 모양의 상투를 틀며, 몸에는 장삼을 입는다. [7] 남자는 20여 세가 되면 음경 **주위의** 표피를 부추 잎처럼 가는 칼로 도려내고 주석 구슬 10여 개를 표피 안에 넣고 약으로 봉해 보호하여 상처 입구가 아물기를 기다렸다가 나가 다니면 되는데 **그 모양이** 포도송이와 같다. 어떤 한 부류의 사람들은 점포를 열어, 전문적으로 구슬을 넣고 붙여 주는 일을 해 주면서 하나의 기술로 여긴다. 국왕이나, 대두목, 혹은 부자들은 금으로 속이 빈 구슬을 만들고 그 안에 모래 한 알을 넣어 음경 표피에 끼우는데, 걸어 다닐 때 '**차차**[扱扱]'거리는 소리가 나서 **좋다고 여긴다.** 구슬을 넣지 않은 남자는 하등의 사람이다. **가장 해괴한 일이다.** [8] 남녀가 혼인할 때는 먼저 승려에게 요청하고, 남자를 맞아 여자 집에 이르면, 곧바로 승려는 소녀의 처녀막[?紅]을 찾아 떼어, 남자의 **이마에** 붙이는데 이를 '이시(利市)'라고 하며, 그런 이후에 혼인을 맺는다. 3일이 지난 뒤에 승려와 여러 친척과 벗들을 초대하고 빈랑, 채색한 배[彩船] 등의 물건들을 분담하여 **여자를 맞이하여 돌아**

가면, **남자 집에서는 술을 차리고 풍악을 울려 친척과 벗들을 대접한다.**
[9] 장례는 무릇 부귀한 사람이 죽으면 수은을 배 속에 부어 매장한다. 한
미한 사람이 죽으면 교외 해변으로 시신을 들고 가서 백사장에 두면, 곧 거
위처럼 큰 금색의 새 30~50마리가 공중에 모였다가 내려와 시신을 다 먹고
날아간다. 나머지 **뼈는** 집안사람들이 통곡하면서 바다에 버리고 돌아오는
데, 이를 '조장(鳥葬)'이라 부른다. 또한, 승려를 초대하고 재단(齋壇)을 설치
하여 불경을 외고 예불한 뒤에 그친다. [10] 나라의 서북쪽으로 2백여 리를
가면 한 시장이 있는데, '상수(上水)'라고 하며, 운남의 '후문(後門)'과 통할 수
있다. 이곳에는 현지인[番人] 5백~6백 가구가 사는데, 각종 외래 상품을 파
는 자들이 있다. 붉은 '마사긍적(馬斯肯的)'이라는 돌은 이곳에서 파는 사람
이 많다. 이 돌은 붉은 야쿠트[紅雅姑]보다는 못하지만, 밝고 깨끗하기가 석
류알 같다. 중국 보선이 시암[暹羅]에 이르면, 또한, 작은 배를 타고 가서 매
매한다. [11] 이 나라에는 황속향(黃速香), **나곡향**(羅斛香), 강진향(降眞香), 침향
(沈香), 화리목(花梨木), 백두구(白豆蔻), 대풍자(大風子), 혈갈(血竭), **등황**(藤黃),
소목(蘇木), 화석(花錫), 상아(象牙), 취모(翠毛) 등의 물품이 난다. 소목은 땔나
무처럼 널리 분포하는데, 색이 다른 나라에서 나는 것보다 훨씬 우수하다.
이상한 짐승으로 흰 코끼리[白象], 사자(獅子), 고양이[貓], 흰쥐[白鼠]가 있다.
채소류는 참파[占城]와 같다. 술에는 미주(米酒), 야자주(椰子酒)가 있으며 **모
두 소주**(燒酒)**로 매우 싸다.** 소, 양, 닭, 오리 등등의 가축이 모두 있다. [12]
나라의 말은 광동 **시골말과** 사뭇 비슷하다. [13] 민속은 요란하고 음란하며,
수상 전투를 잘 익혀, **상시로** 수하 장군[部領]을 보내 이웃 나라들을 토벌한
다. [14] **해파**(海䰄)를 돈으로 충당하여 사용하고, 금·은·구리로 만든 돈이
든 구애되지 않고 모두 사용한다. 다만 중국 역대 동전은 사용하지 않는다.
[15] **왕은 두목을 보내** 소목, 강진향 **등을** 중국에 바친다.

말라카 왕국[滿剌加國]

[1] 自占城向正南, 好風船行八日到龍牙門, 入門往西行, 二日可到. 此處舊不稱國, 因海有五嶼之名, 遂名曰五嶼. 無國王, 止有頭目掌管. 此地屬暹羅所轄, 歲輸金四十兩, 否則差人征伐. 永樂七年己丑, 上命正使太監鄭和等齎詔勅, 賜頭目雙臺銀印 · 冠帶 · 袍服, 建碑封城, 遂名滿剌加國, 是後暹羅莫敢侵擾. 其頭目蒙恩爲王, **携子挈妻**赴京朝謝, 貢進方物, 朝廷又賜與海船回國守土. [2] 其國東南是大海, 西北是老岸連山, **沙鹵之地**. 氣候朝熱暮寒, 田瘦穀薄, 人少耕種. 有一大溪, 河水下流, 從王居前過, 入海. 其王於溪上建立木橋, 上造橋亭二十餘間, 諸物買賣俱在其上. [3] 國王國人皆從回回敎門, 持齋**受戒**. [4] 其王服, 用以細白番布纏頭, 身穿細花青布**如袍長衣**, 脚穿皮鞋, 出入乘轎. 國人男子方帕包頭, 女人撮髻腦後. 身體微黑, 下圍白布**各色**手巾, 上穿色布短衫. [5] 風俗淳樸. 房屋如樓閣之制, 上不鋪板, 但高四尺許之際, 以椰子樹劈成片條, 稀布於上, 用藤縛定, 如平棚樣, 自有層次. 連牀就榻, 盤膝而坐, 飲臥**竈廁**皆在上也. 人多以漁爲業, 用獨木刳舟泛海取魚. [6] 土産黃速香 · 烏木 · 打麻兒香 · 花錫之類. 打麻兒香本是一等樹脂, 流出入土, 掘出如松香 · 瀝青之樣, **火點即着**, 番人皆以此物點照當燈. 番船造完, **則熔此物, 塗抹於外**, 水莫能入, 甚好. **彼人多採取**轉賣他國. 內有明淨好者, 卻似金珀一樣, 名損都盧廝. 番人做成帽珠而賣, 今水珀卽此物也. [7] 花錫**出**二處山塢錫場, 王命頭目主之, 差人淘

煎, 鑄成斗樣**小塊, 輸官**. 每塊重官秤一斤八兩, 或一斤四兩. 每十塊用藤
縛爲小把, 四十塊爲一大把. 通市交易皆以此錫行使. [8] 國語幷書記‧**婚
喪**之禮, 頗與<u>爪哇</u>同. [9] 山野有一等樹, 名沙孤樹, 鄉人以此**樹皮**, 如<u>中國</u>
葛根搗浸, 澄濾其粉, 作丸如菉豆大, 晒干而賣, **名沙孤米, 作飯喫**. [10] 海
之洲渚岸邊生一等水草, 名茭葦. 葉長如**刀矛**樣, 似苦笋, 殻厚, 性軟. 結子
如荔枝樣, 雞子大. 人取其子釀酒, 名茭葦酒, 飲之亦能醉人. 鄉人取其葉,
結**成**細簟. 止闊二尺, 長丈餘, 爲席而賣. [11] 果有甘蔗‧巴蕉子‧波羅
蜜‧野荔枝之類. 菜蔥‧薑‧蒜‧芥‧東瓜‧西瓜皆有. [12] 牛‧羊‧雞‧
鴨雖有而不多, **價貴**. 其水牛一頭直銀一斤以上, 驢‧馬皆無. 其海邊水內
常有**龜**龍傷人, 其龍高三四尺, 四足, 滿身鱗甲, 背刺排生. 龍頭撩牙, 遇人
卽嚙. 山出黑虎, 比<u>中國</u>黃虎略小, 其毛黑**色**, 亦有暗花紋. **黃虎亦有**. 國中
有虎化爲人, 入市混人而行, 自有識者, 擒而殺之. 如占城屍頭蠻, 此處亦
有. [13] <u>中國</u>寶船到彼, 則立排柵, **城垣**設四門更鼓樓, 夜則提鈴巡警. 內又
立重柵, **小城**蓋造庫藏倉廠, 一應錢糧頓在其內. 去各國船隻**俱**回, 到此處
取齊, 打整番貨, 裝載**停當**, 等候南風正順, 於五月中旬開洋回還. [14] 其國
王亦自采辦方物, 挈妻子帶領頭目, 駕船跟隨**回洋**寶船赴闕進貢.

[1] 참파[占城]에서 정남쪽으로 순풍에 배를 타고 8일을 가면 싱가포르 해
협[龍牙門]에 도착하고, 문에 들어가 서쪽으로 가면 이틀 만에 이를 수 있다.
이곳은 옛날부터 나라로 불리지 않았고, 바다에 다섯 개의 섬이 있어서 '오
서(五嶼)'라고 불렸을 뿐이다. 국왕은 없고 다만 두목만 있다. 이곳은 시암[暹
羅]의 관할에 속하여, 해마다 금 40냥을 보내는데, 보내지 않으면 사람들을
보내 정벌했다. 영락 7년(1409), 기축년에 황제는 정사 태감 정화 등에게 조
칙을 **가지고 가서** 두목에게 은 인장 한 쌍, 관대, 도포를 하사하게 하고, 기

넘비를 세워 성을 봉하게 하여 마침내 '만랄가국(滿剌加國)'으로 불리게 되었다. 이후로 시암[暹羅]이 감히 침략하여 소란을 피우지 못했다. 그 두목이 성은을 입어 왕이 되자, **아들과 아내를 데리고** 도읍으로 와서 천자를 뵙고 감사의 뜻을 표하며 방물을 바치자, 조정에서는 또 해선(海船)을 하사하여 나라로 돌아가 국토를 수호하도록 하였다. [2] 나라의 동남쪽은 대해이고, 서북쪽은 오래된 해안으로 산들과 닿아 있는데, 모래와 소금의 땅이다. 기후는 아침에는 덥고 저녁에는 추우며, 밭은 척박하고 곡물은 빈약하여 사람들은 밭을 갈아 파종하는 일이 적다. 큰 강[溪]이 있는데 강물은 아래로 흘러, 왕이 사는 집 앞을 따라 흘러 바다로 들어간다. 왕은 시내에 나무다리를 세우고, 그 다리 위에 정자 20여 칸을 지었는데, 모든 물품의 매매가 그 위에서 이루어진다. [3] 국왕과 나라 사람들은 모두 이슬람교를 따라, 재계하고 **계를 받는다.** [4] 왕의 복식은 그곳의 가늘고 흰 베로 머리를 싸매고, 몸에는 세세한 꽃문양과 푸른 베로 만든 **도포 같은** 긴 옷을 입으며 발에는 가죽신을 신고, 출입에는 가마를 탄다. 나라 사람 중 남자는 네모난 머리띠로 머리를 싸매고, 여인은 머리 뒤로 몽둥이 모양으로 묶는다. 신체는 조금 검으며, 아래는 흰 천 [또는] **각색의** 수건을 두르고, 위에는 색이 들어간 베로 만든 짧은 적삼을 입는다. [5] 풍속은 순박하다. 집은 누각 같은 형식인데, 위에는 판자를 깔지 않고, 다만 높이가 4척쯤 되는 곳에 야자나무를 쪼개 조각으로 만들어 그 위에 드문드문 깔고, 등나무로 묶어 고정하면, 평평한 사다리[平栅]처럼, 자연스럽게 층이 생긴다. 침상을 붙여 평상을 만들고, 양반다리를 하고 앉으며, 먹는 곳, 자는 곳, **아궁이**[竈], **뒷일 보는 곳**[厠] 모두 그 위에 있다. 사람들은 물고기 잡는 것을 생업으로 삼고, 통나무를 파내어 배를 만들어 바다로 나가 물고기를 잡는다. [6] 땅에는 황속향(黃速香), 오목(烏木), 타마르 향[打麻兒香], 화석(花錫) 등이 난다. 타마르[打麻兒]는 원래 일종의 수지로 흘러나와 흙으로 들어가는데. 송진[松香], 역청(瀝青)처럼 파내어 **불을 붙이면 붙는다**. 현지인들 모두 이것으로 등불을 켠다. 이곳의 선박들은 다 건조하면 **이것을 녹여 겉에 바른다**. 방수에 매우 좋다. **여기 사람들이 많이 채취하여** 다른 나라에 팔러 다닌다. 속이 투명하고 아주 깨끗한 것이 있는데, 연노랑 호박[金珀]과 비슷하여 '손도로시(損都盧廝)'라고 한다. 현지인들은 모자[tengkolok]의 구슬로 만들어 파는데, 오늘날 '물방울 호박[水珀]'이라는 것이 바로 이것이다. [7] 화석(花錫)은 두 산골의 주석 시장에서 **나는데**, 왕은 두목에게 명하여 그곳을 주관하게 한다. 사람들을 보내 일어 내고 녹여 국자 모양의 **작은 덩어리로 주조하여 관청으로 보내도록 한다**. 매 덩어리는 중국 저울로 1근 8냥 혹은 1근 4냥이 나간다. 열 개의 덩어리를 등나무로 묶은 것을 '소파(小把)'라고 하고 40덩어리는 '1대파(大把)'라고 한다. 시장의 교역은 모두 이 주석을 사용한다. [8] 나라의 언어[國語], 서법, **혼례와 상례**는 사뭇 자바[爪哇]와 같다. [9] 야산에는 '사구[沙孤] 나무'라는 한 종류의 나무가 있는데, 마을 사람들은 이 **나무의 껍질**을 중국의 칡뿌리처럼 찧고 가라앉게 한 다음, 그 가루를 맑게 걸러 녹두 크기로 환을 만들고 햇볕에 말려 파는데, **'사고미(沙孤米)'라고 하며,** [그것으로] **밥을 지어 먹는다.** [10] 바다의 섬 해안 주변에는 일종의 수초가 자라는데 '카장[茭葦]'이라 한다. 잎은 칼이나 **창처럼** 길고, 죽순[苦笋]처럼 껍질은 두꺼우며, 성질은 부드럽다. 열매는 리치[荔枝] 모양이고 달걀처럼 크다. 사람들이 그 열매를 따서 담은 술을 '교장주'라 하는데, 마시면 사람을 취하게 할 수도 있다. 마을 사람들이 그 잎을 따서, **촘촘한 삿자리를 짠다**[成細簟]. 폭은 겨우 2척, 길이는 1장 남짓으로 자리를 만들어 판다. [11] 과일에는 사탕수수[甘蔗], 바나나[芭蕉子], 잭푸르트[波羅密], 야생 리치[荔枝] 등이 있다. 채소에는 파[蔥], 생강[薑], 마늘[蒜], 겨자[芥], 동아[東瓜], 수박[西瓜]이 모두 있다. [12] 소, 양, 닭, 오리는 있지만, 많지 않고, **값이 비싸다.** 그 물소는 한 마리에 은 1근 이상의 값이 나가며, 나귀와 말은 모두 없다. 바닷가 물속에는 항상 악어[龜龍]가 있어 사람을 해치는데, 이 악어[龜龍]는 키가 3~4척이고, 네 개의 발이 있으며, 온몸에 비늘과 갑이 있고, 배에는 가시가 가지런하게 나 있다. 악어[龜龍]의 머리에는 돋은 이빨이 있어 사람을 만나면 곧바로 물어 버린다. 산에는 검은 호랑이가 나는데, 중국의 황호(黃虎)에 비하여 좀 작으며, 그 털은 흑색이고, 어두운 꽃문양도 있다. **황호도 있다.** 나라 안에는 사람행세를 하는 호랑이가 있어, 시장으로 들어가 사람들과 섞여 다니는데, 당연히 알아보는 사람들이 잡아 죽여 버린다. 참파의 시두만(屍頭蠻) 같은 것이 이곳에도 있다. [13] **중국** 보선이 그곳에 이르면, 울타리를 세우고, **성 담장**에는 네 문과 고루(鼓樓)를 설치해 두고, 밤에는 방울을 들고 순찰한다. 안에는 또 이중으로 울타리를 세우고, **작은 성**에는 지붕을 덮어 창고와 곳간을 만들어 일체의 돈, 식량을 그 안에 넣어 둔다. 각국으로 갔던[보낸] 배들이 모두 돌아와 이곳에 모이면, [그들이 가져온] 외국 상품들을 정리하여 **적당히 실어 두었다가**[停當], 남풍이 순해질 때를 기다려, 5월 중순이면 바다로 나가 돌아간다. [14] 국왕도 직접 방물을 골라 마련하여, 처자를 데리고, 두목들을 대동시켜, 배를 타고 **바다로 돌아가는** 보선을 따라 대궐에 이르러 공물을 헌상했다.

06

아루 왕국[亞魯國]

[1] 自滿剌加國開船, 好風行四晝夜可到. 其國**有淡水港一條**, 入港到國. **其國**南是大山, 北是大海, 西連蘇門答剌國界, 東有平地, 堪種旱稻, 米粒細小, 糧食頗有. [2] 民以耕漁爲業, 風俗淳朴. 國語婚喪等事, 皆與爪哇・滿剌加國相同. 貨用稀少, 棉布**番名考泥**. 米穀・牛・羊・雞・鴨甚廣. 乳酪多有賣者. [3] 其國王國人皆是**回回**人. [4] 山林中出一等飛虎, 如猫大, 遍身毛灰色, 有肉翅, 如蝙蝠一般. 但前足肉翅生連後足, 能飛不遠. 人或有獲得者, 不服家食卽死. [5] 土產黃速香・金銀香之類. 乃小國也.

[1] 말라카[滿剌加]에서 배를 타고 순풍에 나흘 밤낮을 가면 도착할 수 있다. **한 갈래 담수의 항구가 있어** 그 항구로 들어가 나라[도읍]에 이른다. 이 나라 남쪽은 큰 산이고, 북쪽은 큰 바다이며, 서쪽은 사무드라[蘇門答剌]와 나라 경계가 닿아 있으며, 동쪽에는 평지가 있어 밭벼[旱稻]를 심을 수 있고, 그 쌀 알갱이는 가늘고 작으며, 식량이 **제법 많다**. [2] 백성들은 밭 가는 것과 물고기 잡는 것을 생업으로 삼으며, 풍속은 순박하다. 나라의 말, 혼인, 상례 등의 일은 모두 자바[爪哇], 말라카 왕국[滿剌加國]과 같다. 생활용품은 희소하고, 면포는 **현지 말로** '고니(考泥)'라고 부른다. 미곡(米穀), 소, 양, 닭, 오리가 가장 널리 분포하고, 유락(乳酪, 동물의 젖을 발효시킨 제품)을 파는 자가 많이 있다. [3] 국왕과 나라 사람들 모두 아랍인들이다. [4] 산 숲에는 나는

호랑이 같은 것[飛虎]이 나는데, 고양이처럼 크고, 몸 한쪽의 털은 회색이며, 살로 이루어진 날개가 있어 마치 박쥐와 같다. 다만 앞발의 살 날개가 뒷발과 연이어 나 있어, 날 수는 있지만 멀리 가지는 못한다. 사람에게 잡히기라도 한 것들은 집에서 사육되지 못하고 죽는다. [5] 땅에는 황속향(黃速香), 금은향(金銀香) 같은 것들이 난다. 작은 나라이다.

Didik Pradjoko, 『Atlas Pelabuhan-Pelabuhan Bersejarah di Indonesia』, Jakarta, 2013, 85쪽. 끄므난(Kemenyan).

[1] <u>蘇門答剌國</u>, 卽<u>古須文達那國</u>是也. 其處乃西洋之總路, 寶船自<u>滿剌加國</u>向西南, 好風五晝夜, 先到濱海一村, 名<u>荅魯蠻</u>. 繫船, 往東南十餘里可到. [2] 其國無城郭, 有一**大溪**, 流出於海. 一日二次潮水長落, 其海口浪大, **常有船隻**沈沒. 其國南去有百里數之遠, 是大深山, 北是大海, 東亦是大山, 至<u>阿魯國</u>界. 正西邊大海, 山連小國二處, 先至<u>那孤兒王</u>界, 又至<u>黎代王</u>界.

[3] 其<u>蘇門答剌國</u>王, 先被<u>那孤兒</u>花面王侵掠, 戰鬪身中藥箭而死. 有一子幼小, 不能**爲**父報仇. 其王之妻與衆誓曰, **若**有能報夫死之讐, 復全其地者, 吾願妻之, 共主國事. 言訖, 本處有一漁翁, 奮志而言, 我能報之. 遂領兵衆, 當先殺敗<u>花面王</u>, 復雪其讐. 花面王被殺, 其衆退伏, 不敢侵擾. **王妻不負**前盟, 卽與漁翁配合, 稱爲老王, 家室地賦之**政**, 悉聽老王裁制. <u>永樂</u>七年, 效職進貢方物, 而沐天恩. <u>永樂</u>十年復至其國. 其先王之子長成, 陰與部領合謀弒義父漁翁, 奪其位, 管其國. 漁翁有嫡子名<u>蘇幹剌</u>, 領衆挈家逃去鄰山, 自立一寨, 不時率衆侵, 復父讐. <u>永樂</u>十三年, 正使太監<u>鄭和</u>等統領大綜寶船到彼, 發兵擒獲<u>蘇幹剌</u>, 赴闕明正其罪. 其王子感荷聖恩, 常貢方物於朝廷. [4] 其國四時氣候不齊, 朝熱如夏, 暮寒如秋. 五月七月間亦有瘴氣. 山產硫黃, 出於巖穴之中. 其山不生草木, 土石皆焦黃色. 田土不廣, 惟種旱稻, 一年二熟. 大小二麥皆無. [5] 其胡椒, 倚山居住人家置園種之, 藤蔓而生, 若<u>中國廣東</u>甜菜樣. 開花**黃白**, 結椒成實. **生靑老紅**, 候其半老之

時, **擇採**晒干貨賣. 其椒粒虛大者, **乃**此處椒也. 每官秤一百斤, 彼處賣金錢**八箇**, 直銀一兩. [6] 果有芭蕉子・甘蔗・莽吉柿・波羅蜜之類. 有一等臭果, 番名賭爾焉, 如<u>中國</u>水雞頭樣, 長八九寸, 皮生尖刺, 熟則五六瓣裂開, 若爛牛肉之臭. 內有栗子大酥白肉十四五塊, 甚甜美可食. **中有子**, 炒而食之, 其味如栗. **柑橘**甚廣, 四時常有. 若洞庭獅柑・綠橘樣, **不酸**, 可以久留不爛. 又一等酸子, 番名**俺拔**. 如大消梨樣, 頗長, 綠皮, 其氣香烈. **欲食**, 去其皮, **挑**切外肉而食, 酸甜甚美, 核如雞子大. 其桃李等果俱無. 蔬菜有蔥・蒜・薑・芥, 東瓜至廣, 長久不壞. 西瓜綠皮紅子, 有長二三尺者. [7] 人家廣養黃牛, 乳酪多有賣者. 羊皆黑毛, 竝無白者. 雞無騸者, 番人不識扇雞. 惟有**竹雞**. 雄雞大者六七斤, 略煑便軟, 其味甚美, 絕勝別國之雞. 鴨脚低矮, 大有五六斤者. 桑樹亦有, 人家養蠶, 不會繰絲, 只會做**綿**. [8] 其國風俗淳厚. **言語婚喪男婦**穿拌衣服等事, 皆與<u>滿剌加國</u>相同. 其民之屋, **如樓起造**, 七八尺高, **不布閣柵, 亦不鋪板**, 止用椰子木・桄榔木劈成條片, 以藤縛定, 再鋪藤簟于**其上而居**. 高處亦鋪閣柵. [9] 此處多有番船往來, **所以諸般**番貨多有賣者. 其國使金錢・錫錢, 金錢番名底那兒, 以七成淡金鑄造, 每箇圓徑官寸**五分**, 面底有紋. 官秤**五分五釐**. 錫錢番名加失, 凡買賣**則以錫錢使用**. [10] <u>那孤兒王</u>, 又名花面王. **在<u>蘇門答剌國</u>西**, **地相連**, 止是一大山村. 但所管人民皆於面上刺三尖靑花爲號, 所以稱爲花面王. 地方不廣, 人民祇有千餘家, 田少人多, 以耕陸爲生. 米糧稀少, 猪・羊・雞・鴨皆有. 言語動用與<u>蘇門答剌國</u>相同, 土無出產, 乃小國也.

[1] 사무드라 왕국[蘇門答剌國]은 바로 옛날 수문달나국(須文達那國)이다. 이곳은 '서양'의 요충지로, 보선(寶船)들은 말라카 왕국에서 서남쪽으로 향해 가서 순풍에 닷새 밤낮으로 가면 먼저 바닷가에 임해 있는 한 촌락에 이르

는데, '답로만(荅魯蠻)'이라고 한다. 배를 대고 동남쪽으로 10여 리를 가면 도착할 수 있다. [2] 이 나라에는 성곽(城郭)이 없으며, **큰 강물**[大溪]이 바다로 흘러든다. 하루에 두 차례 조수의 출입이 있고, 바다 어귀에는 파도가 커서 **항상 선박들이** 침몰한다. 나라의 남쪽으로 1백여 리 멀리 떨어진 곳은 거대하고 깊은 산이고, 북쪽으로는 대해이며, 동쪽에도 큰 산인데, 아루[阿魯] 왕국의 경계에 이른다. 정서쪽은 대해로, **산이** 두 작은 나라를 연결하고 있는데, 먼저 나쿠르[那孤兒] 왕국의 경계에 이르고, 또 리데[黎代] 왕국의 경계에 이른다. [3] 사무드라 국왕은 앞서 나쿠르 화면왕(花面王)의 침략을 받고 전투 중에 독화살을 맞고 죽었다. 어린 아들이 있었으나 아버지를 위해 복수할 수 없었다. 그 왕의 아내가 사람들에게 맹세하여 말하기를 "**만약** 남편의 죽음을 복수하고 그 땅을 다시 온전히 되돌리는 자가 있다면, 나는 그의 아내가 되어 나랏일을 함께 다스리겠다"라고 하였다. 말이 끝나자, 그곳의 한 늙은 어부[漁翁]가 뜻을 밝히며, "내가 복수해 줄 수 있소"라고 하였다. 마침내 병사들을 이끌고 먼저 화면왕을 죽여 물리치고 복수했다. 화면왕이 피살되자 그의 무리가 물러나, 감히 침략하여 소란스럽게 하지 않았다. **왕의 아내는** 이에 이전의 맹세를 **저버리지 않고**, 곧바로 어옹과 결혼하여 '노왕(老王)'이라 부르고, 왕실과 땅, 세금 등의 **정사**[政]는 모두 노왕의 결재에 따랐다. 영락 7년(1409)에 직무를 다해 방물을 헌상하고, 천자의 은혜를 입었다. 영락 10년(1412) 다시 그들 나라에 돌아오자, 그 선왕의 아들이 장성하여 암암리 부령들과 모의하여 의부인 늙은 어부를 죽이고, 그 자리를 빼앗아 나라를 다스렸다. 늙은 어부에게는 '소간랄(蘇幹剌)'이란 적장자가 있었는데, 무리와 식솔을 거느리고 인근 산으로 도망가 독자적으로 산채를 세웠다가, 불시에 무리를 이끌고 침략하여 아버지의 원수를 갚았다[갚고자 했다]. 영락 13년(1415) 정사 태감 정화 등이 대종(大椋)의 보선을 이끌고 이곳에 이르렀다가, 병사들을 파견하여 소간랄을 사로잡았다. 대궐로 데려가 그의 죄를 밝히고 바로잡았다. 그 왕의 아들이 성은에 감복하여 항상 조정에 방물을 바쳤다. [4] 이 나라의 사계절 기후는 고르지 않고, 아침에는 여름처럼 덥고, 저녁에는 가을처럼 춥다. 5월과 7월 사이에는 장기(瘴氣, 말라리아)가 있다. 산에서는 유황이 바위 동굴에서 나온다. 그 산에는 초목이 자라지 않고, 흙과 바위 모두 누르스름[焦黃色]하다. 농토는 넓지 않고, 밭벼[旱稻]만 심을 뿐이며, 1년에 두 번 익는다. 대맥이나 소맥 모두 없다. [5] 후추[胡椒]는 산에 의지하여 사는 사람들이 텃밭을 두고 심는데, 등나무 넝쿨처럼 자라, 중국 광동의 사탕무[甜菜]와 같다. 꽃이 피어 **황백색**이면, 후추가 열리고 열매가 된다. **갓 난 것은 푸르고, 익은 것은 붉은데**, 반쯤 익었을 때를 기다렸다가, **골라** 따서, 햇볕에 말린 다음, 상품으로 판다. 후추 알갱이가 속이 비고 큰 것이 바로 이곳 후추이다. 중국 저울로 1백 근은 이곳에서 금전 **8개**에 팔리고 은 1냥의 값어치이다. [6] 과일에는 바나나[芭蕉子], 사탕수수[甘蔗], 망고스틴[莽吉柿], 잭푸르트[波羅蜜] 등이 있다. 냄새가 나는 과일이 있는데, 현지에서는 '두리안[睹爾焉]'이라 부른다. 중국의 수계두(水雞頭)와 같고 길이는 8~9촌이며, 껍질에는 뾰족한 가시가 나 있고, 익으면 5~6개의 판(瓣)이 찢어져 열리며, 마치 소고기가 썩는 냄새가 난다. 안에는 밤처럼 뽀얀 과육 14~15덩어리가 있는데 매우 달고 먹을 만하다. 그 안에 씨가 있어 볶아서 먹으면 그 맛이 밤과 같다. **감귤**(柑橘)이 매우 널리 분포하고, 사계절이 항상 있다. 동정호의 사귤(獅橘), 녹귤(綠橘)과 같고, **시지 않으며**, 썩지 않아 오래 두어도 된다. 또 현지의 말로는 '암바[俺拔]'라고 하는 매우 신 과일이 있는데 큰 소리(消梨) 모양이나 좀 길고 껍질은 녹색이며, 그 향기가 강렬하다. **먹으려면 그 껍질을 제거하고** 과육을 잘라 내어 먹는데 새콤달콤하여 매우 맛있다. 씨는 달걀처럼 크다. 복숭아와 오얏 등은 모두 없다. 채소에

는 파[蔥], 마늘[蒜], 생강[薑], 겨자[芥]가 있고, 동아[東瓜]는 널리 분포하며 오래
되어도 문드러지지 않는다. 수박[西瓜]은 초록 표피에 씨가 붉으며, 2~3척이
나 큰 것도 있다. [7] 인가에서는 황우를 많이 길러, 유락(乳酪)을 파는 사람
이 많다. 양은 모두 검은 털이고, 흰 것은 전혀 없다. 거세한 닭이 없어 그
곳 사람들은 선계(扇雞, 거세한 닭)는 알지 못하고, **죽계**(竹雞)만 있을 뿐이다.
수컷 중에 큰 것은 6~7근이 나가고, 살짝 삶으면 더 부드럽고 맛이 매우 좋
아, 다른 나라의 닭들보다 훨씬 뛰어나다. 오리의 다리는 뭉떵하고 작은데,
큰 것으로 5~6근 나가는 것이 있다. 뽕나무도 있어, 인가에서 양잠하지만,
실을 잣을 줄은 모르고 다만 **비단 솜만** 만들 수 있다. [8] 이 나라의 풍속은
순후하다. **언어, 혼 · 상례, 남녀가** 입고 치장하는 의복 등의 일들은 모두
말라카 왕국과 같다. 그곳에 사는 사람들의 집은 누대처럼 세워 짓는데,
7~8척의 높이이고, 누각의 울타리는 하지 않고 또 판자도 깔지 않는다. 다
만 야자, 빈랑나무를 쪼개 조각으로 만들어 등나무로 **묶고 고정한 다음 다**
시 등나무 자리를 그 위에 깔고 생활하는데, 높은 곳에는 또한, 누각의 울
타리를 설치한다. [9] 이곳에는 외국 선박의 왕래가 **잦아 제반 외국 상품을**
파는 자들이 많다. 이 나라에는 금전(金錢)과 주석 돈[錫錢]을 사용하는데, 금
전은 이곳에서 '디나르[底那兒]'라고 하고, 순금 7할을 섞어 주조한 것으로 각
동전의 지름은 중국 촌(寸)으로 **5푼**이며, **배면에는** 문양(또는 글자)이 있다.
중국 저울로 5푼 5리이다. 주석 돈은 이곳에서 '카르샤[加失]'라 하는데, 모든
매매는 **항상 주석 돈을 사용한다.** [10] 나쿠르[那孤兒]의 왕은 '화면왕(花面王)'
이라고도 한다. **사무드라 왕국 서쪽에 있고, 땅은 서로 붙어 있는데,** 큰 산
촌에 불과할 따름이다. 단 관리하는 사람들은 모두 얼굴에 세 곳이 뾰족한
푸른 꽃을 새겨 호칭으로 삼기 때문에 '화면왕'이라 부른다. 땅은 넓지 않
고, 백성들도 1천여 가구가 있을 뿐이다. 밭은 적고 사람은 많아 땅을 경작

하는 것을 생업으로 삼지만, 식량이 매우 적고, 돼지, 양, 닭, 오리가 모두 있다. 언어, 행동거지·용품[動·用]은 사무드라 왕국과 서로 같으며, 땅에는 나는 것이 없는 작은 나라이다.

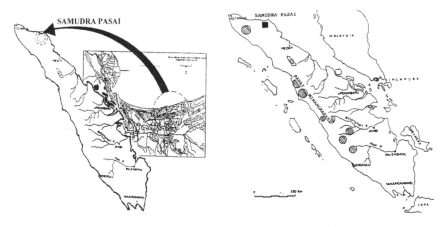

Susanto Zuhdi, 『Pasai Kota Pelabuhan Jalan Sutra』, Jakarta, 1997, 78~79쪽.

리데 왕국[黎代國]

黎代, 亦小邦也. 在那孤兒之西北. 此處南是大山, 北臨大海, 西連南淳里國爲界. 國人一二千家, 自推一人爲王, 以主其國事, 屬蘇門答剌國所管. 土無所產, 言語動用與蘇門答剌同. 山有野犀牛至多, 王亦差人捕獲, 隨同蘇門答剌國進貢朝廷.

리데[黎代] 또한 작은 나라이다. **나쿠르**[那孤兒]**의 서북쪽에 있다.** 이곳의 남쪽은 큰 산이고, 북쪽은 대해에 임해 있고, 서쪽으로는 람브리 왕국[南淳里國]과 닿아 경계를 이룬다. 나라 사람들은 1천~2천 가구이고, 한 사람을 추대하여 왕으로 삼고 나랏일을 주관하게 하며, 사무드라 왕국의 관할에 속한다. 땅에는 나는 것이 없고, 언어, 행동거지·용품[動·用]은 사무드라 왕국과 같다. 산에는 야생 코뿔소[犀牛]가 아주 많은데, 왕도 사람을 보내 포획하여, 사무드라 왕국을 따라와 함께 **조정에** 방물을 바쳤다.

람브리 왕국[南浡里國]

[1] 自蘇門答剌往正西, 好風行三晝夜可到. 其國邊海, 人民止有**千家餘**, 皆是回回人, 甚是朴實. 地方東接黎代王界, 西北皆臨大海, 南去是山, 山之南又是大海. 國王亦是回回人. [2] 王居屋處, 用大木, 高三四丈, 如樓起造, 樓下俱無裝飾, 縱放牛羊牲畜在下. **止將樓上四邊用板**, **裝修甚潔**, 坐臥食處皆在其上. 民居之屋, 與蘇門答剌國同. [3] 其處黃牛·水牛·山羊·雞·鴨**皆有**, 蔬菜少 魚蝦甚賤, 米穀**亦少**. 使用銅錢. 山產降眞香, 此處至好, 名蓮花降. 幷有犀牛. [4] 國之西北海內有一大平頂峻山, 半日可到, 名**帽山**. **山之西大海**, 正是西洋也, 番名那沒嚟洋. 西來過洋船隻收帆, 俱**投**此山爲准. [5] 其山邊二丈上下淺水內生海樹, 彼人撈取爲寶物貨賣, 卽珊瑚**樹**也. 其樹大者高二三尺, 根頭有一大拇**指大**, 如墨之沈黑, 如玉石之溫潤, **稍有**椏枝, 婆娑可愛. 根頭大處可碾爲帽珠器物. [6] 其帽山腳下亦有居民二三十家, 各自稱爲王. 若問其姓名, 則曰, 阿菰喇楂, 我便是**王答**. 或問其次, 則曰, 阿菰喇楂, 我亦是王, 甚可笑也. 其**地屬南浡里國**所轄. [7] 其南浡里王常跟寶船, 將降眞香等物貢於**朝廷**.

[1] 사무드라[蘇門答剌]에서 정서쪽으로 가서, 순풍에 사흘 밤낮을 가면 도착할 수 있다. 이 나라는 바닷가에 있고, 백성들은 **1천여 가구**에 불과하지만, 모두 아랍인들이며 매우 소박하다. 땅은 동쪽으로 리데 왕국[黎代王]의

경계와 접해 있고, 서북쪽은 모두 대해에 임해 있으며, 남쪽으로 가면 산이고, 산의 남쪽은 또한 대해이다. 국왕 또한 아랍인[回回人]이다. [2] 왕의 거처는 큰 나무를 사용하는데, 높이가 3~4장이고, 누대처럼 세워 만들며, 누대 아래에는 장식이 전혀 없고 그 아래에 소, 양, 가축을 풀어 기른다. 다만 누대 위는 **사방에 판자를 사용하고, 장식이 매우 정결하며,** 앉거나 눕거나 밥을 먹는 곳이 모두 그 위에 있다. 민간인이 사는 집은 사무드라 왕국과 같다. [3] 이곳에는 황우(黃牛), 수우(水牛), 산양, 닭, 오리는 모두 있으나 채소는 적다. 물고기와 새우는 지천이나 미곡은 역시 적다. 동전을 사용한다. 산에는 강진향(降眞香)이 나는데, 이곳이 가장 좋으며, '연화강(蓮花降)'이라 부른다. 아울러 코뿔소[犀牛]가 있다. [4] 나라의 서북쪽 바다에는 꼭대기가 평평한 험준한 산이 하나 있다. 반나절이면 이를 수 있는데, '모산(帽山)'이라 한다. **산[섬]의 서쪽은 대해인데,** 바로 '서양(西洋)'이다. 현지에서는 '나몰리 바다[那沒嚟洋]'라고 한다. 서쪽에서 대양을 지나오는 선박들은 돛을 접고, 모두 이 산[섬]을 향하여 기준으로 삼는다. [5] 이 산[섬] 옆에 위아래로 2장(丈)의 얕은 물에는 해수(海樹)가 자라는데, 그곳 사람들은 [그것을] 건져 올려 보물로 여기며 상품으로 파는데 바로 산호수(珊瑚樹)이다. 그 나무 중에 큰 것은 2~3척이고, 뿌리에는 엄지손가락만 한 큰 것이 있는데, 먹처럼 새까맣고, 옥석처럼 따뜻하며 윤기가 나고, **끝에는** 아귀[椏枝]가 있어 아름답고 예쁘다. 뿌리가 큰 곳은 갈아서 모자 구슬과 기물을 만들 수 있다. [6] 모산(帽山) 기슭 아래에는 또한 20~30여 가구의 주민이 있는데, 각기 자신을 '왕'이라 한다. 성명을 물으면, "아고라사(阿菰喇楂)이고, 내가 바로 왕이다"라고 대답한다. **그다음** 사람에게 물어봐도, "아고라사이고 나도 왕이다"라고 하니 매우 가소롭다. 이 땅은 람브리[南浡里] 왕국의 관할에 속한다. [7] 이 람브리 왕은 항상 보선을 따라와, 강진향 등의 물품을 **조정에** 바쳤다.

[1] 自帽山南放洋, 好風向東北行三日, 見翠藍山在海中. 其山三四座, 惟一山最高大, 番名桉篤蠻山. 彼處之人巢居穴處, 男女赤體, 皆無寸絲, 如獸畜之形. 土不出米, 惟食山芋·波羅蜜·芭蕉子之類, 或海中捕魚蝦而食. 人傳云, 若有寸布在身, 卽生爛瘡. 昔釋迦佛過海, 於此處登岸, 脫衣入水澡浴, 彼人盜藏其衣, 被釋迦呪誓, 以此至今人不能穿衣, 俗言出卵塢, 卽此地也. [2] 過此投正西, 船行七八日, 見鶯歌嘴山. 再三兩日, 到佛堂山, 纔到錫蘭國馬頭名別羅里, 泊船, 登岸陸行. 海邊山脚光石上有一足跡, 長二尺許, 云是釋迦從翠藍山來, 從此登岸, 脚踏, 此跡存焉. 中有淺水不乾, 人皆手蘸其水洗面拭目, 曰佛水清淨. 左有佛寺, 內有釋迦佛混身側臥, 尚存不朽. 其寢座用各樣寶石妝嵌, 沉香木爲之, 甚是華麗, 及有佛牙幷活舍利子等物在堂. 其釋迦涅槃, 正此處也. [3] 去北四五十里, 纔到王居之處. 國王係鎖俚人氏, 崇信釋教, 尊敬象牛. 人將牛糞燒灰, 遍搽其體, 不敢食牛, 止食其乳. 如有牛死, 卽埋之, 若私宰牛者, 王法罪死, 或納牛頭大金以贖其罪. 王之居址, 大家小戶每日侵晨將牛糞用水調稀, 遍塗屋下地面, 然後拜佛. 兩手直舒於前, 兩腿直伸於後, 胸腹皆着地而爲拜. [4] 王居之側有一大山, 侵雲高聳, 山頂有人脚跡一箇, 入石深二尺, 長八尺餘. 云是人祖阿聃聖人, 卽盤古之足跡也. [5] 此山內出紅雅姑·靑雅姑·黃雅姑·靑米藍石·昔剌泥·窟沒藍等一切寶石皆有. 每有大雨, 冲出土, 流下沙中, 尋拾

則有. 常言寶石乃是人祖眼泪結成. [6] 其海中有雪白浮沙一片, **日照其沙**, 光采瀲灩, 日有珍珠螺蚌聚集沙上. 其王置一珠池, 二三年一次令人取螺蚌傾入池中**作爛**, **差人看守**, **水淘珠出**, 納官. 亦有偷盜**賣者**. [7] 其國地廣人稠, 亞於爪哇, 民俗饒富. 男子上身赤膊, 下圍色絲**嵌**手巾, 加以壓腰. **鬚鬢幷**滿身毫毛俱剃淨, 止留其髮, 用白布纏頭. 如有父母死者, 其鬚毛卽不剃, 此爲孝禮. 婦人撮髻腦後, 下圍白布. 其新生小兒則剃頭, **女則髻髻**不剃, 就養至成人. [8] **人無酥油牛乳不食飯**. 人欲食飯, 則於暗處潛食, 不令人見. **檳榔**荖葉不絕於口. 米穀・芝蔴・菉豆皆有, 惟無**麵**麥. 椰子至多, 油・糖・酒・**飯皆將**此物借造而食. [9] 人死則**火化埋骨**. 其喪家聚親鄰之婦, 都將兩手齊拍胸乳而叫號哭泣爲禮. [10] 果有芭蕉子・波羅蜜, 甘蔗・瓜・茄・蔬菜・牛・羊・雞・鴨皆有. [11] 王以金爲錢, 通行使用, 每錢一箇重官秤一分六釐. 中國麝香・紵絲・色絹・靑磁盤碗・銅錢・樟腦, 甚喜, 則將寶石珍珠換易. [12] 王常差人賫**珍珠**・寶石等物, 隨同回洋寶船進貢**朝廷**.

[1] 모산(帽山) 남쪽에서 대양으로 나가 순풍에 동북쪽으로 3일을 가면 바다 가운데 니코바르[翠藍山]가 보인다. 이 섬은 3~4개 좌(座)로 되어 있고, 섬한 개가 가장 높고 큰데, 그곳 사람들은 '안다만섬[桉篤蠻山]'이라고 한다. 그곳의 사람들은 동굴에 깃들어 사는데 남녀 모두 나체이며 실오라기 하나 걸치지 않아 짐승처럼 생겼다. 땅에서는 쌀이 나지 않고 산토란[山芋], 잭푸르트[波羅蜜], 바나나[芭蕉子]를 먹으며 혹은 바다에서 물고기와 새우를 잡아먹기도 한다. 사람들이 전하는 말에 따르면, 몸에 약간의 천만 걸쳐도 부스럼이 생긴다고 한다. 옛날 석가불(釋迦佛)이 바다를 지나며 이곳 해안에 올라 옷을 벗고 씻었는데 그 사람들이 그의 옷을 훔쳐 숨겨 버렸다. 이에 석

가(釋迦)의 **저주**[呪誓]**를** 받아 지금까지 사람들은 옷을 입지 못한다고 한다. 민간에서 '출란오(出卵塢)'[또는 출란서(出卵嶼)]라고 하는 곳이 바로 이 땅이다. [2] 이곳을 지나 **정**서쪽으로 배를 타고 7~8일을 가면 앵가취산(鶯歌嘴山)이 보인다. 다시 이틀을 가면 불당산(佛堂山)에 이르러서야 '별라리(別羅里)'라고 부르는 실론[錫蘭國]의 도회지에 도착하는데, **배를 정박시키고** 해안으로 올라 육지로 간다. **해변의** 산 아래 빛나는 돌 위에는 발자국 하나가 있는데, 길이는 2척쯤이다. 석가모니가 니코바르[翠藍山]에서 와서, **이곳으로** 뭍에 오를 때, **밟아서 이러한** 발자국이 남았다고 한다. [발자국] 안에 있는 얕은 물은 마르지 않아 사람들은 모두 손을 그 물에 담가 얼굴과 목을 씻으며, "부처의 물이 청정하다"라고 한다. 왼쪽에는 불교 사원이 있는데, 안에는 석가모니불 전신이 옆으로 누워 있지만, 여전히 썩지 않고 남아 있다. 그 누워 있는 자리는 각양의 보석으로 장식하고 상감하고, 침향(沈香)나무로 만들어 매우 화려하며, **그리고** 당에는 부처의 치아와 생생한 사리[活舍利子] 등의 물품들이 있다. 석가모니가 열반에 든 곳이 바로 이곳이다. [3] **북쪽으로 40~50리를 가면**, 왕이 사는 곳에 이른다. 국왕은 촐라[鎖俚] 사람의 성씨이고, 불교를 신봉하며, 코끼리와 소를 존숭한다. 사람들은 소똥을 태운 재를 몸에 골고루 바르며, **감히 소를 먹지 못하고** 단지 그 우유만을 먹는다. 소가 죽으면 매장하고, 사사로이 소를 잡은 자는 왕의 법으로 사형에 처하고, 혹 소머리 크기의 금을 바치면 그 죄를 면제받는다. 왕의 거처와 큰 집 작은 집 할 것 없이 **새벽마다** 소똥을 물과 섞어 집 아래 땅에 골고루 바른 다음 예불한다. 두 손은 앞으로 쭉 펴고, 두 다리는 뒤로 쭉 뻗쳐 가슴과 배 모두 땅에 **붙여서** 절한다. [4] 왕의 거처 측면에는 큰 산이 있는데, 구름을 찌를 듯 높이 솟아 있고, 산꼭대기에는 사람의 발자국이 하나 있다. 들어간 돌의 깊이는 2척이고 길이는 8척 남짓이다. 사람의 조상인 아담(阿

聘) 성인, 즉 반고(盤古)의 발자국이라고 한다. [5] 이 산 안에는 붉은 야쿠트[紅雅姑], 푸른 야쿠트[靑雅姑], 노란 야쿠트[黃雅姑], 청미람석(靑米藍石), 석랄니(昔剌泥), 굴몰람(窟沒藍) 등 일체의 보석이 모두 있다. 큰비가 내릴 때마다 흙에서 나온 것들이 모래 속으로 흘러 들어가므로 찾아 주우면 된다. 이러한 보석들은 바로 인조(人祖, 아담성인)의 눈물이 맺혀 만들어진 것이라고 늘 말한다. [6] 그 바다에는 하얗게 떠 있는 듯한 모래사장 한 조각이 있다. **해가** 그 모래사장을 비추면, 광채가 찬란하게 반짝이는데, 그 사장에 진주가 나는 나합조개[珍珠螺蚌]들이 몰려든다고 **한다.** 왕은 진주 연못[珠池] 한 곳을 마련하여, 2, 3년마다 한 번씩 사람을 보내 채취한 나합들을 **연못에 쏟아 넣어 썩히고, 사람을 보내 지켰다가, 물로 진주를 씻어 내** 관청에 바치게 한다. 몰래 훔쳐서 **파는** 사람들도 있다. [7] 이 나라의 땅은 넓고 사람은 조밀하여, 자바[爪哇]에 버금가며 민속은 풍요롭다. 남자들은 상반신을 그대로 드러내고, 아래는 유색 명주실로 짠 수건을 두르며 압요(壓腰)를 더한다. **살쩍[鬢], 수염[鬚]**, 온몸의 털은 모두 깎아 말끔하며, 그 머리털만 남겨 두고, 흰 천으로 머리를 싸맨다. 부모가 죽은 자는 수염은 깎지 않는 것이 효도이다. 부인들은 머리 뒤로 상투를 매고, 아래는 흰 천을 두른다. 신생아는 머리를 자르고, **여자아이는 다박머리[鬌髻]를 하며** 자르지 않고, 성인이 될 때까지 기른다. [8] **사람들은** 수유(酥油, 유제품)와 우유가 없으면 밥을 먹지 않는다. 사람들이 밥을 먹으려면, 어두운 곳에서 먹고 다른 사람이 보지 않게 한다. **빈랑(檳榔)**, 부엽(莩葉)을 입에서 떼지 않는다. 미곡(米穀), 참깨[芝麻], 녹두(菉豆) 모두 있지만, **소맥[麵麥]만** 없다. 야자가 매우 많아, 기름, 당(糖), 술, **밥 모두** 이것으로 만들어 먹는다. [9] 사람이 죽으면 화장하여 **뼈를** 매장한다. 상가에는 친척과 이웃의 부인들이 모여서 모두 두 손으로 일제히 젖가슴을 치며 울부짖고 통곡하는 것을 예로 여긴다. [10] 과일에는 바나나[芭蕉子], 잭푸르트[波羅蜜] 등이 있고, 사탕수수[甘蔗], 오이[瓜], 가지, 채소, 소, 양, 닭, 오리가 모두 있다. [11] 왕은 금으로 돈을 만들어 유통하여 사용하는데, 금전 1개의 무게는 중국 저울로 1푼 6리이다. 중국의 사향(麝香), 저사(紵絲), 색이 들어간 비단[色絹], 청자반완(靑磁盤碗), 동전(銅錢), 장뇌(樟腦)를 매우 좋아하여 보석, 진주와 교역한다. [12] 왕은 항상 사람을 보내 **진주와 보석 등의** 물품을 가지고, 바다에서 돌아오는 보선을 따라와, **조정에** 바쳤다.

John Christopher Willis(1868~1958), 『Ceylon, a handbook for the resident and the traveller』, Colombo, 1907. 씻은 조개에서 진주를 골라내는 정부 잠수부들.

퀼론 왕국[小葛蘭國]

[1] 自錫蘭國馬頭名別羅里開船, 往西北, 好風行六晝夜, **到**小葛蘭國. 其國邊海, 東連大山, 西是大海, 南北**地狹, 連海**而居. [2] 國王國人皆鎖俚人氏. 崇信釋敎, 尊敬象牛, **婚喪等事**與**錫蘭國**同. [3] 土産蘇木·胡椒不多, 其果菜之類皆有. 牛羊**頗異, 羊毛靑, 脚**高二三尺. 黃牛有三四百斤者. 酥油多有賣者. 人一日二湌, 皆用酥油拌飯而食. [4] 王以金鑄錢, 每個重官秤二分, 通行使用. [5] 雖是**小國**, 其王亦將方物差人, 貢於**朝廷**.

[1] 실론 왕국[錫蘭國]의 '별라리(別羅里)'라고 하는 부두에서 서북쪽으로 가서 순풍에 엿새 밤낮을 가면 **퀼론 왕국에** 도착한다. 이 나라는 바닷가에 있고, 동쪽은 큰 산이 이어져 있고, 서쪽은 대해이며, 남북의 **땅은 좁고, 바다와 연접해** 있다. [2] 국왕과 나라 사람들은 모두 촐라[鎖俚] 사람이다. 불교를 신봉하며, 코끼리와 소를 경배하고, 혼인과 장례 등의 일은 실론 왕국과 같다. [3] 땅에는 소목(蘇木), 후추[胡椒]가 나지만 많지 않고, 과일과 채소류는 모두 있다. 소와 양은 **사뭇 다른데, 그 양은 털이 푸르고, 다리는 길며, 키는 2~3척이다.** 황우(黃牛) 중에는 3백~4백 근 나가는 것이 있다. 수유(酥油, 유제품)를 파는 사람이 많다. 사람들은 하루에 두 끼를 먹고, 모두 수유를 밥에 섞어 먹는다. [4] 왕은 금으로 돈을 주조하는데, 1개당 중국 저울로 2푼이 나가고, [그것을] 유통해 사용한다. [5] 비록 **작은 나라**지만, 그 왕은 또한 방물을 들려 사람을 보내 **조정에** 바쳤다.

[1] 自小葛蘭國開船, 沿山投西北, 好風行一晝夜, 到其國港口泊船. **其國東**是大山, 西臨大海, 南北邊海, 有路可往鄰國. [2] 其**國王亦鎖俚**人氏. 頭纏黃白布, 上不穿衣, 下圍紵絲手巾, 再用顏色紵絲一匹纏之於腰, 名曰壓腰. 其頭目及富人服用與王者頗同. [3] 民居之屋, 用椰子木起造, 用椰子葉編成片如草苫樣蓋之, 雨不能漏. 家家用磚泥砌一土庫, 止分大小, **家**有細軟之物, 俱放於內, 以防火盜. [4] 國有五等人. 一等名南**毘**, 與王同類, 內有剃頭掛線在頸者, 最爲貴族. 二等**回回**人. 三等人名哲地, **皆是**有錢財主. 四等人名革令, 專與人作牙保. 五等人名木瓜. [5] 木瓜者, 至低賤之人也, 至今此輩**俱**在海濱居住, 房簷高不過三尺, 高者有罪. 其穿衣上不過臍, 下不過膝, **或**其出於**路**, 如遇南**毘**·哲地人, 卽伏於**地**, **候**哲地等過**則**起而復行. 其木瓜之輩, 專以漁樵及擡負**重物**爲生, 官不容穿長衣, **經商買賣, 如中國傭人**一般. [6] 其國王崇信佛敎, 尊敬象牛, 建造佛殿, 以銅鑄佛像. 用靑石砌**其佛座, 周圍**砌成水溝, 傍穿一井. 每日侵晨, 則鳴鍾擊鼓, 汲井水, 於佛頂澆之再三, 衆皆羅拜而退. [7] 另有一等人名濁肌, 卽道人也, 亦有妻子. 此輩自出母胎, 髮不經剃, 亦不梳篦, 以酥油等物將髮搓成條縷**如氈**, 或十餘**縷**, 或七八**縷**, 披拽腦後. 卻將**黃牛糞**燒成白灰, 遍搽其體, 上下**無衣**, 止用如拇指大黃藤兩**條**緊縛其腰, 又以白布爲**捎**. 手拿大海螺, 常吹而行. 其妻略以布遮其醜, 隨夫而行. 此等卽出家人, 倘到人家, 則與錢米等物.

[8] 其地氣候常煖如夏, 竝無霜雪. 每年至二三月, 夜間則下陣雨一二次, 人家即整蓋房屋, 備辦食用. 至五六月, 晝夜間下滂沱大雨, 街市成河, 人莫能行. 大家小戶坐候雨信過. 七月纔晴, 到八月半後晴起, 點雨皆無, 直至次年二三月又下雨. 常言半年下雨半年晴, 正此處也. [9] 土無他出, 祇出胡椒, 人多置園圃種椒爲産業. 每年椒熟, 本處自有收椒大戶收買, 置倉盛頓, 待各處番商來買. 論播荷說價, 每播荷該番秤二百五十封剌, 每封剌該秤十斤, 計官秤十六斤, 每播荷該官秤四千斤. 賣彼處金錢或一百箇, 或九十箇, 直銀五兩. [10] 名稱哲地者, 皆是財主, 專一收買下寶石·珍珠·香貨之類, 候中國寶船或別國番船客人來買, 珍珠以分數論價而賣. 且如珠每顆重三分半者, 賣彼處金錢一千八百箇, 直銀一百兩. 珊瑚枝梗, 其哲地論斤重買下, 顧倩匠人, 剪斷車旋成珠, 洗磨光淨, 亦秤分兩而賣. [11] 王以九成金鑄錢行使, 名曰法南. 重官秤一分一釐. 又以銀爲錢, 比海螺蚫醫大. 每個約重官秤四釐, 名曰答兒. 每金錢一箇, 倒換銀錢十五個, 街市零用, 則以此錢行使. [12] 國人婚喪之禮, 各依本類不同. [13] 米·粟·麻·荳·黍·稷皆有, 止無大小二麥. 象·馬·牛·羊·犬·猫·雞·鴨皆有, 只無驢與鵝爾. [14] 國王亦差頭目隨共回洋寶船將方物進貢朝廷.

[1] 퀼론 왕국[小葛蘭國]에서 배를 타고 산을 따라서 서북쪽으로, 순풍에 밤낮으로 하루를 가면, 그 나라 항구에 이르러 정박한다. 이 나라의 동쪽은 큰 산이고, 서쪽은 대해에 임해 있고, 남북의 바닷가에는 길이 있어 이웃 나라로 갈 수 있다. [2] 이 나라 왕도 촐라[鎖俚] 사람의 성씨이다. 황백의 베[黃白布]로 머리를 싸매고, 위에는 옷을 입지 않고, 아래는 저사(紵絲) 수건으로 두른 다음 다시 유색의 저사 한 필로 허리를 싸매는데, '압요(壓腰)'라고 한다. 두목들과 부자들이 입는 옷은 왕과 사뭇 같다. [3] 사람들이 사는 집

은 야자나무를 사용하여 짓는데, 야자 잎을 짚으로 만든 한 조각 풀 거적[草篛]처럼 짜서 덮지만, 비는 새어 들지 않는다. 집마다 진흙 벽돌을 쌓아 흙 창고[土庫] 하나를 만드는데, 크고 작은 구분만 있을 뿐이다. **집에 약하고 부드러운 물건이 있으면** 모두 안에 넣어 화재와 도난을 막는다. [4] 나라에는 다섯 등급의 사람이 있다. 하나는 '**남비**(南毘)'라 하는데, 왕과 같은 부류이며, 그중에는 머리를 깎고 목에 선[끈]을 두른 자도 있는데, 가장 귀족이다. 두 번째는 회회인(回回人)이다. 세 번째는 '철지(哲地)'라고 하는데, **모두 돈이** 있는 물주이다. 네 번째는 '혁령(革令)'이라 하고, 중개와 보증하는 일을 한다. 다섯 번째는 '목과(木瓜)'라고 한다. [5] '목과'는 가장 낮은 사람들로, 현재 이 무리는 **모두** 바닷가에 거주하며, 집의 처마는 3척을 넘지 못하고 높게 지으면 죄가 된다. 그들이 입는 옷으로, 상의는 배꼽을 넘지 못하고, 하의는 무릎을 넘지 못하며, **혹** 길에 나갔다가 **남비**(南毘)나 철지인을 만나면 땅에 엎드렸다가 철지인 등이 지나가기를 기다려 일어나 **다시** 간다. **이** 목과인들은 오로지 물고기를 잡거나 나무를 하거나, **무거운 물건을 지는 일**을 생업으로 삼으며, 관청에서는 [그들이] 긴 옷을 입거나 **통상 매매를 허락하지 않는데, 중국의 광대들**[儺人]**과 같다.** [6] 이 나라의 왕은 불교를 신봉하고 코끼리와 소를 경배하며, 불전(佛殿)과 청동으로 불상을 만든다. 청석(靑石)으로 **불좌**(佛座)**를 쌓고, 주위에** 물도랑을 돌을 쌓아 만들고 옆에는 우물을 파 놓았다. 매일 아침이면 종을 울리고 북을 치며, 우물물을 길어, 불상의 머리를 두세 차례 씻어 내면, 사람들이 모두 늘어서서 절하고 물러난다. [7] 이 밖에 '탁기(濁騰)'라는 한 부류의 사람들은 도인(道人)들인데도 처자가 있다. 이 무리는 어머니의 배에서 나면서부터 머리털을 자른 적이 없고, 빗질도 하지 않으며, 수유(酥油) 등으로 머리를 비벼 **양탄자**[氈]**처럼** 몇 가닥으로 만드는데, 혹은 10여 **갈래**[縷], 혹은 7~8**갈래**[縷]로 만들어 머리 뒤로 나눠 늘어뜨린다. 그렇지만 **황우의 똥**을 불에 태워 흰 재로 만든 다음 그 몸에 두루 바르며, 위아래에는 **옷을 입지 않고**, 다만 손가락 굵기의 누런 등나무로 허리를 두 갈래로 싸매거나 또 흰 베로 **사롱**[㨤]을 두르기도 한다. 손에는 큰 바다 소라를 들고 항상 불면서 다닌다. 그 아내는 대충 천으로 그 추한 부분을 가리고, 남편을 따라다닌다. 이들이 바로 출가한 사람으로, [이들이] 인가에 이르면, 돈과 쌀 등의 물품을 준다. [8] **이곳의** 기후는 항상 여름처럼 따뜻하고, 서리와 눈은 [전혀] 없다. 매년 2~3월이 되어 **야간에** 한두 차례 **소나기**[陣雨]가 내리면 **인가에서는** 집 지붕을 정리하여 덮고, 식량과 용품을 마련한다. 5~6월이 되면 밤낮으로 큰비가 질펀하게 내려, 거리와 시장은 강을 이뤄 사람들이 다닐 수 없다. 큰 집 작은 집 할 것 없이 비가 빨리 지나가기만 기다린다. 7월에 개이기 시작하여 8월 중반 이후에야 청명해져, 한 방울의 비도 내리지 않다가 줄곧 다음 해 2~3월에 다시 비가 내린다. 늘 말하기를 "반년은 비가 내리고 반년은 개어 있다"라고 하더니 바로 이곳이다. [9] 땅에서 나는 다른 것은 없고 오직 후추[胡椒]만 나는데, 사람들 대부분이 텃밭을 만들어 후추 심는 일을 **산업으로** 삼는다. 매년 후추가 익으면 그곳에서 수확한 후추를 수매하는 대호(大戶)가 있어 창고에 가득 쌓아 **두었다가** 여러 곳의 외국 상인들이 와서 사 가기를 기다린다. 바하르[播荷][단위]로 값을 흥정하는데, 매 바하르는 그곳 저울로 **250** 파르실라[封剌]에 해당하고, **매 파르실라**는 그곳 저울로 10근에 해당하며, 중국 저울로는 16근에 달하여, **매 바하르**는 중국 저울로 **4,000근**에 해당한다. 그곳에서는 금전 1백 개 혹은 90개에 팔리며, 은 5냥의 값어치이다. [10] '철지'라고 하는 사람들은 모두 물주로, 전문적으로 보석, 진주, 향료 등을 수매해 두면, 중국 **보선**이나 다른 나라의 뱃사람들이 와서 사 가는데, 진주는 숫자를 나누어 값을 매겨 **판다.** 또 진주 중에 한 알이 3푼 반짜리가 있으면, 그곳에서는 금전

1,800개에 팔리고, 은 100냥의 값어치이다. 산호수(珊瑚樹)의 가지는 철지인들이 근으로 달아 수매하는데, 장인을 고용하여 자르고, 물레에 돌려 구슬을 만들고 썻고 연마하여 광택을 낸다. 또한 푼이나 **냥**(兩)으로 달아 **팔기도**한다. [11] 왕은 순금 9할이 들어간 것으로 주화를 만들어 유통하는데, '파남[法南]'이라 하고, 무게는 중국 저울로 1푼 1리 나간다. 또 은으로도 주화를 만드는데, 바다 **우렁 딱지**[海螺蛳醬]보다는 크다. 개당 **대략** 중국 저울로 4리 **나가며**, '타르[㳠兒]'라고 한다. 금전 한 개에 은전 15개로 바꾸는데, **거리 시장에서 자질구레하게 쓸 때는 이 돈을 유통해 사용한다.** [12] 나라 사람들의 혼례와 상례는 **각기 원 부류에 따르므로** 같지 않다. [13] 쌀[米], 조[粟], 참마[薥], 콩[豆], 찰기장[黍], 메기장[稷] 모두 있지만 대맥, 소맥은 없다. 코끼리, 말, 소, 양, 개, 고양이, 닭, 오리가 모두 있지만, **나귀와 거위만** 없을 뿐이다. [14] 왕은 또한 두목을 선발하여, 바다에서 돌아오는 보선을 따라가 방물을 **조정에** 바치게 했다.

[1] 卽西洋大國. 從柯枝國港口開船, 往西北行, 三日可到. 其國邊海, 山遠東有五七百里, 遠通坎巴夷國. 西臨大海, 南連柯枝國界, 北邊相接狠奴兒國地面, 西洋大國正此地也. [2] 永樂五年, 朝廷命正使太監鄭和等齎詔敕, 賜其王誥命銀印, 陞賞各頭目品級及冠帶. 統領大䑸寶船到彼, 起建碑亭, 立石云, 去中國十萬餘里, 民物熙皥, 大同風俗, 刻石于茲, 永示萬世. [3] 國王係南毘人, 崇信佛敎, 欽敬象牛. 國人亦有五等, 回回 · 南毘 · 哲地 · 革令 · 木瓜. [4] 王是南毘人, 不食牛肉, 大頭目是回回人, 不食猪肉. 先王與回回人誓定, 爾不食猪, 我不食牛, 互相禁忌, 至今尙然. 王以銅鑄佛像, 名乃納兒, 起造佛殿, 以銅鑄瓦而蓋之. 佛座傍掘井, 每日侵晨, 王至汲水浴佛, 拜訖, 令人收取黃牛夜抛淨糞於銅盆內, 用水調薄, 遍擦塗殿內地面牆壁. 其王府頭目富家, 每早亦用牛糞塗擦擦塗. 又將牛糞燒成研細, 用好布爲小袋盛灰, 常帶在身. 每早侵晨洗面, 取牛糞灰水調, 些須搽其額幷兩股, 日間各三次, 此爲敬佛敬牛之誠. [5] 傳云, 昔有一聖人名某些, 立敎化, 人人知其是眞天, 皆欽從. 以後聖人因往他所, 令其弟名撒沒嚟掌管敎人, 其弟心起矯妄, 鑄一金犢, 曰, 此是聖主, 敬之則有靈驗. 敎人聽命崇敬, 其金牛日常糞金, 人得金, 心變而忘天道, 皆以牛爲眞主. 後某些聖人回還, 見敎人被其弟惑壞, 遂廢其牛, 而欲罪其弟, 其弟騎一大象遁去. 後人懸望其還, 若言月初, 則言月中必至, 及至月中, 又言月盡必至. 至今望之不絶. 南

昆人敬象牛由此故也. [6] 王有大頭目二人, 掌管國事, 俱是回回人, 國人大率皆奉回回教門. 禮拜寺有二三十處, 七日一次禮拜. 至日, 舉家齋沐, 諸事不幹. 已午時, 大小男子到寺禮拜, 至未時方散回家, 纔做買賣交易等事. 人甚誠信, 狀貌濟楚標致. [7] 其二大頭目受中國朝廷陞賞, 若寶船到彼, 全憑二人主爲買賣. 王差頭目并哲地·米納凡書算手·官·牙人來, 會領艍大人, 議擇某日打價. 至日, 先將帶去錦綺等物, 逐一議價已定, 隨寫合同價數, 各收. 其頭目·哲地卽與內官大人衆手相拿, 其牙人則言某月某日, 於衆手中拍一掌, 已定, 或貴或賤, 再不悔改. 然後哲地·富戶各將寶石·珍珠·珊瑚等物來看議價, 非一日能定, 快則一月, 緩則二三月. 若價錢較議已定, 如買一主珍珠等物, 該價若干, 是原經手頭目米納凡計算, 該還紵絲等物若干, 照原打手之價交還, 毫厘無改. 彼之算法無算盤, 但以兩手兩腳并二十指計算, 毫釐無差, 甚異于常. [8] 王以六成金鑄錢行使, 名吧南, 每箇徑官寸三分八釐, 面底有紋, 重官秤一分. 又以銀爲小錢, 名搭兒, 每箇約重三釐, 零用此錢. [9] 衡法每番秤一錢, 該官秤八分, 每番秤一兩, 計十六錢, 該官秤一兩二錢八分. 番秤二十兩爲一斤, 該官秤一斤九兩六錢. 其番秤名法剌失, 秤之權釘定於衡末, 稱準則活動於衡中, 提起平爲定盤星, 稱物則移準向前. 止可秤十斤, 該官秤十六斤, 秤香貨之類, 二百斤番秤爲一播荷, 該官秤三百二十斤, 若稱胡椒, 二百五十斤爲一播荷, 該官秤四百斤. 凡稱一應巨細貨物, 多用天平對. 其量法, 官鑄銅爲升行使, 番名黨戛黎, 每升該官升一升六合. [10] 西洋布本國名撦黎布, 出於鄰境坎巴夷等處. 每疋闊四尺五寸, 長二丈五尺, 賣彼處金錢八箇或十箇. 國人亦將蠶絲練染各色, 織間道花手巾, 闊四五尺, 長一丈二三尺, 每條賣金錢一百箇. [11] 胡椒山鄉住人置園多種. 到十月間, 椒熟采摘曬幹而賣, 自有收椒大戶來收, 上官庫收貯. 若有買者, 官與發買, 見數計算, 稅錢納官. 每胡椒一播

荷, 賣金錢二百箇. 其哲地多收買下各色寶石·珍珠, 幷做下珊瑚珠等
物, 各處番船到彼, 國王亦差頭目幷寫字人等, 眼同而賣, 就取稅錢納官.
[12] 富家多種椰子樹, 或一千株, 或二千三千株爲産業. 其椰子有十般所
用. 嫩者有漿甚甜, 好喫, 可釀酒. 老者椰肉打油, 做糖, 做飯吃. 外包之穰,
打索, 造船. 椰殼爲碗, 爲杯, 又好燒灰打箱金銀細巧生活. 樹好造屋, 葉堪
蓋屋. [13] 蔬菜有芥菜·生薑·蘿蔔·胡荽·蔥·蒜·葫蘆·茄子, 菜瓜·
東瓜四時皆有. 又有一等小瓜如指大, 長二寸許, 如靑瓜之味, 其蔥紫皮,
如蒜, 頭大葉小, 稱觔而賣. 波羅蜜·芭蕉子廣有賣者. 木鱉子樹高十餘丈,
結子如綠柿樣, 內包其子三四十箇, 熟則自落. [14] 其蝙蝠如鷹之大, 都在
此樹上倒掛而歇. 米紅白皆有, 麥大小俱無. 其麵麥皆從別處販來. 雞·鴨
廣有, 無鵝. 羊腳高灰色, 似驢駒之樣. 水牛不甚大. 黃牛有三四百觔者, 人
不食其肉, 止食其乳酪, 人無酥油不吃飯, 其牛養至老死卽埋之. 各色海魚
極賤, 鹿兔亦有賣者. 人家多養孔雀. 禽有烏鴉·鷹·鷺·燕子, 其餘飛鳥
竝無. [15] 行術亦會彈唱, 以葫蘆殼爲樂器, 紅銅絲爲弦, 唱番歌相和而彈,
音韻堪聽. [16] 民俗婚喪之禮, 鎖俚人·回回人各依自家本等體例不同.
[17] 其王位不傳於子, 而傳於外甥. 傳甥之故止論女腹所生爲嫡族. 其王若
無姊妹, 傳之於弟, 若無弟, 遜與有德之人, 世代相仍如此. [18] 王法無鞭笞
之刑, 輕則截手斷足, 重則罰金誅戮, 甚則抄沒滅族. 人有犯法者, 拘之到
官, 卽伏其罪, 若事情冤枉不伏者, 則於王前或大頭目前, 置一鐵鍋, 盛油
四五十觔, 煎滾其油. 先以樹葉投, 試爆彈有聲, 遂令其人以右手二指煠於
油內片時, 待焦取出, 用布包裹封記, 監留在官. 二三日後聚衆開封視之,
若手爛潰, 其事不枉, 卽加以刑, 若手如舊不損, 則釋之, 頭目人等以鼓樂
禮送此人回家, 諸親鄰友饋禮相賀, 飮酒作樂, 最爲奇異. [19] 王用赤金五
十兩, 令番匠抽如髮細金絲, 結縮成片, 以各色寶石·珍珠廂成寶帶一條,

差頭目乃邦進奉**朝廷**.

[1] [캘리컷 왕국은] 바로 서양의 대국이다. 코치 왕국[柯枝國]의 항구에서 배를 타고 서북쪽으로 사흘을 가면 도착**할 수 있다**. 이 나라는 해변에 있고, 산은 멀리 동쪽으로 5백~7백 리나 되며, 멀리 코임바토르 왕국[坎巴夷國]과 통한다. 서쪽은 대해에 임해 있고, 남쪽은 코치 왕국과 경계를 맞대고 있고, 북쪽으로는 호노르 **왕국**[狠奴兒國]**의 땅과** 서로 붙어 있어, 서양 대국이 바로 이곳이다. [2] 영락 5년(1407)에, 조정[聖朝]에서 정사 태감 정화 등에게 명하여 조서를 가지고 가, 이 나라에 고명(誥命)과 은인(銀印)을 하사하고, 아울러 두목 각각 품급을 올려 주고, 관대(冠帶)를 하사하게 하였다. [정화 일행은] 대종의 보선을 통솔하여 이곳에 이르러, 비석 **정자**를 건립하고, 돌을 세워 "중국에서 십만여 리 떨어져 있어도 **안락하고 풍족하며, 풍속이 대략 같아**, 여기에 돌을 새겨, 영원히 만세에 보이노라"라고 하였다. [3] 국왕은 **남비**(南毘) 사람이고, 불교를 신봉하며, 코끼리와 소를 **경배**[欽敬]한다. 나라 사람들에는 **또한** 다섯 등급이 있는데, 회회[아랍], 남**비**, 철지, 혁령, 목과이다. [4] **왕은 남비인으로** 모두 소고기를 먹지 않고, 대두목들은 아랍인으로 모두 돼지고기를 먹지 않는다. 먼저 왕이 아랍인에게 약속하기를 "당신들이 **소고기를** 먹지 않으면, 나는 **돼지고기**를 먹지 않겠다"라고 하며 서로 금기하여 지금까지도 그러하다. 왕은 청동으로 '내납아(乃納兒)'라 부르는 불상을 만들고, 불전(佛殿)을 세워 청동으로 기와를 주조하여 **그것을** 덮는다. 그 불좌(佛座) 옆에는 우물을 파두어, 매일 새벽, 왕이 물을 길어 불상을 씻고, 예배를 마치면, 사람들에게 황소가 밤에 싼 신선한 똥을 청동 대야에 수집하게 하여, 물을 섞어 불전 안의 땅과 담장에 문질러 바른다. 왕족들, 두목, 부잣집 [사람들] 또한 매일 아침 **소똥을** 문질러 바른다. 또 소똥을 불에 태워 미세하게 갈아, 좋은 천으로 작은 포대를 만들어 그 재를 넣고 항상 몸에

지닌다. 매일 새벽 세수하고, 소똥 재를 물에 섞어 이마와 두 다리에 문질러 바르는 것을 **매일 각각 세** 차례씩 하는데, 이것이 [바로] 부처와 소를 경배하는 성심이다. [5] 전하여 이르기를, 옛날 '모세[某쁘]'라는 성인이 있었는데, 교화를 확립하자 사람들이 그가 '진짜 천사[眞天]'로 알고 **모두 흠모하며 따랐다.** 이후 성인은 다른 곳으로 가면서, 그 동생인 사메리(撒沒嚟)에게 교인들을 관장하게 하였는데, 그 동생에게 망령된 마음이 일어 금송아지 한 마리를 주조하고, "이것이 성주(聖主)이니, **경배하면** 영험이 있을 것이다"라고 하였다. **교인들은 그 명에 따라 이 황금 소를 경배했다.** [이 황금 소가] **매일 황금의 똥을 싸자** 사람들이 그 금을 얻으면서, 마음이 **변하여** 천도를 잊고, 소를 진짜 주인으로 여겼다. 나중에 모세[某쁘] 성인이 돌아와서, **교인들이 동생에게 미혹되어 망가진 것을 보고** 마침내 그 소를 없애고, 그 동생을 처벌하려 하자, 그 동생은 큰 코끼리를 타고 달아나 버렸다. 후세 사람들은 그의 귀환을 갈망하며, **월초면 중순에 돌아올 것이라 하고, 중순이 되면 월말에 반드시 올 것이라고 했다.** 지금까지도 바람은 끊어지지 않았다. 남비 사람들이 코끼리와 소를 경배하는 것은 이러한 까닭이다. [6] 왕에게는 대두목 두 사람이 있어 나랏일을 관장하는데, 모두 아랍인이다. 나라 사람들은 대부분이 모두 이슬람교를 믿는다. 예배당은 20~30개소가 있고, 7일마다 **한 차례** 예배한다. 예배일이 되면 온 식구가 목욕재계하고, 일하지 않는다. 오시(午時, 11~13시)가 되면, 대소의 남자들은 예배당에 가서 예배하고 미시(未時, 13~15시)에 흩어져 집으로 돌아가는데, 그제야 **매매 교역 등의 일을 본다.** 사람들은 매우 성실하며, 용모는 말끔하고, 풍채가 좋다. [7] 두 명의 대두목이 중국 조정에서 품급과 상을 받으므로, 보선이 이곳에 이르면, 전적으로 두 사람에 따라 주로 매매가 이루어진다. 왕은 두목, 철지, 기록하고 계산하는 미납범(米納凡), 관원, 중개인을 보내와, 값을 흥정할 날짜를 의논하여 고른다. 그날이 되면 먼저 가지고 갔던 비단류 등의 물건을 가져와 일일이 값을 의논하여 결정하고, 그에 따라 합의한 가격과 수량을 써서 각자가[쌍방이] 가진다. 그 두목과 철지들은 곧 내관 대인들과 여러 손을 서로 잡으면, 그 중개인이 "몇월 며칠에 여러 손 가운데 하나를 쳐, [값을] 결정했으므로, 비싸거나 싸거나 해도 다시는 후회하거나 고치지 못합니다"라고 말한다. 그런 다음 철지와 부호들이 각각 보석, 산호, 진주 등의 물건을 가져와 보여 주며 값을 의논하는데, 하루에 결정할 수 있는 것이 아니라, 빠르면 한 달, 늦으면 두세 달이 걸린다. 가격대로 홍정이 정해져, 어떤 주인에게 진주 등의 물건을 샀다면, 해당하는 값의 약간은 두목과 미납범의 손을 거쳐 계산된 것이므로, [그들에게] 저사(紵絲) 같은 물건의 약간을 상환해야 하는데, 애당초 손을 쳐 [결정한] 값에 따라 상환하며 조금도 고치지 않는다. 이들의 셈법은 주판[算盤]이 없어, 다만 두 손과 두 발 스무 개의 손가락과 발가락을 사용하여 계산하지만 조금도 틀림이 없으니, 일반적인 방식과는 매우 다르다. [8] 왕은 순금 6할의 합금으로 돈을 만들어 유통하는데, '파남[吧南]'이라 하고, 각 동전의 지름은 중국 촌(寸)으로 3푼 8리(1.15㎝)이고, 배면에는 문양(또는 문자)이 있으며, 중국 저울로 1푼이 나간다. 또한, 은으로 작은 동전을 만드는데, '타르[搭兒]'라고 하며, 각 동전은 약 3리(釐)의 무게가 나가고, 잔돈으로 이 동전을 사용한다. [9] 도량형법은, 현지 저울[番秤]로 1전(錢)은 중국 저울로 8푼에 해당하고, 번칭의 1냥은 16전이며, 중국 저울로 1냥 2전 8푼에 해당한다. 현지 저울 20냥은 1근이고, 중국 저울로 1근 9냥 6전에 해당한다. 이 현지 저울을 '법랄실(法剌失)'이라 하고, 저울의 추는 저울 끝에 고정하고, 표준[準]을 달면 저울 가운데에서 움직이는데, 평평하게 되면 정반성(定盤星, 저울의 최소단위)이 되고, 물건을 달 때는 표준을 앞으로 옮긴다. 단지 10근을 달 수 있는데, 중국 저울로 16근에 해당하며, 향료 등의 상품을 달 때, 200근은 현지 저울로 1바하르[播荷]가 되고, 중국 저울로 320근에 해당하며, 후추를 달 때, 250근이 1바하르가 되고, 중국 저울로 400근에 해당한다. **무릇 모든** 크고 작은 화물을 달 때는 대부분 **천평**(天平)**을 사용하여 무게를 잰다.** 양을 재는 법은 청동으로 되[升]를 주조하여 유통하는데, 그곳 말로 '당알려(黨戛黎)'라고 하며, 매 승(升)은 중국의 승으로 1승 6합에 해당한다. [10] 서양포(西洋布)는 그 나라에서 '차려포(撦黎布)'라고 하는데, 인근의 코임바토르[坎巴夷] 등지에서 난다. 매 필의 폭은 4척 5촌이며, 길이는 2장 5척으로, 그곳에서 금전 8개 혹은 10개에 팔린다. 나라 사람들은 또한 고치실[蠒絲]을 갖가지 색으로 물들여 사이사이에 꽃을 짜 넣은 수건을 짜는데, 폭은 4~5척이고, 길이는 1장 2~3척으로 매 건당 금전 1백 개에 팔린다. [11] 후추[胡椒]는 산골 마을에 사는 사람들이 텃밭을 만들어 많이 심는다. 10월 사이에 후추가 익으면 따서 햇볕에 말린 다음 판다. 원래 수확한 후추를 수매하는 대호(大戶, 부호)가 있어 상관의 창고에 거두어 저장한다. 살 사람이 관청의 수매 허락을 받으면, 수량을 보고 계산하고, 세금은 관청에 낸다. 후추 1파하는 금전 2백 개에 팔린다. 철지(哲地)들은 대부분 각색의 보석, 진주로 수매하거나 산호 구슬 등의 물품으로도 산다. 각처의 외래 선박이 이곳에 이르면, 국왕[王] 또한 두목과 서기 등을 파견하여 함께 모여 판매하고 세금을 거두어 관청에 내도록 한다. [12] 부잣집 대부분이 야자수(椰子樹), 1천 그루, 또는 2천~3천 그루를 심어 사업을 한다. 야자는 쓰임이 매우 많다. 어린 것에는 매우 단 즙이 있어 먹기 좋고, 술로 빚을 수 있다. 익은 것의 야자 과육은 기름을 짜고, 당(糖)을 만들고, 밥을 지어 먹는다. 바깥을 싸고 있는 지푸라기 같은 것은 새끼로 만들어 배를 만드는 데 쓴다. 야자 껍질은 그릇이나 술잔을 만들고, 또 잘 태운 재는 금은 세공의 생활 물품을 양감(鑲嵌, 이어 붙임)하는 데 쓴다. 야자수는 집을 만드는 데 좋고, 잎은 지붕을 **덮을 수 있다.** [13] 채소에는 겨자[芥菜], 생강(生薑), 당근[蘿蔔], 고수[胡荽], 파[蔥], 마늘[蒜], 호로(胡蘆), 가지[茄子]가 있고, 멜론[菜瓜]과 동아[東瓜]는 사시사철 모두 있다. 손가락 크기의 작은 오이가 있는데, 길이는 2촌쯤 되고, 오이[靑瓜] 같은 맛이다. 자주색 껍질의 파는 마늘 같은데, **머리는 크고 잎은 작아** 근으로 달아 판다. 잭푸르트[波羅蜜], 바나나[芭蕉子]는 두루 파는 사람이 있다. 목별자(木鱉子)는 키가 10여 장이고 열매는 푸른 감 같고, 안에는 씨가 30~40개 들어 있으며, 익으면 저절로 떨어진다. [14] 박쥐[蝙蝠]는 매[鷹]처럼 크고 모두 이 나무에 거꾸로 매달려 쉰다. 붉은 쌀, 흰 쌀 모두 있고 대맥과 소맥은 모두 없다. 밀[麵麥]은 모두 다른 곳에서 사 온다. 닭, 오리가 널리 분포하지만, 거위는 없다. 양의 다리는 크고 회색이며, **당나귀처럼 생겼다.** 물소[水牛]는 그렇게 크지는 않다. 황우(黃牛) 중에는 3백~4백 근 나가는 것도 있지만, 사람들은 그 고기를 먹지 않고, 다만 그 우유만을 먹으며, 사람들은 수유(酥油)가 없으면 밥을 먹지 않고, 그 소가 늙어 죽으면 매장한다. 각종 바닷물고기는 **매우** 싸고, 사슴과 토끼도 파는 사람이 있다. 인가에서는 공작(孔雀)을 많이 기른다. 날짐승에는 **까마귀**[烏鴉], **매**[鷹], **해오라기**[鷺], **제비**[燕子]**는 있지만 다른 날짐승은 전혀 없다.** [15] **항원**(行術)**에서도** 탄창(彈唱)을 할 수 있고, 호로박을 악기로 사용하며, 붉은 청동 철사[紅銅絲]로 현을 만들어 현지의 노래를 서로 부르며 연주하는데, [그] 음악을 들을 만하다. [16] 민속, 혼례와 상례는 촐라[鎖俚]인, 아랍인이 각각 고유한 의례를 따르므로 같지 않다. [17] 왕의 자리는 아들에게 전하지 않고 외종질[外甥]에게 전한다. 조카에게 전하는 까닭은 딸의 배에서 난 사람을 적자로 여기기 때문이다. 왕에게 자매가 없다면, 동생에게 전하고, 동생이 없으면 유덕한 사람에게 양보하는데, 대대로 이렇게 이어져 왔다. [18] 왕의 법률에 태형은 없고, **가벼우면** 손과 발을 자르고, 무거우면 벌금을 물리고 사형하며, 심하면 재산을 조사하여 압류하고 멸족한다. 법을 어긴 자가 있으면, 관청으로 잡아가 죄를 승복하게 하고, 만약 사정이 억울하여 승복하지 않는 자가 있으면, 왕이나 대두목 앞에 쇠솥을 놓고 기름 40~50근을 가득 넣고 **그 기름**을 끓인다. 먼저 나뭇잎을 넣어 터지는 소리가 있는지를 시험한 다음, 그 사람의 오른손의 손가락 두 개를 기름 속에 잠깐 넣어 데쳐, 시커멓게 되기를 기다렸다가 꺼내 베로 싸매고 봉하여 [날짜를?] 기록해 둔 채로 관청에서 감시하며 머물게 한다. 2~3일 뒤에 여러 사람이 모여 개봉하여 봤을 때 손이 문드러졌으면, 사정이 억울한 것이 아니므로 곧바로 형을 가하고, 손가락이 예전처럼 손상되지 않았다면, 풀어 주고, 두목 등의 사람들이 풍악을 울려 그 사람이 집으로 돌아가도록 예로써 전송하고, 친척들과 인근 벗들이 예물을 보내며, 서로 축하하며, 음주하고 **풍악을 울리는데, 가장 기이하다.** [19] **왕은** 좋은 적금(赤金) 50냥으로, 현지의 장인에게 터럭 같은 가는 금실을 뽑아내 얽고 짜서 얇은 편(片)을 만들고, 각색의 보석, **진주**를 이어 붙여 보대(寶帶) 하나를 만들게 하여, 두목 내방(乃邦)을 보내 **조정**에 바쳤다.

14 몰디브 왕국[溜山國]

[1] 自蘇門答剌開船, 過小帽山投西南, 好風行十日可到, 其國番名溮幹. 無城郭, 倚山聚居. 四圍皆海, 如洲渚一般, 地方不廣. 國之西去程途不等, 海中天生石門一座如城闕樣, 有八大處. 溜各有其名, 一曰沙溜, 二曰人不知溜, 三曰起來溜, 四曰麻裏奇溜, 五曰加半年溜, 六曰加加溜, 七曰安都里溜, 八曰官嶼溜. 此八處皆有所主, 而通商船. 再有小窄之溜, 傳云三千有餘, 所謂弱水三千, 正此處也. 其間人多巢居穴處, 不識米穀, 只捕魚蝦而食. 不解穿衣, 以樹葉遮其前後. 設遇風水不便, 舟師失針舵, 船過其溜, 落瀉水, 漸無力而沈, 大概行船謹防此也. [2] 溮幹國王・頭目・民庶皆是回回人. 風俗純美, 所行悉遵教門規矩. 人多以漁爲業, 種椰子爲生. [3] 男女體貌微黑, 男子白布纏頭, 下圍手巾. 婦人上穿短衣, 下亦以闊大手巾圍之. 又用闊大布手巾過頭遮蓋, 止露其面. [4] 婚喪之禮, 悉依教規而行. [5] 土産降眞香不多, 椰子甚廣, 各處來收買往別國貨賣. 有等小樣椰子殼, 彼人鏇做酒鍾, 以花棃木爲足, 用番漆漆其口足, 甚爲希罕. 其椰子外包之穰, 打成麤細繩索, 堆積在家, 各處番船亦來收買, 賣與別國, 造船等用. [6] 其造番船, 皆不用一釘, 止鑽其孔, 皆以此索聯縛, 加以木楔, 然後以番瀝靑塗縫, 水不能漏. [7] 其龍涎香, 漁者常於溜處采得, 如水浸瀝靑之樣, 嗅之無香, 火燒腥氣, 價高貴, 以銀對易. [8] 海䑉彼人採積如山, 奄爛內肉, 轉賣暹羅・榜葛剌等國, 當錢使用. [9] 其馬鮫魚切成手臂大塊, 曬幹, 倉屋收貯,

名曰溜魚. 各國亦來販買, 他處賣之. [10] 織一等絲嵌手巾, 甚密實長闊, 絕勝他處. 又有一等織金方帕, 男子纏頭可用. 其價有賣銀五兩之貴者. [11] 天之氣候常熱如夏. 土瘦, 米少, 無麥. 蔬菜不廣, 牛·羊·雞·鴨皆有, 餘無所出. [12] 王以銀鑄錢使用. [13] 中國寶船一二隻亦往彼處, 收買龍涎香·椰子等物. 乃一小邦也.

[1] 사무드라[蘇門答剌]에서 배를 타고 소모산(小帽山)을 지나 서남쪽으로, 순풍에 열흘을 가면 도착할 수 있다. 그 나라는 그곳 말로 '첩간(牒幹)'이라 한다. 성곽은 없고, 산에 기대 모여 산다. 사방은 모두 바다이며, 섬과 모래톱 같아 땅은 넓지 않다. 나라의 서쪽은 가는 길이 일정치 않고 바다에는 성궐 같은 천연의 석문 하나가 있으며, 여덟 개의 큰 곳이 있다. 유(溜)에는 각각의 이름이 있는데, 첫째는 사류(沙溜), 둘째는 인부지류(人不知溜), 셋째는 기래류(起來溜), 넷째는 마리기류(麻里奇溜), 다섯째는 가반년류(加半年溜), 여섯째는 가가류(加加溜), 일곱째는 안도리류(安都里溜), 여덟째는 관서류(官嶼溜)이다. 이 여덟 곳 모두 주인이 있고, 상선들이 통행한다. 또 아주 좁은 유(溜)도 있는데 전하기를 3천여 유(溜)가 있다고 하니, 소위 '약수삼천(弱水三千)'이라고 하는 곳이 바로 이곳이다. 그곳의 사람들은 대부분 나무에 집을 올려 살거나 동굴에서 살며, 미곡을 모르며, 단지 물고기와 새우를 잡아 먹는다. 옷 입는 것을 모르고, 나뭇잎으로 앞뒤를 가린다. 순조롭지 못한 비바람을 만나면, 뱃사람은 침위(針位)와 키를 잃어, 배는 그 유(溜)를 지나면서 그 급류로 빠져, 점점 힘을 잃고 침몰하므로 대체로 지나는 배들은 모두 조심스럽게 이에 대비한다. [2] '첩간'의 국왕, 두목, 서민들은 모두 아랍인[回回人]이다. 풍속은 순수하고 아름다우며, 행하는 것들은 모두 [그들] 종교의 규범에 따른다. 사람들은 대부분 물고기를 잡는 일을 생업으로 삼고,

야자를 심어서 살아간다. [3] 남녀의 체모는 약간 검으며, 남자는 흰 베로 머리를 싸매고 아래는 수건을 두른다. 부인들은 위에 짧은 옷을 입고, 아래는 또한 넓은 수건으로 두른다. 또한, 넓고 큰 수건으로 머리를 넘겨 가려 덮지만, 그 얼굴은 드러낸다. [4] 혼례와 상례는 모두 [이슬람교의] **규범에** 따라 행한다. [5] 토산으로 **강진향**(降眞香)**은 많지** 않지만, 야자는 매우 많아, 각처에서 와서 수매하여 다른 나라에 상품으로 판다. 작은 모양의 야자 껍질은 그곳 사람들이 **깎아 내**, 술그릇으로 만들고, 화리목(花梨木)으로 다리를 만들어, 그곳의 칠(漆)로 입구와 다리를 칠하는데, 매우 드물고 아름답다. 야자의 외피에 있는 **볏짚 같은 것**을 거칠거나 가늘게 새끼줄로 만들어 집에 쌓아 놓는다. 곳곳의 **외래 선박들도 와서** 수매하여 다른 나라에 판매하며, 배 등을 만드는 데 사용한다. [6] 그들이 배를 만들 때는 못을 사용하지 않고, 다만 구멍을 뚫어 이 새끼줄로 연결하며, 나무쐐기를 추가한 다음 현지의 역청(瀝青)으로 이음새를 바르면, 물이 새어들지 않는다. [7] 용연향(龍涎香)은, 어부들이 항상 유(溜)가 있는 곳에서 채취하는데, 물에 담근 역청 **모양으로,** 냄새를 맡아도 향기가 없고, **불에 태우면 비린내가 난다. 값은** 매우 비싸며, **은으로** 교역한다. [8] '해파(海䰾)'는 그곳 사람들이 채취하여 산처럼 쌓아 두고, 가려 **덮어 살을 썩혀,** 시암[暹羅], 벵골[榜葛剌] 등의 나라에 되돌려 팔고, 화폐로 사용한다. [9] 마교어(馬鮫魚)는 **팔뚝 굵기의** 큰 덩어리로 잘라서 **햇볕에 말려 창고에 저장해 두는데, '유어(溜魚)'라고 한다.** 각국이 또한 **수매하여 다른 곳에 판다.** [10] 일종의 비단실을 섞어 짠 수건[絲嵌手巾]이 있는데, 매우 촘촘하고 길며 넓어, 다른 곳에서 짠 것들보다 월등하다. 또 일종의 금실로 짠 네모난 손수건이 있는데, **남자들이 머리를 싸맬 때 쓸 만하다.** 그 값에는 은 5냥에 팔리는 비싼 것도 있다. [11] **하늘의 기후는 항상 여름처럼 덥다. 땅은 척박하여,** 쌀은 적고, 밀은 없다. 채소는 두루 나지 않고, 소, 양, 닭, 오리가 모두 있으나 나머지는 나지 않는다. [12] 왕은 **은으로 주화를** 만들어 사용하게 한다. [13] 중국 보선 한두 척이 이곳으로 가서 용연향, 야자 등의 물품을 수매한다. 작은 나라이다.

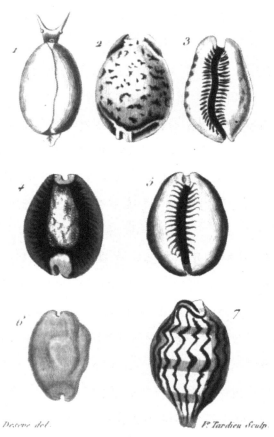

Louis Augustin Guillaume Bosc(1759~1828),
『Histoire naturelle des coquilles』, V, Paris, 1802.
조개 화폐(porcelaine, cowrie)

[1] 自古里國開船投西北, 好風行二十晝夜可到. 其國邊海倚山, 無城郭, 東南大海, 西北重山. [2] 國王國人皆奉回回敎門, 人體長大, 貌豐偉, 語言朴實. [3] 王者之扮, 以白細番布纏頭, 身穿靑花如指大細絲嵌圓領, 或金錦衣袍, 足穿番靴, 或淺面皮鞋. 出入乘轎或騎馬, 前後擺列象駝 馬隊, 刀牌手, 吹篳篥鎖唻, 簇擁而行. 民下所服衣冠, 纏頭長衣脚穿靴鞋. [4] 如遇禮拜日, 上半日市絶交易. 男女長幼皆沐浴, 旣畢, 卽將薔薇露或沈香油搽面幷體, 纔穿齊整新淨衣服. 又以小土爐燒沈·檀·俺八兒等香, 立於其上, 熏其衣體, 纔往禮拜寺. 拜畢方回, 經過街市, 香氣半晌不絶. [5] 婚喪之禮, 悉遵回回敎規而行. [6] 土産乳香, 其香乃樹脂也. 其樹似楡而葉尖長. 彼人砍樹取香而賣. [7] 中國寶船到彼, 開讀賞賜畢, 王差頭目遍諭國人, 皆將乳香·血竭·蘆薈·沒藥·安息香·蘇合油·木鼈子之類, 來換易紵絲·磁器等物. [8] 此處氣候, 常如八九月, 不冷. 米·麥·豆·粟·黍·稷·麻·穀, 及諸般蔬菜·瓜·茄, 牛·羊·馬·驢·猫·犬·雞·鴨皆有. [9] 山中亦有駝雞, 土人捕捉來賣. 其雞身區, 頸長如鶴, 脚高三四尺, 每脚止有二指. 毛如駱駝, 食米豆等物, 行似駱駝, 因此名駝雞. [10] 其駱駝單峯雙峯俱有, 人皆騎坐. 街市殺賣其肉. [11] 王以金鑄錢, 名倘伽. 每箇重官秤二錢, 徑一寸五分, 一面有文, 一面人形之紋. 又以紅銅鑄爲小錢, 徑四分, 零用. [12] 王亦差頭目, 進貢乳香·駝鷄等物於朝廷.

[1] 캘리컷 왕국[古里國]에서 배를 타고 서북쪽으로, 순풍에 **20일** 밤낮을 가면 도착할 수 있다. 이 나라는 해변에 산을 기대고 있고, 성곽은 없으며, 동남쪽은 대해이고 서북쪽은 겹겹의 산이다. [2] 국왕과 나라 사람들은 모두 이슬람교를 신봉하고, 체형은 장대하고, 체모는 풍만하고 크며, 하는 말은 꾸밈이 없고 솔직하다. [3] 왕의 **몸치장은** 희고 가는 현지 베[番布]로 머리를 싸매고, **손가락** 크기의 푸른 꽃을 가는 실로 짠 **원령**(圓領, 도포), 또는 금실로 짠 비단 외투[衣袍]를 입고, 발에는 그곳의 가죽신 혹은 두껍지 않은 가죽신을 신는다. 출입할 때는 가마를 타거나 말을 탄다. 앞뒤로 코끼리, 낙타, 말의 대열과 방패를 든 사람들이 늘어서고, 필률(篳篥), 수르나(鎖㖠)를 불며 빽빽하게 행진한다. 백성들이 입는 의관은 머리를 싸매고 긴 옷을 입으며, 발에는 가죽신을 신는다. [4] 예배일이 되면, 오전 반나절은 시장에서 교역하지 않는다. 남녀노소 모두 목욕을 마치고, 곧바로 장미로(薔薇露) 혹은 **침향 기름**[沈香油]을 얼굴과 **몸에** 바르고서, **비로소** 깨끗한 의복으로 차려입는다. 또 작은 흙화로에 침향(沈香), 단향(檀香), 안바르[俺八兒] 등의 향을 태우고, **그** 위에 서서 의복과 몸을 훈증한 다음에 비로소 예배당으로 간다. 예배를 마치고 돌아올 때, 거리나 시장을 지나더라도 **향기는 반나절 동안** 끊어지지 않는다. [5] 혼례와 상례는 **모두** 이슬람교의 규범에 따라 행한다. [6] 이곳에는 유향(乳香)이 나는데, 그 향은 바로 수지이다. 이 나무는 느릅나무와 비슷하지만, 잎은 뾰족하고 길다. 그곳 사람들이 **나무를 베어** 향을 채취해 판다. [7] 중국 보선이 이곳에 이르러 칙서를 읽어 주고 상을 하사하는 것이 끝나면, 왕은 두목을 보내 나라 사람들에게 두루 유시(諭示)하여 모두 유향, 혈갈(血竭), 노회(蘆薈), 몰약(沒藥), 안식향(安息香), 소합유(蘇合油), 목**별자**(木鼈子) 등을 가져와 저사(紵絲), 자기(瓷器) 등의 물품과 교역하도록 한다. [8] 이곳의 기후는 항상 8~9월처럼 춥지 않다. 쌀[米], 밀[麥], 콩[豆], 조[粟],

찰기장[黍], 메기장[稷], 참마[麻], 곡물[穀], 그리고 제반 채소, 오이[瓜], 가지, 소, 양, 말, 나귀, 고양이, 개, 닭, 오리가 **모두 있다.** [9] 산에는 또한 타조[駝雞]가 있는데, **토착민들이 잡아다** 판다. 그 몸은 펑퍼짐하고, **목은 학처럼 길며**, 다리는 3~4척이고, 발에는 두 개의 발가락이 있다. 털은 낙타와 같고, **쌀과 콩** 등을 먹으며, 낙타처럼 다니기 때문에 '타계'라고 한다. [10] 낙타(駱駝)에는 **단봉과 쌍봉이 모두 있고** 사람들이 모두 탄다. **길거리 시장에서 도살하여 그 고기를 팔기도 한다.** [11] 왕은 금으로 '탕카[倘伽]'라는 주화를 주조하는데, 개당 중국 저울로 2전(錢)이 나가고, **지름은** 1촌 5푼이며, 한 면에는 글자가 있고, 한 면에는 사람 형상의 도상이 있다. 또 붉은 구리[紅銅]를 주조하여 작은 동전을 만드는데, 지름은 4푼이며, 잔돈으로 사용한다. [12] **왕도 두목을 보내,** 유향(乳香), 타조[駝雞] 등의 물품을 조정에 바쳤다.

아덴 왕국[阿丹國]

[1] 自<u>古里國</u>開船, 投正西兌位, 好風行一月可到. 其國邊海, 離山遠. 國富民饒, 國王國人皆奉回回敎門, 說<u>阿剌壁</u>言語. 人性强**硬**, 有馬步銳兵七八千, 所以國勢威重, 鄰邦畏之. [2] **永樂**十九年, 欽命正使太監<u>李</u>等, 齎詔勑衣冠賜其王酋, 到<u>蘇門答剌國</u>, 分綜, 內官周領駕寶船三隻**往**彼. 王聞其至, 卽率大小頭目至海濱, 迎接詔**賞**至王府, 行禮甚恭謹感伏. 開讀畢, 國王卽諭其國人, 但有珍寶許令賣易. 在彼買得重二錢許大塊貓睛石, 各色雅姑等異寶, 大顆珍珠, 珊瑚樹高二尺者數株, **珊瑚枝**五櫃 · 金珀 · 薔薇露 · 麒麟 · 獅子 · 花福鹿 · 金錢豹 · 駝雞 · 白鳩**之類**. [3] 國王之**扮**, 頭戴金冠, 身穿黃袍, 腰繫寶粧金帶. 至禮拜日赴寺禮拜, 則換細白番布纏頭, 上加金錦之頂, 身穿白袍, 坐車列隊而行. 其頭目冠服各有等第不同. 國人穿**扮**, 男子纏頭, 穿撒哈喇 · 梭幅 · 錦繡 · 紵絲 · **細布**等衣, 足著靴鞋. 婦人之**扮**, 身穿長衣, 肩項佩寶石 · 珍珠纓絡, 如<u>觀音</u>之**扮**, 耳帶金廂寶環四對, 臂纏金寶釧鐲, 足指亦帶指環. 又用絲嵌手巾蓋于頂上, 止露其面. 凡國人打造鈒細**金銀生活**, 絶勝天下. [4] **市肆** · 混堂, 幷熟食 · **綵帛** · 書籍 · 諸色**物件**鋪店皆有. [5] 王用赤金鑄錢行使, 名甫嚕嚓, 每箇重官秤一錢, 底面有紋. 又用紅銅鑄錢, 名甫嚕斯, 零使. [6] 其地氣候溫和, 常如八九月. 日月之定無閏月, 惟以十二箇月爲一年. 月之大小, 若頭夜見新月, 明日卽月一也. 四季不定, 自有陰陽人推算, **某日**爲春首, 後果然花草開榮. 某日是初秋,

則木葉彫落. 及於日月交蝕·風雨潮汛, 無不准者. [7] 人之飲食, 米麵諸品皆有, 多以乳酪·酥油·糖蜜制造而食. [8] 米·麥·穀·栗·麻·豆并諸色蔬菜俱有. 果子有萬年棗·松子·把擔·乾葡萄·核桃·花紅·石榴·桃·杏之類. 象·駝·馬·驢·騾·牛·羊·雞·鴨·猫·犬皆有, 止無猪·鵝. 此處棉羊白毛無角, 於角處有兩搭圓黑. 其頸下如黃牛袋一般, 其毛短如狗, 其尾大如盤. [9] 民居房屋皆以石砌, 上蓋以磚或土. 有石砌三層, 高四五丈者. [10] 土產紫檀木·薔薇露·簷蔔花·無核白葡萄, 并花福鹿·靑花白駝雞·大尾無角棉羊. 其福鹿如騾子樣, 白身白面, 眉心細細靑條花起滿身至四蹄, 細條如間道如畫. 靑花白駝雞, 如福鹿一般. [11] 麒麟前二足高九尺餘, 後兩足約高六尺, 長頸擡頭一丈六尺, 首昂後低, 人莫能騎. 頭生二短肉角在耳邊, 牛尾鹿身, 蹄有三跲, 匾口, 食栗·豆·麵餠. [12] 其獅子身形似虎, 黑黃無斑, 頭大口闊, 尾尖毛多, 黑長如纓, 聲吼如雷, 諸獸見之, 伏不敢起, 乃獸中之王也. [13] 其國王感荷聖恩, 特進金廂寶帶二條·窟嵌珍珠寶石金冠一頂, 并雅姑等各樣寶石, 蛇角二枚, 金葉表文, 進貢朝廷.

[1] 캘리컷 왕국[古里國]에서 배를 타고 정서쪽 태(兌, 서쪽) 방위로, 순풍을 타고 1개월을 가면 도착할 수 있다. 이 나라는 바닷가에 있고, 산에서 멀리 떨어져 있다. 나라는 부유하고 사람들은 넉넉하다. 국왕과 나라 사람들은 이슬람교를 신봉하고 아랍 언어를 말한다. 사람들의 성격은 굳세고, 기병, 보병, 정예병[銳兵] 7천~8천 명이 있으며, 국세는 강성하여 이웃 나라들이 두려워한다. [2] 영락 19년(1421) 정사 태감 이(李) 등이 조서와 의관을 가져가 왕과 추장들에게 하사하라는 황명을 받고, 사무드라[蘇門答剌]에 도착해, 선단을 나누었는데[分綜], 내관 주(周) 등이 보선 세 척을 통솔하여 이 나라에

갔다. 왕은 [중국 사신들이] 온 것을 듣고 곧바로 대소의 두목들을 거느리고 바닷가로 나와, **조서와 상을** 영접하여 왕부(王府, 왕이 거처하는 곳)에 이르니, 예를 행하는 방식이 매우 공경스럽고 성실했으며 감사하게 생각했다. 국왕은 즉시 그 나라 사람들에게 유시(諭示)하여, 단지 진주와 보석만 있으면 교역하도록 허락했다. 그곳에서 무게가 2전(錢)쯤 나가는 큰 덩어리의 묘정석(貓睛石), 여러 색의 야쿠트[雅姑] 등과 같은 기이한 보석들, 큰 진주(珍珠), 키가 2척이나 되는 산호수(珊瑚樹) 여러 그루, **산호 가지**[珊瑚枝] 다섯 궤짝, 금박(金珀), 장미로(薔薇露), 기린(麒麟), 사자(獅子), 얼룩말[花福鹿], 황금 주화의 문양이 있는 표범[金錢豹], 타조[駝雞], 흰 비둘기[白鳩] **등을** 샀다. [3] 국왕의 **몸치장은**, 머리에는 금관을 쓰고, 몸에는 누런 도포[黃袍]를 입으며, 허리에는 보석으로 장식한 황금 띠를 맨다. 예배일에는 예배당으로 가서 예배하는데, 가늘고 흰 현지 베[番布]로 머리를 싸매고 그 끝에는 황금 실로 짠 비단을 추가하며, 몸에는 흰 도포[白袍]를 입고, 수레를 타고 대오를 지어 간다. 그 두목들의 모자[冠]와 **복식은** 각기 등급이 있어 같지 않다. 나라 사람들이 옷을 입고 **치장할 때**, 남자들은 전두(纏頭, 터번)를 하고, 사클라트[撒哈喇], 사폭(梭幅), 수놓은 비단, 저사(紵絲), 가는 베[細布] 등으로 만든 옷을 입으며, 발에는 가죽신을 신는다. 부인들의 몸치장은 몸에는 긴 옷을 입고, 어깨와 목에는 관음보살의 몸치장과 같이 보석이나 진주를 꿰어 만든 장식물을 차며, 귀에는 금으로 상감한 보석 귀걸이를 두 쌍씩 달고, 팔에는 금과 보석으로 만든 팔찌를 차며, 발가락에도 반지를 한다. 또 명주실을 섞어 짠 수건[絲嵌手巾]으로 머리를 덮지만, 얼굴만은 드러낸다. 나라 사람들은 **금은을 새겨 세공하여 생활 물품을** 만드는데, 천하에서 가장 우수하다. [4] **시장**, 목욕탕, 그리고 익힌 음식, **채색 비단**, 서적, 각종 **물건**을 파는 점포들이 모두 있다. [5] 왕은 적금(赤金)으로 동전을 주조하여 유통하는데, '푸루리[甫嚕

嗹'라고 하며 각 동전은 중국 저울로 1전(錢)이 나가고, 배면에는 문양이 있다. 적동(赤銅)으로 '팔루스[甫嚕斯]'라는 주화를 만들어 잔돈으로 사용한다. [6] 그곳의 기후는 온화하여 항상 8~9월과 같다. 일월은 정해져 있지만, 윤월이 없고, 12개월을 기준으로 1년으로 삼는다. 달의 크고 작음은 만약 두(頭, 21~29일 사이)의 밤에 초승달이 보이면 다음 날이 바로 그달의 1일이다. 사계절은 고정되지 않았지만, 당연히 천문가[陰陽人]가 추산한 것이 있어, **어떤 날이** 봄의 시작이라 하면, 뒤에 과연 화초가 피어난다. 어떤 날이 초가을이라 하면 나뭇잎이 말라 떨어진다. **일식과 월식, 비바람과 조수간만에 기준 삼지 않는 것이 없다.** [7] 사람들의 음식으로 **쌀, 면**[米麵] **등의** 여러 제품이 모두 있고, 대부분 유락(乳酪), 수유(酥油), 당밀(糖蜜)을 제조하여 먹는다. [8] 쌀[米], 맥(麥), 곡물[穀], 밤[栗], 참마[麻], 콩[豆]과 여러 채소가 모두 있다. 과일에는 대추야자[萬年棗], 잣[松子], 아몬드[把擔], 건포도, 호두, 사과, 석류, 복숭아, 살구 등의 종류가 있다. 코끼리, 낙타, **말**, 나귀, 노새, 소, 양, 닭, 오리, 고양이, 개가 모두 있고, 돼지와 거위만 없다. **이곳의** 면양[棉羊]은 흰 털에 뿔이 없고, **뿔이 날 곳에는 두 개의 검은 원이 있으며**, 목 아래에는 **황소** 가죽으로 만든 전대[黃牛袋]와 같고, 털은 개처럼 짧고, 꼬리는 쟁반[盤]처럼 크다. [9] 백성들이 거처하는 집은 모두 돌을 쌓아 만들고, **위는 벽돌이나 흙으로 지붕을 한다.** 돌로 3층을 쌓아 **높이가 4~5장** 되는 것도 있다. [10] **이곳에서는** 자단목(紫檀木), 장미로(薔薇露), 참파카[簷蔔花], 씨 없는 백포도, 그리고 얼룩말[花福鹿], 푸른 꽃문양이 있는 흰 타조[駝雞], 큰 꼬리에 뿔이 없는 면양(棉羊)이 난다. 얼룩말은 노새처럼 생겼으며 흰 몸에 흰 얼굴을 하고 있으며, **양미간에 가늘고** 푸른 줄무늬 꽃이 온몸에서 네 다리에까지 이르는데, 가는 줄무늬는 가지 문양의 베[條紋布]처럼 그려 놓은 듯하다. **푸른 꽃문양이 있는 흰 타조도** 얼룩말과 같다. [11] 기린(麒麟)의 앞 두 다리는 높

이가 9척 남짓이고, 뒤 다리는 6척쯤 되며, **긴 목은 쳐든 머리까지** 1장 6척
이며, 앞은 높고 뒤는 낮아 사람이 올라탈 수 없다. 머리에는 **두 개의 짧은
육종**[肉角]이 귓가에 있고, 소의 꼬리에 사슴의 몸뚱이로, 발굽은 세 쪽이고,
입은 길고 좁으며, 조, 콩, **빵**[麪餠]을 먹는다. [12] 사자(獅子)의 몸은 호랑이와
비슷하고 검고 누런색에 반점이 없으며, 머리는 크고 입은 넓으며, 꼬리는
뾰족하고 털은 많으며 갓끈처럼 검게 길고, 우레처럼 포효한다. 짐승들이
사자를 보면 엎드려 일어나지 못하니 바로 짐승 중의 왕이다. [13] 이 나라
왕은 성은에 감복하여 특별히 금으로 상감한 보석 허리띠[金廂寶帶] 2개, 진
주 보석을 파 넣은 금관[窟嵌珍珠寶石金冠] 1개를 **진상**했고, 야쿠트[雅姑] 등과
각종 보석, 지각(地角) 2매, 황금으로 만든 지면에 쓴 표문[金葉表文]을 **조정에**
바쳤다.

[1] 自蘇門答剌國開船, 取帽山幷翠藍島, 投西北上, 好風行二十日, 先到浙地港泊船, 用小船入港, 五百餘里到地名鎖納兒港登岸, 向西南行三十五站到其國. 其國有城郭, 其王居幷一應大小衙門皆在城內. [2] 其國地方廣闊, 物穰民稠, 舉國皆是回回人. 民俗淳善. 富家造船往諸番國經營者多, 出外傭伎者亦多. 人之容體皆黑, 間有一白者. [3] 男子皆剃髮, 以白布纏之. 身服從頭套下圓領長衣, 下圍各色闊手巾, 足穿淺面皮鞋. 其國王幷頭目之服, 俱服回回敎禮, 冠衣甚整麗. [4] 國語皆從榜葛俚, 自成一家言語, 說吧兒西語者亦有之. [5] 國王以銀鑄錢, 名倘伽, 每箇重官秤三錢, 徑官尺一寸二分, 底面有紋. 一應買賣皆以此錢論價. 街市零用海䶈, 番名考嘌, 亦論箇數交易. [6] 民俗冠婚喪祭, 皆依回回敎門. [7] 四時氣候, 常熱如夏. 稻穀一年二熟, 米粟細長, 多紅者. 粟·麥·芝麻·各色豆·黍·薑·芥·蔥·蒜·瓜·茄·蔬菜皆有. 果有芭蕉子. 酒有三四等, 椰子酒·米酒·樹酒·荌葦酒, 各色造法, 多作燒酒而賣. 無茶, 人家以檳榔待人. 街市一應鋪店·浴堂·酒·飯·甜食等肆都有. 駝·馬·驢·騾·水牛·黃牛·山羊·棉羊·鵝·鴨·雞·豬·犬·貓等畜皆有. 果有波羅蜜·酸子·石榴·甘蔗·沙糖·白糖·糖霜·糖果·蜜煎之類. [8] 土産五六樣細布. 一樣華布, 番名卑泊, 闊三尺餘, 長五丈六七尺, 此布勻細如粉箋紙一般. 一樣薑黃布, 番名滿者提, 闊四尺許, 長五丈餘, 此布緊密壯實. 一樣沙納巴付, 闊五尺,

長三丈, 便如生平羅樣, 卽布羅也. **一樣忻**白勤搭黎, 闊三尺, 長六丈, 布眼稀勻, 卽布紗也, 皆用此布纏頭. **一樣沙榻兒**, 闊二尺五六寸, 長四丈餘, 如好三梭布一般. 有**一樣薦**黑薦勒, 闊四尺, 長二丈餘, 背面皆起絨頭, 厚四五分, 卽兜羅綿也. 桑柘蠶**絲雖**有, **止會織絲**嵌手巾幷**絹布**, 不曉成**錦**. [9] 漆器・盤碗・鑌鐵・鎗・刀・錍等器皆有賣者. 一樣白紙, 亦是樹皮所造, 光滑細膩**如鹿皮**. [10] 國法有笞杖徒流等刑. 官品衙門印信・行移皆有. 軍亦有**關**給糧餉, 管軍頭目名吧斯剌兒. [11] 醫卜陰陽百工技藝**皆有**. 其行術身穿挑黑線白布花衫, 下圍色絲手巾, 以各色硝子珠間**珊瑚・琥珀**珠穿成纓絡, 佩於肩項, 又以靑紅硝子燒成**釧鐲**, 帶於兩臂. 人家宴飮, 此輩亦來動樂, 口唱番歌對舞, 亦有解數. [12] 有一等人名根肖速魯奈, 卽樂工也. 每日五更時分, 到頭目或富家門首, 一人吹**鎖嗩**, 一人擊小鼓, 一人擊大鼓, 初起則慢, 自有調拍, 後漸緊促而息. 又至一家, 如前吹擊而去. 至飯時仍到各家, 或與酒飯, 或與錢物. [13] 撮弄把戲, 諸色皆有, 不甚奇異. **止有一**人同其妻以鐵索拴一大虎, 在街**市**牽拽而行, 至人家演弄. 卽解**其索, 虎坐**於地, 其人赤體單, **稍**對虎跳躍, 拽拳將虎踢打. 其虎性發作威, 咆哮**勢撲**, 其人與虎對**攧**數交畢. 又以一臂伸入虎口, 直至其喉, 虎不敢咬. **弄畢,** 仍鎖虎頸, 則伏于地討食, 其家則與肉啖之, **及與錢物**而去. [14] 日月之定, 亦以十二箇月爲一年, **無閏月**. [15] 王亦差人駕船**往番國**買賣, 取辦方物珍珠・寶石, 進貢中國.

[1] 사무드라[蘇門答剌]에서 배를 타고 모산(帽山)과 니코바르[翠藍島]에 이르렀다가, [그곳에서] 서북 방향으로 순풍에 20일을 항해해 가서, 먼저 치타공[浙地港]에 이르러, 배를 정박시켜 놓은 다음, [그곳에서] 작은 배로 항구로 들어가 5백 리 남짓을 가면 소나르가온[鎖納兒港]에 도착하고, [그곳에서] 뭍에

올라 서남쪽으로 35개 역참을 가면 그 나라에 이른다. 이 나라에는 성곽이 있고, 그 왕이 사는 곳[王居]과 일체 크고 작은 관청들이 모두 성안에 있다. [2] 이 나라의 땅은 광활하고, 산물은 풍부하며 사람들은 조밀하다. 온 나라 사람들이 모두 아랍인[回回人]들이다. 민속은 순박하고 선량하다. 부자 중에는 배를 만들어 외국에 나가 경영하는 사람들이 많고, 밖으로 나가 품팔이하는 **기술자**[伎]들도 많다. 사람들의 얼굴과 몸은 모두 검고, 간혹 온통 흰 사람도 있다. [3] 남자들은 모두 머리를 삭발하고, 흰 베로 감싼다. 몸에는 모자를 아래로 내린 도포[圓領] 같은 긴 옷을 입고, 아래는 넓은 [베로 만든] 수건을 두르며, 발에는 얇은 가죽신을 신는다. 왕과 두목의 복장은 모두 이슬람교의 예법에 따라, 의관이 매우 단정하고 아름답다. [4] 나라의 언어는 모두 벵골[榜葛俚]어를 따르고 자체적으로 하나의 언어를 형성하고 있지만, 파르시어[吧兒西語]를 말하는 자들도 있다. [5] 국왕은 은으로 '탕카[倘伽]'라는 동전을 주조하는데, 하나는 중국 저울로 3전의 무게가 나가고, 지름은 중국 **자**[尺]로 1촌 2푼이며, 배면에는 문양이 있다. 일체의 매매는 모두 이 은전으로 값을 따진다. 거리와 시장에서 잔돈으로, 그곳 말로 '카우리[考嚟]'라는 해파(海肔)를 사용하는데, 개수를 따져 교역하기도 한다. [6] 민속과 관혼상제는 모두 이슬람교에 따른다. [7] 사계절의 기후는 항상 여름처럼 덥다. 벼와 곡식[稻穀]은 1년에 두 번 익고, 쌀과 메조[米粟]는 가늘고 길며 **붉은 것이 많다.** 메조[粟], 맥(麥), 참깨[芝麻], 각색의 콩[豆], 기장[黍], 생강[薑], 겨자[芥], 파[蔥], 마늘[蒜], 오이[瓜], 가지[茄], 채소가 모두 있다. 과일에는 바나나[芭蕉子]가 있다. 술에는 3~4가지, 야자주(椰子酒), 미주(米酒), 수주(樹酒), 교장주(茭葦酒)가 있는데 각기 만드는 법이 있으며, **소주(燒酒)를 많이 만들어 판다.** 차(茶)가 없어 민가에서는 빈랑(檳榔)으로 사람을 대접한다. 거리와 시장에는 일체의 점포, **욕탕**[浴堂], 술, 밥, 디저트[甛食]를 파는 집들이 모두 있다. 낙타, 말, 노새, 나귀, 물소, 황우, 산양, 면양, 거위, 오리, 닭, 돼지, 개, 고양이 등의 가축이 모두 있다. 과일에는 잭푸르트[波羅蜜], 레몬[酸子], 석류, 사탕수수[甘蔗]가 있고, **설탕**[沙糖], **백설탕**[白糖], **얼음 사탕**[糖霜], **사탕**[糖果], **물엿**[蜜煎] **등이 있다.** [8] 토산은 대여섯 가지의 가는 베[細布]가 있다. 하나는 그곳 말로 '비박(卑泊)'이라 하는 필포(蓽布)로, 폭은 3척 남짓이고, 길이는 5장 6~7척이며, 이 베는 풀 먹인 흰 종이[粉箋]처럼 고르고 가늘다. 하나는 그곳 말로 '친츠[滿者提]'라고 하는 **강황포**(姜黃布)로, 폭은 4척가량 되고, 길이는 5장 남짓인데, 이 베는 긴밀하고 튼실하다. **하나는 샨바프**[沙納巴付]**로** 폭은 5척이고, 길이는 3장으로, 바로 생평라(生平羅)와 같은 면 크레이프[布羅]이다. **하나는 흔백근탑여**(忻白勤搭黎)**로,** 폭은 3척이고 길이는 6장으로 베의 눈이 드물고 고른데, 바로 면 거즈[布紗]로, 모두 이 베로 싸맨다[전두를 한다]. **하나는 차우타르**[沙楊兒]**로,** 폭은 2척 5~6촌이고 길이는 4장 남짓으로 삼사포(三梭布)와 같다. **하나는 마말**[驀黑驀勒]**이** 있는데, 폭은 4척이고 길이는 2장 남짓으로, 뒷면에는 솜털이 나 있으며, 두께는 4~5푼으로, 툴라[兜羅] 면이다. 뽕나무, 산뽕나무, 누에, 고치실이 있지만, 명주실을 섞어 짠 수건과 **견포**(絹布)를 짤 줄만 알고, 꽃문양이 들어간 비단[錦]을 짤 줄은 모른다. [9] 칠기, 쟁반 그릇, 빈철(鑌鐵), 창, 도(刀), 가위 등의 물품들도 파는 사람들이 있다. 백지(白紙) 같은 것[이 있는데], 또한 나무껍질로 만든 것으로 사슴[순록] 가죽처럼 매끄럽고 보드랍다. [10] 나라의 법에는 태형(笞刑), 장형(杖刑), 도형(徒刑, 징역), 유형(流刑, 유배)이 있다. 관의 품급, 아문(衙門), 인신(印信), 행이(行移) 모두 있다. 군대에도 관급(關給)과 군량이 있으며, 군대를 관리하는 두목을 '파사랄아(吧斯剌兒)'라고 한다. [11] 의사, 점쟁이, 천문가[陰陽], 온갖 기예인이 모두 있다. 항원(衍術)의 배우들은 몸에 검은 선이 도드라지게 자수한 흰 베로 만든 꽃문양 적삼을 입고, 아래는 각색 명주실로 만든 수건을 두르며, 각색의 유리구슬[硝子珠] 사이에 **산호**(珊瑚), **호박 구슬**[琥珀珠]을 넣어 만든 목걸이를 어깨와 목에 차고, 또 청홍의 유리구슬[硝子燒]로 팔찌를 만들어 양팔에 찬다. 민가에 잔치가 있으면, 이들이 와서 악기를 연주하고 그곳 노래를 부르며 그에 맞추어 춤을 추기도 하며, 또한 운수를 풀어 주는 자도 있다. [12] '근초속로내(根肖速魯柰)'라는 사람들이 있는데, 바로 악공들이다. 매일 5경 때에, 두목 혹은 부잣집 문 앞에 이르러, 한 사람은 수르나[鎖嗩]를 불고, 한 사람은 작은 북을, 한 사람은 큰 북을 치는데, 처음에는 느슨하게 시작하지만 고유한 리듬과 박자가 있으며, 뒤로 가면서 점차 빠르게 연주하고 그친다. 또 한 집에 가서 앞에서 한 것과 마찬가지로 불며 두드리고 간다. 밥때가 되어서 집에 이르면 술과 밥을 주거나 돈과 물건을 주기도 한다. [13] 손으로 하는 속임수와 마술은 여러 가지 모두 있지만 그다지 기이한 것은 아니다. 다만, 아내와 함께 한 마리의 큰 호랑이를 쇠줄에 묶어 거리를 끌고 다니다가, 민가에 이르러 놀이를 연출하는 사람이 있다. **그 쇠줄을 풀어 주면 호랑이는 땅에 앉고** 그 사람은 맨몸에 혼자서, **곧장**[稍] 호랑이를 상대로 도약하면서 주먹질을 하며 호랑이를 차고 때린다. 그 호랑이가 성질을 부려 위세를 드러내고 포효하며 칠 듯해도, 그 사람은 호랑이를 상대로 넘어지기를 여러 차례 번갈아 하고 끝낸다. 또 팔 하나를 호랑이 입에 넣어 목구멍까지 넣어도 호랑이는 절대 물지 않는다. **놀이가 끝나고** 호랑이 목을 채우고 나면 땅에 엎드려 먹이를 구하는데, 그 집의 사람들은 고기를 줘 먹이고, 그 사람에게는 돈과 물건을 줘서 보낸다. [14] **일월의 계산은 역시 12개월을 1년으로 하되 윤월이 없다.** [15] 왕은 또한 사람을 보내, 배를 타고 외국[番國]에 가서 매매하게 하고, 공물로 진주와 보석을 마련하여 중국에 바친다.

[1] 自古里國開船投西北, 好風行二十五日可到. 其國邊海倚山, 各處番船幷旱番客商都到此地趲集買賣, 所以國民皆富. 國王國人皆奉回回敎門, 尊謹誠信, 每日五次禮拜, 沐浴齋戒. 風俗淳厚, 無貧苦之家. 若有一家遭禍致貧者, 衆皆贈以衣食錢本, 而救濟之. 人之體貌淸白豐偉, 衣冠濟楚.

[2] 婚喪之禮, 悉依回回敎規. 男子娶妻, 先以媒妁, 已通允諾, 其男家卽置酒請加的, 加的者, 掌敎門規矩之官也. 及主婚幷媒人·親族之長者. 兩家各通三代鄕貫來歷, 寫立婚書已定, 然後擇日成親. 否則官府如奸論罪.

[3] 如有人死者, 便用細白番布爲大殮小殮之衣, 用瓶盛淨水, 將屍從頭至足澆洗三次, 旣淨, 以麝香片腦塡屍口鼻, 纏服殮衣, 貯棺內, 當卽便埋. 其墳以石砌, 穴下鋪淨沙五六寸. 擡棺至彼, 則去其棺, 止將屍放石穴內, 上以石板蓋定, 加以淨土, 厚築墳堆, 甚堅整也. [4] 人之飮食, 務以酥油拌煮而食. 市有燒羊·燒雞·燒肉·薄餠·哈喇澉, 一應麵食皆有賣者. 二三四口之家多不擧火做飯, 止買熟食而喫. [5] 王以銀鑄錢, 名底那兒. 徑官寸六分, 底面有紋, 重官秤四分, 通行使用. [6] 書記皆是回回字. [7] 其市肆諸般鋪店, 百物皆有, 止無酒館, 國法飮酒者棄市. [8] 文武醫卜之人絶勝他處.

[9] 各色技藝皆有撮弄博弈, 皆不爲奇. 惟有一樣羊上高竿, 最可笑也. 其技用木一段, 長一丈許, 木上頭平, 止可許羊四蹄. 將此木立豎於地上, 另用一人扶定, 其人引一小白羖羊, 拍手念誦. 其羊依拍鼓舞, 來近其竿, 先以

前二足搭定其木, 又將後二足一縱立於竿上. 又一人將木一**段**於羊**蹄**前挨之, 其羊又將前兩足搭上木頂, 隨將後二腳縱起. 人卽扶其木**於對中**, 其羊立**於木**之頂, **似舞**之狀. 又將木一段趲之, 連上五六段, 又高二丈**許矣. 其舞罷**然後, 立於中木, 人卽推**斷**其**木, 以手接捧**其羊. 又令臥地作死之狀, 令舒前腳則舒前, 令舒後腳則舒後. [10] 又有人將一大黑猴, 高三尺許, 演弄諸般本事了, 然後令一閑人, 將巾帕**之類**, 緊縛其猴兩眼, 別令一人潛打猴頭一下, **避之**. 後解其帕, 令尋打頭之人, 猴於千百人中, 徑取原人而出, **甚可怪也**. [11] 其國氣候**有**寒暑, 春**則**開花, 秋**則**落葉. 有霜無雪, 雨少露多. [12] 有一大山, 四面出四樣之物. 一面如海邊出之鹽, 紅色, 人用鐵**鑿**如打石一般鑿起一塊, 有三四**百**斤者, 又不潮濕, 欲用食則**擂**碎爲末而用. 一面出紅土, 如銀硃之紅. 一面出白土, 如石灰, 可以粉牆壁. 一面出黃土, 如**薑黃之色**. 俱着人守管各處, 自有人來**買取**爲用. [13] 土產米麥不多, 皆是別處販來糶賣, 其價極賤. 果有核桃·**把聃**·松子·石榴·葡萄幹·桃幹·花紅·萬年棗·西瓜, 菜瓜·蔥·韭·薤·蒜·蘿蔔·甜瓜等物**都有**. 其胡蘿蔔紅色, 如藕大者至多. 甜瓜甚大, 有高二尺者. 其核桃殼薄, 白色, 手捏卽破. 松子長寸許. 葡萄干有三四樣, 一樣如棗干, 紫色. 一樣如**蓮子**, 無核, 結霜. 一樣圓顆如白荳大, 略白色. 把聃如核桃樣, 尖長, 色白, 內有仁, 味勝核桃肉. 石榴如茶鍾大, 花紅如拳大, 甚香美. 萬年棗亦有三樣, 一樣番名埑沙布, 每箇如母指大, 核小, 結霜如沙糖, 忒甜, 難吃. 一樣按爛成二三十斤大塊, 如好柿**餠·軟**棗之味. 一等**乾者**, 如南棗樣略大, 味頗澀, 彼人將來喂牲口. [14] 此處各番寶貨皆有, 更有靑紅黃雅姑·**剌石**·祖把碧·祖母剌·猫睛·金鋼鑽, 大顆珍珠如龍眼大, 重一錢二三分**者**, 珊瑚樹珠并枝梗, 金珀·珀珠·神**珀**·蠟珀·黑珀, 番名撒白値, 各色美玉器皿·水晶器皿. 十樣錦翦絨花**毯**, 其絨起一**分**, 長二丈, 闊一丈, 各色梭幅·撒哈喇氊・氆羅・氆紗・各番青紅絲嵌手巾等類, 皆有賣者. [15] 駞・馬・騾・牛・羊廣有. 其羊有四樣. 一等大尾棉羊, 每箇有七八十觔, 其尾闊一尺餘, **拖地**, 重二十餘斤. 一等狗尾羊, 如山羊樣, 其尾長二尺餘. 一等鬥羊, 高二尺七八寸, 前半截毛長拖地, 後半**身**皆翦淨, 其頭面**頗似**棉羊, 角彎轉向前, 上帶小鐵牌, 行動有聲. 此羊快鬥, 好事之人喂養**在家**, **鬥賭財**物爲戲. [16] 又出一等獸, 名草上飛, 番名昔雅鍋失. 如大猫大, 渾身儼似玳瑁斑猫樣, 兩耳尖黑, 性純不惡. 若獅・豹等項猛獸, 見他**卽伏**於地, 乃獸中之王也. [17] 國王亦**將獅**子・麒麟・馬疋・珠子・寶石等物, 幷金葉表文, 差**頭目, 跟同回洋寶船, 進貢朝廷.**

[1] 캘리컷 왕국[古里國]에서 배를 타고 서북 방향으로 순풍에 25일 가면 도착할 수 있다. 이 나라는 바닷가에 있고, 산에 기대어 있는데, 곳곳의 외국 배들과 육로로 오는 외국[旱番] 상인들이 모두 이곳 시장으로 몰려와[趨集] 사고팔므로, 나라 사람들이 모두 부유하다. 국왕과 나라 사람들은 모두 이슬람교를 신봉하는데, [그 신을] 높이고 공경하며 성실하게 믿어, 날마다 다섯 차례 예배하고 목욕재계한다. 풍속은 순박하고 너그러워 가난하거나 힘든 집이 없다. 한 집이라도 화를 당해 가난한 사람이 있다면, 사람들이 모두 옷가지, 먹을 것, 밑천[錢本]을 주어 그들을 구제한다. 사람들의 몸과 용모는 희고 건장하게 키가 크며[豐偉], 의복은 말끔하다. [2] 혼례와 상례는 모두 이슬람교의 법규에 **따른다.** 남자가 아내를 얻을 때는 먼저 중매인을 통해 **승낙 여부를 통지하면** 남자 집에서는 술을 차려 놓고 카지[加的] ―'가적'은 이슬람교의 규율을 관장하는 관리이다.― 그리고 **주례**[主婚], 중매인, 친족의 연장자들을 초청한다. 양가에서는 서로 삼대 조상의 관향(貫鄕) 내력을 알려 주고, 혼서를 써서 확정한 뒤에, 날짜를 선택하여 혼인한다. 그렇지 않

으면 관청에서 간통으로 여겨 죄를 묻는다. [3] 죽은 사람이 있으면, **가는**
현지의 흰색 베로 대렴과 소렴의 옷을 짓고, 병에 맑은 물을 담아 시신의
머리에서 발까지 **세 차례** 씻어 낸 다음 깨끗해지면 사향(麝香)과 편뇌(片腦)
를 시신의 입과 코를 메우고, 수의를 입히자마자 관에 넣은 다음, 곧바로
매장한다. 그 무덤은 돌로 쌓아 만들고, 구덩이 아래는 5~6촌가량의 깨끗
한 모래를 깐다. 관이 **그곳에** 이르면, 그 관을 없애고 단지 시신만 석실 안
에 넣고 위는 석판 뚜껑으로 고정하며, 깨끗한 흙으로 봉분을 두텁게 쌓아
매우 견고하고 단정하다. [4] 사람들의 음식은 버터(酥油)를 섞어 익혀 먹는
다. 시장에는 구운 양, 구운 닭, 얇은 빵[薄餠], 하리싸[哈喇撒]**가 있고**, 일체의
면(麵) 식품 모두 파는 사람이 있다. **두서너** 식구의 집에서는 대부분 불을
피워 밥하지 않고, 단지 익힌 음식을 사 와서 먹는다. [5] 왕은 은으로 '디나
르[底那兒]'라 부르는 돈을 주조한다. 지름은 중국 자로 6푼이고, 배면에는
문양이 있으며, 중국 저울로 4푼의 무게가 나가는데, [이것을] 유통해 사용한
다. [6] 쓰고 기록하는 것은 모두 아랍의 글자이다. [7] 시장의 여러 점포에
는 온갖 물품을 모두 갖추고 있지만, 술집만 없는데, 국법으로 술을 마시는
자는 시장에서 처형된다. [8] 문인과 무인, 의사와 점쟁이들은 다른 곳보다
매우 뛰어나다. [9] **각종 기예에는 마술**[撮弄], **바둑이나 장기가 모두 있으나**,
모두 특이한 것은 아니다. 다만 양이 높은 장대에 올라가는 한 가지가 있는
데, 가장 가소롭다. 그 기술은 길이가 1장쯤 되는 한 자루의 나무를 사용하
는데, **나무 장대 끝이 평평하여** 양의 **네 발굽**만 나무에 올릴 수 있을 뿐이
다. **이 나무를 땅에** 수직으로 세우고, **다른 한 사람이** 잡아 고정하면, 그 사
람이 거세한 작고 흰 양을 끌어와 손뼉을 치며 뭔가를 왼다. 그 양은 박수
에 고무되어 그 장대로 다가와서 먼저 앞 두 발을 그 나무에 올려놓고 다시
뒷발을 장대 위에 세로로 세운다. 또 한 사람이 장대 한 단으로 양의 발굽

앞에 맞대어 놓으면, 그 양은 다시 앞 두 발을 나무 끝에 올려놓고 이어서 뒷다리를 세로로 세운다. 곧바로 사람이 그 나무를 **반대쪽에서** 잡으면, 그 양은 두 나무의 끝에 서는데, 춤을 추는 모습과 같다. 나무 한 단으로 몰면, 대여섯 단을 연이어 오르는데, 또 높이가 **2장**쯤 된다. **춤이 끝난 뒤에** [그 양이] 나무에 서면, 곧 사람이 나무를 밀어 **단절시키고**, 손으로 그 양을 **안아 받는다.** 또 땅에 눕히면 죽은 모습을 짓고, 앞다리를 펴게 하면 앞다리를 펴고, 뒷다리를 펴게 하면 뒷다리를 편다. [10] 또 **어떤 사람은** 크고 검은 원숭이 한 마리를 가지고 있는데, 키는 3척쯤 되고, 여러 가지 원숭이가 하는 일을 보여 준 뒤에, 구경꾼에게 **수건 같은 것으로** 그 원숭이의 두 눈을 단단히 싸매게 한 다음, 다른 한 사람에게 원숭이 머리를 몰래 한 번 때리고 **숨게 한다.** 뒤에 그 수건을 풀어 주고, 머리를 때린 사람을 찾게 하면, 원숭이는 많은 사람 속에서 그 사람을 찾아내는데, 매우 신기하게 **여길 만하다.** [11] 이 나라 기후에는 추위와 더위가 **있고, 봄이면** 꽃이 피고, **가을이면** 잎이 진다. 서리는 있으나 눈은 없고, 비는 적으나 이슬은 많다. [12] 큰 산 하나가 있는데, 사방에는 네 가지의 산물이 난다. 한쪽에서는 바닷가에서처럼 소금이 나는데, 홍색이며, 사람들은 **쇠 끌로** 돌 같은 한 덩어리를 캐낸다. 3백~4백 근이 나가는 것도 있고, 또 습기 차지도 않아, 식용하려면 부숴 분말로 만들어 먹는다. 한쪽에서는 붉은 흙이 나는데, 주사(銀砂)처럼 붉다. 한쪽에서는 백토(白土)가 나는데, 석회처럼 담장을 바를 수 있다. 한쪽에서는 황토가 나는데 울금[薑黃] **같은 색이다.** 모두 **사람을** 붙여 각 곳을 지켜 관리하도록 하는 것은 원래부터 사러 오는 **사람들이** 있기 때문이다. [13] 땅에는 쌀[米]과 밀[麥]이 많이 나지 않아 모두 다른 곳에서 곡물을 팔아 온 것들인데, 그 값이 매우 싸다. 과일에는 호두[核桃], 아몬드[把聃], 잣[松子], 석류(石榴), 건포도[葡萄乾], 건자두[桃乾], 사과[花紅], 대추야자[萬年棗], 수박[西瓜]이 있고, 채소로 오이[瓜], 파[蔥], 부추[韭], 염교[薤], 마늘[蒜], 당근[蘿蔔], 멜론[甜瓜] **등이 모두 있다.** 그 당근은 붉은색으로 연뿌리처럼 큰 것이 매우 많다. 멜론은 매우 커서 크기가 2척이나 되는 것이 있다. 호두는 껍데기가 얇고, 흰색이며 손으로 누르면 부스러진다. 잣은 길이가 1촌쯤 된다. 건포도에는 서너 가지 종류가 있는데, 하나는 말린 대추 같고, 자주색이다. 하나는 연씨와 같고 씨가 없으며 하얀 결정체가 맺혀 있다. 하나는 둥근 알맹이가 흰 콩처럼 크고, 대체로 희다. 아몬드는 호두와 비슷하고, 뾰족하고 길며 색은 희고, 안에는 씨가 있는데, 맛은 호도 과육보다 낫다. 석류는 찻그릇처럼 크고, 사과[花紅]는 주먹만큼 크며 매우 향기롭고 맛있다. 대추야자 또한 세 가지가 있는데, 하나는 현지 말로 '타사포(墢沙布)'라고 하는데, 한 개가 엄지손가락처럼 크고, 씨는 작으며 설탕 같은 하얀 결정체가 맺혀 있어, 너무 달아 먹기 힘들다. 하나는 20~30개의 큰 덩어리로 푹 익으면 맛있는 곶감, 고욤[軟棗, Diospyros Lotus]의 맛과 같다. 하나는 **마른** 것으로, 남조(南棗, 검게 말린 대추)와 비슷한데 좀 크며, 맛은 좀 떫어, 그곳 사람들은 가져와서 가축들을 먹인다. [14] 이곳에는 여러 외국의 보화가 모두 있다. **예를 들어** 붉은 야쿠트[紅雅姑], 파란 야쿠트[靑雅姑], 노란 야쿠트[黃雅姑], **루비**[剌石], 조바브[祖把碧, 에머랄드], 조모랄(祖母剌), 묘정(猫睛), 다이아몬드[金鋼鑽], 무게가 1전 2~3푼 나가는 용안(龍眼)처럼 큰 진주, 산호수로 만든 구슬[珊瑚樹珠]과 가지와 뿌리[枝梗], 현지에서 '살백치(撒白値)'라고 하는 금박(金珀)·박주(珀珠)·신박(神珀)·납박(蠟珀)·흑박(黑珀), 여러 색의 아름다운 옥으로 만든 그릇, 수정(水晶)으로 만든 그릇, 융단의 보풀이 **1푼**이고, 길이는 2장, 폭은 1장인 십양금전융화담(十樣錦翦絨花毯), 사폭(梭幅), 사클라트로 만든 양탄자[撒哈喇毯], 모라(毷羅), 모사(毷紗), 각종 외래 청홍색 명주실을 섞어 짠 수건 등의 물품을 파는 사람이 모두 있다. [15] 낙타, 말, 노새, 소, 양이 두루 분포한다. 그 양에는 네 종류가 있는데, 하나는 큰 꼬리가 있는 면양[大尾綿羊]으로, 한 마리당 70~80근 나가고, 그 꼬리는 폭이 1척 남짓 되어 땅에 **끄는 데** 그 무게는 20여 근이 나간다. 하나는 개 꼬리를 한 양[狗尾羊]으로, 산양과 비슷하며, 그 꼬리는 2척 남짓 된다. 하나는 투양(鬥羊)으로, 키는 2척 7~8촌이고 전반**신**은 털이 길어 땅에 끌고, 후반**신**은 털을 잘라 말끔하며, 그 **머리와 얼굴**은 면양과 좀 비슷하고, 뿔은 굽어 앞으로 향하고 있으며, 위에는 작은 쇠판을 달고 있어 움직이면 소리가 난다. 이 양은 싸움을 잘하여 호사가들은 집에서 사육하여, 재물을 걸고 도박하는 것을 놀이로 삼는다. [16] 또 한 종류의 짐승들이 나는데 '초상비(草上飛)'라 하고 현지에서는 '시야 고스'[昔雅鍋失, siyāh-gōš, 스라소니]라 한다. 큰 고양이처럼 크고, 온몸에 흡사 대모(玳瑁)의 반점이 있는 고양이 모습으로 두 귀는 뾰족하고 검으며, 성격은 순하고 고약하지 않다. 사자나 표범 같은 맹수들처럼, 나타나면 다른 놈들이 곧바로 땅에 **엎드리니**, 바로 짐승 중의 왕이다. [17] **국왕은** 사자(獅子), 기린(麒麟), 말, 구슬, 보석 등의 물품과 황금으로 만든 지면에 쓴 표문[金葉表文]을 갖추어, **두목을 파견해 바다에서 돌아오는 보선들을 따라가 조정에 바치게 하였다.**

[1] 此國卽**默伽國**也. 自**古里國**開船, 投西南申位, 船行三箇月, 方到本國馬頭, 番名秩達, 有大頭目主守. 自秩達往**東**行一日, 到王居之城, 名**默伽國**.
[2] **其國王**奉**回回**敎門, 聖人始於此國闡揚敎法, 至今國人悉遵敎規行事, **不敢**違犯. [3] 其國人物魁偉, 體貌紫膛色. 男子纏頭, 穿長衣, 足着皮鞋. 婦人俱戴蓋頭, 莫能見其面. [4] 說**阿剌畢**言語. [5] 國法禁酒, 民風和美, 無貧難之家. 悉遵敎規, 犯法者少, 誠爲極樂之界. 婚喪之禮皆依敎門體例而行.
[6] **再行**大半日之程, 到天堂禮拜寺, 其堂番名**愷阿白**. 外週垣城, 其城有四百六十六門, 門之兩傍皆用白玉石爲柱, **共有**四百六十七箇. 前九十九箇, 後一百一箇, **左**一百三十二箇, **右**一百三十五箇. 其堂以五色石疊砌, 四方平頂樣. 內用**沈香木**五條爲梁, 以黃金爲閣. 滿堂內牆壁皆是薔薇露·龍涎香和土爲之, 馨香不絕. 上用皂紵絲爲罩罩之, 蓄二黑獅子守其**堂**門. 每年至十二月十日, 各番**回回**人一二年遠路的也到堂內禮拜, 皆將所罩紵絲割取一塊爲**記而去**. 剜割旣盡, 其王則又預織一罩, 復罩於上, 仍復年年不絕.
[7] 堂之左有**司馬儀**聖人之墓, 其墳壠俱是綠撒不泥寶石爲之, 長一丈二尺, 高三尺, 闊五尺, 其圍墳之牆, 以紺黃玉疊砌, 高五尺餘. 城內四角造**四塔**, 每禮拜卽登此塔**唱禮**. 左右兩傍有各祖師傳法之堂, 亦以石頭疊造, 整飾極華麗. [8] 其處**氣候常熱**如夏, 竝無雨電霜雪. 夜露甚重, 草木皆憑露水滋養. 夜放一空碗, 盛至天明, 其露水有三分在碗. [9] 土產米穀**甚**少, 皆種

粟・麥・黑黍. 瓜菜之類皆有西瓜・甜瓜每箇用二人擡一箇者. **亦有一種綿花樹**, 如中國大桑樹. 高一二丈, 其花一年二放, 長生不枯. 果有**葡萄**・萬年棗・石榴・花紅・大梨子, 桃子有重四五斤者. 其駝・馬・驢・騾・牛・羊・猫・犬・雞・鵝・鴨・鴿亦廣. 雞・鴨有重十斤以上者. [10] 土產薔薇露・俺八兒香・麒麟・獅子・駝雞・羚羊・草上飛, 幷各色寶石・珍珠・珊瑚・琥珀等物. [11] 其王以金鑄錢, 名倘加行使. 每箇徑七分, 重官秤一錢, 比中國金有十二成色**者**. [12] 又往西行一日, 到一城, 名驀底納. 其馬哈嘛聖人陵寢正在城內, 至今墓頂**毫**光日夜侵雲而起. 墓後有一井, 泉水清甜, 名阿必糝糝. 下番之人取其水藏於船**內**, 海**過**倘遇颶風, 卽以此水洒之, 風浪頓息. [13] 宣德五年, 欽蒙聖朝差**內官太監**鄭和等往各番國開讀賞賜. 分䑸到古里國時, 內官太監洪見本國差人往彼, 就選差通事等七人, 齎帶麝香・磁器等物, 附本國船隻到彼. 往回一年, 買到各色奇貨異寶・**麒麟**・獅子・駝雞等物, 幷畫天堂圖眞本回京. 其默伽國王亦差使臣, 將方物跟原去通事七人, **獻於**朝廷.

[1] 이 나라가 바로 '메카[默伽]'라는 나라이다. 캘리컷[古里國]에서 배를 타고 서남쪽 신(申, 240도) 방향으로 잡고, 배로 석 달 가면 그 나라 상업 도시에 이르는데, 그들은 '지다[秩達, Jidda, Jeddah]'라고 한다. 대두목이 지키고 있다. '지다'에서 서쪽[지리적으로 동쪽이 맞음]으로 하루를 가면 왕이 사는 성에 이르는데, 메카왕국이라 한다. [2] **그 국왕은** 이슬람교를 신봉하는데, 성인이 이 나라에서 처음으로 교리를 선양했기 때문으로, 지금까지도 나라 사람들은 교리 법칙을 준수하며 일을 행하며 **감히 어기지** 않는다. [3] 이 나라 사람들은 신체가 크고 건장하며, 몸은 검고 붉은색[紫棠色]을 띤다. 남자들은 터번[纏頭]을 하고 긴 옷을 입으며 발에는 가죽신을 신는다. 부인들은 모두 면사

포를 쓰고 그 얼굴을 드러내서는 안 된다. [4] 아랍의 언어를 말한다. [5] 국법으로 술을 금지한다. 민간 풍속은 화목하고 아름다우며, 가난한 사람들이 없다. 모두 율법을 준수하여 범법자가 적으니 실로 극락의 세계이다. [6] 여기에서 대략 반나절 여정을 다시 가면, 천당(天堂)이라는 예배당에 도착한다. 이 당을 그들은 '카아바[Ka'aba, 愷阿白]'라고 한다. 밖으로 담장이 성을 두르고 있고, 그 성에는 466개의 문이 있으며, 문의 양옆에는 백옥의 돌[대리석]로 기둥을 만들었는데, **모두** 467개이다. 앞에는 99개, 뒤에는 101개, 왼쪽에는 132개, 오른쪽에는 135개이다. 이 당은 오색의 돌들을 첩첩 쌓아 사방의 지붕이 평평한 모양이다. 안에는 **침향**(沈香)**나무** 다섯 개로 들보를 세우고 황금으로 누각을 만들었다. 온 당의 담장 벽 모두 장미로(薔薇露), 용연향(龍涎香) 그리고 흙으로 만들어 향기가 끊이지 않는다. 위에는 검은 저사(紵絲)로 덮개를 만들어 덮어 두었으며[爲罩罩之], 두 마리 검은 사자를 두어 그 **당의** 문을 지키게 했다. 매년 12월 10일이면 각 나라의 아랍인들이 1~2년 걸리는 먼 곳이라도 당 안에 들어와 예배하고 모두 덮어 둔 저사를 조금 찢어 기념으로 가져간다. 다 찢어 가면 왕은 또 하나의 덮개를 미리 짜 두었다가 다시 그 위에 덮어, 해가 거듭되어도 끊어지지 않는다. [7] 당의 왼쪽에는 이스마엘[司馬儀] 성인의 묘가 있는데, 그 봉분은 모두 녹색 사보니[撒不泥] 보석으로 만들었는데, 길이는 1장 2척이고, 높이는 3척이며, 폭은 5척이었다. 그 봉분을 두른 담장은 감황옥(紺黃玉)을 겹겹 쌓았는데 높이가 5척 남짓이었다. 성 안 네 모퉁이에는 **네** 탑을 조성하여 두고, 예배할 때마다 이 탑에 올라 [알라신을] 부르고 절한다. 그 좌우 양쪽에는 각각 조사(祖師)들이 법을 전하던 당이 있다. 그곳도 돌로 첩첩 쌓아 조성하였는데, 그 장식이 매우 화려하다. [8] 그곳의 기후는 사계절이 항상 여름처럼 덥고, 비, 번개, 서리, 눈이 전혀 없다. 밤에 내리는 이슬이 매우 많아, 초목들 모두 이슬에 의존하여 자란다. 밤에 빈 그릇을 놓고, 날이 밝을 때까지 받으면, 그 이슬이 그릇의 3할 정도 생긴다. [9] 토산으로 미곡은 **매우** 적고, 모두 메조[粟], 밀[麥], 검은 찰기장[黑黍]을 파종한다. 오이, 채소류에는 두 사람이 한 개를 드는 수박[西瓜], 멜론[甜瓜]이 있다. 또 **면화** 나무[綿花樹, 케이폭] 같은 것이 있는데, 중국의 큰 뽕나무와 같다. 키는 1~2장이고 그 꽃은 1년에 두 번 피며, 오래 살고 말라 죽지 않는다. 과일에는 **포도**(葡萄), 대추야자[萬年棗], 석류(石榴), 사과[花紅], 큰 배[大梨子], 복숭아[桃子]가 있는데 그중에는 4~5근 나가는 것도 있다. 낙타, 말, 나귀, 노새, 소, 양, 고양이, 개, 닭, 거위, 오리, 비둘기 또한 널리 분포한다. 닭과 오리에는 10근 이상 나가는 것이 있다. [10] 땅에서는 장미수(薔薇水), 안바르[俺八兒香, 용연향], 기린(麒麟), 사자(獅子), 타조[駝雞], 영양(羚羊), 시야 고스[草上飛], 아울러 각색의 보석, 진주(珍珠), 산호(珊瑚), 호박(琥珀) 등이 난다. [11] 왕은 금으로 '탕카[倘伽]'라는 돈을 주조하여 사용하게 한다. 한 개에 지름은 7푼이고, 무게는 중국 저울로 1전이 나가며 중국과 비교하여 금은 20%의 순도[成色]로 된 **것**이다. [12] 또 서쪽으로 하루를 가면 한 도시에 도착하는데 '메디나[驀底納]'라 한다. 그 무함마드[馬哈嘛] 성인의 무덤이 바로 성안에 있는데, 지금까지 무덤 꼭대기에는 한 줄기 빛이 밤낮으로 구름을 뚫고 일어난다. 무덤 뒤에는 우물 하나가 있는데, 샘물이 맑고 달아 '아비잠잠[阿必糝糝, ab-i Zamzam]'이라 한다. 외국으로 가는[下番] 사람들이 그 물을 담아 배 **안에** 저장해 두고, 바다를 **건너면서** 폭풍을 만날 때 이 물을 바다에 뿌리면 풍랑이 잦아든다. [13] 선덕(宣德) 5년(1430)에 **내관 태감** 정화 등이 각 외국으로 가서 칙서를 읽어 주고 상을 내리라는 황명을 받았다. 선단을 나누어 캘리컷[古里國]에 이르렀을 때, 내관 태감 홍(洪)이 캘리컷 왕국 사신들이 이 나라로 가는[往彼] 것을 보고, 통사(通使) 등 7인을 선발하여, 사향(麝香), 자기(磁器) 등의 물품을 가지고, 캘리컷 배

[本國]에 타고[附] 이 나라에 이르렀다. 1년에 왕래하며, 기이한 보물들, 기린, 사자, 타조 등의 물건을 사 왔고, 아울러 천당을 그린 지도[天堂圖] 진본을 수도로 가지고 돌아왔다[回京]. 메카 왕국의 왕 또한 사신을 선발하여 방물을 가지고 원래 갔던 통사 7인을 따라가 조정에 **바치도록 하였다.**

경태(景泰) 신미년(辛未年, 1451) 가을의 보름날에 회계(會稽)의 나무꾼 마환이 기술하다.

景泰辛未秋月望日會稽山樵馬歡述

『영애승람』
—
부 록

"『영애승람』, 1권, 양강총독 채진본(『瀛涯勝覽』, 一卷, 兩江總督採進本)" — 『사고전서총목제요』, 사부 · 지리류

명나라 마관(馬觀)이 지었다. 마관은 어떠한 사람인지 알려지지 않았다. 책의 내용은 대부분 정화(鄭和)가 사신으로 나갔을 때의 일들을 기록하고 있으므로, [이 책은] 영락(永樂, 1403~1424) 이후에 쓴 것이다.

[이 책에] 기록된 바다 밖의 나라들[諸番]을 들어서, 점성(占城), 과와(瓜哇), 구항국(舊港國), 섬라(暹羅), 만랄가(滿剌加), 아로국(啞魯國), 소문답랄(蘇門答剌), 나고아(那孤兒), 여대(黎代), 남발리(喃勃里), 석란(錫蘭), 소갈란(小葛蘭), 아지(阿枝), 고리(古俚), 유산(溜山), 조법아(祖法兒), 아란국(阿丹國), 방갈랄국(榜葛剌國), 홀로모시국(忽魯謨厮國) 등 모두 19국(國)이며, 18편으로 되어 있다. 여기에서 나고아국(那孤兒國)은 소문답랄(蘇門答剌)의 뒤에 덧붙여 보이는데, [그 나라가] 작은 나라였기 때문이다.

각 편에서는 [이 나라들의] 영토[疆域], 지리[道里], 풍속(風俗), 산물(産物)을 각각 기록하고, 또 그 역사[沿革]를 간략히 언급하였는데, 대체로 사서(史書)들과 차이가 있다.

瀛涯勝覽一卷 兩江總督採進本
明馬觀撰. 觀不知何許人. 書中多記鄭和出使時事, 則作於永樂以後也. 所記海外諸番曰占城, 曰瓜哇, 曰舊港國, 曰暹羅, 曰滿剌加, 曰啞魯國, 曰蘇門答剌, 曰那孤兒, 曰黎代, 曰喃勃里, 曰錫蘭, 曰小葛蘭, 曰阿枝, 曰古俚,

曰溜山, 曰祖法兒, 曰阿丹國, 曰榜葛剌國, 曰忽魯謨厮國, 凡十九國, 而爲

篇十八. 其那孤兒國附見蘇門答剌後, 以其微也. 各載其疆域・道里・風

俗・物産, 亦略及沿革, 大抵與史傳相出入.

「산해여지전도(山海輿地全圖)」 1607년 명나라 왕기(王圻)와 아들 왕사의(王思義)의
『삼재도회(三才圖會)』, 지리(地理) 1권, 1b~2a.

부록 Ⅱ

마환(馬歡)에 관하여

● 마환은 오늘날 절강성 소흥(紹興) 지역인 회계(會稽) 출신이다

마환 자신이 영락(永樂) 14년, 즉 1416년에 쓴 『영애승람』서문의 서명에 자신을 '회계(會稽)의 나무꾼[山樵]'으로 밝혔다.

주당면(朱當㴹)의 필사본 『국조전고』에는 마경(馬敬)이란 사람이 정통(正統) 갑자년(甲子年), 즉 1444년에 쓴 서문을 수록하고 있는데, 그는 황명을 받아 해외에 국위를 선양한 사람들이 얼마나 많은지는 모르겠지만, "그 일을 마치고 그 뜻을 일컬을 만한 자로 우리 산음(山陰)의 종도(宗道) 마공(馬公)을 빼면 누가 있으리오(而盡厥事稱厥旨者, 舍吾山陰宗道馬公其誰乎)"라고 마종도란 사람의 공을 높이 평가하고 있다.

『기록휘편』,『설집』,『담생당』본에만 수록되어 있는 「영애승람후서」에는 "지금 마종도 군과 곽숭례 군이 여러 나라를 돌아다니며 기록한 사실들을 보고 나서야 비로소 『이역지』에 기재된 것이 정말로 터무니없는 것이 아니라는 것을 알게 되었다. 숭례는 항주 인화(仁和) 사람이고, 종도는 월(越, 절강성)의 회계(會稽) 출신으로 모두 서역의 이슬람교[天方敎]도이며 실로 출중한 인사[士]들이다(今觀馬君宗道 · 郭君崇禮所紀經歷諸番之事實, 始有以見夫異域志之所載信不誣矣. 崇禮乃杭之仁和人, 宗道乃越之會稽人, 皆西域天方敎, 實奇邁之士也)"라고 하였다.

○ 마환의 자(字)는 종도(宗道)인가?

마환이 바로 '종도'라는 자(字)를 가진 동일인인가? 사실 이를 분명하게 확인해 주는 믿을 만한 자료는 없다. 장승(張昇, 1442~1517)은 『영애승람』을 개정하게 된 계기를 설명하는 짤막한 서문을 붙였는데, "영락 연간에 어떤 사람이 태감 정화의 서양 사신행을 수행하여 여러 나라를 편력하면서 이르는 나라마다 그곳의 마을과 땅, 풍속, 관복, 물산을 기록했다. 한참 세월이 흘러 책으로 만들고, '영애승람'이라 표제하였다(永樂中有人隨從太監鄭和出使西洋, 遍歷諸國, 隨所至輒記其鄉土風俗冠服物産, 日久成卷, 題曰瀛涯勝覽)"라고 하였다. 장승은 성화(成化) 5년(1469)에 장원급제하고 홍치(弘治) 15년(1502) 예부상서에 오를 정도로 벼슬과 문명이 있던 인물이다. 장승의 아들이 1522년 부친의 문집을 간행했으므로, 장승의 개정본은 1522년 이전에 완성되어 있었다. 또한, 앞서 언급한 마경(馬敬)의 서문은 1444년에 지은 것이었다. 이는 마경이 서문을 쓸 당시에는 『영애승람』이 분명 존재하고 있었다는 말이다. 그로부터 장승이 죽은 해인 1517년까지 약 70여 년이 흐르면서 마종도의 『영애승람』에 관한 정보들이 유실되었는지는 모르겠지만, 장승은 '영애승람'임을 알고 있으면서도, 그 저자를 '어떤 사람'으로 표기한 것을 보면, 저자에 관련된 정보가 없었음이 분명하다.

장승의 개정본을 수록하고 있는 총서들로 대략 『보안당비급(寶顔堂秘笈)』, 『속설부(續說郛)』, 『광백천학해(廣百川學海)』, 『천하명산승개기(天下名山勝槩記)』 등에는 마환(馬歡)이 아니라 '마관(馬觀)'이란 이름을 보여 주고 있는데, 장승의 개정본을 근거로 한 것으로 보이는 『사고전서총목제요』에도 역시 '마관(馬觀)'으로 되어 있다. 하지만 장승의 개정본이 아닌 소위 '족본(足本)', 말하자면, 『기록휘편』, 『삼보정이집』, 『설집』, 『국조전고』, 『담생당』본에는 모두 '마환(馬歡)'이란 이름을 보여 주고 있다. 게다가 정덕(正德) 경진년

(庚辰年, 1520) 6월 29일 오군(吳郡)의 황성증(黃省曾, 1490~1540)이 쓴 「자서(自序)」에 따르면, "정화(鄭和)를 사신으로 삼고 후현(侯顯)을 부사로 삼아 역관 마환 같은 사람들을 잘 뽑아 수행하게 하니, 모두 1백 척의 대종(大䑸)을 거느리고, 복주(福州) 오호문을 출발하여 뒤따르는 배를 묶고 돛을 걸어 하늘 끝으로 나아갔다(命和爲使, 貳以侯顯, 妙擇譯人馬歡輩從之行, 總率巨䑸百艘, 發自福州五虎門, 維艄掛席, 際天而行)"라고 하며 마환(馬歡)임을 분명히 밝혔다. 또한 만랄가(滿剌加), 섬라국(暹羅國), 석란국(錫蘭國) 조목에서도 일관적으로 '마환'이라 했다. 이 점이 바로 우리가 '마관'보다는 '마환'으로 불러야 하는 근거이다.

그렇다면 마환(馬歡)이 '종도(宗道)'라는 자를 가졌다고 인정할 수밖에 없다. 그래도 여전히 의문은 남는다. 이름과 자는 일반적으로 의미상 연관성을 가진다. '도를 종주로 삼'는다는 의미와 '환(歡)'자의 관계를 짐작하기가 쉽지는 않다. 「영애승람후서」에는 마종도(馬宗道)와 곽숭례(郭崇禮)라는 두 사람이 모두 이슬람교도이며 모두 외국어에 능해, 함께 서양으로 가는 사신단을 수행하고, 공동으로 기행문을 쓴 것처럼 기술하고 있다. 그러면서도 실제 서문을 부탁해 온 것은 곽숭례의 친구인 '육정용(陸廷用)'이라고 하며, 이 「후서」의 초점을 곽숭례에게 맞추고 있다. '종도'가 마환의 자(字)라면, '숭례' 또한 곽 아무개의 자(字)일 것이다. 그러나 곽숭례를 언급하고 있는 곳은 이 후서뿐이다. 사실 폴 펠리오가 지적한 것처럼, 숭례(崇禮)는 종도(宗道)와 잘 호응하고 있다(「15세기 초 중국의 대항해」, 254쪽).

1620년 완성한 기승한(祁承爜)의 『담생당장서목(澹生堂藏書目)』(권3, 60)에는 완정본과 개정본 2종을 모두 기록해 두었는데, 완정본 『영애승람』 아래에는 "1권. 마여흠(馬汝欽). 『설초(說鈔)』에 보이는 『영애승람기행시』가 붙어 있음"이란 쌍행의 주석을 찾을 수 있다. 여기의 『설초』란 총서는 자신의 서목 권11에 언급한 『고금설초(古今說鈔)』를 말한다. 그 아래에는 28종의 서목이 들어 있는데, 확실히 『영애승람기행시』를 확인할 수 있다. 기승한이 『영애승람』의 저자로 말한 마여흠(馬汝欽)이 마환이라면, '여흠'이 바로 마환의 자(字)로 추정된다. 그러나 여기 '마여흠'은 이 서목에만 존재한다. 담생당 초본(淡生堂抄本) 『영애승람』에 실린 서문에는 확실히 마환(馬歡)으로 필사되어 있다. 그렇다면 기승한이 말한 '마여흠'은 어디서 가져온 것일까? 『고금설초』에 수록되어 있는 『영애승람기행시』에서 나왔을 수도 있다. 하지만 이 『고금설초』은 전해지지 않으므로 확인할 방법이 없다. 결과적으로 마여흠의 여흠은 마환의 자(字)로 어울리지만, 이를 확인해 줄 사람은 기승한한 사람일 뿐이므로, 더 명확한 자료가 발견될 때까지 '여흠'이라는 자는 미뤄 둬야 한다.

○ 1416년 회계산초 마환이 쓴 서문은 믿을 수 있는가?

서문에는 영락제(永樂帝, 1360~1424)를 '태종문황제(太宗文皇帝)'라고 칭하고 있다. 이 칭호는 영락제의 묘호(廟號)와 시호(諡號)를 합하여 칭한 것으로, 『명사』 권7, 「성조본기」에 따르면, 묘호와 시호는 영락 22년(1424) 9월에 주어졌다. 그러나 회계의 나무꾼 마환이 1416년 살아 있는 황제를 묘호와 시호로 불렀을 리도 없고 또 겨우 통역하는 일을 맡았던 마환이 자신의 황제를 직접적인 호칭으로 부르는 것은 있을 수 없다. 분명, 마환이 서문 마지막에 남긴 서명이 오염되었거나, 이후 필사자나 개정한 사람이 호칭을 고쳐 썼을 가능성이 있다. 아니면 서문 전체가 마환이란 이름으로 가필한 것인가?

이 서문이 완전히 개정본을 만든 장승(張昇)의 위작이라고 보는 사람이 바로 록힐이다. 록힐의 근거는, 첫째, 영락제가 1425년에 죽었다는 점, 둘째, 『영애승람』 소문답랄(蘇門答剌, 사무드라) 조목에서 언급된 정화의 원정이 1407년이 아니라 1424년의 일이라는 점, 셋째, 『사고전서총목제요』에서 영락(永樂, 1403~1424) 이후에 쓴 것이라는 점을 들었다(「14세기 중국과 인도양 연안, 동부 열도와의 무역 관계에 관한 주석」, 72쪽). 이 추정은 뒤펜다크도 그대로 따르고 있는데(『마환』, 4쪽), 사실 록힐이 제시한 이 세 가지 근거는 완전히 잘못되었다. 첫째, 영락제가 죽은 해는 1424년이고, 둘째, 소문답랄[사무드라] 조목에 보이는 정화의 원정은 1424년이 아니라 마환이 기술한 정화의 3차 원정(1412~1415)이 맞다. 록힐이 말한 1424년의 정화 원정은 구항(舊港) 즉 팔렘방에 칙령과 인장을 전하기 위한 목적이었다. 록힐이 여기 구항과 소문답랄을 혼동한 것이 분명하다. 셋째, 『사고전서총목제요』의 편수관들이 참고한 것은 장승의 개정본이므로 근거가 되지 못한다.

이처럼 마환의 서문 전체가 위작일 근거는 없다. 그렇다면 묘호와 시호를 쓰고 있는 것은 어떻게 해석해야 할까? 사실 이 서문은 다른 판본인 『삼보정이집』에도 수록되어 있는데, 『기록휘편』과 똑같이 '태종문황제(太宗文皇帝)'라는 칭호를 사용하고 있다. 이는 1810년 간행된 『천일각서목』에서도 확인된다. 마환의 『영애승람』 마지막 조목인 천방국(天方國) 끝에 보이는 서명에는 "경태(景泰) 신미년(辛未年, 1451) 가을의 보름날에 회계(會稽)의 나무꾼 마환이 기술하다"라고 하였다. 마경의 서문(1444)과 7년의 차이가 있다. 그렇다면 적어도 마환은 천방국 조목이 없는 『영애승람』의 서문을 썼다는 말이고, 또한 마환이 『영애승람』을 한 번에 완성하지 않았다는 말이다.

누군가 마환의 서문에 보이는 '태종문황제(太宗文皇帝)'라는 칭호로 바꾼 것은 틀림없다. 앞서 본 록힐과 뒤펜다크는 장승으로 보겠지만, 펠리오 씨는 마환 자신으로 추정한다(「15세기 초 중국의 대항해」, 262~264쪽). 역자도 이에 전적으로 동의한다.

「영애승람후서」에 따르면, 마환과 곽숭례가 정화의 원정에 세 차례나 수행했다고 한다. 정화는 3차 원정에서 영락 13년(1415)에 돌아왔다. 마환은 자신의 서문에서 이 3차 원정에 참여했다고 밝혔다. 1412~1415년에 수행된 정화의 3차 원정은 호르무즈까지 진출한 것으로 확인된다. 이 3차 원정이 마환의 첫 번째 수행이라면, 나머지 두 차례는 언제일까? 정화의 4차, 5차, 6차, 7차 중에서 6차는 영락 22년(1424) 1월에 사신으로 나간 것은 확인되지만 돌아온 날짜는 밝혀지지 않았다. 다만 홍희(洪熙) 원년(1425) 2월에 남경(南京)의 수비(守備)를 맡았다. 준비기간과 계절풍을 고려해 보면, 1424년 7월~9월 사이에 돌아왔을 것이므로, 원정의 기간이 너무 짧아 인도양을 건널 시간적 여유가 되지 않는다. 또한, 이 6차 사신행은 구항(舊港) 즉 팔렘방에 칙령과 인장을 전하는 목적이었으므로, 6차 원정은 제외하는 것이 타당하다. 정화의 7차 원정은 1431~1433년으로 마환이 기술한 것과 부합하므로, 마환이 세 번째 서양에 나간 것으로 할당해야 한다. 그렇다면 마환의 두 번째 수행이 정화의 4차이지 5차인지만 판단하면 된다.

정화의 네 번째 항해는 영락 14(1416)년 겨울 또는 12월에 떠났고, 영락 17년(1419)년 7월에 돌아왔다. 정화가 출발한 시기는 마환이 서문에서 밝힌 시기와 겹치고 있다. 물론 마환이 서문을 완성하고 떠났을 수도 있다. 정화가 4차 원정에서 나선 것은 만랄가[말라카], 고리[캘리컷] 등 19개국의 사신들이 조공해 와 이들을 따라가 상을 내리는 목적이었다. 1416년 조공을 들인 나라들은 "참파[占城], 캘리컷[古里], 자바[爪哇], 말라카[滿剌加], 사무드라[蘇門答剌], 람브리[南巫里], 보르네오[浡泥], 파항[彭亨], 실론[錫蘭山], 몰디브[溜山], 람브리[南渤利], 아덴[阿丹], 마린드[麻林], 호르무즈[忽魯謨斯], 코치[柯枝]"(『명사』, 권7, 96쪽)였다. 『영애승람』에 보이는 도파르[祖法兒]는 보이지 않는다. 그러므로 마환은 정화의 4차 항해에 참석하지 않았다고 본다.

그렇다면 마환이 두 번째로 수행했을 것으로 짐작할 수 있는 정화의 원정은 제5차뿐이다. 이 5차는 영락 19년(1421) 봄, 정월, 계사(癸巳)일에 출발하여 1422년 8월에 돌아왔다. 대략 1년 6개월이 소요된 셈이다. 3차와 4차 원정의 기간과 비교해 보면 기간이 짧은 것은 사실이다. 이 기간은 계절풍의 시기와 잘 맞아 있으므로 불가능한 것은 아니지만, 펠리오 씨가 추정하는 것처럼[앞의 출처, 263쪽], 마환이 이 원정에 참여하여 도파르[祖法兒]까지 갔다면, 인도양을 건너갔다가 돌아와야 하므로 1년 6개월이란 시간은 분명 충분하지 않다. 펠리오 씨는 마환이 이 원정을 수행한 뒤에 돌아와 도파르 조목을 추가했을 것으로 추정했다. 영락 20년(1422)년 조공해 온 바다의 나라들은 시암[暹羅], 사무드라[蘇門答剌], 아덴[阿丹], 참파[占城], 자바[爪哇]이다(『명사』, 권7, 102쪽). 역시 도파르는 보이지 않는다. 그렇다면, 마환이 두 번째로 서양에 나가 도파르 왕국에 대한 정보를 얻은 것은 4차로 보는 것이 더 타당하다.

정리하자면, 정화의 4차 원정이 끝난 1419년 이후, 1416년 서문을 갖춘 기존 원고에 조법아(祖法兒) 조목이 추가되었고, 정화가 7차 원정을 마친 1433년 이후에 메카[天方] 조목을 보탰으며, 바로 그때 마환의 서문(1416년)에 보이는 '태종문황제(太宗文皇帝)'라는 칭호를 고친 것으로 추정할 수 있다. 대략 70여 년 뒤에 만들어진 장승의 개정본에는 메카[천방] 조목이 없으므로, 장승이 근거한 텍스트는 1419~1433년 사이에 대략 서문이나 저자 표지가 없는 불완전한 판본이었을 것이다. 『기록휘편』의 「후서」는 연대를 추정할 수 있는 실마리가 전혀 없고, 『삼보정이집』의 「후서」에는 '이 해[是歲]'라고 하였다. 만약 『기록휘편』본에서 '이 해'라고 했다면, 그해는 바로 메카[천방] 조목 마지막 서명에 들어 있는 '경태 2년(1451)[景泰辛未]'을 가리킨다고 보는 것이 일반적이다. 그러나 『삼보정이집』에는 이 마지막 서명이 보이지 않는다는 점이 문제이다. 한편, 만명 씨가 발굴하여 소개한, 명나라 매순(梅純)의 총서 『예해휘함(藝海彙函)』, 2권본 「영애승람후서」에는 '정통(正統)

기사년(己巳年)', 바로 1449년으로 되어 있다. 천방 조목 마지막에 보이는 저
자와 연대 표기는『기록휘편』에만 보이므로,『기록휘편』을 신뢰한다면 마
환의『영애승람』완성본은 1451년 이후일 것이고, 이 서명을 믿을 수 없다
면, 완성본의 시기는 마경이 서문을 쓴 1444년에서 1449년 사이가 되어야
한다.

이상으로부터 우리는 마환의 출신은 회계(會稽)이고, 자는 종도이며, 정
화의 원정에 3차례(3차, 4차, 7차)에 걸쳐 통역관 자격으로 수행했다고 짐작할
수 있다. 마환은 이슬람교도로, '곽숭례'라는 사람과 동행하여 20여 개국에
관한 해외 정보를 기록했다. 책의 제목은『영애승람』이고, 한 시기에 완성
된 것이 아니라, 1416년부터 1433년에 걸쳐 추가되고 교정되어, 1444~1451
년에 완성본이 나왔다. 그러나 마환의 원본은 전해지지 않고, 16세기 이
후 총서에 수록된 판본으로만 원서의 모습을 가늠할 수 있을 뿐이다.

순번	기록휘편본『영애승람』	장승『영애승람집』	비고
	마환 — 「영애승람서」	장승의 서문	
	마환 서명의 또 다른 서문		
	제번국명(諸番國名)		
01	점성국(占城國)	점성(占城)	'국(國)'
02	과와국(瓜哇國)	과와(瓜哇)	'국(國)'
03	구항국(舊港國)	구항국(舊港國)	
04	섬라국(暹羅國)	섬라(暹羅)	'국(國)'
05	만랄가국(滿剌加國)	만랄가(滿剌加)	'국(國)'
06	아로국(啞魯國)	아로국(啞魯國)【小國也】	원주의 유무
07	소문탑랄국(蘇門嗒剌國) 附那孤兒國	소문답랄(蘇門答剌)ㅣ나고아 (那孤兒)【小國】·여벌국(黎 伐國)【亦小】	덧붙인 나라의 차이
08	여대국(黎代國)	여벌(黎伐)	'국(國)'; '벌(伐)'
09	남발리국(南浡里國)	남니리(南泥里)	'국(國)'; '니(泥)'
10	석란국(錫蘭國)·나형국(裸形國)	석란(錫蘭)·나형(裸形)	'국(國)'

11	소갈란국(小葛蘭國)	소갈란(小葛蘭)	'국(國)'
12	가지국(柯枝國)	가지(柯枝)	'국(國)'
13	고리국(古里國)	고리(古俚)	'국(國)'; '리(俚)'
14	유산국(溜山國)	유산(溜山)	'국(國)'
15	조법아국(祖法兒國)	조법아(祖法兒)	'국(國)'
16	아단국(阿丹國)	아단국(阿丹國)	
17	방갈랄국(榜葛剌國)	방갈랄국(榜葛剌國)	
18	홀로모시국(忽魯謨厮國)	홀로모시국(忽魯謨厮國)	
19	천방국(天方國)		
	작자미상 「영애승람후서」		

명나라 매순(梅純)의 총서『예해휘함(藝海彙函)』, 2권 본 「영애승람후서」(만명,『명초본영애승람교주』, 198쪽)

　나는 소싯적부터『이역지』를 보고 천하 지리의 넓음, 풍속의 다름, 인물의 미추, 사물의 출산을 알고 경이로우면서도 기쁘고, 찬탄할 만하면서도 경악스러웠다. 그래도 호사가가 지은 것에서 나왔으리라 생각하며, 이런 이치가 없으리라 의문을 품었다. 지금 곽숭례 군과 마종도 군이 여러 나라[番國]를 돌아다니며 쓴 사실을 보고 비로소『이역지』에 기재된 것이 정말 허망한 것이 아니었다고 믿게 되었다. 숭례는 인화(仁和) 사람이고, 종도(宗道)는 회계 사람으로, 모두 서역의 이슬람교[天方敎]에 통했다. 옛날 영락(永樂) 연간 초에 태종황제가 칙명으로, 태감 정화가 조서를 받들고 보선을 영도하여 서양의 여러 나라에 가서 [조서를] 읽어 주고 노고를 위로할 때, 숭례(崇禮)는 외국어에 뛰어나 신임을 받고 따라갔다. 민(閩, 광동)의 오호문(五虎門)에서 출발하여, 참파, 자바, 시암으로 들어갔고, 계속하여 차례대로 아루, 사무드라, 실론, 코친에 이르렀으며, 종국에는 아덴, 메카 등의 나라에 간 것을 이름하여『영애승람』이라 했다. 그 사이 지리의 넓음을 원근으로 구분하여 기록했고, 풍속의 다름을 득실로 구분하여 기록했다. 무릇 인물의 미추는 좋고 나쁨으로 구분하여 기록하였으며, 사물의 출산은 경중으로 구분하여 기록했다. 모두 갖추어 기록하여 두 권으로 나누었으니 그 마음씀이 또한 많았다. 숭례가 돌아와 나갈 때마다 보여 주니 이역의 일을 모두 한 번 보고 알 수 있었다. 숭례는 사람마다 다 보여 줄 수 없어 판각하여 널리 전하고자 다른 사람의 견문을 확충하여, 마침내 그의 친구 육정용(陸廷用) 군에게 맡겨 기록한 원고를 도성으로 가져와 나에게 서문을 청해 왔다. 나는 이에 다 읽어 볼 수 있었다. 세상에 도움이 될 것 같아, 마침내 책 뒤에 그 뜻을 밝혀 둔다. 정통(正統) 기사년(己巳年, 1449), 열엿샛날 감찰어사 고변(古汴)의 유홍(劉弘)이 쓰다.

余自少時觀異域志, 而知天下輿圖之廣, 風俗之殊, 人物之姸媸, 物類之出產, 可驚可喜, 可愛可愕. 尙疑出於好事者爲之, 而竊恐無此理也. 今觀郭君崇禮・馬君宗道所記經歷諸番之事實, 始信異域志之所載誠不妄矣. 崇禮仁和人, 宗道會稽人, 皆通西域天方敎. 昔永樂初太宗皇帝勅命, 太監鄭和奉詔領寶船, 往西洋諸番開讀賞勞, 崇禮善通譯番言, 遂獲隨往. 自閩之五虎發迹, 入占城・爪哇・暹羅, 繼而次之至啞魯・蘇門答剌・錫蘭・柯枝, 極而造夫阿丹・天方等國, 名曰瀛涯勝覽. 其間凡輿圖之廣者, 記之以別遠近. 凡風俗之殊者, 記之以別得失. 與夫人物之姸媸, 則記之以別美惡, 物類之出產, 則記之以別輕重. 皆備錄之, 分爲二卷, 其用心亦多矣. 崇禮旣歸, 恒出以示人, 則異域之事皆一覽而可見. 崇禮不能盡及人人, 尙欲鋟梓廣傳, 以擴充人之聞見, 遂托其友陸君廷用以所錄之稿至京師, 請予爲序, 予因得備閱之. 喜其有資於世, 遂爲著其意於後云. 正統己巳正月旣望監察御史古汴劉弘序.

『명사』, 권304, 「정화·후현전」(중화서국, 7766~7769쪽)

정화는 운남 사람으로 세간에서 '삼보태감'이라고 하는 자이다. 처음에는 번저(藩邸)에서 연왕(燕王)을 섬기다가 이후 거병할 때 공이 있어 여러 차례 태감으로 발탁되었다.

성조는 혜제(惠帝)가 바다 밖으로 도망한 것으로 의심하여 그의 종적을 찾으려 했고, 이역에 군대의 힘을 빛내고 중국의 부강함을 과시하려 했다. 영락 3년(1405) 6월 정화와 그의 동료 왕경홍 등을 서양에 사신으로 보냈다. 장병 27,800여 명을 거느리고 많은 황금과 예물을 가져가기 위해, 길이 44장, 폭 18장이나 되는 62척의 선박을 건조했다. 소주(蘇州), 유가하(劉家河)를 거쳐 복건(福建)에 이르렀고, 다시 복건에서 오호문(五虎門)에서 돛을 폈다. 맨 먼저 참파[占城]에 도착한 다음 여러 외국을 두루 돌아다니며 천자의 조서를 선포하고, 그를 계기로 그곳의 군장(君長)들에게 하사품을 내렸고, 복종하지 않는 [나라들은] 무력으로 윽박질렀다. [영락] 5년(1407) 9월 정화 일행이 돌아옴에 여러 나라 사신들이 정화를 따라와 [천자를] 알현했다. 정화는 사로잡은 팔렘방[舊港]의 추장을 헌상했다. 황제는 크게 기뻐하며 관작과 상을 차등에 따라 내렸다. 구항(舊港)은 옛 삼불제(三佛齊)이다. 그곳의 추장 진조의(陳祖義)는 상선들을 약탈하다가 정화가 사신을 보내 불러 타이르자, 거짓으로 투항하여, 몰래 습격하여 겁탈하려 했다. 정화는 그의 무리를 크게 물리치고 진조의를 사로잡아 포로로 헌상하자, 도읍의 저자에서 처형되었다.

[영락] 6년(1408) 다시 실론[錫蘭山]으로 갔다. 국왕 아열고내아(亞烈苦奈兒)가 정화를 나라 안으로 유인하여 황금과 예물을 요구하며 군대를 보내 정화의 배를 겁탈했다. 정화는 적의 대부분이 이미 나가, 나라 안이 빈 것을 보고 통솔한 2천여 명을 거느리고 불시에 공격하여 그 도성을 부수고 아열고내아와 그의 처자와 관속을 생포했다. 정화의 배를 약탈하러 간 자가 이 소식을 듣고 돌아와 자기 편을 구원했으나 관군들이 또 크게 격파했다. [영락] 9년(1411) 6월 조정에 포로들을 헌상하자, 황제는 처형하지 않고 사면하여 나라로 돌아가게 풀어 주었다. 이때, 통킹[交阯]을 파멸시키고 그들의 땅을 군현으로 귀속시키니 여러 이웃이 더욱 두려워하며 조공해 오는 나라가 나날이 많아졌다.

[영락] 10년(1412) 11월 다시 정화 등을 사신으로 보내, 사무드라[蘇門答剌]에 이르렀다. 그곳의 이전 가짜 왕자 '소간랄(蘇幹剌)'이란 자가 당시 군주를 시해하고 스스로 왕위에 올랐는데, 정화가 가져온 하사품이 자신에게 오지 않자 화가 나, 병사를 이끌고 관군을 요격했다. 정화는 힘껏 싸우면서 추격하여 람브리[喃渤利]에서 사로잡고 아울러 그의 처자들도 잡아, 13년(1415) 7월 조정으로 돌아왔다. 황제는 몹시 기뻐하며 여러 장사(將士)에게 차등에 따라 상을 내렸다.

[영락] 14년(1416) 겨울, 말라카[滿剌加], 캘리컷[古里] 등의 19개 나라가 모두 사신을 보내 조공해 왔다가, 돌아갔다. [황제는] 다시 정화 등에게 함께 가서 그들 군장(君長)에게 상을 내리게 했다. 17년(1419) 7월에 돌아왔다. 19년(1421) 봄에 다시 가서 이듬해 8월에 돌아왔다. 22년(1424) 구항의 추장 시제손(施濟孫)이 선위사의 직함을 세습하게 해 달라고 청해 오자 정화가 칙서와 인장을 가져가 하사했다. 이전처럼 돌아왔으나 성조는 이미 죽고 홍희(洪

熙) 원년(1425) 2월이었다. 인종은 정화에게 하번(下番)의 군사들로 남경(南京)을 수비하게 하였다.

남경에 수비를 설치한 것은 정화로부터 시작되었다. 【본서 권8 「인종기」, 영락 22년(1424) 9월 무자일 기사에서 "처음으로 남경수비를 설치하여 양성백 이융(襄城伯李隆)을 수비로 삼았다"라고 하였으므로, 이와는 다르다.】 선덕(宣德) 5년(1430) 6월, 황제가 즉위한 지 오래되었으나 멀리 있는 여러 나라가 조공해 오지 않아, 이에 정화, 왕홍경이 다시 황명을 받들어 호르무즈[忽魯謨斯] 등 17개국을 편력하고 돌아왔다. 【본서 권325, 「소문답랄전」에 "20여 국"이라 했고, 『선종실록』, 권67, 선덕 5년 6월 무인 조목에는 "20국"으로 되어 있다.】

정화는 세 조정을 섬기면서 전후로 일곱 차례 사신으로 나가, 편력한 참파[占城], 자바[爪哇], 캄보디아[眞臘], 팔렘방[舊港], 시암[暹羅], 캘리컷[古里], 말라카[滿剌加], 보르네오[渤泥], 사무드라[蘇門答剌], 아루[阿魯], 코친[柯枝], 대퀼론[大葛蘭], 소퀼론[小葛蘭], 서양쇄리(西洋瑣里), 쇄리(瑣里), 카일[加異勒], 아발파단(阿撥把丹), 람브리[南巫里], 코임바토르[甘把里] 【본서 권326 「감파리(甘巴里)전」과 『선종실록』, 권67, 선덕 5년 6월 무인 조목에는 '감파리(甘巴里)'로 되어 있다】, 실론[錫蘭山], 람브리[喃渤利], 파항[彭亨], 끌란탄[急蘭丹], 호르무즈[忽魯謨斯], 비랄(比剌), 몰디브[溜山], 손랄(孫剌), 모가디슈[木骨都束], 마림(麻林), 랄살(剌撒), 도파르[祖法兒], 사리만니(沙里灣泥), 죽보(竹步), 뱅골[榜葛剌], 메카[天方], 여벌(黎伐), 나쿠르[那孤兒] 등 무릇 30여 나라이다. 가져온 이름도 모르는 보물들이 헤아릴 수 없이 많았고, 중국에서 낭비한 것도 셀 수 없이 많았다. 선덕 이후로 먼 나라들이 이따금 중국에 왔지만 대체로 영락 시대만 못했고, 정화도 늙어 죽었다. 정화 이후로 명을 받아 바다로 나간 자들이 정화를 칭송하여 해외 나라에 자랑하지 않음이 없었으니 세간에서는 삼보태감이 서양으로 나간 것을 명나라 초기의 성대한 일이라고 한다. 성조(成祖, 영락제)의 시대에 [황제는] 사이와 소통하려는 굳은 의지로, 사신 임무를 받들 많은 환관을 등용했다. 서양은 정화와 왕경홍(王景弘)이요, 서역은 이달(李達), 북쪽으로는 해동(海童), 서쪽 외국으로는 통솔하는 사신 후현(侯顯)이었다.

후현은 사례소감(司禮小監)이다. 우짱[烏思藏]의 화상 합리마(哈立麻)에게 도술이 있고, 환화(幻化)에 뛰어나다는 소문을 듣고 불러 만나 보고, 그를 계기로 서쪽의 여러 나라와 통교하려 했다. 이내 후현에게 조서와 예물을 들려 보내 맞이해 오도록 장사(壯士)와 건마(健馬)를 선발하여 행차를 호위하게 했다. [영락] 원년(1403) 4월에 사신행을 받들어,【본서 권6, 「성조기」와 『태종실록』, 권16, 영락 원년 2월 을축일 조목에 후현이 사신의 명을 받든 것은 원년 2월로 되어 있다.】 육로로 수만 리를 가서 4년(1406) 12월에 그 승려와 함께 돌아오니, 부마도위(駙馬都尉) 목흔(沐昕)에게 조서를 내려 맞이하게 했다. 황제는 봉천전(奉天殿)으로 불러 도탑게 하사품을 내리고, 의장, 안마, 집기 대부분이 금은으로 만들어 도로가 환했다. 5년(1407) 2월 고제(高帝)와 고후(高后)의 복을 빌기 위해 영곡사(靈谷寺)에서 보도대재(普度大齋, 중생을 구제하는 불사)를 거행했다. 경운(卿雲), 천화(天花), 감로(甘露), 감우(甘雨), 청조(靑鳥), 청사(靑獅), 백상(白象), 백학(白鶴)과 사리(舍利)의 상서로운 빛이 연일 모두 나타났다고 한다. 또 범패(梵唄)와 천악(天樂)이 하늘에서 내려왔다고도 하였다. 황제가 크게 기뻐하자, 조정 신하들은 경하하는 상소문을 올리고, 학사 호광(胡廣) 등이 모두 성효서응(聖孝瑞應)의 노래를 지어 바쳤다. 이내 합립마에게 '만행 구족 십방 최승 원각 묘지 혜선 보응 우국 연교여래 대보법왕 서천 대선자재불'에 봉하고, 천하에 부처의 가르침을 영도하게 하며 인장과 고명을 여러 왕처럼 만들어 주었고, 따르는 세 사람에게도 '관정대국사'에 봉했으며 봉천전에서 다시 연회를 베풀어 주었다. 후현은 사신행을 받든 노고로 태감에 올랐다.

[영락] 11년(1413)에 다시 명을 받들어 서방 나라인 니팔랄(尼八剌), 지용탑(地湧塔) 두 나라에 하사품을 내렸다. 니팔랄왕 사적신갈(沙的新葛)은 후현을 따라 사신을 보내 알현하고 표문과 방물을 바쳤다. 조서로 국왕에 봉하고 고명과 인장을 하사했다. 13년(1415) 7월 황제는 벵골[榜葛剌] 등의 나라들과 통교하고자 다시 후현에게 수군을 통솔하여 가게 했는데, 그 나라는 바로 동인도의 땅으로 중국과는 아주 멀리 떨어져 있었다. 그 나라의 왕인 새불정(賽佛丁)은 사신을 파견하여 기린과 여러 방물을 바쳤다. 황제는 몹시 기뻐하며 하사품을 더 보태 내렸다. 벵골의 서쪽에 소납박아(沼納樸兒, 인도 비하르 자운푸르)라는 나라가 있는데, 땅은 다섯 인도의 가운데 있으며, 옛날 불국(佛國)이다. 벵골을 침략하자 [벵골의 왕] 새불정이 [이를] 조정에 아뢰었다. 18년(1420) 9월 후현에게 황제의 뜻을 밝히고 타이르도록[宣諭] 하고 황금과 비단을 하사하자 마침내 군대를 거두었다. 선덕(宣德) 2년(1427) 2월에 다시 후현을 여러 나라에 사신으로 보냈는데, 오사장(烏斯藏), 필력공와(必力工瓦), 영장(靈藏), 사달장(思達藏) 등의 나라를 편력하고 돌아왔다. 길에 도적을 만나, 군사들을 독려하여 힘껏 싸워 많이 베어 죽이고 잡았다. 조정에 돌아오자 공신록에 올라 상을 받은 자가 460여 명이었다.

후현은 변론의 재주가 있고 강한 힘과 과감한 책임감으로 다섯 차례 먼 곳[絶域]에 사신으로 갔으니 공적이 정화에 버금갔다.

鄭和, 雲南人, 世所謂三保太監者也. 初事燕王於藩邸, 從起兵有功, 累擢太監.
成祖疑惠帝亡海外, 欲蹤跡之, 且欲耀兵異域, 示中國富強. 永樂三年六月命和及其儕王景弘等通使西洋. 將士卒二萬七千八百餘人, 多齎金幣. 造大舶, 修四十四丈・廣十八丈者六十二. 自蘇州劉家河泛海至福建, 復自福建五虎門揚帆, 首達占城, 以次徧歷諸番國, 宣天子詔, 因給賜其君長, 不服則以武懾之. 五年九月, 和等還, 諸國使者隨和朝見. 和獻所俘舊港酋長. 帝大悅, 爵賞有差. 舊港者, 故三佛齊國也, 其酋陳祖義, 剽掠商旅. 和使使招諭, 祖義詐降, 而潛謀邀劫. 和大敗其衆, 擒祖義, 獻俘, 戮於都市.

六年九月再往錫蘭山. 國王亞烈苦奈兒誘和至國中, 索金幣, 發兵劫和舟. 和覘賊大衆既出, 國內虛, 率所統二千餘人, 出不意攻破其城, 生擒亞烈苦奈兒及其妻子官屬. 劫和舟者聞之, 還自救, 官軍復大破之. 九年六月獻俘於朝. 帝赦不誅, 釋歸國. 是時, 交阯已破滅, 郡縣其地, 諸邦益震讋, 來者日多.

十年十一月復命和等往使, 至蘇門答剌. 其前僞王子蘇幹剌者【其前僞王子蘇幹剌者 前僞王子, 本書卷三二五蘇門答剌傳作「老王弟」, 太宗實錄卷九七成祖永樂十三年七月壬寅條都作「前僞王弟」】, 方謀弑主自立, 怒和賜不及己, 率兵邀擊官軍. 和力戰, 追擒之喃渤利, 竝俘其妻子, 以十三年七月還朝. 帝大喜, 賚諸將士有差.

十四年冬, 滿剌加・古里等十九國咸遣使朝貢, 辭還. 復命和等偕往, 賜其君長. 十七年七月還. 十九年春復往, 明年八月還. 二十二年正月, 舊港酋長施濟孫請襲宣慰使職, 和齎敕印往賜之. 比還, 而成祖已晏駕. 洪熙元年二月, 仁宗命和以下番諸軍守備南京.

南京設守備, 自和始也【南京設守備自和始也 按本書卷八仁宗紀載永樂二十二年九月戊子, 「始設南京守備, 以襄城伯李隆爲之」, 與此異】. 宣德五年六月, 帝以踐阼歲久, 而諸番國遠者猶未朝貢, 於是和・景弘復奉命歷忽魯謨斯等十七國而還【於是和景弘復奉命歷忽魯謨斯等十七國而還 十七國, 本書卷三二五蘇門答剌傳作「二十餘國」, 宣宗實錄卷六七宣德五年六月戊寅條作「二十國」】.

和經事三朝, 先後七奉使, 所歷<u>占城</u>·<u>爪哇</u>·<u>眞臘</u>·<u>舊港</u>·<u>暹羅</u>·<u>古里</u>·<u>滿</u><u>剌加</u>·<u>渤泥</u>·<u>蘇門答剌</u>·<u>阿魯</u>·<u>柯枝</u>·<u>大葛蘭</u>·<u>小葛蘭</u>·<u>西洋瑣里</u>·<u>瑣</u><u>里</u>·<u>加異勒</u>·<u>阿撥把丹</u>·<u>南巫里</u>·<u>甘把里</u>【甘把里　本書卷三二六甘巴里傳及宣宗實錄卷六七宣德五年六月戊寅條作「甘巴里」】·<u>錫蘭山</u>·<u>喃渤利</u>·<u>彭亨</u>·<u>急蘭</u><u>丹</u>·<u>忽魯謨斯</u>·<u>比剌</u>·<u>溜山</u>·<u>孫剌</u>·<u>木骨都束</u>·<u>麻林</u>·<u>剌撒</u>·<u>祖法兒</u>·<u>沙</u><u>里灣泥</u>·<u>竹步</u>·<u>榜葛剌</u>·<u>天方</u>·<u>黎伐</u>·<u>那孤兒</u>, 凡三十餘國. 所取無名寶物, 不可勝計, 而中國耗廢亦不貲. 自<u>宣德</u>以還, 遠方時有至者, 要不如<u>永</u><u>樂</u>時, 而<u>和</u>亦老且死. 自<u>和</u>後, 凡將命海表者, 莫不盛稱<u>和</u>以夸外番, 故俗傳三保太監下西洋, 爲<u>明</u>初盛事云.

當<u>成祖</u>時, 銳意通四夷, 奉使多用中貴. 西洋則<u>和</u>·<u>景弘</u>, 西域則李達, 迤北則海童, 而西番則率使<u>侯顯</u>.

<u>侯顯</u>者, 司禮少監. 帝聞<u>烏思藏</u>僧尙師哈立麻有道術, 善幻化, 欲致一見, 因通迤西諸番. 乃命<u>顯</u>齎書幣往迓, 選壯士健馬護行. 元年四月奉使【元年四月奉使　本書卷六成祖紀·太宗實錄卷一六<u>永樂</u>元年二月乙丑條繫<u>侯顯</u>奉使之命於元年二月】, 陸行數萬里, 至四年十二月始與其僧偕來, 詔駙馬都尉<u>沐昕</u>迎之. 帝延見奉天殿, 寵賚優渥, 儀仗鞍馬什器多以金銀爲之, 道路烜赫. 五年二月建普度大齋於<u>靈谷寺</u>, 爲高帝·高后薦福. 或言卿雲·天花·甘露·甘雨·靑鳥·靑獅·白象·白鶴及舍利祥光, 連日畢見, 又聞梵唄天樂自空而下. 帝益大喜, 廷臣表賀, 學士<u>胡廣</u>等咸獻聖孝瑞應歌詩. 乃封哈立麻萬行具足十方最勝圓覺妙智慧善普應祐國演教如來大寶法王西天大善自在佛, 領天下釋教, 給印誥制如諸王, 其徒三人亦封灌頂大國師, 再宴奉天殿. <u>顯</u>以奉使勞, 擢太監.

十一年春復奉命, 賜西番<u>尼八剌</u>·<u>地湧塔</u>二國. <u>尼八剌</u>王<u>沙的新葛</u>遣使隨

顯入朝, 表貢方物. 詔封國王, 賜誥印. 十三年七月, 帝欲通榜葛剌諸國, 復命顯率舟師以行, 其國即東印度之地, 去中國絕遠. 其王賽佛丁遣使貢麒麟及諸方物. 帝大悅, 錫予有加. 榜葛剌之西, 有國曰沼納樸兒者, 地居五印度中, 古佛國也, 侵榜葛剌. 賽佛丁告於朝. 十八年九月命顯往宣諭, 賜金幣, 遂罷兵. 宣德二年二月復使顯賜諸番, 徧歷烏斯藏・必力工瓦・靈藏・思達藏諸國而還. 途遇寇劫, 督將士力戰, 多所斬獲. 還朝, 錄功陞賞者四百六十餘人.

顯有才辨, 強力敢任, 五使絕域, 勞績與鄭和亞.

기록상『영애승람』이란 책을 가장 빨리 보고 개정한 사람은 장승(張昇, 1442~1517)이다. 여기 장승의 개정본 서문만 번역해 두었다. 저본은『기록휘편(紀錄彙編)』권63,『영애승람집(瀛涯勝覧集)』이다.

영락(永樂) 연간(1403~1424)에 어떤 사람이 태감 정화의 서양 사신행을 수행하여 여러 나라를 편력하면서 이르는 나라마다 그곳의 마을과 땅, 풍속, 관복, 물산을 기록했다.[4] 한참 세월이 흘러 책으로 만들고, '영애승람'이라 표제하였다. 나는 그것을 얻어, 여러 차례 살펴보며 그 상세하고 풍부함이 족히 이문(異聞)을 확충할 수 있어 기뻤다. 다만 그 언사가 수준 낮고 문장을 이루지 못했고, 또 억지로 끌어다 붙이고 구분하기 어려워 몇 장을 읽으면 싫증이 나고 졸음이 와, 한가한 날이면 그 글을 고치게 했다. 문사는 역시 천박하나 쉬운 이해를 높이 샀다.

永樂中有人隨從太監鄭和出使西洋, 遍歷諸國, 隨所至, 輒記其鄉土風俗冠

---

[4] 장승은 왜 마환의 이름을 밝히지 않고 어떤 사람이라고 했을까? 몇 가지 가정을 해 보자면, 장승이 이 개정본을 편집할 당시에 '영애'를 '승람(勝覽)'한 자료들이 다수가 있었을 것이다. 또는 여러 사람의 손을 거쳐 완성된 초고본이 있었을 것이다. 그 때문에 장승은 저자를 특정하지 못했을 수 있다. 확실히 그의 수중에는 메카[天方]를 기록한 완성본은 없었다. 「후서」에 따르면, '두 권'으로 만들었다고 하였고,『영애승람』을 들고 보여 준 사람은 분명 곽숭례(郭崇禮)였다. 1권은 마종도의 것이고, 2권은 곽숭례의 것인지도 모른다. 만약 이 두 권이 한 권으로 합본되었다면, 마종도의 것도 있었을 것이고, 곽숭례의 것도 있었을 것이다. 장승이 수중에 넣은 자료는 분명 저자가 누구인지 정확히 판단할 수 없는 합본이었을 것이다. 이는 장승이 서명을『영애승람집』이라고 한 이유를 설명해 준다. 다만 장승은『영애승람』이란 책이 한 사람의 것이 아니라, 복수의 저자로 보았던 것은 분명해 보인다.

服物産, 日久成卷, 題曰瀛涯勝覽. 余得之翻閱數過, 喜其詳贍, 足以廣異聞. 第其詞鄙朴不文, 亦牽強難辨, 讀之數葉, 覺厭而思睡, 暇日乃爲易之詞, 亦膚淺貴易曉也.

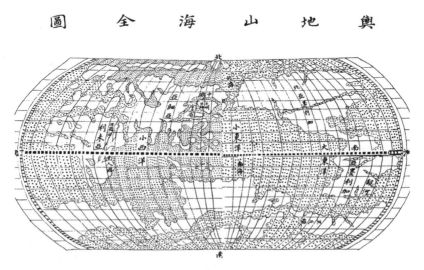

「여지산해전도(輿地山海全圖)」, 장황(章潢1527~1608), 『도서편(圖書編)』(사고전서본), 권29, 43b~44a.

『성사승람(星槎勝覽)』, 비신(費信)의 기록

원문은 풍승균(馮承鈞) 씨가 1938년 상무인서관(商務印書館)에서 출판한 『성사승람교주』본을 따랐다. 풍승균 씨의 저본은 나이지(羅以智, 1788~1860)가 구초본(舊鈔本)을 필사한 책이다. 『영애승람』에 해당하는 부분만 번역했고, 각 나라 끝에 노래한 오언시는 옮기지 않았다. 일련번호는 『영애승람』의 해당 조목을 말한다.

1. 참파[占城國]^{전집, 1}

[1] 영락(永樂) 7년 기축년(1409)에 황상은 정사 태감 정화(鄭和), 왕경홍(王景弘) 등에게 관병 2만 7천여 명을 통솔하여, 바다 선박 48척[號]을 타고 여러 외국으로 가서 [황제의 칙서를] 읽어 주고 상을 내리게 하였다. 이 해 가을 9월에 태창(太倉) 유가항(劉家港)에서 출범하여 11월 복건(福建) 장락(長樂) 태평항(太平港)에 정박했다. 12월 복건 오호문(五虎門)에서 바다로 나가 12개의 돛을 펴고, 순풍에 10일 밤낮을 항행하여 참파[점성국]에 이르렀다. [2] 이 나라는 바다에 임해 있으며, 신주(新洲)라는 항구가 있다. 서쪽으로는 통킹[교지]에 이르고, 북쪽으로는 중국과 연접해 있다. 다른 나라에 [가는] 보선들은 그곳에 이른다[他番寶船到彼]. [3] 이곳 추장은 세 개의 산 모양으로 황금 화관(花冠)을 머리에 쓰고, 몸에는 비단의 꽃문양 사롱[錦花手巾]을 입으며, 팔과 다리 사지에는 모두 팔찌와 발찌를 차고, 발에는 대모(玳瑁)로 만든 신발을 신으며 허리에는 여덟 가지 보석으로 만든 네모난 띠를 매는데 금강역사의 모양으로 꾸며 만든 것 같다. [4] 코끼리를 타고 [출입할 때는], 앞뒤로 그곳 병사

500여 명이 끼고 수행하며, 예리한 칼과 짧은 창을 쥔 사람도 있고, 가죽 방패를 흔들거나, 멋진 북을 두드리거나, 야자나무로 만든 피리[椰笛], 뿔고둥[螺筒]을 부는 사람도 있다. [5] 그의 부령(部領)들은 모두 말을 타고 교외로 나와 황제의 칙서와 하사품을 영접하는데, [왕은] 코끼리에서 내려 땅에 엎드려 기면서 천자의 은혜에 감읍하여 방물을 아뢰어 바쳤다[奏貢]. [6] 이 나라에 나는 것으로, 큰 코끼리, 코뿔소는 매우 많아, 그래서 상아와 코뿔소 뿔이 다른 나라에 널리 교역된다. 기남향(棋楠香)은 어떤 산에서만 나는데, 추장은 사람을 보내 채취하는 것을 감시하며, 사람들이 채취하지 못하게 금한다. 사사로이 훔쳐 파는 사람이 들통나면 그 손을 자른다. 오목(烏木)과 강향(降香)은 사람들이 베어[下樵] 땔나무로 사용한다. [7] 기후는 항상 여름처럼 덥고 서리와 눈은 보이지 않아, 초목이 항상 푸르고[靑] 수시로 꽃이 피고 열매를 맺는다[隨花隨結]. [8] [왕실에] 봉헌하는 사람[供民]들은 바닷물을 끓여 소금을 만든다. [9] 밭벼는 그다지 많지 않다. [10] 그 나라의 사람들은 단지 빈랑을 부엽(荖葉)에 싸고 굴 껍데기 가루[蠣殼灰]를 넣어 먹는데, 가고, 멈추고, 앉고, 누워 있을 때도 입에서 떼지 않는다. [11] 정월 초하루를 모르고, 단지 달이 생기는 것을 보고 '처음'이라 여기고 달이 어두우면 '끝'으로 여겨[看月生爲初, 月晦爲盡], 이처럼 열 번 차고 기울면 일 년으로 친다. 밤낮으로 북을 잘 두드려, 10경(更)을 원칙으로 삼는다. [12] 추장과 백성들은 정오에 이르지 않으면 일어나지 않고 자식이 이르지 않으면 잠들지 않는다. 달을 보면 음주하고 가무하는 것을 오락으로 삼는다. [13] 추장이 사는 곳은 높고 넓으며, 집, 문, 담장 모두 벽돌과 석회로 쌓았으며, 견고한 나무에 짐승의 모양을 새겨 화려한 장식을 했고 바깥은 벽돌 담을 둘렀다. 성곽의 방비에는 훈련된 병사들의 도구가 있는데, 독약을 바른 활촉, 칼, 표창 등이다. [14] 그 부령(部領)들이 사는 곳은 등급에 따라 나뉘며 문의 높이에 제한

이 있다. 아래 백성들은 띠를 엮어 지붕을 덮으며, 문은 3척을 넘지 못한다. 넘으면 죄가 된다. [15] 나라의 음식으로, 물고기는 썩지 않으면 먹지 않고 발효되어 구더기가 생기지 않으면 맛이 없다고 여긴다. 쌀로 술을 만드는데, 말린 환약을 섞어 옹기 속에 넣고 그대로 단단히 봉하여 저장했다가, 날이 오래되면 그 지게미에 구더기가 생겨나면 잘 빚어졌다고 생각한다. 훗날 개봉하여 3~4척 되는 긴 마디의 대나무 가지를 지게미 옹기 속에 끼워 넣고 다섯 사람이나 열 사람이 빙 둘러앉아 사람을 헤아려 물을 많거나 적게 넣어 돌아가며 대나무를 빨아 술을 입에 넣는다. 다 마시면 다시 물을 넣고, 맛이 나지 않으면 그치고, 맛이 남아 있으면 봉하여 두었다가 다시 마신다. [16] 세시(歲時)에는 멋대로 사람들이 산 사람의 쓸개를 채취하여 관청에 판다. 그 추장 또는 부령은 쓸개가 생기면 술에 넣어 가족들과 함께 마시고 또 그것으로 목욕하는데, 그것을 '통신시담(通身是膽)'이라 한다. [17] 전하는 바에 따르면, 시두만(屍頭蠻)은 원래 부인으로, 단지 눈동자가 없는 것이 사람과 다르다. 이 부인은 식구들과 함께 자다가 깊은 밤에 머리를 날려 보내 사람의 똥[穢物]을 먹고 머리를 날려 돌아와 다시 그 몸에 붙는데 예전처럼 살아난다. 만약 [그것을] 알고 그의 목을 단단히 봉해 두거나 몸을 다른 곳으로 옮겨 두면 죽는다. 병든 사람이 똥을 쌀 때 그녀를 만나면 요사한 기운이 뱃속에 들어가, 병자는 반드시 죽게 된다. 이러한 부인들은 드물게 있지만, 민가에 있는데도 관청에 알리지 않는 자는 죄가 온 집에 미친다. [18] 이곳 사람들은 머리를 애지중지하여 누군가 자기의 머리를 만지기라도 하면 반드시 죽기 살기로 한을 품는다. [19] 남녀는 머리 뒤로 몽둥이 모양의 상투를 틀고 꽃문양 베로 머리를 싸매며, 위에는 짧은 적삼[短衫]을 입고, 허리는 유색의 베로 만든 수건을 두른다. [20] 이 나라에는 종이나 붓 같은 도구가 없고 단지 양가죽을 두무질하여 얇게 만들어 검게 그을린 다음, 대나무를 깎아 붓으로 만들어 흰 석회를 찍어 글자를 쓰는데 지렁이처럼 구불구불한 모습이다. 하는 말은 제비나 두견[語言燕鴂]의 [울음과 같아] 온전히 통역사가 번역해 주는 말에 의존했다.

[1] 永樂七年己丑, 上命正使太監鄭和·王景弘等統領官兵二萬七千餘人, 駕使海舶四十八號, 往諸番國開讀賞賜. 是歲秋九月, 自太倉劉家港開船, 十月到福建長樂太平港泊. 十二月於福建五虎門開洋, 張十二帆, 順風十晝夜到占城國. [2] 其國臨海, 有港曰新洲. 西抵交趾, 北連中國. 他番寶船到彼. [3] 其酋長頭戴三山金花冠, 身披錦花手巾, 臂腿四腕, 俱以金鐲, 足穿玳瑁履, 腰束八寶方帶, 如粧塑金剛狀. [4] 乘象, 前後擁隨番兵五百餘, 或執鋒刃短鎗, 或舞皮牌, 搥善鼓, 吹椰笛殼筒. [5] 其部領皆乘馬出郊, 迎接詔賞, 下象, 膝行匍匐, 感沐天恩, 奏貢方物. [6] 其國所産, 巨象·犀牛甚多, 所以象牙·犀角廣貿別國. 棋楠香在一山所産, 酋長差人看守採取, 禁民不可採取. 如有私偸賣者, 露犯則斷其手. 烏木·降香, 民下樵而爲薪. [7] 氣候常熱如夏, 不見霜雪, 草木長靑, 隨花隨謝. [8] 供民以煮海爲鹽. [9] 田禾甚薄. [10] 其國之人惟食檳榔裹荖葉包蠣殼灰, 行住坐臥不絶於口. [11] 不解正朔, 但看月生爲初, 月晦爲盡, 如此十次盈虧爲一歲. 晝夜以善搥鼓十更爲法. [12] 酋長及民下非至午不起, 非至子不睡. 見月則飮酒歌舞爲樂. [13] 酋長所居高廣, 屋宇門牆俱磚灰甃砌, 及堅硬之木雕琢獸畜之形爲華飾, 外周磚垣. 亦有城郭之備, 練兵之具, 藥鏃刀標之屬. [14] 其部領所居, 亦分等第, 門高有限. 民下編茅覆屋, 門不過三尺, 過者即罪之. [15] 一國之食, 魚不腐爛不食, 釀不生蛆不爲美. 造酒以米, 和藥丸乾, 持入甕中, 封固如法收藏, 日久其糟生蛆爲佳醞. 他日開封, 用長節竹篂三四尺者, 插入糟甕中, 或圍坐五人十人, 量人入水多寡, 輪次吸竹引酒入口, 吸盡再入

水, 若無味則止, 有味封留再用. [16] 歲時縱人採生人之膽, 鬻於官. 其酋長
或部領得膽入酒中, 與家人同飮, 又以浴身, 謂之曰通身是膽. [17] 相傳屍
頭蠻者, 本是婦人也, 但無瞳人爲異. 其婦與家人同寢, 夜深飛頭而去, 食
人穢物, 飛頭而回, 復合其體, 仍活如舊. 若知而封固其項, 或移體別處, 則
死矣. 人有病者, 臨糞時遭之, 妖氣入腹, 病者必死. 此婦人亦罕有, 民家有
而不報官者, 罪及一家. [18] 番人愛其頭, 或有觸弄其頭者, 必有生死之恨.
[19] 男女椎髻腦後, 花布纏頭, 上穿短衫, 腰圍色布手巾. [20] 其國無紙筆之
具, 但將羊皮搥薄薰黑, 削細竹爲筆, 蘸白灰爲字, 若蚯蚓委曲之狀. 語言
燕鴂, 全憑通事傳譯.

2. 자바[爪哇國]^{전집, 7}

[1] 옛날에는 '사바(闍婆)'라고 하였다. 참파[占城]에서 순풍에 20일 밤낮을
가면 그 나라에 이를 수 있다. [2] 땅은 넓고 사람은 조밀하여, 실로 군대와
병장기는 동양 여러 외국 중의 요충이다. [3] 옛 전하는 바에 따르면, 귀자
마천(鬼子魔天)이 이곳에서 다스리며, 푸른 얼굴, 붉은 몸, 붉은 머리털을 가
진 망상(罔象)과 합방하여 자식 백여 명을 낳아, 항상 사람의 피와 살을 먹
었다. 불교책에서 말하는 귀신의 나라[鬼國]가 바로 이곳이다. 그러는 가운
데 사람들이 거의 다 [잡아]먹히자, 문득 어느 날 천둥과 번개가 쳐 바위가
갈라졌는데, 그 속에 한 사람이 앉아 있어, 사람들이 기이하게 여기고 마침
내 나라의 주인[國主]으로 삼았다. 곧장 군대를 이끌고 망상을 몰아내 해를
끼치지 못하도록 하자, 이후 백성들을 회복하고 생업이 안정되었다. [4] 지
금 나라의 행정문서[移文] 뒤에 1376년이라 썼는데, 따져 보면 한나라 초기
에 건국하여 우리 선덕(宣德) 7년(1432)에 이르기까지 전해졌다. [5] 항구에서

'신촌(新村)'이라는 도회지[馬頭]로 들어간다. 주민들이 빙 둘러 살며, 카장[茭樟]의 잎을 엮어 지붕을 덮었고, 점포들이 줄지어 시장을 형성해, 사고파는 사람들이 모여든다. [6] 이 나라[도시]는 부유하여, 진주, 금은, 야쿠트[鴉鶻], 묘정(猫睛), 청색 홍색 등의 보석, 차거(硨渠), 마노(瑪瑙), 두구(荳蔻), 필발(蓽茇), 치자화(梔子花), 목향(木香), 청염(靑鹽) 등 없는 것이 없는데, 아마도 통상하는 자리에 있기 때문일 것이다. [7] 이곳의 앵무, 앵가(鸚哥)는 길들이면 말과 노래를 할 줄 안다. [8] 이곳의 도괘조(倒掛鳥)는 몸이 참새 크기로, 오색의 깃을 가지고 있으며, 낮에 그 옆에 향을 피우면, 밤에는 깃을 펴고 거꾸로 매달려 꼬리 깃털을 펴 향을 발산한다. [9] 민속은 흉포함을 즐겨, 나은 자식이 한 살이 되면 옷에 부랄두(不剌頭)라는 칼을 차는데, 금은과 상아로 칼집을 조각한다. 남자는 어린 사람부터 늙은이까지, 가난한 사람이나 부유한 사람 모두 소유하며, 허리에 꽂는다. 논쟁이 있어 욕하고 꾸짖음에도 통하지 않으면 곧바로 칼을 꺼내 찌르는데, 힘이 센 사람이 이긴다. 설령 죽였더라도 몸을 3일 동안 숨기고 나오면 무사하다. [10] 남자들은 원숭이 머리에 벌거벗고 다니며 단지 허리에 홑겹의 띠 같은 수건[單帶手巾]을 두른다. 술을 마시고 주정을 잘 부리며, 재물을 중시하고 목숨을 경시한다. [11] 부인들도 그렇지만, 정수리에 황금 구슬을 끈에 꿰어 두르고, 두 귀는 카장의 잎으로 막아 귓구멍에 동그랗게 할 뿐이다. [12] 상례는, 그 남편이 죽으면 여종과 첩들이 모두 마주하고 맹세하며, 죽으면 같이 가겠다고 한다. 장례하는 날이면 처첩과 노비들은 모두 온 머리에 꽃을 꽂고 오색의 수건을 두른 다음 시신을 따라 바닷가 또는 들판에 이르러, 시신을 모래땅에 놓고 개들이 다 먹어 치우면 좋은 일로 생각하고, 다 먹어 치우지 않으면 슬프게 울며 노래를 부른다. 옆에 땔나무를 쌓아 두고, 부인들이 그 위에 앉았다가, 한참 뒤에 불을 피워 땔나무를 태우면 죽는데, 바로 순장의 예법이다. [13] 수라바야[蘇魯馬益] 또한 한 마을의 지명으로, 시장을 형성하여 장 삿배에 식량을 파는 항구이다. [14] 한 섬[洲]에는 원숭이 수백 마리가 모여 있는데, 전하는 바에 따르면, 당나라 시기에 오백여 식구가 사는 집의 남자 와 여인들이 흉악했다. 하루는 승려가 그 집에 이르렀다가 길흉의 일을 말 하면서 그 승려가 물을 길어 그들에게 뿌리자 모두 원숭이로 변했는데 단 지 그 집의 노파만 변하지 않았다고 한다. 지금도 옛집이 남아 있다. 현지 사람들과 상인들은 항상 음식, 빈랑, 꽃, 과일, 고기 등을 마련하여 제사를 지내는데, 그렇지 않으면[제사를 지내지 않으면] 화복(禍福)에 매우 징험이 있다 고 한다. 이렇게 허탄한 일은 원래 기록할 만한 것이 못 되지만 그래도 경 계로 삼을 만할 것이다. [15] '투반[杜板]'이라는 한 마을도 지명이다. 바닷가 에는 감미롭고 싱거워 마실 수 있는 못이 있는데 '성수(聖水)'라고 부른다. 원나라 시기에 장군 사필(史弼)과 고흥(高興)에게 이 나라를 정벌케 했는데, 여러 달이 지나도 비가 내리지 않았고, 배에는 식량이 떨어져 군사들이 꼼 짝하지 못했다. 사필과 고흥 두 장수는 하늘에 절하고 축원하며, "[천]명을 받들어 오랑캐를 정벌하오니, 하늘이 물을 주시면 살 것이고, 물을 주지 않 으면 죽습니다"라고 기도하고, 창을 짜고 쓴 바닷가 물에 꽂자 샘물이 창을 따라 솟구쳐 나왔는데, 물맛이 매우 감미로워 군사들이 길어와 먹었다. 이 에 명령하여 "하늘이 내린 선물이 너희들을 돕는다"라고 하자, 군대의 위세 가 크게 떨쳐, 소리를 지르며 힘써 [적을] 죽이니, 그곳의 군대 백만이 모두 패주했다. 마침내 해안에 올라, 죽여가며 진입하여 그곳 사람들을 생포하 여 삶아 먹어, **지금도 중국 사람들은 사람을 먹을 수 있다고 일컫게 되었 다.** [16] 추장을 잡아 귀국하자, 죄를 뉘우쳐 풀어 돌려보내며, 봉호를 고쳐 '자바국왕[爪哇國王]'이라 하였다. 우리 성조의 황상께서는 정사 태감 정화(鄭 和) 등의 사절을 보내, 조칙을 갖추어 가져가, 국왕, 정부인 그리고 부령(部

領), 촌왕(村王), 백성들에게 하사품을 내리게 하니, 백성들과 초목들이 모두 천복(天福)을 받았다. [17] 그 나라 왕과 신하들이 천은(天恩)을 입어 끊임없이 사절을 보내 황금으로 만든 통에, 황금으로 만든 지면에 쓴 표문을 공경히 받들어 올리고 방물을 헌상했다.

[1] 古名闍婆. 自占城起程, 順風二十晝夜可至其國. [2] 地廣人稠, 實甲兵器械, 乃爲東洋諸番之衝要. [3] 舊傳鬼子魔天, 正於此地, 與一罔象靑面紅身赤髮相合, 凡生子百餘, 常食啖人血肉. 佛書所云鬼國, 卽此地也. 其中人被啖幾盡, 忽一日雷震石裂, 中坐一人, 衆稱異之, 遂爲國主. 卽領兵驅逐罔象而不爲害. 後復生齒而安業. [4] 乃至今國之移文後書一千三百七十六年, 考之肇啓漢初, 傳至我宣德七年. [5] 港口以入去馬頭曰新村. 居民環接, 編茭樟葉覆屋, 鋪店連行爲市, 買賣聚集. [6] 其國富饒, 珍珠・金銀・鴉鶻・猫睛・靑紅等石・珬渠・瑪瑙・荳蔲・華芨・梔子花・木香・靑鹽, 無所不有, 蓋在通商之處也. [7] 其鸚鵡・嬰哥馴能言語歌曲. [8] 其倒掛鳥身如雀大, 被五色羽, 日間焚香於其傍, 夜則張羽翼而倒掛, 張尾翅而放香. [9] 民俗好兇彊, 但生子一歲, 則置刀於被, 名曰不剌頭, 以金銀象牙彫刻鞞. [10] 凡男子自幼至老, 貧富皆有, 揷於腰間. 若有爭論, 不通罵詈, 卽拔刀刺之, 强者爲勝. 設被殺之, 藏躱三日而出, 卽無事也. 男子猱頭倮身, 惟腰圍單帶手巾. 能飮酒酗, 重財輕命. [11] 婦人亦然, 惟項上金珠聯紉帶之, 兩耳塞茭樟葉, 圈於竅中. [12] 其喪事, 凡其主翁之死, 婢妾之衆而對誓曰, 死則同往. 臨殯之日, 妻妾奴婢皆滿頭帶花草, 披五色手巾, 隨屍至海邊或野地, 將屍於沙地, 得衆犬食盡爲好, 如食不盡, 則悲泣號歌. 柴堆於傍, 衆婦坐其上, 良久之際, 縱火燒柴而死, 則殉葬之禮也. [13] 蘇魯馬益亦一村地名也, 爲市聚貨商舶米粮港口. [14] 有洲聚猢猻數百, 傳聞於唐時, 其家

五百餘口, 男婦兇惡, 忽一日有僧至其家, 乃言吉兇之事, 其僧取水噀之,
俱化爲獼猴, 止留其老嫗不化. 今存舊宅. 本處及商者常設飮食·檳榔·
花·菓·肉類而祭之, 不然, 則禍福甚有驗也. 此怪誕之事本不可記, 尤可
爲之戒矣. [15] 杜板一村, 亦地名也. 海灘有水一泓, 甘淡可飮, 稱曰聖水.
元時使將史弼·高興因征其國, 經月不下雨, 舟中乏粮, 軍士失措. 史·高
二將拜天祝曰, 奉命伐蠻, 如天與水即生, 不與之則死. 祝之, 揷鎗鹹苦海
灘, 其泉水隨鎗湧出, 水味甘甜, 衆軍汲而飮之. 乃令曰, 天賜助爾. 兵威大
振, 喊聲奮殺, 番兵百萬餘衆悉皆敗走. 遂已登岸, 隨殺隨入, 生擒番人煮
而食之, 至今稱爲中國能食人也. [16] 獲囚酋長歸國, 服罪放歸, 改封爲爪
哇國王也. 欽遵我朝皇上遣正使太監鄭和等節, 該齎捧詔敕, 賞賜國王·正
妃及其部領·村王, 民下草木咸受天福. [17] 其國王臣旣沐天恩, 遣使絡繹
不停, 擎捧金筒金葉表文, 貢獻方物.

3. 팔렘방[舊國] ^{전집, 8}

[1] 옛날에는 '삼불제국(三佛齊國)'이라 불렀다. 자바 왕국[爪哇國]에서 출발
하여 순풍에 8일 밤낮이면 이른다. [2] 항구로 들어가면 농토는 매우 비옥하
여 다른 땅보다 배이다. 옛날에, "한 계절 곡식을 심으면, 세 계절 금을 낳
는다"라고 하였는데, 미곡이 많아 황금이 된다는 말이니 사람들이 부유하
다. [3] 풍속은 시끄럽고 음란함을 좋아한다. [4] 지조와 전략이 있어 수상
전투를 잘 익힌다. [5] 이곳은 물이 많고 땅이 적어 부령(部領)들은 모두 해안
에 있고, 거실에는 백성과 종들이 빙 둘러 묵는다. [6] 나머지 백성들은 모
두 나무 뗏목을 마련하여 지붕을 덮고 산다. 가까운 강에 있는 배들처럼 나
무 말뚝을 갑(閘)에 매어 두었다가, 물이 불어나 뗏목이 떠서 물에 가라앉지

않는다. 혹 다른 곳에 살고 싶으면 말뚝을 제거하고 집을 연결하여 옮겨 가 살므로 힘이 들지 않는다. [7] 이곳의 백성들은 자바[爪哇]의 관할로, 풍속은 자바와 대동소이하다. [8] 땅에서는 황숙향(黃熟香), 속향(速香), 침향(沈香), 황랍(黃蠟) 그리고 학정(鶴頂) 등이 난다. [9] 교역하는 물품으로 구워 제련한 오색의 구슬[燒煉五色珠], 청백의 자기, 구리 솥, 오색의 베와 비단, 색단(色段), 크고 작은 자기, 동전(銅錢) 등이다. [10] 영락(永樂) 3년(1405)에 우리 조정의 태종문황제(太宗文皇帝)께서 정사 태감 정화 등에게 수군을 이끌고 여러 나라에 가도록 하였다. 해적 진조의(陳祖義) 등이 삼불제국(三佛齊國)에서 무리를 모아, 외국의 상선들을 약탈하면서 또한 우리의 수군을 침범하여, 우리 정사께서 기밀한 책략을 펼쳐, 짐승을 그물로 잡듯이 소멸시키고 그 괴수를 사로잡아 대궐에 포로로 헌상하여, 이로부터 해내(海內)가 두려움에 떨었다.

[1] 古名三佛齊國. 自爪哇國起程, 順風八晝夜至. [2] 自港入去, 田土甚肥, 倍於他壤. 古云, 一季種穀, 三季生金. 言其米穀盛而爲金也, 民故富饒. [3] 俗囂好淫. [4] 有操略, 水戰甚慣. [5] 其處水多地少, 部領者皆在岸邊, 居室之用匝民僕而宿. [6] 其餘民庶皆置木筏上, 蓋屋而居. 若近溪船, 以木椿拴閘, 設其水漲, 則筏浮起, 不能淪沒也. 或欲別居, 起椿去之, 連屋移拔, 不勞其力. [7] 此處之民, 爪哇所轄, 風俗與爪哇大同小異. [8] 地産黃熟香・速香・沉香・黃蠟幷鶴頂之類. [9] 貨用燒煉五色珠・青白磁器・銅鼎・五色布絹・色叚・大小磁器・銅錢之屬. [10] 永樂三年, 我朝太宗文皇帝命正使太監鄭和等統領舟師往諸番國. 海寇陳祖義等聚衆三佛齊國, 抄掠番商, 亦來犯我舟師, 被我正使深機密策, 若張網獲獸而殄滅之, 生擒厥魁, 獻俘闕下, 由此海內振肅.

4. 시암[暹羅國]^{전집,6}

[1] 참파[占城]에서 순풍에 10일 밤낮을 [항행하면] 이를 수 있다. [2] 그 나라의 산 모양은 성(城)처럼 생겼고, 흰 바위들은 높고 가파르다[峭厲]. 주위는 1천여 리이고 바깥 산은 험준하고 안쪽 준령들은 깊고 멀다. [3] 밭은 평탄하고 비옥하여 농사를 지으면 대부분 풍성하게 익는다. [4] 기후는 항상 덥다. [5] 풍속은 드세고 사나우며 오로지 용맹하고 사나움[豪强]을 높이 사, 이웃 변경을 약탈한다. 빈랑나무를 깎아 표창으로 만들고 무소 가죽으로 방패를 만들며, 독화살 등의 무기가 있으며 관습적으로 수상 전투[水戰]를 익힌다. [6] 남녀 모두 몽둥이 모양으로 상투를 하고, 흰 베로 머리를 두른다. 긴 적삼[長衫]을 입고 허리에는 푸른 꽃문양이 들어간 유색의 수건[靑花色布手巾]으로 맨다. [7] 그 추장과 백성들이 크고 작은 일을 상의하지만, 모두 부인에게서 결정되어 남자는 듣고 따를 뿐 서열이 없다. [8] 우리 중국 남자들을 만나면, 아주 좋아하며, 반드시 술을 차리고 접대하여 그를 공경하고, 노래로 환대하며 유숙하게 한다. [9] 부인들에는 비구니[尼姑]가 많고 도사(道士)들은 모두 송경(誦經)과 재계를 잘 지키고, 복식은 대략 중국의 복제(服制)와 비슷하며 암관(庵觀) 같은 곳을 조성한다. [10] 상례(喪禮)의 일을 매우 중요시하여, 사람이 죽어 기가 끊어지면 반드시 수은으로 그 시신을 씻고 닦은 이후, 높은 언덕을 골라 송경과 기도[佛事]를 지내고 곧바로 매장한다. [11] 사탕수수[蔗]를 발효시켜 술을 만들고 바닷물을 끓여 소금을 만든다. [12] 풍속에는 조가비[海𧵅]로 돈[錢]을 대신하여 시장에서 통용하는데, 1만 개는 중통초(中統鈔) 20 꿰미[貫]에 해당한다. [13] 땅에서는 나혹향(羅斛香)이 난다. 향을 태우면 매우 맑고 멀리 가 침향(沉香)에 버금간다. 다음으로 소목(蘇木), 코뿔소 뿔[犀角], 상아(象牙), 비취새 깃[翠毛], 황랍(黃蠟), 대풍자 기름[大風子油]

등이 있다. [14] 교역하는 상품으로 푸르고 흰 꽃문양의 자기 그릇[靑白花磁器], 꽃문양을 날염한 베[印花布], 유색 비단[色絹], 가필[叚疋, 단필(緞疋)의 잘못으로 보임], 금(金), 은(銀), 동(銅), 철(鐵), 유리구슬[燒珠], 수은(水銀), 우산(雨傘) 등이 있다. [15] 그 추장은 우리 조정[天朝]의 원대한 은택에 감복하여 일찍이 사신을 보내 황금으로 만든 지면에 쓴 표문[金葉表文]과 방물을 바쳤다.

[1] 自占城順風十晝夜可至. [2] 其國山形如城, 白石峭礪. 周圍千里, 外山崎嶇, 內嶺深邃. [3] 田平而沃, 稼多豐熟. [4] 氣候常熱. [5] 風俗勁悍, 專尙豪强, 侵掠鄰境. 削檳榔木爲標鎗, 水牛皮爲牌, 藥鏃等器, 慣習水戰. [6] 男女椎髻, 白布纏頭. 穿長衫, 腰束靑花色布手巾. [7] 其酋長及民下謀議, 大小之事, 悉決於婦, 其男一聽苟合無序. [8] 遇我中國男子甚愛之, 必置酒致待而敬之, 歡歌留宿. [9] 婦人多爲尼姑, 道士皆能誦經持齋, 服色略似中國之制, 亦造庵觀之所. [10] 能重喪禮之事, 人死氣絶, 必用水銀灌養其屍, 而後擇高阜地, 設佛事, 即葬之. [11] 釀蔗爲酒, 煮海爲鹽. [12] 俗以海肌代錢通行於市, 每一萬箇準中統鈔二十貫. [13] 地産羅斛香, 焚極淸遠, 亞於沉香. 次有蘇木·犀角·象牙·翠毛·黃蠟·大風子油. [14] 貨用靑白花磁器·印花布·色絹·叚疋·金·銀·銅·錢·燒珠·水銀·雨傘之屬. [15] 其酋感慕天朝遠惠, 嘗遣使捧金葉表文, 貢獻方物.

5. 말라카[滿剌加國]^{전집, 9}

[1] 이곳은 옛날 나라로 불리지는 않았다. 팔렘방[舊港]에서 출발하여 순풍에 8일 밤낮을 가면 이곳에 이른다. [2] 바다 옆에 있으며, 산으로 고립되어 사람은 적다. [3] 시암[暹羅]에 항복하여 매년 황금 40냥을 가져가 납세한다.

[4] 농토는 척박하여 수확이 적다. [5] 내륙에는 산이 있어 샘물이 냇물로 흘러드는데, 사람들은 물속에서 모래를 체질하여 주석을 채취한 다음 녹여 덩어리로 만드는데 '두괴(斗塊)'라고 한다. 각 덩어리는 중국 저울로 1근(觔) 4냥이 나간다. [6] 그리고 초심담(蕉心簟, 바나나 잎 섬유질로 짠 자리)을 짠다. 두석(斗錫)으로 거래하며 기타 산물은 없다. [7] 기후는 아침에는 덥고 저녁에는 춥다. [8] 남녀는 몽둥이 모양으로 상투를 하고, 피부는 검고, 간혹 흰 사람도 있는데 중국 인종들이다. 그래도 사람들은 인정이 많고, 냇물에서 체질하거나 낚시를 하며, 바다에서 그물로 물고기를 잡는다. [9] 집은 누각 같으며 [판자]를 깔지 않고, 나뭇가지를 드물게 배치하여 위아래로 층을 만든다. 침상을 붙여 평상으로 사용하며 다리를 펴고 걸터앉는다. 마시고, 먹고, 요리하고, 뒷일 보는 것, 모두 그 위에서 한다. [10] 교역하는 상품으로 청백의 자기, 오색의 소주(燒珠), 색 비단[色絹], 금은 등이 있다. [11] 영락 7년(1409)에 황제가 정사 태감 정화(鄭和) 등에게 칙서를 가지고 가서 초유하고, 한 쌍의 은인(銀印), 관대와 도포를 하사하고, 봉(封)한 지역에 비석을 세우도록 하여, 만랄가국(滿剌加國)이 되었다. 시암[暹羅]이 비로소 감히 소요를 일으키지 않게 되었다. [12] 영락 13년(1415) 추장이 성은에 감복하여 처자를 데리고 온갖 공물을 헌상하러 바다를 건너 조정에 감사하자 황제가 그 수고로움에 상을 내리고 나라로 돌아가게 했다.

[1] 其處舊不稱國. 自舊港起程, 順風八晝夜至此. [2] 傍海居之, 山孤人少. [3] 受降於暹羅, 每歲輸金四十兩, 以爲納稅. [4] 田瘠少收. [5] 內有一山泉流溪下, 民以流中淘沙取錫, 煎銷成塊, 曰斗塊, 每塊重官秤一勯四兩. [6] 及織蕉心簟. 惟以斗錫通市, 餘無産物. [7] 氣候朝熱暮寒. [8] 男女椎髻, 身膚黑漆, 間有白者, 唐人種也. 俗尙惇厚, 以淘釣於溪, 網漁於海. [9] 房屋如

樓閣, 即不舖設, 但有不條稀布, 高低層次, 連床就榻, 箕倨而坐, 飮食廚廁俱在其上也. [10] 貨用靑白磁器·五色燒珠·色絹·金銀之屬. [11] 永樂七年, 皇上命正使太監鄭和等齎捧詔勅, 賜以雙臺銀印, 冠帶袍服, 建碑封域, 爲滿剌加國, 其暹羅始不敢擾. [12] 永樂十三年, 酋長感慕聖, 挈妻携子貢獻萬物, 涉海朝謝, 聖上賞勞歸國.

6. 아루[啞魯國] 풍승균 씨의 교주본 후집(45)에는 나라 이름만 수록되어 있고, 원문은 없다. 아래의 번역과 원문은 『고금설해』(사고전서본)와 『기록휘편』(총서집성본)에서 가져왔다.

[1] 이 나라는 구주산(九州山)과 서로 마주하고 있으며, 말라카[滿剌加]에서 순풍에 사흘 밤낮이면 도착할 수 있다. [2] 이 나라의 풍속과 기후는 사무드라[蘇門答剌]와 대동소이하다. [3] 농토는 척박하고 수확이 적어, 바나나와 야자를 많이 심어 주식으로 삼는다. [4] 남녀는 나체이며, 베로 만든 사롱[梢布]를 두른다. [5] 항상 나무로만 만든 배[獨木舟]를 타고, 바다에 들어가 물고기를 잡거나, 산에 들어가 미뇌(米腦) 향을 채취하며 산다. [6] 각기 독약을 바른 화살촉과 쇠뇌로 방어한다. [7] 그곳에서는 학정(鶴頂), 편미당뇌(片米糖腦)를 생산하여 장삿배에 판다. [8] 교역하는 상품은 색단(色段), 색견(色絹), 자기(磁器), 소주(燒珠) 등이다.

[1] 其國與九州山相望, 自滿剌加順風三晝夜可至. [2] 其國風俗·氣候與蘇門答剌大同小異. [3] 田瘠少收, 盛種芭蕉·椰子爲食. [4] 男女裸體, 圍梢布. [5] 常駕獨木舟, 入海捕魚, 入山採米腦香物爲生. [6] 各持藥鏃弩防身. [7] 地產鶴頂·片米糖腦, 以售商舶. [8] 貨用色段·色絹·磁器·燒珠之屬.

7. 사무드라[蘇門答剌國]^{전집, 11}

[1] 옛날에는 '수문달나(須文達那)'라고 불렀으며 화면국(花面國)과 서로 가깝다. [2] 촌락은 바다에 가깝고, 농토는 척박하여 수확이 적다. [3] 후추[胡椒]를 넓은 지역에서 생산하는데, 후추와 등나무는 나무를 타고 올라 자라며, 그 잎은 편두콩[의 잎]과 같고, 그 꽃은 황백색으로 피며, 후추가 열리면 종려나무 열매처럼 송이로 드리우며 알갱이는 작다. 현지 저울[番秤]로 1파하(播荷)는 우리 중국 저울[官秤]으로 320근(觔)에 해당하고 은전(銀錢) 20개의 값어치이며, 은 6냥의 무게가 나간다. [4] 금 디나르[抵納]는 금전(金錢)으로, 개당 [은전] 48개이며 금 1냥 4푼의 무게가 나간다. [5] 풍속은 상당히 순수하다. [6] 백성들은 그물로 물고기 잡는 것을 생업으로 삼으며, 아침에는 오로지 나무를 깎아 만든 배에 타서 돛을 펴 바다로 나갔다가, 저녁이 되면 배를 돌린다. [7] 남자는 흰 베로 머리를 싸매고, 허리에는 접은 베[摺布]를 두르며, 부녀들은 몽둥이 모양으로 상투를 틀고, 나체이며 허리에는 유색의 베로 만든 수건[色布手巾]을 두른다. [8] 학정(鶴頂)이 난다. 과(瓜), 가(茄), 귤, 유자는 시고 감미로운 과일로 한 번 심으면 5년 동안 항상 꽃이 피고 열매를 맺는다. [9] 일등의 과일이 있는데, 껍질은 리치[荔枝]와 같고 과(瓜)처럼 크며, 가르지 않았을 때는 흡사 마늘이 썩은 냄새가 나고, 쪼개 씨낭을 먹으면 수유(酥油)처럼 향이 좋고 맛이 좋다. [10] 바닷물을 끓여 소금을 만든다. [11] 교역하는 상품은 청백의 자기, 동전(銅錢), 금은, 자바의 베[爪哇布], 유색의 비단[色絹] 등이다. [12] 영락(永樂) 11년(1413) 가짜 왕 소간랄(蘇幹剌)이 그 나라를 훔쳐, 왕이 사신을 보내 입궐하여 진정하고 구원을 청하자, 황상께서 정사 태감 정화 등에게 관병을 거느리고 가서 토벌하고 붙잡아, 가짜 왕을 사로잡게 하였다. 영락 13년(1415)에 대궐에 돌아와 [가짜 왕을] 헌상하자

여러 나라가 [위엄에] 떨며 복종했다.

[1] 古名須文達那, 與花面國相近. [2] 村落傍海, 田瘠少收. [3] 胡椒廣產, 椒藤延附樹木而生, 其葉如匾豆, 其花開黃白, 結椒乃纍垂如棕櫚子而粒少也. 只番秤一播荷, 抵我官秤三百二十斤, 價銀錢二十箇, 重銀六兩. [4] 金抵納即金錢也, 每四十八箇, 重金壹兩四分. [5] 風俗頗淳. [6] 民下網魚爲生, 朝駕獨木刳舟張帆而出海, 暮則回舟. [7] 男子頭纏白布, 腰圍摺布, 婦女椎髻裸體, 腰圍色布手巾. [8] 產鶴頂. 其瓜·茄·橘·柚酸甜之菓, 一種五年常花常結. [9] 有一等菓, 皮若荔枝, 如瓜大, 未剖之時, 甚如爛蒜之臭, 剖開取囊, 如酥油美香可口. [10] 煮海爲鹽. [11] 貨用青白磁器·銅錢·金銀·爪哇布·色絹之屬. [12] 永樂十一年, 僞王蘇幹剌寇竊其國, 王遣使赴闕陳訴請救, 上命正使太監鄭和等統率官兵勦捕, 生擒僞王. 至永樂十三年歸獻闕下, 諸番振服.

10. 실론[錫蘭國]^{전집, 16}

[1] 이 나라는 땅이 넓고 인구가 조밀하며, 화물이 각처에서 모여 자바[爪哇]에 버금간다. [2] 나라에는 높은 산들이 있는데, 하늘을 찌를 듯한 산맥들이다. 산 정상에서는 청미반석(靑美盤石), 노란 야쿠트 보석[黃鴉鶻石], 청홍의 보석[靑紅寶石]이 나는데, 큰비가 내릴 때마다, 산 아래로 부딪치며 흘러내려 모래 속에서 찾아 수습한 것들이다. [3] 그 바닷가에는 주렴의 백사장[珠簾沙]이 있는데, 항상 이곳에서 그물로 나방(螺蚌, 방합조개류)을 잡아, 진주 연못[珠池]에 쏟아붓고, 썩혀 진주를 씻어 그것으로 상품을 만든다. [4] 해변에는 반석 하나가 있고, 위에는 발자국이 찍혀 있는데, 길이는 3척쯤 되며 항상

물이 마르지 않는다. [사람들은] 이전 세상에서 석가불이 니코바르 군도[翠藍嶼]에서 이 해안으로 뭍에 올라 이 유적을 밟아 오늘날까지도 성인의 유적[聖跡]이 되었다고 한다. [5] 산 아래에는 한 사찰이 있는데, 석가불이 열반에 든 진신(眞身)이 사찰에 옆으로 누워 아직 남아 있고, 또 사리가 그의 침소에 남아 있다고 한다. [6] 기후는 항상 덥다. [7] 풍속은 순박하고 부유하며, 미곡을 넉넉히 수확한다. [8] 땅에서는 보석, 진주, 용연(龍涎), 침향이 나고, 교역하는 상품은 금, 은, 동전, 푸른 꽃문양 백자기[靑花白磁], 색단(色段), 유색의 비단[色絹] 등이다. [9] 남녀는 머리를 싸매고, 긴 적삼을 입으며 [허리에는] 홑겹의 베[單布]를 두른다. [10] 영락(永樂) 7년(1409) 황상께서 정사 태감 정화 등에게 조칙을 받들어 가져가, 금은으로 만든 공양 그릇[金銀供器], 채색 장식[彩粧], 황금과 보석을 엮어 만든 깃발[織金寶幡]을 절에 보시하고, 비석을 세우게 했으며, 황제의 다스림[皇圖之治]을 숭상하여, 국왕과 두목에게 상을 내리게 하였다. [11] 그 나라 왕 아열고내아(亞烈苦柰兒)는 [지형상] 험난함을 믿고[負固] 섬기지 않으며 수군을 해치려 했다. 우리 정사 태감 정화 등이 비결과 치밀한 책략으로 몰래 병장기를 마련하고, 세 번 명령하고 다섯 번 타이른 다음[三令五申], 병사들에게 하무를 물려[啣枚] 질주하게 하여, 한밤중에 신호 대포[信砲]가 울리자마자 용감하게 죽이며 들어가 그 왕을 생포하여, 영락 9년(1411) 돌아와 대궐에 헌상했다. [12] 결국에는 황제의 은택을 입고 다시 귀국하게 되니 사방의 오랑캐들이 모두 따랐다.

[1] 其國地廣人稠, 貨物各聚, 亞於爪哇. [2] 國有高山, 參天之叢山. 山頂產有靑美盤石·黃鴉鶻石·靑紅寶石, 每遇大雨, 衝流山下, 沙中尋拾得者. [3] 其海傍有珠簾沙, 常此網取螺蚌, 傾入珠池內, 作爛淘珠, 爲用而貨也. [4] 海邊有一盤石, 上印足跡, 長三尺許, 常有水不乾, 稱爲先世釋迦佛從翠

藍嶼來登此岸, 足躡其跡, 至今爲聖跡也. [5] 山下有一寺, 稱爲釋迦佛涅槃眞身, 在寺側臥尙存, 亦有舍利子在其寢處. [6] 氣候常熱. [7] 俗朴富饒, 米穀足收. [8] 地産寶石・珍珠・龍涎・乳香. [9] 貨用金・銀・銅錢・靑花白磁・色段・色絹之屬. 男女纏頭, 穿長衫, 圍單布. [10] 永樂七年, 皇上命正使太監鄭和等齎捧詔勅・金銀供器・彩粧・織金寶幡, 布施於寺, 及建石碑, 以崇皇圖之治, 賞賜國王頭目. [11] 其王亞烈苦奈兒負固不恭, 謀害舟師. 我正使太監鄭和等深機密策, 暗設兵器, 三令五申, 使衆啣枚疾走, 夜半之際, 信砲一聲, 奮勇殺入, 生擒其王. 永樂九年歸獻闕下. [12] 尋蒙恩宥, 俾復歸國, 四夷悉欽.

10-1. 니코바르[翠藍嶼]^{전집, 15}

[1] 크고 작은 이 섬[山]에는 일곱 개의 문(門)이 있어, 그 가운데로 배가 지나다닌다. [2] 전하는 소문에, 석가모니가 이 섬을 지나면서 물에서 목욕했는데, 그들이 가사(袈裟)를 훔쳐 가, 석가모니가 "뒤에 옷을 입는 자는 반드시 피부와 살이 문드러질 것이다"라고 서원했다. 그 때문에 이곳 남녀들은 머리털을 깎고 옷이 없이, 단지 나뭇잎을 엮어 앞과 뒤를 가린다고 한다. [3] 미곡도 없고, 단지 바다에서 그물을 쳐 물고기와 새우를 잡고, 바나나, 야자를 먹는다. [4] 그러나 이러한 말을 듣고 크게 신뢰하지 못하여, 그곳을 왕래하면서도 이 섬 아래에는 정박하지 않는다. [5] 선덕(宣德) 7년, 임자(壬子, 1432), 10월 23일 풍우가 순조롭지 못하여 우연히 이 섬에 이르러, 사흘밤을 정박했다. 섬의 사람들이 나무로만 만든 배[獨木舟]를 타고 와서 야자 열매를 교역했는데, 배에 타고 있는 남자와 부인들이 과연 이전에 말한 바와 같아 그제야 틀리지 않았음을 알게 되었다.

[1] 其山大小有七門, 中可行船. [2] 傳聞釋迦佛經此山, 浴於水, 被竊其袈裟, 佛誓云, 後有穿衣者, 必爛皮肉. 由此男女削髮無衣, 僅有樹葉紉結而遮前後. [3] 米穀亦無, 惟在海網捕魚蝦, 及蕉・椰子之爲食啖也. [4] 然聞此語, 未可深信. 然其往來, 未得泊其山下. [5] 宣德七年壬子十月二十三日, 風雨水不順, 偶至此山, 泊繫三日夜. 山中之人駕獨木舟來貨椰實, 舟中男婦果如前言, 始知不謬矣.

11. 퀼론[小唄喃國]^{전집, 17}

[1] 산들은 적토(赤土)에 이어지고, 땅은 하리(下里)에 접해 있다. [2] 한낮에 시장이 열린다. 서양 여러 나라의 중심항구이다. [3] 이 나라에서는 '탕카[倘伽]'라는 금전을 유통해 사용하는데, 한 개에 8푼이 나간다. 작은 금전은 '파남(吧喃)'이라 하는데, 40개는 큰 금전 1개를 기준으로 삼아, 그 때문에 사람들에게 편리하다. [4] 농토는 척박하고 곡물은 드물어 해마다 벵골[榜葛剌]의 쌀로 식량을 충족시킨다. [5] 기후는 항상 덥다. [6] 풍속은 순박하고 아름답다. [7] 남자는 적고 여자는 많으며 남비(南毗) 사람이 있다. [8] 땅에서는 후추가 나는데 하리(下里)에 버금간다. [9] 말린 빈랑[乾檳榔], 잭푸르트[波羅蜜], 유색의 베[色布], 기목향(其木香), 유향(乳香), 진주, 산호, 수유(酥油), 해아다(海兒茶)는 모두 다른 나라에서 온다. [10] 교역하는 상품으로, 정향(丁香), 두구(荳蔲), 소목(蘇木), 색가[色叚, 색단(色緞)의 잘못으로 보임], 사향(麝香), 금은, 구리로 만든 용기[銅器], 철선(鐵線), 흑연(黑鉛) 등이 있다.

[1] 山連赤土, 地接下里. [2] 日中爲市. 西洋諸國之馬頭也. [3] 本國流通使用金錢名倘伽, 數箇重八分. 小金錢名吧喃, 四十箇準大金錢一箇, 以便民

也. [4] 田瘠而穀少, 歲籍榜葛剌米足食. [5] 氣候常熱. [6] 風淳俗美. [7] 男少女多, 有南毗人. [8] 地產胡椒, 亞於下里. [9] 乾檳榔·波羅蜜·色布·其木香·乳香·珍珠·珊瑚·酥油·孩兒茶·梔子花, 皆自他國也. [10] 貨用丁香·荳蔲·蘇木·色叚·麝香·金銀銅器·鐵線·黑鉛之屬.

12. 코치[柯枝國]^{전집, 18}

[1] 이곳은 실론 왕국[錫蘭山國]과 대치하고 있다. [2] 기후는 항상 덥다. [3] 농토는 척박하여 수확이 적다. [4] 촌락은 바닷가에 있고, 풍속은 상당히 순수하다. [5] 남녀는 방망이 모양으로 상투를 하고, 짧은 적삼[短衫]을 입으며 홑겹의 베[單布]를 두른다. [6] 그들 중에는 '목과(木瓜)'라는 인종이 있는데, 집이 없이 살며 단지 굴이나 나무 둥지에 거처하고 바닷가에서 물고기를 잡아 생업으로 삼는다. [7] 남녀는 나체이며, 나뭇잎 또는 풀 몇 갈래를 엮어 앞뒤의 부끄러운 부분을 가린다. 가는 길에 사람을 만나면 길가에 쭈그리고 있다가 지나간 후에야 간다. [8] 땅에서는 후추[胡椒]가 널리 나는데, 부잣집에서는 판자로 만든 창고[板倉]를 마련하여 저장했다가 장사꾼들에게 판다. [9] 작은 금전을 유통해 사용하는데 '파남(吧喃)'이라 부른다. [10] 교역하는 상품은 색가(色叚, 색단(色緞)의 잘못으로 보임), 흰 명주실[白絲], 푸르고 흰 꽃문양의 자기[靑白花磁器], 금은 등이다.

[1] 其處與<u>錫蘭山國</u>對峙. [2] 氣候常熱. [3] 田瘠少收. [4] 村落傍海, 風俗頗淳. [5] 男女椎髻, 穿短衫, 圍單布. [6] 其有一種曰木瓜, 無屋居之, 惟穴居樹巢, 臨海捕魚爲業. [7] 男女倮體, 紉結樹葉或草數莖遮其前後之羞. 行路遇人, 則蹲縮於道傍, 伺過方行也. [8] 地產胡椒甚廣, 富家俱置板倉貯之,

以售商販. [9] 行使小金錢, 名吧喃. [10] 貨用色段・白絲・靑白花磁器・金銀之屬.

13. 캘리컷[古里國]^{전집, 19}

[1] [이 나라는] 큰 바다의 요충에 해당하고, 실론[僧伽]과 아주 가까우며, 서양 여러 나라의 중심이다. [2] 산은 광활하고 농토는 척박하지만, 맥(麥)과 곡물은 상당히 넉넉하다. [3] 풍속은 매우 [인정이] 두터워, 행인들은 길을 양보하고 길에서 줍지 않는다. [4] 법률에는 형장(刑杖)이 없고 다만 석회로 땅에 [선을] 그리는데, 바로 [넘지 못하도록 하는] 금령이다. [5] 추장은 깊은 산에서 부유하게 살며, 바닷가에 시장을 형성하여 산물을 모아 통상한다. [6] 남자들은 긴 적삼을 입고 머리는 흰 베로 감싼다. 부녀들은 짧은 적삼을 입고 유색의 베를 두르며, 두 귀에는 금패(金牌)의 사슬[絡索] 여러 개를 매달고, 목에는 진주, 보석을 연이어 목걸이[瓔珞]를 걸며, 팔과 다리에는 모두 금은의 팔찌와 발찌를 하고, 손가락과 발가락에는 모두 금으로 보석을 상감한 반지[戒指]를 끼며, 머리 뒤로 몽둥이 모양의 상투를 트는데, 얼굴은 희고 머리카락은 검어 그 아름다움은 볼만하다. [7] 그들 중에 '목과(木瓜)'라는 나체의 인종이 있는데, 코치[柯枝]와 같다. [8] 땅에서는 후추를 생산하는데 하리(下里)에 버금가고, 모두 창고에 저장했다가 상인들을 기다려 판다. [9] 장미로(薔薇露), 잭푸르트(波羅蜜), 해아다(海兒茶), 꽃문양을 날염하여 얼굴을 덮는 수건[印花被面手巾]이 있다. [10] 이들 중에 산호, 진주, 유향(乳香), 목향(木香), 금박(金箔) 등이 있는데 모두 다른 나라에서 오는 것들이다. [11] 이 나라에서 잘 기른 좋은 말은 서방의 나라에서 들어오는데, 통상적으로 금전 천백 정도가 한 필이다. 이 나라에서는 서방 외국에서 온 말이건 본국에서 난 말

이건 사지 않으면 비난하며 나라에 돈이 없을 것이라는 말을 한다. [12] 교역하는 상품은 금은, 색가(色叚, 색단(色緞)의 잘못으로 보임), 푸른 꽃문양의 백자기[靑花白磁器], 진주, 사향(麝香), 장뇌(樟腦) 등이다.

[1] 當巨海之要, 與僧伽密邇, 亦西洋諸番之馬頭也. [2] 山廣田瘠, 麥穀頗足. [3] 風俗甚厚, 行者讓路, 道不拾遺. [4] 法無刑杖, 惟以石灰劃地, 乃爲禁令. [5] 其酋長富居深山, 傍海爲市, 聚貨通商. [6] 男子穿長衫, 頭纏白布. 其婦女穿短衫, 圍色布, 兩耳懸帶金牌絡索數枚, 其項上珍珠・寶石・珊瑚連掛瓔珞, 臂腕足脛皆金銀鐲, 手足指皆金廂寶石戒指, 髻椎腦後, 容白髮黑, 嬌美可觀. [7] 其有一種裸身之人曰木瓜, 與柯枝同. [8] 地産胡椒, 亞於下里, 俱有倉廩貯之, 待商之販. [9] 有薔薇露・波羅蜜・孩兒茶・印花被面手巾. [10] 其有珊瑚・珍珠・乳香・木香・金箔之類, 皆由別國而來. [11] 其國能蓄好馬, 自西蕃而來, 動經金錢千百爲疋. 其國若西番馬來, 本國馬來, 不買則議爲國空之言也. [12] 貨用金銀・色叚・靑花白磁器・珍珠・麝香・水銀・樟腦之屬.

14. 몰디브[溜洋國]^{후집, 42}

[1] 그 가운데 유산(溜山)이 있고, 실론섬[錫蘭山]이 있다. [2] 별라리(別羅里)에서 출발하여 남쪽으로 가면, 바다 가운데 하늘이 만들어 놓은 듯이 공교로운 석문(石門) 셋이 있는데, 멀리서 보면 성문과 같고, 그 안으로 배가 지나간다. [3] 유산은 여덟이 있는데 사류(沙溜), 관서류(官嶼溜), 임부지류(壬不知溜), 기래류(起來溜), 사리계류(麻里溪溜), 가평년류(加平年溜), 가가류(加加溜), 안도리류(安都里溜)이다. 모두 사람이 살고 또한 주인이 있어 상선들과 통상

한다. [4] 이 여덟 곳에는 용연향(龍涎香), 유향(乳香)이 난다. [5] 교역하는 상품은 금은, 색단(色段), 색견(色絹), 자기, 미곡 등이다. 전하는 바에 따르면, 3만 8천여 유산이 있다고 하는데, 바로 '약수삼천(弱水三千)'라는 말이다. [6] 또한 사람들이 모여 사는데, 나무에 둥지를 틀거나 굴에서 산다. [7] 미곡을 알지 못하고 바다에서 물고기와 새우를 잡아먹는다. [8] 나체이며 옷이 없어, 나뭇잎을 엮어 앞뒤를 가린다. 만약 상선이 바람 때문에, 유(溜)에 떨어지면 사람이나 배 [모두] 살아남지 못한다.

[1] 其中有溜山, 有錫蘭山. [2] 別羅里起程南去, 海中天巧, 石門有三, 遠遠如城門, 中過舶. [3] 溜山有八, 曰沙溜·官嶼溜·壬不知溜·起來溜·麻里溪溜·加平年溜·加加溜·安都里溜, 皆人聚居, 亦有主者, 而通商舶. [4] 其八處地產龍涎香·乳香. [5] 貨用金銀·色段·色絹·磁器·米穀之屬. 傳聞有三萬八千餘溜山, 即弱水三千之言也. [6] 亦有人聚, 巢樹穴居. [7] 不識米穀, 但捕海中魚蝦而食. [8] 倮形無衣, 惟結樹葉遮前後也. 若商船因風落溜, 人船不得復矣.

15. 도파르[佐法兒國]^{후집 39}

[1] 바닷가에 모여 살며, 돌로 만든 성(城)과 집들은 높이로 3~5층을 쌓아 올려 그 위가 탑과 같다. [2] 농토는 넓으나 경작하는 곳이 적으며, 산지(山地)는 모두 누렇고, 또한 초목이 자라지 않아, 소, 양, 낙타, 말들이 말린 물고기[魚乾]만 먹는다. [3] 남녀는 곱슬머리이고 긴 적삼을 입는다. [4] 여인들은 베로 머리와 얼굴을 가리고, 나가서 다른 사람을 만날 때도 얼굴을 드러내지 않는다. [5] 풍속은 상당히 순수하다. [6] 땅에서는 기린[祖剌法], 황금 주

화 모양의 표범[金錢豹], 타조[駝雞], 유향(乳香), 용연향(龍涎香)이 난다. [7] 교역하는 상품은 금전(金錢), 단향(檀香), 미곡(米穀), 후추[胡椒], 색단(色緞), 견(絹), 자기(磁器) 등이다.

[1] 臨海聚居, 石城石屋, 壘起高層三五者, 若塔其上. [2] 田廣而少耕, 山地皆黃, 亦不生草木, 牛·羊·駞·馬惟食魚乾. [3] 男女拳髮, 穿長衫. [4] 女人則以布兜頭面, 出見人也不露面貌. [5] 風俗頗淳. [6] 地產祖刺法·金錢豹·駞雞·乳香·龍涎香. [7] 貨用金錢·檀香·米穀·胡椒·色段·絹·磁器之屬.

16. 아덴[阿丹國]^{후집, 38}

[1] [아단국]은 바다에 의지해 있다. [2] 돌을 쌓아 성을 만들었고, 나고석(羅股石)을 쌓아 집을 만드는데, 3~4층의 높이로 주방과 거실 모두 그 위에 있다. [3] 조와 밀을 먹는다. [4] 풍속은 상당히 순수하고, 사람들은 풍요롭다. [5] 남녀는 곱슬머리에 긴 적삼을 입는다. [6] 여자가 나갈 때는 청사(青紗)로 얼굴을 가리고 천으로 머리를 온통 둘러 용모를 드러내지 않으며, 두 귀에는 황금 주화 몇 개를 늘어뜨리고, 목에는 목걸이를 찬다. [7] 그곳에서는 꼬리 아홉(?)의 검은 양[九尾羖羊], 천 리를 가는 낙타[千里駱駝], 흑백의 꽃문양이 있는 나귀[黑白花驢], 낙타 발굽을 가진 닭[駞蹄雞, 타조], 황금 주화 문양이 있는 표범[金錢豹]이 난다. [8] 교역하는 상품으로는 금은, 색단(色緞), 청백의 꽃문양 자기, 단향, 후추 등이다.

[1] 倚海而居. [2] 壘石爲城, 砌羅股石爲屋, 三四層高, 廚房臥屋皆在其上.

[3] 用粟麥. [4] 風俗頗淳, 民下富饒. [5] 男女拳髮, 穿長衫. [6] 女若出, 則用青紗蔽面, 布幔兜頭, 不露形貌, 兩耳垂金錢數枚, 項掛瓔珞. [7] 地產九尾羖羊 · 千里駱駝 · 黑白花驢 · 駝蹄雞 · 金錢豹. [8] 貨用金銀 · 色段 · 靑白花磁器 · 檀香 · 胡椒之屬.

17. 벵골[榜葛剌國]^{전집, 22}

[1] 이곳은 서인도의 땅이다. [2] 서쪽으로 금강보좌(金剛寶座)로 통하는데, '소납복아(紹納福兒)'라고 하며, 바로 석가모니가 득도한 곳이다. [3] 영락 10년(1412)과 영락 13년(1415) 두 차례 황상이 태감 후현(侯顯) 등에게 수군을 이끌고 조칙을 받들어 가, 국왕, 왕비, 두목 등에게 상을 내리도록 했다. [4] 그 나라 바다 어구에는 찰지항(察地港)이라는 항구가 있는데, 교역의 세금[抽分]을 받는 곳이다. 그 나라 왕은 우리나라 보선들이 그곳에 오는 것을 알고 부령(部領)을 보내 의복 등의 물품을 가져오는데 사람과 말 수천이 맞이한다. [5] 항구에서 16개 역참을 가면 쇄납아강(鎖納兒江)에 이르는데, 도성, 해자, 거리, 시장이 있어 상품을 집적하여 통상한다. [6] 또 사람을 보내 예물을 가져오고 코끼리와 말로 영접하여 다시 20 역참을 가면 판독와(板獨哇)에 도착하는데, 바로 추장이 사는 곳으로, 성곽이 매우 삼엄하고, 거리의 점포들은 기둥과 용마루를 연이어 있으며 모인 상품이 매우 많다. [7] 왕이 사는 곳은, 벽돌을 쌓아[甃砌] 높고 넓으며, 궁궐의 꼭대기를 평평하고 백회(白灰)로 만들었다. [8] 안으로 들어가면 문은 삼중이고, 아홉 칸의 긴 대전이 있는데, 그 기둥들은 모두 황동(黃銅)으로 싸서 장식하고 꽃과 짐승을 조각했다. [9] 좌우의 긴 복도 안에는 밝은 갑옷을 입은 기마부대 1천여 명이 배치되어 있고, 밖에는 큰 장정들이 늘어서 있는데, 빛나는 투구와 갑옷을 입

고, 예리한 칼과 활을 들고 있어 그 위용이 대단하다. 붉은 섬돌 좌우에는 공작의 꽁지깃[孔雀翎]으로 만든 일산 수백 개가 갖추어져 있고, 대궐 앞에는 코끼리부대 백여 명이 배치되어 있다. [10] 그 왕은 정전(正殿)에 여덟 가지 보석을 상감한 높은 왕좌를 갖추고, 그 위에 다리를 키[箕] 모양으로 펴고 앉으며, 검을 무릎에 가로로 놓는다. [11] 은 지팡이를 들고 흰 천으로 머리를 싸맨 두 사람이 와서 앞길을 인도하는데, 다섯 걸음에 한 번씩 외치고, 가운데 이르면 그친다. 다시 황금 지팡이를 든 두 사람이 이전의 예법대로 영접하여 인도한다. [12] 왕은 공손히 예배하고 조서를 맞으며 감사의 뜻으로 합장하여 이마로 가져가자[叩謝加額], [칙서를] 읽어 주고 상을 내렸다. 하사가 다 끝나자, 대전 바닥에 양탄자[毾㲪]를 깔고, 우리 천자의 사신[天使]들을 접대하고 우리 관병들에게 잔치를 베풀었는데, 사례가 매우 두터웠다. [13] 소와 양고기를 굽고, 음주를 금하지 않았지만, 성정을 어지럽히거나 예법을 따르지 않을까 걱정하며 단지 장미수와 향긋한 꿀물을 마셨다. [14] 연회가 끝나자 또 황금 바리[金盂], 황금 허리띠[金繫腰], 황금 동이[金盆], 황금 병[金瓶]을 천자의 사신에게 주고, 부사(副使)들에게는 은 바리, 은 허리띠, 은 동이, 은 병 등을 주었으며, 그 아래 관리들에게도 방울을 매는 황금 끈[金鈴紉], 모시로 만든 긴 옷[紵絲長衣]을 하사했고, 병사들 모두 은잔전(銀盞錢)을 받았으니, 이 나라가 예(禮)가 있고 부(富)가 넉넉한[有禮富足] 나라였기 때문이다. [15] 그런 뒤에 공손히 황금 통에 넣은 은으로 만든 지면에 쓴 표문[金筒銀葉表文]을 마련하여 사신을 보내 받들어 가져가 조정에 방물을 바치게 했다. [16] 이 나라의 풍속은 매우 순수하다. 남자는 흰 베로 머리를 싸매고, 흰 베로 만든 긴 적삼을 입으며, 발에는 황금의 선(線)이 들어간 양가죽 신발을 신는데, [그러한 신발 중에는] 가지런하게 문자가 들어 있는 것도 많다. [17] 교역에는 많은 금액이라도, 값이 결정되어 손을 치면, 영원히 후회하거나 고치지 않는다. [18] 부녀자는 짧은 적삼을 입고 유색의 베[色布]나 비단[絲錦]으로 두르지만, 연지와 분을 바르지 않아도 그 안색이 원래부터 곱고 희다. 두 귀에는 보배 장신구를 늘어뜨리고, 목에는 목걸이를 걸며, 방망이 모양의 상투는 머리 뒤로 하고, 네 팔목과 팔꿈치[四腕]에는 황금 팔찌를 하며, 손가락과 발가락에는 반지를 껴, 일견할 만하다. [19] 그들 중에 인도 인종이 있는데, 그들은 소고기를 먹지 않는다. 음식을 먹을 때 남녀는 함께 자리하지 않고, 남편이 죽으면 아내는 재가하지 않으며, 아내가 죽어도 남편은 재혼하지 않는다. 고아나 과부[孤寡]로 의지할 것이 없으면 온 마을의 사람들이 돌아가며 그들을 양육하고, 다른 마을에서 음식을 구하지 않도록 하는데, 그들이 중요시하는 의로운 기상을 족히 볼 수 있다. [20] 농토는 비옥하고 풍족하여, 한 해에 두 번 수확하며, 김매기를 할 필요 없이 때가 되면 저절로 알맞게 되므로 남녀는 파종과 베 짜기에 힘쓴다. [21] 과일에는 잭푸르트[波羅蜜]가 있는데, 몇 말[斗]만큼 크고, 달며 감미롭다. 망고[奄摩勒]는 향이 시고 매우 우수하다. 기타 과(瓜)류, 채소, 소, 말, 닭, 양, 오리, 거위, 물고기, 새우 등이 매우 널리 있다. [22] 조가비[海贝]를 유통하여 화폐로 시장에서 사용한다. [23] 이곳에는 가는 베[細布], 모직의 일종인 사클라트(saklat)[撒哈剌], 양탄자[絨毯], 툴라[兜羅錦], 수정(水晶), 마노(瑪瑙), 산호(珊瑚), 진주(珍珠), 보석(寶石), 엿과 꿀, 수유(酥油), 물총새 깃[翠毛], 얼굴을 가리는 각색의 수건이 난다. [24] 교역하는 상품은 금과 은, 베와 비단[布緞], 유색 비단[色絹], 푸르고 흰 꽃문양이 들어간 자기[靑白花磁器], 동전(銅錢), 사향(麝香), 주사[銀朱], 수은(水銀), 거적[草蓆], 후추[胡椒] 등이다.

   [1] 其處曰西印度之地. [2] 西通金剛寶座, 曰紹納福兒, 乃釋迦佛得道之所.

   [3] 永樂十年幷永樂十三年二次, 上命太監侯顯等統領舟師, 賫捧詔勑, 賞

賜國王・王妃・頭目. [4] 至其國海口, 有港曰察地港, 立抽分之所. 其王知我中國寶船到彼, 遣部領賫衣服等物, 人馬千數迎接. [5] 港口起程十六站, 至鎖納兒江, 有城池街市, 聚貨通商. [6] 又差人賫禮象馬迎接, 再行二十站, 至板獨哇, 是酋長之居處. 城郭甚嚴, 街道鋪店, 連楹接棟, 聚貨甚有. [7] 其王之居, 皆磚石甃砌高廣, 殿宇平頂, 白灰爲之. [8] 入去內門三重, 九間長殿, 其柱皆黃銅包飾, 雕琢花獸. [9] 左右長廊, 內設明甲馬隊千餘, 外列巨漢, 明盔明甲, 執鋒劍弓矢, 威儀之甚. 丹墀左右, 設孔雀翎傘百數, 又置象隊百數於殿前. [10] 其王於正殿設高座, 嵌八寶, 跧踞坐其上, 劍橫於膝. [11] 乃令銀柱杖二人, 皆穿白纏頭, 來引導前, 五步一呼, 至中則止. 又金柱杖二人, 接引如前禮. [12] 其王恭禮拜迎詔, 初叩謝加額, 開讀賞賜. 受畢, 鋪毷毯於殿地, 待我天使, 宴我官兵, 禮之甚厚. [13] 燔炙牛羊, 禁不飲酒, 恐亂其性, 抑不遵禮, 惟以薔薇露和香蜜水飲之也. [14] 宴畢, 復以金盔・金繋腰・金盆・金瓶奉贈天使, 其副使皆以銀盔・銀繋腰・銀盆・銀瓶之類, 其下之官, 亦以金鈴紐・紵絲長衣贈之, 兵士俱有銀盞錢, 蓋此國有禮富足者矣. [15] 其後恭置金筒銀葉表文, 差使臣賫捧, 貢獻方物于廷. [16] 其國風俗甚淳. 男子白布纏頭, 穿白布長衫, 足穿金線羊皮靴, 濟濟然亦其文字者衆. [17] 凡交易雖有萬金, 但價定打手, 永無悔改. [18] 婦女穿短衫, 圍色布絲錦, 然不施脂粉, 其色自然嬌白. 兩耳垂寶鈿, 項掛瓔珞, 髻椎腦後, 四腕金鐲, 手足戒指, 可爲一觀. [19] 其有一種人曰印度, 不食牛肉, 凡飲食, 男女不同處, 夫死妻不再嫁, 妻喪夫不再娶. 若孤寡無倚, 一村之家輪養之, 不容別村求食, 足見義氣所尙也. [20] 田沃豐足, 一歲二收, 不用耘耔, 隨時自宜, 男女勤於耕織. [21] 果有波羅蜜, 大數斗, 甘甜香美. 奄摩勒, 香酸甚佳. 其餘瓜菓・蔬菜・牛・馬・鷄・羊・鳧・鴨・魚・蝦之類甚廣. [22] 通使海肌, 準錢市用. [23] 地產細布・撒哈剌・絨毯・兜羅錦・水晶·瑪瑙·珊瑚·珍珠·寶石·糖蜜·酥油·翠毛·各色手巾被面. [24] 貨用金銀·布緞·色絹·靑白花磁器·銅錢·麝香·銀朱·水銀·草蓆·胡椒之屬. 小臣存悃幅, 隨表進丹墀.

18. 호르무즈[忽魯謨斯國]^{전집, 20}

[1] 이 나라는 바닷가에 있으며, 사람들이 모여 시장을 형성했다. [2] 땅에는 초목이 나지 않아, 소, 말, 낙타 모두 말린 바닷물고기를 먹는다. [3] 풍속은 상당히 순수하다. [4] 돌을 쌓아 성을 만들어, 추장은 그 깊은 곳에 살며 군대를 훈련하고 말을 기른다. [5] 농토는 척박하여 맥(麥)이 널리 나고, 미곡의 수확은 적지만 사람들은 풍요롭다. [6] 산들은 오색으로 이어져 있고, 모두 소금이다. 그것을 파서 선반에 놓고 그릇[器皿], 쟁반, 접시 등을 만들어, 음식물을 담으므로 소금을 모른다. [7] 돌을 포개고 쌓아 3~4층짜리 집을 만들어, 주방, 화장실, 침실, 손님을 맞는 곳 모두 그 위에 있다. [8] 남자들은 곱슬머리로, 긴 적삼을 입고, 말을 타고 활을 잘 쏜다. [9] 여자들은 머리를 묶어 네 갈래로 늘어뜨리고 그 목을 노랗게 감으며, 긴 적삼을 입는다. 나갈 때는 베로 만든 만[布幔]으로 머리를 싸고, 얼굴은 붉고 푸른 얇은 비단[紗]으로 한쪽을 가리며, 두 귓바퀴에는 고리[珞索]와 금전 여러 개를 매달고, 청석(靑石)을 물에 갈아 눈자위, 입술, 뺨에 꽃문양으로 화장하는 것을 아름답게 여기며, 목에는 보석, 진주, 산호를 걸고 묶어 목걸이로 삼고, 팔, 팔목 그리고 다리, 발 모두 금은의 팔찌와 발찌를 하는데, 이것이 부잣집의 규범이다. [10] 금은의 주화를 유통해 사용한다. [11] 땅에는 진주, 금박(金珀), 보석, 용연향(龍涎香), 사클라트[撒哈剌], 사복(梭腹, 모직류), 융담(絨毯)이 난다. [12] 교역하는 상품으로 금은, 청백 꽃문양의 자기[靑白花磁器], 오색의 단

견[五色段絹], 목향(木香), 금은향(金銀香), 단향(檀香), 후추[胡椒] 등이 있다.

[1] 其國傍海而居, 聚民爲市. [2] 地無草木, 牛・羊・馬・駝皆食海魚之乾.
[3] 風俗頗淳. [4] 壘石爲城, 酋長深居, 練兵畜馬. [5] 田瘠麥廣, 穀米少收,
民下富饒. [6] 山連五色, 皆是鹽也. 鑿之鏃爲器皿盤碟之類, 食物就而不知
鹽也. [7] 壘堆石而爲屋, 有三四層者, 其廚厠臥室待客之所, 俱在上也. [8]
男子拳髮, 穿長衫, 善弓矢騎射. [9] 女子編髮四垂, 黃繚其項, 穿長衫. 出則
布幔兜頭, 面用紅靑紗一方蔽之, 兩耳輪用掛珞索金錢數枚, 以靑石磨水,
粧點眼眶唇臉花紋爲美, 項掛寶石・珍珠・珊瑚, 紉爲瓔珞. 臂腕腿足俱金
銀鐲, 此富家之規也. [10] 行使金銀錢. [11] 產有珍珠・金珀・寶石・龍涎
香・撒哈剌・梭眼・絨毯. [12] 貨用金銀・靑白花磁器・五色段絹・木香・
金銀香・檀香・胡椒之屬.

19. 메카[天方國]^{후집, 44}

[1] 땅은 대부분이 광활한 사막으로 옛날 균충(筠沖)의 땅이며, '서역'이라
고도 한다. [2] 풍경은 조화롭고 사계절이 봄이다. [3] 농토는 비옥하고 곡물
은 풍요로우며 사는 사람들도 생업을 즐겨, 풍속이 매우 좋다. [4] 추장이
있지만, 백성들에게 세금이나 부역[科擾]이 없고 형법에 따른 다스림도 없
어, 자연 그대로 순화하며, 도적이 생기지 않고 위아래가 화목하다. [5] 옛
날부터 예배당[禮拜寺]을 만들어 놓고, 달이 막 생겨나면, 그 추장과 백성들
이 모두 하늘에 절하는 것을 온 나라의 교화로 삼고, 달리 실시하는 바가
없다. [6] 이 예배당은 사방으로 나뉘어, 각 방향에는 90칸이 있어 모두 360
칸이다. 모두 백옥(白玉)으로 기둥을 만들었고, 황감옥(黃甘玉)으로 바닥을

만들었으며, 가운데에는 검은 돌 한 조각이 있는데, 사방 1장(丈) 남짓으로 한나라 초기에 하늘에서 내려왔다고 한다. 이 예배당은 높이 위로 층을 이루어 탑 같은 모습이다. [7] 남자들은 긴 하얀 적삼을 입는다. [8] 이곳에서는 금박(金珀), 보석(寶石), 진주(珍珠), 사자(獅子), 낙타(駱駝), 기린[祖剌法], 표범[豹], 노루[麂]가 난다. [9] 말은 키가 8척으로, 바로 천마(天馬)이다. [10] 교역하는 상품은 금과 은, 단필(段疋), 색견(色絹), 푸른 꽃문양의 흰 자기[靑花白磁器], 쇠솥[鐵鼎], 쇠 냄비[鐵銚] 등이다. [11] 한낮에는 시장이 열리지 않고 해가 진 뒤에 야시장이 열리는데, 아마도 날씨가 더운 탓일 것이다.

[1] 地多曠漠, 即古筠沖之地, 名爲西域. [2] 風景融和, 四時皆春也. [3] 田沃稻饒, 居民安業, 風俗好善. [4] 有酋長, 無科擾於民, 無刑法之治, 自然淳化. 不生盜賊, 上下和美. [5] 古置禮拜寺, 見月初生, 其酋長及民下悉皆拜天, 以爲一國之化, 餘無所施. [6] 其寺分爲四方, 每方九十間, 共三百六十間. 皆白玉爲柱, 黃甘玉爲地, 中有黑石一片, 方丈餘, 曰漢初天降也. 其寺層次高上, 如塔之狀. [7] 男子穿白長衫. [8] 地產金珀・寶石・珍珠・獅子・駱駝・祖剌法・豹・麂. [9] 馬八尺之高也, 即爲天馬也. [10] 貨用金銀・段疋・色絹・靑花白磁器・鐵鼎・鐵銚之屬. [11] 乃日中不市, 至日落之後以爲夜市, 蓋其日色熱之故也.

해당 역주 도서의 해제랄까 역주 서문을 써야겠지만, 이미 이 책을 교주 (校注)한 펑청쥔 씨가 자세한 설명으로 서문을 썼으므로, 옛사람들이 즐겨 썼던 방식인 일종의 발문(跋文)을 붙인다.

작업을 마친 지금에도 궁금한 점이 하나 있다. 과연 누가 이 책을 '명저' 의 반열에 올린 것일까? 역자가 연구재단 '명저번역사업'에서 선정된 해는 2019년이고, 재도전 끝에 이루어졌으므로, 펑청쥔 씨가 교주한 이 책이 연 구재단 '명저번역사업'의 지정 도서로 등록된 지는 그 수년 전이다. 이 지정 도서는 다른 도서에 비해 상당히 번역료가 많이 책정되었지만 몇 년간 선 정되지 않았다.

둔황 석굴에서 발굴된 문서를 연구한 역자는 동서양 문물교류, 특히 중 국 자료를 중심으로 공부하는 데 초점을 맞춰 오던 차에, 『영애승람교주』 라는 이 도서는 한눈에 들어왔다. 하지만 당시 역자는 '한국학 자료센터'에 서 일하고 있어, 침만 삼키며 '미선정'의 과정을 주시했다. 아무래도 이 책 이 나에게 오기로 예정되었던 것일까. 그렇게 역자는 본격적으로 바다를 통한 동서양 문물교류 공부를 시작했다.

역주의 긴 여정이 끝나고 난 지금 생각해 보면, 제시된 '지정 도서'로서, 펑청쥔 씨의 『영애승람교주』보다는 『기록휘편』본이나 『사고전서』본 『영 애승람』, 또는 장승(張昇) 개정본인 『영애승람집』이 더 적절했을 것이다. 당 시 연구상황을 참작하더라도, 펑청쥔 씨의 교주본은 완정하지 못했고, 부

정확했다. 하기야 그의 교주본은 밀스 씨의 영어 역주본, 최근 르네 로씨 씨의 불어 역주본에서도 저본으로 활용되었으니, '명저'라고는 일컬을 만하다. 하지만 역자는 펑씨가 교감한 원문을 일일이 다시 해야 했다. 주석은 소략하고 참조 사항이 거의 없어, 후학의 작업을 더 어렵게 만들었다. 나는 펑씨가 연구한 작업을 따라가 보았다.

펑씨는 폴 펠리오와 함께 공부했다고 한다. 나는 그가 얼마의 시간을 펠리오와 함께했는지 모르지만, 그는 스승의 지적을 간과하고 '부지런히' 그리고 '과감하게' 자신이 해야 했던 이 분야의 걸음들을 옮겼다. 펑씨가 『영애승람』 교주본을 출판한 시기는 1935년이다. 물론 당시 학문적 여건을 고려하지 않을 수는 없다. 그러나 펑씨의 『영애승람』 교주본은 고질적인 잘못된 학문적 태도가 문제라고 생각한다. 왜냐하면 후지타 도요하치(藤田豊八)가 중국에 있을 때 쓴 『도이지략교주』는 펑씨의 교주본보다 일찍 출간되었음에도, 물론 오류가 없는 것은 아니지만, 만족스러운 참조 사항을 보여 주고 있기 때문이다. 언제 태어났는지도 정확히 모르는 '정화(鄭和)'라는 환관의 항해 '600주년'을 기념하며, 완밍(万明) 씨는 펑씨와는 다른 판본에 따라 『영애승람교주』를 2005년에 출간했다. 세기가 바뀔 정도로 시간이 흘렀지만, 판본의 상호교감은 펑씨의 수준을 넘어서지 못했고, 그 또한 확인되어야만 했다. 더욱 고약했던 것은 서방 학자들의 연구 성과를, 아무런 참조 사항 없이, 마치 자기의 주석으로 둔갑시킨 '편취'는 편의상 생략했다는 변명을 넘어서는 것이었다.

역자는 시대적 순서에 따라 펑씨의 『제번지교주』(2019)를 역주했다. 결과를 놓고 본다면, 히어트와 록힐이 역주한 책을 저본으로 삼는 것만 못했다. 펑씨의 결함은 고스란히 나의 역주본에도 이어졌고, 게다가 나의 성급함도 그대로 노출되었다. 고쳐야 할 곳이 한두 곳이 아니게 되었다. 독자들의 눈을 어지럽힌 죄책감을 통감하고 있다. 속히 개정본을 낼 기회가 주어지기만 고대하고 있다. 그렇게 펑씨의 연구에 대한 나의 신뢰는 무너지기 시작했다.

『제번지』에 활용된 근거를 찾고, 중국 중심의 자료를 통해 동남아시아의 역사를 공부하기 위해 펠리오 씨가 1904년 『극동프랑스학교학보』에 발표한 장편의 논문인 『8세기 말 중국에서 인도로 가는 두 갈래 여정(Deux itinéraires de Chine en Inde à la fin du VIIIe siècle)』을 읽었다. 이 연구자료는 펠리오의 대표 업적 중의 하나이자, 오늘날까지 동서양 교류사 연구 저술에서 중요한 연구 성과이다. 펑씨는 이 자료의 중요성을 알고 있었던 것 같다. 1933년 그는 '교주와 광주에서 인도로 가는 두 갈래 길에 관한 연구(交廣印度兩道考)'라는 서명으로 역주본을 발표했다. 그의 역주본은 원문의 절반에 지나지 않고, 주석들은 대부분 빠뜨려 버렸다. 심각한 것은 펠리오에게 배웠다는 사실을 의심하게 할 정도로 오역이 많았다. 이렇게 그의 연구는 이처럼 견고하지 못한 상태로 『영애승람』 교주본으로 이어졌다. 나는 두 번째로 펑 씨에게 실망했다. 역자는 펠리오의 이 자료를 하나도 빠짐없이 역주해 내놓았다. 모두 본 '명저번역사업'이 나를 선정해 준, 즉 경제적 지원에 힘입은 부산물이다.

계속하여 펑씨는 『중국남양교통사(中國南洋交通史)』라는 저술을 1937년 출판했다. 그는 이전 많은 서방 학자들의 연구를 소개해 왔고 진행 중이었기 때문에 그의 이 작업에 그래도 일말의 기대를 걸었다. 그의 책은 거의 역사서와 연관 자료를 그대로 옮겨 놓았고, 해설은 한두 줄에 불과하고 주석은 빈약하기 그지없는 책이었다. 만약 오늘날 작업 여건에서 이 책을 낸다면 일주일 정도면 충분할 것이다. 책을 읽은 시간이 아까워 역주해 두고는 있지만, 그의 이름을 붙여 역주본으로 낼 필요까지 있을까. 이것이 펑씨에 대한 세 번째 실망이다.

　그가 번역하여 소개한 해당 분야의 수많은 서방 학자의 저술과 논문들은 하나같이 완전하지 못했고 부정확했다. 그런데도 그의 '소개서'는 중국 후학들에게 활용되면서 오해와 오해의 연속으로 귀결되었다. 그 대표적인 예가 바로 시아 나이(夏鼐)의 『진랍풍토기교주』이다. 시아 씨는 펠리오가 이미 1902년 불어로 역주한 『진랍풍토기』를 다시 펑청쥔 씨가 중국어로 옮긴 정확하지 않은 번역본을 참고했다. 그 결과는 더는 언급할 필요가 없을 것 같다. 역자는 『앙코르 캄보디아』라는 서명으로 펠리오가 역주한 『진랍풍토기』를 역주하여 소개하지 않을 수 없었다. 이제 펑씨의 연구물은 다시 보지 않기로 했다.

　역자 또한 이러한 오류의 수렁에서 벗어날 수 없다(『제번지역주』가 그랬던 것처럼). 그러나 적어도 참고사항을 정확히 밝혔고, 해당 도서의 원문으로부터 번역하고 해설했다는 점은 확언할 수 있다. 이러한 과정을 거치고 나니, 왜 이 '지정도서'의 번역료가 높이 책정되었는지 그 이유를 알게 되었다.

　본 작업을 마치고, 후속 작업을 시작하며, 나는 '허망하게도' 이 마환(馬歡)이라고 하는 작자가 과연 『영애승람』이란 책을 직접 견문한 것을 토대로 작성한 것인가라는 의문이 생겼다. 왜 15세기 초 동서양 문물교류를 연구하는 학자들, 특히 중국의 학자들은 왜 이 책을 내세우는 것인지 근본적인 의문 말이다. 『영애승람』이 기술하고 있는 것들이, 정말 마환이 기록한 것이라면, 마환은 명나라가 낳은 가장 '위대한' 외국어 천재가 되어야 한다.

　명나라의 역사서인 『명사』에 들어 있는 「정화열전」에 따르면, 정화는 모두 일곱 차례 '서양'에 사신으로 나갔다. 마환은 많아도 세 차례 역관으로 따라나섰다. 반면 동시대 비신(費信)이라는 사람은 적어도 세 차례 이상을 참여했고, 『성사승람(星槎勝覽)』이란 기록을 남겼다. 마환의 책이나 비신의 책은 모두 원본이 전하지 않는다. 비신의 서문에 따르면, 그는 자신이 직접 견문한 곳은 전집에 수록했고, 전하는 말을 토대로 작성한 것은 후집에 넣었다고 한다. 전집만 놓고 보더라도, 비신은 총 22개국을 기록하고 있다. 마환이 기술한 나라들보다 훨씬 더 많다. 그렇다면 정화의 일곱 차례 원정한 정황을 추정해 가는 데에는 『성사승람』이 훨씬 우위에 있다.

한편, 정화의 사신행에 따라나서 기록을 남긴, 공진(鞏珍)이라는 또 다른 인물이 있다. 그의 『서양번국지』는 『사고전서총목제요』에는 수록되었지만, 실제 원본은 사라졌다가 20세기 중반 시앙 다(向達) 씨가 발굴했다고 한다. 그러나 시앙 다 씨가 교주한 책의 페이지를 펼쳐 보면 금세 『영애승람』과 거의 같다는 점을 알 수 있다. 이 『서양번국지』가 진짜라면, 마환과 공진 두 사람 중 한 사람은 상대의 기록을 베꼈다는 추정 이외에는 그들의 '같음'이 설명될 수 없다. 그런데도 『영애승람』을 '믿을 만한' 자료로 언급하는 이유는 무엇일까?

사실 위의 세 사람 중에서 행적을 확인할 수 있는 사람은 비신뿐이다. 비신은 가장 많이 명나라의 '서양 진출'에 따라나섰고, 세 기록 중 가장 '솔직하며', 특히 방갈랄(榜葛剌, 벵골) 지역의 기술은 가장 현장성이 두드러진다. 왜 이 기록을 차선에 두는가. 『영애승람』을 우선시하는 성향은 밀스의 『영애승람』과 『성사승람』 역주본에 고스란히 드러난다.

이러한 편견에는 비신이 원나라 왕대연(汪大淵)이 견문에 따라 지었다고 하는 『도이지략(島夷志略)』의 상당 부분과 일치한다는 점이 작용했고, 또 원문(천일각본) 뒤에 붙여진 옥봉(玉峯)이라는 호를 가진 사람[비신 자신일 것임]의 '오언시'가 작용했을 것이다. 하지만 『도이지략』과 『성사승람』의 내용을 비교해 보면, 비신이 왕대연의 목소리를 채록하되 하나같이 확인하여 자신의 표현으로 바꾼 것임을 알 수 있다. 말하자면, 자신이 방문한 곳에 관해

선행 자료를 토대로 확인했다는 말이다. 이는 후집에 수록된 '천방(天方, 메카)' 조목에서 여실히 드러난다.

'옥봉(玉峯)'이라 불린 사람이 붙였다는 '오언시'에 관해 말하자면, 기행문에 시를 써넣는 방식은 이미 혜초의 『왕오천축국전』에서도 확인된다. 더 문학적으로 말하자면, 중국 『초사』에 보이는 '난(亂)'의 형식으로 거슬러 올라갈 수 있다. 게다가 『영애승람』에도 12수의 절구로 이루어진 기행시가 수록되어 있고, 『기록휘편』본에 따르면 마환이 직접 지은 것으로 서명되어 있다. 이러한 전통은 명말 청초 우통(尤侗)의 『외국죽지사(外國竹枝詞)』로 계승 발전되었고, 우리나라 조수삼(趙秀三)의 『외이죽지사(外夷竹枝詞)』로 거듭났다. 따라서 이 삽입된 '오언시'가 비신의 원문이 지니는 신뢰도를 떨어뜨릴 수는 없다.

이 문제를 염두에 두고, 역자는 본 역주서의 부록으로 마환이 기술한 나라들에 한정하여, 비신의 목소리를 담아 두었고, 별도로 왕대연의 『도이지략』을 역주하여 발표했다. 후속 작업으로 비신의 『성사승람』 출판계약을 해 두었다. 우리가 선택해야 하는 책은 비신의 책임을 보여 주기 위해서이다. 역자는 펑청쥔의 교주본을 저본으로 삼지 않고, 소위 '천일각(天一閣)본' 또는 '족본(足本)'으로 알려진 판본으로부터 출발할 작정이다.

북경 동계올림픽 개막식에 조선족이 입고 나온 '한복'이 세간을 어지럽힌 적이 있다. 물론 개최 취지대로라면 나무랄 여지가 없지만, 저의가 있는 것이라면, 문제로 삼을 만하다. 더 큰 '오만'은 중국 신장 지역이 스키의 '발상지'라는 주장일 것이다. 이러한 주장이 그 '저의'를 의심케 한다. 어쨌든 이러한 중국 중심적 사고는 주변국들과 많은 문화적 충돌을 초래할 것이다. 해당하는 주장들도 대담해질 것이다. 미연에 예방하는 방법은 그들이 근거로 삼을 만한 자료들을 철저히 연구하는 방법뿐이다. 『영애승람』을 교주한 중국학자들은 마르코 폴로와 이븐 바투타를 거론하지 않는 경향이 있다. 그러면서 그들은 왕대연, 마환, 비신, 공진을 마르코 폴로의 반열에 올려놓고 싶어 한다. 그러니 정화(鄭和)를 바스쿠 다 가마, 콜럼버스보다도 선구자로 내세우는 것은 당연한 귀결일 것이다. 소위 '역사학자'라는 개빈 맨지스(Gavin Menzies) 같은 작가는 이러한 사고를 부추겼고, 중국학자들은 이 '소설'을 빌미로 비약하며 기정사실화하고 있다.

정화의 일곱 차례 원정 기록은 소위 '정사(正史)'라고 내세우는 『명사』, 『실록』이 서로 다른 정보를 제시하고, 여기 원정에 따라나선 사람들 목소리 역시 엇갈린다. 특히 연대에 있어서는 일치하는 경우가 일치하지 않는 경우보다 적다. 우리는 이들 '사료'에 대한 근본적인 이의를 제기해야 한다.

정화 선단이 타고 간 배를 '보선(寶船)', '대종(大䑸)' 또는 '대박(大舶)'이라 부른다. 『명사』 「정화열전」에 따르면, 이 보선의 길이는 44장(丈), 즉 132m이고, 폭은 18장(丈), 즉 62.7m라고 기록하고 있다. 또한 이러한 배를 62척이나 건조하여 총 27,800여 명이 승선했다고 한다. 이 승선 인원은 여러 척의 보선에 나누어 탄 총인원으로 읽어야 한다. 이 대규모 선단이 과연 인도양을 건넜을까? 그들은 합리적으로 선단을 나누었다[分䑸]. 그러나 이러한 분종이 이상 원정에 따라나선 세 사람의 증언 어디에도 직접 호르무즈와 홍해까지 진출했다고 볼 근거는 전무하다. 그들의 진출은 분종을 통해 남인도 서안까지였다. 그러므로 정화가 남인도 서안에 직접 갔을까 하는 의문이 드는 것도 당연하다. 게다가 마환은 인도의 배나 그곳을 오가는 아랍 상선을 빌려 타고 인도양을 왕복했다고 진술하고 있다. 그것이 합리적이다. 대규모의 선단이, 분종일지라도, 명나라의 사신을 태운 배가 직접 아프리카 동안까지 나아갔다면, 이들의 증언은 더욱 상세하고 정확했을 것이다. 오히려 그들의 증언은 달랐고, 내용이 배치되는 곳도 적지 않으며, 누군가 전하는 말을 옮겨 놓은 것에 불과함을 우리는 보았다.

우리는 중국 주변국에서 그 해답을 찾아야 한다. 바로 한국, 일본, 베트남, 인도의 기록자료들과 흩어져 있는 금석문 자료를 통해서 말이다. 우리는 이 분야에 투자를 아끼지 말아야 한다. 역자가 범하고 있는 중국 자료 중심의 연구 틀을 벗어나, 다른 시각에서 중국을 이해하고, 우리 문화의 고유성을 지켜 내기 위해서 말이다. 곳곳에서 경고의 메시지를 보내오고 있다. 21세기 벽두부터 중화서국에서 기획한 '중외교통사총간'에 혜초의 『왕오천축국전』이 들어 있는 점에 경계해야 한다.

우리에게도 우리의 서남아시아와 중국의 서역 정보를 기록한 자료들이 있다. 비록 중국의 기록을 옮겨 놓은 것에 불과하지만, 기록자료로서의 가치와 의미는 상당하다. 『제번지』는 주거비(周去非)의 『영외대답(嶺外代答)』의 문장을 많이 빌려 왔고, 『성사승람』은 『도이지략』의 문장에 힘입었으며, 장섭(張燮)의 『서양조공전록(西洋朝貢典錄)』은 『영애승람』과 『성사승람』의 합작이다. 심지어 관찬 사료인 『명사』, 『명일통지(明一統志)』도 다를 것이 없다. 왜 우리 자료가 비교와 교감의 대상에 오르지 못하는지 그 이유를 모르겠다.

연구지원을 신청할 때, 희망 심사 분야를 선택하는 일이 가장 어렵다. 언제부터 인문학이 '문사철'로 세분되었는지는 잘 모르지만, 동아시아 한자문화권의 전통대로라면, 그저 '문(文)'일 따름이다. 여기 『영애승람』은 어느 학문 소속인가? 무리하게 서양식으로 쪼개진 학문의 관점에서 볼 때, 각 연구의 필요성을 바라보는 시선이 다를 수밖에 없다. '학제간', '학제성'의 연구를 권장한다는 정책은 과연 누구를 위한 '선물'인가? 한 밥그릇 안에서 콩, 쌀, 보리를 섞어 놓으면 융복합인가?

어쨌든 역자는 동서양 문물교류라는 연구 저변이 좁은 분야에 종사하는 연구자임에는 분명하다. 그런데 한 가지 풀지 못하는 의문이 있다. 단 한 번도 이 분야 연구 논문을 심사한 적도 없고, 각종 실크로드 관련 사업에 전혀 참여한 적이 없으며, 연관 연구 과제를 심사해 본 경험이 없다. 항상 심사를 받고 면접을 보는 응시자였다. 결국 『제번지』, 『도이지략』, 『진랍풍토기』, 『영애승람』 모두 한 사람의 손에서 나왔다. 이제 이 책들은 펼쳐 졌기 때문에, 기존 연구의 오류들은 자연스럽게 드러날 것이고, 마찬가지로 나의 오류를 지적하는 논문들이 나와야 할 것이다. 기존 연구자들이 이러한 책들을 역주해 내지 않은 것은 실력이 부족해서가 아닐 것이다. 분명 논문으로 이루어진 성과만 중시하는 이상한 풍토 때문일 것임을 의심치 않는다. 인공지능의 번역이 이뤄 줄 것이라고 기다리고만 있는 것인가. 번역과 역주가 없는 학문은 늘 제자리걸음만 있을 뿐이다.

돌아다보니, 펑청쥔 씨의 교정문을 검증하는 데 많은 지면과 시간을 들였다. 그 결과 다소 미진한 주석 사항이나 만족스럽지 못한 '번역'이 있을 수도 있다. 이는 역자가 준비하고 있는 『성사승람역주』를 통해 한 차례 더 돌아보는 기회가 있을 것이고, 그 지면을 통해 미흡했던 점들을 보완하기로 약속하며 독자들을 향한 개봉 이전의 미안함을 달래 본다.

역자가 이러한 공부에 전념할 수 있었던 것은, 오롯이 한갓 전업주부에 지나지 않은 아내의 덕이다. 그녀는 나를 '학자'로 거듭나게 해 주었다. 모르겠지 하고 슬그머니 빼먹은 못난 짓들이 남긴 상처를 이 책이 여와(女媧)의 조약돌처럼 메워 주기를 소원하며.

2022년 5월 20일 메토도스 작업실에서 역자 씀.

저자 마환(馬歡)

오늘날 절강성 소흥(紹興) 지역인 회계(會稽) 출신으로 자(字)는 종도(宗道)로 알려졌으며, 정화(鄭和)가 이끄는 원정(1405~1433년)에 통역관으로 3차례 수행했다고 한다.

교주 풍승균(馮承鈞, 1887~1946)

호북성 한구(漢口) 출신으로 자(字)는 자형(子衡)이다. 1911년 소르본 대학에서 학사학위를 받고, 콜레주 드 프랑스(Collège de France)에서 폴 펠리오(Paul Pelliot)에게 수학했다. 이후 북경사범대학교 역사과 교수로 재직하며, 동서양 문물 교류 분야의 주요 도서를 교주했고, 특히 당시 서양학자들의 연구를 번역 소개하는 많은 성과를 남겼다.

역주 박세욱(朴世旭)

돈황의 부(賦) 문학으로 박사학위를 받고 현 중국 문학과 예술, 특히 동서양 문물교류를 중심으로 공부하고 있는 강사이다. 현재 경북대학교 퇴계연구소 학술연구교수로 활동하고 있다. 연관 역주서로『제번지역주』,『8세기 말 중국에서 인도로 가는 두 갈래 여정』,『진랍풍토기역주』,『도이지략역주』등이 있다.

Annotations and
Translations of
Yingya Shenglan